会计学专业系列教材

KUAIJIXUE ZHUANYE XILIE JIAOCAI

高级会计

GAOJI KUAIJI

（第二版）

主　审/付　磊

主　编/武玉荣　赵天燕

首都经济贸易大学出版社

Capital University of Economics and Business Press

·北　京·

图书在版编目(CIP)数据

高级会计/武玉荣,赵天燕主编.—2 版.—北京:首都经济贸易大学出版社,2013.9
(会计学专业系列教材)
ISBN 978-7-5638-2136-5

Ⅰ.①高… Ⅱ.①武… ②赵… Ⅲ.①会计学 Ⅳ.①F230

中国版本图书馆 CIP 数据核字(2013)第 178063 号

高级会计(第二版)
主审 付 磊 主编 武玉荣 赵天燕

出版发行 首都经济贸易大学出版社
地 址 北京市朝阳区红庙(邮编 100026)
电 话 (010)65976483 65065761 65071505(传真)
网 址 http://www.sjmcb.com
E-mail publish@cueb.edu.cn
经 销 全国新华书店
照 排 首都经济贸易大学出版社激光照排服务部
印 刷 北京市泰锐印刷有限责任公司
开 本 787 毫米×980 毫米 1/16
字 数 801 千字
印 张 41.5
版 次 2007 年 10 月第 1 版 **2013 年 9 月第 2 版**
2013 年 9 月总第 3 次印刷
印 数 5 001~8 000
书 号 ISBN 978-7-5638-2136-5/F·1220
定 价 59.00 元

《会计学专业系列教材》

编委会名单

总 序

本套书是首都经济贸易大学会计学院编写的会计学专业系列教材的第四版。首都经济贸易大学会计学专业系列教材的第一版出版于1989年，第二版出版于1995年，第三版出版于2001年。多年来，为了培养更多更好的会计人才，我们本着对学生负责、对社会负责的精神，紧密结合会计制度改革的新形势、新变化，不断地对教材加以修订，力争为学生提供满意的学习用书。我们的努力得到了广大读者的肯定：在同类教材中，本系列教材保持着较高的发行总量；不仅几十所院校将本系列教材选作教学用书，更有大量在职人员将本套教材作为系统学习会计知识的良好读物。同时，本系列教材还获得了诸多荣誉，如：第一版中的《企业财务管理》（王又庄教授主编）被国家教育部评为全国优秀教材；第二版中的《现代企业财务管理》（沈小凤教授主编）被国家教育部确定为全国高等财经院校推荐用书；第三版中的《审计学》（刘大贤教授主编）被评为北京高等教育精品教材；第三版全套教材获北京市教育教学（高等教育）一等奖。

本套书第四版在继承前三版成就的基础上，有了进一步的完善，其中有两个突出的特点：

1. 在内容上，本套教材充分反映2006年财政部颁布的企业会计准则、中国注册会计师执业准则的精神和做法，体现最新的会计、审计改革成果，同时着力说明各种会计处理方法的道理，并适当介绍其他国家和地区类似会计活动的处理，以开阔读者的视野，深化对会计、审计的认识。

2. 在编写体例上，增加了较大篇幅的教学辅导资料，其内容大致包括教师参考资料（教学目标、教学内容）、学生学习资料（专业术语、思考题、练习题）、练习题参考答案几部分。这样安排，是为了更好地体现本系列教材一贯遵循的“方便教师教学，方便学生自学”的原则。

虽然我们尽了最大的努力，但肯定地说，本套教材还会存在很多不足，恳切地请读者提出批评、建议，以便我们进一步修订，使之更加完善适用。

《会计学专业系列教材》编委会

2007 年 1 月

修订版前言

《高级会计》是首都经济贸易大学会计学院第四套《会计学专业系列教材》的重要组成部分。第一版出版近6年来，承蒙广大读者的厚爱，得以修订后再版发行。这次修订主要基于以下背景：

第一，2007年以来，随着我国经济体制改革的深入和国民经济的发展，企业之间的竞争日益加剧，在优胜劣汰过程中，新的企业集团的经营模式层出不穷，经营范围不断扩大，使得本来只有少数企业才涉及的会计交易或事项，在更多的企业中发生，如企业合并和合并财务报表、总分店经营、上市公司信息披露、外币业务、非货币性交换、债务重组、租赁、衍生金融工具、套期保值等。会计实务的拓展必然对会计理论和会计教学提出更高的要求。适应企业会计实务和会计教学的需要，根据最新的会计理论研究成果和不断完善的会计准则对《高级会计》进行修订，则刻不容缓。

第二，2007年至2012年末，国际财务报告准则和我国的企业会计准则不断地修订和完善。在此期间，国际会计准则理事会修订颁发了《国际财务报告准则——企业合并》、《国际财务报告准则——合并财务报表》、《国际财务报告准则——所得税》、《国际财务报告准则——单独财务报表》、《国际财务报告准则——联营和合营中的投资》、《国际财务报告准则——其他主体中权益的披露》等若干准则。我国先后颁发了《企业会计准则解释》第1至5号。2012年11月财政部又发布了《企业会计准则——长期股权投资(修订)(征求意见稿)》、《企业会计准则——合并财务报表(修订)(征求意见稿)》、《企业会计准则——合营安排(征求意见稿)》、《企业会计准则——财务报表列报(征求意见稿)》、《企业会计准则——金融工具列报(修订)(征求意见稿)》、《企业会计准则——公允价值计量(征求意见稿)》、《企业会计准则——在其他主体中权益的披露(征求意见稿)》和《企业会计准则——职工薪酬(征求意见稿)》。与此相适应，根据修订的和新制定的《国际财务报告准则》和我国《企业会计准则》对《高级会计》予以修订，是当务之急。

第三，在本书使用过程中，专家学者和广大读者对本书提出了真诚、宝贵的修改意见，编者衷心地感谢，并诚恳地吸收于《高级会计》修订第二版中，以回馈读者。

本书修订的内容主要包括以下章节：第一章企业合并；第二章购并日的合并财务报表；第三章购并日后的合并财务报表；第五章上市公司的信息披露；第七章所得税；第八章非货币性资产交换；第十一章债务重组和破产清算。

本书修订版仍保留了第一版的如下特点：①以2007年1月1日起至2012年12月止现行的《国际财务报告准则》、《企业会计准则》、《企业会计准则应用指南》、《企业会计准则解释》、《企业会计准则讲解》以及新近发布的《企业会计准则（征求意见稿）》等法规、制度为依据编写，资料权威，真实可靠；②教材的章节结构和内容符合会计理论和实务与国际趋同的会计改革方向以及现代企业会计确认、计量和报告的要求；③教材由三大部分组成，第一部分为教材正文，第二部分为教学辅导资料，含教学目标、教学内容、思考题、练习题、参考文献及练习题参考答案，便于教师组织教学，也更能有效地指导学生理解和掌握教材内容，还便于各类人员自学；④各章教材正文部分均附有导读框图和框图说明，便于读者掌握教材框架和重点内容。

本书既可以作为会计学专业的核心教材，也可以作为审计学、财务管理学、财政学、工商管理学等经济专业的教学用书，还可以作为广大财务会计、审计、财政、税收、工商管理工作者的自学用书。

本书第一、二、三章由武玉荣编写和修订；第四、七章由赵天燕编写和修订；第五章由崔也光、郑月清编写；第六章由陈迈编写；第八、十一章由尹世芬编写和修订；第九章由李百兴编写；第十章由崔也光、杨欢编写。全书由武玉荣、赵天燕负责总纂，付磊教授担任主审。

本书修订版难免有不妥之处，敬请读者指正。

编者

2013年7月

前言

《高级会计》是首都经济贸易大学会计学院《会计学专业系列教材》的重要组成部分。作为会计学基础、财务会计的后续课程教材，高级会计是财务会计内容的延伸。高级会计的研究范围是财务会计一般不予深入探讨的特殊会计业务。这些特殊会计业务包括四个方面：①涉及多个会计主体行为的会计业务，如合并财务报表、总分店经营、分部报告、外币财务报表折算等；②只有某些会计主体发生的特殊会计业务，如上市公司的信息披露、外币业务、非货币性资产交换、债务重组、租赁、衍生金融工具、套期保值等；③某一特定阶段发生的会计业务，如企业合并、破产清算等；④在《财务会计》中难以作为独立章节的、难度较大的会计业务，如所得税。高级会计是否应包括特殊行业或部门会计，如金融保险会计、房地产会计、社会保障会计、非营利组织会计、政府会计等，对此是有争议的，本书不予涉及。

本书具有以下特点：

第一，以2007年1月1日起施行的《企业会计准则》、《企业会计准则应用指南》、《企业会计准则讲解》以及最新国际财务报告准则（含国际会计准则和解释公告）等法规、制度为依据编写，内容新颖，具有较强的可操作性。

第二，本书的章节结构和内容更符合会计理论和实务与国际趋同的会计改革方向以及现代企业会计确认、计量和报告的要求。这主要体现在：会计确认突出了能给企业带来经济利益的流入和流出；会计计量更多地采用了公允价值计量模式；财务会计报告侧重于上市公司信息披露和合并财务报表；详尽阐述了所得税会计的资产负债表债务法和衍生金融工具会计等。

第三，本书由三大部分组成。第一部分为教材正文。第二部分为教学辅导资料，其中包括：①教师参考资料，含教学目标、教学内容（讲解重点、阅读资料）等；②学生学习资料，含专业术语、思考题、练习题（判断题、选择题、业务分析处理与计算题）、阅读书目等。第三部分为练习题参考答案。因此，本书更便于教师组织教学，也更能有效地指导学生理解和掌握教材内容，还便于各类人员自学。

第四,为了便于读者掌握本书的框架和重点内容,各章正文部分均附有导读及其说明。

本书既可以作为会计学专业的核心教材,也可以作为审计学、财务管理学、财政学、工商管理学等经济专业的教学用书,还可以作为广大财务会计、审计、财政、税收、工商管理工作者的自学用书。

本书的编写分工为:第一、二、三章由武玉荣编写;第四、七章由赵天燕编写;第五章由崔也光、郑月清编写;第六章由陈迈编写;第八、十一章由尹世芬编写;第九章由李百兴编写;第十章由崔也光、杨欢编写。全书由武玉荣、赵天燕负责总纂,付磊教授担任主审。

因水平所限,书中难免有不妥之处,恳请读者指正,以便重印和再版时修改。

目 录

第一章　企业合并 …… 1

第一节　企业合并的含义和方式 …… 2
第二节　非同一控制下企业合并的购买法 …… 9
第三节　同一控制下企业合并的权益结合法 …… 27
第四节　购买法与权益结合法的比较 …… 36
第五节　商誉减值 …… 40

第二章　购并日的合并财务报表 …… 47

第一节　合并财务报表概述 …… 48
第二节　购买法下购买日合并财务报表的编制 …… 62
第三节　权益结合法下合并日合并财务报表的编制 …… 87

第三章　购并日后的合并财务报表 …… 112

第一节　母公司对子公司长期股权投资的处理 …… 113
第二节　企业集团内部债权债务的处理 …… 144
第三节　内部营业收入及存货中未实现内部销售利润的处理 …… 151
第四节　内部长期资产交易的处理 …… 162
第五节　合并现金流量表和合并所有者权益变动表的编制 …… 174
第六节　合并财务报表的特殊问题 …… 181

第四章　总分店经营 …… 209
第一节　分支机构概述 …… 210
第二节　总分店经营及其会计特点 …… 214
第三节　总分店经营的日常会计核算 …… 221
第四节　总分店经营的期末会计核算 …… 226

第五章　上市公司的信息披露 …… 246
第一节　上市公司信息披露的意义和基本框架 …… 247
第二节　分部报告 …… 259
第三节　中期财务报告 …… 267
第四节　关联方披露 …… 276
第五节　资产负债表日后事项 …… 287
第六节　会计政策、会计估计变更和前期差错更正 …… 295

第六章　外币业务 …… 305
第一节　外币与外币业务概述 …… 306
第二节　外币交易会计处理 …… 311
第三节　外币财务报表折算 …… 318

第七章　所得税 …… 328
第一节　所得税会计概述 …… 329
第二节　资产、负债的计税基础及暂时性差异 …… 337
第三节　递延所得税资产和递延所得税负债的确认与计量 …… 354
第四节　所得税费用的确认与计量 …… 371
第五节　所得税的列报 …… 376

第八章　非货币性资产交换 …… 380
第一节　非货币性资产交换概述 …… 381
第二节　按公允价值计量的非货币性资产交换 …… 384
第三节　按账面价值计量的非货币性资产交换 …… 389

第四节　涉及多项非货币性资产的交换 …………………………………… 391

第九章　金融工具 ……………………………………………………… 402

第一节　金融工具会计概述……………………………………………… 403
第二节　衍生工具一般业务的会计处理………………………………… 411
第三节　嵌入衍生工具的会计处理……………………………………… 416
第四节　套期保值的会计处理…………………………………………… 421
第五节　权益工具和混合工具的会计处理……………………………… 439
第六节　金融工具列报…………………………………………………… 444

第十章　租赁 …………………………………………………………… 453

第一节　租赁的性质及其分类…………………………………………… 454
第二节　经营租赁的会计处理…………………………………………… 457
第三节　融资租赁的会计处理…………………………………………… 460
第四节　其他租赁业务的会计处理……………………………………… 473

第十一章　债务重组和破产清算 ……………………………………… 480

第一节　债务重组………………………………………………………… 481
第二节　破产清算………………………………………………………… 500

教师参考资料 …………………………………………………………… 523

学生学习资料 …………………………………………………………… 569

练习题参考答案 ………………………………………………………… 634

第一章

企业合并

导读

- 企业合并
  - 合并方式
    - 吸收合并
    - 新设合并
    - 控股合并
    - 同一控制下的企业合并
    - 非同一控制下的企业合并
  - 购买法
    - 购买方
    - 购买日
    - 合并成本
    - 合并费用
    - 公允价值
    - 商誉、损益
    - 商誉减值测试
    - 披露
  - 权益结合法
    - 合并方
    - 合并日
    - 账面价值的调整
    - 合并费用
    - 所有者权益的合并
    - 披露
  - 比 较
    - 计价标准
    - 商誉确认
    - 当年合并损益
    - 合并留存收益
    - 资本公积
    - 合并费用

说明：

企业合并包括吸收合并、新设合并和控股合并。因考虑到国有企业之间的合并现象较多，所以，2006 年 2 月我国颁发的《企业会计准则第 20 号——企业合并》，将企业合并又分为同一控制下的企业合并和非同一控制下的企业合并。购买法和权益结合法是企业合并的两种会计处理方法,这两种方法的选择并不取决于合并的方式。购买法在各种方式的企业合并中得到广泛应用。权益结合法能对合并后企业的财务会计报告产生有利的影响,可以提高企业的公众形象,因此,为了防止企业盲目选择权益结合法,各国对权益结合法的应用范围都作了严格的规定,美国会计准则和国际财务报告准则均废止使用权益结合法。购买法和权益结合法基于不同的理论,其会计处理内容及其对财务会计报告的影响也不同,其主要区别在于:资产和负债的计价标准;是否确认合并商誉或合并损益;对合并当年合并损益以及以后各年损益的影响。我国《企业会计准则第20号——企业合并》规定,同一控制下的企业合并采用权益结合法,而非同一控制下的企业合并采用购买法。

《企业会计准则解释第4号》对非同一控制下企业合并的相关费用(含直接费用和间接费用)作出如下修订:非同一控制下的企业合并中,购买方为企业合并发生的审计、法律服务、评估咨询等中介费用以及其他相关管理费用,应当于发生时计入当期损益。

第一节　企业合并的含义和方式

一、企业合并的含义

《国际财务报告准则第3号——企业合并》对企业合并作了如下定义:“企业合并是将单独的主体或业务集合为一个报告主体。”我国《企业会计准则第20号——企业合并》对企业合并作出了与国际财务报告准则第3号趋同的定义:“企业合并是指将两个或两个以上单独的企业合并形成一个报告主体的交易或事项。”可见,只要将原来彼此独立的企业合成一个会计主体,将它们的经济资源和经营活动由其中的购买方或合并方实施控制,就完成了企业合并。如果一个主体获得对一个或多个其他非业务主体的控制权,则这些主体的集合不是企业合并。控制通常具有如下特征:①控制的主体是唯一的,即对被投资单位的财务和经营政策的提议不必要征得其他方同意,就可以形成决议并付诸实施;②控制的内容主要是被控制方的财务和经营政策,这些财务和经营政策一般是通过表决权来决定的;③控制的性质是一种权力或法定权力,也可以是通过公司章程或协议、投资者之间的协议授予的权力;④控制的目的是为了获取经济利益,既包括维持、保护或增加经济利益,也包括降低所分担的损失等。

国际会计准则理事会于2011年5月12日发布的《国际财务报告准则第10号——

合并财务报表》(IFRS 10),取代了原《国际会计准则第27号——合并财务报表和单独财务报表》,新国际合并财务报表准则重新界定了控制的含义,指出投资方通过参与被投资方,承担或享有其可变回报,并通过对被投资方的权力,有能力影响这些回报,这时投资方即控制被投资方。当且仅当投资方满足下列所有条件时,投资方才控制被投资方:①拥有对被投资方的权力;②能够通过参与被投资方,承担或享有其可变回报;③能够行使对被投资方的权力,以影响回报投资方的金额。2012年11月,我国财政部发布的《企业会计准则第33号——合并财务报表》也采用了与《国际财务报告准则第10号——合并财务报表》趋同的控制定义。

所合并的企业必须构成业务。业务是指企业内部某些生产经营活动或资产负债的组合。这些生产经营活动或资产负债的组合通常具有投入、加工处理过程和产出能力,能够独立计算其所产生的成本费用或所带来的收入。其中,投入是指原材料、人工、必要的生产技术等无形资产以及构成生产能力的机器设备等其他长期资产的投入;加工处理过程是指具有一定的管理能力、运营过程,能够组织投入形成产出;产出是指生产出产成品或提供某种服务,或者通过为其他部门提供服务来降低企业整体的运行成本等为企业带来经济利益的流入。有关资产或资产、负债的组合要构成一项业务,不一定要同时具备上述三个要素,某些情况下具备投入和加工处理过程两个要素就可认为构成一项业务。

判断某项产权交易或事项是否形成企业合并,除要分析所合并的企业是否构成业务之外,关键还要看有关交易或事项发生前后,是否引起财务报告主体发生变化。财务报告主体的变化包括两种情况:其一,有关交易或事项发生后,引起两个或两个以上的法律主体合并为一个法律主体,导致个别财务报告主体发生变化;其二,有关交易或事项发生后,并未引起法律主体的变化,而只引起两个或两个以上的法律主体形成由母公司及其能够实施控制的子公司构成的企业集团,导致基于合并财务报告意义的报告主体的产生和变化。

在现实经济生活中,人们常用"兼并"、"收购"、"重组"、"合并"等不同词汇来表达企业合并或兼并的概念,而忽略了这些词汇的本质区别。应当说,企业重组涵盖的范围最广,它涉及四大类企业产权变动:①扩张型,包括兼并、收购、联营等;②收缩型,包括资产剥离出售、分立;③公司控制型,包括溢价购回、反接管条款、代表权争夺;④所有权结构变更,包括股票回购、转回非上市公司、杠杆收购等。合并仅涉及扩张型产权变动。从广义上说,合并是指两个或两个以上的企业通过产权交易组成新的企业集团,而不论这个新的企业集团是否只存在单一的经济主体和法律主体,它包括吸收合并、新设合并和控股合并三种方式。从狭义上说,合并是指企业产权交易后只存在单一的经济主体和法律主体,它只包括吸收合并和新设合并,即兼并。我国1989年颁布的《关于企业兼并的暂行规定》中指出:“企业兼并,是指一个企业购买其他企业的产权,使其他企业失去法人资格或改变法人实体的一种行为。”可见,企业兼并是企业合并的一种形式。企业合并可能涉及成立一个新的主体来控制参与合并的主体或所转让的净资产,或者涉及一个或多个参与合并主体的重组。

合并的实质是控制。一个企业或几个企业成为别的企业的子公司,一家公司将其净资产转移给另一家公司,以及几家公司将其净资产转移给一家新建立的公司,均实现了企业合并;同时,一个企业持有了另一个企业的控股权,也是企业合并。

我国 2006 年颁发的《企业会计准则第 20 号——企业合并》规定的企业合并,不涉及下列事项:

第一,通过合并形成的两方或两方以上形成合营企业的企业合并。这是因为,合营企业的合营各方对其生产经营活动实施共同控制,并不存在占主导地位的控制方。

第二,仅通过合同而不是所有权份额将两个或两个以上单独的企业合并形成一个报告主体的企业合并。这是因为,一个企业即使能够通过一些非股权因素对另一个企业实施控制,但因无法明确计量企业合并成本或者甚至不发生任何成本,而不能按照企业合并准则的规范进行会计处理。

《国际财务报告准则第 3 号——企业合并》不适用于以下事项:

第一,由单独的主体或业务集合而形成合营的企业合并;

第二,涉及同一控制下主体或业务的企业合并;

第三,涉及两个或两个以上共同主体的企业合并;

第四,单独的主体或业务仅通过合同而不是获得所有者权益份额集合而形成一个报告主体的企业合并。

二、企业合并的动因

在市场经济条件下,企业间的竞争始终存在,而在经济处于持续高速增长的时期,企业之间的竞争就更趋激烈。企业出于提高经济实力、增强竞争能力的需要,不断扩大生产经营规模,进行多元化经营,于是要对原有效益不佳的经济资源进行重新组合,实现生产要素的合理流动,调整产业结构和产品结构,通过资产重组和产权转让,以较低的投资风险、较少的投资成本,较快地实现规模经济,达到扩张的目的,这就导致了企业间的合并。除此之外,通过企业合并实现经济资源的合理组合,还会收到降低成本、增加利润、合理避税的效果。

企业合并作为市场经济发展的必然产物,不论从宏观经济还是从微观经济角度看,都有其外在的和内在的动因。

首先,从宏观经济角度看,通过企业合并,可以收到以下效果:①让经营良好、经济实力强的企业合并经营欠佳、经济实力差的企业，可以盘活亏损企业资产，中止亏损的继续发生，保全现有资本，并在新的组合下逐渐实现经济资源的增值；②促使有限的社会经济资源的合理流动，优化生产要素的组合，根据社会经济发展需要调整产业结构和产品结构，实现国民经济的良性循环；③纵向和横向的经济联合，可以扩大生产规模和生产能力，实现行业的规模经营，提高行业竞争能力，以适应经济国际化发展的需要；④企业合并与企业破产相比，还可以避免亏损企业破产对生产力的破坏，以及职工失业带来的社会震荡，实现国泰民安背景下的经济体制改革和国民经济腾飞。

其次，从微观经济角度看，通过企业合并，也可以为实施合并的企业带来如下好处：①可以用较低的成本实现战略重组，开展多元化经营，扩大生产规模，提高生产能力，稳定收入来源，分散经营风险；②购买现有企业生产线，接收现有企业的市场，比开发新产品、拓展新市场的投资风险要小，同时，对企业合并形成的固定资产进行必要的改造、改良就可以投入生产，较早地形成生产能力；③吸收人才，引进技术，提高生产经营管理活动的效率，提高资源的利用效率，提高营销能力，扩大市场份额；④企业合并所取得的无形资产，如专利权、专营权、商标权、土地使用权、出口特许权等，也将给企业的经营带来无形的效益；⑤能提高企业的偿债能力，并可能实现合理避税，减轻企业的税收负担。所有这些都将使企业迅速达到规模经济，降低成本，提高盈利率，实现自身利润最大化。

三、企业合并的方式

企业合并按照不同的标准可作如下分类：

（一）按照参与合并企业的控制主体分类

按照参与合并企业的控制主体分类，可将企业合并分为同一控制下的企业合并和非同一控制下的企业合并。

1. 同一控制下的企业合并。同一控制下的企业合并，是指参与合并的企业在合并前后均受同一方或相同的多方最终控制且该控制并非暂时性的。

判断某项企业合并是否属于同一控制下的企业合并，应注意以下问题：

(1)对参与合并各方在合并前后均能实施最终控制的一方通常是指企业集团的母公司。一般说来，同一企业集团内部母公司与子公司之间、各子公司相互之间的合并，属于同一控制下的企业合并。如母公司将全资子公司的净资产转移至母公司并注销子公司；母公司将其持有的某一个子公司的净资产转移至另一个子公司；等等。

(2)对参与合并各方在合并前后均能实施最终控制的相同多方，主要是指根据投资者之间的协议约定，为了扩大其中某一投资者对被投资单位的表决权比例，或巩固其中某一投资者对被投资单位的控制权，在对被投资单位的生产经营决策行使表决权时，采用相同意见的两个或两个以上的法人或其他组织。在这种情况下，被投资单位受相同多方的最终控制。

(3)实施的最终控制并非暂时性的，是指参与合并各方在合并前后受最终控制方的控制时间都应在1年以上(含1年)。如果在企业合并后1年内，合并方即将在企业合并中取得的具有重要性的资产、负债出售而获得即期损益，合并方对于原进行的企业合并应当改按非同一控制下的企业合并原则进行调整。

(4)判断企业之间的合并是否属于同一控制下的企业合并，应当遵循实质重于形式的原则。通常，同一控制下的企业合并发生在同一企业集团内部企业之间。除此之外，一般不作为同一控制下的企业合并。同受国家控制的企业之间的合并，不应仅仅因为参与合并各方在合并前后均受国家控制而将其作为同一控制下的企业合并。

(5)购买子公司的少数股权的全部或部分，不属于企业合并。这是因为，在母公司购买少数股权之前，母公司已经享有对子公司的控制权，该项交易或事项发生前后，不涉及控股权的转移，并未发生财务报告主体的变化。

同一控制下的企业合并，合并方在合并日取得被合并方的控制权。同一控制下的企业合并具有以下特点：①最终实施控制方所能够实施控制的净资产，账面价值基本没有发生变化；②这类企业合并发生于关联方之间，双方议定的交易价格往往不公允，不宜作为核算基础。

2. 非同一控制下的企业合并。非同一控制下的企业合并，是指参与合并的各方在合并前后均不受同一方或相同的多方最终控制。非同一控制下的企业合并，购买方在购买日取得被购买方的控制权。非同一控制下企业合并具有以下特点：①这类企业合并是在非关联方之间进行的，交易价格以市价为基础，相对公平合理，可以作为核算基础；②购买方所控制的被购买方的净资产实际金额，应以公允价值计量。

(二)按照企业合并所涉及的行业分类

按照企业合并所涉及的行业可以分横向合并、纵向合并和混合合并。

1. 横向合并。这是指同行业中生产工艺、产品、劳务相同或接近的两个以上企业的合并。例如，一个汽车制造公司收购了另外一家或几家汽车制造公司，一个客运汽车公司收购了另外一家或几家客运汽车公司等，均属于这种合并。横向合并之所以发生是出于以下目的：充分有效地利用现有生产设备和生产技术，提高产品质量，改进品种结构，提高市场占有率和竞争能力；通过同行业的强强联合、强弱联合实现优势互补，提高管理水平和生产能力，以走出低谷，渡过经济难关；将若干小规模企业联合，形成一个更大的企业，可实现规模经济，从规模经济中获益。由于横向合并减少了一个行业内企业的数量，从而削弱了企业之间的竞争，增加了合并后企业的垄断力量，所以，它在一些国家受到政府的管制。

2. 纵向合并。这是指处于生产经营不同阶段，但具有前后联系的两个以上企业的合并。例如，汽车制造公司合并零配件企业、橡胶轮胎企业，钢铁冶炼企业合并煤炭、矿石开采企业以及运输企业等，均属于这种合并。以纵向合并来推行不同生产经营阶段纵向一体化的原因很多，诸如节约再加工成本、运输成本，减少磋商价格、签订合同、收取货款、发布广告等的成本，促进企业集团内部成员企业供、产、销的良性循环等。当然，纵向合并也可能会使一体化企业在经营的某个阶段拥有垄断力量，从而对那些独立的企业提高投入要素的价格，并对最终产品市场实行掠夺性定价以压榨独立的企业。这种反竞争的效应，在一些国家也得到了重视。

3. 混合合并。这是指从事不相关类型经营的、没有内在联系的两个以上企业的合并。例如，钢铁冶炼企业合并了建筑公司、房地产公司、电脑公司等。混合合并一般会形成跨行业的企业集团。这种合并的目的主要是：①分散经营风险，提高企业的生存能力和发展空间；②利用不同行业的环境条件，拓展市场；③吸收不同行业先进的管理经验，通过协同效应，实现经济效益；④便于现金流量的内部调度，从财务不利的领域转入到从成长性和盈利性的角度看都更具有吸引力的领域，以实现资源转移，改善资源的配置。

（三）按照法律形式分类

按照法律形式分类，企业合并可以分为吸收合并、新设合并和控股合并。

1. 吸收合并。这是指合并方（或购买方）通过企业合并取得被合并方（或被购买方）的全部净资产，合并后注销被合并方（或被购买方）的法人资格，被合并方（或被购买方）原持有的资产、负债在合并后成为合并方（或购买方）的资产、负债的企业合并。在这种方式下，合并方（或购买方）以支付现金、转让非现金资产、承担债务或发行权益证券等方式取得被合并方（或被购买方）的净资产，并继续保留其法人地位，而被合并方（或被购买方）在企业合并后丧失了独立的法人资格。例如，原作为独立法人企业的A公司和B公司合并，A公司吸收了B公司，B公司丧失法人资格，成为A公司的组成部分，从法律上讲，A公司+B公司=A公司。

2. 新设合并，又称创立合并。这是指参与合并的各方在合并后法人资格均被注销，重新注册成立一家新的企业的企业合并。在这种方式下，参与合并的各家企业都丧失了法人资格，而合并成一家新的具有法人资格的企业。例如，A公司和B公司合并，成立了一个C公司，参与合并的A公司和B公司同时丧失法人资格，成为新设立的C公司的组成部分，从法律上讲A公司+B公司=C公司。新组成的C公司要接收A、B两家公司的资产和负债，并向A、B两家公司原所有者签发出资证明。如果A、B两家公司的所有者不再作为C公司的所有者,则C公司所有者应向A、B两家公司原所有者支付产权转让价款。

3. 控股合并。这是指合并方(或购买方)在企业合并中取得对被合并方(或被购买方)的控制权,被合并方(或被购买方)在合并后仍保持其独立的法人资格并继续经营,合并方(或购买方)确认企业合并形成的对被合并方(或被购买方)的投资的企业合并。在这种方式下,虽然被合并方(或被购买方)在合并后仍保持其独立的法人资格,但是其财务和经营政策受到合并方(或购买方)的控制。例如,A公司购入B公司有表决权股份的60%,控制了B公司的生产经营权以及财务与经营决策权,则A公司成为控股公司,即母公司,B公司成为A公司的附属公司,即子公司。这种情况下,A公司要编制合并财务报表。

从理论上讲,只有当持股份额占被合并方(或被购买方)有表决权股份的50%以上时,才达到控制的目的。因此,即使一个企业持有另一个企业不到100%的股权,只要在50%以上,也就完成了企业合并。但在证券市场发达的国家,由于企业的股份分散在众多股东手中,一家企业只要拥有另一家企业30%甚至25%左右的有表决权的股份,就足以达到控制目的。因此,控股比例并不是绝对的,合并的概念应以合并方(或购买方、投资企业)对被合并方(或被购买方、被投资单位)的生产经营管理是否具有控制能力为准。

(四)按照企业合并的性质分类

按照企业合并的性质又可分为购买合并和权益结合合并。

1. 购买合并。在各种企业合并中,只要一个参与合并的企业占支配地位,能辨认出哪一个企业是购买方,就可称之为购买合并。《国际财务报告准则第3号——企业合并》指出,所有企业合并都应认定一个购买方。购买方是获得对其他参与合并主体或业务的控制权的参与合并主体。购买方可按下述方法确定:

(1)一个参与合并主体获得对另一参与合并主体一半以上的表决权,因而获得了另一参与合并主体的控制权。

(2)一个参与合并主体未取得其他参与合并主体半数以上的表决权,但企业合并的结果使得一个参与合并主体:①通过与其他投资者之间的协议,获得对另一主体一半以上表决权的权力;②通过法律或协议,获得统驭另一主体的财务和经营政策的权力;③获得任命或解除另一主体董事会或类似治理机构大多数成员的权力;④获得在另一主体董事会或类似治理机构会议中投多数票的权力。

(3)虽然难以认定购买方,但常常有迹象表明购买方的存在:①若一个参与合并主体的公允价值大大超过另一参与合并主体的公允价值,则公允价值较大的主体可能是购买方;②若企业合并通过以现金或其他资产换取有表决权的普通股权益工具来实现,则放弃现金或其他资产的主体可能是购买方;③若企业合并使得一个参与合并主体的管理层能够控制合并后主体管理团队的选配,则管理层处于控制地位的主体是购买方。

2. 权益结合合并,又称股权联合合并。在企业合并中,无法辨认出哪一参与合并主体是购买方,就可称之为权益结合合并。原《国际会计准则第 22 号——企业合并》对权益结合作了如下定义:权益结合是指参与合并的企业的股东联合控制他们的全部或实质上是全部的净资产和经营活动,以便继续对合并后实体分享利润和分担风险的企业合并。在这种情况下,参与合并企业的股东签订一项本质上平等的协议,共同控制合并后企业的全部或实际上全部的净资产和经营权,参与合并企业的股东共同分担和分享合并后企业的风险和报酬。为了达到这一目的,应具备如下条件:①参与合并的企业有表决权的普通股,应全部参与交换或合并,如果不是全部,至少也应是绝大多数参与交换或合并。②一个企业财产的公允价值不能与另一个企业财产的公允价值相差很远。③合并之后,各企业的股东在合并后的主体中应大体保持与合并前同样的表决权和股权。《国际财务报告准则第 3 号——企业合并》没有规范权益结合合并。

购买合并和权益结合合并具有本质的不同,相应的应采用购买法和权益结合法两种不同的会计方法。《国际财务报告准则第 3 号——企业合并》要求所有企业合并都应当采用购买法进行会计处理,这种分类也变得不再有实际意义。但是,我国颁发的《企业会计准则第 20 号——企业合并》,考虑到我国国有企业之间的合并现象较多,因此规定,同一控制下的企业合并采用权益结合法进行会计处理,而非同一控制下的企业合并采用购买法进行会计处理。

第二节 非同一控制下企业合并的购买法

一、购买法的含义及其特点

购买法又称收购法,它假设企业合并是一个企业取得其他参与合并企业的净资产的一种交易。在多数情况下,企业合并往往是一家参与合并企业作为购买方,其他参与合并企业作为被购买方,购买方以现金或其他代价购进被购买方的净资产。从某种意义上说,这种产权交易与购买方从企业外部购入原材料、机器设备并无本质区别。

我国现行非同一控制下企业合并采用的购买法的特点主要表现在以下几个方面:

第一,购买方在购买日需要确定合并中取得的被购买方各项可辨认资产、负债和净资产的公允价值。在吸收合并和新设合并方式下,购买方在购买日应当按照合并中取得的被购买方各项可辨认资产、负债的公允价值确定入账价值;在控股合并方式下,母公司应当设置备查账簿,记录合并中取得的子公司各项可辨认资产、负债及或有负债在购买日的公允价值,在编制合并财务报表时,应以购买日确定的子公司各项可辨认资产、负债的公允价值为基础对子公司的财务报表进行调整。

第二,购买方在购买日需要确定和分配合并成本。合并成本是指购买方在购买日为取得被购买方的控制权而付出的资产、发生或承担的负债以及发行的权益性证券的公允价值。购买方在购买日应对合并成本进行分配,将取得的被购买方各项可辨认资产、负债及或有负债的账面价值调整为公允价值。合并成本大于合并中取得的被购买方可辨认净资产公允价值份额的差额,应当确认为商誉;合并成本小于合并中取得的被合并方可辨认净资产公允价值份额的差额,经复核后确认为负商誉或计入当期损益,国际财务报告准则和我国具体会计准则规定,将这个差额计入当期损益。

第三,购买方为进行企业合并发生的各项直接相关费用不再计入企业合并成本,而于发生时计入当期损益。购买方为进行企业合并发生的各项直接相关费用包括为进行企业合并而支付的审计费用、评估费用、法律服务费用、咨询费用等。以下三项费用也不能计入合并成本:①具体实施企业合并工作的管理部门发生的费用,属于间接费用,应当计入当期损益;②为合并发行的债券或承担其他债务支付的手续费、佣金等费用,应计入所发行债券及其他债务的初始计量金额;③企业合并中发行权益性证券发生的手续费、佣金等费用,应当抵减权益性证券溢价收入,溢价收入不足冲减的,冲减留存收益。

第四,合并当年购买方当期实现的损益,包括当期自身实现的损益和被购买方在购买日后实现的损益,不包括被购买方在购买日之前实现的损益。

第五,购买日之前被购买方的留存收益也不计入购买方的购买日的留存收益。

第六,在控股合并方式下,购买日只需要编制合并资产负债表。

二、购买法涉及的会计问题

按购买法进行企业合并的会计处理,主要涉及购买方、购买日的确定等问题。

(一)购买方的确定

采用购买法核算企业合并的首要前提是确定购买方。如前所述,购买方是指在企业合并中取得另一方或多方控制权的一方。企业合并中一方取得了对另一方的实质控制权,则取得控制权的一方为购买方。在某些情况下,如果仍然难以确定企业合并中的购买方,还可以结合以下因素具体判断:

第一,以支付现金、转让非现金资产或承担债务方式进行的企业合并,一般支付现金、转让非现金资产或承担债务的一方为购买方。

第二，合并各方的股东在企业合并后主体中具有相对较高的投票比例的一方一般为购买方。

第三，合并导致参与合并一方的管理层能够主导合并后主体生产经营政策的制定，则其管理层能够实施主导作用的一方一般为购买方。

第四，参与合并一方的公允价值远远大于另一方的，公允价值较大的一方很可能为购买方。

第五，以有表决权的股份换取另一方现金及其他资产的，则付出现金或其他资产的一方很可能为购买方。

第六，通过权益互换实现的企业合并，发行权益证券的一方通常为购买方。但是，如果有证据表明发行权益证券的一方，其生产经营决策在合并后被参与合并的另一方控制，则参与合并的另一方为购买方。

（二）购买日的确定

企业应当在购买日确认因企业合并取得的资产和负债。因此，确定购买日也是采用购买法核算的企业合并的重要前提。从理论上讲，购买日是指购买方实际取得对被购买方控制权的日期，也可以说是被购买方的净资产或经营决策的控制权实质上转移给购买方的日期，购买日是购买法开始应用的日期。自购买日起，被购买方的净资产和经营决策控制权上的主要风险和报酬已转移给购买方。在实务中，被购买方净资产或经营决策控制权上的主要风险和报酬的转移，应当在满足参与合并各方权益的所有条件时予以认定。《企业会计准则第20号——企业合并》规定，同时满足以下条件的，通常可认为实现了控制权的转移：

第一，企业合并合同或协议已获股东大会等通过。

第二，企业合并事项需要经过国家有关主管部门审批的，已获得批准。

第三，参与合并各方已办理必要的财产转移手续。

第四，购买方已支付了购买价款的大部分（一般超过50%），并且有能力、有计划支付剩余款项。

第五，购买方实际上已经控制了被购买方的财务和经营决策，并拥有相应的利益，承担相应的风险。

分次实现的企业合并，其购买日应为按照有关标准判断购买方最终取得对被购买方控制权的日期。

（三）合并成本的计量

合并成本是指购买方为取得对被购买方的控制权所付出的代价。购买方应以下列项目的合计金额来计量企业合并成本：①购买方为换取对被购买方的控制权而放弃的货币及非货币性资产的公允价值;②发生或承担的负债的公允价值;③发行的权益性工具在交易日的公允价值;④在合并合同或协议中规定视未来或有事项的发生,购买方通过以发行额外证券、支付额外现金或其他资产等方式追加合并对价,或者要求返还之前已支付的对价,购买日如果估计未来事项很可能发生,购买方应当将约定的或有对价作为合并转移对价的一部分,按照其在购买日的公允价值计入合并成本,或有对价符合金融负债或权益工具定义的,购买方应将拟支付的或有对价确认为一项负债或权益,符合资产定义并满足资产确认条件的,购买方应当将符合合并协议约定条件的、对已支付的合并对价中可收回部分的权利确认为一项资产。

通过多次交易分步实现非同一控制下企业合并的,应当区分个别财务报表和合并财务报表进行相关会计处理:

1. 个别财务报表。在个别财务报表中,应当以购买日之前所持被购买方的股权投资的账面价值与购买日新增股权投资成本之和,作为该项投资的初始投资成本;购买日之前持有的被购买方的股权涉及其他综合收益的,应当在处置该项投资时将与其相关的其他综合收益转入当期投资收益。具体会计处理原则如下:

第一,购买方在购买日之前持有的对被购买方的股权投资,保持其账面价值不变:其中,购买日前作为长期股权投资采用成本法核算的,为成本法核算下至购买日应有的账面价值;购买日前作为长期股权投资采用权益法核算的,为权益法核算下至购买日应有的账面价值;购买日前作为金融资产并按公允价值计量的,为购买日的账面价值。

第二,新增股权投资按照购买日支付对价的公允价值计量,并确认为长期股权投资。

第三,购买方应当以购买日之前所持被购买方的股权投资的账面价值与购买日新增股权投资成本之和,作为该项投资的初始投资成本。

第四,购买方在购买日之前持有的被购买方的股权投资涉及其他综合收益的,例如,购买方原持有的对被购买方的长期股权投资采用权益法核算时,其购买日账面价值中包含的被购买方持有的可供出售金融资产公允价值变动,购买方按持股比例计算应享有的份额计入资本公积(其他资本公积)的部分,在购买日不予处理,在购买方出售该项投资时,再按与出售股权相对应的其他综合收益(其他资本公积)部分转入出售当期的损益。

2. 合并财务报表。在合并财务报表中,购买方对于购买日之前持有的被购买方的股权,应当按照该股权在购买日的公允价值进行重新计量。具体会计处理原则如下:

第一,购买方在购买日之前持有的对被购买方的股权投资,按照股权在购买日的公允价值进行重新计量,公允价值与其账面价值的差额计入当期投资收益。

第二,购买方应当以购买日之前所持被购买方的股权投资于购买日的公允价值,与购买日新购入股权所支付对价的公允价值之和,作为合并财务报表中的合并成本。

第三,将按上述方法计算的合并成本,与购买日享有的被购买方可辨认净资产公允价值的份额进行比较,确定购买日应确认的商誉或应计入合并当期损益的金额。

第四,购买方在购买日之前持有的被购买方的股权投资涉及其他综合收益的,与其相关的其他综合收益应于购买日转为购买当期的投资收益。

可见,合并成本是购买方为取得对被购买方控制权所付出的代价,包括支付的现金或非现金资产、发行或承担的债务、发行的权益性证券等的公允价值之和。

确定所发行权益性证券的公允价值时,对于购买日存在公开报价的权益性证券,可以公开报价为依据确定其公允价值,在非常特殊的情况下,购买方能够证明权益性证券在购买日的公开报价不能可靠地代表其公允价值,并且用其他的证据和估价方法能够更好地计量公允价值时,可以考虑其他的证据和估计方法。如果购买日权益性证券的公开报价不可靠,或者不存在公开报价,则购买方发行的权益性证券公允的价值应参照其在被购买方的公允价值中所占权益份额,或者参照其在被购买方公允价值中获得的权益份额,按两者之中有明显证据支持的一个确定。

购买方在购买日对作为企业合并对价付出的资产、发生或承担的负债应当按照公允价值计量,公允价值与账面价值的差额,计入当期损益。

在计算合并成本时,应注意以下问题:

第一,当全部合并成本或部分合并成本的结算被递延时,应当考虑结算中可能发生的溢价或折价,将应付金额折现为交易日的现值,以此确定递延部分的公允价值。

第二,企业合并成本包括购买方为换取被购买方控制权而发生或承担的负债。预期由于合并而发生的未来损失或其他成本,不属于购买方为换取被购买方控制权而发生或承担的负债,因此,不包含在合并成本中。

第三,筹备与发行金融负债的成本是负债发行交易的组成部分,发行权益性工具的成本是权益发行交易的组成部分,这两者都不是直接归属于合并的成本。

第四,当企业合并协议规定了由于未来或有事项对企业合并成本进行调整时,如果调整很可能发生并能可靠地计量,则购买方应在购买日将调整额计入合并成本;如果未来事项没有发生,或者需要对估计进行修订,则企业合并成本应当进行相应的调整;如果调整不可能发生或者不能被可靠地计量,则在合并的初始会计处理时不应将这类调整包含在合并成本中;如果后来调整很可能发生并能可靠地计量,则追加的对价应当作为对合并成本的调整处理。

第五,如果购买方向出售者进行后续支付,以补偿购买方为换取被购买方控制权而放弃的资产、发行的权益或者发生或承担的负债的价值减少,如购买方对作为企业合并成本的部分而发行权益或债务工具(即股票或债券)的市价作担保,并为了恢复最初确定的成本而必须发行额外的权益或债务工具,就属于这种情况,在这种情况下,不确认企业合并成本的增加。在权益性工具情况下,追加支付的公允价值被归属于首次发行工具的价值减少所抵销。在债务工具情况下,追加支付被视为首次发行溢价的减少或折价的增加。

(四)取得的被购买方各项可辨认资产、负债及或有负债公允价值的确定

被购买方各项资产、负债及或有负债的公允价值,应按下述程序和方法确定:

第一,应核实被购买方的账面记录是否完整、正确,是否账物相符。对于盘盈盘亏的实物资产,在调整资产账面价值的同时,直接增加或减少被购买方的所有者权益;对于确实无法收回的债权,应先冲减原计提的坏账准备,不足冲减部分,再冲减被购买方的所有者权益;对于无法偿还的债务,则增加被购买方的所有者权益。

第二,分析和处理跨期摊配的费用,如在"应收账款"和"其他应付款"科目核算的待摊费用、预提费用以及长期待摊费用、递延所得税资产、递延所得税负债等。对于待摊费用、长期待摊费用、递延所得税资产,凡是对购买方仍有意义的,如预付的保险费、购买的印花税票等,应继续保留其余额;凡不能为购买方继续服务的,应冲减被购买方所有者权益,如尚未摊销的租金等。对于预提费用、递延所得税负债余额等以后不必支付的部分,增加被购买方所有者权益,如执行《企业会计准则——固定资产》前预提的固定资产修理费;尚需支付的部分,应继续保留其余额,如预提借款利息。

第三,将被购买方合并过程中支付的各项清理维护费用,从被购买方所有者权益中扣除。

第四,经过上述步骤确认被购买方资产、负债实有金额后,重新编制被购买方资产负债表,并据此进行资产评估,确定购买日被购买方资产、负债及或有负债的公允价值。

企业应当按照以下规定确认合并中取得的被购买方各项可辨认资产、负债及或有负债的公允价值:

第一,货币资金,按照购买日被购买方的原账面价值确定。

第二,有活跃市场的股票、债券、基金等金融工具,按照购买日活跃市场中的市场价值确定。

第三,应收款项,其中的短期应收款项,因其折现后的价值与名义金额相差不大,可以直接运用其名义金额作为公允价值,所以一般按照应收取的金额作为其公允价值;长期应收款项,应按适当的利率折现后的现值确定其公允价值。在确定应收款项的公允价值时,要考虑发生坏账的可能性及其收款费用。

第四,存货,对其中的产成品和商品按其估计售价减去估计的销售费用、相关税费以及购买方出售类似产成品或商品可能实现的利润确定;在产品按完工产品的估计售价减去至完工仍将发生的成本、预计销售费用、相关税费以及基于同类或类似产成品估计可能实现的利润确定;原材料按现行重置成本确定。

第五，不存在活跃市场的金融工具，如权益性投资等，应当参照《企业会计准则第22号——金融工具确认和计量》等，采用估值技术确定其公允价值。

第六，房屋建筑物、机器设备、无形资产，存在活跃市场的，应以购买日的市场价格为基础确定其公允价值；不存在活跃市场、但同类或类似资产存在活跃市场的，应参照同类或类似资产的市场价格确定其公允价值；同类或类似资产也不存在活跃市场的，应采用估值技术确定其公允价值。

第七，应付账款、应付票据、应付职工薪酬、应付债券、长期应付款，其中的短期负债，因其折现后的价值与名义金额相差不大，可以名义金额作为公允价值，所以一般按照应支付的金额确定其公允价值；长期负债，应当按照适当的折现率折现后的现值作为其公允价值。

第八，取得的被购买方的或有负债，其公允价值在购买日能够可靠计量的，应单独确认为预计负债。此项负债应当以假定第三方愿意代购买方承担该项义务，就其所承担义务需要购买方支付的金额作为其公允价值。

第九，递延所得税资产和递延所得税负债，取得的被购买方各项可辨认资产、负债及或有负债的公允价值与其计税基础之间存在差额的，应当按照《企业会计准则第18号——所得税》的规定确认相应的递延所得税资产或递延所得税负债，所确认的递延所得税资产或递延所得税负债的金额不应折现。

确定被购买方净资产的公允价值是实施购买法必不可少的步骤。这是因为，在购买法下，应按公允价值确定产权交易成交价格，而且购买方要按公允价值记录所取得的资产和所承担的债务。

被购买方可辨认净资产公允价值，是指合并取得的被购买方可辨认资产的公允价值减去负债及或有负债公允价值后的余额。

被购买方可辨认资产、负债及或有负债在符合下列条件时，应当单独予以确认，并按公允价值计量：①合并中取得的被购买方除无形资产以外的其他各项资产（不仅限于被购买方原已确认的资产），其所带来的经济利益很可能流入企业且公允价值能够可靠计量的，应当单独予以确认并按照公允价值计量。合并中取得的无形资产，其公允价值能够可靠计量的，应单独确认为无形资产并按照公允价值计量；②合并中取得的被购买方除或有负债以外的其他各项负债，履行有关义务很可能导致经济利益流出企业且公允价值能够可靠计量的，应当单独予以确认并按照公允价值计量；③合并中取得的被购买方或有负债，其公允价值能够可靠计量的，应当单独确认为负债并按照公允价值计量。

（五）合并成本的分配和商誉（或损益）的确认

购买方在购买日应对合并成本进行分配，确定所取得的被购买方各项可辨认资产、负债及或有负债的公允价值。将合并成本分摊到被购买方各项可辨认资产、负债及或有负债中时,应参照这些资产和负债在购买日(交易日)的公允价值。购买方合并成本与所取得的被购买方可辨认净资产公允价值份额的差额,应区别情况进行处理:

第一,购买方合并成本大于合并中所取得的被购买方可辨认净资产公允价值份额的差额,应当确认为商誉。在吸收合并和新设合并方式下,购买方在购买日应对合并成本进行分配,将取得的被购买方各项可辨认资产、负债及或有负债的账面价值调整为公允价值,合并成本大于合并中取得的被购买方可辨认净资产公允价值份额的差额,应当确认为商誉。在控股合并方式下,母公司在编制合并资产负债表时,对于被购买方可辨认资产、负债应当按照合并中确定的公允价值列示,企业合并成本大于合并中取得的被购买方可辨认净资产公允价值份额的差额,在合并资产负债表中确认为商誉。初始确认后的商誉,应当以其成本扣除累计减值准备后的金额计量。

第二,购买方合并成本小于合并中所取得的被购买方可辨认净资产公允价值份额的差额,应计入当期损益(营业外收入)。在吸收合并和新设合并方式下,合并成本小于合并中取得的被合并方可辨认净资产公允价值份额的差额,应先对所取得的被购买方各项可辨认资产、负债及或有负债的公允价值以及合并成本的计量进行复核,经复核后合并成本仍小于合并中所取得的被购买方可辨认净资产公允价值份额的,其差额应计入当期损益。在控股合并方式下,合并成本小于合并中取得的被购买方可辨认净资产公允价值份额的差额,在购买日合并财务报表中确认为营业外收入,在以后年度调整期初盈余公积和未分配利润。

三、购买法下的会计处理

按照购买法进行企业合并的会计处理,一方面涉及购买方的会计处理,另一方面涉及被购买方的会计处理。

(一)购买方的会计处理

购买方的会计处理主要涉及合并成本的确定,购买价款的支付,商誉或损益(或负商誉)的计算。如果以发行权益性证券实施企业合并,还涉及股本和资本公积的确定。如果属于吸收合并和新设合并,还会涉及购买方取得的资产和承担的负债的确认和计量;如果属于控股合并,还涉及长期股权投资初始投资成本的计量。

1. 吸收合并和新设合并方式下购买方的会计处理。非同一控制下的吸收合并和新设合并,购买方在购买日应当将在企业合并取得的各项可辨认资产、负债,按其公允价值确认为本企业的资产和负债;购买方作为合并对价支付的非货币性资产在购买日的公允价值与账面价值的差额,应作为资产处置损益,记入合并当期的利润表;企业合并成本与取得的被购买方可辨认净资产公允价值之间的差额，视情况分别确认为商誉或当期损益，记入购买方账簿及个别财务报表。

(1)以货币性资产为对价取得被购买方净资产。举例说明如下。

【例1－1】 N公司和M公司为非同一控制下的企业(适用于例1－1至例1－7)。2010年12月31日，N公司被M公司吸收合并，丧失法人资格，M公司保留法人资格。两公司的会计年度均为日历年度，对会计要素的会计处理采用相同的会计政策。M公司以7 340 000元的价格购买N公司的全部股份；另支付与合并有关的直接费用60 000元(其中法律费用20 000元，手续费40 000元)，与合并有关的间接费用(登记费用)5 000元。所得税税率为25%。合并前M公司和N公司资产、负债、所有者权益的账面价值和公允价值见表1－1。

表1－1　　N公司资产负债表

2010年12月31日　　单位：元

项　目	M公司	N公司	
		账面价值	公允价值
货币资金(银行存款)	7 500 000	400 000	400 000
应收账款	300 000	1 200 000	1 000 000
存货	500 000	3 000 000	2 700 000
固定资产	6 500 000	6 000 000	6 700 000
无形资产	500 000	300 000	400 000
资产总计	15 300 000	10 900 000	11 200 000
短期借款	3 000 000	2 200 000	2 200 000
应付账款	500 000	260 000	260 000
长期借款	2 300 000	1 000 000	1 000 000
长期应付款	800 000	600 000	500 000
负债合计	6 600 000	4 060 000	3 960 000
股本(实收资本)	4 300 000	5 000 000	5 000 000
资本公积	640 000	800 000	1 200 000
盈余公积	2 000 000	600 000	600 000
未分配利润	1 760 000	440 000	440 000
所有者权益合计	8 700 000	6 840 000	7 240 000
负债及所有者权益总计	15 300 000	10 900 000	11 200 000

根据《企业会计准则第20号——企业合并》和国际财务报告准则的规定，M公司

应作如下会计处理：

(1)计算合并成本：

合并成本 = 7 340 000(元)

(2)确认合并商誉：

合并商誉 = 7 340 000 - (11 200 000 - 3 960 000) = 100 000(元)

(3)编制如下会计分录：

A. 借：管理费用　65 000

　贷：银行存款　65 000

B. 借：银行存款　400 000

　　应收账款　1 000 000

　　原材料　900 000

　　生产成本　400 000

　　库存商品　1 400 000

　　固定资产　6 700 000

　　无形资产　400 000

　　商誉　100 000

　贷：短期借款　2 200 000

　　应付账款　260 000

　　长期借款　1 000 000

　　长期应付款　500 000

　　银行存款　7 340 000

【例1-2】　例1-1中，若M公司以5 960 000元的价格购买N公司全部股权，实施吸收合并，另支付与合并有关的直接费用40 000元，与合并有关的间接费用3 000元。且经复核，合并成本仍小于取得的被购买企业可辨认净资产公允价值。

根据《企业会计准则第20号——企业合并》和国际财务报告准则的规定，M公司应作如下会计处理：

(1)计算合并成本：

合并成本 = 5 960 000(元)

(2)确认营业外收入：

营业外收入 = 5 960 000 - (11 200 000 - 3 960 000) = -1 280 000(元)

(3)编制如下会计分录：

A. 借：管理费用　43 000

　贷：银行存款　43 000

B. 借:银行存款　400 000
　　应收账款　1 000 000
　　原材料　900 000
　　生产成本　400 000
　　库存商品　1 400 000
　　固定资产　6 700 000
　　无形资产　400 000
　贷:短期借款　2 200 000
　　应付账款　260 000
　　长期借款　1 000 000
　　长期应付款　500 000
　　营业外收入　1 280 000
　　银行存款　5 960 000

(2)以非货币性资产为对价取得被购买方净资产。在这种情况下,购买方在购买日作为合并对价付出的非货币性资产的公允价值与其账面价值的差额,计入当期损益。

【例 1-3】　在例 1-1 中,如果 M 公司以土地使用权为对价,吸收合并 N 公司。土地使用权的账面价值为 7 000 000 元、公允价值为 8 000 000 元,另支付与合并有关的直接费用 60 000 元(其中法律费用 20 000 元,手续费 40 000 元),与合并有关的间接费用(登记费用)5 000 元。则:

(1)计算合并成本:

合并成本 = 8 000 000(元)

(2)确认商誉:

合并商誉 = 8 000 000 - (11 200 000 - 3 960 000) = 760 000(元)

(3)计入当期损益的合并对价公允价值与其账面价值的差额 = 8 000 000 - 7 000 000 = 1 000 000(元)。

(4)编制如下会计分录:

A. 借:管理费用　65 000
　贷:银行存款　65 000

B. 借:银行存款　400 000
　　应收账款　1 000 000
　　原材料　900 000
　　生产成本　400 000
　　库存商品　1 400 000

固定资产　　6 700 000
无形资产　　400 000
商誉　　760 000
贷:短期借款　　2 200 000
应付账款　　260 000
长期借款　　1 000 000
长期应付款　　500 000
无形资产　　7 000 000
营业外收入　　1 000 000

(3)以发行权益证券为对价取得被购买方净资产。在这种情况下,证券发行费用应先冲减股本溢价,不足冲减的部分,再冲减留存收益,不得计入合并成本。

【例1-4】　例1-1中的其他资料不变,M公司发行6 000 000股每股面值1元、市价为1.5元的股票,换取N公司股东持有的每股面值1元的5 000 000股股票,另支付与合并有关的直接费用60 000元(其中,法律费用20 000元,手续费40 000元)、与合并有关的间接费用(登记费用)5 000元、证券发行费用20 000元。

M公司作如下会计处理:

(1)计算合并成本:

$$合并成本 = 6\ 000\ 000 \times 1.5 = 9\ 000\ 000(元)$$

(2)确认商誉:

$$合并商誉 = 9\ 000\ 000 - (11\ 200\ 000 - 3\ 960\ 000) = 1\ 760\ 000(元)$$

(3)编制如下会计分录:

A. 借:管理费用　　65 000
资本公积——股本溢价　　20 000
贷:银行存款　　85 000

B. 借:银行存款　　400 000
应收账款　　1 000 000
原材料　　900 000
生产成本　　400 000
库存商品　　1 400 000
固定资产　　6 700 000
无形资产　　400 000
商誉　　1 760 000
贷:短期借款　　2 200 000

应付账款 260 000

长期借款 1 000 000

长期应付款 500 000

股本 6 000 000

资本公积 3 000 000

新设合并方式下的企业合并的会计处理，与吸收合并的基本思路和处理方法相同，不同的是，在新设合并情况下，购买方为新设企业，应对取得的参与合并的各被购买方的资产、负债和所有者权益均按公允价值计量，分别确认合并成本、合并商誉或损益，并分别编制如上合并会计分录，并入新创建的企业，其合计数即为新创立企业购买日的资产、负债和所有者权益。

2. 控股合并方式下购买方的会计处理。吸收合并和新设合并会计处理的基本思路和方法同样适用于控股合并，不同的是：①在控股合并情况下，由于被购买方仍保留法人资格，购买方仅确认长期股权投资的初始投资成本，不将被购买方的资产、负债和所有者权益并入购买方相应科目；②购买方在账簿和个别财务报表上不将购买日合并成本与取得的被购买方净资产公允价值的差额确认为商誉或损益，而是由购买方作为母公司在编制的购买日合并财务报表中将其确认为商誉或损益；③被购买方也不将其资产、负债和净资产的账面价值调整为公允价值，而是由购买方作为母公司在编制合并财务报表时予以调整。

上述例1-1至例1-4，如果属于控股合并，M公司取得N公司100%的股权，按国际财务报告准则和我国企业会计准则，应编制如下会计分录：

在例1-1中：

借：长期股权投资 7 340 000

　管理费用 65 000

　贷：银行存款 7 405 000

在购买日合并财务报表中将子公司资产、负债的账面价值调整为公允价值，并确认商誉100 000元，同时将母公司对子公司投资与拥有的子公司净资产公允价值予以抵销。编制如下调整分录和抵销分录：

(1)借：固定资产 700 000

　　无形资产 100 000

　　长期应付款 100 000

　贷：应收账款 200 000

　　存货 300 000

　　资本公积 400 000

(2)借:股本(或实收资本) 5 000 000

资本公积 (800 000 + 400 000)1 200 000

盈余公积 600 000

未分配利润 440 000

商誉 100 000

贷:长期股权投资 7 340 000

在例1-2中:

借:长期股权投资 5 960 000

管理费用 43 000

贷:银行存款 6 003 000

在购买日合并财务报表中除了将子公司资产、负债的账面价值调整为公允价值外,还应确认营业外收入1 280 000元,同时将母公司对子公司投资与拥有的子公司净资产公允价值予以抵销。

借:股本 5 000 000

资本公积 (800 000 + 400 000)1 200 000

盈余公积 600 000

未分配利润 440 000

贷:长期股权投资 5 960 000

营业外收入 1 280 000

在以后年度编制合并报表时,调增期初未分配利润1 280 000元。

在例1-3中:

借:长期股权投资 8 000 000

管理费用 65 000

贷:无形资产 7 000 000

营业外收入 1 000 000

银行存款 65 000

在购买日合并财务报表中将子公司资产、负债的账面价值调整为公允价值,并确认商誉760 000元,同时将母公司对子公司投资与拥有的子公司净资产公允价值予以抵销。

在例1-4中:

A. 借:长期股权投资 (6 000 000 × 1.5)9 000 000

贷:股本 6 000 000

资本公积——股本溢价 3 000 000

B. 借:管理费用 65 000

资本公积——股本溢价　　20 000

贷:银行存款　　85 000

在购买日合并财务报表中将子公司资产、负债的账面价值调整为公允价值,确认商誉1 760 000元,同时将母公司对子公司投资与拥有的子公司净资产公允价值予以抵销。

【例1-5】 A公司于2010年1月1日以银行存款3 500 000元取得了B公司20%的股权,对B公司的财务和经营活动等有重大影响。B公司可辨认资产在该日的公允价值是10 000 000元,账面价值是8 000 000元,假设B公司在该日没有或有负债,2010年1月1日的资产负债表资料如表1-2所示。

表1-2　　单位:元

项　目	账面价值	公允价值
银行存款	1 200 000	1 200 000
应收账款	800 000	800 000
固定资产	2 000 000	3 000 000(增值1 000 000)
无形资产(土地使用权)	4 000 000	5 000 000(增值1 000 000)
股本	5 000 000	5 000 000
资本公积		2 000 000
盈余公积	1 000 000	1 000 000
未分配利润	2 000 000	2 000 000

截至2010年12月31日,B公司当年实现利润6 000 000元,没有支付股利,另土地的市价由5 000 000元增加到8 000 000元,B公司账面价值未作调整。2010年12月31日,B公司普通股的股价为每股30元,2010年12月31日的资产负债表资料如表1-3所示。

表1-3　　单位:元

项　目	账面价值	公允价值
银行存款	6 200 000	6 200 000
应收账款	1 800 000	1 800 000
固定资产	2 000 000	3 000 000
无形资产(土地使用权)	4 000 000	8 000 000(增值3 000 000)
股本	5 000 000	5 000 000
资本公积		5 000 000
盈余公积	1 600 000	1 600 000
未分配利润	7 400 000	7 400 000

2011 年 1 月 1 日，A 公司以银行存款 18 000 000 元进一步取得 B 公司 60% 的股权，从而获得了对 B 公司的控制权。不考虑所得税因素。

(1)购买方 A 公司在个别财务报表中的处理：

①2010 年 1 月 1 日，支付购买价款：

借：长期股权投资　　3 500 000

　贷：银行存款　　3 500 000

②2010 年 12 月 31 日，按权益法确认投资收益和其他综合收益：

借：长期股权投资　　1 800 000

　贷：投资收益　　1 200 000

　　资本公积——其他资本公积　　600 000

③2011 年 1 月 1 日，以银行存款 1 800 万元，进一步取得 B 公司 60% 的股权，从而获得了控制权：

借：长期股权投资　　18 000 000

　贷：银行存款　　18 000 000

A 公司购买日的长期股权投资初始投资成本为 2 330 万元。

(2)A 公司在购买日合并财务报表中的处理：

①计算合并成本：

购买日 B 公司可辨认净资产公允价值 = 500 + 500 + 160 + 740 = 1 900(万元)

购买日前取得的 20% 股权的公允价值 = 1 900 × 20% = 380(万元)

合并成本 = 380 + 1 800 = 2 180(万元)

②计算应计入当期投资收益的金额：

计入当期投资收益的金额 = 380 − (350 + 180) = −150(万元)

借：投资收益　　1 500 000

　贷：长期股权投资　　1 500 000

③将子公司净资产账面价值调整为公允价值：

借：固定资产　　1 000 000

　　无形资产　　4 000 000

　贷：资本公积　　5 000 000

④计算在购买日合并财务报表中体现的商誉：

在母公司理论下合并财务报表中体现的商誉 = 2 180 − 1 900 × 80% = 660(万元)

编制抵销分录，在合并财务报表中确认商誉：

借：实收资本(股本)　　5 000 000

　　资本公积　　5 000 000

盈余公积 1 600 000
未分配利润 7 400 000
商誉 6 600 000
贷:长期股权投资 21 800 000
少数股东权益 3 800 000
(非控制性权益)

在实体理论下合并财务报表中体现的商誉
=母公司商誉+非控股股东(少数股东)商誉
=660+(2 180÷80%×20%-1 900×20%)
=660+165=825(万元)
或=660÷80%=825(万元)

编制抵销分录,在合并财务报表中确认商誉:

借:实收资本(股本) 5 000 000
资本公积 5 000 000
盈余公积 1 600 000
未分配利润 7 400 000
商誉 8 250 000
贷:长期股权投资 21 800 000
少数股东权益 5 450 000

在母公司理论下确认的商誉属于不完全商誉,并未考虑子公司非控股股东(少数股东)所享有的商誉。在实体理论下确认的商誉属于完全商誉。新修订的《国际财务报告准则第3号——企业合并》允许确认完全商誉,指出:"确认可辨认资产、负债和非控制性权益时,应区分以下两者的差额:①转让对价、被收购方非控制性权益,以及在分步实现的企业合并中,收购方先前持有被收购方权益在收购日的公允价值的合计数;②收购的可辨认净资产。该差额通常被确认为商誉。如果收购方在廉价购买中获得了利得,则该利得应确认为损益。"

(二)被购买方的会计处理

在吸收合并和新设合并方式下,被购买方的会计处理主要涉及财产清查、资产评估和结束旧账。在控股合并方式下,被购买方虽然也需要进行财产清查和资产评估,并确认其各项资产、负债和净资产的公允价值,但是,因其还是独立的法律实体和会计实体,按照国际财务报告准则和我国会计准则的规定,一般不需要按评估确认的公允价值调整资产、负债和净资产的账面价值。只有当购买方通过企业合并取得被购买方100%股权时,被购买方才可以按照合并中确定的可辨认资产、负债的公允价值调整其账面价值。此外，采用美国的"下推会计"方法，才需要按评估确认的公允价值调整被购买方资产、负债和净资产的账面价值。因此，在控股合并方式下，被购买方一般只作财产清查和结束旧账的会计处理。

1. 财产清查。被购买方首先要对各项资产和负债进行全面清查登记。在清查过程中发生的资产盘盈、盈亏、毁损、报废等，其会计处理方法与一般企业相同，在尚未批准转销前先通过"待处理财产损溢"账户核算，报经批准后计入损益或有关账户。这里需要注意的是：①应积极清理债权债务，及时收回应收回的账款和欠款，及时偿付应偿还的债务。对于确认为坏账损失的应收账款，经批准转销时，凡采用直接转销法的，计入管理费用；凡采用备抵法的，先冲销已计提的坏账准备，不足核销部分，再计入管理费用。对于确实不能偿还的债务，计入营业外收入。②对清理出来的尚未处理的潜亏、产成品清查损失和亏损挂账，报经主管部门批准后，冲减盈余公积、未分配利润、资本公积，不足部分冲减实收资本。

2. 资产评估。被购买方在资产评估中所发生的减值，应在调整资产原账面价值的同时，冲减资本公积；在资产评估中所发生的增值，在调整资产原账面价值的同时，增加资本公积。评估增值部分未来应缴纳所得税的，应先按增值额计算出未来应缴所得税，并记入"递延所得税负债"账户的贷方，其余部分记入"资本公积"账户的贷方。

【例 1－6】 在例 1－1 中，M 公司吸收合并 N 公司，对 N 公司进行资产评估确认的资产、负债的公允价值与原账面价值比较，应收账款减值 200 000 元，原材料减值 100 000元，在产品减值 100 000 元，库存商品减值 100 000 元，固定资产原值增值 800 000元，累计折旧增加 100 000 元，固定资产净值增值 700 000 元，无形资产增值 100 000元，长期应付款减少 100 000 元，资产净增值 400 000 元。不考虑所得税因素。N 公司作如下资产评估调账的会计分录：

借：固定资产	800 000	
无形资产	100 000	
长期应付款	100 000	
贷：累计折旧		100 000
应收账款		200 000
原材料		100 000
生产成本		100 000
库存商品		100 000
资本公积		400 000

3. 结束旧账。被购买方在产权转让成交后，无论是否保留法人资格，都应办理结束手续。丧失法人资格的被购买方应结束旧账。保留法人资格的被购买方，可以沿用原

企业账册，也可以结束旧账，另立新账。在结束旧账时，如果被购买方未按评估确认的价值调账，则按原账面价值编制结束旧账的会计分录；如果被购买方已按评估确认的价值调账，则按评估确认的公允价值编制结束旧账的会计分录。

【例1－7】　根据例1－1和例1－6资料，假设N公司评估确认的固定资产原值公允价值为8 900 000元，累计折旧公允价值为2 200 000元。不考虑所得税因素，N公司应作如下结束旧账的会计分录：

借：短期借款	2 200 000	
应付账款	260 000	
长期借款	1 000 000	
长期应付款	500 000	
实收资本	5 000 000	
资本公积	1 200 000	
盈余公积	600 000	
利润分配——未分配利润	440 000	
累计折旧	2 200 000	
贷：银行存款		400 000
应收账款		1 000 000
原材料		900 000
生产成本		400 000
库存商品		1 400 000
固定资产		8 900 000
无形资产		400 000

第三节　同一控制下企业合并的权益结合法

一、权益结合法的含义及其特点

权益结合法又称联营法、股权联合法。它假设企业合并是两个或两个以上参与合并企业的经济资源的联合、现有股东权益的联合，而不是一家企业购买另一家或几家企业的产权交易行为。有些企业合并，合并方不需要向被合并方支付现金，而是通过增发股票以换取被合并方原有股东的普通股，并将换回的原有股票注销。在这种情况下，被合并方原所有者又成为合并后企业的所有者。这种合并的实质是合并前各企业股东权益在合并后企业的联合和继续。由于合并的完成不需要任何一个参与合并的企业流出资产,且所有者权益继续存在,因此不存在购买价格,参与合并企业的资产、负债和净资产仍按原账面价值计价,不会形成商誉。

在我国,按照《企业会计准则第20号——企业合并》规定,不论合并对价是货币性资产、非货币性资产,还是承担债务或发行权益工具,凡属于同一控制下的企业合并,均采用权益结合法进行会计处理;凡属于非同一控制下的企业合并,均采用购买法进行会计处理。

我国现行同一控制下企业合并采用的权益结合法具有如下特点:

第一,不论采取吸收合并、新设合并方式,还是采取控股合并方式,合并方在企业合并中取得的资产和负债应当按照合并日在被合并方的原账面价值计量。合并方取得的净资产账面价值与支付的合并对价账面价值(或发行股份面值总额)的差额,应调整资本公积;资本公积不足冲减的,调整留存收益。

第二,合并方为进行企业合并发生的各项直接相关费用,包括为进行企业合并而支付的审计费用、评估费用、法律服务费用、咨询费用等,与间接费用一样,应当于发生时计入当期损益。为合并发行的债券或承担其他债务支付的手续费、佣金等费用,应计入所发行债券及其他债务的初始计量金额。企业合并中发行权益性证券发生的手续费、佣金等费用,应当抵减权益性证券溢价收入;溢价收入不足冲减的,冲减留存收益。

第三,合并当年合并方当期实现的损益,包括当期自身实现的损益和被合并方自合并当期期初至期末实现的损益,即被合并方自合并当期期初至合并日实现的损益,也包括在合并方当期实现的损益中。

第四,合并日之前被合并方的留存收益计入合并方的合并日的留存收益。

第五,在控股合并方式下,合并日需要编制合并资产负债表、合并利润表和合并现金流量表。

二、权益结合法涉及的会计问题

以权益结合法进行企业合并,主要涉及以下会计问题。

(一)合并日的确定

合并日是指合并方实际取得对被合并方控制权的日期,即生产经营决策的控制权转移给合并方的日期。合并日确定的条件与前述购买日相同。

(二)资产、负债的全面清查和账面价值调整

如前所述,在权益结合法下,参与合并企业的资产、负债和所有者权益均按账面价

值计价。但是,在以下两种情况下需要对合并各方的账面价值作必要调整:

第一,对合并各方资产、负债进行全面清查。对于盘盈、盘亏、毁损、报废的资产,通过"待处理财产损溢"账户进行调整,做到账实相符;对于待摊费用、预提费用项目进行分析,对以后经营活动无作用的应予以注销;对于不能收回的应收账款进行转销;对于不能偿还的债务,计入营业外收入。通过清查后账目的调整,保证合并日参与合并各方资产、负债和所有者权益的真实、准确。

第二,统一合并各方的会计政策。在同一控制下的企业合并中,被合并方采用的会计政策与合并方不一致的,为了保证合并后企业各会计期间会计信息的纵向和横向可比性,合并方在合并日应当按照本企业会计政策对被合并方的财务报表相关项目进行调整,按调整后的账面价值进行计量,重编合并日前期的财务报表,对被合并方在合并日的资产、负债和所有者权益等项目重新加以确认。

(三)合并方支付的合并对价的处理

在吸收合并和新设合并方式下,合并方在企业合并日取得的资产、负债和净资产,应当按照合并日在被合并方的账面价值计量。合并方取得的净资产账面价值与支付的合并对价账面价值(或发行股份面值总额)的差额,应当调整资本公积;资本公积不足冲减的,调整留存收益。

在控股合并方式下,应分别以下两种情况处理:

第一,合并方以支付现金、转让非现金资产或承担债务方式支付对价的,应当在合并日以取得被合并方所有者权益账面价值的份额作为长期股权投资的初始投资成本,长期股权投资的初始投资成本与支付的现金、转让非现金资产以及所承担债务账面价值之间的差额,应当调整资本公积;资本公积不足冲减的,调整留存收益。

第二,合并方以发行权益性证券作为对价的,应当在合并日以取得被合并方所有者权益账面价值的份额作为长期股权投资的初始投资成本,以发行股份面值总额作为股本或实收资本,确认的长期股权投资初始投资成本与所发行股份面值总额之间的差额,应当调整资本公积;资本公积不足冲减的,调整留存收益。

(四)合并费用的核算

在权益结合法下,合并方发生的各项直接相关费用,包括为进行企业合并而支付的审计费用、评估费用、法律服务费用等,应当在发生时计入当期损益。为企业合并发行的债券或承担其他债务支付的手续费、佣金等,应计入所发行债券及其他债务的初始成本。企业合并中发行权益性证券发生的手续费、佣金等费用,应当抵减权益性证券溢价收入;溢价收入不足冲减的,冲减留存收益。可见,在权益结合法下,合并方为进行企业合并发生的费用,不论与合并有关的直接费用还是间接费用,均应确认为当期费用。

（五）所有者权益的合并

在权益结合法下，企业合并是参与合并企业的股权的联合，因此，合并方合并后的所有者权益应等于参与合并的所有企业的所有者权益总和，但是，在所有者权益总额不变的情况下，所有者权益结构会发生变化。我国《企业会计准则讲解》对此采用了较为简化的方法：首先将合并方为企业合并发行的股份面值确认为股本、将股本溢价扣除发行费用后的金额确认为资本公积；然后再将被合并方在合并前实现的留存收益自资本公积转入盈余公积和未分配利润，但结转的留存收益的金额以原确认的资本公积减至零为限。

三、权益结合法下的会计处理

在权益结合法下，不论是吸收合并、新设合并还是控股合并，被合并方都无须按评估确认的公允价值调整各项资产、负债和净资产账面价值；被合并方财产清查的会计处理与前述购买法相同；在吸收合并和新设合并情况下，被合并方结束旧账的会计处理也与购买法相同。因此，这里仅述合并方的会计处理。

（一）吸收合并的会计处理

同一控制下的吸收合并，合并方在合并日主要涉及以下三方面的会计处理：①将取得的被合并方的资产、负债的原账面价值并入合并方的相应资产、负债项目；②确认取得净资产的账面价值与所付出对价的差额，调整所有者权益；③编制合并日财务报表。

【例1-8】 假设M公司和N公司属于同一控制下的企业，仍以上述M公司吸收合并N公司为例，若M公司发行普通股股票换取N公司股东持有的普通股股票，按权益结合法进行会计处理。假定M公司和N公司在企业合并前资产、负债和所有者权益有关账户余额和净资产如表1-4所示，其中N公司固定资产原值8 100 000元、累计折旧2 100 000元。

表1-4 单位：元

项　目	M公司	N公司	合　计
股本	4 300 000	5 000 000	9 300 000
股本溢价	640 000	800 000	1 440 000
投入资本合计	4 940 000	5 800 000	10 740 000
盈余公积	2 000 000	600 000	2 600 000
未分配利润	1 760 000	440 000	2 200 000
净资产	8 700 000	6 840 000	15 540 000

表1－4中的“净资产”项目，是为了简化会计分录，将表1－1中的各项资产和各项负债合并而成的。在以下多数例题中，为简化分录和便于说明合并原理，在会计分录中涉及资产和负债的科目均以“净资产”列示，涉及资本公积（股本溢价）的科目均以“资本公积”列示。

M公司发行5 500 000股每股面值1元的普通股股票，换取N公司股东持有的每股面值1元的5 000 000股普通股股票，同时发生相关费用400 000元。M公司记录与N公司合并时所确认的股本和股本溢价如下：

股本＝1×5 500 000＝5 500 000（元）

股本溢价＝6 840 000－5 500 000＝1 340 000（元）

M公司应编制如下合并会计分录：

（1）借：银行存款	400 000	
应收账款	1 200 000	
原材料	1 000 000	
生产成本	500 000	
库存商品	1 500 000	
固定资产	8 100 000	
无形资产	300 000	
贷：短期借款		2 200 000
应付账款		260 000
长期借款		1 000 000
长期应付款		600 000
累计折旧		2 100 000
股本		5 500 000
资本公积		1 340 000
或借：净资产	6 840 000	
贷：股本		5 500 000
资本公积		1 340 000
（2）借：资本公积	1 040 000	
贷：盈余公积		600 000
利润分配——未分配利润		440 000
（3）借：管理费用	400 000	
贷：银行存款		400 000

【例1－9】 沿用例1－8资料，M公司发行6 000 000股每股面值1元的普通股股

票,换取 N 公司全部普通股股票。则 M 公司合并 N 公司后形成的股本和资本公积为:

股本 = 6 000 000(元)

股本溢价 = 6 840 000 - 6 000 000 = 840 000(元)

M 公司应编制如下合并会计分录:

(1)借:净资产　　6 840 000
　　贷:股本　　6 000 000
　　　　资本公积　　840 000

至此,本例中 M 公司股本溢价合计为 1 480 000(640 000 + 840 000)元,可以将 N 公司留存收益全额结转。

(2)借:资本公积　　1 040 000
　　贷:盈余公积　　600 000
　　　　利润分配——未分配利润　　440 000

【例 1 - 10】 沿用例 1 - 8 资料,M 公司发行 6 600 000 股每股面值 1 元的普通股股票,换取 N 公司全部普通股股票。M 公司应编制如下合并会计分录:

(1)借:净资产　　6 840 000
　　贷:股本　　6 600 000
　　　　资本公积　　240 000

至此,本例中 M 公司股本溢价合计为 880 000(640 000 + 240 000)元,应将 N 公司留存收益按比例结转。

(2)借:资本公积　　(640 000 + 240 000)880 000
　　贷:盈余公积　　(880 000 × 600 000 ÷ 1 040 000)507 692
　　　　利润分配——未分配利润　　(880 000 × 440 000 ÷ 1 040 000)372 308

在本例中,两种方法的处理结果相同。

【例 1 - 11】 沿用例 1 - 8 资料,M 公司发行 8 000 000 股每股面值 1 元的普通股股票,换取 N 公司全部普通股股票。M 公司应编制如下合并会计分录:

借:净资产　　6 840 000
　　资本公积　　640 000
　　盈余公积　　520 000
　贷:股本　　8 000 000

本例不再结转 N 公司留存收益。

(二)新设合并的会计处理

上述以吸收合并为例,说明了权益结合法的会计处理。如果新设合并,新设立的公司应发行普通股股票分别换取参与合并各方的普通股股票,并分别确定参与合并各方的股本、股本溢价、留存收益，求出各所有者权益项目的合计数，再编制新设合并的会计分录。举例说明如下。

【例1－12】 沿用例1－8资料，假设M公司和N公司合并后创立W公司。W公司发行9 300 000股每股面值1元的普通股股票，用其中的4 300 000股换取M公司全部普通股股票，用其中的5 000 000股换取N公司全部普通股股票。W公司应编制如下新设合并的会计分录：

(1)借：净资产 15 540 000
　贷：股本 (4 300 000＋5 000 000)9 300 000
　　资本公积 6 240 000
(2)借：资本公积 4 800 000
　贷：盈余公积 2 600 000
　　利润分配——未分配利润 2 200 000

【例1－13】 沿用例1－12资料，W公司发行14 600 000股每股面值1元的普通股股票，用其中的8 000 000股换取M公司全部普通股股票，用6 600 000股换取N公司全部普通股股票。W公司应编制如下新设合并的会计分录：

(1)借：净资产 15 540 000
　贷：股本 14 600 000
　　资本公积 940 000
(2)借：资本公积 940 000
　贷：盈余公积 509 167
　　利润分配——未分配利润 430 833

或分别编制W公司合并M公司和N公司的会计分录。(略)

【例1－14】 沿用例1－12资料，W公司发行15 540 000股每股面值1元的普通股股票，用其中的8 700 000股换取M公司全部普通股股票，用6 840 000股换取N公司全部普通股股票。W公司应编制如下新设合并的会计分录：

借：净资产 15 540 000
　贷：股本 15 540 000

本例不再结转M公司和N公司的留存收益。

(三)吸收合并和新设合并的合并日财务报告的编制

因被合并方在企业合并后丧失法人资格，在合并日，合并方应根据上述合并会计分录将被合并方所有的资产、负债均并入合并方的账簿，并结出合并后各账簿新的余额，据以编制合并日资产负债表。

在合并日，合并方还应根据参与合并各方自合并当期期初至合并日实现的收入、费用和损益情况，汇总编制自合并当期期初至合并日的利润表；根据参与合并各方自合并当期期初至合并日现金流入、流出情况，汇总编制自合并当期期初至合并日的现金流量表。

（四）控股合并的会计处理

同一控制下的控股合并，被合并方仍然保留法人资格，合并方作为母公司，被合并方作为子公司，组成企业集团。合并方在合并日主要涉及以下两方面的会计处理：

1. 对企业合并形成的对被合并方的长期股权投资的确认和计量。合并方应以合并日享有的被合并方所有者权益账面价值的份额作为长期股权投资的初始投资成本。合并方不论以支付现金、转让非现金资产或承担债务方式作为合并对价，还是以发行权益性证券作为合并对价，所确认的长期股权投资初始投资成本与所付出对价账面价值的差额应当调整资本公积，资本公积的余额不足以冲减的，调整留存收益，而不能确认为商誉或当期损益。同一控制下的控股合并形成的资本公积，应在编制合并日合并财务报表时予以调整，将被合并方合并前实现的留存收益中属于合并方的份额，自合并方的资本公积转入盈余公积和未分配利润。

2. 编制合并日合并财务报表。同一控制下的控股合并，合并方应在合并日编制合并资产负债表、合并利润表和合并现金流量表，用以反映合并日形成的新的报告主体的财务状况、经营成果和现金流量。其编制方法见本书第二章。

这里需要说明的是，将被合并方合并前实现的留存收益中属于合并方的份额，自合并方的资本公积转入盈余公积和未分配利润，应按以下规定编制调整分录：

（1）确认合并形成的长期股权投资后，合并方账面资本公积（资本溢价或股本溢价）的贷方余额大于被合并方在合并前实现的留存收益中属于合并方的份额，应当将被合并方合并前实现的留存收益中属于合并方的份额，全额自“资本公积”项目转入“盈余公积”和“未分配利润”项目。

（2）确认合并形成的长期股权投资后，合并方账面资本公积（资本溢价或股本溢价）的贷方余额小于被合并方在合并前实现的留存收益中属于合并方的份额，应以合并方资本公积（资本溢价或股本溢价的贷方余额）为限，将被合并方合并前实现的留存收益中属于合并方的份额，自“资本公积”项目转入“盈余公积”和“未分配利润”项目。

【例1－15】 沿用例1－8资料，M公司发行5 500 000股每股面值1元的普通股股票，换取N公司股东持有的每股面值1元的5 000 000股普通股股票。M公司编制的会计分录为：

借：长期股权投资　　　　6 840 000

贷:股本 5 500 000

资本公积 1 340 000

在合并日合并工作底稿中,应编制如下调整分录和抵销分录:

借:资本公积 1 040 000

贷:盈余公积 600 000

未分配利润 440 000

借:股本 5 000 000

资本公积 800 000

盈余公积 600 000

未分配利润 440 000

贷:长期股权投资 6 840 000

【例1-16】 沿用例1-9资料,若M公司采用控股方式合并N公司,M公司发行了6 000 000股每股面值1元的普通股股票,换取N公司全部普通股股票,M公司编制的会计分录为:

借:长期股权投资 6 840 000

贷:股本 6 000 000

资本公积 840 000

因M公司确认长期股权投资后的股本溢价为1 480 000(640 000+840 000)元,仍然大于被合并方合并前实现的留存收益中属于合并方的份额,在合并日合并工作底稿中应编制的调整分录同例1-15。

假设合并前M公司没有股本溢价,M公司确认长期股权投资后的股本溢价为840 000元,小于被合并方合并前实现的留存收益中属于合并方的份额,则在合并日合并工作底稿中应编制如下调整分录:

借:资本公积 840 000

贷:盈余公积 (840 000×600 000÷1 040 000)484 615

未分配利润 (840 000×440 000÷1 040 000)355 385

以下例题中合并留存收益的调整和合并日抵销分录的编制比照例1-15和例1-16。

【例1-17】 沿用例1-9资料,若M公司采用控股方式合并N公司,M公司发行了6 000 000股每股面值1元、发行价格为1.5元的普通股股票,换取N公司全部普通股股票,支付手续费等150 000元。企业合并过程中支付与合并有关的直接费用200 000元。M公司编制的会计分录为:

A.借:管理费用 200 000

贷:银行存款　　200 000

B. 借:长期股权投资　　6 840 000

　贷:股本　　6 000 000

　　资本公积　　840 000

【例1－18】　沿用例1－11资料,若M公司采用控股方式合并N公司,M公司发行8 000 000股每股面值1元的普通股股票,换取N公司全部普通股股票。M公司编制的会计分录为:

借:长期股权投资　　6 840 000

　资本公积　　640 000

　盈余公积　　520 000

　贷:股本　　8 000 000

第四节　购买法与权益结合法的比较

一、会计处理方法的差异比较

从上述对购买法和权益结合法的会计处理可以看出,这两种方法的差异主要表现在以下几个方面:

第一,购买方(或合并方)对取得的资产、负债的计价标准不同。在购买法下,将企业合并视为一种购买行为,更注重购买日被购买方的实有价值,因此,在吸收合并和新设合并情况下,购买方应当按照取得资产和负债的公允价值入账;在控股合并情况下,虽然被购买方一般不需要按公允价值调整资产和负债的原账面价值,但是,购买方在编制合并财务报表时,应将子公司资产、负债等项目调整为公允价值。在权益结合法下,将企业合并视为现有股东权益的联合,不存在购买行为,因此,不需要建立新的计价基础,不论是吸收合并、新设合并还是控股合并,合并方均应当按照被合并方的资产和负债的账面价值入账。

第二,购买方(或合并方)支付的合并对价与取得的被购买方(或被合并方)净资产价值之间差额的处理不同。在购买法下,购买方发生的合并成本可能高于或低于所取得的可辨认资产和负债的公允价值,从而需要将二者的差额确认为商誉或计入当期损益(或负商誉)。在权益结合法下,由于合并方取得的资产和负债按原账面价值入账,合并方取得的净资产账面价值与支付的合并对价账面价值(或发行股票面值总额)的差额,应当调整资本公积;资本公积不足冲减的,调整留存收益。因此,不会形成商誉或合并损益(或负商誉)。

第三,对被购买方(或被合并方)合并当年实现损益的处理不同。在购买法下,购买方只能将购买日后被购买方所实现的损益计入利润表,而不能把当年购买日前被购买方实现的损益计入利润表。在权益结合法下,不论企业合并发生在合并年度的哪个月份,合并方都应将被合并方在合并年度实现的全部损益均计入利润表。

第四,对被购买方(或被合并方)留存收益的处理不同。在吸收合并和新设合并情况下,在购买法下,购买方是以支付价款或发行股票的市价为代价取得被购买企业的净资产,即所有者权益的,其中包含留存收益,因此,被购买方的留存收益不能并入购买方的留存收益,购买方的留存收益还可能因合并商誉的处理而减少,或因合并负商誉的处理而增加。在权益结合法下,由于把企业合并视为股东权益的联合,因此,被合并方的留存收益需要并入合并方的留存收益,而且,当被合并各方投入资本的合计数超过合并方发行在外的面值总额时,合并方的留存收益就等于参与合并各企业留存收益的合计数。

第五,当通过发行权益性证券实行企业合并时,对以什么价格记录换出股份的处理不同。在购买法下,购买方是以股票市价为代价购入被购买方净资产的,因此,应按换出股票的市价计价,面值总额计入股本,股本溢价计入资本公积。在权益结合法下,换出的股票按面值计价计入股本,合并后所有者权益总额与参与合并各企业所有者权益合计数相等,不考虑换出股票的溢价因素。

第六,对是否需要重编前期财务报表的处理不同。在购买法下,由于被购买方的资产和负债是按公允价值记录的,无须因购买方和被购买方的会计政策不同而调整被购买方的会计记录,也无须重编前期财务会计报告。在权益结合法下,由于参与合并企业的资产和负债是按账面价值记录的,如果合并方和参与合并各方的会计政策不一致,按照一贯性原则的要求,应对参与合并企业的会计记录予以追溯调整,重编可比期间财务报表。

二、理论依据的差异比较

购买法和权益结合法这两种企业合并会计处理方法,在国际会计准则和各国的会计准则中均作了规范和推荐,表明这两种方法都有其各自的理论依据,都具有其存在的合理性。

(一)购买法的理论依据

购买法的理论依据主要包括以下几方面:

1.不论是新设合并、吸收合并还是控股合并,都客观存在着一个购买方,购买方以资产、负债或交换股权为代价,取得被购买方的净资产。从这个意义上讲,企业合并行为的实质是购买行为,应当按照购买法进行会计处理。而提出权益结合法的理由是,合并方与被合并各方的股东之间交换股票,是股权交换行为,是权益的结合,不是一种购买行为,不适用于购买法。但从实质上看,以换出股票为代价取得被合并方,与以资产或负债为代价取得被合并方相比较,并无本质的不同,都视为合并方为企业合并而付出的代价,因此,不应以此为理由改变会计处理方法。

2. 企业合并是参与合并的各企业经过磋商,在公平交易基础上达成的协议,是公平交易的结果,因此,被购买方(或被合并方)的资产和负债应按公允价值计价并入账,而不能按账面价值计价和入账。

3. 在权益结合法下,合并方要将被合并方合并当年的全部利润计入利润表,如果企业合并并非发生在年初,而是发生在年中或年末,就会增加合并当年的利润,掩盖合并方自身经营管理的不善,粉饰其经营业绩。

4. 在权益结合法下,由于各项资产均按合并前账面价值记账,在物价上涨和通货膨胀情况下,会助长合并方通过出售或合并资产的方式增加利润,掩盖其经营管理中存在的问题和经营损失。

5. 在权益结合法下,合并方的留存收益中包括被合并方的留存收益。在吸收合并和新设合并情况下,这些留存收益可以用来发放现金股利,会给投资者、债权人的投资决策造成误导。

6. 在权益结合法下,由于合并方取得的资产是按较低账面价值计量的,合并后的企业必然成本偏低而利润偏高,从而造成两个不良后果:其一是增加企业的所得税负担;其二是在资产公允价值高于账面价值的情况下,成本补偿不足,资本难以保全。

(二)权益结合法的理论依据

权益结合法的理论依据主要包括以下几方面:

1. 以股权交换股权的企业合并,实质上并未发生企业购买行为,只是参与合并各方的股东联合他们的资源,形成一个新的会计主体,如同单个企业持续经营一样,参与合并各方的股东或所有者共同分担风险、共同分享利润。既然合并后的企业是参与合并各企业的继续,在合并过程中未发生购买交易,就不应采用购买法进行会计处理,而应采用权益结合法进行会计处理。

2. 权益结合性质的企业合并,既然并未发生购买行为,就应遵循持续经营和历史成本原则,对参与合并各方的资产、负债和所有者权益按原有账面价值计量,而不能按公允价值计量。

3. 按原有的账面价值确认参与合并各方的资产、负债和所有者权益的权益结合法，会计处理简单，易于操作。在购买法下，客观、合理地确定购买资产、负债的公允价值和换出股权的公允价值，往往很困难。

4. 在购买法下，购买方的资产和负债保持账面价值不变，而被购买方的资产和负债按公允价值计量，从而导致合并后的企业相同的资产和负债采用两种不同的计价标准，所提供会计信息的有用性受到极大影响。

5. 在购买法下，不仅并入的资产和负债按公允价值计价入账，而且还要确认商誉。由于公允价值一般高于账面价值，所以，在合并以后的年度所发生的成本、费用都会高于权益结合法，所取得的利润又会低于权益结合法，影响所有者权益回报率和市盈率的计算，不利于评价企业合并的经济效益。

三、经济影响的差异比较

购买法和权益结合法在会计处理上的差异，会对购买方（或合并方）的财务报表产生以下直接影响：①购买法所确认的取得资产入账价值高于权益结合法；②权益结合法在合并当年确认的所有者权益低于购买法；③权益结合法在合并当年确认的利润高于购买法；④权益结合法在合并当年确认的留存收益高于购买法。

如果企业合并发生在年初，两种会计处理方法对购买方（或合并方）的本年和以后各年还会产生以下经济影响：

其一，在权益结合法下，合并方可以通过按现行公允价值出售所取得的资产，轻而易举地增加利润。

其二，在购买法下，由于购买方取得资产的公允价值高于账面价值，又需要确认商誉的减值损失，所以，其所确认的成本、费用高于权益结合法，而所确认的利润低于权益结合法，其差额便是资产公允价值和账面价值的差异以及商誉的减值损失。而权益结合法下较低的成本、费用和较高的利润，不仅加重了企业的税负，而且还会造成企业补偿资金的不足，影响简单再生产的顺利进行。

其三，在权益结合法下，由于被合并方的留存收益并入了合并方的留存收益，在吸收合并和新设合并情况下，可以用来向投资者发放利润或现金股利，从而提高了资本报酬率。

总之，权益结合法对合并方的财务报表会产生有利影响，可以提高企业在报表使用者、阅读者和社会公众中的形象。

四、适用条件的比较

通过上述比较分析可以看出，企业合并的两种会计处理方法都有其存在的合理性。

但在某一项具体的企业合并业务中,应当选择哪一种会计处理方法呢?一般而言,如果企业合并是购并企业通过转让资产或承担债务换取被购并企业净资产来完成的,则购买法是最为适宜的方法。如果企业合并是购并企业通过发行权益性证券换取被购并企业股权来完成的,则可以选择权益结合法。

但是,由于权益结合法会给购并企业带来有利影响,为了防止企业盲目地选择权益结合法,各国会计管理机构又都对权益结合法的应用规定了一些具体条件。例如,美国在 1970 年就规定了采用权益结合法处理企业合并的 12 个条件,如:在开始实施企业合并前的两年内,每一个参与合并的企业都是自主经营的独立的企业;参与合并企业至少 90% 的有表决权的股份由实施合并企业发行有表决权的股份所换取;某一参与合并企业中,某普通股股东权益占全部股东权益的比率,在合并业务完成后仍保持不变;在完成合并后的企业,所有普通股股东仍能行使其表决权,不被剥夺表决权,也不受限制;合并后的企业不直接或间接地赎回为实施合并而发行的全部或部分普通股;除了合并前参与合并企业正常处置资产、清理闲置或多余的设备外,合并后的企业不准备在合并后两年内处置参与合并企业的相当部分的资产;等等。只有同时满足这些规定的所有条件,采用权益结合法才被认为是适宜的。至 2001 年,美国又发布准则规定所有企业合并都必须采用购买法。目前,美国、加拿大和澳大利亚都禁止采用权益结合法。《国际财务报告准则第 3 号——企业合并》也指出本准则范围内的所有企业合并都应当采用购买法进行会计处理。但是,该准则将涉及同一控制下的企业合并、涉及两个或两个以上共同主体的企业合并排除在适用范围之外,这就意味着,这两种类型的企业合并可以暂时按照《国际会计准则第 22 号——企业合并》的规定选择权益结合法和购买法中的一种方法。与此同时,《国际财务报告准则第 3 号——企业合并》的附件《结论基础》中,又对权益结合法的应用提出质疑。我国《企业会计准则第 20 号——企业合并》规定,同一控制下的企业合并采用权益结合法进行会计处理,而非同一控制下的企业合并采用购买法进行会计处理。

第五节　商誉减值

企业合并所形成的商誉,至少应当在每年年度终了进行减值测试。吸收合并和新设合并所形成的商誉反映在企业设置的“商誉”账户和个别财务报表的“商誉”项目。控股合并所形成的商誉,是通过在合并工作底稿中编制抵销分录确认并列示于合并资产负债表的“商誉”项目。商誉发生的减值损失,应当冲减商誉的账面价值和合并资产负债表的“商誉”项目。

一、商誉减值测试的特殊性

企业合并所形成的商誉难以与其相关的资产分离,属于不可辨认的资产,难以独立产生现金流量。因此,商誉应当结合与其相关的资产组或资产组组合进行减值测试。这些相关的资产组或资产组组合应当是能够从企业合并的协调效益中获益的资产组或资产组组合,但不应当大于按照分部报告准则所确定的报告分部。

为了进行包括商誉在内的资产组或资产组组合的减值测试,应当自购买日起按照合理的方法将商誉的账面价值分摊至相关的资产组,难以分摊至资产组的,应当将其分摊至相关的资产组组合。分摊时,应当按照各资产组或资产组组合的公允价值占相关资产组或资产组组合公允价值总额的比例进行分摊。公允价值难以可靠计量的,应当按照各资产组或资产组组合的账面价值占相关资产组或资产组组合账面价值总额的比例进行分摊。

企业因重组等原因改变了其报告结构,从而影响到已分摊商誉的一个或若干个资产组或资产组组合构成的,应当按照合理的分摊方法,将商誉重新分摊至受影响的资产组或资产组组合。

对于已分摊商誉的资产组或资产组组合,不论是否存在可能发生减值的迹象,每年年末都应当通过比较包含商誉在内的资产组或资产组组合的账面价值与可收回金额,进行减值测试。当包含商誉在内的资产组或资产组组合的可收回金额低于其账面价值时,应当确认相应的减值损失,并按顺序将其抵减商誉和各项资产的账面价值。

二、商誉减值测试的方法

首先,应当判断与商誉相关的资产组或资产组组合有无减值迹象。存在下列迹象的,表明资产组或资产组组合可能发生了减值:①预计的市价当期大幅度下跌,其跌幅明显高于因时间的推移或正常使用而预计的下跌。②企业经营所处的经济、技术或者法律等环境以及资产所处的市场在当期或者将在近期发生重大变化,从而对企业产生不利影响。③市场利率或者其他市场报酬率在当期已经提高,从而影响企业计算资产预计未来现金流量现值的折现率,导致资产可收回金额大幅度降低。④有证据表明资产已经陈旧过时或者其实体已经损坏。⑤资产已经或者将被闲置、终止使用或者计划提前处置。⑥企业内部报告的证据表明资产的经济绩效已经低于或者将低于预期,如资产所创造的净现金流量或者实现的营业利润(或者亏损)远远低于(或者高于)预计金额等。⑦其他表明资产可能已经发生减值的迹象。

其次,如果与商誉相关的资产组或资产组组合存在减值迹象,则对不包含商誉的资产组或资产组组合进行减值测试，计算可收回金额，并与相关的账面价值相比较，确认相应的减值损失。可收回金额的估计，应当根据其公允价值减去处置费用后的净额与其预计未来现金流量的现值两者之间较高者确定。通常需要同时估计包含商誉在内的资产组或资产组组合的公允价值减去处置费用的净额和预计未来现金流量的现值，只要其中一项超过了包含商誉在内的资产组或资产组组合的账面价值，就表明资产组或资产组组合没有发生减值。如果资产组或资产组组合可收回金额低于其账面价值，应当确认相应的减值损失。

再次，对包含商誉的资产组或资产组组合进行减值测试，比较这些相关资产组或资产组组合包含所分摊商誉的账面价值与可收回金额，如果相关资产组或资产组组合的可收回金额低于其账面价值，则应当确认相应的资产减值损失。减值损失金额应当先抵减分摊至资产组或资产组组合中商誉的账面价值，再根据资产组或资产组组合中除商誉之外的其他各项资产的账面价值所占的比重，按比例抵减其他各项资产的账面价值。

以上资产账面价值的抵减，应作为各项资产（包括商誉）的减值损失处理，计入当期损益，并形成相应的资产减值准备。抵减后的各项资产账面价值不得低于以下三者之中的较高者：①该资产的公允价值减去处置费用后的净额；②该资产预计未来现金流量的现值；③零。因此而导致的未能分摊的减值损失，应当按照相关资产组或资产组组合中其他各项资产的账面价值所占的比重，再次进行分配。

三、吸收合并和新设合并形成商誉减值的会计处理示例

【例1-19】 2007年1月1日，甲公司支付银行存款12 400 000元吸收合并乙公司，乙公司在购买日各项资产的公允价值为20 000 000元，各项负债的公允价值为8 000 000元，净资产公允价值为12 000 000元，企业合并形成的商誉为400 000（12 400 000-12 000 000）元。甲公司取得的与商誉相关的资产组由A、B、C三台设备构成，其取得成本分别为400 000元、600 000元和1 000 000元，使用年限均为10年，以年限平均法计提折旧，预计净残值为零。A、B、C三台设备均无法单独产生现金流量。至2010年12月31日前，每年年末对由A、B、C三台设备构成的资产组进行减值测试都未出现过减值迹象。

2011年12月31日，包含商誉在内的该资产组发生减值迹象。A、B、C三台设备的账面价值分别为200 000元、300 000元和500 000元，账面价值合计为1 000 000元；A设备公允价值减去处置费用后的净额为150 000元，B、C设备无法合理估计公允价值和处置费用。该资产组未来现金流量的现值为600 000元。

购买日按照设备账面价值的比例，分摊到A、B、C设备的商誉分别为80 000元、

120 000元和 200 000 元。2011 年 12 月 31 日,包含商誉在内的资产组账面价值为 1 400 000元。则:

不包含商誉的资产组减值损失 = 1 000 000 - 600 000 = 400 000(元)

包含商誉的资产组减值损失 = 1 400 000 - 600 000 = 800 000(元)

减值损失的分摊见表 1 - 5。

表 1 - 5　　单位:元

项　目	商　誉	设备 A	设备 B	设备 C	合　计
商誉和不含商誉的设备账面价值	400 000	200 000	300 000	500 000	1 400 000
包含商誉的设备账面价值	-400 000	280 000	420 000	700 000	1 400 000
可收回金额					600 000
减值损失					800 000
抵减商誉的账面价值		-80 000	-120 000	-200 000	-400 000
抵减商誉后的减值损失					400 000
减值损失的分摊比例		20%	30%	50%	
分摊的减值损失		-50 000	-120 000	-200 000	-370 000
分摊后的账面价值	0	150 000	180 000	300 000	
尚未分摊的减值损失					30 000
二次分摊减值损失的比例			37.5%	62.5%	
二次分摊的减值损失			-11 250	-18 750	-30 000
确认的减值损失总额	400 000	50 000	131 250	218 750	800 000
二次分摊后的账面价值	0	150 000	168 750	281 250	600 000

编制如下会计分录:

借:资产减值损失——商誉　　400 000
　　　　　　　——A 设备　　50 000
　　　　　　　——B 设备　　131 250
　　　　　　　——C 设备　　218 750
　贷:商誉减值准备　　400 000
　　固定资产减值准备——A 设备　　50 000
　　　　　　　　　——B 设备　　131 250
　　　　　　　　　——C 设备　　218 750

四、控股合并形成商誉减值的会计处理示例

控股合并形成商誉减值与吸收合并、新设合并形成商誉减值在会计处理上有以下不同：

第一，无须编制商誉减值的会计分录。这是因为：①企业合并形成的商誉，并不在母公司账簿和个别报表中反映，只是在母公司编制合并财务报表时，通过编制合并工作底稿，抵销母公司长期股权投资与子公司所有者权益各项目时予以确认，并列示于合并资产负债表；②商誉的减值，应在合并工作底稿中以调整分录列示，从而抵减合并资产负债表确认的商誉价值，并增加合并利润表的资产减值损失，减少合并营业利润。

第二，调整归属于少数股东权益的商誉。在控股合并方式下，在合并财务报表中确认的商誉，是母公司的合并成本与其拥有的子公司净资产份额的差额，即归属于母公司股东权益的商誉，不包括子公司归属于少数股东权益的商誉。因此，在对与商誉相关的资产组或资产组组合进行减值测试时，由于其可收回金额的预计包括了归属于少数股东权益的商誉价值部分，为了使测试建立在一致的基础上，企业应当调整资产组或资产组组合的账面价值，使其包含归属于少数股东权益的商誉，然后再将其与可收回金额进行比较，确定资产组是否发生减值。

如果资产组或资产组组合发生减值，首先应抵减包含少数股东权益的商誉在内的商誉的账面价值，并确认包含少数股东权益应负担商誉在内的商誉减值损失。但是，在合并财务报表中只反映归属于母公司的商誉及其减值损失，因此需要将商誉减值损失在母公司和少数股东之间进行分摊，确定确认归属于母公司的商誉减值损失。

【例1－20】 在例1－19资料中，假设甲公司支付9 920 000元取得乙公司80%的股权。其他资料不变。则：

(1)归属于母公司甲公司的商誉＝9 920 000－12 000 000×80%＝320 000(元)。

(2)归属于乙公司少数股东权益的商誉＝(9 920 000÷80%－12 000 000)×20%＝80 000(元)。

(3)母公司不包含商誉的资产组减值损失＝1 000 000－600 000＝400 000(元)。

(4)母公司包含商誉的资产组减值损失＝1 320 000－600 000＝720 000(元)。

(5)考虑归属于子公司少数股东权益商誉的资产减值损失＝1 400 000－600 000＝800 000(元)。

(6)少数股东权益商誉的减值损失＝80 000(元)。

(7)不考虑少数股东权益商誉的减值损失的分摊见表1－6。

表1－6

单位:元

项　目	商　誉	设备A	设备B	设备C	合　计
账面价值	320 000	200 000	300 000	500 000	1 320 000
可收回金额					600 000
减值损失					720 000
抵减商誉的账面价值	－320 000				－320 000
抵减商誉后的减值损失					400 000
减值损失的分摊比例		20%	30%	50%	
分摊的减值损失		－50 000	－120 000	－200 000	370 000
分摊后的账面价值	0	150 000	180 000	300 000	
尚未分摊的减值损失					30 000
二次分摊减值损失的比例			37.5%	62.5%	
二次分摊的减值损失			－11 250	－18 750	－30 000
确认的减值损失总额	320 000	50 000	131 250	218 750	720 000
二次分摊后的账面价值	0	150 000	168 750	281 250	600 000

(8)考虑少数股东权益商誉的减值损失的分摊见表1－7。

表1－7

单位:元

项　目	商　誉	设备A	设备B	设备C	合　计
账面价值	320 000	200 000	300 000	500 000	1 320 000
未确认的归属于少数股东权益的商誉价值	80 000				80 000
调整后的账面价值	400 000	200 000	300 000	500 000	1 400 000
可收回金额					600 000
减值损失					800 000
抵减商誉的账面价值	－400 000				－400 000
抵减商誉后的减值损失					400 000
减值损失的分摊比例		20%	30%	50%	
分摊的减值损失		－50 000	－120 000	－200 000	－370 000
分摊后的账面价值	0	150 000	180 000	300 000	
尚未分摊的减值损失					30 000
二次分摊减值损失的比例			37.5%	62.5%	
二次分摊的减值损失			－11 250	－18 750	－30 000
确认的减值损失总额	400 000	50 000	131 250	218 750	800 000
二次分摊后的账面价值	0	150 000	168 750	281 250	600 000

控股合并方式下,购并日后发生的商誉减值损失,应在合并工作底稿中作如下调整分录:

借:资产减值损失　　　　320 000

　贷:商誉——商誉减值准备　　　　320 000

关于购并日和购并日后合并财务报表和合并工作底稿的编制方法,见本书第二章和第三章。

企业合并涉及的所得税主要有两个方面:其一,企业合并作为一种资产转让交易,按其转让所得应计算缴纳的所得税;其二,企业合并完成后,合并方确认的取得资产、负债的账面价值与其计税基础的差异应当确认相关的递延所得税及所得税费用。鉴于所得税会计有一定的理论深度和实务难度,其具体会计处理方法请见本书第七章。

第二章

购并日的合并财务报表

导读

- 合并财务报表理论及购并日的合并财务报表编制
  - 合并财务报表理论
    - 特点
      - 合并财务报表
      - 个别财务报表
      - 汇总财务报表
    - 合并理论
      - 母公司理论
      - 实体理论
      - 所有权理论
    - 合并范围
      - 以控制为基础加以确定
      - 半数以上表决权资本
      - 其他可控制企业
      - 控制的特殊目的主体
      - 控制的所有子公司
  - 购并日的合并财务报表编制
    - 购买法
      - 合并资产负债表
      - 按净资产公允价值购入
      - 高于净资产公允价值购入
      - 低于净资产公允价值购入
      - 少数股东权益（非控制性权益）
      - 少数股东损益（非控股股东损益）
      - 商誉或损益
    - 权益结合法
      - 合并资产负债表
      - 合并利润表
      - 合并现金流量表
      - 少数股东权益
      - 少数股东损益

说明：

合并财务报表是反映企业集团整体财务状况、经营成果和现金流量的财务报表，它与个别财务报表和汇总财务报表的编制理论和方法有着明显的区别。我国和世界绝大多数国家都是以实体理论或母公司理论为主确定合并范围和合并方法的。在购买法下，购买日只编制合并资产负债表，需要作抵销处理的主要是母公司长期股权投资项目和子公司所有者权益项目的抵销处理，有时还会涉及内部债权债务的抵销处理。在抵销母公司长期股权投资项目和子公司所有者权益项目时应注意两个问题：一是需要分清子公司是否为全资子公司，是否需要确定少数股东权益和少数股东损益；二是是否需要调整子公司资产和负债的账面价值。在权益结合法下，合并日需要编制合并资产负债表、合并利润表以及合并现金流量表。

需要指出的是，2011 年颁发的《国际财务报告准则第 10 号——合并财务报表》，将“少数股东权益”修订为“非控制性权益”，将“少数股东损益”修订为“非控股股东损益”，鉴于我国现行规定并未修订，本书还采用“少数股东权益”和“少数股东损益”两个概念。

第一节　合并财务报表概述

一、合并财务报表的性质和特点

上一章中，我们已经论述了企业合并的三种方式，即吸收合并、新设合并和控股合并。在吸收合并情况下，被合并的企业已不复存在，合并后的企业仍然是一个单一的会计主体，只需编制个别财务报表，不存在编制合并财务报表的问题。在新设合并情况下，参与合并的原有企业均不复存在，新组建的企业也仍然是一个单一的会计主体，只需编制个别财务报表，不存在编制合并财务报表的问题。在控股合并情况下，实施合并企业通过购买其他参与合并企业的股份，或发行股票换取其他参与合并企业的股份，且这项长期股权投资占被投资单位 50% 以上表决权资本时，就可以控制被投资单位的财务与经营决策。在这种情况下，实施合并企业作为投资企业则成为被合并方（或被投资单位）的母公司，被合并方（或被投资单位）则成为投资企业的子公司。母公司和被母公司控制的若干子公司，虽然彼此仍是独立的法律主体和会计主体，需要编制个别财务报表，但是，为了反映母公司和子公司组成的企业集团的财务状况、经营成果和现金流量，就需要再编制合并财务报表。

合并财务报表，简称合并报表。它是以母公司和子公司组成的企业集团作为会计主体，以母公司和子公司单独编制的个别财务报表为基础，由母公司编制的综合反映企业集团整体财务状况、经营成果和现金流量的财务报表。合并财务报表与个别财务报表相比较，具有如下特点：

第一，合并财务报表的反映对象是由母公司和若干子公司组成的企业集团。合并财务报表反映的是企业集团综合的财务状况、经营成果和现金流量。企业集团只是经济意义上的会计主体，并不是法律意义上的会计主体。而个别财务报表反映的是具有法人资格的单个企业的财务状况、经营成果和现金流量。

第二，合并财务报表的编制者是企业集团中对其他企业拥有控制权的母公司。为了反映企业集团综合的财务状况、经营成果和现金流量，应由母公司编制合并财务报表。不是企业集团中所有企业都需编制合并财务报表，更不是所有企业都需编制合并财务报表。而每一个独立的法人企业都必须编制个别财务报表，在企业集团中母公司和子公司都应先编制个别财务报表。

第三，合并财务报表的编制基础是个别财务报表。企业个别财务报表是根据总账、明细账和其他有关资料编制的。而合并财务报表不需要依据以企业集团为对象设置的账簿资料，而是以纳入合并范围的企业的个别财务报表为基础，再根据其他资料编制的。

第四，合并财务报表的编制方法有其独特性。企业编制个别财务报表有一套完整的会计核算方法体系，包括取得原始凭证、编制记账凭证、设置账户、登记账簿、调账、结账等，最后根据总账和明细账的资料计算填列个别财务报表。而合并财务报表的编制，是在对个别财务报表数据加总的基础上，通过编制抵销分录和编制合并工作底稿等特殊的方法完成的。

目前，还有一些企业（或分公司）隶属于某一行政管理部门，这个主管部门与所属企业并无投资关系，所以无须编制合并财务报表。但是，为了掌握或了解整个行业或部门所属企业的财务状况和经营成果，主管部门应根据所属企业（或分公司）报送的个别财务报表编制汇总财务报表。合并财务报表与汇总财务报表比较，也有明显不同：

第一，编制目的不同。合并财务报表的编制目的是为了向投资者、债权人和其他有关方面提供财务会计信息；而汇总财务报表仅为满足有关行政管理部门和国家掌握或了解该部门或行业财务状况和经营成果的需要。

第二，编报范围不同。合并财务报表将被母公司控制的子公司纳入合并范围，与母公司不存在控制与被控制关系，或母公司实际难以控制的企业并不纳入合并范围；而汇总财务报表仅以隶属关系作为依据确定编报范围，凡属于其下属企业，并管理其财务的企业，均纳入编报范围。

第三，编制方法不同。编制汇总财务报表时，仅将所属企业个别财务报表相同项目简单加总即可完成，无须像编制合并财务报表那样编制抵销分录和工作底稿。

二、合并财务报表的合并理论

合并财务报表最早出现于19世纪末的美国。在第一次世界大战时期，美国的大部分控股公司开始编制合并财务报表。至20世纪中叶，美国又规定上市公司必须编制合并财务报表，致使编制合并财务报表的企业增多。受美国影响，西方发达资本主义国家在第二次世界大战后也陆续作出拥有子公司的企业编制合并财务报表的规定。经过长期的会计实践，目前国际上形成了母公司理论、实体理论和所有权理论三种编制合并财务报表的合并理论。这三种合并理论的区别主要表现在企业集团的界定、合并范围的确定和合并方法的选择三个方面。

（一）母公司理论

母公司理论将母公司控制的企业集团作为合并财务报表的反映对象，将子公司定义为被母公司所控制的企业，将企业集团定义为母公司及其全体子公司。由于母公司理论强调母公司对子公司的控制权，它必将合并财务报表视为母公司本身财务报表反映范围的扩大，也必将认为合并财务报表主要是为母公司的股东和债权人服务的。以此为出发点，母公司理论在确定合并范围时，通常以法定控制权为依据，凡是能够为母公司所控制的被投资单位均可纳入合并范围，凡是不能为母公司所控制的被投资单位均排斥在合并范围之外。在母公司理论下所采用的合并财务报表的编制方法也是从母公司本身的股东利益考虑的。例如，在以母公司理论为指导而编制的合并资产负债表中，少数股东权益通常视为负债处理，少数股东损益通常视为费用处理；合并财务报表中所确认的商誉仅为归属于母公司的商誉，称不完全商誉；对于内部销售收入的抵销，也仅抵销多数股权的份额，将属于少数股权的份额视同对外销售已实现的收入。

（二）实体理论

实体理论将由母公司和子公司构成的企业集团视为一个经济联合体，作为合并财务报表的反映对象。实体理论并不强调母公司对子公司的控制权，它强调的是企业集团中所有成员企业所构成的经济实体。因此，它必将认为合并财务报表是为企业集团所有的股东和债权人服务的。以此为出发点，实体理论在确定合并范围时，通常并不强调母公司对子公司的控制权，而是更注重其成员企业的经济资源、实现的利润等对企业集团整体经济实力的影响。在实体理论下所采用的合并财务报表的编制方法也是从构成经济实体的各成员企业的股东利益出发考虑的，它将构成企业集团的多数股权的股东和少数股权的股东都视为共同组成的经济实体的股东同等对待。例如，实体理论将少数股东权益也视为股东权益的一部分；将少数股东的净收益也视为合并的经济实体的净收益;合并财务报表中确认的商誉是完全商誉;对于内部销售收入,不分多数股权和少数股权的份额,全额予以抵销。

(三)所有权理论

母公司理论和实体理论很难解决从属于两个或两个以上企业集团的企业合并财务报表编制的问题。如某一合营企业C,由A、B两个企业各投资50%的资本形成。A、B两个企业各拥有C企业50%的股份,C企业受A、B两个企业共同控制。在这种情况下,C企业纳入哪个投资企业的合并范围?它既不适用于母公司理论(因为C企业隶属于具有同等股份的母公司),也不适用于实体理论(因为C企业隶属于具有同等股份的两个经济实体),于是便产生了所有权理论。所有权理论既不强调母公司对子公司的控制关系,也不强调由各成员企业组成的经济实体,而是注重投资企业对被投资单位的财务和经营决策具有重大影响的所有权。在所有权理论下,投资企业按拥有所有权的被投资单位资产、负债和当期实现净收益所占的比例记入合并财务报表,这称为比例合并法。

在各国编制合并财务报表的会计实务中,通常并非依据某项单一的合并理论,往往以某一合并理论为主,再吸收其他合并理论的合理部分。美国和英国的合并财务报表实务主要采用的是母公司理论,德国的合并财务报表实务更多地采用的是实体理论,2011年颁发的《国际财务报告准则第10号——合并财务报表》中,也基本采用的是实体理论。1995年,我国颁发的《合并财务报表暂行规定》主要采用母公司理论;2006年,我国颁发的《企业会计准则第33号——合并财务报表》在确定合并范围时采用的是母公司理论,而在少数股东权益和少数股东损益的列示上采用的是实体理论。由于合营和联营企业属于被两个或两个以上的投资者共同控制的企业,不属于被母公司控制的子公司,因此,我国不采用所有权理论。

三、合并财务报表的合并范围

合并财务报表的合并范围是指母公司在编制合并财务报表时,应将哪些被投资单位纳入编报范围之内,而应将哪些被投资单位排除在编报范围之外。合并范围的确定是编制合并财务报表的首要条件。合并财务报表合并范围的确定主要取决于合并财务报表所采用的合并理论。例如,在母公司理论下,将被母公司控制的所有子公司纳入合并范围;而在所有权理论下,将母公司拥有重大影响的所有权的子公司纳入合并范围。此外,合并范围的确定还应考虑国际惯例、各国的一贯做法和各国法律的要求。如前所述,国际会计准则、美国和英国的会计准则都主要是采用母公司理论,我国于1995年颁发的《合并财务报表暂行规定》和2006年颁发的《企业会计准则第33号——合并财务报表》也主要是采用母公司理论。在母公司理论下，主要以母公司对企业集团中其他被投资单位拥有控制权为依据确定合并范围。因此，我国《企业会计准则第 33 号——合并财务报表》指出，合并财务报表的合并范围应当以控制为基础予以确定，母公司应当将其控制的所有子公司（含特殊目的主体等），无论是小规模的子公司还是经营业务性质特殊的子公司，均纳入合并财务报表的合并范围。

2012 年 11 月财政部发布的《企业会计准则第 33 号——合并财务报表（修订）（征求意见稿）》指出，控制是指投资方拥有对被投资方的权力，通过参与被投资方的相关活动而享有可变回报，并且有能力运用对被投资方的权力影响其回报金额。而相关活动是指对被投资方的回报产生重大影响的活动，通常包括商品或劳务的销售和购买、金融资产的管理、资产的购买和处置、研究与开发活动以及融资活动等。可见，“相关活动”比修订前该准则的“财务与经营政策”的涵盖内容更广泛。投资方享有现时权利使其目前有能力主导被投资方的相关活动，而不论其是否实际行使该权利，视为投资方拥有对被投资方的权力。投资方在判断是否拥有对被投资方的权力时，应当仅考虑与被投资方相关的实质性权利，包括自身所享有的实质性权利以及其他方所享有的实质性权利。仅享有保护性权利的投资方不拥有对被投资方的权力。

在企业集团中，享有对一个或多个被投资企业控制权的企业称为母公司。母公司能够决定被投资企业的财务和经营政策等相关活动。母公司可以是企业，如股份有限公司、有限责任公司，也可以是非企业形式的会计主体，如基金。

在企业集团中，被母公司控制的企业称为子公司。子公司必须也只能由一个母公司控制，不能也不允许被两个或多个母公司共同控制。被两个或多个母公司共同控制的合营企业，不是子公司。子公司可以是企业，如股份有限公司、有限责任公司，也可以是非企业形式的会计主体，如基金。

纳入合并范围的被母公司控制的被投资单位包括以下形式：

（一）母公司拥有其半数以上（不包括半数）表决权资本的被投资单位

这里所说的表决权资本是指有限责任公司的投资者的出资额和股份有限公司的普通股。当母公司拥有被投资单位 50% 以上的表决权资本时，就成为被投资单位的最大股东，就能够控制被投资单位的生产经营活动和财务政策等相关活动，拥有对被投资单位的控制权，应当将该被投资单位认定为子公司。在这种情况下，子公司的生产经营活动就成为母公司生产经营活动的一个组成部分，需要将子公司的个别财务报表所反映的财务状况、经营成果和现金流量纳入合并财务报表，以综合反映以母公司为主的企业集团的财务状况、经营成果和现金流量。母公司拥有被投资单位半数以上表决权资本，又具体表现为以下三种情况：

第一种情况是，母公司直接拥有被投资单位半数以上的表决权资本。例如，甲公司直接拥有乙公司发行的普通股股票的55%，乙公司便成为甲公司的子公司。甲公司在编制合并财务报表时，应将乙公司纳入合并范围。

第二种情况是，母公司间接拥有被投资单位50%以上的表决权资本。例如，甲公司拥有乙公司80%的表决权资本，而乙公司又拥有丙公司60%的表决权资本。这时，甲公司通过其子公司乙公司间接拥有丙公司60%的表决权资本，从而使丙公司也成为甲公司的子公司。甲公司在编制合并财务报表时，也应将丙公司纳入合并范围。

第三种情况是，母公司直接和间接拥有被投资单位50%以上的表决权资本。例如，甲公司拥有丙公司30%的表决权资本，即不足半数以上表决权资本。但甲公司拥有乙公司80%的表决权资本，而乙公司拥有丙公司35%的表决权资本。这时，甲公司直接拥有丙公司30%的表决权资本，甲公司通过其子公司乙公司间接拥有丙公司35%的表决权资本，这两项表决权资本之和达到65%，从而使丙公司成为甲公司的子公司。甲公司在编制合并财务报表时，也应将丙公司纳入合并范围。

在上述第二种情况下，母公司通过子公司而对子公司的子公司拥有半数以上表决权资本；在第三种情况下，母公司直接拥有被投资单位半数以下表决权资本，但同时通过间接方式拥有该被投资单位一定数量的表决权资本，直接拥有和间接拥有合计超过被投资单位半数以上表决权资本。在这两种情况下，确定合并范围时应注意三个问题：

其一，母公司通过子公司间接拥有被投资单位的表决权资本，必须以母公司对该子公司拥有控制权为前提条件。在上述第一种情况下，如果甲公司仅拥有乙公司40%的表决权资本，则不能将丙公司作为甲公司的子公司，不能将丙公司纳入甲公司的合并范围。

其二，在计算间接控制的比例时，直接采用子公司拥有其被投资单位表决权资本的比例，而不将母公司拥有子公司的表决权资本比例与子公司拥有其被投资单位表决权资本的比例相乘。在上述第二种情况下，甲公司拥有乙公司80%的表决权资本，乙公司拥有丙公司60%的表决权资本，则甲公司间接拥有丙公司60%的表决权资本，而不是间接拥有48%（80%×60%）的表决权资本。由此可见，合并范围的确定是定性的问题，而不是定量的问题。为了适当地扩大合并范围，以便充分反映企业集团的经营成果和财务状况，无须进行严格的定量计算，这与在编制抵销分录时计算应抵销金额是不相同的。

其三，以控制为依据确定合并财务报表的合并范围，应当强调实质重于形式，综合考虑所有相关事项和因素。在确定能否控制被投资单位时，应当考虑企业和其他企业持有的被投资单位的当期可转换的可转换公司债券、当期可执行的认股权证等潜在的表决权因素，不仅要考虑本企业在被投资单位的潜在表决权，还要同时考虑其他企业或个人在被投资单位的潜在表决权;不仅要考虑可能会提高本企业在被投资单位持股比例的潜在表决权,还要考虑可能会降低本企业在被投资单位持股比例的潜在表决权。

(二)被母公司控制的其他被投资单位

应当说,合并范围的确定是以母公司控制被投资单位为依据的,当母公司通过直接和间接的方式未能拥有被投资单位半数以上表决权资本时,如果母公司通过其他方式可以对被投资单位的经营活动和财务政策等相关活动实施控制,这些为母公司控制的被投资单位也应当纳入合并财务报表的合并范围。

母公司拥有被投资单位半数或以下的表决权资本,满足下列条件之一的,视为母公司能够控制被投资单位,将其认定为子公司,纳入合并财务报表的合并范围,但有证据表明母公司不能实施控制的除外。

1. 通过与被投资单位的其他投资者之间的协议,持有该被投资单位半数以上的表决权。这种情况是指母公司与共同投资于这个被投资单位的其他投资者签订协议,受托管理其权益,从而在该被投资单位拥有半数以上的表决权,可以对该被投资单位的经营活动和财务政策等相关活动实施控制。

2. 根据章程或协议,有权决定被投资单位的财务和经营政策等相关活动。这种情况是指被投资单位的章程、协议等文件中明确规定其财务和经营政策等相关活动受母公司的管理控制,从而使母公司实际拥有对被投资单位的生产经营活动等相关活动的控制权。

3. 有权任免被投资单位的董事会或类似权力机构的多数成员。这种情况是指母公司有权任免被投资单位董事会的董事、股东大会代表、监事会等多数成员,从而实现对被投资单位的生产经营和财务政策等相关活动的控制。

4. 在被投资单位的董事会或类似机构占有半数以上表决权。这种情况是指母公司在被投资单位董事会等权力机构的会议上,通过多数投票权控制该被投资单位的财务和经营政策等相关活动,以实现对该被投资单位生产经营活动和财务政策等相关活动的控制。

上述四种情况都表明,该被投资单位已成为母公司事实上的子公司,应纳入合并财务报表的合并范围。

《企业会计准则第33号——合并财务报表(修订)(征求意见稿)》指出,投资方持有被投资方半数或以下的表决权,应综合考虑下列事实和情况,判断投资方是否拥有对被投资方的控制权:①投资方持有的表决权相对于其他投资方持有的表决权份额的大小,以及其他投资方持有表决权的分散程度;②投资方和其他投资方持有的被投资方具有实质性权利的潜在表决权,如当期可转换公司债券、当期可执行认股权证等;③其他合同安排产生的权利;④被投资方以往的表决权行使情况等其他相关事实和情况。

该征求意见稿还要求投资方在判断是否控制被投资方时,应当确定其自身是以主要责任人还是代理人的身份行使决策权,以及其他方是否以其代理人的身份代为行使决策权。代理人仅代表主要责任人行使决策权,不控制被投资方,投资方将被投资方相关活动的决策权委托给代理人的,应当将该决策权视为自身直接持有。

(三)母公司控制的特殊目的主体

母公司控制的特殊目的主体是指母公司根据其特定经营业务的需要直接或间接设立的分公司、生产线、营业部等非法人单位。判断母公司能否控制特殊目的主体应当考虑以下主要因素:

1. 母公司为融资、商品或劳务等特定经营业务的需要直接或间接设立特殊目的主体,以支持其主要经营活动。

2. 母公司具有控制或获得控制特殊目的主体或其资产的决策权。如母公司拥有单方面终止特殊目的主体的权利、变更特殊目的主体章程的权力、对变更特殊目的主体章程的否决权等。

3. 母公司通过章程、合同、协议等具有获取特殊目的主体大部分利益的权力。如以未来净现金流量、利润、净资产等方式,获取从特殊目的主体中分配的大部分经济利益的权力以及在清算中获取大部分剩余权益的权力。

4. 母公司通过章程、合同、协议等承担了特殊目的主体的大部分风险。如母公司通过向特殊目的主体提供大部分资本的投资者作出获得固定回报的承诺,而提供大部分资本的投资者实际承担有限风险,母公司保留了特殊目的主体剩余权益风险即所有权风险。

判断为母公司能够控制的特殊目的主体,也应纳入合并财务报表的合并范围。

(四)不纳入合并范围的被投资单位

不纳入合并范围的被投资单位有:

1. 共同控制主体。控制是指一个企业能够决定另一个企业的财务和经营政策,并能据以从另一个企业的经营活动中获取利益的权利。而与其他投资者共同控制的被投资单位,合同约定其同受两方或多方控制。某一个投资企业单方面实际上是控制不了的这个共同控制主体的,共同控制不完全符合控制的定义,共同控制主体不是母公司的子公司。因此,在我国《企业会计准则第 33 号——合并财务报表》中不再将原采用比例合并法核算的合营企业纳入合并范围,并同时取消了比例合并法的适用,而是规定对合营企业采用权益法进行核算。

2. 已宣告被清理整顿的原子公司和已宣告破产的原子公司。当期被宣告清理整顿的被投资单位和已宣告破产的被投资单位，在当期已经由董事会、股东大会或人民法院指定的有关人员组成的清算组对其进行日常管理，在清算期间，被投资单位不再开展与清算无关的经营活动。因此，母公司不再控制该被投资单位，不能将该被投资单位继续认定为母公司的子公司。

3. 母公司不能控制的其他被投资单位。母公司不能控制的其他被投资单位，如联营企业，不能认定为子公司。

可见，母公司应当将其控制的所有子公司纳入合并财务报表的合并范围。不论子公司规模的大小、子公司向母公司转移资金能力是否受到严格限制，也不论子公司的业务性质与母公司和企业集团内其他子公司是否有明显差别，均应纳入合并财务报表的合并范围。

四、合并财务报表的种类、编制原则与前提

（一）合并财务报表的种类

合并财务报表至少应包括合并资产负债表、合并利润表、合并现金流量表、合并所有者权益变动表和附注。

合并资产负债表，是反映由母公司和子公司组成的企业集团在某一特定日期的资产、负债和所有者权益的财务报表。根据合并资产负债表，可以分析企业集团的财务状况。合并资产负债表是以母公司和子公司的个别资产负债表为基础，抵销企业集团内部经济业务的影响后编制的。

合并利润表，是反映由母公司和子公司组成的企业集团在某一会计期间的收入、费用和净利润形成的财务报表。根据合并利润表，可以分析企业集团在某一会计期间的经营成果。合并利润表是以母公司和子公司的个别利润表为基础，抵销内部销售业务的影响后编制的。

合并现金流量表，是反映由母公司和子公司组成的企业集团在一定会计期间的现金流入、流出数量以及现金净增减情况的财务报表。根据合并现金流量表，可以分析企业集团获取现金及其等价物的能力，并可进一步揭示企业集团财务状况优劣的具体原因。合并现金流量表正表是以母公司和子公司的个别现金流量表为基础，抵销企业集团内部经济业务的影响后编制的，其附注是以合并资产负债表和合并利润表为基础，采用与个别现金流量表相同的方法编制的。

合并所有者权益变动表，是反映由母公司和子公司组成的企业集团在某一会计期间各所有者权益项目增减变动情况的财务报表。根据合并所有者权益变动表，可以分析企业集团某一会计期间各所有者权益项目增减变动的情况及其原因。合并所有者权

益变动表是以母公司和子公司的个别所有者权益变动表为基础，抵销内部交易的影响后编制的。合并所有者权益变动表也可以根据合并资产负债表和合并利润表进行编制。

（二）合并财务报表的编制原则

我国《企业会计准则——基本准则》规定了会计信息质量要求的八条基本原则。《中华人民共和国会计法》明令提出，必须保证财务会计报告的真实、完整。《企业财务会计报告条例》为保证财务报表的真实、完整作出了若干具体规定。合并财务报表和个别财务报表的编制都必须遵循有关会计法规、会计准则、会计条例、会计制度规定的一般原则和要求。

对财务报表编制的基本原则和要求包括客观性、完整性、及时性、准确性。所谓客观性，是指合并财务报表应当以真实、可靠的个别财务报表为基础，如实反映企业集团的生产经营和财务状况，不能弄虚作假或隐瞒重要事实。所谓完整性，是指合并财务报表应按照国家统一规定的格式和内容填列，以完整反映企业集团的全貌，不能遗漏项目和人为地缩小或扩大合并范围。所谓及时性，是指应当按照法律、行政法规和国家统一会计制度规定的合并财务报表提供的期限，及时编制并对外提供，不得拖沓延误编报和提供的时间。所谓准确性，是指合并财务报表各项合并数的计算应当准确无误，当期各种合并财务报表相应项目的数字应相互一致，每一张合并财务报表相关项目的数字应有机联系，核对无误，每一张合并财务报表的本期与上期有关的数字应相互衔接。总之，合并财务报表的编制应遵循与个别财务报表编制相一致的原则：内容完整、数字真实、计算准确、编报及时。

由于个别财务报表是反映每一个实行独立核算的法律主体和会计主体的财务状况、经营成果和现金流量的财务报表，而合并财务报表是反映由母公司和子公司组成的单纯的经济主体——企业集团的财务状况、经营成果和现金流量的财务报表，因此，编制合并财务报表除需遵循财务报表编制的一般原则外，还应遵循以下特殊原则：

1. 以个别财务报表为基础的原则。由于企业集团并非独立的法律实体和会计实体，它本身不单独设置账户、登记账簿，因此，合并财务报表不可能根据它自身的账簿资料来编制，又由于企业集团所属子公司往往很多，直接根据母公司和各个子公司的账簿资料编制合并财务报表难以操作，这样，编制合并财务报表最可行的方法，也是国际惯例，就是根据母公司和子公司所提供的个别财务报表的数据，运用编制抵销分录和工作底稿的特殊方法来完成。

2. 一体性原则。既然合并财务报表是反映由母公司和子公司组成的企业集团的财务状况和经营成果等情况的，那么在编制合并财务报表时就应当将企业集团作为一个整体,视为一个会计主体。为此,在合并财务报表上所报告的资产、负债、所有者权益、收入、费用和利润等信息,都应从企业集团整体考虑。例如,合并财务报表所提供的应收账款、应付账款等往来款项数据,应为企业集团各成员企业对企业集团以外的单位和个人的债权、债务,不应包括企业集团各成员企业彼此之间的债权、债务。又如,合并财务报表所提供的产品销售收入等数据,应为企业集团各成员企业将产品出售给企业集团以外的单位或个人而实现的收入,不应包括企业集团内部各成员企业购销业务实现的内部销售收入。

按照一体性原则的要求,在编制合并财务报表时,应根据个别财务报表各项目的加总数,通过编制抵销分录,将内部债权、债务以及内部销售收入等予以抵销,再求得各项目的合并数。

3. 重要性原则。重要性原则是会计核算的一般原则。合并财务报表的编制之所以特别强调重要性原则的运用,主要出于以下考虑:

(1)企业集团中的母公司和若干子公司经营范围往往各异,跨越各行各业,而不同行业经营活动存在很大差异。例如,在以汽车生产和销售为主的企业集团中,可能包括汽车运输公司、建筑安装公司等子公司。运输收入、工程价款结算收入对该类子公司是重要的项目,而对企业集团而言,其所占的份额可能微不足道,在设计合并财务报表项目时可不单独列示。但是,对企业集团具有重要意义的汽车销售收入,则应单独列示营业收入项目。可见,应按重要性原则设计合并财务报表的项目,决定对个别财务报表项目的取舍。

(2)企业集团中母公司与子公司、子公司相互之间的内部经济业务有时很多,有些对企业集团财务状况和经营成果有较大影响,有些则影响不大。对于那些对企业集团财务状况和经营成果均无明显影响的内部经济业务,可以不作抵销处理;而对于那些不予抵销处理就会对企业集团的财务状况和经营成果产生重大影响的内部经济业务,则必须进行抵销处理。例如,企业集团中某一成员企业将其生产的价值100 000元的产品出售给另一个成员企业作为固定资产,它涉及内部销售收入应抵销100 000元,也涉及购买方固定资产原值中和当年计提的折旧中含有未实现内部利润,必须编制相应的抵销分录予以抵销。而如果企业集团中某一成员企业将使用过的价值30 000元的固定资产出售给另一成员企业作为固定资产使用,这对企业集团总体财务状况和经营成果影响不大,则不必编制抵销分录予以抵销。可见,应按重要性原则决定合并抵销手续和抵销内容的取舍。

(三)合并财务报表的编制前提

合并财务报表是以个别财务报表为基础编制的,而企业集团的母公司和境内外子公司的会计期间、会计政策、计量单位有时并不一致，为了全面、准确地反映企业集团的财务状况和经营成果，在编制合并财务报表时必须明确以下前提条件，并做好相应的准备工作：

1. 统一母公司和子公司的会计政策。会计政策是指企业在会计确认、计量和报告中所采用的原则、基础和会计处理方法。母公司合资公司采用不同的会计政策，个别财务报表的相同项目反映的内容和金额就不具有相同的基础，丧失了可比性。将具有不同口径的不可比的指标进行合并，则难以如实反映企业集团的财务状况、经营成果和现金流量。为此，在编制合并财务报表前，应统一母公司和子公司的会计政策。子公司的会计政策与母公司不一致的，应当按照母公司的会计政策对子公司财务报表进行必要的调整，或者要求子公司按照母公司的会计政策另行编制财务报表。

2. 统一母公司和子公司的会计期间和财务报表日。合并财务报表和个别财务报表一样，是反映一定日期会计主体的财务状况和一定会计期间会计主体的经营成果及现金流量的。因此，只有母公司和子公司的会计期间和财务报表日一致，根据相同会计期间和财务报表日的个别财务报表编制的合并财务报表，才能提供企业集团财务状况和经营成果的准确、可靠的信息。为此，在编制合并财务报表时，母公司应当统一子公司的会计期间，使子公司的会计期间和财务报表日与母公司保持一致。子公司的会计期间和财务报表日与母公司不一致的，应当按照母公司的会计期间对子公司财务报表进行调整，或者要求子公司按照母公司的会计期间另行编制财务报表。

3. 将以外币表示的子公司个别财务报表折算为记账本位币。在母公司和子公司所采用的货币计量单位不同时，应按母公司记账本位币编制合并财务报表。母公司的境外子公司一般采用所在国或地区的货币作为记账本位币，母公司的外币业务比较多的境内子公司也可能采用某种外币作为记账本位币。为了对母公司和子公司的财务报表进行合并，必须统一计量单位，编制以母公司记账本位币表示的财务报表。关于外币财务报表折算方法请遵循《企业会计准则第 19 号——外币折算》的规定，并参见本书第六章。

4. 子公司除了应当向母公司提供财务报表外，还应当在个别财务报表附注中向母公司提供下列资料：

(1)采用的与母公司不一致的会计政策及其影响金额。当子公司与母公司所采用的会计政策不同，但差异不大，并对财务状况和经营成果影响不大时，母公司可以不按母公司本身规定的会计政策对子公司财务报表进行调整，母公司可以直接根据个别财务报表编制合并财务报表。当子公司与母公司所采用的会计政策不同，且差异较大，并对财务状况和经营成果影响较大时，应当按照母公司的会计政策对子公司财务报表进行必要的调整，或者要求子公司按照母公司的会计政策另行编制财务报表，再根据调整后的个别财务报表编制合并财务报表。不论上述哪种情况，子公司在个别财务报表附注中均应对采用的与母公司不一致的会计政策及其影响金额予以说明。

(2)与母公司不一致的会计期间的说明。如果境外子公司受所在国或地区的法律、惯例的限制，与母公司会计期间和财务报表日不一致，又未单独编报与母公司会计期间和财务报表日一致的个别财务报表，应在附注中说明会计期间的起止日期，并应以附表的形式列示与母公司不同期间的相关信息，以便母公司对其个别财务报表按母公司的会计期间进行调整。如果子公司已按母公司的会计期间重新编制个别财务报表，也应说明其调整的情况及金额。

(3)母公司与子公司以及子公司相互之间的所有内部交易的相关资料。从一体性原则出发，企业集团内各成员企业之间的内部经济业务，在编制合并财务报表时应予以抵销。为此，个别报表附注中必须提供如下资料：①内部债权、债务；②内部利息收入、利息支出；③母公司内部投资收益；④内部应收账款计提的坏账准备和其他内部购销形成资产计提的减值准备的增减变动情况；⑤内部销售收入；⑥内部固定资产交易形成的固定资产原值中包含的未实现内部利润，以及累计折旧中包含的未实现内部利润；⑦内部购销形成的存货及其包含的未实现内部利润；⑧内部购销形成的固定资产的处置情况；⑨内部现金流量等。

(4)所有者权益变动的有关资料。子公司所有者权益的变动资料，可能涉及母公司和少数股东所拥有的股权份额的变动、子公司的利润分配情况，还可能涉及子公司期初、期末未分配利润的变动等。这些均和编制合并财务报表时母公司长期股权投资与子公司所有者权益各项目的抵销、母公司内部投资收益的抵销、合并所有者权益变动表项目的抵销等密切相关，子公司应在个别财务报表附注中予以说明。

(5)其他编制合并财务报表所需要的资料。

五、合并财务报表的编制程序

如上所述，除了合并现金流量表附注可以采用与个别现金流量表相同的方法编制，合并所有者权益变动表也可以根据合并资产负债表和合并利润表编制外，合并财务报表一般采用编制抵销分录和合并工作底稿的特殊方法来编制。采用这种特殊方法编制合并财务报表的程序如下。

(一)对子公司个别财务报表进行调整

母公司在编制合并财务报表时，首先应对子公司进行分类，即分为同一控制下企业合并取得的子公司和非同一控制下企业合并取得的子公司两类。

对于同一控制下企业合并取得的子公司，如果其采用的会计期间、会计政策与母公司不一致，则应根据重要性原则进行判断，符合重要性的，应当按照母公司的会计期间和会计政策，对子公司个别财务报表进行调整。

对于非同一控制下企业合并取得的子公司，除了需要考虑子公司采用的会计期间和会计政策与母公司不一致，需要调整子公司个别财务报表外，还应根据母公司备查登记簿中记录的购买日子公司可辨认资产和负债的公允价值，对子公司个别财务报表进行调整，以便在合并财务报表中反映子公司资产、负债和净资产的公允价值。将子公司资产、负债和净资产的账面价值调整为公允价值，可以在编制合并工作底稿前先调整子公司个别财务报表相关数据，也可以在合并工作底稿中通过编制调整分录完成。《企业会计准则讲解》推荐在合并工作底稿中予以调整。

（二）设计合并工作底稿

合并工作底稿是编制合并财务报表的手段。应当说，编制合并财务报表不是必须借助于合并工作底稿，但是，如果合并财务报表项目多，需要抵销的内部经济业务也多，合并财务报表编制就很复杂，不借助于合并工作底稿，就很可能遗漏项目和应抵销的业务。为了及时、准确地编制合并财务报表，并便于审核和查找错误，通常需要借助于合并工作底稿。

在合并工作底稿中应设计合并财务报表项目名称、母公司和子公司个别财务报表各项目的金额、个别财务报表各项目的加总数、调整分录、抵销分录、少数股东权益和合并数等栏目。

（三）将母公司和子公司的个别财务报表的数据过入合并工作底稿，并求出各项目的合计数

在编制合并财务报表时，应将母公司和子公司的个别资产负债表、个别利润表、个别现金流量表和个别所有者权益变动表各项目的数据过入合并工作底稿的相应栏目，并在合并工作底稿“合计数”栏将个别财务报表各项目的数据加总出合计数，以作为抵销内部经济业务并最终求出合并财务报表各项目合并数的基础。

（四）编制调整分录和抵销分录

在合并工作底稿中，应对子公司个别财务报表数据作两方面调整，并编制调整分录。其一，将非同一控制下企业合并取得的子公司各项可辨认资产、负债和净资产的账面价值调整为公允价值，并相应调整当期的折旧额、摊销额和发出额，及其对当期损益的影响；其二，将母公司个别财务报表的按成本法确认的长期股权投资的投资收益调整为权益法。

合并工作底稿中母公司和子公司个别财务报表各项目的合计数是个别财务报表的

简单加总,必须将母公司与子公司、子公司相互之间发生的内部经济业务的影响予以抵销,以剔除加总数据中重复计算的因素,这就需要根据个别财务报表及其附注中提供的有关资料编制抵销分录。编制抵销分录是编制合并财务报表的关键步骤。抵销分录编制得是否真实、完整、准确,是否符合以个别财务报表为基础的原则、一体性原则和重要性原则,直接影响到合并工作底稿中合并数的有用性。

为缩减合并工作底稿的篇幅,统一排列调整分录和抵销分录的顺序号,本书将调整分录和抵销分录统一编号,并顺序列示于合并工作底稿的“抵销分录”栏目中。

(五)计算合并财务报表各项目的合并金额

在个别财务报表加总后的合计数的基础上,根据抵销分录,加上该项目的调增金额,减去该项目的减少金额,即可求得合并财务报表各该项目的合并金额。具体计算方法如下:

1. 资产类、成本费用类和利润分配类的各项目,应根据各该项目加总的合计数,加上各该项目抵销分录借方发生额,减去各该项目抵销分录贷方发生额,计算确定其合并金额。

2. 负债类、所有者权益类、收入类和利润类各项目,应根据各该项目加总的合计数,加上各该项目抵销分录贷方发生额,减去各该项目抵销分录借方发生额,计算确定其合并金额。

3. 对于合并非全资子公司资产负债表中的少数股东权益的金额,视同抵销分录借方发生额处理。

(六)填列合并财务报表

通过上述步骤,在合并工作底稿的“合并金额”栏,已计算确定出合并财务报表中资产、负债、所有者权益、收入、费用和利润各项目的合并金额,可据以填列正式的合并资产负债表、合并利润表和合并利润分配表。

第二节　购买法下购买日合并财务报表的编制

一、购买法下购买日合并财务报表的特点

为了反映企业集团成立时的财务状况,企业集团中的控股公司即母公司应在购买日编制母公司和子公司组成的企业集团的合并财务报表。

购买法下购买日合并财务报表的编制与在权益结合法下合并日合并财务报表的编

制相比较，与购买日后的合并财务报表相比较，有以下特点：

第一，在购买法下，购买日只编制合并资产负债表。这是因为，在购买法下，企业集团当年已实现的利润仅指母公司本身当年已实现的利润，不包括被购买的子公司截至购买日当年已实现的利润。也就是说，被购买的子公司在购买日后所实现的利润才能包括在企业集团购并当年实现的利润中。由此可见，在购买日，企业集团的利润实现和分配情况，就是指母公司自身的利润实现和分配情况，完全可以由母公司本身个别利润表和利润分配表提供，无须另行编制合并利润表和合并利润分配表及合并现金流量表等。

第二，购买日的合并财务报表应在购买日编制。母公司应根据母公司和子公司提供的购买日个别财务报表及有关资料，编制购买日合并财务报表。按现行制度规定，上市公司应在 6 月 30 日和 12 月 31 日提供合并财务报表。如果控股合并的购买日正好是 6 月 30 日或 12 月 31 日，那么，这种半年末或年末的合并财务报表也正是购买日合并财务报表。但是，如果控股合并的购买日不在半年末或年末，则母公司应在控股权取得日即购买日编制合并财务报表。以下案例均假设购买日为 12 月 31 日。

第三，购买日合并财务报表的编制可以采用简便的方法。上文中述及，合并财务报表有特殊的编制方法即编制抵销分录和工作底稿。但是，由于购买日合并财务报表的编制主要涉及以下两个方面：①母公司对子公司长期股权投资项目与子公司所有者权益项目的抵销；②母公司与子公司、子公司相互之间债权、债务的抵销，因此，在实际工作中，如果涉及的资产、负债、所有者权益项目少，内部债权、债务也不多，在编制购买日合并财务报表时，也可以不借助于工作底稿和抵销分录，而直接依据个别财务报表和有关资料编制。

第四，少数股东权益（非控制性权益，下同）的初始确认。在编制购买日合并财务报表时，应将子公司区分为全资子公司和非全资子公司，对于非全资子公司应初始确认少数股东权益。

如果子公司为母公司的全资子公司，说明母公司拥有子公司全部股权，母公司对子公司长期股权投资的金额可以与子公司所有者权益各项目的金额直接抵销。如果子公司为母公司的非全资子公司，说明母公司未拥有子公司全部股权，在编制合并财务报表时，需要先将子公司所有者权益总额计算分解为母公司所占的份额和少数股权所占的份额，而少数股权所占的份额称为少数股东权益。在不同的合并理论下，对少数股东权益的处理方法是不同的。下文中，我们将依据《企业会计准则第 33 号——合并财务报表》及其应用指南，采用实体理论处理少数股东权益，将少数股东权益在合并资产负债表中所有者权益项目下以“少数股东权益”项目列示。而在母公司理论下，将少数股东权益在合并资产负债表中视同负债，在负债项目下以“少数股东权益”项目列示。

第五,合并差额和被购买方净资产账面价值的调整。按《国际财务报告准则第3号——企业合并》、《国际财务报告准则第10号——合并财务报表》和我国《企业会计准则第20号——企业合并》、《企业会计准则第33号——合并财务报表》的规定,在非同一控制下的企业合并中采用购买法核算,购买方应当以确定的企业合并成本作为长期股权投资的初始投资成本,购买方合并成本大于合并中所取得的被购买方可辨认净资产公允价值份额的差额,在合并财务报表中确认为商誉;购买方合并成本小于合并中所取得的被购买方可辨认净资产公允价值份额的差额,经复核后合并成本仍小于合并中所取得的被购买方可辨认净资产公允价值份额的,其差额在合并财务报表中计入当期损益,以后年度调整期初留存收益。同时,在控股合并方式下,由于企业购并完成后,子公司继续以独立的法人企业存在,并持续经营,因此,不允许按评估确认的公允价值调整被购买方的资产、负债和净资产的账面价值。这样,在抵销母公司对子公司表决权资本投资和拥有的子公司净资产账面价值时,往往会出现差额,这个差额称为合并差额。合并差额由以下两部分构成:其一是母公司长期股权投资成本与子公司净资产公允价值之间的差额,我们称这种差额为合并商誉或合并损益(或合并负商誉);其二是子公司净资产公允价值与其账面价值之间的差额,我们称这种差额为价值差额。在编制合并财务报表时,应当首先以购买日确定的各项可辨认资产、负债及或有负债的公允价值为基础对子公司的财务报表进行调整,即将各项可辨认资产、负债及或有负债的账面价值调整为公允价值,然后再将母公司的长期股权投资成本与子公司净资产公允价值予以抵销,确定合并商誉或损益。

第六,在合并财务报表上,母公司的资产、负债和净资产按账面价值计量,而子公司的资产、负债和净资产按公允价值计量。

下面我们主要介绍运用工作底稿和抵销分录的方法编制购买日合并财务报表。

二、拥有子公司全部股权的合并财务报表

投资企业购入被投资单位全部股权时,一般可分为三种情况:①以净资产公允价值购入;②以高于净资产公允价值购入;③以低于净资产公允价值购入。

这里需要说明的是,我国《企业会计准则讲解》指出,在非同一控制下的企业合并中,购买方通过企业合并取得被购买方100%股权的,被购买方可以按照合并中确定的可辨认资产、负债的公允价值调整其账面价值。除此之外,被购买方不应因企业合并改计有关资产、负债的账面价值。可以看出,《企业会计准则讲解》允许母公司的全资子公司对其资产、负债的计量选择公允价值或账面价值。本书为便于对照比较合并全资子公司和合并非全资子公司的合并财务报表的主要区别,并列示同一被购买方作为全资子公司或作为非全资子公司的相同个别财务报表资料,全资子公司的个别财务报表

仍按原账面价值计量，并未调整为公允价值。将其账面价值调整为公允价值皆通过在合并工作底稿上编制调整分录完成。

（一）按净资产公允价值购入（且公允价值等于账面价值）

当投资企业按被投资单位净资产公允价值购入被投资单位全部股权时，被投资单位净资产公允价值可能等于其账面价值，也可能高于或低于其账面价值。被投资单位净资产公允价值高于或低于其账面价值的抵销处理可参见例2－2和例2－3。如果被投资单位净资产公允价值等于其账面价值，就相当于按被投资单位账面价值购入全部股权，则可以将母公司对子公司长期股权投资项目与子公司所有者权益各项目直接抵销。举例说明如下。

【例2－1】　M公司和N公司为非同一控制下的企业。2010年12月31日，M公司以控股合并方式购买N公司全部股权，采用购买法核算。M公司和N公司2010年12月31日合并前个别资产负债表见表2－1，假设本例中N公司各项资产和负债的账面价值与公允价值（一）相等，M公司以N公司净资产账面价值6 840 000元购入N公司全部股权。M公司的应收账款中有100 000元应收N公司的货款。

M公司应编制如下会计分录：

借：长期股权投资　　6 840 000

　　贷：银行存款　　6 840 000

上述会计分录表明，M公司以6 840 000元银行存款取得了N公司全部发行在外的股份，成为N公司的唯一股东。由于N公司仍是持续经营的独立的法人实体，则M公司便成为由M公司和N公司组成的企业集团的母公司，N公司成为M公司的子公司。为了反映由M公司和N公司组成的企业集团在组建时的财务状况，就需要根据购买日M公司和N公司的个别财务报表编制合并财务报表。

表2－1　　M公司和N公司个别资产负债表资料

2010年12月31日　　单位：元

项　目	M公司	N公司		
		账面价值	公允价值（一）	公允价值（二）
货币资金（银行存款）	7 500 000	400 000	400 000	400 000
应收账款	300 000	1 200 000	1 200 000	1 000 000
存货	500 000	3 000 000	3 000 000	2 700 000
固定资产	6 500 000	6 000 000	6 000 000	6 700 000
无形资产	500 000	300 000	300 000	400 000

续表

项 目	M公司	N公司		
		账面价值	公允价值(一)	公允价值(二)
资产总计	15 300 000	10 900 000	10 900 000	11 200 000
短期借款	3 000 000	2 200 000	2 200 000	2 200 000
应付账款	500 000	260 000	260 000	260 000
长期借款	2 300 000	1 000 000	1 000 000	1 000 000
长期应付款	800 000	600 000	600 000	500 000
实收资本(股本)	4 300 000	5 000 000	5 000 000	5 000 000
资本公积	640 000	800 000	800 000	1 200 000
盈余公积	2 000 000	600 000	600 000	600 000
未分配利润	1 760 000	440 000	440 000	440 000
负债及所有者权益总计	15 300 000	10 900 000	10 900 000	11 200 000

从一体性原则出发,M公司以6 840 000元取得了N公司全部股权,形成M公司对其子公司——N公司的长期股权投资,只是将M公司的6 840 000元资金拨付给N公司,不会引起企业集团资产、负债和所有者权益的增减变动。但是,将M公司、N公司的个别资产负债表相关项目加总的结果,不仅使得资产增加了6 840 000元,而且使得所有者权益也增加了6 840 000元。因此,在编制合并财务报表时,必须将母公司对子公司长期股权投资项目与子公司所有者权益各项目予以抵销,编制如下抵销分录:

(1)借:实收资本(股本)　　5 000 000
　　资本公积　　800 000
　　盈余公积　　600 000
　　未分配利润　　440 000
　贷:长期股权投资　　6 840 000

除此之外,在购买日编制合并财务报表时,还应抵销母公司与子公司以及子公司相互之间的债权、债务,从而使得合并财务报表合并金额反映的债权、债务,都是企业集团对企业集团以外的单位和个人的债权、债务,而不包括企业集团内部成员企业之间的债权、债务。为此,应作如下抵销分录:

(2)借:应付账款　　100 000
　贷:应收账款　　100 000

本例M公司所编制的合并工作底稿见表2-2。

表 2－2　　M 公司合并工作底稿

2010 年 12 月 31 日　　单位:元

项 目	M 公司	N 公司	合计数	抵销分录		合并数
				借方	贷方	
货币资金	660 000	400 000	1 060 000			1 060 000
应收账款	300 000	1 200 000	1 500 000		(2)100 000	1 400 000
存货	500 000	3 000 000	3 500 000			3 500 000
长期股权投资	6 840 000		6 840 000		(1)6 840 000	
固定资产	6 500 000	6 000 000	12 500 000			12 500 000
无形资产	500 000	300 000	800 000			800 000
资产总计	15 300 000	10 900 000	26 200 000		6 940 000	19 260 000
短期借款	3 000 000	2 200 000	5 200 000			5 200 000
应付账款	500 000	260 000	760 000	(2)100 000		660 000
长期借款	2 300 000	1 000 000	3 300 000			3 300 000
长期应付款	800 000	600 000	1 400 000			1 400 000
实收资本(股本)	4 300 000	5 000 000	9 300 000	(1)5 000 000		4 300 000
资本公积	640 000	800 000	1 440 000	(1)800 000		640 000
盈余公积	2 000 000	600 000	2 600 000	(1)600 000		2 000 000
未分配利润	1 760 000	440 000	2 200 000	(1)440 000		1 760 000
负债及所有者权益总计	15 300 000	10 900 000	26 200 000	6 940 000		19 260 000

对例 2－1 说明如下:

1. 本例中假设内部应收账款未计提坏账准备。内部应收账款坏账准备的抵销处理,将在第三章中详细说明。

2. 当投资企业按被投资单位净资产账面价值购并被投资单位时,不会形成商誉和价值差额,因而也不涉及价值差额的分摊和合并商誉或损益(或负商誉)的处理。

3. 编制购买日合并资产负债表时,母公司和子公司各项目加总的合计数主要应抵销以下相互对应的项目:

(1) 母公司对子公司长期股权投资项目与子公司所有者权益各项目的抵销。通过这项抵销处理,排除母公司对子公司投资的资金下拨行为引起个别财务报表重复计算长期股权投资和所有者权益,在合并资产负债表上如实反映企业集团的资产和所有者权益。

(2)母公司与子公司以及子公司之间相互的债权、债务的抵销。通过这项抵销处理,排除企业集团内部债权债务,在合并资产负债表上如实反映企业集团对企业集团以外的单位和个人的债权、债务。

4. 经过上述抵销后,母公司对子公司的长期股权投资被并入合并财务报表的子公司的各项资产和负债所取代,即被子公司的净资产金额所取代,子公司的所有者权益各项目被母公司的所有者权益所取代。在子公司为母公司全资子公司的情况下,子公司的投资者就是母公司,子公司的所有者权益是母公司所有者权益中的一部分。对于企业集团而言,合并财务报表反映的所有者权益就是母公司的所有者权益,所反映的长期股权投资只能是企业集团中的成员企业对企业集团以外的单位和个人的投资。

(二)高于净资产公允价值购入(且公允价值高于账面价值)

当投资企业按高于被投资单位净资产公允价值购入被投资单位全部股权时,母公司对子公司长期股权投资项目的金额就会高于子公司所有者权益各项目金额的合计数,从而形成合并差额。举例说明如下。

【例2-2】 沿用例2-1资料,假设M公司以7 400 000元购入N公司全部股权。从表2-1可以看出,购买日N公司净资产账面价值6 840 000元,净资产公允价值(二)为7 240 000(11 200 000-3 960 000)元。也就是说,M公司以高于N公司净资产公允价值160 000元、高于N公司净资产账面价值560 000元的价值购入N公司全部股权。而高于N公司净资产账面价值560 000元的差额,由以下两部分组成:①净资产公允价值高于其账面价值的差额400 000元;②M公司购买价格高于N公司净资产公允价值的差额160 000元。对于这两项差额如何进行处理的问题,是购买日合并财务报表编制的重点和难点,也是各国现行合并财务报表实务中存在差异的问题。

现将两种观点叙述如下:

1. 将母公司投资成本超过子公司净资产账面价值的差额,在合并财务报表中,按其不同性质分别处理。将母公司投资成本超过子公司净资产公允价值的差额确认为商誉,将子公司净资产公允价值与其账面价值的差额调整各项可辨认资产、负债的价值。

在本例中,购买日应编制如下会计分录:

借:长期股权投资	7 400 000	
贷:银行存款		7 400 000

在编制购买日合并资产负债表时,应作如下会计处理:

将母公司投资成本高于子公司净资产公允价值的差额160 000元在合并财务报表中确认为合并商誉;将子公司净资产公允价值高于其账面价值的差额400 000元,调整可辨认资产和负债的价值。其具体计算过程可通过编制合并差额分配表进行，见表2-3。

表2-3 M公司合并差额分配表

2010年12月31日 单位：元

投资成本				7 400 000
减：N公司净资产账面价值				6 840 000
投资成本高于净资产账面价值差额				560 000
净资产公允价值高于其账面价值的分配：				
	公允价值	账面价值	差　异	
应收账款	1 000 000	1 200 000	-200 000	
存　货	2 700 000	3 000 000	-300 000	
固定资产	6 700 000	6 000 000	700 000	
无形资产	400 000	300 000	100 000	
长期应付款	(500 000)	(600 000)	100 000	
合　计	10 300 000	9 900 000	400 000	
减：可辨认净资产分配的差额				400 000
合并商誉（即投资成本高于净资产公允价值的差额）				160 000

根据表2-3编制如下调整分录和抵销分录：

(1)将子公司各项资产、负债及或有负债的账面价值调整为公允价值：

借：固定资产　　700 000
　　无形资产　　100 000
　　长期应付款　　100 000
　贷：应收账款　　200 000
　　　存货　　300 000
　　　资本公积　　400 000

(2)将母公司长期股权投资项目与子公司所有者权益各项目予以抵销，并确认商誉：

借：实收资本（股本）　　5 000 000
　　资本公积　　1 200 000
　　盈余公积　　600 000
　　未分配利润　　440 000
　　商誉　　160 000

贷:长期股权投资　　7 400 000

(3)将内部债权债务予以抵销:

借:应付账款　　100 000

贷:应收账款　　100 000

M 公司合并工作底稿见表 2-4。

表 2-4　　**M 公司合并工作底稿**

2010 年 12 月 31 日　　单位:元

项　目	M 公司	N 公司	合计数	调整分录、抵销分录		合并数
				借方	贷方	
货币资金	100 000	400 000	500 000			500 000
应收账款	300 000	1 200 000	1 500 000		(1)200 000 (3)100 000	1 200 000
存货	500 000	3 000 000	3 500 000		(1)300 000	3 200 000
长期股权投资	7 400 000		7 400 000		(2)7 400 000	
固定资产	6 500 000	6 000 000	12 500 000	(1)700 000		13 200 000
无形资产	500 000	300 000	800 000	(1)100 000		900 000
商誉				(2)160 000		160 000
资产总计	15 300 000	10 900 000	26 200 000	960 000	8 000 000	19 160 000
短期借款	3 000 000	2 200 000	5 200 000			5 200 000
应付账款	500 000	260 000	760 000	(3)100 000		660 000
长期借款	2 300 000	1 000 000	3 300 000			3 300 000
长期应付款	800 000	600 000	1 400 000	(1)100 000		1 300 000
实收资本(股本)	4 300 000	5 000 000	9 300 000	(2)5 000 000		4 300 000
资本公积	640 000	800 000	1 440 000	(2)1 200 000	(1)400 000	640 000
盈余公积	2 000 000	600 000	2 600 000	(2)600 000		2 000 000
未分配利润	1 760 000	440 000	2 200 000	(2)440 000		1 760 000
负债及所有者权益总计	15 300 000	10 900 000	26 200 000	7 440 000	400 000	19 160 000

《国际财务报告准则第 3 号——企业合并》、《国际财务报告准则第 10 号——合并财务报表》允许采用这种方法编制购买日合并资产负债表。国际上很多国家也采用这

种方法。

2. 将母公司投资成本超过子公司净资产账面价值的差额,直接调整子公司资产、负债和所有者权益的账簿记录。

前文指出,在控股合并后,子公司仍然作为独立的法人企业持续经营,按照国际会计准则和会计惯例,子公司的各项资产、负债和所有者权益在个别财务报表中应遵循历史成本原则,按合并前的账面价值反映。但是,随着市场经济和有价证券交易的发展,历史成本原则受到严重冲击,更多的学者和实务工作者都指出,企业合并业务足以证明,被母公司控制的子公司虽然还保留了原来的法人资格,但它已经是企业集团的成员企业,并在母公司的控制下开展生产经营活动,执行母公司制定的会计政策、财务政策和经营政策,而且母公司为了取得对子公司的控制权付出了代价。因此,子公司应按公允价值对其净资产进行计价,这种观点被称为“下推会计”。美国证券交易委员会鼓励被母公司控制的子公司采用下推会计。

采用下推会计时,由于在子公司的账簿上和个别财务报表上对资产、负债和所有者权益按公允价值计价,因此,就免去了在编制合并财务报表时对投资成本的分配和对商誉的确认,从而极大地简化了合并财务报表的编制程序。举例说明如下。

本例中,应通过编制合并差额调整表,调整子公司有关账户的账面余额至公允价值,见表2-5。

表2-5　　合并差额调整表

2010年12月31日　　单位:元

N公司资产负债表项目	账面价值	调整金额	调整后账面价值
货币资金	400 000		400 000
应收账款	1 200 000	-200 000	1 000 000
存货	3 000 000	-300 000	2 700 000
固定资产原值	8 100 000	800 000	8 900 000
减:累计折旧	2 100 000	100 000	2 200 000
固定资产净值	6 000 000	700 000	6 700 000
无形资产	300 000	100 000	400 000
资产总计	10 900 000	300 000	11 200 000
短期借款	2 200 000		2 200 000
应付账款	260 000		260 000
长期借款	1 000 000		1 000 000

续表

N公司资产负债表项目	账面价值	调整金额	调整后账面价值
长期应付款	600 000	-100 000	500 000
实收资本(股本)	5 000 000		5 000 000
其他投入资本		400 000	400 000
资本公积	800 000		800 000
盈余公积	600 000		600 000
未分配利润	440 000		440 000
负债及所有者权益总计	10 900 000	300 000	11 200 000

从表2-5可以看出,经过上述价值差额的调整,N公司各项资产、负债的账面价值均由原来的账面价值调整为公允价值,由此而引起的所有者权益的增加以"其他投入资本"单独列示于所有者权益项目中。根据表2-5,N公司应编制如下账簿调整的会计分录:

借:固定资产	800 000	
无形资产	100 000	
长期应付款	100 000	
贷:应收账款		200 000
库存商品等		300 000
累计折旧		100 000
其他投入资本		400 000

美国在推广采用下推会计时,往往将子公司的留存收益各项目均调整计入"其他投入资本"项目。在这种情况下,应编制如下账簿调整会计分录:

借:固定资产	800 000	
无形资产	100 000	
长期应付款	100 000	
盈余公积	600 000	
未分配利润	440 000	
贷:应收账款		200 000
库存商品等		300 000
累计折旧		100 000
其他投入资本		1 440 000

由于N公司已将各项资产、负债调整为公允价值,合并工作底稿上抵销分录的编

制就变得简单化，只编制如下抵销分录：

(1)借：实收资本(股本)　5 000 000
　　资本公积　800 000
　　其他投入资本　400 000
　　盈余公积　600 000
　　未分配利润　440 000
　　商誉　160 000
　贷：长期股权投资　7 400 000

(2)借：应付账款　100 000
　贷：应收账款　100 000

在第二种方法下，编制的合并工作底稿见表2-6。

表2-6　M公司合并工作底稿

2010年12月31日　单位：元

项　目	M公司	N公司	合计数	抵销分录		合并数
				借方	贷方	
货币资金	100 000	400 000	500 000			500 000
应收账款	300 000	1 000 000	1 300 000		(2)100 000	1 200 000
存货	500 000	2 700 000	3 200 000			3 200 000
长期股权投资	7 400 000		7 400 000		(1)7 400 000	
固定资产	6 500 000	6 700 000	13 200 000			13 200 000
无形资产	500 000	400 000	900 000			900 000
商誉				(1)160 000		160 000
资产总计	15 300 000	11 200 000	26 500 000	160 000	7 500 000	19 160 000
短期借款	3 000 000	2 200 000	5 200 000			5 200 000
应付账款	500 000	260 000	760 000	(2)100 000		660 000
长期借款	2 300 000	1 000 000	3 300 000			3 300 000
长期应付款	800 000	500 000	1 300 000			1 300 000
实收资本(股本)	4 300 000	5 000 000	9 300 000	(1)5 000 000		4 300 000
资本公积	640 000	800 000	1 440 000	(1)800 000		640 000
其他投入资本		400 000	400 000	(1)400 000		
盈余公积	2 000 000	600 000	2 600 000	(1)600 000		2 000 000
未分配利润	1 760 000	440 000	2 200 000	(1)440 000		1 760 000
负债及所有者权益总计	15 300 000	11 200 000	26 500 000	7 340 000		19 160 000

我国企业会计准则也允许全资子公司采用类似“下推会计”的方法，在子公司的账簿和个别财务报表上将其可辨认资产、负债和净资产的账面价值调整为公允价值。但笔者认为：①价值差额直接调整资本公积项目，不单独设置“其他投入资本”科目和资产负债表项目；②合并商誉或损益还应当在合并财务报表上确认，为此，N公司编制的账簿调整会计分录和M公司在合并工作底稿上编制的抵销分录如下：

会计分录：

借：固定资产　　800 000

　　无形资产　　100 000

　　长期应付款　　100 000

　贷：应收账款　　200 000

　　　库存商品等　　300 000

　　　累计折旧　　100 000

　　　资本公积　　400 000

抵销分录：

借：实收资本（股本）　　5 000 000

　　资本公积　　1 200 000

　　盈余公积　　600 000

　　未分配利润　　440 000

　　商誉　　160 000

　贷：长期股权投资　　7 400 000

（三）低于净资产公允价值购入（且公允价值高于账面价值）

当投资企业按低于被投资单位净资产公允价值购入被投资单位全部股权时，母公司对子公司长期股权投资项目的金额就会低于子公司所有者权益各项目公允价值的合计数，高于或者低于子公司所有者权益各项目账面价值的合计数。对这个差额有三种处理方法：

1. 将母公司投资成本小于子公司净资产公允价值的差额计入当期损益，将子公司净资产公允价值与其账面价值的差额调整各项可辨认资产、负债的价值。

【例2－3】　沿用例2－1资料，假设M公司以6 000 000元购入N公司全部股权。购买日N公司净资产账面价值为6 840 000元，净资产公允价值为7 240 000元，M公司对N公司投资成本低于N公司净资产公允价值1 240 000元，N公司净资产公允价值高于账面价值400 000元。企业集团按净利润的10%提取法定盈余公积。M公司在购入N公司全部股权时编制如下会计分录：

借：长期股权投资　　6 000 000
　贷：银行存款　　6 000 000

购买日应编制如下调整分录和抵销分录：

(1)借：固定资产　　700 000
　　无形资产　　100 000
　　长期应付款　　100 000
　贷：应收账款　　200 000
　　存货　　300 000
　　资本公积　　400 000

(2)借：实收资本(股本)　　5 000 000
　　资本公积　　1 200 000
　　盈余公积　　600 000
　　未分配利润　　140 000
　贷：长期股权投资　　6 000 000
　　营业外收入　　1 240 000

由于购买日不编制合并利润表，因此，将调整的营业外收入1 240 000元在合并资产负债表的“未分配利润”项目列示。

在合并当期期末编制的合并财务报表中，还需要将母公司长期股权投资项目与子公司所有者权益差额调增当期营业外收入，计入合并当期损益。以后年度编制合并财务报表时，应调整期初未分配利润1 240 000元。

(3)将内部债权债务予以抵销：

借：应付账款　　100 000
　贷：应收账款　　100 000

据以编制的购买日合并工作底稿见表2－7。

表2－7　　**M公司合并工作底稿**

2010年12月31日　　单位：元

项　目	M公司	N公司	合计数	调整分录、抵销分录		合并数
				借方	贷方	
货币资金	1 500 000	400 000	1 900 000			1 900 000
应收账款	300 000	1 200 000	1 500 000		(1)200 000 (3)100 000	1 200 000

续表

项目	M公司	N公司	合计数	调整分录、抵销分录		合并数
				借方	贷方	
存货	500 000	3 000 000	3 500 000		(1)300 000	3 200 000
长期股权投资	6 000 000		6 000 000		(2)6 000 000	
固定资产	6 500 000	6 000 000	12 500 000	(1)700 000		13 200 000
无形资产	500 000	300 000	800 000	(1)100 000		900 000
资产总计	15 300 000	10 900 000	26 200 000	800 000	6 600 000	20 400 000
短期借款	3 000 000	2 200 000	5 200 000			5 200 000
应付账款	500 000	260 000	760 000	(3)100 000		660 000
长期借款	2 300 000	1 000 000	3 300 000			3 300 000
长期应付款	800 000	600 000	1 400 000	(1)100 000		1 300 000
实收资本(股本)	4 300 000	5 000 000	9 300 000	(2)5 000 000		4 300 000
资本公积	640 000	800 000	1 440 000	(2)1 200 000	(1)400 000	640 000
盈余公积	2 000 000	600 000	2 600 000	(2)600 000		2 000 000
未分配利润	1 760 000	440 000	2 200 000	(2)440 000	(2)1 240 000	3 000 000
负债及所有者权益总计	15 300 000	10 900 000	26 200 000	7 440 000	1 640 000	20 400 000

《国际财务报告准则第3号——企业合并》、《国际财务报告准则第10号——合并财务报表》和我国《企业会计准则第20号——企业合并》、《企业会计准则第33号——合并财务报表》的应用指南及其讲解，允许采用这种方法编制购买日合并资产负债表。

2. 采用下推会计方法，在子公司的账簿和个别财务报表上对资产、负债和所有者权益按公允价值计价，由此而引起的所有者权益的增加以“其他投入资本”单独列示于所有者权益项目中；母公司对子公司长期股权投资成本低于子公司净资产公允价值的差额，直接调整购买日的留存收益。具体方法参照例2－2。

3. 将母公司投资成本低于子公司净资产账面价值的差额，先分配计入有关资产价值，若仍有余额则作为负商誉处理。

其具体做法是，先将子公司可辨认净资产的账面价值调整为公允价值；然后，再将子公司可辨认净资产公允价值大于投资成本的差额，按公允价值比例冲减除长期证券投资以外的非流动资产，若尚有余额，则记作负商誉。通常应编制合并差额分配表，见表2－8(计算结果精确到百位)。

表 2－8　合并差额分配表

2010 年 12 月 31 日　单位:元

投资成本				6 000 000
减:N 公司净资产公允价值				7 240 000
投资成本高于净资产公允价值差额(负商誉)				－1 240 000
净资产公允价值高于其账面价值差额的分配:(7 240 000－6 840 000＝400 000)				
	公允价值	账面价值	差　异	
应收账款	1 000 000	1 200 000	－200 000	
存　货	2 700 000	3 000 000	－300 000	
固定资产	6 700 000	6 000 000	700 000	
无形资产	400 000	300 000	100 000	
长期应付款	(500 000)	(600 000)	100 000	
合　计	10 300 000	9 900 000	400 000	

负商誉 1 240 000 元的分配:

	公允价值大于账面价值	负商誉分配额	分配后金额	可冲减账面价值	负商誉
固定资产	700 000	1 240 000×94.37%＝1 170 200	－470 200	600 000	0
无形资产	100 000	1 240 000×5.63%＝69 800	30 200		0

注:负商誉分配比率计算如下:

固定资产分配比率＝6 700 000÷(6 700 000＋400 000)＝94.37%

无形资产分配比率＝400 000÷(6 700 000＋400 000)＝5.63%

依据表 2－1 及有关资料编制如下抵销分录:

(1)借:实收资本(股本)　5 000 000

　　资本公积　800 000

　　盈余公积　600 000

　　未分配利润　440 000

　贷:长期股权投资　6 000 000

　　合并差额　840 000

(2)借:无形资产　30 200

　　长期应付款　100 000

　　合并差额　840 000

贷:应收账款		200 000
存货		300 000
固定资产		470 200
(3)借:应付账款	100 000	
贷:应收账款		100 000

这种方法所确定的子公司除长期证券投资以外的非流动资产金额,既非账面价值,也非公允价值,因此,国际财务报告准则和我国企业会计准则不予采用。

三、拥有子公司部分股权的合并财务报表

当投资企业购入被投资单位50%以上又不足100%的普通股股份时,投资企业仍然拥有对被投资单位的控制权,成为被投资单位的母公司,被投资单位成为母公司的子公司,需要由母公司编制合并财务报表。在这种情况下,子公司的普通股股份还有少部分被母公司以外的股东所持有。由于这部分股份在子公司全部股权中不足50%,因而称为少数股权(或非控制性股权,下同),少数股权持有者称为少数股东(或非控股股东,下同)。少数股东应拥有的子公司净损益的份额,称为少数股东损益(或非控股股东损益,下同);少数股东拥有的子公司净资产份额,称为少数股东权益(或非控制性权益,下同)。

在很多情况下,虽然投资企业仅持有被投资单位50%以下的普通股股份,但对被投资单位具有实质控制权;其他分散的投资者虽然持有被投资单位50%以上的普通股股份,但对被投资单位并不具有控制权。从这个意义上讲,将子公司的母公司以外的股东称为"非控股股东",比称为"少数股东"更为准确;同理,"非控股股东损益"和"非控制性权益"概念比"少数股东损益"和"少数股东权益"的概念更为准确。为与我国企业会计准则相一致,本书仍沿用"少数股东损益"和"少数股东权益"的概念。在合并财务报表中应反映少数股东权益和少数股东损益。对少数股东权益和少数股东损益如何在合并财务报表中予以反映,主要取决于人们对少数股权性质的理解。

(一)少数股权的性质

在本章第一节我们介绍过合并财务报表的三种合并理论。但是,因受共同控制的被投资单位不再纳入合并范围和比例合并法的废止,所有权理论已经失去现实意义,这里我们仅探讨母公司理论和实体理论对少数股权性质的认识。

母公司理论把合并财务报表视为母公司自身个别财务报表的扩展或修正。因此,将少数股东对子公司净资产的要求权视为负债;将少数股东应拥有的子公司净收益视

为费用；合并资产负债表所列示的股东权益（或所有者权益），为减去少数股东权益后的股东权益；合并利润表所列示的净利润，为减去少数股东拥有净利润后的余额。在按购买法编制合并财务报表时，母公司拥有子公司净资产的份额按公允价值合并，少数股东拥有子公司净资产的份额按原来账面价值合并。

实体理论认为编制合并财务报表的目的在于提供由母公司和子公司组成的企业集团的财务状况、经营成果和现金流量。因此，将少数股东对子公司净资产的要求权，在合并资产负债表中也列入所有者权益项目，并以“少数股东权益”单独列示于“未分配利润”项目下；将少数股东应拥有的子公司净利润，在合并利润表中也列入合并净利润项目，并以“少数股东本期损益”项目单独列示于“净利润”项目下。在按购买法编制合并财务报表时，子公司净资产中不论是母公司拥有的份额还是少数股东拥有的份额，均以公允价值计价。

在合并财务报表实务中，《国际财务报告准则第 10 号——合并财务报表》以及多数国家的会计准则包括我国的《企业会计准则第 33 号——合并财务报表》，对少数股东权益和少数股东损益的处理都主要采用实体理论。

（二）按净资产公允价值购入部分股权（且公允价值等于账面价值）

【例2－4】　沿用例2－1资料，假设M公司以5 472 000元购入N公司80%股权，且购入时N公司各项资产、负债的账面价值与公允价值相等，并假设M公司应收账款中有应收N公司货款100 000元。

在母公司拥有子公司部分股权的情况下，母公司购买日编制合并资产负债表时，应先计算子公司净资产中母公司和少数股东各拥有的金额。本例的计算结果如下：

母公司拥有的子公司净资产＝6 840 000×80%＝5 472 000（元）

少数股东拥有的子公司净资产＝6 840 000×20%＝1 368 000（元）

M公司应编制如下抵销分录：

（1）借：实收资本（股本）	5 000 000	
资本公积	800 000	
盈余公积	600 000	
未分配利润	440 000	
贷：长期股权投资		5 472 000
少数股东权益		1 368 000
（2）借：应付账款	100 000	
贷：应收账款		100 000

M公司在购买日编制的合并工作底稿见表2－9。

表 2-9　　**M 公司合并工作底稿**

2010 年 12 月 31 日　　单位:元

项　目	M 公司	N 公司	合计数	抵销分录		少数股东权益	合并数
				借方	贷方		
货币资金	2 028 000	400 000	2 428 000				2 428 000
应收账款	300 000	1 200 000	1 500 000		(2)100 000		1 400 000
存货	500 000	3 000 000	3 500 000				3 500 000
长期股权投资	5 472 000		5 472 000		(1)5 472 000		
固定资产	6 500 000	6 000 000	12 500 000				12 500 000
无形资产	500 000	300 000	800 000				800 000
资产总计	15 300 000	10 900 000	26 200 000		5 572 000		20 628 000
短期借款	3 000 000	2 200 000	5 200 000				5 200 000
应付账款	500 000	260 000	760 000	(2)100 000			660 000
长期借款	2 300 000	1 000 000	3 300 000				3 300 000
长期应付款	800 000	600 000	1 400 000				1 400 000
负债合计	6 600 000	4 060 000	10 660 000	100 000			10 560 000
实收资本(股本)	4 300 000	5 000 000	9 300 000	(1)5 000 000			4 300 000
资本公积	640 000	800 000	1 440 000	(1)800 000			640 000
盈余公积	2 000 000	600 000	2 600 000	(1)600 000			2 000 000
未分配利润	1 760 000	440 000	2 200 000	(1)440 000			1 760 000
少数股东权益						(1)1 368 000	1 368 000
所有者权益合计	8 700 000	6 840 000	15 540 000	6 840 000		1 368 000	10 068 000
负债及所有者权益总计	15 300 000	10 900 000	26 200 000	6 940 000		1 368 000	20 628 000

对表 2-9 作如下说明:

第一,本书主要采用实体理论说明合并财务报表的编制方法,因此,少数股东权益在合并资产负债表中归属于所有者权益项目,并以“少数股东权益”项目单独列示。实务中,如果采用母公司理论,应将“少数股东权益”项目列示于负债项目之下。

第二,虽然母公司未能拥有子公司全部股权,但子公司所有者权益项目应全额抵销,不能只抵销子公司所有者权益项目中母公司拥有的份额。只有将子公司所有者权益中少数股东拥有的份额同时予以抵销,才能在合并财务报表上确认少数股东权益。

第三,少数股东拥有的子公司所有者权益各项目的份额一般无须分项列示,而仅以“少数股东权益”项目列示总额,这主要基于重要性原则。

(三)高于净资产公允价值购入部分股权

【例2-5】　沿用例2-4资料,M公司以6 000 000元购入N公司净资产公允价值7 240 000元的80%。

当投资企业以高于被投资单位净资产公允价值购入被投资单位50%以上股权时,母公司对子公司长期股权投资的金额就会高于其拥有的子公司净资产份额的金额,从而形成合并差额。合并差额由以下两部分组成:①母公司购并价格高于其拥有子公司净资产公允价值份额形成的商誉;②母公司拥有子公司净资产公允价值份额与账面价值份额的差额。对于合并差额的两个组成部分在合并财务报表中的处理,与母公司拥有子公司全部股权一样,有以下三种处理方法:

1.采用实体理论,将母公司投资成本超过子公司净资产账面价值的差额,在合并财务报表中,按其不同性质分别处理。将母公司投资成本超过子公司净资产公允价值的差额确认为商誉,将子公司净资产公允价值与其账面价值的差额全额调整各项可辨认资产、负债的价值。

在本例中,购买日应编制如下会计分录:

借:长期股权投资	6 000 000	
贷:银行存款		6 000 000

在编制购买日合并资产负债表时,应编制如下调整分录和抵销分录:

(1)将子公司各项资产、负债的账面价值调整为公允价值:

借:固定资产	700 000	
无形资产	100 000	
长期应付款	100 000	
贷:应收账款		200 000
存货		300 000
资本公积		400 000

(2)将母公司长期股权投资项目与子公司所有者权益各项目予以抵销,并确认商誉和少数股东权益:

借:实收资本(股本)	5 000 000	
资本公积	1 200 000	
盈余公积	600 000	
未分配利润	440 000	

商誉　　(6 000 000 − 7 240 000 × 80%)208 000

贷:长期股权投资　　6 000 000

少数股东权益　　(7 240 000 × 20%)1 448 000

(3)将内部债权债务予以抵销:

借:应付账款　　100 000

贷:应收账款　　100 000

M 公司在购并日编制的合并工作底稿见表 2 − 10。

表 2 − 10　**M 公司合并工作底稿**

2010 年 12 月 31 日　　单位:元

项　目	M 公司	N 公司	合计数	调整分录、抵销分录		少数股东权益	合并数
				借方	贷方		
货币资金	1 500 000	400 000	1 900 000				1 900 000
应收账款	300 000	1 200 000	1 500 000		(1)200 000 (3)100 000		1 200 000
存货	500 000	3 000 000	3 500 000		(1)300 000		3 200 000
长期股权投资	6 000 000		6 000 000		(2)6 000 000		
固定资产	6 500 000	6 000 000	12 500 000	(1)700 000			13 200 000
无形资产	500 000	300 000	800 000	(1)100 000			900 000
商誉				(2)208 000			208 000
资产总计	15 300 000	10 900 000	26 200 000	1 008 000	6 600 000		20 608 000
短期借款	3 000 000	2 200 000	5 200 000				5 200 000
应付账款	500 000	260 000	760 000	(3)100 000			660 000
长期借款	2 300 000	1 000 000	3 300 000				3 300 000
长期应付款	800 000	600 000	1 400 000	(1)100 000			1 300 000
负债合计	6 600 000	4 060 000	10 660 000	200 000			10 460 000
实收资本(股本)	4 300 000	5 000 000	9 300 000	(2)5 000 000			4 300 000
资本公积	640 000	800 000	1 440 000	(2)1 200 000	(1)400 000		640 000
盈余公积	2 000 000	600 000	2 600 000	(2)600 000			2 000 000
未分配利润	1 760 000	440 000	2 200 000	(2)440 000			1 760 000
少数股东权益						(2)1 448 000	1 448 000
所有者权益合计	8 700 000	6 840 000	15 540 000	7 240 000	400 000	1 448 000	10 148 000
负债及所有者权益总计	15 300 000	10 900 000	26 200 000	7 440 000	400 000	1 448 000	20 608 000

《国际会计准则第 27 号——合并财务报表和单独财务报表》和我国《企业会计准

则第20号——企业合并》、《企业会计准则第33号——合并财务报表》的应用指南及其讲解，均要求采用这种方法编制购买日合并资产负债表。这种方法在合并财务报表中确认不完全商誉。

2.采用实体理论，确认完全商誉，将子公司净资产公允价值与其账面价值的差额全额调整各项可辨认资产、负债的价值，将子公司净资产整体公允价值与其可辨认净资产公允价值的差额确认为商誉。

本例中的有关会计处理如下：

子公司整体公允价值 = 600 ÷ 80% = 750（万元）

子公司非控股股东取得20%股权的推定成本 = 750 × 20% = 150（万元）

子公司完全商誉 = 750 − 724 = 26（万元）

其中：　归属于母公司的商誉 = 600 − 724 × 80% = 20.8（万元）

归属于非控股股东的商誉 = 150 − 724 × 20% = 5.2（万元）

抵销分录如下：

借：实收资本（股本）　5 000 000
　　资本公积　1 200 000
　　盈余公积　600 000
　　未分配利润　440 000
　　商誉　260 000
　贷：长期股权投资　6 000 000
　　少数股东权益　(7 500 000 × 20%) 1 500 000

2011年5月修订的《国际财务报告准则第3号——企业合并》允许采用这种方法确认合并商誉。

借：应付账款　100 000
　贷：应收账款　100 000

M公司在购并日编制的合并工作底稿见表2－11。

表2－11　**M公司合并工作底稿**

2010年12月31日　单位：元

项　目	M公司	N公司	合计数	调整分录、抵销分录		少数股东权益	合并数
				借方	贷方		
货币资金	1 500 000	400 000	1 900 000				1 900 000
应收账款	300 000	1 200 000	1 500 000		(1)200 000 (3)100 000		1 200 000
存货	500 000	3 000 000	3 500 000		(1)300 000		3 200 000

续表

项　目	M公司	N公司	合计数	调整分录、抵销分录		少数股东权益	合并数
				借方	贷方		
长期股权投资	6 000 000		6 000 000		(2)6 000 000		
固定资产	6 500 000	6 000 000	12 500 000	(1)700 000			13 200 000
无形资产	500 000	300 000	800 000	(1)100 000			900 000
商誉				(2)260 000			260 000
资产总计	15 300 000	10 900 000	26 200 000	1 060 000	6 600 000		20 660 000
短期借款	3 000 000	2 200 000	5 200 000				5 200 000
应付账款	500 000	260 000	760 000	(3)100 000			660 000
长期借款	2 300 000	1 000 000	3 300 000				3 300 000
长期应付款	800 000	600 000	1 400 000	(2)100 000			1 300 000
负债合计	6 600 000	4 060 000	10 660 000	200 000			10 460 000
实收资本(股本)	4 300 000	5 000 000	9 300 000	(2)5 000 000			4 300 000
资本公积	640 000	800 000	1 440 000	(2)1 200 000	(1)400 000		640 000
盈余公积	2 000 000	600 000	2 600 000	(2)600 000			2 000 000
未分配利润	1 760 000	440 000	2 200 000	(2)440 000			1 760 000
少数股东权益						(2)1 500 000	1 500 000
所有者权益合计	8 700 000	6 840 000	15 540 000	7 240 000	400 000		10 200 000
负债及所有者权益总计	15 300 000	10 900 000	26 200 000	7 440 000	400 000	1 500 000	20 660 000

3. 采用下推会计观点，将母公司投资成本超过子公司净资产账面价值的差额，直接调整子公司资产、负债和所有者权益的账簿记录。在实体理论下，子公司净资产应按全额调整为公允价值，而不能只将母公司拥有的子公司净资产份额调整为公允价值。这样，子公司净资产公允价值和账面价值的差额将发生变化，计算如下：

N公司净资产公允价值 = 6 000 000 ÷ 80% = 7 500 000(元)

N公司应分配的合并差额 = 7 500 000 − 6 840 000 = 660 000(元)

合并商誉 = 7 500 000 − (6 840 000 + 400 000) = 260 000(元)

而在母公司理论下，只能按母公司的持股比例将子公司资产和负债的账面价值调整为公允价值，并且只能将母公司投资成本与拥有的子公司净资产公允价值的差额确认为商誉。其合并商誉仍为 208 000 元。

我国企业会计准则不允许非全资子公司采用“下推会计”方法。

(四)低于净资产公允价值购入部分股权

当投资企业以低于被投资单位账面价值购入被投资单位50%以上股权时,母公司对子公司长期股权投资的金额就会低于其拥有的子公司净资产公允价值份额的金额,高于或者低于其拥有的子公司净资产账面价值份额的金额。对这个差额有四种处理方法。

1. 将母公司投资成本小于子公司净资产公允价值份额的差额计入当期损益,将子公司净资产公允价值与其账面价值的差额全额调整各项可辨认资产、负债的价值。

【例2-6】　沿用例2-5资料,M公司以4 800 000元购入N公司净资产的80%,N公司净资产账面价值为6 840 000元,公允价值为7 240 000元,其投资成本低于其拥有N公司净资产账面价值672 000(5 472 000-4 800 000)元、低于公允价值992 000(5 792 000-4 800 000)元。M公司拥有的N公司净资产公允价值高于其账面价值320 000元。

M公司在购入N公司时编制如下会计分录:

借:长期股权投资	4 800 000	
贷:银行存款		4 800 000

购买日应编制如下调整和抵销分录:

(1)借:固定资产	700 000	
无形资产	100 000	
长期应付款	100 000	
贷:应收账款		200 000
存货		300 000
资本公积		400 000
(2)借:实收资本(股本)	5 000 000	
资本公积	1 200 000	
盈余公积	600 000	
未分配利润	440 000	
贷:长期股权投资		4 800 000
少数股东权益		(7 240 000×20%)1 448 000
营业外收入(或未分配利润)		992 000
(3)借:应付账款	100 000	
贷:应收账款		100 000

据以编制的购买日合并工作底稿见表2-12。

表 2－12　　M 公司合并工作底稿

2010 年 12 月 31 日　　单位:元

项目	M 公司	N 公司	合计数	调整分录、抵销分录		少数股东权益	合并数
				借方	贷方		
货币资金	2 700 000	400 000	3 100 000				3 100 000
应收账款	300 000	1 200 000	1 500 000		(1)200 000 (3)100 000		1 200 000
存货	500 000	3 000 000	3 500 000		(1)300 000		3 200 000
长期股权投资	4 800 000		4 800 000		(2)4 800 000		
固定资产	6 500 000	6 000 000	12 500 000	(1)700 000			13 200 000
无形资产	500 000	300 000	800 000	(1)100 000			900 000
资产总计	15 300 000	10 900 000	26 200 000	800 000	5 400 000		21 600 000
短期借款	3 000 000	2 200 000	5 200 000				5 200 000
应付账款	500 000	260 000	760 000	(3)100 000			660 000
长期借款	2 300 000	1 000 000	3 300 000				3 300 000
长期应付款	800 000	600 000	1 400 000	(1)100 000			1 300 000
负债合计	6 600 000	4 060 000	10 660 000	200 000			10 460 000
实收资本(股本)	4 300 000	5 000 000	9 300 000	(2)5 000 000			4 300 000
资本公积	640 000	800 000	1 440 000	(2)1 200 000	(1)400 000		640 000
盈余公积	2 000 000	600 000	2 600 000	(2)600 000			2 000 000
未分配利润	1 760 000	440 000	2 200 000	(2)440 000	(2)992 000		2 752 000
少数股东权益						(2)1 448 000	1 448 000
所有者权益合计	8 700 000	6 840 000	15 540 000	7 240 000	1 392 000	1 448 000	11 140 000
负债及所有者权益总计	15 300 000	10 900 000	26 200 000	7 440 000	1 392 000	1 448 000	21 600 000

2. 采用实体理论,确认完全收益,将子公司净资产公允价值与其账面价值的差额全额调整各项可辨认资产、负债的价值,将子公司净资产整体公允价值与其可辨认净资产公允价值的差额确认为收益。

本例中的有关会计处理如下:

子公司整体公允价值 $=480\div80\%=600$(万元)

子公司非控股股东取得 20% 股权的推定成本 $=600\times20\%=120$(万元)

子公司完全收益 $=724-600=124$(万元)

其中:　归属于母公司的收益 $=724\times80\%-480=99.2$(万元)

归属于非控股股东的收益 = 724 × 20% − 120 = 24.8(万元)

抵销分录如下：

(1)借：固定资产　700 000
　　无形资产　100 000
　　长期应付款　100 000
　　贷：应收账款　200 000
　　　存货　300 000
　　　资本公积　400 000

(2) 借：实收资本(股本)　5 000 000
　　资本公积　1 200 000
　　盈余公积　600 000
　　未分配利润　440 000
　　贷：长期股权投资　4 800 000
　　　少数股东权益　(6 000 000 × 20%) 1 200 000
　　　营业外收入　1 240 000

2011 年 5 月修订的《国际财务报告准则第 3 号——企业合并》允许采用这种方法确认合并商誉。

(3)借：应付账款　100 000
　　贷：应收账款　100 000

据以编制的购买日合并工作底稿略。

3. 将合并差额先分配于有关资产价值，若仍有余额则确认为负商誉。这种处理方法请参见例 2 - 3 的处理方法。

4. 下推会计方法。与前述相近，略。

第三节　权益结合法下合并日合并财务报表的编制

一、权益结合法下合并日合并财务报表编制的特点

当企业合并满足规定的条件时，可以采用权益结合法进行企业合并的会计处理。在我国，同一控制下的企业合并应采用权益结合法进行企业合并的会计处理。权益结合法下的企业合并形成母子公司关系的，母公司应当编制合并日的合并财务报表。在

权益结合法下，合并日合并财务报表的编制与在购买法下购买日合并财务报表的编制相比较，与合并日后的合并财务报表相比较，有以下特点：

第一，在合并日除了需要编制合并资产负债表外，还需要编制合并利润表和合并现金流量表。由于权益结合法将企业合并视为合并前各企业股东权益在合并后新企业的联合和继续，因此，被合并方在合并前当年实现的利润，也要包括在合并后企业的利润中；同时，合并前被合并方的现金流入、流出也需要纳入合并后企业的现金流量中。为此，在合并日，母公司不仅需要编制合并资产负债表，也还需要编制合并利润表和合并现金流量表。

第二，纳入合并范围被合并方的各项资产、负债及净资产，应当按其账面价值计量。因被合并方采用的会计政策与合并方不一致的，应按规定进行调整，以调整后的账面价值计量。既然权益结合法将企业合并视为股东权益的结合，不是合并方购买被合并方产权的交易行为，而且母公司在取得被投资单位股权时，一般不需要支付现金，主要采用发行权益性证券方式以换取被投资单位原有股东的普通股，因此，在权益结合法下，一般不存在购买价格。这样，合并方和被合并方的资产、负债和净资产在合并资产负债表上都按账面价值计量，不需要按公允价值计量，也无须确认商誉或损益。在编制合并日合并资产负债表时，只需抵销母公司对子公司长期股权投资和子公司所有者权益各项目。

第三，在编制合并日合并利润表和合并现金流量表时，合并利润表应当包括参与合并各方自合并当期期初至合并日所发生的收入、费用和利润，合并现金流量表应当包括参与合并各方自合并当期期初至合并日的现金流量，同时将母公司与子公司、子公司相互之间以现金投资或收购股权增加的投资所产生的现金流量予以抵销。

第四，如果参与合并各方在合并日前没有发生过内部交易，可将母公司和子公司在合并日编制的个别财务报表上的各相应项目金额直接相加求出合并金额；如果母公司和子公司在合并前的当年发生了相互之间的购销业务或债权、债务，那么，在编制合并日合并财务报表时，除了应抵销母公司对子公司长期股权投资与子公司所有者权益外，还应抵销与内部交易相关的内部销售收入和销售成本、内部利息收入和利息支出、内部应收款项和应付款项、内部现金流量等；如果在合并日前母公司持有子公司部分股权，则公司间发放的股利也应予以抵销，其抵销方法参见第三章。

二、拥有子公司全部股权的合并日合并财务报表的编制

（一）以转让资产方式实现的企业合并

【例2-7】 甲公司和乙公司为同一控制下的企业，2010年10月1日甲公司以货币资金6 000 000元收购了乙公司100%的股权，乙公司当日将款项划拨给原投资者。

2010 年 9 月 30 日，甲、乙两家公司的个别财务报表资料见表 2－13 至表 2－15。

表 2－13　　**资产负债表(简表)**

2010 年 9 月 30 日　　单位:元

项　目	甲公司	乙公司	
		账面价值	公允价值
货币资金	6 400 000	200 000	200 000
应收账款	1 000 000	1 800 000	1 500 000
存货	1 600 000	2 000 000	1 800 000
固定资产净值	9 000 000	3 000 000	4 000 000
资产合计	18 000 000	7 000 000	7 500 000
短期借款	1 900 000	500 000	500 000
应付账款	100 000	50 000	50 000
长期借款	3 000 000	1 450 000	1 450 000
负债合计	5 000 000	2 000 000	2 000 000
实收资本(股本)	8 000 000	2 500 000	2 500 000
资本公积	2 500 000	750 000	1 250 000
盈余公积	1 000 000	500 000	500 000
未分配利润	1 500 000	1 250 000	1 250 000
净资产合计	13 000 000	5 000 000	5 500 000

表 2－14　　**利润表**

2010 年 9 月　　单位:元

项　目	甲公司本年累计数	乙公司本年累计数
一、营业收入	6 000 000	3 000 000
减:营业成本	3 500 000	1 500 000
营业税金及附加	40 000	20 000
销售费用	160 000	80 000
管理费用	385 000	180 000
财务费用(收益以“－”列示)	105 000	70 000
资产减值损失	300 000	175 000
加:公允价值变动收益(损失以“－”号列示)		
投资收益(损失以“－”号列示)		

续表

项　　目	甲公司本年累计数	乙公司本年累计数
其中:对联营企业和合营企业的投资收益		
二、营业利润(亏损以"-"号列示)	1 510 000	975 000
加:营业外收入	190 000	
减:营业外支出	50 000	25 000
其中:非流动资产处置损失		
三、利润总额(亏损以"-"号列示)	1 650 000	950 000
减:所得税费用	500 000	300 000
四、净利润	1 150 000	650 000
五、每股收益		
(一)基本每股收益		
(二)稀释每股收益		

表 2-15　　现金流量表

2010 年 1~9 月　　单位:元

项　　目	甲公司	乙公司
一、经营活动产生的现金流量		
销售商品、提供劳务收到的现金	6 500 000	2 400 000
收到的税费返还		
收到其他与经营活动有关的现金		
经营活动现金流入小计	6 500 000	2 400 000
购买商品、接受劳务支付的现金	1 750 000	1 000 000
支付给职工以及为职工支付的现金	1 500 000	900 000
支付的各项税费	950 000	500 000
支付其他与经营活动有关的现金	300 000	100 000
经营活动现金流出小计	4 500 000	2 500 000
经营活动产生的现金流量净额	2 000 000	-100 000
二、投资活动产生的现金流量		
收回投资收到的现金	100 000	
取得投资收益收到的现金		

续表

项　　目	甲公司	乙公司
处置固定资产、无形资产和其他长期资产收回的现金净额	120 000	150 000
处置子公司及其他经营单位收到的现金净额		
收到其他与投资活动有关的现金		
投资活动现金流入小计	220 000	150 000
购建固定资产、无形资产和其他长期资产支付的现金	1 270 000	100 000
投资支付的现金		
取得子公司及其他经营单位支付的现金净额		
支付其他与投资活动有关的现金		10 000
投资活动现金流出小计	1 270 000	110 000
投资活动产生的现金流量净额	-1 050 000	40 000
三、筹资活动产生的现金流量		
吸收投资收到的现金		
取得借款收到的现金	1 000 000	500 000
收到其他与筹资活动有关的现金		
筹资活动现金流入小计	1 000 000	500 000
偿还债务支付的现金	1 500 000	400 000
分配股利、利润或偿付利息支付的现金	100 000	65 000
支付其他与筹资活动有关的现金		
筹资活动现金流出小计	1 600 000	465 000
筹资活动产生的现金流量净额	-600 000	35 000
四、汇率变动对现金的影响		
五、现金及现金等价物净增加额	350 000	-25 000
加：期初现金及现金等价物余额	6 050 000	225 000
六、期末现金及现金等价物余额	6 400 000	200 000
补充资料：		
1. 净利润调节为经营活动现金流量		

续表

项　　目	甲公司	乙公司
净利润	1 150 000	650 000
加:资产减值准备	400 000	200 000
固定资产折旧、油气资产折耗、生产性生物资产折旧	600 000	250 000
无形资产摊销		
长期待摊费用摊销		
处置固定资产、无形资产和其他长期资产的损失(收益以"-"号填列)	-20 000	-15 000
固定资产报废损失(收益以"-"号填列)		
公允价值变动损失(收益以"-"号填列)		
财务费用(收益以"-"号填列)	90 000	60 000
投资损失(收益以"-"号填列)		
递延所得税资产减少(增加以"-"号填列)		
递延所得税负债增加(减少以"-"号填列)		
存货的减少(增加以"-"号填列)	-250 000	-1 000 000
经营性应收项目的减少(增加以"-"号填列)	80 000	50 000
经营性应付项目的增加(减少以"-"号填列)	-50 000	-295 000
其他		
经营活动产生的现金流量净额	2 000 000	-100 000
2. 不涉及现金收支的投资和筹资活动		
债务转为资本		
一年内到期的可转换公司债券		
融资租入固定资产		
3. 现金及现金等价物净变动情况		
现金的期末余额	6 400 000	200 000
减:现金的期初余额	6 050 000	225 000
加:现金等价物的期末余额		
减:现金等价物的期初余额		
现金及现金等价物净增加额	350 000	-25 000

假设母公司和子公司执行相同的会计政策、会计期间,无须对个别财务报表进行调

整。个别财务报表补充资料中涉及的甲、乙公司内部交易资料有：①甲公司的应收账款中有当年销售商品应收乙公司货款 40 000 元；②甲公司当年的营业收入中包含对乙公司的商品销售收入 150 000 元；③乙公司存货中包含当期从甲公司购入商品形成的存货 90 000 元，企业集团平均毛利率为 35%。

10 月 1 日合并日，甲公司应编制如下会计分录：

借：长期股权投资　　5 000 000
　　资本公积　　1 000 000
　贷：银行存款　　6 000 000

甲公司据以登记入账后，重新编制合并日财务报表，再据以在合并工作底稿上编制抵销分录。

甲公司在编制合并日合并财务报表时，应编制如下调整分录和抵销分录（数字精确到百位）：

(1)借：实收资本（股本）　　2 500 000
　　资本公积　　750 000
　　盈余公积　　500 000
　　未分配利润　　1 250 000
　贷：长期股权投资　　5 000 000

(2)借：应付账款　　40 000
　贷：应收账款　　40 000

(3)借：营业收入　　150 000
　贷：营业成本　　150 000

(4)借：营业成本　　(90 000 × 35%)31 500
　贷：存货　　31 500

(5)借：经营活动现金流量
　　——购买商品、接受劳务支付的现金　　(150 000 − 40 000)110 000
　贷：经营活动现金流量
　　——销售商品、提供劳务收到的现金　　110 000

(6)借：投资活动现金流量
　　——投资支付的现金　　6 000 000
　贷：筹资活动现金流量
　　——吸收投资收到的现金　　6 000 000

(7)借：资本公积　　(2 500 000 − 1 000 000)1 500 000
　贷：盈余公积　　(1 500 000 ÷ 1 750 000 × 500 000)428 600

未分配利润　　　　　　(1 500 000 ÷ 1 750 000 × 1 250 000) 1 071 400

2010 年 10 月 1 日,甲公司编制的合并工作底稿见表 2 – 16。

表 2 – 16　　　　　　　　　　**合并工作底稿**

编制单位:甲公司　　　　　　　2010 年 10 月 1 日　　　　　　　单位:元

项目	甲公司	乙公司	合计数	抵销分录		少数股权	合并数
				借方	贷方		
(利润表部分)							
一、营业收入	6 000 000	3 000 000	9 000 000	(3)150 000			8 850 000
减:营业成本	3 500 000	1 500 000	5 000 000	(4)31 500	(3)150 000		4 881 500
营业税金及附加	40 000	20 000	60 000				60 000
销售费用	160 000	80 000	240 000				240 000
管理费用	385 000	180 000	565 000				565 000
财务费用	105 000	70 000	175 000				175 000
资产减值损失	300 000	175 000	475 000				475 000
加:公允价值变动收益							
投资收益							
二、营业利润	1 510 000	975 000	2 485 000	181 500	150 000		2 453 500
加:营业外收入	190 000		190 000				190 000
减:营业外支出	50 000	25 000	75 000				75 000
三、利润总额	1 650 000	950 000	2 600 000	181 500	150 000		2 568 500
减:所得税费用	500 000	300 000	800 000				800 000
四、净利润	1 150 000	650 000	1 800 000	181 500	150 000		1 768 500
(一)归属于母公司所有者的净利润							
(二)少数股东收益							
五、每股收益							
(一)基本每股收益							
(二)稀释每股收益							
(资产负债表部分)							
货币资金	400 000	200 000	600 000				600 000
交易性金融资产							
应收票据							
应收账款	1 000 000	1 800 000	2 800 000		(2)40 000		2 760 000
预付账款							

续表

项　目	甲公司	乙公司	合计数	抵销分录		少数股权	合并数
				借方	贷方		
应收股利							
应收利息							
存货	1 600 000	2 000 000	3 600 000		(4)31 500		3 568 500
可供出售金融资产							
持有至到期投资							
投资性房地产							
长期股权投资	5 000 000		5 000 000		(1)5 000 000		
固定资产	9 000 000	3 000 000	12 000 000				12 000 000
生产性生物资产							
递延所得税资产							
无形资产							
资产总计	17 000 000	7 000 000	24 000 000		5 071 500		18 928 500
短期借款	1 900 000	500 000	2 400 000				2 400 000
交易性金融资产							
应付票据							
应付账款	100 000	50 000	150 000	(2)40 000			110 000
预收账款							
应付职工薪酬							
应交税费							
应付利息							
应付股利							
预计负债							
长期借款	3 000 000	1 450 000	4 450 000				4 450 000
应付债券							
长期应付款							
专项应付款							
递延所得税负债							

续表

项目	甲公司	乙公司	合计数	抵销分录		少数股权	合并数
				借方	贷方		
负债合计	5 000 000	2 000 000	7 000 000	40 000			6 960 000
实收资本(或股本)	8 000 000	2 500 000	10 500 000	(1)2 500 000			8 000 000
资本公积	1 500 000	750 000	2 250 000	(1)750 000 (7)1 500 000			
盈余公积	1 000 000	500 000	1 500 000	(1)500 000	(7)428 600		1 428 600
未分配利润	1 500 000	1 250 000	2 750 000	(1)1 250 000 181 500①	(7)1 071 400 150 000②		2 539 900
少数股东权益							
减:库存股							
所有者权益合计	12 000 000	5 000 000	17 000 000	6 681 500	1 650 000		11 968 500
负债及所有者权益总计	17 000 000	7 000 000	24 000 000	6 721 500	1 650 000		18 928 500
(现金流量表部分)							
一、经营活动产生的现金流量:							
销售商品、提供劳务收到的现金	6 500 000	2 400 000	8 900 000		(5)110 000		8 790 000
收到的税费返还							
收到的其他与经营活动有关的现金							
现金流入小计	6 500 000	2 400 000	8 900 000		110 000		8 790 000
购买商品、接受劳务支付的现金	1 750 000	1 000 000	2 750 000	(5)110 000			2 640 000
支付给职工以及为职工支付的现金	1 500 000	900 000	2 400 000				2 400 000
支付的各项税费	950 000	500 000	1 450 000				1 450 000
支付的其他与经营活动有关的现金	300 000	100 000	400 000				400 000

续表

项 目	甲公司	乙公司	合计数	抵销分录		少数股权	合并数
				借方	贷方		
现金流出小计	4 500 000	2 500 000	7 000 000	110 000			6 890 000
经营活动产生的现金流量净额	2 000 000	-100 000	1 900 000	110 000	110 000		1 900 000
二、投资活动产生的现金流量：							
收回投资收到的现金	100 000		100 000				100 000
取得投资收益收到的现金							
处置固定资产、无形资产和其他长期资产收回的现金净额	120 000	150 000	270 000				270 000
收到其他与投资活动有关的现金							
现金流入小计	220 000	150 000	370 000				370 000
购建固定资产、无形资产和其他长期资产支付的现金	1 270 000	100 000	1 370 000				1 370 000
投资支付的现金	6 000 000		6 000 000	(6)6 000 000			
支付的其他与投资活动有关的现金		10 000					10 000
现金流出小计	7 270 000	110 000	7 380 000	6 000 000			1 380 000
投资活动产生的现金流量净额	-7 050 000	40 000	-7 010 000	6 000 000			-1 010 000
三、筹资活动产生的现金流量：							
吸收投资收到的现金		6 000 000	6 000 000				
其中：子公司吸收少数股东权益性投资收到的现金					(6)6 000 000		

续表

项目	甲公司	乙公司	合计数	抵销分录		少数股权	合并数
				借方	贷方		
取得借款收到的现金	1 000 000	500 000	1 500 000				1 500 000
收到其他与筹资活动有关的现金							
现金流入小计	1 000 000	6 500 000	7 500 000		6 000 000		1 500 000
偿还债务所支付的现金	1 500 000	400 000	1 900 000				1 900 000
分配股利、利润或偿付利息支付的现金 其中：子公司支付少数股东的股利	100 000	65 000	165 000				165 000
支付的其他与筹资活动有关的现金 其中：子公司依法减资支付给少数股东的现金							
现金流出小计	1 600 000	465 000	2 065 000				2 065 000
筹资活动产生的现金流量净额	-600 000	6 035 000	5 435 000		6 000 000		-565 000
四、汇率变动对现金的影响额							
五、现金及现金等价物净增加额	-5 650 000	5 975 000	325 000	6 110 000	6 110 000		325 000
加：期初现金及现金等价物余额	6 050 000	225 000	6 275 000				6 275 000
六、期末现金及现金等价物余额	400 000	6 200 000	6 600 000	6 110 000	6 110 000		6 600 000

注：①②期末未分配利润的合并数，除应抵销 1 250 000 元和 1 071 400 外，还应考虑利润表抵销项目引起的变化。

甲公司应根据合并工作底稿编制合并日的合并资产负债表、合并利润表和合并现金流量表。

【例2-8】　如果甲公司以银行存款4 700 000元取得乙公司100%股权，则合并日应编制如下会计分录：

借：长期股权投资　　5 000 000

　贷：银行存款　　4 700 000

　　资本公积　　300 000

甲公司据以登记入账后，2007年10月1日，参照例2-7编制合并日个别财务报表。甲公司个别资产负债表的"银行存款"项目金额为1 700 000万元、"长期股权投资"项目金额为5 000 000元、"资本公积"项目金额为2 800 000元（其中股本溢价2 000 000元），资产总计与负债及所有者权益总计均为18 300 000元。甲公司和乙公司个别现金流量表的相关项目也应作相应调整。再参照表2-15根据个别财务报表编制合并日合并工作底稿和合并财务报表。被合并方在合并前实现的留存收益应予以调整，调整时应在冲减资本公积的同时，结转子公司盈余公积500 000元、未分配利润1 250 000元，在合并工作底稿中应编制如下调整分录（计算结果精确到百位）：

借：资本公积　　1 750 000

　贷：盈余公积　　500 000

　　未分配利润　　1 250 000

如果甲公司合并日的资本公积中的股本溢价只有300 000万元，则应恢复子公司盈余公积85 700（500 000×300 000÷1 750 000）元、未分配利润214 300（1 250 000×300 000÷1 750 000）元，在合并工作底稿中编制如下调整分录：

借：资本公积　　300 000

　贷：盈余公积　　85 700

　　未分配利润　　214 300

（二）以发行权益性证券方式实现的企业合并

【例2-9】　仍以M公司控股合并N公司为例，如果M公司、N公司同为华西公司控制下的企业。2010年12月31日，M公司发行5 500 000股每股面值1元的普通股股票，换取N公司股东持有的N公司每股面值1元的5 000 000股普通股股票，同时发生审计、评估费用等直接相关费用400 000元，发行证券的手续费等50 000元。M公司和N公司在2010年12月31日的资产负债表见表2-17。本例不涉及的报表项目略。个别利润表和现金流量表略。M公司资本公积中有发行股票溢价收入30 000元。M公司应收账款中有100 000元为应收N公司当年货款。M公司营业收入中有250 000元为对N公司销售商品所取得。N公司存货中有50 000元为当年向M公司购货所形成，M公司当期销售毛利率为20%。当年M公司收到N公司货款150 000元。

表2－17　　M公司和N公司个别资产负债表资料

2010年12月31日　　单位:元

项　目	M公司	N公司	合　计
货币资金	7 500 000	400 000	7 900 000
应收账款	300 000	1 200 000	1 500 000
存货	500 000	3 000 000	3 500 000
固定资产	6 500 000	6 000 000	12 500 000
无形资产	500 000	300 000	800 000
资产总计	15 300 000	10 900 000	26 200 000
短期借款	3 000 000	2 200 000	5 200 000
应付账款	500 000	260 000	760 000
长期借款	2 300 000	1 000 000	3 300 000
长期应付款	800 000	600 000	1 400 000
负债合计	6 600 000	4 060 000	10 660 000
实收资本(股本)	4 300 000	5 000 000	9 300 000
资本公积	640 000	800 000	1 440 000
盈余公积	2 000 000	600 000	2 600 000
未分配利润	1 760 000	440 000	2 200 000
所有者权益合计	8 700 000	6 840 000	15 540 000
负债及所有者权益总计	15 300 000	10 900 000	26 200 000

根据《企业会计准则第20号——企业合并》的规定，合并方取得的资产和负债应按被合并方的账面价值计量，净资产账面价值与支付的合并对价账面价值(或发生股份面值总额)的差额，应当调整资本公积；资本公积不足冲减的，调整留存收益。合并方为进行企业合并发生的各项直接相关费用，包括为进行企业合并而支付的审计费用、评估费用、法律服务费用等，应当于发生时计入当期损益。企业合并中发行权益性证券

发生的手续费、佣金等费用,应当抵减权益性证券溢价收入;溢价收入不足冲减的,冲减留存收益。因而,M 公司对 N 公司长期股权投资成本应为 6 840 000 元。在 M 公司取得的 N 公司净资产中,股本应为 5 500 000 元,资本公积为 300 000 元,盈余公积为 600 000元,未分配利润为 440 000 元,M 公司银行存款减少 450 000 元,列支管理费用 400 000元,冲减溢价收入 30 000 元,冲减盈余公积 20 000 元。

M 公司应编制如下合并会计分录:

(1)借:长期股权投资　6 840 000
　　贷:股本　5 500 000
　　　资本公积　1 340 000

(2)借:管理费用　400 000
　　资本公积　30 000
　　盈余公积　20 000
　　贷:银行存款　450 000

在合并日,M 公司编制合并财务报表时,应编制如下抵销分录:

(1)借:实收资本(股本)　5 000 000
　　资本公积　800 000
　　盈余公积　600 000
　　未分配利润　440 000
　　贷:长期股权投资　6 840 000

(2)借:应付账款　100 000
　　贷:应收账款　100 000

(3)借:营业收入　250 000
　　贷:营业成本　250 000

(4)借:营业成本　(50 000 ×20%)10 000
　　贷:存货　10 000

(5)借:经营活动现金流量
　　——购买商品、接受劳务支付的现金　150 000
　　贷:经营活动现金流量
　　　——销售商品、提供劳务收到的现金　150 000

(6)借:资本公积　1 040 000
　　贷:盈余公积　600 000
　　　未分配利润　440 000

现将 M 公司合并工作底稿的资产负债表部分列示于表 2 - 18。

表 2-18　　M 公司合并工作底稿

2010 年 12 月 31 日　　单位:元

项目	M 公司	N 公司	合计数	抵销分录		合并数
				借方	贷方	
货币资金	7 050 000	400 000	7 450 000			7 450 000
应收账款	300 000	1 200 000	1 500 000		(2)100 000	1 400 000
存货	500 000	3 000 000	3 500 000		(4)10 000	3 490 000
长期股权投资	6 840 000		6 840 000		(1)6 840 000	
固定资产	6 500 000	6 000 000	12 500 000			12 500 000
无形资产	500 000	300 000	800 000			800 000
资产总计	21 690 000	10 900 000	32 590 000		6 950 000	25 640 000
短期借款	3 000 000	2 200 000	5 200 000			5 200 000
应付账款	500 000	260 000	760 000	(2)100 000		660 000
长期借款	2 300 000	1 000 000	3 300 000			3 300 000
长期应付款	800 000	600 000	1 400 000			1 400 000
负债合计	6 600 000	4 060 000	10 660 000	100 000		10 560 000
实收资本(股本)	9 800 000	5 000 000	14 800 000	(1)5 000 000		9 800 000
资本公积	1 950 000	800 000	2 750 000	(1)800 000 (6)1 040 000		910 000
盈余公积	1 980 000	600 000	2 580 000	(1)600 000	(6)600 000	2 580 000
未分配利润	1 360 000	440 000	1 800 000	(1)440 000 (4)10 000	(6)440 000	1 790 000
所有者权益合计	15 090 000	6 840 000	21 930 000	7 890 000	1 040 000	15 080 000
负债及所有者权益总计	21 690 000	10 900 000	32 590 000	7 990 000	1 040 000	25 640 000

三、拥有子公司部分股权的合并财务报表

拥有子公司部分股权时,在编制合并资产负债表时,应先确认少数股东权益,然后

再编制抵销分录。

【例2-10】 沿用例2-7资料,如果甲公司以4 800 000元取得乙公司80%的股权,则合并日10月1日甲公司应编制如下会计分录:

借:长期股权投资 4 000 000
　资本公积 800 000
　贷:银行存款 4 800 000

甲公司在编制合并日合并财务报表时,应编制如下抵销分录:

(1)借:实收资本(股本) 2 500 000
　　资本公积 750 000
　　盈余公积 500 000
　　未分配利润 1 250 000
　贷:长期股权投资 4 000 000
　　少数股东权益 (5 000 000×20%)1 000 000

(2)借:应付账款 40 000
　贷:应收账款 40 000

(3)借:营业收入 150 000
　贷:营业成本 150 000

(4)借:营业成本 (90 000×35%)31 500
　贷:存货 31 500

(5)借:经营活动现金流量
　　——购买商品、接受劳务支付的现金 110 000
　贷:经营活动现金流量
　　——销售商品、提供劳务收到的现金 110 000

(6)借:投资活动现金流量
　　——投资支付的现金 4 800 000
　贷:筹资活动现金流量
　　——吸收投资收到的现金 4 800 000

(7)借:资本公积 1 400 000
　贷:盈余公积 400 000
　　未分配利润 1 000 000

2010年10月1日,甲公司编制的合并工作底稿见表2-19。

表 2－19 合并工作底稿

2010 年 10 月 1 日

单位:元

项目	甲公司	乙公司	合计数	抵销分录		少数股权	合并数
				借方	贷方		
(利润表部分)							
一、营业收入	6 000 000	3 000 000	9 000 000	(3)150 000			8 850 000
减:营业成本	3 500 000	1 500 000	5 000 000	(4)31 500	(3)150 000		4 881 500
营业税金及附加	40 000	20 000	60 000				60 000
管理费用	385 000	180 000	565 000				565 000
销售费用	160 000	80 000	240 000				240 000
财务费用	105 000	70 000	175 000				175 000
资产减值损失	300 000	175 000	475 000				475 000
加:公允价值变动收益(减:损失)							
投资收益(减:损失)	190 000		190 000				190 000
二、营业利润	1 700 000	975 000	2 675 000	181 500	150 000		2 643 500
加:营业外收入							
减:营业外支出	50 000	25 000	75 000				75 000
三、利润总额	1 650 000	950 000	2 600 000	181 500	150 000		2 568 500
减:所得税费用	500 000	300 000	800 000				800 000
四、净利润	1 150 000	650 000	1 800 000	181 500	150 000		1 768 500
(一)归属于母公司所有者的净利润		520 000					1 638 500
(二)少数股东收益		130 000					130 000
五、每股收益							
(一)基本每股收益							
(二)稀释每股收益							
(资产负债表部分)							
货币资金	1 600 000	200 000	1 800 000				1 800 000
交易性金融资产							

续表

项　目	甲公司	乙公司	合计数	抵销分录		少数股权	合并数
				借方	贷方		
应收票据							
应收账款	1 000 000	1 800 000	2 800 000		(2)40 000		2 760 000
预付账款							
应收股利							
应收利息							
存货	1 600 000	2 000 000	3 600 000		(4)31 500		3 568 500
可供出售金融资产							
持有至到期投资							
投资性房地产							
长期股权投资	4 000 000		4 000 000		(1)4 000 000		
固定资产	9 000 000	3 000 000	12 000 000				12 000 000
生产性生物资产							14 000 000
递延所得税资产							1 525 000
无形资产							12 475 000
商誉							475 000
资产总计	17 200 000	7 000 000	24 200 000		4 071 500		20 128 500
短期借款	1 900 000	500 000	2 400 000				2 400 000
交易性金融资产							
应付票据							
应付账款	100 000	50 000	150 000	(2)40 000			110 000
预收账款							
应付职工薪酬							
应交税费							
应付利息							
应付股利							
预计负债							
长期借款	3 000 000	1 450 000	4 450 000				4 450 000

续表

项目	甲公司	乙公司	合计数	抵销分录		少数股权	合并数
				借方	贷方		
应付债券							
长期应付款							
专项应付款							
递延所得税负债							
负债合计	5 000 000	2 000 000	7 000 000	40 000			6 960 000
实收资本(股本)	8 000 000	2 500 000	10 500 000	(1)2 500 000			8 000 000
资本公积	1 700 000	750 000	2 450 000	(1)750 000 (7)1 400 000			300 000
盈余公积	1 000 000	500 000	1 500 000	(1)500 000	(7)400 000		1 400 000
未分配利润	1 500 000	1 250 000	2 750 000	(1)1 250 000 181 500[①]	(7)1 000 000 150 000[②]		2 468 500
少数股东权益						(1)1 000 000	1 000 000
减:库存股							
所有者权益合计	12 200 000	5 000 000	17 200 000	6 581 500	1 550 000	1 000 000	13 168 500
负债及所有者权益总计	17 200 000	7 000 000	24 200 000	6 621 500	1 550 000	1 000 000	20 128 500
(现金流量表部分)							
一、经营活动产生的现金流量:							
销售商品、提供劳务收到的现金	6 500 000	2 400 000	8 900 000		(5)110 000		8 790 000
收到的税费返还							
收到的其他与经营活动有关的现金							
现金流入小计	6 500 000	2 400 000	8 900 000		110 000		8 790 000
购买商品、接受劳务支付的现金	1 750 000	1 000 000	2 750 000	(5)110 000			2 640 000

续表

项 目	甲公司	乙公司	合计数	抵销分录		少数股权	合并数
				借方	贷方		
支付给职工以及为职工支付的现金	1 500 000	900 000	2 400 000				2 400 000
支付的各项税费	950 000	500 000	1 450 000				1 450 000
支付的其他与经营活动有关的现金	300 000	100 000	400 000				400 000
现金流出小计	4 500 000	2 500 000	7 000 000	110 000			6 890 000
经营活动产生的现金流量净额	2 000 000	-100 000	1 900 000	110 000	110 000		1 900 000
二、投资活动产生的现金流量:							
收回投资收到的现金	100 000		100 000				100 000
取得投资收益收到的现金							
处置固定资产、无形资产和其他长期资产收回的现金净额	120 000	150 000	270 000				270 000
收到其他与投资活动有关的现金							
现金流入小计	220 000	150 000	370 000				370 000
购建固定资产、无形资产和其他长期资产支付的现金	1 270 000	100 000	1 370 000				1 370 000
投资支付的现金	4 800 000		4 800 000	(6)4 800 000			
支付的其他与投资活动有关的现金		10 000	10 000				10 000
现金流出小计	6 070 000	110 000	6 180 000	4 800 000			1 380 000
投资活动产生的现金流量净额	-5 850 000	40 000	-5 810 000	4 800 000			-1 010 000

续表

项目	甲公司	乙公司	合计数	抵销分录		少数股权	合并数
				借方	贷方		
三、筹资活动产生的现金流量:							
吸收投资收到的现金 其中:子公司吸收少数股东权益性投资收到的现金		4 800 000	4 800 000		(6)4 800 000		
取得借款收到的现金	1 000 000	500 000	1 500 000				1 500 000
收到其他与筹资活动有关的现金							
现金流入小计	1 000 000	5 300 000	6 300 000		4 800 000		1 500 000
偿还债务所支付的现金	1 500 000	400 000	1 900 000				1 900 000
分配股利、利润或偿付利息支付的现金 其中:子公司支付给少数股东的股利	100 000	65 000	165 000				165 000
支付的其他与筹资活动有关的现金 其中:子公司依法减资支付给少数股东的现金							
现金流出小计	1 600 000	465 000	2 065 000				2 065 000
筹资活动产生的现金流量净额	-600 000	4 835 000	4 235 000		4 800 000		-565 000
四、汇率变动对现金的影响额							
五、现金及现金等价物净增加额	-4 450 000	4 775 000	325 000	4 910 000	4 910 000		325 000

注:①②同前。

可见,在同一控股下的企业合并中,如果子公司为母公司的非全资子公司,在编制合并日合并财务报表时,应首先将子公司所有者权益总额乘以少数股东持股比例确认少数股东权益,然后再作抵销处理。

【例2-11】　沿用例2-9资料,2010年12月31日,M公司发行4 400 000股每股面值1元的普通股股票,换取N公司股东持有的N公司每股面值1元的4 000 000股普通股股票,同时发生审计、评估费用等直接相关费用320 000元,发行证券的手续费等40 000元。

M公司对N公司长期股权投资成本应为5 472 000(6 840 000×80%)元。M公司取得的N公司净资产中,股本应为4 400 000元,资本公积为240 000(800 000×80%-400 000)元,盈余公积为480 000(600 000×80%)元,未分配利润为352 000(440 000×80%)元。M公司银行存款减少360 000元,列支管理费用320 000元,冲减资本公积24 000(30 000×80%)元,冲减盈余公积16 000(40 000-24 000)元。

合并日,M公司应编制如下合并会计分录:

(1)借:长期股权投资　5 472 000
　　贷:股本　4 400 000
　　　　资本公积　1 072 000

(2)借:管理费用　320 000
　　　资本公积　24 000
　　　盈余公积　16 000
　　贷:银行存款　360 000

在合并日,M公司编制合并财务报表时,应编制如下抵销分录:

(1)借:股本　5 000 000
　　　资本公积　800 000
　　　盈余公积　600 000
　　　未分配利润　440 000
　　贷:长期股权投资　5 472 000
　　　　少数股东权益　(6 840 000×20%)1 368 000

(2)借:应付账款　100 000
　　贷:应收账款　100 000

(3)借:营业收入　250 000
　　贷:营业成本　250 000

(4)借:营业成本　(50 000×20%)10 000
　　贷:存货　10 000

(5)借:经营活动现金流量

——购买商品、接受劳务支付的现金　150 000

贷:经营活动现金流量

——销售商品、提供劳务收到的现金　150 000

(6)借:资本公积　832 000

贷:盈余公积　480 000

未分配利润　352 000

合并日M公司编制的合并工作底稿中的资产负债表部分见表2-20。

表2-20　**M公司合并工作底稿**

2010年12月31日　单位:元

项目	M公司	N公司	合计数	抵销分录		少数股权	合并数
				借方	贷方		
货币资金	7 140 000	400 000	7 540 000				7 540 000
应收账款	300 000	1 200 000	1 500 000		(2)100 000		1 400 000
存货	500 000	3 000 000	3 500 000		(4)10 000		3 490 000
长期股权投资	5 472 000		5 472 000		(1)5 472 000		
固定资产	6 500 000	6 000 000	12 500 000				12 500 000
无形资产	500 000	300 000	800 000				800 000
资产总计	20 412 000	10 900 000	31 312 000		5 582 000		25 730 000
短期借款	3 000 000	2 200 000	5 200 000				5 200 000
应付账款	500 000	260 000	760 000	(2)100 000			660 000
长期借款	2 300 000	1 000 000	3 300 000				3 300 000
长期应付款	800 000	600 000	1 400 000				1 400 000
负债合计	6 600 000	4 060 000	10 660 000	100 000			10 560 000
实收资本(股本)	8 700 000	5 000 000	13 700 000	(1)5 000 000			8 700 000
资本公积	1 688 000	800 000	2 488 000	(1)800 000 (6)832 000			856 000
盈余公积	1 984 000	600 000	2 584 000	(1)600 000	(6)480 000		2 464 000
未分配利润	1 440 000	440 000	1 880 000	(1)440 000 (4)10 000	(6)352 000		1 782 000

续表

项　目	M公司	N公司	合计数	抵销分录		少数股权	合并数
				借方	贷方		
少数股东权益						(1)1 368 000	1 368 000
所有者权益合计	13 812 000	6 840 000	20 652 000	7 682 000	832 000	1 368 000	15 170 000
负债及所有者权益总计	20 412 000	10 900 000	31 312 000	7 782 000	832 000	1 368 000	25 730 000

本章中，我们分别采用购买法和权益结合法对购并日合并财务报表的编制作了论述。从中可以看出，权益结合法下合并日合并财务报表的编制比较简单，但是，其权益结合法的应用受到严格限制；购买法下购买日合并财务报表的编制，由于涉及子公司净资产在合并财务报表上按公允价值计价，还涉及商誉、损益(或负商誉)的处理，因而较为复杂，但是，合并的结果较为准确。如果在购买法下采用下推会计的观点，则将大大简化合并财务报表的编制工作。由于权益结合法下的合并财务报表的编制较为简单，因此，本书第三章将重点论述购买法下购买日后的合并财务报表的编制方法。鉴于第三章内容较多，因此，除了合并财务报表特殊问题外，仅根据2006年我国颁发的《企业会计准则第33号——合并财务报表》探讨购并日后合并财务报表的编制，不再介绍其他观点和会计处理方法。

第三章

购并日后的合并财务报表

导读

购并日后合并财务报表编制

- 母公司长期股权投资的处理
  - 子公司资产负债的价值调整
  - 成本法转为权益法
  - 母公司长期股权投资与子公司所有者权益项目的抵销
  - 母公司内部投资收益、子公司期初未分配利润与子公司利润分配等项目的抵销
- 内部债权债务的处理
  - 内部债权与债务项目的抵销
  - 内部利息收入与利息支出的抵销
  - 内部应收款项减值准备的抵销
- 内部营业收入与存货中包含未实现内部利润的处理
  - 内部营业收入的抵销
  - 存货中包含的未实现内部利润的抵销
  - 存货计提跌价准备的抵销
- 内部长期资产交易的处理
  - 原值中包含的未实现内部利润的抵销
  - 累计折旧(或累计摊销)中包含未实现内部利润的抵销
  - 长期资产减值准备的抵销
- 合并财务报表特殊问题
  - 处置对子公司部分投资
  - 子公司增发股票或发放股票股利
  - 间接控股和相互持股

说明：

购并日后合并财务报表的编制涉及的抵销项目有四大类八大项，其中八大项为：①母公司长期股权投资与子公司所有者权益项目的抵销；②母公司内部投资收益、子公司期初未分配利润与子公司利润分配等项目的抵销；③内部债权与债务项目的抵销；④内部利息收入与利息支出的抵销；⑤内部营业收入和存货中包含的未实现内部销售利润的抵销；⑥内部长期资产交易的抵销；⑦内部交易形成的资产计提的减值准备的抵销；⑧内部现金流量的抵销。其中第①②⑦⑧项可以归于第一大类，与母公司长期股权投资项目直接相关的抵销；第③④⑦⑧项可以归于第二大类，与内部债权债务相关的抵销；第⑤⑦⑧项可以归于第三大类，与内部存货交易相关的抵销；第⑥⑦⑧项可以归于第四大类，与内部长期资产交易相关的抵销。在编制抵销分录时，除第二章涉及的注意事项外，还应注意以下问题：哪些抵销项目涉及跨年度连续编报调整期初未分配利润；子公司资产、负债账面价值的调整与商誉的确认或留存收益的调整；内部交易形成的资产计提的减值准备抵销的方法；资产逆销与顺销在抵销处理上的区别；内部交易形成资产中包含的未实现内部利润及计提的资产减值准备对母公司长期股权投资、内部投资收益、少数股东权益和少数股东收益抵销的影响。关于合并现金流量表和合并所有者权益变动表的编制所需要抵销的项目虽然也可以归于以上四大类抵销项目中，但是，一方面，合并现金流量表和合并所有者权益变动表还可以采用其他方法编制，另一方面，也为了使合并工作底稿简洁易读，所以这两张合并报表将单独阐述。合并财务报表编制的某些特殊问题在我国尚无定论，但又是合并财务报表编制实务中亟待解决的问题，应作为深入研究探讨的课题。

第一节 母公司对子公司长期股权投资的处理

在企业合并以后的各会计期间，不论企业合并采用购买法还是权益结合法，不论是同一控制下的控股合并还是非同一控制下的控股合并，母公司所编制的购并日后合并财务报表都比购并日复杂得多。这是因为：其一，需要编制的合并财务报表种类多了，为了全面、完整地反映企业集团的财务状况、经营成果和现金流量，各报告期末母公司都必须编制合并资产负债表、合并利润表、合并现金流量表和合并所有者权益变动表四张基本报表及其附注说明；其二，需要抵销的项目多了，母公司与子公司以及子公司相互之间会发生商品购销、劳务的供受、债权债务、投资筹资、利润形成与分配等繁多的内部交易，都应予以抵销处理；其三，涉及跨年度连续编报调整期初未分配利润；其四，涉及内部交易形成的固定资产折旧、无形资产摊销的抵销处理;其五,涉及合并商誉的减值测试和内部交易形成资产计提减值准备的抵销处理;等等。关于购并日后合并财务报表的编制,需要说明以下几点:

第一,在合并财务报表编制程序中,最关键的环节是编制调整分录、抵销分录和合并工作底稿,因此,我们在论述合并财务报表编制方法时,主要讨论如何编制调整分录和抵销分录,并在工作底稿上计算出各项目的合并金额,不分别、单独论述每一张合并财务报表的编制方法。

第二,本章第一节至第四节所论述的调整、抵销处理项目,主要涉及合并资产负债表和合并利润表合并金额的编制;本章第五节探讨合并现金流量表和合并所有者权益变动表的编制;本章第六节探讨编制合并财务报表的特殊问题。

第三,采用不同的企业合并会计处理方法,其购并日和购并日后的合并财务报表的编制方法都是有区别的。因为购买法下购买日后合并财务报表的编制较为复杂,所以本章将主要以购买法为例说明购买日后合并财务报表的编制方法,而对在权益结合法下合并日后合并财务报表的编制方法仅作简要说明。也就是说,本章主要探讨购买日后非同一控制下控股合并的合并财务报表的编制方法。

一、长期股权投资核算的会计处理方法及其转换

长期股权投资的后续计量有成本法和权益法两种方法。按照我国《企业会计准则第2号——长期股权投资》的规定,不论同一控制下的企业合并还是非同一控制下的企业合并,投资企业对被投资单位具有共同控制或重大影响的长期股权投资应当采用权益法核算;投资企业对被投资单位实施控制或无共同控制、无重大影响的长期股权投资应当采用成本法核算。2012年11月,财政部发布的《企业会计准则第2号——长期股权投资(修订)(征求意见稿)》规定,无控制、共同控制和重大影响的长期股权投资按《企业会计准则第22号——金融工具确认和计量》核算,不再采用成本法。可见,母公司对子公司的长期股权投资日常核算应当采用成本法。但是,按照我国《企业会计准则第33号——合并财务报表》和国际财务(或会计)准则的规定,在编制合并财务会计报表时,应当按照权益法调整长期股权投资。

(一)长期股权投资核算的成本法和权益法

采用成本法核算长期股权投资时,长期股权投资应当按照初始投资成本计价。追加或收回投资应当调整长期股权投资的成本。被投资单位宣告分配现金股利或利润时,投资企业应当按持股比例计算享有的金额,并确认为当期投资收益,不调整长期股权投资的账面价值。

采用权益法核算该项长期股权投资，有以下特点：

第一，长期股权投资初始投资成本大于投资时应享有被投资单位可辨认净资产公允价值份额的，不调整长期股权投资的初始投资成本；长期股权投资初始投资成本小于投资时应享有被投资单位可辨认净资产公允价值份额的，其差额计入当期损益，同时调整长期股权投资的初始投资成本。

第二，投资企业取得长期股权投资后，应当按照应享有的或应分担的被投资单位实现的净损益的份额，确认投资损益并调整长期股权投资账面价值。投资企业按照被投资单位宣告分配的现金股利或利润计算应分得的部分，相应减少长期股权投资账面价值。投资企业确认被投资单位发生的净亏损，应以长期股权投资账面价值以及其他实质上构成对被投资单位净投资的长期权益减至零为限。投资企业负有承担额外损失的情况除外。被投资单位以后实现净利润的，投资企业在其投资分享额弥补未确认的亏损分担额后，恢复确认收益分享额。

第三，投资企业在确认应享有的被投资单位净损益的份额时，应当以取得投资时被投资单位各项可辨认资产等的公允价值为基础，对被投资单位的净利润进行调整后确认。

第四，投资企业对被投资单位净损益以外的所有者权益的其他变动，应当调整长期股权投资的账面价值并计入所有者权益。

（二）成本法与权益法的转换

成本法转换为权益法有三种情况：一是，因追加投资等原因能够对被投资单位实施共同控制或重大影响但不构成控制的，应当由成本法改按权益法核算，并以成本法的长期股权投资账面价值作为按权益法核算的初始投资成本，并在此基础上比较该初始投资成本与应享有被投资单位可辨认净资产公允价值的份额，确定是否需要对长期股权投资账面价值进行调整，对于原取得投资后至追加投资的交易日之间被投资单位可辨认净资产公允价值的变动相对于原持股比例的部分，属于在此期间被投资单位实现净损益中应享有份额的，应调整长期股权投资的账面价值，同时对于原取得投资时至追加投资日按照原持股比例应享有被投资单位实现的净损益，应调整留存收益和当期投资收益，属于其他原因导致的被投资单位可辨认净资产公允价值变动中应享有的份额，在调整长期股权投资账面价值的同时，应当计入“资本公积——其他资本公积”（按修订的长期股权投资准则征求意见稿，将不存在此种转换。）；二是，因处置投资导致对被投资单位的影响能力由控制转为具有重大影响或者与其他投资方一起实施共同控制，首先应按处置或收回投资的比例结转应终止确认的长期股权投资成本，在此基础上，应当比较剩余的长期股权投资成本与按照剩余持股比例计算原投资时应享有被投资单位可辨认净资产公允价值的份额，确定是否需要对长期股权投资账面价值进行调整；三是，母公司在编制合并财务报表时，需要在合并工作底稿中将母公司对子公司按成本法核算的长期股权投资按权益法进行调整。

权益法转换为成本法有两种情况：一是投资企业因减少投资等原因对被投资单位不再具有共同控制或重大影响的，并且在活跃市场中没有报价、公允价值不能可靠计量的长期股权投资，应由权益法改按成本法核算，并以权益法下长期股权投资的账面价值作为按照成本法核算的初始投资成本（按修订的长期股权投资准则征求意见稿，将不再有此种转换）；二是因追加投资等原因由原来对被投资单位实施共同控制或重大影响达到对被投资单位实施控制的，应当由权益法改按成本法核算。

可见，母公司对其子公司长期股权投资的日常核算应当采用成本法，但是，在编制合并财务报表时，应当通过编制调整分录，将以成本法核算的长期股权投资账面价值和投资收益按权益法的要求进行调整。

下面以实例说明在编制合并财务报表时，如何在合并工作底稿上将长期股权投资及投资收益由成本法调整为权益法。

【例3-1】 甲公司和乙公司为非同一控制下的企业，均为增值税一般纳税企业，所得税税率为25%。有关业务资料如下：

(1)2010年1月1日，甲公司以15 500 000元取得乙公司60%股权，对乙公司实施控制。2010年1月1日乙公司所有者权益公允价值为25 500 000元，其中股本为15 000 000元，资本公积为1 000 000元，盈余公积为2 500 000元，未分配利润为7 000 000元。

(2)2010年4月10日，乙公司董事会提出利润分配方案，分配现金股利1 000 000元，提取盈余公积450 000元；4月20日股东大会审议通过董事会的利润分配方案，并于当日对外宣告利润分配方案；5月15日，乙公司实际发放现金股利。

(3)2010年乙公司实现的净利润为6 000 000元。

(4)2011年5月1日，乙公司董事会提出利润分配方案，按2010年实现的净利润提取10%盈余公积，分配现金股利2 000 000元，分配股票股利1 000 000元。并于6月2日在股东大会上获得批准并实施，6月10日发放现金股利。

(5)2011年可供出售金融资产公允价值上升500 000元。

(6)2011年乙公司实现净利润10 000 000元。

则2010年甲公司资产负债表和利润表有关项目数字如下：

$$\begin{matrix}\text{按成本法确认的长期}\\\text{股权投资项目余额}\end{matrix}=15\ 500\ 000(\text{元})$$

按成本法确认的投资收益 = 1 000 000 × 60% = 600 000(元)

在合并财务报表时,应作如下调整:

按权益法确认的长期股权投资项目余额 = 15 500 000 − 1 000 000 × 60% + 6 000 000 × 60% = 18 500 000(元)

按权益法确认的投资收益 = 6 000 000 × 60% = 3 600 000(元)

在编制合并财务报表时,将长期股权投资由成本法转为权益法,应编制如下调整分录:

借:长期股权投资　　(18 500 000 − 15 500 000)3 000 000

　贷:投资收益　　3 000 000

合并商誉 = 15 500 000 − 25 500 000 × 60% = 200 000(元)

2011 年甲公司资产负债表和利润表有关项目数字如下:

按成本法确认的长期股权投资项目余额 = 15 500 000(元)

按成本法确认的投资收益 = 2 000 000 × 60% = 1 200 000(元)

在合并财务报表时,应作如下调整:

按权益法确认的长期股权投资项目余额 = 18 500 000 − 2 000 000 × 60% + 500 000 × 75% × 60% + 10 000 000 × 60%

= 18 500 000 − 1 200 000 + 225 000 + 6 000 000 = 23 525 000(元)

按权益法确认的投资收益 = 10 000 000 × 60% = 6 000 000(元)

合并商誉 = 200 000(元)

在编制合并财务报表时,将长期股权投资由成本法转为权益法,应编制如下调整分录:

借:长期股权投资　　(23 525 000 − 15 500 000)8 025 000

　贷:投资收益　　(6 000 000 − 1 200 000)4 800 000

　　资本公积　　225 000

　　未分配利润——年初　　3 000 000

二、母公司对子公司长期股权投资项目与子公司所有者权益项目的抵销处理

母公司对子公司进行表决权资本投资,表现为以下两种情况:

第一种情况:母公司放弃现金或非现金资产取得对子公司长期表决权资本投资。在这种情况下,母公司某项现金或非现金资产减少,而长期股权投资增加,并列示于母公司个别财务报表;而在子公司的账簿上,增加了现金或非现金资产,同时也增加了所有者权益,并列示于子公司个别财务报表。母公司根据个别财务报表编制合并工作底

稿时,其加总的合计数栏,资产和所有者权益项目发生增减变动。但是,从企业集团这个会计主体看,母公司对子公司的长期股权投资相当于母公司将其资金拨付给内部核算单位,并不会引起企业集团资产、负债和所有者权益的增减变动。因此,母公司在编制合并财务报表时,应在合计数的基础上,将母公司对子公司长期股权投资与子公司所有者权益项目予以抵销。

第二种情况:母公司通过发行普通股股票,换取子公司股东持有的子公司普通股股票。在这种情况下,母公司长期股权投资增加,同时所有者权益增加,并列示于母公司个别财务报表;而子公司的账簿上,所有者权益金额没有发生变化,只是子公司的股东已由原有投资者变为母公司。母公司根据个别财务报表编制合并工作底稿时,其加总的合计数栏,资产和所有者权益项目同时以相等金额增加。但是,从企业集团这个会计主体看,母公司发行普通股股票交换子公司原有股东持有的子公司股票,并不会引起企业集团资产增加;同时,企业集团的所有者权益金额就是母公司所有者权益金额,合计数栏明显重复计算了子公司所有者权益。因此,母公司在编制合并报表时,应在合计数的基础上,将母公司对子公司长期股权投资项目和子公司所有者权益项目予以抵销。

如果子公司之间相互进行长期股权投资,也应当比照母公司对子公司长期股权投资项目与子公司所有者权益项目的抵销方法进行抵销处理。

本章例题按《企业会计准则第33号——合并财务报表》及其应用指南和讲解的规定编制合并工作底稿,不再涉及"下推会计"等其他处理方法。

(一)拥有子公司全部股权的抵销处理

母公司拥有子公司全部股权时,子公司可称为母公司的全资子公司。在这种情况下,应将母公司对子公司长期股权投资金额与子公司所有者权益各项目的金额全额抵销。具体抵销时又有以下三种情况。

1. 按子公司净资产公允价值购入(且公允价值等于账面价值)。在这种情况下,应先在合并工作底稿中,根据个别财务报表资料通过编制调整分录将母公司长期股权投资由成本法调整为权益法;然后再抵销母公司对子公司长期股权投资与子公司所有者权益各项目。

【例3-2】 沿用例2-1资料,2010年12月31日,M公司以6 840 000元购入N公司全部股权。2011年N公司实现净利润800 000元,宣告分配现金股利500 000元,提取盈余公积120 000元。M公司和N公司2011年12月31日个别资产负债表资料见表3-1,其中M公司应收N公司股利500 000元。

表3－1　　M公司和N公司个别资产负债表资料

2011年12月31日　　单位:元

资　产	M公司	N公司	负债及所有者权益	M公司	N公司
货币资产	3 616 000	1 440 000	短期借款	3 700 000	1 200 000
交易性金融资产	720 000		应付票据	900 000	600 000
应收票据	800 000	1 000 000	应付账款	2 270 000	760 000
应收账款	1 080 000	900 000	应付股利	2 000 000	500 000
应收股利	500 000		应付职工薪酬	300 000	10 000
预付账款	340 000		长期借款	2 100 000	1 000 000
存货	2 080 000	2 000 000	应付债券	1 600 000	
持有至到期投资		1 000 000			
长期股权投资	6 840 000		长期应付款	500 000	600 000
（对子公司）			实收资本	4 300 000	5 000 000
			资本公积	640 000	800 000
固定资产	5 600 000	5 200 000	盈余公积	2 360 000	720 000
			未分配利润	1 356 000	620 000
无形资产	450 000	270 000			
资产总计	22 026 000	11 810 000	负债及所有者权益总计	22 026 000	11 810 000

应编制如下调整分录和抵销分录:

(1)将长期股权投资由成本法转为权益法:

借:长期股权投资　　(800 000－500 000)300 000

　贷:投资收益　　300 000

(2)将母公司长期股权投资与子公司所有者权益项目予以抵销:

借:实收资本(股本)　　5 000 000

　资本公积——年初　　800 000

　盈余公积——年初　　600 000

　　　　　——本年　　120 000

　未分配利润——年初　　440 000

　　　　　　——本年　　180 000

　贷:长期股权投资　　(6 840 000＋300 000)7 140 000

(3)借:应付股利　　500 000

贷:应收股利 500 000

合并工作底稿略。

需要说明以下三点:

第一,调整分录(1)既涉及合并资产负债表项目的调整,也涉及合并利润表的调整。

第二,抵销分录(2)既涉及合并资产负债表的抵销,也涉及合并所有者权益变动表的抵销,为了合并所有者权益变动表的抵销,“实收资本(或股本)”、“资本公积”、“盈余公积”和“未分配利润”项目应分别注明年初余额和本年增加金额。

第三,子公司除净损益以外所有者权益发生的增减变动,如子公司持有的可供出售金融资产公允价值变动计入资本公积的金额,在成本法下不确认母公司享有的份额,而在权益法下应当予以确认。因此,在编制合并财务报表时,也应在编制合并工作底稿中编制调整分录,由成本法调整为权益法。假设母公司在子公司除净损益以外所有者权益的其他变动中所享有的份额为500 000元,则应编制如下调整分录:

借:长期股权投资 500 000

贷:资本公积——其他资本公积 500 000

以后年度连续编报时,应与母公司享有的子公司净损益的份额一并调整长期股权投资。本例调整的享有净损益金额为300 000元,调整的享有净损益以外的金额为500 000元,在下年度编制合并工作底稿时,应编制如下调整分录:

借:长期股权投资 800 000

贷:未分配利润——年初 300 000

资本公积——其他资本公积 500 000

2. 高于子公司净资产公允价值购入(且公允价值高于账面价值)。在这种情况下,首先,应当调整子公司净资产公允价值大于账面价值的差额,将子公司相关资产、负债的账面价值调整为公允价值;其次,将母公司长期股权投资由成本法调整为权益法,需要注意的是,在权益法下,投资企业在确认应享有的被投资单位净损益的份额时,应当以取得投资时被投资单位各项可辨认资产等的公允价值为基础,对被投资单位的净利润进行调整后确认;再次,将母公司对子公司长期股权投资成本大于子公司净资产公允价值的差额,确认为商誉。

【例3-3】 沿用例2-2资料,2010年12月31日,M公司以7 400 000元购入N公司全部股权7 240 000元。2011年N公司实现净利润800 000元,宣告分配现金股利500 000元,提取盈余公积120 000元;M公司实现净利润1 956 000元,提取盈余公积360 000元,宣告分配现金股利2 000 000元。2011年12月31日M公司和N公司个别资产负债表资料见表3-1。

根据表3-1,在编制合并财务报表时,应当以购买日确定的各项可辨认资产、负债的公允价值为基础对子公司财务报表进行调整。调整时,需要编制价值差额摊销表和相应的调整分录和抵销分录。价值差额摊销表见表3-2,应收账款和存货已于2011年收回和生产领用;固定资产和无形资产均采用直线法按10年折旧和摊销,固定资产为生产设备;长期应付款差额按5年平均摊销。

表3-2　　价值差额摊销表

2011年12月31日　　单位:元

项　目	价差构成	当年摊销额				累计摊销额	尚待摊销额
		营业成本	管理费用	资产减值损失	合　计		
应收账款	-200 000			-200 000	-200 000	-200 000	0
存货	-300 000	-300 000			-300 000	-300 000	0
固定资产	700 000	70 000			70 000	70 000	630 000
无形资产	100 000		10 000		10 000	10 000	90 000
长期应付款	100 000		20 000		20 000	20 000	80 000
合　计	400 000	-230 000	30 000	-200 000	-400 000	-400 000	800 000

应编制如下调整分录和抵销分录:

(1)借:固定资产　　700 000

　　　无形资产　　100 000

　　　长期应付款　　100 000

　　贷:应收账款　　200 000

　　　　存货　　300 000

　　　　资本公积　　400 000

(2)借:应收账款　　200 000

　　　存货　　300 000

　　　管理费用　　30 000

　　贷:固定资产　　70 000

　　　　无形资产　　10 000

　　　　长期应付款　　20 000

　　　　营业成本　　(300 000-70 000)230 000

　　　　资产减值损失　　200 000

(3)借:长期股权投资　　(800 000 -500 000 +400 000)700 000

　　贷:投资收益　　700 000

(4)借:实收资本(股本)　　5 000 000

　　资本公积——年初　　(800 000 +400 000)1 200 000

　　盈余公积——年初　　600 000

　　　　——本年　　120 000

　　未分配利润——年初　　440 000

　　　　——本年 (800 000 -500 000 -120 000 +400 000)580 000

　　商誉　　160 000

　　贷:长期股权投资　　(7 400 000 +700 000)8 100 000

(5)借:应付股利　　500 000

　　贷:应收股利　　500 000

合并工作底稿略。

3. 低于子公司净资产公允价值购入(且公允价值高于账面价值)。在这种情况下,首先,将子公司各项资产、负债和净资产的账面价值调整为公允价值;其次,应在合并工作底稿中将母公司长期股权投资由成本法调整为权益法;再次,将母公司长期股权投资与子公司所有者权益各项目予以抵销,并将初始投资成本小于购买日子公司净资产公允价值的差额调整留存收益。

【例3-4】 沿用例2-3资料,2010年12月31日M公司以6 000 000元购入N公司全部股权。2011年N公司实现净利润800 000元,宣告分配现金股利500 000元,提取盈余公积120 000元;M公司实现净利润2 200 000元,宣告分配现金股利2 244 000元,提取盈余公积金360 000元。2011年12月31日,M公司“长期股权投资”账户余额为6 000 000元,N公司所有者权益各项目总额为7 140 000(6 840 000 + 800 000 -500 000)元,二者差额为1 140 000元,其包含两项内容:①长期股权投资初始投资成本低于子公司净资产账面价值840 000元;②按成本法确认的投资收益低于按权益法确认的投资收益300 000元。

2011年12月31日,M公司在编制合并工作底稿和合并财务报表时,可比照表3-2先编制价值差额摊销表,据以编制的调整分录和抵销分录(1)至(3)和(5)同例3-3,抵销分录(4)如下:

(4)借:实收资本(股本)　　5 000 000

　　资本公积　　(800 000 +400 000)1 200 000

　　盈余公积——年初　　600 000

　　　　——本年　　120 000

未分配利润——年初　　440 000
　　　　——本年　　580 000
贷:长期股权投资　　(6 000 000 +700 000)6 700 000
　　未分配利润　　(7 240 000 -6 000 000)1 240 000

其合并工作底稿略。

(二)拥有子公司部分股权的抵销处理

母公司拥有子公司部分股权时,子公司可称为母公司的非全资子公司。在这种情况下,应将母公司对子公司长期股权投资金额与子公司所有者权益中母公司所拥有的份额相抵销。子公司所有者权益中不属于母公司的份额,在合并财务报表中称为少数股东权益。在合并工作底稿中编制抵销分录时,应先将子公司所有者权益总额按母公司和少数股东持股比例,计算出母公司拥有的份额和少数股东权益,再按以下三种情况进行抵销处理。

1.按子公司净资产公允价值购入部分股权(且公允价值等于账面价值)。在这种情况下,应先在合并工作底稿中,根据个别财务报表资料通过编制调整分录将母公司长期股权投资由成本法调整为权益法;然后再抵销母公司对子公司长期股权投资与子公司所有者权益各项目,并同时确认少数股东权益。

【例3 -5】 沿用例2 -5 和例3 -2 资料,2010 年12 月31 日,M 公司以5 472 000 元购入N 公司80% 股权。2011 年N 公司实现净利润800 000 元,宣告分配现金股利500 000 元,提取盈余公积金120 000 元。M 公司和N 公司2011 年12 月31 日个别资产负债表的简化表格见表3 -3。

表3 -3　　单位:元

资 产	M 公司	N 公司	负债及所有者权益	M 公司	N 公司
流动资产	10 404 000	5 340 000	流动负债	9 170 000	3 070 000
长期股权投资			长期负债	4 200 000	1 600 000
对子公司投资	5 472 000		实收资本(股本)	4 300 000	5 000 000
其他投资		1 000 000	资本公积	640 000	800 000
固定资产	5 600 000	5 200 000	盈余公积	2 360 000	720 000
无形资产	450 000	270 000	未分配利润	1 256 000	620 000
资产总计	21 926 000	11 810 000	负债及所有者权益总计	21 926 000	11 810 000

据表3 -3 可知,N 公司所有者权益总额为7 140 000 元,M 公司拥有5 712 000 元,

少数股东拥有 1 428 000 元,应编制如下调整分录和抵销分录:

(1)将长期股权投资由成本法转为权益法:

借:长期股权投资 [(800 000 - 500 000) ×80%]240 000

贷:投资收益 240 000

(2)将母公司长期股权投资与子公司所有者权益各项目予以抵销:

借:股本 5 000 000

资本公积 800 000

盈余公积——年初 600 000

——本年 120 000

未分配利润——年初 440 000

——本年 180 000

贷:长期股权投资 (5 472 000 +240 000)5 712 000

少数股东权益 1 428 000

(3)借:应付股利 400 000

贷:应收股利 400 000

合并工作底稿略。

2. 高于子公司净资产公允价值购入部分股权(且公允价值高于账面价值)。在这种情况下,首先应将子公司各项资产、负债和净资产的账面价值调整为公允价值;其次,将母公司长期股权投资由成本法调整为权益法;再次,抵销母公司对子公司长期股权投资和子公司所有者权益各项目,并同时确认商誉和少数股东权益。

【例3 -6】 沿用例2 -6 和例3 -3 资料,2010 年12 月31 日,M 公司以6 000 000 元购入N 公司净资产公允价值的80%。2011 年,M 公司实现净利润1 856 000 元,宣告分配现金股利2 000 000 元,提取盈余公积金 360 000 元;N 公司实现净利润 800 000 元,宣告分配现金股利500 000 元,提取盈余公积金120 000 元。2011 年12 月31 日M 公司和N 公司个别资产负债表资料见表3 -4。

2011 年 12 月 31 日,M 公司在编制合并工作底稿和合并财务报表时,可比照表3 -2先编制价值差额摊销表,再据以编制如下调整分录和抵销分录:

(1)借:固定资产 700 000

无形资产 100 000

长期应付款 100 000

贷:应收账款 200 000

存货 300 000

资本公积 400 000

(2)借:应收账款　200 000
　存货　300 000
　管理费用　30 000
　贷:固定资产　70 000
　　无形资产　10 000
　　长期应付款　20 000
　　营业成本　(300 000 - 70 000)230 000
　　资产减值损失　200 000

(3)借:长期股权投资　560 000
　贷:投资收益　[(800 000 - 500 000 + 400 000) × 80%]560 000

(4)调整后,子公司所有者权益总额为 7 940 000 元,母公司长期股权投资为 6 560 000(6 000 000 + 560 000)元,确认的少数股东权益为 1 588 000(7 940 000 × 20%)元。由于商誉经测试未发生减值,仍为购买日确认的 208 000 元。

①借:实收资本(股本)　5 000 000
　资本公积　1 200 000
　盈余公积——年初　600 000
　　　——本年　120 000
　未分配利润——年初　440 000
　　　——本年　580 000
　商誉　208 000
　贷:长期股权投资　(6 000 000 + 560 000)6 560 000
　　少数股东权益　(7 940 000 × 20%)1 588 000

或　②借:实收资本　5 000 000
　资本公积　(800 000 + 400 000)1 200 000
　盈余公积——年初　600 000
　　　——本年　120 000
　未分配利润——年初　440 000
　　　——本年　580 000
　商誉　(6 000 000 ÷ 80% × 20% + 6 000 000 - 7 240 000)260 000
　贷:长期股权投资　(6 000 000 + 560 000)6 560 000
　　少数股东权益　(1 588 000 + 52 000)1 640 000

(5)借:应付股利　400 000
　贷:应收股利　400 000

据此编制的合并工作底稿见表 3－4。

表 3－4　　M 公司合并工作底稿

2011 年 12 月 31 日　　单位:元

项　目	M 公司	N 公司	合计数	抵销分录		少数股权	合并数
				借方	贷方		
货币资金	4 456 000	1 440 000	5 896 000				5 896 000
交易性金融资产	720 000		720 000				720 000
应收票据	800 000	1 000 000	1 800 000				1 800 000
应收账款	1 080 000	900 000	1 980 000	(2)200 000	(1)200 000		1 980 000
预付账款	340 000		340 000				340 000
应收股利	400 000		400 000		(5)400 000		
存货	2 080 000	2 000 000	4 080 000	(2)300 000	(1)300 000		4 080 000
持有至到期投资		1 000 000	1 000 000				1 000 000
长期股权投资	6 000 000		6 000 000	(3)560 000	(4)6 560 000		
固定资产	5 600 000	5 200 000	10 800 000	(1)700 000	(2)70 000		11 430 000
无形资产	450 000	270 000	720 000	(1)100 000	(2)10 000		810 000
商誉				(4)①208 000			208 000
资产总计	21 926 000	11 810 000	33 736 000	2 068 000	7 540 000		28 264 000
短期借款	3 700 000	1 200 000	4 900 000				4 900 000
应付票据	900 000	600 000	1 500 000				1 500 000
应付账款	2 270 000	760 000	3 030 000				3 030 000
应付职工薪酬	300 000	10 000	310 000				310 000
应付股利	2 000 000	500 000	2 500 000	(5)400 000			2 100 000
长期借款	2 100 000	1 000 000	3 100 000				3 100 000
应付债券	1 600 000		1 600 000				1 600 000
长期应付款	500 000	600 000	1 100 000	(1)100 000	(2)20 000		1 020 000
负债合计	13 370 000	4 670 000	18 040 000	500 000	20 000		17 560 000
实收资本(股本)	4 300 000	5 000 000	9 300 000	(4)5 000 000			4 300 000
资本公积	640 000	800 000	1 440 000	(4)1 200 000	(1)400 000		640 000
盈余公积	2 360 000	720 000	3 080 000	(4)720 000			2 360 000
未分配利润	1 256 000	620 000	1 876 000	(4)1 020 000	(2)400 000 (3)560 000		1 816 000
少数股东权益						(4)1 588 000	1 588 000
所有者权益合计	8 556 000	7 140 000	15 696 000	7 940 000	1 360 000	1 588 000	10 704 000
负债及所有者权益总计	21 926 000	11 810 000	33 736 000	8 440 000	1 380 000	1 588 000	28 264 000

3. 低于子公司净资产公允价值购入部分股权(且公允价值大于账面价值)。在这种情况下,首先,将子公司各项资产、负债和净资产的账面价值调整为公允价值;其次,应在合并工作底稿中将母公司长期股权投资由成本法调整为权益法;再次,将母公司长期股权投资与子公司所有者权益各项目予以抵销,并将初始投资成本小于购买日子公司净资产公允价值的差额调整留存收益。

【例3-7】 沿用例2-3和例3-4资料,2010年12月31日,M公司以4 800 000元购入N公司净资产账面价值6 840 000元、公允价值7 240 000元的80%。2011年,N公司实现净利润800 000元,宣告分配现金股利500 000元,提取盈余公积120 000元;M公司实现净利润2 200 000元,宣告分配现金股利2 244 000元,提取盈余公积360 000元。M公司长期股权投资账户余额应为4 800 000元。2011年12月31日M公司和N公司个别资产负债表及合并工作底稿资料见表3-5。

表3-5　M公司合并工作底稿

2011年12月31日　单位:元

项　目	M公司	N公司	合计数	抵销分录		少数股权	合并数
				借方	贷方		
货币资金	5 656 000	1 440 000	7 096 000				7 096 000
交易性金融工具	720 000		720 000				720 000
应收票据	800 000	1 000 000	1 800 000				1 800 000
应收账款	1 080 000	900 000	1 980 000	(2)200 000	(1)200 000		1 980 000
预付账款	340 000		340 000				340 000
应收股利	400 000		400 000		(5)400 000		
存货	2 080 000	2 000 000	4 080 000	(2)300 000	(1)300 000		4 080 000
持有至到期投资		1 000 000	1 000 000				1 000 000
长期股权投资	4 800 000		4 800 000	(3)560 000	(4)5 360 000		
固定资产	5 600 000	5 200 000	10 800 000	(1)700 000	(2)70 000		11 430 000
无形资产	450 000	270 000	720 000	(1)100 000	(2)10 000		810 000
资产总计	21 926 000	11 810 000	33 736 000	1 860 000	6 340 000		29 256 000
短期借款	3 700 000	1 200 000	4 900 000				4 900 000
应付票据	900 000	600 000	1 500 000				1 500 000

续表

项　目	M公司	N公司	合计数	抵销分录		少数股权	合并数
				借方	贷方		
应付账款	2 270 000	760 000	3 030 000				3 030 000
应付职工薪酬	300 000	10 000	310 000				310 000
应付股利	2 000 000	500 000	2 500 000	(5)400 000			2 100 000
长期借款	2 100 000	1 000 000	3 100 000				3 100 000
应付债券	1 600 000		1 600 000				1 600 000
长期应付款	500 000	600 000	1 100 000	(1)100 000	(2)20 000		1 020 000
负债合计	13 370 000	4 670 000	18 040 000	500 000	20 000		17 560 000
实收资本(股本)	4 300 000	5 000 000	9 300 000	(4)5 000 000			4 300 000
资本公积	640 000	800 000	1 440 000	(4)1 200 000	(1)400 000		640 000
盈余公积	2 360 000	720 000	3 080 000	(4)720 000			2 360 000
未分配利润	1 256 000	620 000	1 876 000	(4)1 020 000	(2)400 000 (3)560 000 (4)992 000		2 808 000
少数股东权益						(4)1 588 000	1 588 000
所有者权益合计	8 556 000	7 140 000	15 696 000	7 940 000	2 352 000	1 588 000	11 696 000
负债及所有者权益总计	21 926 000	11 810 000	33 736 000	8 440 000	2 372 000	1 588 000	29 256 000

应编制的调整分录和抵销分录(1)至(3)和(5)同例3-6,抵销分录(4)如下:

(4)借:实收资本(股本)　5 000 000
　　资本公积　1 200 000
　　盈余公积——年初　600 000
　　　　　　——本年　120 000
　　未分配利润——年初　440 000
　　　　　　　——本年　580 000
　贷:长期股权投资　(4 800 000 +560 000)5 360 000
　　少数股东权益　(7 940 000 ×20%)1 588 000
　　未分配利润——年初　992 000

(三)合并商誉和长期股权投资减值的抵销处理

1. 合并商誉减值。企业合并所形成的商誉至少应在每年年度终了进行减值测试。

商誉应当结合与其相关的资产组或者资产组组合进行减值测试。

为了减值测试的目的，企业应当自购买日起将因企业合并形成的商誉的账面价值按照合理的方法分摊至相关的资产组；难以分摊至相关资产组的，应当将其分摊至相关的资产组组合。

在将商誉的账面价值分摊至相关的资产组或者资产组组合时，应当按照各资产组或者资产组组合的公允价值占相关资产组或者资产组组合公允价值总额的比例进行分摊。公允价值难以可靠计量的，按照各资产组或者资产组组合的账面价值占相关资产组或者资产组组合账面价值总额的比例进行分摊。企业因重组等原因改变了其报告结构，从而影响到已分摊商誉的一个或者若干个资产组或者资产组组合构成的，应当按照与前述规定相似的分摊方法，将商誉重新分摊至受影响的资产组或者资产组组合。

在对包含商誉的相关资产组或者资产组组合进行减值测试时，如与商誉相关的资产组或者资产组组合存在减值迹象，应当首先对不包含商誉的资产组或者资产组组合进行减值测试，计算可收回金额，并与相关账面价值相比较，确认相应的减值损失。然后，再对包含商誉的资产组或者资产组组合进行减值测试，比较这些相关资产组或者资产组组合的账面价值（包括所分摊的商誉的账面价值部分）与其可收回金额，如相关资产组或者资产组组合的可收回金额低于其账面价值，应当确认商誉的减值损失。

【例3－8】　沿用例3－6资料，M公司以6 000 000元购入N公司净资产公允价值的80%。购买日N公司净资产公允价值为7 240 000元，合并财务报表的合并商誉为208 000元。合并商誉分配于由甲、乙两项资产组成的资产组。2011年经过减值测试，资产组没有发生减值。2012年末，该资产组可辨认资产账面价值为3 120 000元，其中甲固定资产为2 920 000元，乙无形资产为200 000元。该资产组的可收回金额为2 200 000元。有关会计处理如下：

（1）确定2012年末该资产组的账面价值。资产组的账面价值包含三部分内容：资产组可辨认资产的账面价值、归属于母公司的商誉和归属于子公司少数股东的商誉。根据例3－8可知：

归属于母公司的商誉＝6 000 000－7 240 000×80%＝208 000（元）

归属于少数股东的商誉＝（6 000 000÷80%－7 240 000）×20%＝52 000（元）

该资产组账面价值＝3 120 000＋208 000＋52 000＝3 380 000（元）

（2）确认资产组减值损失：

资产组减值损失＝3 380 000－2 200 000＝1 180 000（元）

（3）分配资产组减值损失：

商誉减值损失＝208 000＋52 000＝260 000（元）

可辨认资产减值损失＝1 180 000－260 000＝920 000（元）

确认减值损失后的该资产组账面价值＝3 120 000－920 000＝2 200 000（元）

(4)可辨认资产减值损失的分配:

固定资产减值损失 = 920 000 × 2 920 000 ÷ 3 120 000 = 861 000(元)

无形资产减值损失 = 920 000 × 200 000 ÷ 3 120 000 = 59 000(元)

(5)编制抵销分录:

①借:资产减值损失　　208 000(或 260 000)

　贷:商誉——减值准备　　208 000(或 260 000)

该笔抵销分录的金额取决于合并工作底稿上确认的合并商誉的金额。如果确认的合并商誉仅为归属于母公司的商誉,为 208 000 元,这里就抵销 208 000 元;如果确认的合并商誉包含归属于子公司少数股东的商誉,则应抵销 260 000 元。

②借:资产减值损失

　　——甲固定资产　　861 000

　　——乙无形资产　　59 000

　贷:固定资产——减值准备　　861 000

　　无形资产减——值准备　　59 000

在合并资产负债表中,合并固定资产减少 861 000 元,合并无形资产减少 59 000 元,合并商誉为零,未分配利润减少 1 128 000 元。

在合并利润表中,合并资产减值损失增加 1 128 000 元,合并营业利润、利润总额和净利润均减少 1 128 000 元。

在合并所有者权益变动表中,合并本年净利润减少 1 128 000 元,合并未分配利润减少 1 128 000 元。

2. 长期股权投资减值准备的抵销。母公司于期末(至少年末)应对长期股权投资进行检查,当发现某项长期股权投资有减值迹象时,应估计其未来可收回金额,并按可收回金额低于长期股权投资账面价值的差额计提长期股权投资减值准备,并列示于个别财务报表。具体而言,采用成本法核算、在活跃市场中没有报价且其公允价值不能可靠计量的长期股权投资,应当将该权益工具投资的账面价值,与按照类似金融资产当时市场收益率对未来现金流量折现确定的现值之间的差额确认为减值损失,计入当期损益。其他长期股权投资应当在资产负债表日判断资产是否存在可能发生减值的迹象。存在减值迹象的,应当估计其可收回金额。可收回金额应当根据投资的公允价值减去处置费用后的净额与投资带来预计未来现金流量的现值二者之间的较高者确定。投资的公允价值减去处置费用后的净额与投资带来预计未来现金流量的现值,只要有一项超过了资产的账面价值,就表明资产没有发生减值,不要再估计另一个金额。投资的可收回金额低于其账面价值的差额应确认为长期股权投资减值损失,计入当期损益,同时计提相应的长期股权投资减值准备。

在编制合并财务报表时,随着母公司对子公司长期股权投资的抵销,长期股权投资计提的减值准备理应随之抵销。

【例3-9】 假设M公司2011年计提的长期股权投资减值准备为800 000元,2012年确认的长期股权投资减值准备为1 000 000元,补提的减值准备和确认的减值损失为200 000万元。则:

2011年末编制的会计分录为:

借:资产减值损失　　800 000

　贷:长期股权投资减值准备　　800 000

编制合并财务报表时应作如下抵销处理:

借:长期股权投资——减值准备　　800 000

　贷:资产减值损失　　800 000

2012年末编制的会计分录为:

借:资产减值损失　　200 000

　贷:长期股权投资减值准备　　200 000

编制合并财务报表时应作如下抵销处理:

借:长期股权投资——减值准备　　800 000

　贷:未分配利润——年初　　800 000

借:长期股权投资——减值准备　　200 000

　贷:资产减值损失　　200 000

以后各期的抵销处理比照第二年的进行,在编制第一笔抵销分录时,应将上期末长期股权投资减值准备余额调整当期的期初未分配利润。

但也有一种观点认为,长期股权投资的减值实质上是子公司整体净资产减值,如果在抵销长期股权投资的同时相应抵销减值准备,就会高估企业集团的资产,因此,不应抵销长期股权投资减值准备,但应将其归入其他项目。

三、母公司内部投资收益等项目与子公司利润分配有关项目的抵销处理

母公司内部投资收益,是指母公司对子公司权益性资本投资的投资收益。如果子公司是母公司的全资子公司,母公司内部投资收益就等于子公司取得的各项收入减去相配比的各项费用以及所得税后的余额。也可以说,母公司对某一个全资子公司的投资收益就是该子公司当期实现的净利润。如果子公司是母公司的非全资子公司,母公司对某一非全资子公司的投资收益,应以该子公司当期实现的净利润乘以母公司持股比例求得。在编制合并利润表时,一方面,母公司个别利润表中按成本法列示了对子公司权益性投资的投资收益,在编制合并财务报表时,又在工作底稿上按权益法调整了长

期股权投资和投资收益，在未作这项抵销之前，合并工作底稿上的母公司投资收益正好相当于拥有子公司净利润的份额；另一方面，子公司个别利润表上也列示了子公司各项收入、与收入相配比的成本、费用、所得税和净利润。通过编制合并工作底稿，将母公司和子公司的营业收入、营业成本、期间费用、营业外收支等相应项目的金额加总出的合计数，自然重复反映了子公司本期实现的净利润，因此，在编制合并利润表时，需要将母公司对子公司权益性资本投资的投资收益予以抵销，也就是将母公司的内部投资收益还原为企业集团的收入、成本和费用。

由于合并所有者权益变动表中的本年利润分配各项目是站在企业集团角度，反映母公司对其股东的利润分配和提取盈余公积情况，因此，子公司个别所有者权益变动表本年利润分配各项目的金额必须予以抵销。

母公司对子公司权益性资本投资先采用成本法核算，在编制合并财务报表时又按权益法进行了调整，因此，子公司个别所有者权益变动表的期初未分配利润项目，作为子公司以前会计期间实现净利润的一部分，必然包括在母公司以前会计期间的投资收益中，即包括在母公司期初未分配利润中。与此相类似，子公司期末未分配利润也必然包括在母公司期末未分配利润中。因此，必然将子公司期初、期末未分配利润项目予以抵销。

（一）拥有子公司全部股权情况下的抵销处理

在母公司拥有子公司全部股权的情况下，子公司本期实现的净利润全部为母公司所享有，形成母公司对子公司权益性资本投资的投资收益，根据个别财务报表资料可编制抵销分录为：借记“投资收益”、“期初未分配利润”项目，贷记“提取盈余公积”、“对所有者的分配”和“期末未分配利润”项目。

1. 按子公司净资产公允价值购入子公司全部股权（且公允价值等于账面价值）。

【例3-10】 沿用例3-2资料，2010年12月31日，M公司以6 840 000元的对价取得N公司全部股权。购买日N公司净资产公允价值为7 240 000元。2011年M公司和N公司个别利润表和个别所有者权益变动表资料见表3-6。M公司转让投资的投资收益为200 000元。

表3-6　　个别利润表和个别所有者权益变动表资料

2011年　　单位：元

项　目	M公司	N公司	合计数
一、营业收入	10 000 000	8 000 000	18 000 000
减：营业成本	7 000 000	6 450 000	13 450 000
营业税金及附加	50 000	30 000	80 000
销售费用	30 000	20 000	50 000
管理费用	500 000	390 000	890 000

续表

项　目	M公司	N公司	合计数
财务费用	120 000	50 000	170 000
资产减值损失			
加:公允价值变动收益(减:损失)			
投资收益(减:损失)	700 000		700 000
二、营业利润	3 000 000	1 060 000	4 060 000
加:营业外收入	100 000	190 000	290 000
减:营业外支出	200 000	50 000	250 000
三、利润总额	2 900 000	1 200 000	4 100 000
减:所得税	944 000	400 000	1 344 000
四、净利润	1 956 000	800 000	2 756 000
加:期初未分配利润	1 760 000	440 000	2 200 000
五、可供分配利润	3 716 000	1 240 000	4 956 000
减:提取盈余公积	360 000	120 000	480 000
对所有者的分配	2 000 000	500 000	2 500 000
六、未分配利润	1 356 000	620 000	1 976 000

根据表3-6及例3-2资料,编制2011年合并财务报表时,除应编制例3-2的3笔调整分录和抵销分录外,还应再编制抵销分录(4)如下:

(4)借:投资收益　　800 000
　　未分配利润——年初　　440 000
　贷:提取盈余公积　　120 000
　　对所有者的分配　　500 000
　　未分配利润——年末　　620 000

合并工作底稿略。

2. 高于子公司净资产公允价值购入子公司全部股权(且公允价值大于账面价值)。

【例3-11】　沿用例3-3资料,2010年12月31日,M公司以7 400 000元的对价取得N公司全部股权。购买日N公司净资产公允价值为7 240 000元。2011年N公司实现净利润800 000元,宣告分配现金股利500 000元,提取盈余公积120 000元。2011年M公司和N公司个别利润表和个别所有者权益变动表资料见表3-7。M公司转让投资的投资收益为200 000元。

根据表3-6及例3-3资料,应编制的调整分录和抵销分录(1)至(5)同例3-3,抵销分录(6)如下:

(6)借:投资收益　　(800 000+400 000)1 200 000
　　未分配利润——年初　　440 000

贷:提取盈余公积　　120 000

对所有者的分配　　500 000

未分配利润——年末　　1 020 000

其合并工作底稿见表 3-7。

表 3-7　　M 公司合并工作底稿

2011 年 12 月 31 日　　单位:元

项目	M 公司	N 公司	合计数	抵销分录		合并数
				借方	贷方	
一、营业收入	10 000 000	8 000 000	18 000 000			18 000 000
减:营业成本	7 000 000	6 450 000	13 450 000		(2)230 000	13 220 000
营业税金及附加	50 000	30 000	80 000			80 000
销售费用	30 000	20 000	50 000			50 000
管理费用	500 000	390 000	890 000	(2)30 000		920 000
财务费用	120 000	50 000	170 000			170 000
资产减值损失					(2)200 000	-200 000
加:公允价值变动收益(减:损失)						
投资收益(减:损失)	700 000		700 000	(6)1 200 000	(3)700 000	200 000
二、营业利润	3 000 000	1 060 000	4 060 000	1 230 000	1 130 000	3 960 000
加:营业外收入	100 000	190 000	290 000			290 000
减:营业外支出	200 000	50 000	250 000			250 000
三、利润总额	2 900 000	1 200 000	4 100 000	1 230 000	1 130 000	4 000 000
减:所得税费用	944 000	400 000	1 344 000			1 344 000
四、净利润	1 956 000	800 000	2 756 000	1 230 000	1 130 000	2 656 000
(一)归属于母公司所有者的净利润						2 656 000
(二)少数股东损益						
五、每股收益						
六、期初未分配利润	1 760 000	440 000	2 200 000	(6)440 000		1 760 000
七、可供分配利润	3 716 000	1 240 000	4 956 000	1 670 000	1 130 000	4 416 000
提取盈余公积	360 000	120 000	480 000		(6)120 000	360 000
对所有者的分配	2 000 000	500 000	2 500 000		(6)500 000	2 000 000
八、本年年末未分配利润	1 356 000	620 000	1 976 000	(4)1 020 000	(6)1 020 000	2 056 000
				2 690 000	2 770 000	

说明：

(1)由于例3－11沿用例3－3资料，而且例3－3的抵销分录(2)(3)(4)也涉及合并利润表和合并所有者权益变动表编制的抵销处理，因此，例3－11的抵销分录顺序号与例3－3相连续，将内部投资收益的抵销作为抵销分录(6)。与例3－3相同的调整分录和抵销分录(1)至(5)不再重复列示。

(2)"年末未分配利润"项目行的抵销分录栏中的借方269万元，是"年初未分配利润"项目行以上各项目借方发生额的合计数167万元，加上"年初未分配利润"项目行以下各项目借方发生额102万元的合计数；"年末未分配利润"项目行的抵销分录栏中的贷方277万元，是"年初未分配利润"项目行以上各项目贷方发生额的合计数113万元，加上"年初未分配利润"项目行以下各项目贷方发生额164万元的合计数；"年末未分配利润"项目行下的合并金额205.6万元，是将"年末未分配利润"项目的合计金额197.6万元加277万元、减269万元求得的。

(3)合并工作底稿中合并资产负债表部分的"未分配利润"项目行的抵销分录金额及其合并数，应来自于合并所有者权益变动表部分的"年末未分配利润"项目行的金额。但因本书合并资产负债表抵销编制在先，而合并利润表和合并所有者权益变动表抵销编制在后，因此，合并资产负债表部分的"年末未分配利润"项目行的抵销分录金额及其合并数没有根据合并所有者权益变动表部分的"年末未分配利润"行金额填列。在实务中，应特别注意合并资产负债表的"未分配利润"项目金额与合并所有者权益变动表的"本年年末未分配利润余额"核对相符。

3. 低于子公司净资产公允价值购入子公司全部股权(且公允价值大于账面价值)。

【例3－12】　沿用例3－4资料，2010年12月31日，M公司以6 000 000元的对价取得N公司全部股权，购买日N公司净资产公允价值为7 240 000元。2011年M公司和N公司个别利润表和个别所有者权益变动表资料见表3－8。M公司转让投资的投资收益为200 000元。应编制的抵销分录与例3－11多数是相同的，不再重复列示，不同的抵销分录(4)请见例3－4。

其合并工作底稿见表3－8。

表3－8　　**M公司合并工作底稿**

2011年12月31日　　单位：元

项　目	M公司	N公司	合计数	抵销分录		合并数
				借方	贷方	
一、营业收入	10 000 000	8 000 000	18 000 000			18 000 000
减：营业成本	7 000 000	6 450 000	13 450 000		(2)230 000	13 220 000

续表

项目	M公司	N公司	合计数	抵销分录		合并数
				借方	贷方	
营业税金及附加	50 000	30 000	80 000			80 000
管理费用	500 000	390 000	890 000	(2)30 000		920 000
销售费用	30 000	20 000	50 000			50 000
财务费用	120 000	50 000	170 000			170 000
资产减值损失					(2)200 000	-200 000
加:公允价值变动收益(减:损失)						
投资收益(减:损失)	700 000		700 000	(6)1 200 000	(3)700 000	200 000
二、营业利润	3 000 000	1 060 000	4 060 000	1 230 000	1 130 000	3 960 000
加:营业外收入	100 000	190 000	290 000			290 000
减:营业外支出	200 000	50 000	250 000			250 000
三、利润总额	2 900 000	1 200 000	4 100 000	1 230 000	1 130 000	4 000 000
减:所得税费用	944 000	400 000	1 344 000			1 344 000
四、净利润	1 956 000	800 000	2 756 000	1 230 000	1 130 000	2 656 000
(一)归属于母公司所有者的净利润						2 656 000
(二)少数股东损益						
五、每股收益						
六、期初未分配利润	1 760 000	440 000	2 200 000	(6)440 000	(4)1 240 000	3 000 000
七、可供分配利润	3 716 000	1 240 000	4 956 000	1 670 000	2 370 000	5 656 000
提取盈余公积	360 000	120 000	480 000		(6)120 000	360 000
对所有者的分配	2 000 000	500 000	2 500 000		(6)500 000	2 000 000
八、期末未分配利润	1 356 000	620 000	1 976 000	(4)1 020 000	(6)1 020 000	3 296 000
				2 690 000	4 010 000	

可以看出,不论母公司以子公司净资产公允价值还是以高于或以低于子公司净资产公允价值购入子公司全部股权,这项抵销处理的抵销分录都是相同的,只是相关项目的合并金额不尽相同而已。

（二）拥有子公司部分股权情况下的抵销处理

在母公司拥有子公司部分股权的情况下，子公司本期实现的净利润，应按母公司和子公司少数股东的持股比例，分别计算出母公司内部投资收益和少数股东损益，根据个别财务报表资料可编制如下抵销分录：借记“投资收益”、“少数股东损益”、“期初未分配利润”项目，贷记“提取盈余公积”、“对所有者的分配”、“期末未分配利润”项目。

1. 按子公司净资产公允价值份额购入子公司部分股权（且公允价值等于账面价值）。

【例3－13】　沿用例2－5和例3－5资料，2010年12月31日，M公司以5 472 000元购入N公司80%股权。2011年N公司实现净利润800 000元，宣告分配现金股利500 000元，提取盈余公积120 000元。

根据表3－6及例3－5资料编制2011年合并财务报表时，除应编制例3－5的3笔调整分录和抵销分录外，还应再编制抵销分录(4)如下：

(4)借：投资收益　　640 000
　　少数股东损益　　160 000
　　未分配利润——年初　　440 000
　贷：提取盈余公积　　120 000
　　对所有者的分配　　500 000
　　期末未分配利润——年末　　620 000

合并工作底稿略。

2. 高于子公司净资产公允价值份额购入子公司部分股权（且公允价值大于账面价值）。

【例3－14】　沿用例3－6资料，2010年12月31日，M公司以6 000 000元购入N公司净资产公允价值的80%。2011年N公司实现净利润800 000元，宣告分配现金股利500 000元，提取盈余公积120 000元；M公司实现净利润1 856 000元，宣告分配现金股利2 000 000元，提取盈余公积360 000元，M公司转让投资的投资收益为200 000元。

根据表3－6及例3－6资料，编制2011年合并财务报表时，除应编制例3－6的5笔调整分录和抵销分录外，还应再编制下列抵销分录：

(6)借：投资收益　　[(800 000＋400 000)×80%]960 000
　　少数股东损益　　240 000
　　未分配利润——年初　　440 000

贷:提取盈余公积　　120 000

对所有者的分配　　500 000

未分配利润——年末　　1 020 000

其合并工作底稿见表 3－9。

表 3－9　**M 公司合并工作底稿**

2011 年 12 月 31 日　单位:元

项目	M 公司	N 公司	合计数	抵销分录		少数股权	合并数
				借方	贷方		
一、营业收入	10 000 000	8 000 000	18 000 000				18 000 000
减:营业成本	7 000 000	6 450 000	13 450 000		(2)230 000		13 220 000
营业税金及附加	50 000	30 000	80 000				80 000
销售费用	30 000	20 000	50 000				50 000
管理费用	500 000	390 000	890 000	(2)30 000			920 000
财务费用	120 000	50 000	170 000				170 000
资产减值损失					(2)200 000		－200 000
加:公允价值变动收益(减:损失)							
投资收益(减:损失)	600 000		600 000	(6)960 000	(3)560 000		200 000
二、营业利润	2 900 000	1 060 000	3 960 000	990 000	990 000		3 960 000
加:营业外收入	100 000	190 000	290 000				290 000
减:营业外支出	200 000	50 000	250 000				250 000
三、利润总额	2 800 000	1 200 000	4 000 000	990 000	990 000		4 000 000
减:所得税费用	944 000	400 000	1 344 000				1 344 000
四、净利润	1 856 000	800 000	2 656 000	990 000	990 000		2 656 000
(一)归属于母公司所有者的净利润							2 416 000
(二)少数股东损益						(6)240 000	240 000

续表

项 目	M公司	N公司	合计数	抵销分录		少数股权	合并数
				借方	贷方		
五、每股收益							
六、期初未分配利润	1 760 000	440 000	2 200 000	(6)440 000			1 760 000
七、可供分配利润	3 616 000	1 240 000	4 856 000	1 430 000	990 000	240 000	4 176 000
提取盈余公积	360 000	120 000	480 000		(6)120 000		360 000
对所有者的分配	2 000 000	500 000	2 500 000		(6)500 000		2 000 000
八、期末未分配利润	1 256 000	620 000	1 876 000	(4)1 020 000	(6)1 020 000		
				2 450 000	2 630 000	240 000	1 816 000

3. 低于子公司净资产公允价值份额购入子公司部分股权(且公允价值高于账面价值)。

【例3－15】 沿用例3－7资料,2010年12月31日,M公司以4 800 000元购入N公司净资产账面价值6840 000元、公允价值7 240 000元的80%,低于享有的子公司公允价值份额992 000元,购买日调增未分配利润992 000元。2011年M公司和N公司个别利润表和个别所有者权益变动表资料见表3－10。M公司转让投资的投资收益为200 000元。与第一大类抵销相对应,也有四种处理方法。但是涉及合并利润表和合并所有者权益变动表编制的抵销处理,与前述母公司高于子公司净资产公允价值取得子公司部分股权相比较,仅第(4)笔抵销分录不同。

编制的抵销分录(4)为:

(4)借:实收资本　　5 000 000
　　资本公积　　(800 000 + 400 000)1 200 000
　　盈余公积——年初　　600 000
　　　　——本年　　120 000
　　未分配利润——年初　　440 000
　　　　——本年　　580 000
　贷:长期股权投资　　(4 800 000 + 560 000)5 360 000
　　少数股东权益　　(7 940 000 × 20%)1 588 000
　　未分配利润——年初　　992 000

其合并工作底稿见表3－10。

表 3－10　　　　**M 公司合并工作底稿**

2010 年 12 月 31 日　　　　单位:元

项　目	M 公司	N 公司	合计数	抵销分录		少数股权	合并数
				借方	贷方		
一、营业收入	10 000 000	8 000 000	18 000 000				18 000 000
减:营业成本	7 000 000	6 450 000	13 450 000		(2)230 000		13 220 000
营业税金及附加	50 000	30 000	80 000				80 000
销售费用	30 000	20 000	50 000				50 000
管理费用	500 000	390 000	890 000	(2)30 000			920 000
财务费用	120 000	50 000	170 000				170 000
资产减值损失					(2)200 000		－200 000
加:公允价值变动收益(减:损失)							
投资收益(减:损失)	600 000		600 000	(6)960 000	(3)560 000		200 000
二、营业利润	2 900 000	1 060 000	3 960 000	990 000	990 000		3 960 000
加:营业外收入	100 000	190 000	290 000				290 000
减:营业外支出	200 000	50 000	250 000				250 000
三、利润总额	2 800 000	1 200 000	4 000 000	990 000	990 000		4 000 000
减:所得税费用	944 000	400 000	1 344 000				1 344 000
四、净利润	1 856 000	800 000	2 656 000	990 000	990 000		2 656 000
(一)归属于母公司所有者的净利润							2 416 000
(二)少数股东损益						(6)240 000	240 000
五、每股收益							
六、期初未分配利润	1 760 000	440 000	2 200 000	(6)440 000	(4)992 000		2 752 000
七、可供分配利润	3 616 000	1 240 000	4 856 000	1 430 000	1 982 000	240 000	5 168 000
提取盈余公积	360 000	120 000	480 000		(6)120 000		360 000
对所有者的分配	2 000 000	500 000	2 500 000		(6)500 000		2 000 000
八、未分配利润	1 256 000	620 000	1 876 000	(4)1 020 000	(6)1 020 000		
				2 450 000	3 622 000	240 000	2 808 000

上述例题中的合并工作底稿，仅为说明合并工作底稿的编制方法，且仅涉及第一大类抵销处理，并未涉及企业集团内部母公司与子公司、子公司相互之间内部购销、内部融资等内部交易的影响，因此，反映的不是当期最终的合并金额。

(三)子公司净资产公允价值与账面价值差额的调整对以后年度连续编报的影响

由前述可知，母公司在编制合并财务报表时，应在合并工作底稿中将子公司资产、负债的账面价值调整为公允价值，并将其按价值转移方式调整子公司各期损益，进而影响母公司内部投资收益。在以后年度连续编制合并财务报表时，则需要调整期初未分配利润。

以例 3－11 为例，假设 2012 年 N 公司实现的净利润为 1 000 000 元，对所有者分配现金股利 500 000 元。在编制 2011 年合并工作底稿时编制了如下调整分录和抵销分录：

(1)借：固定资产　　700 000
　　无形资产　　100 000
　　长期应付款　　100 000
　贷：应收账款　　200 000
　　存货　　300 000
　　资本公积　　400 000

(2)借：应收账款　　200 000
　　存货　　300 000
　　管理费用　　30 000
　贷：固定资产　　70 000
　　无形资产　　10 000
　　长期应付款　　20 000
　　营业成本　　(300 000－70 000)230 000
　　资产减值损失　　200 000

(3)借：长期股权投资　　(800 000－500 000＋400 000)700 000
　贷：投资收益　　700 000

在编制 2012 年合并财务报表时，在合并工作底稿中，应相应作如下调整分录：

(1)借：固定资产　　700 000
　　无形资产　　100 000
　　长期应付款　　100 000

贷:应收账款　　200 000
　　存货　　300 000
　　资本公积　　400 000

(2)借:应收账款　　200 000
　　存货　　300 000
　　营业成本　　(700 000 ÷ 10)70 000
　　管理费用　　(100 000 ÷ 10 + 100 000 ÷ 5)30 000
　贷:固定资产　　140 000
　　无形资产　　20 000
　　长期应付款　　40 000
　　未分配利润——年初　　400 000

(3)借:长期股权投资　　1 100 000
　贷:未分配利润——年初　　700 000
　　投资收益　　(1 000 000 - 100 000 - 500 000)400 000

四、权益结合法下合并日后的合并财务报表

本节上文中主要探讨了按购买法处理企业合并情况下购买日后合并财务报表的编制方法。如果采用权益结合法处理企业合并业务,合并日后合并财务报表的编制将变得简单化。这是因为,在权益结合法下:第一,在合并财务报表中母公司和子公司的资产、负债和净资产均按账面价值计价,无须将子公司的资产、负债和净资产调整为公允价值;第二,由于合并方支付的合并对价与取得的净资产账面价值的差额已调整资本公积和留存收益,因此,母公司对子公司长期股权投资账面价值与拥有子公司所有者权益的份额相等,不存在商誉或损益的确认问题;第三,合并日后合并财务报表的编制中,权益结合法与购买法仅在第一大类的抵销处理上有所不同,而其他内部交易的抵销处理基本相同。因此,在以后各节均不再分别叙述权益结合法与购买法的区别。

(一)母公司拥有子公司全部股权的抵销处理

【例3-16】 沿用例3-2和例3-10资料,2010年12月31日,M公司以6 840 000元取得N公司全部股权,采用权益结合法进行企业合并的会计处理。2011年N公司实现净利润800 000元,宣告分配现金股利500 000元。M公司和N公司2011年12月31日个别资产负债表资料见表3-1,个别利润表及所有者权益变动表资料见表3-6。

2011 年 12 月 31 日，M 公司在合并工作底稿上应编制如下调整和抵销分录：

(1)将长期股权投资由成本法转为权益法：

借：长期股权投资　　(800 000 - 500 000)300 000

　贷：投资收益　　300 000

(2)借：实收资本(股本)　　5 000 000

　　资本公积　　800 000

　　盈余公积——年初　　600 000

　　　　　　——本年　　120 000

　　未分配利润——年初　　440 000

　　　　　　　——本年　　180 000

　贷：长期股权投资　　(6 840 000 + 300 000)7 140 000

(3)借：应付股利　　500 000

　贷：应收股利　　500 000

(4)借：投资收益　　800 000

　　未分配利润——年初　　440 000

　贷：提取盈余公积　　120 000

　　对所有者的分配　　500 000

　　未分配利润——年末　　620 000

合并工作底稿略。

(二)母公司拥有子公司部分股权的抵销处理

【例 3 - 17】　沿用例 3 - 13 资料，假设 M 公司拥有 N 公司 80% 股权，2011 年 12 月 31 日，M 公司在合并工作底稿上应编制如下抵销分录：

(1)借：长期股权投资　　[(800 000 - 500 000) × 80%]240 000

　贷：投资收益　　240 000

(2)借：实收资本(股本)　　5 000 000

　　资本公积　　800 000

　　盈余公积——年初　　600 000

　　　　　　——本年　　120 000

　　未分配利润——年初　　440 000

　　　　　　　——本年　　180 000

　贷：长期股权投资　　(5 472 000 + 240 000)5 712 000

　　少数股东权益　　1 428 000

(3)借:应付股利　　400 000
　　贷:应收股利　　400 000
(4)借:投资收益　　640 000
　　少数股东损益　　160 000
　　未分配利润——年初　　440 000
　　贷:提取盈余公积　　120 000
　　　对所有者的分配　　500 000
　　　未分配利润——年末　　620 000

合并工作底稿略。

第二节　企业集团内部债权债务的处理

一、企业集团的内部交易

在购并日后,企业集团内部母公司与子公司之间或子公司相互之间,往往会发生商品购销业务、劳务供受业务、资金借贷业务、资产租赁业务等。在控股合并情况下,由于母公司和子公司均是独立的企业法人和会计主体,因此,在个别财务报表上就会出现以下结果:①某一成员企业确认了收入,另一成员企业则确认了成本费用;②某一成员企业确认了债权,另一成员企业则确认了债务。但是,根据一体性原则,合并财务报表应反映企业集团的收入、成本费用、债权、债务。也就是说,只有成员企业将其生产的商品或劳务销售、提供给企业集团以外的单位或个人,才能确认收入;只有成员企业从企业集团以外的单位或个人购进商品或接受劳务,才能确认成本费用;只有成员企业与企业集团以外的单位或个人的债权、债务,才能确认为债权、债务。为此,母公司在编制合并财务报表时,必须对企业集团内部交易在个别财务报表上所反映的内部收入、内部成本费用、内部债权债务予以抵销。与此相关,企业集团内部交易的损益对成本费用的影响,在购买企业未向企业集团以外的单位或个人出售之前,也应予以抵销,如内部购销业务形成的存货或固定资产中包含的未实现内部销售利润,内部债权债务所引起的利息收入和利息支出,均应随之进行抵销。

经过上述企业集团内部交易的抵销,才能排除企业集团内部交易对个别财务报表的影响,防止在合并财务报表上虚增资产、负债、收入、成本费用和利润,从而如实反映企业集团整体的财务状况、经营成果和现金流量。这里还需要指出的是,我国《企业会计准则第33号——合并财务报表》对企业集团内部交易的抵销,未对内部交易产生的未实现内部利润对母公司确认的投资收益和子公司长期股权投资的影响进行抵销。为此,本书将其单独作为特殊问题予以探讨。

由于企业集团内部交易的抵销处理较为复杂,我们将分三节予以探讨,本节仅涉及与企业集团内部债权、债务有关的抵销处理。它主要涉及以下三个项目的抵销:①内部债权与内部债务项目的抵销;②内部利息收入和利息支出的抵销;③内部应收款项坏账准备和债券投资减值准备的抵销。

二、内部债权与债务项目的抵销处理

企业集团内部交易所引起的内部债权、债务,在编制合并资产负债表时需要进行抵销处理的项目主要有以下几方面:①内部应收账款与内部应付账款;②内部应收票据和内部应付票据;③内部预付账款与内部预收账款;④内部长期债权投资与内部应付债券;⑤内部应收股利与内部应付股利;⑥内部其他应收款与内部其他应付款。

与上节所述母公司对子公司长期股权投资相关项目抵销不同的是,需要抵销的企业集团内部交易的项目和金额不能从个别财务报表中直接取得,而需要依据个别财务报表附注说明所提供的内部交易资料。

【例3-18】 假设2011年12月31日M公司应收账款1 200 000元(计提的坏账准备为120 000元)中有200 000元为应收N公司的货款;应收票据800 000元中有100 000元为应收N公司的商业汇票;应收股利500 000元全部为应收N公司股利;应付债券1 600 000元中有1 000 000元为应付N公司债券款,N公司将该项债券投资作为持有至到期投资核算。在编制合并资产负债表时,应编制如下抵销分录:

(1)借:应付账款　　200 000

　　贷:应收账款　　200 000

(2)借:应付票据　　100 000

　　贷:应收票据　　100 000

(3)借:应付股利　　500 000

　　贷:应收股利　　500 000

(4)借:应付债券　　1 000 000

　　贷:持有至到期投资　　1 000 000

关于企业集团内部债权、债务项目的抵销,还需要说明以下几点:

第一,上例涉及的内部应收账款和内部应付账款的抵销,以及内部应收票据和内部应付票据的抵销,都是由母公司M公司对子公司N公司顺销商品方向形成的内部债权、债务的抵销。如果还有子公司N公司向母公司M公司逆销商品方向形成的内部债权、债务,在编制抵销分录时,应将M公司和N公司的内部应收项目和内部应付项目按相同项目汇总后编制抵销分录。例如,N 公司应收票据 1 000 000 元中有 300 000 元为 M 公司应付票据,则上例抵销分录(2)的金额应为 400 000 元。如果子公司有若干个,那么,应先将母公司和子公司的内部债权、债务按合并财务报表项目名称求出合计数,再按合计数编制抵销分录。

第二,上例中,如果 N 公司向 M 公司预付账款余额为 80 000 元,则还应编制如下抵销分录:

借:预收账款　　80 000

　　贷:预付账款　　80 000

第三,如果企业集团内部的债券投资企业不是从企业集团内部债券发行企业直接购进债券,而是在证券市场上从第三者处购进债券,那么,内部长期债券投资的余额就会同内部应付债券的余额不一致,在进行抵销时,应将两者的差额计入财务费用或投资收益。在例 3 – 16 中。如果内部应付债券账面价值为 1 000 000 元,内部持有至到期投资为1 050 000元,则抵销分录(4)为:

(4)借:应付债券　　1 000 000

　　　财务费用(投资收益)　　50 000

　　贷:持有至到期投资　　1 050 000

三、内部应收款项坏账准备、债券投资减值准备的抵销处理

在采用备抵法核算坏账损失、为应收款项(包括应收账款和其他应收款等)计提坏账准备的情况下,母公司和子公司都对其应收款项计提坏账准备,并列示于个别财务报表。在编制合并财务报表时,随着内部应收款项的抵销,也必须将内部应收款项计提的坏账准备予以抵销。这里需要说明的是,在合并资产负债表中,“应收账款”和“其他应收款”等项目是抵减坏账准备后的净额填列的,但是,为了区分内部债权、债务项目的抵销与内部应收款项计提坏账准备的抵销,在抵销分录中抵销的坏账准备以“应收账款(或其他应收款等)——坏账准备”项目列示,在编制合并工作底稿时填列在“应收账款(或其他应收款等)”项目。在抵销内部应收款项坏账准备时,借记“应收账款(或其他应收款等)——坏账准备”项目,贷记“资产减值损失”项目。由于内部应收款项坏账准备抵销的同时也抵销了当期资产减值损失,从而使当期合并净利润、合并期末未分配利润增加。因此,在以后年度连续编制合并财务报表时,必须对根据个别财务报表加总的期初未分配利润金额予以调整,使之与上期合并期末未分配利润相一致。这是因为,上期合并所有者权益变动表中的合并期末未分配利润,与本期编制所有者权益变动表时,根据母公司和子公司的个别报表加总的期初未分配利润存在差额,而这个差额就是上期编制合并财务报表时抵销的内部应收款项坏账准备的金额。为了使合并所有者权益变动表中

的本期期初未分配利润与上期合并所有者权益变动表中的期末未分配利润相等，必须将上期抵销的内部应收款项计提的坏账准备对本期期初未分配利润的影响予以抵销，借记“应收账款(或其他应收款等)——坏账准备”项目，贷记“期初未分配利润”项目。

可见，内部应收款项坏账准备的抵销处理，既涉及当期期末对当期计提的内部应收款项坏账准备的抵销处理，也涉及在以后各年连续编制合并财务报表时，对上期内部应收款项计提的坏账准备对本期期初未分配利润影响的抵销处理。下面以内部应收账款坏账准备为例说明应收款项坏账准备的抵销处理。

(一)当期内部应收款项坏账准备的抵销处理

【例3-19】　假设本章例题中，2010年12月31日M公司控股合并N公司时，内部应收账款100 000元，计提的坏账准备为4 726元。在编制购并日合并财务报表时，在将内部应收账款和内部应付账款相互抵销后，还应编制如下抵销分录：

借：应收账款——坏账准备　　4 726

　贷：资产减值损失　　4 726

在购买法下，购买日无须编制合并利润表和合并所有者权益变动表，合并留存收益只包括母公司的留存收益，这笔抵销分录一般不予编制。在权益结合法下，合并日还须编制合并利润表，则一般需要编制上述抵销分录，以便按照一体性原则反映企业集团合并日的合并净利润和合并期期末未分配利润。由于一般采用购买法进行企业合并的会计处理，我们假设2010年12月31日合并日合并财务报表在编制时，不作上述抵销分录，而是将2011年12月31日抵销的内部应收账款坏账准备，作为当期内部应收账款坏账准备的抵销处理。

【例3-20】　2011年12月31日M公司应收账款中有200 000元为应收N公司货款，企业合并后应收账款坏账准备按当期应收账款余额的10%计提，当期计提的内部应收账款坏账准备为20 000元。编制如下抵销分录：

借：应收账款——坏账准备　　20 000

　贷：资产减值损失　　20 000

由于该项抵销，使得合并净利润和合并期末未分配利润比个别财务报表加总金额增加20 000元。

(二)以后年度连续编制合并财务报表时内部应收账款坏账准备的抵销处理

按前文所述，在以后各年连续编制合并财务报表时，应包括以下两项抵销处理：首先，应将上期抵销的内部应收账款计提的坏账准备对本期期初未分配利润的影响予以抵销；其次，对于本期内部应收账款在个别财务报表中补提或冲销的坏账准备金额予以抵销。

在以后年度的个别财务报表上对内部应收账款坏账准备的处理有以下三种情况：

1. 内部应收账款余额本期与上期相等。在这种情况下，由于本期内部应收账款余额与上期相等，本期末在个别报表上无须补提或冲销内部应收账款坏账准备，所以，在抵销期末内部应收账款和内部应付账款后，只需将上期内部应收账款计提的坏账准备对本期期初未分配利润的影响予以抵销。

【例3-21】 沿用例3-20资料，假设2012年12月31日M公司对N公司内部应收账款余额仍为200 000元，N公司个别财务报表中内部应付账款余额也仍为200 000元，本期期末未补提或冲销坏账准备。则抵销分录如下：

借：应收账款——坏账准备　　20 000

　贷：未分配利润——年初　　20 000

通过在合并工作底稿上作如上抵销分录，一方面，将个别财务报表上内部应收账款计提的坏账准备全部抵销；另一方面，也调整了本期期初合并未分配利润，使其与上期期末合并未分配利润一致。

2. 内部应收账款余额本期大于上期。在这种情况下，由于内部应收账款余额本期大于上期，在个别财务报表上对内部应收账款补提了坏账准备，所以，对于当期补提的坏账准备也应予以抵销。

【例3-22】 沿用例3-20资料，假设2012年12月31日M公司对N公司内部应收账款余额为300 000元，在个别资产负债表上补提坏账准备10 000（100 000×10%）元，则在合并工作底稿中应编制如下抵销分录：

（1）借：应收账款——坏账准备　　20 000

　　贷：未分配利润——年初　　20 000

（2）借：应收账款——坏账准备　　10 000

　　贷：资产减值损失　　10 000

通过以上两笔抵销分录，将2012年12月31日内部应收账款坏账准备余额30 000元全部抵销。

3. 内部应收账款余额本期小于上期。在这种情况下，由于内部应收账款余额本期小于上期，在个别财务报表上冲销了本期多计提的内部应收账款坏账准备，所以，对于本期冲销的坏账准备也应予以抵销。

【例3-23】 沿用例3-20资料，假设上例M公司2012年12月31日对N公司的内部应收账款余额为150 000元，在个别资产负债表上冲销的坏账准备为5 000（50 000×10%）元，则在合并工作底稿上应编制如下抵销分录：

（1）借：应收账款——坏账准备　　20 000

　　贷：未分配利润——年初　　20 000

(2)借:资产减值损失　　5 000

　　贷:应收账款——坏账准备　　5 000

通过以上两笔抵销分录,将2012年12月31日内部应收账款坏账准备余额15 000元全部抵销。

从例3-21、例3-22和例3-23可以看出,以后各年在合并工作底稿上抵销内部应收账款坏账准备时,不论是编制一笔抵销分录,还是编制两笔抵销分录,最终都要将个别财务报表上内部应收账款坏账准备余额全部抵销。第一笔抵销分录的金额应为上期内部应收账款坏账准备的余额,本例为20 000(200 000×10%)元;第二笔抵销分录的金额应为本期补提或冲销的内部应收账款坏账准备的发生额。如果当期既无须补提内部应收账款坏账准备,又无须冲销内部应收账款坏账准备,则只作第一笔抵销分录。在第三期编制合并财务报表时,必须先将与第二期内部应收账款期末余额相应的坏账准备予以抵销,然后再将本期(第三期)内部应收账款期末余额与第二期内部应收账款期末余额相比较,计算出本期(第三期)内部应收账款补提或冲销的坏账准备金额,并予以抵销。以后各期依此类推。其抵销分录的编制方法与第二期的三种情况相同。

【例3-24】 假设M公司2012年12月31日资料如例3-22,内部应收账款期末余额为300 000元,内部应收账款计提的坏账准备为30 000元。2013年12月31日M公司对N公司的内部应收账款余额为280 000元,比上期减少20 000元,本期M公司对内部应收账款冲销坏账准备2 000(20 000×10%)元,M公司个别财务报表上内部应收账款坏账准备余额为28 000(30 000-2 000)元。在第三期的合并工作底稿上应编制如下抵销分录:

(1)借:应收账款——坏账准备　　30 000

　　贷:未分配利润——年初　　30 000

(2)借:资产减值损失　　2 000

　　贷:应收账款——坏账准备　　2 000

上述第一笔抵销分录,将上期(第二期)内部应收账款计提的坏账准备抵销,同时调整了本期(第三期)合并期初未分配利润,使之与上期(第二期)合并期末未分配利润相一致;上述第二笔抵销分录,将本期(第三期)内部应收账款减少20 000元而冲销的坏账准备抵销。通过上述两笔抵销分录,将本期(第三期)内部应收账款坏账准备余额全部抵销。

母公司和子公司对内部其他应收款计提坏账准备时,应比照内部应收账款坏账准备进行抵销处理。

同理,随着内部债券投资与内部应付债券的抵销,内部债券投资计提的减值准备也应抵销。

【例3-25】 2011年12月31日N公司持有M公司发行的公司债券账面价值1 000 000元,计提减值准备100 000元。2012年12月31日,公司债券账面价值1 063 000元,补提减值准备50 000元。在编制合并财务报表时的抵销分录为:

2011年末:

借:持有至到期投资——持有至到期投资减值准备　　100 000

　贷:资产减值损失　　100 000

2012年末:

(1)借:持有至到期投资——持有至到期投资减值准备　　100 000

　　贷:未分配利润——年初　　100 000

(2)借:持有至到期投资——持有至到期投资减值准备　　50 000

　　贷:资产减值损失　　50 000

四、内部利息收入与利息支出的抵销处理

在企业集团内部成员企业之间的债权、债务关系中,还可能发生内部利息收入和内部利息支出。例如,内部购销业务采用商业汇票结算方式结算,若为带息票据,销货企业要确认利息收入,购货企业要确认利息支出,并在各自的个别利润表中予以反映;又如,某成员企业持有另一成员企业发行的债券,发行债券的成员企业要确认利息支出,而购买债券的成员企业要确认利息收入,并在各自的个别利润表中分别以财务费用(或在建工程)和投资收益予以反映。根据一体性原则,从企业集团整体看,企业集团内部各成员企业之间相互提供信贷或发行和购买债券,是企业集团内部的资金调拨行为。因此,在编制合并财务报表时,随着企业集团内部债权、债务的抵销,也必须相应抵销因内部债权、债务而产生的内部利息收入和内部利息支出。

【例3-26】 2011年1月1日,M公司为筹集固定资产购建资金按面值发行公司债券,2011年12月31日,应付债券账面价值为1 600 000元,其中含利息100 000元;N公司在债券发行日购入M公司债券,2011年12月31日债券投资账面价值为1 000 000元,其中利息为63 000元。在2011年的个别财务报表上,M公司确认债券利息支出100 000元,其中对N公司内部利息支出63 000元。M公司将利息支出的60%予以资本化计入在建工程成本,40%计入财务费用。N公司确认的该项内部债券投资的投资收益为63 000元。在合并工作底稿上应编制如下抵销分录:

借:投资收益　　63 000

　贷:在建工程　　37 800

　　　财务费用　　25 200

需要说明的是,如果企业集团某一成员企业从第三方购入另一成员企业发行的公

司债券，购买单位确认的利息收入与发行单位确认的利息支出金额不相等，在编制抵销分录时，则应将两者的差额计入财务费用。

第三节　内部营业收入及存货中未实现内部销售利润的处理

在企业集团内部母公司与子公司之间、子公司相互之间发生的商品购销、劳务供受活动，称为内部营业活动。在企业集团内部各成员企业之间发生内部营业活动的情况下，购销或供受双方作为独立的会计主体，都从自身的角度分别进行了核算。销售商品或提供劳务企业确认了商品销售收入或劳务收入并计算了营业利润，其营业利润中包含了企业集团内部营业利润；购买商品或接受劳务企业则以支付的价款作为取得商品或劳务成本入账，其商品或劳务成本中包含了企业集团内部营业利润。根据一体性原则，内部营业收入和内部营业利润应予以抵销，下面仅以内部商品购销业务为例说明内部营业收入及存货中未实现内部销售利润的处理。

在内部商品购销业务中，购买企业可能将从内部成员企业购进的商品用于对外销售，也可能将其作为固定资产等劳动资料在生产经营过程中使用。购买企业将购进的商品作为劳动资料使用将在本章第四节阐述，本节仅阐述购买企业将购进的商品用于对外销售。在购买企业将从内部成员企业购进的商品用于对外销售的情况下，当期购进的商品可能出现以下三种情况：①内部购进的商品全部实现对外销售；②内部购进的商品全部未实现对外销售而形成期末存货；③内部购进的商品部分实现对外销售，部分形成期末存货。

在编制合并财务报表时，与企业集团内部购销活动所确认的收入和成本有关的抵销处理主要包括以下两项内容：①内部销售收入的抵销；②存货中包含的未实现内部销售利润的抵销。在连续编制合并财务报表的情况下，还涉及上期内部购销形成存货中包含的未实现内部销售利润对本期期初未分配利润的影响进行的抵销。可见，内部销售收入和存货中包含的未实现内部利润的抵销是相互联系的，而且当期和以后各期连续编报合并财务报表的抵销调整内容是不完全相同的。

一、当期内部销售收入和存货中包含的未实现内部销售利润的抵销处理

（一）当期内部销售收入的抵销处理

在企业集团内部购销活动中，销售企业在本期确认销售收入、结转销售成本，并计

算销售毛利。如果购买企业将内部购入的商品全部实现对外销售,也要在本期确认销售收入、结转销售成本,并计算销售毛利。也就是说,同一购销业务,在销货企业和购货企业的个别利润表中都作了反映。但根据一体性原则,从企业集团整体看,这一购销活动只实现了一次销售,即内部购买企业将其从内部购进的商品实现对外销售。内部销售企业将其存货销售给另一成员企业,相当于企业集团内部的物资调拨行为,不会增加商品价值,不应确认销售收入,也不会实现利润。也就是说,从企业集团整体看,这一购销活动的销售收入只是内部购买企业对外销售商品所实现的销售收入,其销售成本只是内部销售企业销售该项商品的成本。但是,由于在个别利润表上购销双方都反映了营业收入、营业成本,因此,在编制合并财务报表时,必须将重复反映的营业收入和营业成本予以抵销。在合并工作底稿上编制如下抵销分录:借记"营业收入"项目,贷记"营业成本"项目,其金额为内部销售企业的销售收入、内部购买企业的购货成本。在不考虑购货费用的情况下,销售企业的销售收入就是购买企业的购货成本。

(二)当期内部购销形成存货中包含的未实现内部销售利润的抵销处理

如果内部购买企业未将从内部购进的商品全部实现对外销售,而是:①部分对外销售、部分形成期末存货;②全部形成期末存货。在这样的情况下,除了要比照上述方法抵销内部销售收入和销售成本外,还应抵销内部购销形成存货中包含的未实现内部销售利润。这是因为,当内部购买企业将从内部购进的商品形成期末存货时,其期末存货价值中包括两部分内容,一是企业集团真正的存货成本,即销售企业的销售成本,二是销售企业的销售毛利。从企业集团整体看,既然内部购销活动实际上只是企业集团内部的物资调拨行为,就不应增加商品的价值,在合并财务报表上,内部购销形成的存货中就不应包含未实现内部销售利润,因此,必须将内部购销形成存货中包含的未实现内部销售利润予以抵销。在合并工作底稿上,可按以下两种方法编制抵销分录:

其一,将购买企业形成存货部分的内部销售收入、内部销售成本和存货中包含的未实现内部利润单独予以抵销。在这种方法下,在合并工作底稿中,先将购买企业内部购销商品中已实现对外销售部分的销售收入予以抵销,借记"营业收入"项目,贷记"营业成本"项目;再将未实现对外销售的部分内部销售收入予以抵销,借记"营业收入"项目,贷记"营业成本"项目和"存货"项目。

其二,将当期内部销售收入、内部销售成本全额抵销,再抵销内部购销形成存货中包含的未实现内部销售利润。在这种方法下,在合并工作底稿中,先将当期内部销售收入全额抵销,借记"营业收入"项目,贷记"营业成本"项目;然后,再将内部购销形成存货中包含的未实现内部销售利润,借记"营业成本"项目,贷记"存货"项目。

对于当期内部销售收入和存货中包含的未实现内部销售利润的抵销处理举例

如下。

【例3-27】　2011年,M公司个别利润表中营业收入为10 000 000元,其中对N公司内部销售收入为2 000 000元;营业成本为7 000 000元,其中对N公司内部销售成本为1 600 000元,销售毛利率为20%[(2 000 000-1 600 000)÷2 000 000];N公司已将内部购进的商品在本期全部实现对外销售,售价2 200 000元。在合并工作底稿中应编制如下抵销分录:

借:营业收入　2 000 000
　贷:营业成本　2 000 000

【例3-28】　沿用例3-27资料,假设N公司内部购进的商品未实现对外销售而全部形成期末存货,在合并工作底稿中应作如下抵销分录:

方法一:

借:营业收入　2 000 000
　贷:营业成本　1 600 000
　　存货　400 000

方法二:

(1)借:营业收入　2 000 000
　　贷:营业成本　2 000 000
(2)借:营业成本　400 000
　　贷:存货　(2 000 000×20%)400 000

【例3-29】　沿用例3-27资料,假设N公司内部购进的商品中,当期销售60%,其销售成本为1 200 000元,销售收入为1 320 000元,另40%形成期末存货,存货金额为800 000元。在合并工作底稿中应编制如下抵销分录:

方法一:

(1)借:营业收入　1 200 000
　　贷:营业成本　(2 000 000×60%)1 200 000
(2)借:营业收入　(2 000 000×40%)800 000
　　贷:营业成本　(1 600 000×40%)640 000
　　　存货　(800 000×20%)160 000

方法二:

(1)借:营业收入　2 000 000
　　贷:营业成本　2 000 000
(2)借:营业成本　160 000
　　贷:存货　(800 000×20%)160 000

需要说明的是，为了在合并工作底稿中清晰明了地反映因企业集团内部交易对合并财务报表相关项目的影响，在本章以下诸例列示的简化合并工作底稿中，均不列示第一大类抵销分录。但在会计实务中，这些抵销内部交易的抵销分录应比照第一大类抵销分录(1)至(6)列示于完整的合并工作底稿(如表3-11所示)，再求得相关项目的合并数。

表3-11 合并工作底稿

2008年12月31日 单位:元

项目	M公司	N公司	合计数	抵销分录		少数股权	合并数
				借方	贷方		
营业收入	10 000 000	8 000 000	18 000 000	(1)2 000 000			16 000 000
营业成本	7 000 000	6 450 000	13 450 000	(2)160 000	(1)2 000 000		11 610 000
营业税金及附加	50 000	30 000	80 000				80 000
营业利润	3 000 000	1 060 000	4 060 000	2 160 000	2 000 000		3 900 000
……							
存货	2 080 000	2 000 000	4 080 000		(2) 160 000		3 920 000

二、以后年度连续编制合并报表时，内部销售收入和存货中包含的未实现内部销售利润的抵销处理

上期内部购销形成的期末存货中包含的未实现内部利润的抵销，一方面使得合并资产负债表中合并存货的金额减少，另一方面使得合并利润表中合并净利润减少，最终影响合并资产负债表和合并所有者权益变动表中合并期末未分配利润的减少。在以后年度连续编制合并财务报表时，合并工作底稿上的当期期初未分配利润的合计金额，是以母公司和子公司的本期个别财务报表为基础加总求得的，它与上期个别财务报表的期末未分配利润的加总金额是相同的，却往往和上期合并财务报表中的期末未分配利润金额不一致。但是，在连续编制合并财务报表的情况下，上期合并期末未分配利润的金额应当就是本期合并期初未分配利润的金额。为此，必须将上期编制合并财务报表时抵销的内部购销形成的存货中包含的未实现内部销售利润对本期期初未分配利润的影响进行抵销，以调整本期期初未分配利润金额，使之与上期合并财务报表中的合并期末未分配利润金额相一致。

在以后年度连续编制合并财务报表时，对内部销售收入和存货中包含的未实现内部销售利润的抵销处理，应按以下步骤进行：

第一，将上年抵销的存货价值中包含的未实现内部销售利润对本期期初未分配利

润的影响进行抵销。也就是说,按照上期抵销的内部购销形成的存货的价值中包含的未实现内部销售利润的金额,借记“期初未分配利润”项目,贷记“营业成本”项目。这笔抵销分录,一方面将根据个别财务报表加总求得的期初未分配利润的金额,抵减期初存货中包含的未实现内部销售利润,从而使得本期合并期初未分配利润与上期合并财务报表的合并期末未分配利润金额一致;另一方面则假设上期内部购销形成的存货在本期实现对外销售,从而期初内部购货形成的存货价值中包含的未实现内部销售利润在本期视为已实现的利润,冲减当期营业成本。如果上期内部购销形成的存货在本期并未实现对外销售,将在第三个步骤中予以调整。

第二,将本期发生的内部购销活动所形成的内部销售收入和内部销售成本予以抵销。也就是说,将企业集团内部销售企业的内部销售收入的金额,借记“营业收入”项目,贷记“营业成本”项目。

第三,将期末内部购销形成的存货价值中包含的未实现内部销售利润予以抵销。也就是说,将子公司和母公司个别财务报表补充资料中提供的内部购销形成存货中包含的未实现内部销售利润的金额予以抵销,借记“营业成本”项目,贷记“存货”项目。这笔抵销分录,一方面通过增加本期营业成本抵减了期末内部购销形成存货价值中的未实现内部销售利润,从而减少了合并利润和合并净利润金额;另一方面则将上期结转形成的和本期内部购货形成的存货中包含的未实现内部销售利润抵减了存货项目的加总数,从而使得合并存货项目的金额反映企业集团实实在在的存货成本,不再包含未实现内部销售利润。具体抵销方法举例如下。

【例3－30】　沿用例3－29资料,上期内部购销形成的存货为800 000元,毛利率为20%。本期M公司向N公司销售商品的售价款为1 000 000元,销售成本为800 000元,销售毛利率仍为20%。N公司本期内部购销形成的存货实现的对外销售收入为1 575 000元,销售成本为1 260 000元,期末内部购销形成的存货为540 000(800 000＋1 000 000－1 260 000)元。在合并财务报表工作底稿中应编制如下抵销分录:

(1)借:未分配利润——年初　　　　(800 000×20%)160 000

　　贷:营业成本　　　　　　　　　　　　　　160 000

(2)借:营业收入　　　　　　　　　　　　　1 000 000

　　贷:营业成本　　　　　　　　　　　　　1 000 000

(3)借:营业成本　　　　　　　　　　　　　　108 000

　　贷:存货　　　　　　　　　　(540 000×20%)108 000

【例3－31】　沿用例3－30资料,期初内部购销形成存货800件,若本期M公司向N公司销售商品的售价款为1 000 000元,每件售价与上期相同,为1 000元,共1 000件,销售成本为700 000元,本期销售毛利为30%,存货发出采用先进先出法,本期N公司内部购销形成的存货实现的对外销售数量为 1 260 件，销售收入为 1 575 000 元。则：

$$期末内部购销形成的存货价值 = 800\ 000 + 1\ 000\ 000 - 1\ 000 \times 800 - 1\ 000 \times 460 = 540\ 000(元)$$

$$期末存货中包含的未实现内部利润 = (800 + 1\ 000 - 800 - 460) \times 1\ 000 \times 30\% = 540\ 000 \times 30\% = 162\ 000(元)$$

应编制的抵销分录(3)为：

(3)借：营业成本　　162 000

　　贷：存货　　162 000

【例 3－32】 假设例 3－31 中，存货采用加权平均法发出，则应计算加权平均毛利率，以调整期末存货中包含的未实现内部销售利润。

$$加权平均毛利率 = \frac{800\ 000 \times 20\% + 1\ 000\ 000 \times 30\%}{800\ 000 + 1\ 000\ 000} = 25.56\%$$

$$期末存货中包含的未实现内部利润 = (800 + 1\ 000 - 1\ 260) \times 1\ 000 \times 25.56\% = 540\ 000 \times 25.56\% = 138\ 024(元)$$

应编制的抵销分录(3)为：

(3)借：营业成本　　138 024

　　贷：存货　　138 024

现将据例 3－30 编制的合并工作底稿列示于表 3－12。

表 3－12　　**M 公司合并工作底稿**

2009 年 12 月 31 日　　单位：元

项　目	M 公司	N 公司	合计数	抵销分录		少数股权	合并数
				借方	贷方		
营业收入	15 000 000	5 000 000	20 000 000	(2)1 000 000			19 000 000
营业成本	12 000 000	4 000 000	16 000 000	(3)108 000	(1)160 000		14 948 000
					(2)1 000 000		
营业税金及附加	80 000	20 000	100 000				100 000
营业利润	2 920 000	980 000	3 900 000	1 108 000	1 160 000		3 952 000
……							
期初未分配利润	1 443 200	620 000	2 063 200	(1)160 000			1 903 200
存货	1 040 000	1 000 000	2 040 000		(3)108 000		1 932 000

三、存货逆销情况下的内部销售收入和存货中包含未实现内部销售利润的抵销处理

内部购销业务形成的存货中包含的未实现内部销售利润的抵销处理，在纳入合并范围的子公司为母公司的非全资子公司的情况下，还取决于销售方向。所谓销售方向，是指存货从母公司流向子公司还是从子公司流向母公司。通常，将存货从母公司流向子公司称为顺销或向下销售，而将存货从子公司流向母公司称为逆销。

不论是顺销还是逆销，在编制合并财务报表时，都要抵销内部销售收入和内部销售成本的金额，并同时抵销期末存货中包含的未实现内部销售利润的金额，这与销售方向是无关的。但是，在不同销售方向下，期末存货中包含的未实现内部销售利润，对母公司个别利润表和合并利润表的影响是不同的，除非子公司为母公司的全资子公司，无少数股权。

在顺销情况下，母公司将其产品销售给非全资子公司，并在子公司全部或部分形成期末存货。从企业集团看，期末存货中包含的未实现内部利润包括在母公司个别利润表的净利润中，与子公司个别利润表的净利润无关。也就是说，子公司本期净利润不受顺销时企业集团期末存货中包含的未实现内部销售利润的影响，子公司本期净利润全部是已经实现的利润。进而我们可以推论出，子公司少数股东损益不受企业集团内部购销业务的影响。

在逆销情况下，母公司的非全资子公司将其产品销售给母公司，并在母公司全部或部分形成期末存货，从企业集团看，期末存货中包含的未实现内部销售利润包括在子公司个别财务报表中。也就是说，子公司本期净利润受逆销时企业集团期末存货中包含的未实现内部销售利润的影响，进而使得子公司少数股东损益受到企业集团内部购销业务的影响，而母公司本身净利润并不受影响。

可见，企业集团内部购销业务销售方向不同，所确认的合并净利润和少数股东损益是不相同的。在顺销时，少数股东损益不受期末存货中包含的未实现内部销售利润的影响；而在逆销时，少数股东损益会受到期末存货中包含的未实现内部销售利润的影响，这是因为期末存货中包含的未实现内部销售利润在母公司和少数股东之间作了分摊。

假设 M 公司拥有 N 公司 80% 股权。2011 年，M 公司向 N 公司销售商品，销售收入 200 万元，销售成本 160 万元，销售毛利率 20%，N 公司当期销售 60%，销售收入 132 万元，销售成本 120 万元，销售毛利 12 万元。假设 M 公司当期实现的净利润为 220 万元，N 公司当期实现的净利润为 90 万元。N 公司内部购销形成的存货价值为 80 万元，包含未实现内部利润 16 万元。由于是顺销业务，这 16 万元未实现内部利润是反映在 M 公司净利润 220 万元中的，而 N 公司的净利润 90 万元已在当期全部实现。N 公司的少

数股东损益为18(90×20%)万元,不受企业集团内部购销业务中包含的未实现内部利润的影响。假设不考虑其他因素,在合并利润表上的合并净利润294(220+90-16)万元中属于母公司的份额应为276(220-16+90×80%)万元,少数股东损益为18万元。

假设上例中,N公司向M公司逆向销售商品,M公司实现净利润220万元,N公司实现净利润90万元,其他资料相同。这时,M公司存货中包含的未实现内部销售利润16万元,是反映在N公司个别利润表的净利润90万元中的,而M公司220万元的净利润全部实现了。N公司少数股东损益应为14.8[(90-16)×20%]万元,M公司投资收益为59.2[(90-16)×80%]万元。假设不考虑其他因素,合并利润表上的合并利润294(220+90-16)万元中属于母公司的份额为279.2[220+(90-16)×80%]万元,少数股东损益为14.8万元。

四、内部购销形成存货计提存货跌价准备的抵销处理

《企业会计准则第1号——存货》规定,资产负债表日,存货应当按照成本和可变现净值孰低计量。存货成本高于可变现净值的,应当计提存货跌价准备。当企业本期计提的存货跌价准备中包括内部购销形成存货计提的跌价准备时,应随着内部购销形成存货中包含的未实现内部销售利润的抵销,作相应的抵销处理。

对企业集团内部购买企业而言,在期末计提存货跌价准备时,是将内部购销形成存货的取得成本与该项存货的可变现净值比较,按可变现净值低于取得成本的差额计提该项存货跌价准备的。而对整个企业集团而言,是否需要为该项存货计提跌价准备,应将该项存货的可变现净值与内部销售企业从外部购买该项存货的成本或生产这一存货的生产成本相比较,当可变现净值低于内部销售企业从外部购买该项存货的成本或生产这一存货的生产成本时,企业集团才应为该项存货计提跌价准备。

(一)初次编制合并财务报表时的抵销处理

内部购买企业对内部购销形成的存货,在以下两种情况下都会计提跌价准备:其一,购买企业期末内部购销形成存货的可变现净值低于其取得成本,但高于销售企业的销售成本;其二,购买企业期末内部购销形成存货的可变现净值低于销售企业的销售成本。

1.购买企业期末内部购销形成存货的可变现净值低于其取得成本,但高于销售企业的销售成本。在这种情况下,内部购买企业按存货可变现净值低于其取得成本的差额计提存货跌价准备,同时将跌价损失计入当期资产减值损失,并列示于个别资产负债表的“存货”项目和利润表的“资产减值损失”项目。但从合并财务报表来说,随着内部

购销形成存货中包含的未实现内部销售利润的抵销,该项存货已还原为内部销售企业的销售成本,而内部销售企业的销售成本也就是企业集团取得该项存货的成本。当存货的可变现净值高于企业集团的取得成本时,合并财务报表中是不需要计提存货跌价准备的,因此,应将个别财务报表中计列的内部购销形成存货计提的存货跌价准备,全额予以抵销。

【例 3-33】 2011 年 12 月 31 日,N 公司从 M 公司购买商品形成存货的有关资料及分析见表 3-13。

表 3-13 单位:元

销售方销售成本	购货方取得成本	可变现净值	个别报表计提的准备	合并报表应计提的准备	合并报表抵销数
640 000	800 000	700 000	100 000	0	100 000

在编制合并财务报表时,应作如下抵销处理:

借:存货——存货跌价准备 100 000

　贷:资产减值损失 100 000

2. 购买企业期末内部购销形成存货的可变现净值低于销售企业的销售成本。在这种情况下,内部购买企业按该项存货的可变现净值低于其取得成本的差额计提存货跌价准备,其金额既包括购买企业取得成本高于销售企业销售成本的差额,也包括销售企业销售成本高于该存货可变现净值的差额。而从合并财务报表来说,相对于购买企业取得成本高于销售企业销售成本的差额的部分计提的跌价准备的金额,已随着内部购销形成存货中包含的未实现内部销售利润的抵销而抵销,因此,在编制合并财务报表时,也应将这部分金额予以抵销;而相对于销售企业销售成本高于该存货可变现净值的部分计提的跌价准备的金额,恰恰是企业集团应对该项存货计提的跌价准备,应在合并财务报表中予以反映,不能予以抵销。

【例 3-34】 沿用例 3-33 资料,但假设内部购销形成存货的可变现净值为 600 000元,其他资料及分析见表 3-14。

表 3-14 单位:元

销售方销售成本	购货方取得成本	可变现净值	个别报表计提的准备	合并报表应计提的准备	合并报表抵销数
640 000	800 000	600 000	200 000	40 000	160 000

在编制合并财务报表时,应作如下抵销处理:

借:存货——存货跌价准备 160 000

　贷:资产减值损失 160 000

可见,抵销的跌价准备的金额正是购货方取得成本高于销货方销售成本的差额,保留的存货跌价准备正是销售企业销售成本高于该存货可变现净值的差额。

(二)以后各期的抵销处理

在连续编制合并财务报表时,应分两步进行抵销处理:

第一步,应将上期抵销的存货跌价准备对本期期初未分配利润的影响予以抵销。这是因为,上期抵销的内部购销形成存货计提的跌价准备增加了上期合并的期末未分配利润,本期期初未分配利润的加总数是以母公司和子公司当期的个别财务报表为基础加总求得的,与上期合并利润分配表的期末未分配利润金额之间存在差额,必须通过抵销调整求得当期合并的期初未分配利润,才能与上期合并的期末未分配利润的金额相一致。

第二步,将本期对内部购销形成存货补提或冲销的存货跌价准备的金额予以抵销。具体抵销时,应分别以下两种情况进行处理:

第一种情况:购买企业期末内部购销形成存货的可变现净值低于其取得成本,但高于销售企业的销售成本。在这种情况下,首先,应将上期抵销的存货跌价准备对本期期初未分配利润的影响予以抵销。其次,抵销本期存货跌价准备的增加额。分两步将第二期期末内部购销形成存货计提的存货跌价准备全额予以抵销。

【例3-35】 沿用例3-33资料,若第一期期末内部购销形成存货800 000元,毛利率为20%,计提的存货跌价准备余额为100 000元;第二期购货方又从销货方购入存货,销货方的销售成本为600 000元,销售价格为1 000 000元(销售单价与第一期相同),毛利率为40%。购货方第二期对外销售内部购销全部商品的50%,50%形成存货,存货采用先进先出法。期末内部购销形成存货的购货方取得成本为900 000元,销货方销售成本为540 000元,未实现内部销售利润360 000元,其可变现净值为780 000元,则第二期期末购货方的个别财务报表上补提的存货跌价准备为100 000元。其资料及分析见表3-15。

表3-15 单位:元

项目	销售方销售成本	购货方取得成本	可变现净值	个别报表计提的准备	合并报表应计提的准备	合并报表抵销数
第一期期末	640 000	800 000	700 000	100 000	0	100 000
第二期期末	600 000×(900 000÷1 000 000)=540 000	(800 000+1 000 000)×50%=900 000	780 000	120 000 本期补提 20 000	0	120 000

在编制合并财务报表时,应作如下抵销处理:

(1)借:存货——存货跌价准备 100 000

贷:未分配利润——年初 100 000

(2)借:存货——存货跌价准备　　20 000

　　贷:资产减值损失　　20 000

第二种情况:购买企业期末内部购销形成存货的可变现净值低于销售企业的销售成本。在这种情况下,首先,应将上期抵销的存货跌价准备对本期期初未分配利润的影响予以抵销。其次,将相对于购买企业该项存货的取得成本高于销货企业销售成本的差额计提的跌价准备金额扣除期初内部购销形成存货计提的跌价准备后的余额予以抵销。

【例3-36】　沿用例3-34资料,若第二期期末内部购销形成存货的可变现净值为500 000元,购货方的个别财务报表上补提的存货跌价准备为3 400元。其资料及分析见表3-16。

表3-16　　单位:元

项　目	销售方销售成本	购货方取得成本	可变现净值	个别报表计提的准备	合并报表应计提的准备	合并报表抵销数
第一期期末	640 000	800 000	700 000	100 000	0	100 000
第二期期末	600 000×(900 000÷1 000 000)=540 000	(800 000+1 000 000)×50%=900 000	500 000	400 000 本期补提 300 000	40 000	360 000

在编制合并财务报表时,应作如下抵销处理:

(1)借:存货——存货跌价准备　　100 000

　　贷:未分配利润——年初　　100 000

(2)借:存货——存货跌价准备　　260 000

　　贷:资产减值损失　　260 000

可见,当本期购销形成存货的可变现净值低于销售企业的销售成本时,其第二期抵销的跌价准备的总金额为相对于购买企业存货的取得成本高于销售企业销售成本的差额部分计提的跌价准备金额;在分两步进行抵销时,第二步的抵销数为扣除期初内部购进存货计提的跌价准备金额后的余额[900 000-540 000-100 000=260 000(元)]。

若第二期期末为冲销前期多计提的存货跌价准备,则当年应作与上例相反的抵销分录。

【例3-37】　沿用例3-36资料,若第二期购货方又从销货方购入存货,销货方的销售成本为800 000元,销售价格为1 000 000元(销售单价与第一期相同),销售毛利率为20%,与第一期相同。购货方第二期对外销售内部购销形成全部存货的销售成本为1 260 000元,销售收入为1 575 000元,期末内部购销形成存货的购货方取得成本为540 000(800 000+1 000 000-1 260 000)元,销货方销售成本为432 000(540 000×

80%)元,未实现内部销售利润108 000元,其可变现净值为500 000元,则第二期期末购货方的个别财务报表上冲销的存货跌价准备为60 000元,该项存货跌价准备余额为40 000元。其资料及分析见表3－17。

表3－17 单位:元

项目	销售方销售成本	购货方取得成本	可变现净值	个别报表计提的准备	合并报表应计提的准备	合并报表抵销数
第一期期末	640 000	800 000	700 000	100 000	0	100 000
第二期期末	432 000	540 000	500 000	40 000 本期冲销 60 000	0	40 000

在编制合并财务报表时,应作如下抵销处理:

(1)借:存货——存货跌价准备　　100 000
　　贷:未分配利润——年初　　100 000

(2)借:资产减值损失　　60 000
　　贷:存货——存货跌价准备　　60 000

可见,以上是分两步将内部购销形成存货计提的跌价准备余额40 000元予以抵销的。

第三期和以后各期期末的抵销处理可比照第二期进行,在编制第一笔抵销分录时,应按上期期末内部购销形成存货计提的跌价准备余额调整期初未分配利润。

第四节　内部长期资产交易的处理

企业集团内部的长期资产交易,是指母公司与子公司之间或子公司相互之间所发生的固定资产、工程物资、在建工程、无形资产的购销业务和租赁业务。本节将重点阐述内部固定资产交易的处理,固定资产逆销采用与存货逆销相同的处理方法。

一、内部固定资产交易的类型

企业集团内部固定资产交易可以划分为以下三种类型:

第一,企业集团内部某成员企业将自身使用的固定资产出售给企业集团内部的其他企业作为固定资产使用。在这种情况下,对销售企业而言,要在其个别财务报表中反映固定资产账面价值减少,同时还应反映固定资产处置的损益。如果出售固定资产的价款收入减去清理费用后的净收入大于该项固定资产账面价值,则表现为本期营业外收入的增加;如果出售固定资产的价款收入减去清理费用后的净收入小于该项固定资产账面价值,则表现为营业外支出的增加。对于购买企业而言,将在其个别财务报表中反映固定资产的增加。其固定资产原值由以下三部分组成:①销售企业的固定资产账面价值;②销售企业出售固定资产所实现的损益;③购买企业发生的运杂费、安装费等。但从企业集团整体看,这种内部固定资产交易属于企业集团内部固定资产调拨行为,不会产生损益,固定资产不会发生增值或减值,除非购买企业发生的运杂费、安装费大于销售企业原来发生的运杂费、安装费。因此,必须将销售企业处置固定资产所实现的损益予以抵销,并同时抵销购买企业该项固定资产原值中包含的未实现内部利润。在合并工作底稿中应编制的抵销分录为:借记"营业外收入"项目,贷记"固定资产——原值"项目,或者借记"固定资产——原值"项目,贷记"营业外支出"项目。

由于这种类型的内部固定资产交易不经常发生,且发生的金额一般不大,根据重要性原则,在编制合并财务报表时一般可以不作抵销处理。但是,如果这种类型的固定资产交易金额较大,则需要进行抵销处理。

第二,企业集团内部某成员企业将自身使用的固定资产出售给企业集团内的其他企业作为普通商品销售。在这种情况下,销售企业的个别财务报表要反映固定资产账面价值的减少,同时,还应反映固定资产处置的净损益。对于购买企业而言,要在其个别财务报表中反映存货的增加。其存货成本包括三部分:①销售企业的固定资产;②销售企业出售固定资产的净损益;③购买企业发生的运杂费等。但从企业集团整体看,这种固定资产内部交易属于企业集团内部物资调拨行为,不会产生损益。因此,必须将销售企业处置固定资产所实现的损益予以抵销,并同时抵销购买企业存货中包含的未实现内部利润。在编制合并财务报表工作底稿中应作的抵销分录为:借记"营业外收入"项目,贷记"存货"项目,或者借记"存货"项目,贷记"营业外支出"项目。如果购买企业已将内部购入的存货售出,则应按购买企业的销售收入,借记"营业收入"项目,按购买企业的销售成本,贷记"营业成本"项目,按销售收入和销售成本之间的差额,贷记"营业外收入"项目。

由于这种类型的内部固定资产交易极少发生,且发生的金额一般也不大,根据重要性原则,在编制合并财务报表时一般不作抵销处理。

第三,企业集团内部某成员企业将其生产的产品销售给企业集团内的其他企业作为固定资产使用。在这种情况下,在销售企业的个别财务报表中,一方面,将销售产品的价款确认为销售收入,销售产品的成本确认为销售成本;另一方面,要把二者的差额确认为销售损益。对购买企业而言,则以支付的价款和运杂费、安装费作为固定资产原值,在固定资产原值中包含销售企业出售产品的净损益。但从企业集团整体看,这种交易相当于通过自营方式购建固定资产,其形成的固定资产原值只能是购建成本,不应包括销售企业产生的利润。因此,必须将销售企业的内部销售收入和内部销售成本予以抵销,并同时抵销购买企业固定资产原值中包含的未实现内部销售利润。通过抵销处理,在合并利润表中反映的营业利润、利润总额和净利润,都不再包含这部分未实现内部销售利润;反映的固定资产原值是企业集团固定资产的实际成本,也不包含未实现内部销售利润。

这种类型的内部固定资产交易经常发生,且金额一般较大,因此,它是企业集团内部固定资产交易的主要形式。下文叙述的就是这种内部固定资产交易的抵销处理方法。

二、发生内部固定资产交易当期的抵销处理

固定资产的价值在个别资产负债表和合并资产负债表中均列示固定资产净额,而固定资产净额是以固定资产净值减去固定资产减值准备求得的,固定资产净值又是以固定资产原值减累计折旧求得的。由此可见,内部固定资产交易的抵销处理,不仅涉及交易发生当期未实现内部销售利润的抵销处理,而且涉及内部交易形成的固定资产发挥效益的以后各会计期间的固定资产原值中包含的未实现内部销售利润的抵销处理;同时,由于内部交易形成的固定资产在持有期间必须计提折旧,计提的折旧额中也包含未实现内部销售利润,因此,还必须将当期计提的折旧额和累计折旧额中包含的未实现内部销售利润予以抵销;如果内部交易形成的固定资产计提了减值准备,也应作相关的抵销处理。

(一)内部交易形成的固定资产原值中包含的未实现内部销售利润的抵销处理

如前所述,根据一体性原则,内部交易形成的固定资产原值中不应包含未实现内部销售利润。因此,在编制合并财务报表时,必须将内部交易形成的固定资产原值中包含的未实现内部销售利润予以抵销。其抵销方法是:一方面,抵销内部固定资产交易中销售企业所确认的销售收入和销售成本;另一方面,抵销购买企业固定资产原值中包含的未实现内部销售利润,即借记“营业收入”项目,贷记“营业成本”和“固定资产——原值”项目。

【例3-38】 2011年1月1日,M公司将其成本为160 000元的产品销售给N公司作为固定资产使用,实现销售收入200 000元,增值税为34 000元。N公司还支付运杂费、安装费等40 000元,并以240 000元作为固定资产原值入账。在编制合并报表时,应编制如下抵销分录:

借:营业收入　　　　200 000

贷:营业成本　　160 000

　固定资产——原值　　40 000

(二)内部交易形成的固定资产计提折旧中包含的未实现内部销售利润的抵销处理

由于购买企业是以固定资产原值作为计提折旧依据的,既然其内部交易形成的固定资产原值中包含未实现内部销售利润,那么,不论采用何种折旧方法,计提的折旧额中都必然包含未实现内部销售利润。但对企业集团而言,固定资产原值中不应包含未实现内部销售利润,固定资产折旧中也自然不能包含未实现内部销售利润。为此,必须将个别财务报表中多计提的折旧对合并净利润的影响予以抵销。其抵销方法是,借记"累计折旧"项目,贷记"管理费用"、"营业成本"、"存货"等项目。

【例3-39】　假设在例3-38中,N公司对该项内部交易形成的固定资产采用直线法计提折旧,预计使用5年,预计净残值为零。N公司每年计提的折旧为48 000(240 000÷5)元,含未实现内部销售利润8 000[(200 000-160 000)÷5]元。对企业集团而言,固定资产原值应为200 000元,每年计提折旧应为40 000(200 000÷5)元,个别财务报表上每年多计提折旧8 000元。若N公司将固定资产用于企业管理部门,则每年多列支管理费用8 000元。本例N公司形成的固定资产应从2011年2月开始计提折旧,但为了简化例题,假设从1月开始计提折旧。在编制年度合并财务报表时应编制如下抵销分录:

借:固定资产——累计折旧　　8 000

　贷:管理费用　　8 000

根据上述资料编制的发生内部固定资产交易当期的合并工作底稿见表3-18。

表3-18　　**M公司合并工作底稿**

2011年12月31日　　单位:元

项　目	M公司	N公司	合计数	抵销分录		合并数
				借方	贷方	
营业收入	10 000 000	8 000 000	18 000 000	(1)200 000		17 800 000
营业成本	7 000 000	6 450 000	13 450 000		(1)160 000	13 290 000
营业税金及附加	50 000	30 000	80 000			80 000
管理费用	500 000	390 000	890 000		(2)8 000	882 000
……						
营业利润	3 000 000	1 060 000	4 060 000	200 000	168 000	4 028 000

续表

项目	M公司	N公司	合计数	抵销分录		合并数
				借方	贷方	
……						
期初未分配利润	1 760 000	440 000	2 200 000			2 200 000
……						
期末未分配利润	1 356 000	620 000	1 976 000	200 000	168 000	1 944 000
……						
固定资产——原值	9 200 000	8 100 000	17 300 000		(1)40 000	17 260 000
——累计折旧	3 600 000	2 900 000	6 500 000	(2)8 000		6 492 000

从表3－25可以看出,经过抵销后,本期发生的内部固定资产在个别财务报表上所确认的销售收入为200 000元,销售成本为160 000元,固定资产原值中包含的未实现内部销售利润40 000元全部抵销,合并固定资产原值17 260 000元,含该项内部交易固定资产的实际原值200 000元。同时,也将个别财务报表的累计折旧和管理费用中包含的未实现内部销售利润的影响予以抵销,从而将管理费用由原来的合计数890 000元调整为合并数882 000元,将累计折旧由原来的合计数6 500 000元调整为合并数6 492 000元,这才是从企业集团角度看应当列支的管理费用和应当计提的折旧。因上述两项抵销处理,使得期末未分配利润由加总数1 976 000元调整为1 944 000元,两者相差32 000元,恰恰是抵销的内部销售收入200 000元与抵销的内部销售成本160 000元、管理费用8 000元的差额。

若N公司将固定资产用于产品生产,且当年生产的产品销售80%,则:

借:固定资产——累计折旧　　8 000

　贷:营业成本　　6 400

　　存货　　1 600

如果N公司各年生产和销售均衡,也可将累计折旧中包含的未实现内部利润全额抵销营业成本。

由于个别财务报表和合并财务报表都仅列示固定资产净额,因此,在合并工作底稿中累计折旧和固定资产减值准备的抵销,都可直接调整"固定资产"项目。

三、内部交易形成的固定资产在以后年度持有期间的抵销处理

内部交易形成的固定资产在预计使用的以后各会计期间的相关抵销处理主要包括

以下三方面的内容:

第一,将内部交易形成的固定资产原值中包含的未实现内部销售利润及其对期初未分配利润的影响予以抵销。这是因为,首先,只要内部交易形成的固定资产仍为企业持有,没有进行处置,在个别财务报表的固定资产原值中就包含未实现内部销售利润,必须将其抵销。只有这样,在合并财务报表的合并数中才能反映企业集团该项固定资产的实际原值。其次,上期抵销的固定资产原值中包含的未实现内部销售利润,抵减了根据个别财务报表加总的营业利润、本期净利润和期末未分配利润的合计数,求得上期合并期末未分配利润,而第二期根据个别财务报表加总的期初未分配利润的合计数,仍包括固定资产原值中所包含的未实现内部销售利润,必须将其抵销,这样才能使调整后的第二期期初未分配利润合并数与上期期末未分配利润合并数相符合。

第二,将以前会计期间内部交易形成的固定资产累计折旧额中包含的未实现内部销售利润及其对期初未分配利润的影响予以抵销。这是因为,首先,合并财务报表中合并固定资产原值减合并累计折旧等于合并固定资产净值,都不包含未实现内部销售利润。但是,第二期根据个别财务报表加总的累计折旧的合计数中却包含未实现内部销售利润,必须将其抵销,这样才能在合并财务报表的合并数中反映企业集团固定资产累计折旧的实际金额。其次,上期抵销的内部交易形成的固定资产多计提的折旧额,抵减了上期的管理费用,增加了根据个别财务报表加总的本期净利润和期末未分配利润的合计数,求得上期合并期末未分配利润,而第二期根据个别财务报表加总的期初未分配利润合计数,并未调整上期累计折旧中包含的未实现内部销售利润,必须予以抵销,这样才能使得调整后的第二期期初未分配利润合并数,与上期期末未分配利润的合并数相符合。

第三,将由于内部交易固定资产包含的未实现内部销售利润而导致的当期多计提的折旧予以抵销。其原因同第一期,不再赘述。

【例3－40】　沿用例3－39资料,母公司M公司在第二年编制合并财务报表时,应在合并工作底稿中编制如下抵销分录:

(1)借:未分配利润——年初	40 000	
贷:固定资产——原值		40 000
(2)借:固定资产——累计折旧	8 000	
贷:未分配利润——年初		8 000
(3)借:固定资产——累计折旧	8 000	
贷:管理费用		8 000

合并工作底稿见表3－19。

表 3－19　　**M 公司合并工作底稿**

2012 年 12 月 31 日

单位:元

项　目	M 公司	N 公司	合计数	抵销分录		合并数
				借方	贷方	
营业收入	15 000 000	5 000 000	20 000 000			20 000 000
营业成本	11 500 000	3 500 000	15 000 000			15 000 000
营业税金及附加	80 000	20 000	100 000			100 000
销售费用	50 000	150 000	200 000			200 000
管理费用	350 000	350 000	700 000		(3)8 000	692 000
财务费用	100 000					100 000
投资收益	610 000		610 000			610 000
营业利润	3 530 000	980 000	4 510 000		8 000	4 518 000
加:营业外收入	500 000	220 000	720 000			720 000
减:营业外支出	1 030 000	100 000	1 130 000			1 130 000
利润总额	3 000 000	1 100 000	4 100 000		8 000	4 108 000
减:所得税费用	900 000	330 000	1 230 000			1 230 000
净利润	2 100 000	770 000	2 870 000		8 000	2 878 000
期初未分配利润	1 356 000	620 000	1 976 000	(1)40 000	(2)8 000	1 944 000
期末未分配利润	1 640 000	660 000	2 300 000	40 000	16 000	2 276 000
……						
固定资产——原值	9 200 000	8 100 000	17 300 000		(1)40 000	17 260 000
——累计折旧	4 400 000	3 300 000	7 700 000	(2)8 000 (3)8 000		7 684 000

母公司 M 公司第三年编制合并财务报表时,应在合并工作底稿中编制如下抵销分录:

(1)借:未分配利润——年初　　40 000
　　贷:固定资产——原值　　40 000

(2)借:固定资产——累计折旧　　16 000
　　贷:未分配利润——年初　　16 000

(3)借:固定资产——累计折旧　　8 000
　　贷:管理费用　　8 000

合并工作底稿略。

母公司M公司第四年编制合并财务报表时，应在合并工作底稿中作如下抵销分录：

(1)借:未分配利润——年初　　40 000
　　贷:固定资产——原值　　40 000
(2)借:固定资产——累计折旧　　24 000
　　贷:未分配利润——年初　　24 000
(3)借:固定资产——累计折旧　　8 000
　　贷:管理费用　　8 000

合并工作底稿略。

四、内部交易形成的固定资产在处置时的抵销处理

内部交易形成的固定资产会因报废、毁损或出售而进行清理，在清理内部交易形成的固定资产的会计期间，在购买企业的个别财务报表中，一方面要反映固定资产账面价值的减少，另一方面还要反映清理固定资产的净收入或净支出，并以"营业外收入"或"营业外支出"列示于利润表。随着内部交易固定资产的清理，销售企业内部交易固定资产尚未实现的内部销售利润也需调整相关损益项目。下面仅以固定资产报废为例，说明固定资产在处置时的抵销处理。由于内部交易的固定资产有期满报废、提前报废和超期使用报废三种情况，因此，在编制合并财务报表时应区别情况进行抵销处理。

（一）内部交易固定资产期满报废的抵销处理

在内部交易固定资产期满报废的会计期间，购买企业转销了报废的固定资产原值、累计折旧和计提的减值准备，因此，在购买企业期末个别资产负债表的固定资产原值和累计折旧中不再包括该项已报废的内部交易的固定资产原值和累计折旧。但这并不意味着在内部交易固定资产报废的会计期末编制合并财务报表时无须作任何抵销处理。这是因为：其一，销售企业个别利润表的期初未分配利润中包含该项固定资产交易的未实现内部销售利润，必须予以抵销，以调整合并期初未分配利润，使之与上期合并期末未分配利润相衔接；其二，购货企业本期仍按包含未实现内部销售利润的该项固定资产原值计提了折旧，本期计提的折旧所包含的未实现内部销售利润也必须予以抵销，以调整累计折旧和折旧费用，从而使合并金额更符合企业集团的含义。在具体进行抵销处理时又有以下三种方法。

1. 比照内部交易固定资产正常使用会计期间的抵销方法进行抵销处理。在这种方法下，首先，抵销固定资产原值中包含的未实现内部销售利润，调减合并期初未分配利润；其次，抵销以前会计期间累计折旧中包含的未实现内部销售利润，调增合并期初未

分配利润；再次，抵销当期计提折旧中包含的未实现内部销售利润，调整合并折旧费用和累计折旧；最后，抵销前述三笔抵销分录中的固定资产原值和累计折旧中包含的未实现内部销售利润。

2. 比照正常持有会计期间的抵销方法，编制三笔抵销分录。但因该项固定资产原值和累计折旧在个别资产负债表上已不存在，因此，在编制抵销分录时，将“固定资产——原值”项目和“固定资产——累计折旧”项目用固定资产清理最终结果确认的“营业外收入”或“营业外支出”项目代替。

3. 仅编制一笔抵销分录，调减合并期初未分配利润和当期多计提的折旧费用。在这种方法下，内部交易固定资产清理报废的会计期末，仅在工作底稿中编制一笔抵销分录：借记“期初未分配利润”项目，贷记“管理费用”项目。

对于上述三种抵销方法举例说明如下。

【例3-41】 沿用例3-40资料，第五年N公司将从M公司购买的固定资产进行报废清理，清理净损失1 000元。在编制合并财务报表时，母公司M公司在合并工作底稿中应编制如下抵销分录：

方法一：

(1)借：未分配利润——年初　　40 000

　　贷：固定资产——原值　　40 000

(2)借：固定资产——累计折旧　　32 000

　　贷：未分配利润——年初　　32 000

(3)借：固定资产——累计折旧　　8 000

　　贷：管理费用　　8 000

(4)借：固定资产——原值　　40 000

　　贷：固定资产——累计折旧　　40 000

方法二：

(1)借：未分配利润——年初　　40 000

　　贷：营业外支出　　40 000

(2)借：营业外支出　　32 000

　　贷：未分配利润——年初　　32 000

(3)借：营业外支出　　8 000

　　贷：管理费用　　8 000

方法三：

借：未分配利润——年初　　(40 000 - 8 000 × 4)8 000

　贷：管理费用　　(40 000 ÷ 5)8 000

由前述可见，若将方法一的四笔抵销分录或将方法二的三笔抵销分录合并，与方法三的抵销分录是完全相同的。

合并工作底稿略。

（二）内部交易固定资产提前报废的抵销处理

若内部交易固定资产使用期限未满提前报废，在购买企业个别财务报表上该项内部交易固定资产原值和累计折旧已不存在，即无须再调整固定资产原值和累计折旧中包含的未实现内部销售利润。但是，在清理报废的会计期间，购买企业当期为该项固定资产计提的折旧中还包含未实现内部销售利润，对于因此而多计提的折旧费用，还应予以抵销。同时，在固定资产提前报废的会计期间，销售企业个别利润及利润分配表的期初未分配利润中，仍包含内部固定资产交易的未实现内部销售利润，也应将其予以抵销，调整合并期初未分配利润。内部交易固定资产提前清理报废，其固定资产原值中包含的未实现内部销售利润不能通过购买企业多计提折旧的形式而得以实现的部分，调整固定资产清理净损益。其抵销处理也有前述三种方法。

【例 3－42】　沿用例 3－40 资料，假设购买企业于第四年对内部交易形成的固定资产进行清理报废，该项固定资产清理净损失 1 000 元。其抵销分录如下：

方法一：

(1)借：未分配利润——年初　　40 000
　　贷：固定资产——原值　　40 000
(2)借：固定资产——累计折旧　　24 000
　　贷：未分配利润——年初　　24 000
(3)借：固定资产——累计折旧　　8 000
　　贷：管理费用　　8 000
(4)借：固定资产——原值　　40 000
　　贷：固定资产——累计折旧　　32 000
　　　　营业外支出　　8 000

方法二：

(1)借：未分配利润——年初　　40 000
　　贷：营业外支出　　40 000
(2)借：营业外支出　　24 000
　　贷：未分配利润——年初　　24 000
(3)借：营业外支出　　8 000
　　贷：管理费用　　8 000

方法三:

借:未分配利润——年初　　16 000

　贷:管理费用　　8 000

　　营业外支出　　8 000

合并工作底稿略。

(三)内部交易固定资产超期使用报废的抵销处理

内部交易形成的固定资产超期使用,在预计使用年限的最后一个会计期间,由于仍然要按含未实现内部销售利润的固定资产原值计提折旧,仍需比照以前各会计期编制抵销分录。在内部交易固定资产超期使用期间,由于不再计提折旧,所以不必编制当期计提折旧中包含的未实现内部销售利润的抵销分录。但是,由于固定资产仍处在使用过程中,在购买企业的个别资产负债表中仍反映含有未实现内部销售利润的该项固定资产原值和累计折旧,因此,还必须将固定资产原值和累计折旧中包含的未实现内部销售利润予以抵销。

在超期使用的内部交易固定资产报废清理的会计期间,由于购买企业个别资产负债表中不再列示已报废的固定资产原值和累计折旧,所以,既不存在固定资产原值和累计折旧中包含的未实现内部销售利润的抵销问题,也不存在当期计提折旧中包含的未实现内部销售利润的抵销问题。也就是说,在超期使用内部交易固定资产进行清理报废的会计期间,无须进行任何抵销处理。

【例3-43】 沿用例3-40资料,如果该项内部交易形成的固定资产第七年报废清理,则第五年和第六年在编制合并财务报表时,应在合并工作底稿中作如下抵销分录。

第五年的抵销分录:

(1)借:未分配利润——年初　　40 000

　　贷:固定资产——原值　　40 000

(2)借:固定资产——累计折旧　　32 000

　　贷:未分配利润——年初　　32 000

(3)借:固定资产——累计折旧　　8 000

　　贷:管理费用　　8 000

第六年的抵销分录:

(1)借:未分配利润——年初　　40 000

　　贷:固定资产——原值　　40 000

(2)借:固定资产——累计折旧　　40 000

　　贷:未分配利润——年初　　40 000

合并工作底稿略。

第七年清理报废时,无须编制抵销分录。

以上所述内部固定资产交易的抵销处理并未考虑是顺销还是逆销,如果需要考虑逆销的影响,应比照存货逆销进行抵销处理。

五、内部交易形成长期资产计提减值准备的抵销处理

内部无形资产交易的抵销处理可比照内部固定资产交易进行。

企业集团内部成员企业之间出租和承租固定资产、无形资产,在个别财务报表上会反映内部租金收入和租金支出,也应比照内部利息收入和利息支出进行抵销处理,借记“营业收入”项目,贷记“营业成本”、“管理费用”等项目。

内部交易形成的固定资产、无形资产和其他长期资产计提的减值准备的抵销处理,可比照内部购销形成存货计提存货跌价准备的抵销进行。所不同的是,内部交易形成的固定资产和无形资产等长期资产的企业集团实际账面价值和购买企业的含未实现内部利润的账面价值是随着计提折旧和价值摊销逐年减少的,因此,应将内部交易形成的固定资产、无形资产等的可收回金额与其账面净额比较,以确定应补提或冲销的减值准备,并进而确定应予以抵销的减值准备金额。

【例 3-44】　沿用例 3-38 至例 3-40 资料。2011 年 1 月 1 日,M 公司将其成本为 160 000 元的产品销售给 N 公司作为固定资产使用,实现销售收入 200 000 元。N 公司以 240 000 元作为固定资产原值入账,并假设从 2011 年 1 月起计提折旧。从企业集团看,该项固定资产原值为 240 000 元。2013 年 12 月 31 日,该项内部交易固定资产以销货方 M 公司销售成本为基础计算的固定资产净值为80 000[200 000 × (5 - 3) ÷ 5]元,以购货方 N 公司购买成本为基础计算的固定资产净值为96 000[240 000 × (5 - 3) ÷ 5]元,经测试该项固定资产可收回金额为 76 000 元。2013 年 12 月 31 日,N 公司为其计提的固定资产减值准备为 20 000(96 000 - 76 000)元,企业集团为其计提的固定资产减值准备为 4 000(80 000 - 76 000)元。2014 年 12 月 31 日,该项固定资产可收回金额为 16 000 元。N 公司为其补提固定资产减值准备 22 000(76 000 ÷ 2 - 16 000)元,企业集团为其补提的固定资产减值准备也为 22 000 元。

2013 年 12 月 31 日编制的抵销分录如下:

借:固定资产——固定资产减值准备　　16 000

　　贷:资产减值损失　　16 000

2014 年 12 月 31 日编制的抵销分录如下:

借:固定资产——固定资产减值准备　　16 000

贷:未分配利润——年初　　16 000

本例中,由于2013年年末该项内部交易固定资产的可收回金额为76 000元,低于以销货方销售成本计算的固定资产净值80 000元,可以认为期末计量后的固定资产账面价值已不再包含未实现内部利润,因此:①2013年年末计提固定资产减值准备后,分别站在企业集团和内部购货单位角度所计量的该项内部交易固定资产的账面价值已经相等,以后年度计提的折旧额也相等;②2014年年末固定资产再发生减值时,企业集团和内部购货单位补提的固定资产减值准备金额必然相等,无须再抵销当年补提的固定资产减值准备,只需将以前年度计提的固定资产减值准备对期初未分配利润的影响予以抵销。

由此可以得出这样的结论:如果内部交易固定资产的未来可收回金额中包含未实现内部利润,那么,在以后年度计提内部交易固定资产减值准备时,既要抵销以前年度计提的固定资产减值准备对期初未分配利润的影响,还要抵销固定资产当期补提的固定资产减值准备中两个不同会计主体的差额;如果内部交易固定资产的未来可收回金额中不再包含未实现内部利润,那么,以后年度计提内部交易固定资产减值准备时,只需要抵销以前年度计提的固定资产减值准备对期初未分配利润的影响,不再涉及当期补提的固定资产减值准备的抵销。

第五节　合并现金流量表和合并所有者权益变动表的编制

一、合并现金流量表的编制

合并现金流量表是综合反映由母公司和子公司组成的企业集团在一定会计期间现金和现金等价物流入和流出情况的财务报表。从理论上讲,合并现金流量表的编制方法有以下两种:

第一种方法,以合并资产负债表和合并利润表为基础,采用与个别现金流量表相同的方法编制合并现金流量表。也就是说,合并现金流量表可以根据合并资产负债表、合并利润表及补充资料分析计算填列。

第二种方法,以母公司和子公司的个别现金流量表为基础,通过编制抵销分录,抵销母公司与子公司以及子公司相互之间发生的内部交易对合并现金流量表的影响,编制合并现金流量表。这种方法的编制原理、编制方法和编制程序与合并资产负债表、合并利润表和合并所有者权益变动表的编制原理、编制方法和编制程序相同。在编制程序上，首先，应将个别现金流量表资料过入合并工作底稿，并加总出合计数；其次，编制抵销分录，抵销企业集团内部现金流量，并过入合并工作底稿；最后，计算出合并现金流量表各项目的合并数，并填列合并现金流量表。

《企业会计准则第 33 号——合并财务报表》规定，合并现金流量表正表应当以母公司和子公司的现金流量表为基础，在抵销母公司与子公司、子公司相互之间发生的内部交易对合并现金流量表的影响后，由母公司合并编制。因此，本书仅阐述第二种方法。第一种方法请参照本系列教材之一《财务会计》中现金流量表的编制方法。

（一）合并现金流量表正表的编制方法

由于合并现金流量表是动态报表，无须提供期初和期末的静态指标，又由于子公司不论是母公司的全资子公司还是母公司的非全资子公司，不论是否与母公司为同一控制下的企业，在实现企业合并后的各报告年度其内部现金流量的抵销处理方法都是相同的，因此，无须分别阐述母公司拥有子公司全部股权和部分股权、同一控制下的企业合并和非同一控制下的企业合并的合并现金流量表的编制方法。

需要注意的是：

首先，母公司在报告期内因同一控制下的企业合并增加的子公司，应当将该子公司合并当期期初至报告期末的现金流量纳入合并现金流量表。与此相适应，应将合并当期期初至合并日之间该子公司与母公司及其他子公司之间的内部现金流量予以抵销。

其次，母公司在报告期内因非同一控制下的企业合并增加的子公司，只能将该子公司购买日至报告期末的现金流量纳入合并现金流量表。与此相适应，只能将购买日至报告期末之间该子公司与母公司及其他子公司之间的内部现金流量予以抵销。

再次，母公司在报告期内处置子公司，应当将该子公司期初至处置日的现金流量纳入合并现金流量表。与此相适应，也只能将期初至处置日该子公司与母公司及其他子公司之间的内部现金流量予以抵销。

最后，在子公司为非全资子公司的情况下，对于子公司与少数股东之间发生的现金流入和现金流出，也应在合并现金流量表中予以反映。对于子公司少数股东增加对子公司的权益性资本投资，在合并现金流量表中应当在“筹资活动产生的现金流量”之下的“吸收投资收到的现金”项目下的“其中：子公司吸收少数股东投资收到的现金”项目反映；对于子公司向少数股东支付现金股利或利润，在合并现金流量表中应当在“筹资活动产生的现金流量”之下的“分配股利、利润或偿付利息支付的现金”项目下的“其中：子公司支付给少数股东的股利、利润”项目反映。

根据现金流量表和个别财务报表附注说明中企业集团内部交易的资料，在编制合并现金流量表正表时需要抵销的内部交易有以下六个项目：①母公司与子公司、子公司相互之间当期以现金投资或收购股权增加的投资所产生的现金流量流入和流出相互抵销。②母公司与子公司、子公司相互之间当期取得投资收益收到的现金，与分配股利、利润或偿付利息支付的现金相互抵销。③母公司与子公司、子公司相互之间以现金结算债权与债务所产生的现金流入和流出相互抵销。④母公司与子公司、子公司相互之间当期销售商品所收到的现金，与购买商品支付的现金相互抵销。⑤母公司与子公司、子公司相互之间处置固定资产、无形资产和其他长期资产收回的现金净额，应当与购建固定资产、无形资产和其他长期资产支付的现金相互抵销。⑥母公司与子公司、子公司相互之间当期发生的其他交易所产生的现金流入和流出相互抵销。

这里仅以 2011 年 M 公司拥有 N 公司部分股权为例，说明合并现金流量表的编制方法。

【例 3 -45】 M 公司和 N 公司为非同一控制下的企业。2011 年发生以下涉及现金流量表业务：

1. 2011 年 1 月 1 日母公司 M 公司又以银行存款 740 000 元购入 N 公司表决权资本的 10%，至此，M 公司持有 N 公司 90% 的股权。同时以银行存款 260 000 元购买 N 公司当期发行的 5 年期公司债券，面值 250 000 元，溢价 10 000 元，年利率为 6%。2011 年，M 公司从 N 公司收到上年现金股利 400 000 万元，本年现金股利 360 000 元；M 公司收到 N 公司债券利息 10 000 元；N 公司收到因 2009 年购买 M 公司发行的公司债券的债券利息 60 000 元。

2. M 公司收到 N 公司支付的货款 600 000 元，其中 2010 年应收账款 200 000 万元、应收票据款 100 000 元，2011 年应收账款 120 000 元，现销货款 180 000 元。

3. N 公司将其生产的两台机械设备出售给 M 公司，成本为 80 000 元，售价为 100 000元，货款已结清；M 公司将其一台固定资产出售给 N 公司，固定资产账面价值为 200 000 元，价款为 220 000 元，N 公司已支付价款 140 000 元。

4. M 公司以经营租赁方式将一台运输设备出租给 N 公司使用，2011 年，M 公司收到 N 公司租金 20 000 元。

在 2011 年，M 公司合并工作底稿中应编制如下抵销分录：

(1) 借：投资活动现金流量——投资支付的现金　　1 000 000
　　贷：筹资活动现金流量——吸收投资收到的现金　　740 000
　　　　——借款收到的现金　　260 000

(2) 借：筹资活动产生的现金流量
　　——分配股利、利润或偿付利息支付的现金　　830 000

贷:投资活动现金流量

——取得投资收益收到的现金　830 000

(3)借:经营活动现金流量

——购买商品、接受劳务支付的现金　600 000

贷:经营活动现金流量

——销售商品、提供劳务收到的现金　600 000

(4)借:投资活动现金流量

——购建固定资产、无形资产和其他长期资产支付的现金　240 000

贷:经营活动现金流量

——销售商品、提供劳务收到的现金　100 000

投资活动现金流量

——处置固定资产、无形资产和其他长期资产收回的现金净额　140 000

(5)借:经营活动现金流量——支付其他与经营活动有关的现金　20 000

贷:经营活动现金流量——收到的其他与经营活动有关的现金　20 000

在例3－45"4"中,如果为融资租赁固定资产,则应编制如下抵销分录:

借:筹资活动现金流量——支付的其他与筹资活动有关的现金　20 000

贷:投资活动现金流量——支付的其他与投资活动有关的现金　20 000

现将2011年合并工作底稿列示于表3－20。

表3－20　　**M公司合并工作底稿**

2011年　　单位:元

项　目	M公司	N公司	合计数	抵销分录		合并数
				借方	贷方	
(现金流量表部分)						
一、经营活动产生的现金流量:						
销售商品、提供劳务收到的现金	14 485 000	4 800 000	19 285 000		(3)600 000 (4)100 000	18 585 000
收到的税费返还						
收到的其他与经营活动有关的现金	40 000	200 000	240 000		(5)20 000	220 000
现金流入小计	14 525 000	5 000 000	19 525 000		720 000	18 805 000
购买商品、接受劳务支付的现金	7 402 000	3 300 000	10 702 000	(3)600 000		10 102 000

续表

项　目	M公司	N公司	合计数	抵销分录		合并数
				借方	贷方	
支付给职工以及为职工支付的现金	3 450 000	1 050 000	4 500 000			4 500 000
支付的各项税费	1 070 000	350 000	1 420 000			1 420 000
支付的其他与经营活动有关的现金	4 118 000	50 000	4 168 000	(5) 20 000		4 148 000
现金流出小计	16 040 000	4 750 000	20 790 000	620 000		20 170 000
经营活动产生的现金流量净额	-1 515 000	250 000	-1 265 000	620 000	720 000	-1 365 000
二、投资活动产生的现金流量:						
收回投资收到的现金						
取得投资收益收到的现金	870 000		870 000		(2)830 000	40 000
处置固定资产、无形资产和其他长期资产收回的现金净额	800 000	50 000	850 000		(4)140 000	710 000
收到其他与投资活动有关的现金						
现金流入小计	1 670 000	50 000	1 720 000		970 000	750 000
购建固定资产、无形资产和其他长期资产支付的现金	400 000	100 000	500 000	(4)240 000		260 000
投资支付的现金	1 200 000		1 200 000	(1)1 000 000		200 000
支付的其他与投资活动有关的现金		10 000	10 000			10 000
现金流出小计	1 600 000	110 000	1 710 000	1 240 000		470 000
投资活动产生的现金流量净额	70 000	-60 000	10 000	1 240 000	970 000	280 000

续表

项　目	M公司	N公司	合计数	抵销分录		合并数
				借方	贷方	
三、筹资活动产生的现金流量：						
吸收投资收到的现金		1 500 000	1 500 000		(1)740 000	760 000
其中：子公司吸收少数股东权益性投资收到的现金			500 000			500 000
取得借款收到的现金	10 000 000	1 500 000	11 500 000		(1)260 000	11 240 000
收到其他与筹资活动有关的现金						
现金流入小计	10 000 000	3 000 000	13 000 000		1 000 000	12 000 000
偿还债务所支付的现金	3 750 000	1 000 000	4 750 000			4 750 000
分配股利、利润或偿付利息支付的现金	3 170 000	800 000	3 970 000	(2)830 000		3 140 000
其中：子公司支付给少数股东的股利						
支付的其他与筹资活动有关的现金 其中：子公司依法减资支付给少数股东的现金						
现金流出小计	6 920 000	1 800 000	8 720 000	830 000		7 890 000
筹资活动产生的现金流量净额	3 080 000	1 200 000	4 280 000	830 000	1 000 000	4 110 000
四、汇率变动对现金的影响额						
五、现金及现金等价物净增加额	1 635 000	1 390 000	3 025 000	2 690 000	2 690 000	3 025 000

（二）合并现金流量表补充资料的编制

合并现金流量表补充资料可以比照个别现金流量表补充资料的编制方法，根据合并资产负债表和合并利润表进行编制，这里不再举例。

二、合并所有者权益变动表的编制

合并所有者权益变动表是综合反映由母公司和子公司组成的企业集团所有者权益各组成部分当期增减变动情况的财务报表。

《企业会计准则第 33 号——合并财务报表》规定：合并所有者权益变动表应当以母公司和子公司的所有者权益变动表为基础，在抵销母公司与子公司、子公司相互之间发生的内部交易对合并所有者权益变动表的影响后，由母公司合并编制。在编制合并工作底稿时，应抵销以下项目：

1. 母公司对子公司的长期股权投资应当与母公司在子公司所有者权益中所拥有的份额相互抵销。各子公司之间的长期股权投资以及子公司对母公司的长期股权投资，应当比照这种方法抵销，将长期股权投资与其对应的子公司或母公司所有者权益中所拥有的份额相互抵销。

2. 母公司对子公司、子公司相互之间持有对方长期股权投资的投资收益，应当与对方当期净利润相互抵销。

3. 母公司与子公司、子公司相互之间当期发生的其他交易对所有者权益变动的影响相互抵销。

同时又规定：合并所有者权益变动表也可以根据合并资产负债表和合并利润表进行编制。

可见，合并所有者权益变动表有两种编制方法：一是通过编制合并工作底稿，在所有者权益各项目加总数的基础上，抵销企业集团内部所有者权益变动的影响，求得所有者权益各项目的合并数；二是根据合并资产负债表和合并利润表编制合并所有者权益变动表。

在第一种方法下，由于本章前述母公司对子公司长期股权投资与子公司所有者权益各项目的抵销、母公司内部投资收益与子公司利润分配各项目的抵销、企业集团内部交易涉及收入费用利润项目的抵销，既涉及合并资产负债表、合并利润表的编制，也涉及合并所有者权益变动表的编制，可以根据前述抵销分录同时抵销所有者权益变动表部分相应的加总数，在合并工作底稿上最终求得合并所有者权益变动表各项目的合并数。其具体方法与合并资产负债表、合并利润表的编制方法相同。也可以说，合并所有者权益变动表的编制，不必像编制合并现金流量表那样单独编制抵销分录。

在第二种方法下，可比照个别所有者权益变动表的编制方法，根据合并资产负债表和合并利润表资料直接填列合并所有者权益变动表，无须编制合并工作底稿。

第六节　合并财务报表的特殊问题

一、购买子公司少数股权（非控股股权）

母公司在取得对子公司的控股权形成企业合并后，可能进一步购买少数股东所持有的子公司全部或部分股权，从而提高母公司持股比例，相应减少少数股东持股比例，以至将该子公司变成母公司的全资子公司。这种股权转让行为实质上属于股东之间的权益性交易，不再重新确认商誉或计入当期损益的金额，应当遵循以下权益性交易原则，分别对母公司个别财务报表以及合并财务报表两种情况进行处理：

第一，母公司个别财务报表中对于自子公司少数股东处新取得的长期股权投资，应当按照《企业会计准则第2号——长期股权投资》第四条的规定，以初始投资成本（购买价款及其他必要支出、发行权益性证券的公允价值等）确定长期股权投资的入账价值。

第二，在合并财务报表中，子公司的资产、负债应以购买日（或合并日）开始持续计算的金额反映。母公司新取得的长期股权投资与按照新增持股比例计算应享有子公司自购买日（或合并日）开始持续计算的可辨认净资产份额之间的差额，应当调整合并财务报表中的资本公积（资本溢价或股本溢价），资本公积（资本溢价或股本溢价）的余额不足冲减的，调整留存收益。

【例3-46】2010年12月15日，甲公司以4 500万元取得对乙公司80%的股权，能够对乙公司的财务与经营政策等相关活动实施控制，形成非同一控制下的企业合并。2011年12月31日，甲公司又以600万元从乙公司的少数股东取得乙公司10%的股权。甲公司与乙公司的少数股东在相关交易前不存在任何关联方关系。其他资料如下：

（1）2010年12月15日，甲公司在取得B公司80%股权时，乙公司可辨认净资产公允价值总额为5 000万元。

（2）2011年12月31日，乙公司有关资产、负债的账面价值、自购买日开始持续计算的金额（对母公司的价值）见表3-21。

表 3－21　　单位:万元

	乙公司的账面价值	乙公司资产、负债自购买日开始持续计算的金额（对母公司的价值）
存货	300	300
应收款项	1 200	1 200
固定资产	2 500	3 100
无形资产	400	800
其他资产	600	600
应付款项	300	300
其他负债	200	200
净资产	4 500	5 500

2010 年 12 月 15 日乙公司净资产公允价值与账面价值的差额 500 万元，以及 2011 年 12 月 31 日乙公司净资产自购买日开始持续计算的金额（对母公司的价值）与购买日公允价值的差额均因固定资产和无形资产增值导致，其中固定资产增值 600 万元（2011 年增值 300 万元）、无形资产增值 400 万元（2011 年增值 200 万元）。假设不考虑固定资产、无形资产增值额的摊销和所得税影响。

1. 在个别财务报表中确定甲公司对乙公司长期股权投资的入账价值。

2010 年 12 月 15 日为购买日，甲公司对乙公司长期股权投资的初始成本为 4 500 万元。

2011 年 12 月 31 日为权益性交易日，甲公司取得乙公司 10% 的少数股权支付价款 600 万元。

2011 年 12 月 31 日：

该项长期股权投资的账面余额 = 4 500 + 600 = 5 100（万元）

2. 在合并财务报表中的处理。

（1）商誉的计算：

甲公司取得乙公司 80% 股权时产生的商誉 = 4 500 − 5 000 × 80% = 500（万元）

在合并财务报表中应体现的商誉为 500 万元。

（2）所有者权益的调整：合并财务报表中，乙公司的有关资产、负债应以其对母公司甲的价值进行合并。

新取得的10%股权相对应的被投资单位净资产金额 $=5\ 500\times10\%=550$(万元)

因购买少数股权新增加的长期股权投资成本600万元与按照新取得的10%股权计算确定应享有子公司自购买日开始持续计算的可辨认净资产份额550万元之间的差额50万元,不能确认为商誉,而应在合并资产负债表中调整所有者权益相关项目,首先冲减资本公积(资本溢价或股本溢价),在资本公积(资本溢价或股本溢价)的金额不足冲减的情况下,冲减留存收益(盈余公积和未分配利润)。

二、处置对子公司的部分投资

(一)不丧失控股权情况下处置部分对子公司投资

母公司在拥有子公司较大比例股权后,可能会因资金调度的需要,或者子公司经济效益不佳等原因,出售子公司股权。母公司出售其持有的对子公司股权投资,有以下三种情况:一是出售其持有的子公司全部股权投资,称为处置子公司;二是出售其持有的子公司部分股权,出售后虽然仍保留对该被投资企业的部分投资,但是,因为对被投资企业丧失了控制权,所以被投资企业不再是其子公司,也可以称为处置子公司;三是出售子公司部分股权后,仍保留对被投资企业的控制权,被投资企业仍为其子公司,称为不丧失控股权情况下处置部分对子公司投资。

不丧失控股权情况下处置部分对子公司投资,应区别母公司个别财务报表和合并财务报表进行处理:

1. 从母公司个别财务报表看,应作为处置长期股权投资进行会计处理,将出售股权投资取得的价款或对价的公允价值与所处置股权投资账面价值的差额,作为投资收益或投资损失计入处置股权投资当期母公司个别利润表。

母公司出售子公司部分股份时,结转减少的长期股权投资账面价值,是指"长期股权投资"账户的账面余额与"长期股权投资减值准备"账户余额的差额乘以出售比例所求得的金额,也可以按"长期股权投资"账户账面余额乘以出售比例,先计算求得出售该项股权投资的成本,再按比例计算出应转销的长期股权投资减值准备,最后将两者求差,计算出出售的股权投资账面价值。上述计算处置股权投资账面价值的方法可称为加权平均法。从理论上说,在母公司分次取得子公司绝大部分股份的情况下,在母公司出售子公司部分股份时,也可以按先进先出法或个别计价法计算出处置股权投资的账面价值。

2. 从合并财务报表看,出售子公司部分股权后,母公司仍能够对被投资单位实施控制,被投资单位仍为其子公司,应当纳入合并范围,并按照权益性交易进行会计处理,其利得和损失不得计入损益,应当调整所有者权益。因此,在合并财务报表中,应将出售股权投资取得的价款或对价的公允价值与所处置股权投资相对应享有子公司净资产份额的差额计入所有者权益(资本公积——资本溢价或股本溢价),资本公积(资本溢价或股本溢价)的余额不足冲减的,应调整留存收益。

需要注意的是,企业部分处置对子公司的股权投资但未丧失控制权,应当按照企业所得税法的规定交纳企业所得税,并区别个别财务报表和合并财务报表进行会计处理:①在个别财务报表中,将处置价款与处置投资对应的账面价值的差额确认为当期投资收益,有关所得税费用计入当期损益;②在合并财务报表中,将处置价款与处置投资相对应的享有该子公司净资产份额的差额扣除有关所得税费用后的净额,计入资本公积(资本溢价),资本溢价不足冲减的,调整留存收益。

【例3-47】 A公司、B公司为非同一控制下的企业。A公司于2009年12月31日取得B公司80%股权,成本为4 300万元,购买日B公司可辨认净资产公允价值为4 900万元。2011年12月31日,A公司将其持有的对B公司长期股权投资的25%对外出售,取得价款1 300万元。出售当日,B公司自A公司取得其80%股权之日持续计算的应纳入合并财务报表的可辨认净资产总额为6 000万元。该交易后,A公司仍能够控制B公司。A公司、B公司的所得税税率均为25%。

(1)A公司个别财务报表:

借:银行存款　　13 000 000

　贷:长期股权投资　　(43 000 000×25%)10 750 000

　　投资收益　　2 250 000

借:所得税费用　　562 500

　贷:应交税费——应交所得税　　(2 250 000×25%)562 500

(2)A公司合并财务报表:

调整增加的资本公积=[1 300-6 000×80%×25%]×(1-25%)=75(万元)

在合并工作底稿中再编制如下抵销分录:

借:投资收益　　1 000 000

　贷:递延所得税负债　　250 000

　　资本公积　　750 000

(二)丧失控股权情况下处置部分对子公司投资

企业因处置部分股权投资或其他原因丧失了对原有子公司控制权的,该被投资企业不再是投资企业的子公司。在这种情况下,首先,应将出售股权投资取得的价款或对价的公允价值与所处置股权投资账面价值的差额,作为投资收益或投资损失计入处置股权投资当期投资企业的个别利润表;其次,对于处置后的剩余股权应当区分个别财务报表和合并财务报表进行相关会计处理:

第一,在个别财务报表中,对于剩余股权,应当按其账面价值确认为长期股权投资或其他相关金融资产(如可供出售金融资产、交易性金融资产)。处置后的剩余股权能够对原有子公司实施共同控制或重大影响的,按有关成本法转为权益法的相关规定进行会计处理。

第二,在合并财务报表中,对于剩余股权,应当按照其在丧失控制权日的公允价值进行重新计量。处置股权取得的对价与剩余股权公允价值之和,减去按原持股比例计算应享有原有子公司自购买日开始持续计算的净资产的份额之间的差额,计入丧失控制权当期的投资收益。与原有子公司股权投资相关的其他综合收益,应当在丧失控制权时转为当期投资收益。企业应当在附注中披露处置后的剩余股权在丧失控制权日的公允价值、按照公允价值重新计量产生的相关利得或损失的金额。

企业通过多次交易分步处置对子公司股权投资直至丧失控制权的,应当对每一项交易进行会计处理。但是,处置对子公司股权投资直至丧失控制权的各项交易属于一揽子交易的,应当将各项交易作为一项处置子公司并丧失控制权的交易进行会计处理;但是,在丧失控制权之前每一次处置价款与处置投资对应的享有该子公司净资产份额的差额,在合并财务报表中应当确认为其他综合收益,在丧失控制权时一并转入丧失控制权当期的损益。这与国际财务报告准则规定还不完全相同。国际财务报告准则规定,应当在每一次处置时将处置价款与处置投资对应的享有该子公司净资产份额的差额,在合并财务报表中确认为当期投资收益。处置对子公司股权投资的各项交易的条款、条件以及经济影响符合以下一种或多种情况,通常表明应将多次交易事项作为一揽子交易进行会计处理:①这些交易是同时或者在考虑了彼此影响的情况下订立的;②这些交易的整体才能达成一项整体的商业结果;③一项交易的发生取决于其他至少一项交易的发生;④一项交易单独看是不经济的,但是和其他交易一并考虑时是经济的。

三、子公司增发股票和分配股票股利

(一)子公司增发普通股股票

子公司为扩大生产经营,经批准增发普通股股票,一般有以下几种情况:①子公司按比例向多数股权和少数股权增发股票;②子公司仅向母公司增发股票;③子公司仅向外界少数股东增发股票。在第一种情况下,母公司对子公司持股比例不发生变化;而在第二种和第三种情况下,母公司对子公司的持股比例会受到影响。

1. 子公司仅向母公司增发股票。子公司增发的股票有时可能全部出售给母公司,以满足母公司增加对子公司投资份额的需要。母公司在子公司投资比例的提高,可能会导致母公司对子公司投资成本与其拥有子公司所有者权益份额之间的差额发生变化。也可以说,母公司增加的拥有子公司所有者权益的份额与其为之所付出的代价之间会发生差额。对于这个差额,从理论上讲可以有三种处理方法:其一是确认为当期投资损益;其二是作为商誉;其三是作为资本公积。按国际财务报告准则和我国会计准则规定,一般应选择第三种方法。

【例3-48】 2009年1月1日,A公司以银行存款1 040万元取得B公司80%股权,购买日B公司可辨认净资产公允价值为1 085万元(含无形资产公允价值大于账面价值的差额100万元)。2009年B公司实现净利润200万元。2010年B公司实现净利润300万元,可供出售金融资产公允价值变动收益15万元。A公司和B公司均按当年净利润的10%提取法定盈余公积,B公司2009年和2010年共向投资者分配现金股利100万元。2011年1月1日,B公司净资产账面价值为1 400万元[其中,实收资本(股本)600万元,资本公积200万元,盈余公积150万元,未分配利润450万元]、公允价值为1 500万元,股份总数为100万股。现B公司增发普通股股票20万股,全部出售给A公司,每股面值1元,售价3元,从而使B公司普通股总数从原来的100万股增加到120万股,A公司持股股数从原来的80万股增加到100万股,即A公司持股比例由原来的80%增加到83.33%。B公司净资产账面价值从原来的1 400万元增加到1 460万元,公允价值从原来的1 500万元增加到1 560万元,其中A公司拥有的份额为账面价值1 216.62万元、公允价值1 299.95万元,与原来拥有的份额相比,账面价值增加96.62(1 216.62-1 400×80%)万元、公允价值增加99.95(1 299.95-1 500×80%)万元。也就是说,A公司以60(3×20)万元取得了B公司账面价值96.62万元、公允价值99.95万元的股份,按账面价值计算的差额为36.62万元、按公允价值计算的差额为39.95万元。假设2011年B公司净利润400万元,分配现金股利200万元,提取盈余公积40万元。

在第一种方法下,将其差额在编制合并财务报表时计入投资收益。

A公司2011年有关会计分录和2011年12月31日A公司编制合并财务报表时的调整分录和抵销分录如下(金额精确到百位):

会计分录:

(1)借:长期股权投资——B公司 600 000

　　贷:银行存款 600 000

(2)借:应收股利 (2 000 000×83.33%)1 666 600

　　贷:投资收益 1 666 600

调整分录和抵销分录:

(1)借:无形资产 1 000 000

　　贷:资本公积 1 000 000

(2)借:长期股权投资 4 986 600

贷:投资收益　　(4 000 000×83.33% －2 000 000×83.33%)1 666 600

　未分配利润——年初

　　[(2 000 000＋3 000 000－1 000 000)×80%]3 200 000

　资本公积　　(150 000×80%)120 000

(3)借:长期股权投资　　399 500

　贷:投资收益　　399 500

(4)借:实收资本(股本)　　(6 000 000＋200 000×1) 6 200 000

　资本公积　　(2 000 000＋1 000 000＋400 000)3 400 000

　盈余公积　　(1 500 000＋4 000 000×10%)1 900 000

　未分配利润——年末

　　(4 500 000＋4 000 000－2 000 000－400 000)6 100 000

　商誉　　(10 400 000－10 850 000×80%)1 720 000

　贷:长期股权投资

　　(10 400 000＋600 000＋4 986 600＋399 500)16 386 100

　　少数股东权益　　(17 600 000×16.67%)2 933 900

若确认完全商誉,则:

借:实收资本(股本)　　(6 000 000＋200 000×1)6 200 000

　资本公积　　(2 000 000＋1 000 000＋400 000)3 400 000

　盈余公积　　(1 500 000＋4 000 000×10%)1 900 000

　未分配利润——年末

　　(4 500 000＋4 000 000－2 000 000－400 000)6 100 000

　商誉　　2 150 000

　贷:长期股权投资

　　(10 400 000＋600 000＋4 986 600＋399 500)16 386 100

　　少数股东权益　　(17 600 000×16.67% ＋430 000)3 363 900

(5)借:投资收益　　3 333 200

　少数股东损益　　666 800

　未分配利润——年初　　4 500 000

　贷:提取盈余公积　　400 000

　　对所有者的分配　　2 000 000

　　未分配利润——年末　　6 100 000

其他会计分录和抵销分录略。

子公司仅向母公司增发股票的结果,母公司是形成损失还是收益,取决于新发行股票价格是高于还是低于已发行股票的账面价值,如果前者大于后者,则形成损失;如果前者小于后者,则形成收益;如果前者等于后者,则不会形成损益。本例中,B 公司增发股票前股份总量为 100 万股,净资产公允价值为 1 500 万元,可以推算 B 公司每股价格为 15 元,例 3－48 中,B 公司按每股 3 元增发股票,A 公司形成收益;如果 B 公司按每股 15 元增发股票,则 A 公司不会形成损益;如果 B 公司按每股 18 元增发股票,则 A 公司会形成损失。

如果 A 公司以 360 万元取得 B 公司 20 万股股票,使其拥有 B 公司净资产公允价值份额由 1 200 万元增加到 1 549.938(1 860×83.33%)万元,比原来拥有的净资产份额增加 349.938(1 549.938－1 200)万元。也就是说,A 公司以 360 万元取得了 B 公司净资产公允价值 349.938 万元,形成损失 10.062 万元。这项损失应调增长期股权投资账面价值,并同时调减投资收益。

在第二种方法下,将其差额在编制合并财务报表时确认为商誉。不编制抵销分录(3)时,抵销分录(4)如下:

(4)借:实收资本(股本)　　(6 000 000＋200 000×1)6 200 000
　　资本公积　　3 400 000
　　盈余公积　　1 900 000
　　未分配利润——年末　　6 100 000
　　商誉　　(1 720 000－399 500) 1 320 500
　贷:长期股权投资　　(10 400 000＋600 000＋4 986 600)15 986 600
　　少数股东权益　　2 933 900

若确认完全商誉,则:

借:实收资本(股本)　　(6 000 000＋200 000×1)6 200 000
　　资本公积　　3 400 000
　　盈余公积　　1 900 000
　　未分配利润——年末　　6 100 000
　　商誉　　(1 720 000＋430 000－399 500)1 750 500
　贷:长期股权投资　　(10 400 000＋600 000＋4 986 600)15 986 600
　　少数股东权益　　(17 600 000×16.667%＋430 000)3 363 900

其他抵销分录与前例相同。但是,这种做法所确认的商誉不符合《国际财务报告准则》和我国《企业会计准则》对商誉确认和计量的要求。

在第三种方法下,将其差额在编制合并财务报表时计入资本公积。调整分录(3)如下:

(3)借:长期股权投资　　399 500

贷:资本公积　　　　　　　　　　　　　　　　　　　　　　　　399 500

其他抵销分录参见前例。

2. 子公司仅向外界少数股东增发股票。子公司增发股票有时可能全部出售给母公司以外的少数股东,在这种情况下,由于少数股东持股比例增加,即使母公司并未出售子公司股份,也会引起母公司对子公司持股比例的减少。如果子公司增发股票的发行价格高于或者低于其已发行在外的股票的账面价值,母公司就会发生损益。对于这项损益的会计处理,从理论上讲也有三种处理方法:①确认为当期投资损益;②作为商誉;③作为资本公积。

【例3-49】　沿用例3-48资料。2011年1月1日B公司增发20万股普通股股票,每股面值1元,售价3元,全部出售给少数股东,从而使A公司对B公司持股比例由80%降至66.67%,少数股东持股比例由20%升至33.33%。B公司净资产账面价值从原来的1 400万元增加到1 460万元,公允价值从原来的1 500万元增加到1 560万元,其中A公司拥有的份额为账面价值973.382万元、公允价值1 040.052万元,与原来拥有的份额相比较,比账面价值1 120万元少146.618万元、比公允价值1 200少159.948万元。

在第一种方法下,A公司应将其按持股比例拥有的B公司净资产公允价值减少的金额确认为投资收益(或损失)。其理由是:由于子公司对少数股东增发股票引起母公司持股比例减少,可视为母公司对外出售了股份而减少了持股比例,因此,可将投资账面价值与母公司拥有的子公司增发股份所得款项之间的差额确认为投资收益(或损失)。本例中,按公允价值计算,B公司对外界发行股票后,A公司占B公司66.67%的股权的份额比原来拥有的份额少159.948万元,作为转让13.33%投资的损失予以确认。从另一个角度分析,2011年合并财务报表中,经调整后A公司投资的账面价值扣除商誉后为1 200[1 040+(500-100)×80%+15×80%-172或1 040+32+288+12-172]万元,相当于以1 200万元取得了1 040.052万元的股权,多付出代价159.948万元,应确认为投资转让损失。A公司投资损失也可用公式计算如下:

A公司净损失 $=3\times20\times66.67\%-1\ 200\times(80\%-66.67\%)\div80\%$

$=40.002-199.95=159.948$(万元)

2011年应编制如下会计分录:

借:应收股利　　　　　　　　　　　　　　　　　　　　1 333 400

贷:投资收益　　　　　　　　　　(2 000 000×66.67%)1 333 400

2011年12月31日,应在合并工作底稿中作如下调整分录和抵销分录(假设其他资料同前述举例):

(1)借:无形资产　　　　　　　　　　　　　　　　　　1 000 000

贷:资本公积　　　1 000 000

(2)借:长期股权投资　　　4 653 400

贷:投资收益　　(4 000 000×66.67% −2 000 000×66.67%)1 333 400

未分配利润——年初　　　3 200 000

资本公积　　　120 000

(3)借:投资收益　　　1 599 480

贷:长期股权投资　　　1 599 480

(4)借:实收资本(股本)　　　6 200 000

资本公积　　　3 400 000

盈余公积　　　1 900 000

未分配利润——年末　　　6 100 000

商誉　　　1 720 000

贷:长期股权投资　　(10 400 000 +4 653 400 −1 599 480)13 453 920

少数股东权益　　(17 600 000×33.33%)5 866 080

确认完全商誉的情况略。

(5)借:投资收益　　　2 666 800

少数股东损益　　　1 333 200

未分配利润——年初　　　4 500 000

贷:提取盈余公积　　　400 000

对所有者的分配　　　2 000 000

未分配利润——年末　　　6 100 000

子公司仅向少数股东增发股票的结果,母公司是形成损失还是收益,取决于新发行股票价格高于或低于已发行股票的账面价值,如果前者大于后者,则形成收益;如果前者小于后者,则形成损失;如果前者等于后者,则不会形成损益。例3−48中B公司按每股3元增发股票,A公司形成损失;如果B公司按每股15元增发股票,则A公司不会形成损益;如果B公司按每股18元增发股票,则A公司会形成收益。

如果B公司以每股18元仅向少数股东增发20万股股票,B公司净资产账面价值从原来的1 400万元增加到1 760万元,公允价值从原来的1 500万元增加到1 860万元,其中A公司拥有的份额为账面价值1 173.392万元、公允价值1 240.062万元,与原来拥有的份额相比较,比账面价值1 120万元多53.392万元、比公允价值1 200多40.062万元。应将其按持股比例计算拥有的B公司净资产公允价值增加的金额确认为投资收益。A公司投资收益也可用公式计算如下:

$$A公司净收益 = 18 \times 20 \times 66.67\% - 1\ 200 \times (80\% - 66.67\%) \div 80\%$$

=240.012－199.95=40.062(万元)

2011年12月31日,应在合并工作底稿中作如下调整分录和抵销分录(假设其他资料同前述举例):

(1)借:无形资产　　1 000 000
　　贷:资本公积　　1 000 000
(2)借:长期股权投资　　4 653 400
　　贷:投资收益　　1 333 400
　　　　未分配利润——年初　　3 200 000
　　　　资本公积　　120 000
(3)借:长期股权投资　　400 620
　　贷:投资收益　　400 620
(4)借:实收资本(股本)　　6 200 000
　　　资本公积　　(2 000 000+1 000 000+3 400 000)6 400 000
　　　盈余公积　　1 900 000
　　　未分配利润——年末　　6 100 000
　　　商誉　　1 720 000
　　贷:长期股权投资　　(10 400 000+4 653 400+400 620)15 454 020
　　　　少数股东权益　　(20 600 000×33.33%)6 865 980
　确认完全商誉的情况略。
(5)借:投资收益　　2 666 800
　　　少数股东损益　　1 333 200
　　　未分配利润——年初　　4 500 000
　　贷:提取盈余公积　　400 000
　　　　对所有者的分配　　2 000 000
　　　　未分配利润——年末　　6 100 000

子公司仅向少数股东增发股票的第二种处理方法和第三种处理方法略,请参照例3－48。

如果子公司按各股东原持股比例向母公司和少数股东增发股票,因母公司和少数股东持股比例没有发生变化,母公司只需反映长期股权投资增加,对于增加的投资额不存在上述差额调整问题。

(二)子公司分配股票股利

子公司分配股票股利时,虽然子公司所有者权益总额未发生变化,而且也不影响母公司长期股权投资的账面价值,但是,子公司所有者权益的结构发生了变化,从而引起母公司合并工作底稿中对子公司所有者权益抵销金额的变化。母公司在收到股票股利时,不能确认投资收益,只作备查登记,不作账务处理,因此,子公司分配股票股利无须单独进行抵销处理。

【例3-50】 2011年1月1日子公司B公司所有者权益账面价值为14 000 000元,公允价值为15 000 000元,其中账面价值构成为:实收资本(股本)6 000 000元、资本公积2 000 000元、盈余公积1 500 000元、未分配利润4 500 000元,其公允价值高于账面价值1 000 000元为无形资产增值额。A公司持股比例为80%。2011年B公司实现净利润4 000 000元,分配现金股利2 000 000元,按原股票股数1 000 000股增发10%股票股利100 000股,每股面值1元,每股市价6元,提取盈余公积400 000元。

B公司于2011年应作如下分配股票股利会计分录:

借:利润分配——转作股本的股利　　600 000
　贷:实收资本(股本)　　100 000
　　资本公积　　500 000

A公司对B公司发放的股票股利不作会计分录。

2011年12月31日,A公司在合并工作底稿上应作如下调整分录和抵销分录:

(1)借:无形资产　　1 000 000
　　贷:资本公积　　1 000 000

(2)借:长期股权投资　　4 920 000
　　贷:投资收益　　(4 000 000×80% -2 000 000×80%)1 600 000
　　　未分配利润——年初　　3 200 000
　　　资本公积　　120 000

(3)借:实收资本(股本)　　(6 000 000+100 000)6 100 000
　　资本公积　　(2 000 000+1 000 000+500 000)3 500 000
　　盈余公积　　(1 500 000+400 000)1 900 000
　　未分配利润——年末
　　(4 500 000+4 000 000-2 000 000-600 000-400 000)5 500 000
　　商誉　　1 720 000
　　贷:长期股权投资　　(10 400 000+4 920 000)15 320 000
　　　少数股东权益　　(17 000 000×20%)3 400 000

(4)借:投资收益　　3 200 000
　　少数股东损益　　800 000
　　未分配利润——年初　　4 500 000
　　贷:提取盈余公积　　400 000

对所有者的分配——现金股利　　2 000 000

　　——转作股本的股利　　600 000

未分配利润——年末　　5 500 000

其他抵销分录略。

可见,子公司宣告分配股票股利,在年末编制合并抵销分录时,子公司所有者权益与未发放股票股利相比较,股本增加 100 000 元,资本公积增加 500 000 元,未分配利润减少 600 000 元。如果股票股利不按市价处理,而按面值结转,则股本增加 100 000 元,未分配利润减少 100 000 元。

子公司进行股票分割或股票合并,仅引起股份总数发生变化,并不影响子公司净资产和所有者权益的构成,母公司无须进行会计处理,也不影响编制合并财务报表时的抵销处理。

四、间接控股和相互持股

本章前述控股关系,均是指企业集团内拥有控制权的母公司直接拥有子公司 50% 以上的股权。而在实务中,除直接控股外,还有多种复杂控股模式,如间接控股(又称垂直多层控股)、相互持股(又称横向交叉持股)。在复杂控股结构下编制合并财务报表的特殊问题主要是与母公司长期股权投资直接相关的第一大类的抵销处理。下面分别论述间接控股和相互持股方式下,合并财务报表编制的特殊问题。

(一)间接控股

间接控股作为垂直多层控股的复杂控股模式,又有两种具体方式:一是母公司间接拥有子公司半数以上的股权,即母公司通过其直接控制的子公司而间接拥有其他子公司 50% 以上的股权,这种控股方式又称父子孙结构控股模式;二是母公司直接和间接拥有其他子公司半数以上的股权,即母公司以直接方式拥有其他企业 50% 以下股权,但同时通过间接方式拥有该企业一定数量的股权,两种方式合计使母公司共拥有该企业 50% 以上的股权,这种控股方式又称关联附属结构控股模式。

1. 父子孙结构控股模式。父子孙结构控股模式见图 3－1。

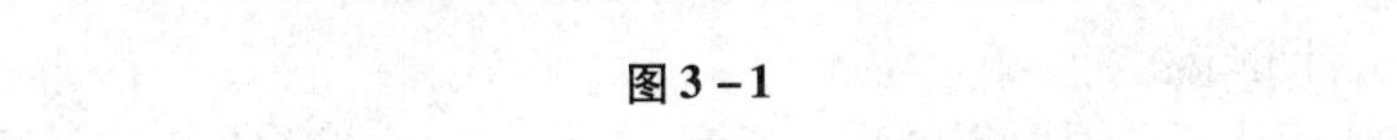

图 3－1

从图 3－1 可以看出,在父子孙结构控股模式下,母公司甲通过直接控制的子公司乙间接持有孙公司丙半数以上股权。在这种控股模式下,虽然其合并财务报表编制方法和程序与直接控股基本相同,但是,由于涉及母公司直接控制的子公司和间接控制的子公司的净利润和所有者权益的确认要按顺序完成,所以,合并财务报表的编制过程较为复杂。母公司、子公司和孙公司应按下列顺序确认净利润和所有者权益:首先,确定孙公司的本期净利润和期末所有者权益,编制孙公司个别财务报表;其次,按子公司持有孙公司的股权比例,确定子公司拥有的孙公司净利润的份额,并进而求得子公司当期净利润和期末所有者权益,编制子公司个别财务报表;最后,按母公司持有子公司的股权比例,确定母公司拥有的子公司净利润的份额,并进而求得母公司当期净利润和期末所有者权益,编制母公司个别财务报表。

在编制合并财务报表时,也应分别抵销母公司对子公司、子公司对孙公司的长期股权投资以及与之相关的内部投资收益、提取盈余公积等项目。

【例3-51】 2011年1月1日,甲公司以4 800 000元购入乙公司80%的股权,2011年1月4日,乙公司以2 400 000元购入丙公司60%的股权。假设甲公司、乙公司和丙公司为非同一控制下的企业,且各企业净资产账面价值与公允价值相等,甲公司和乙公司的长期股权投资成本与拥有的被投资单位所有者权益的份额相同。由甲、乙、丙三家公司组成的企业集团中,甲公司直接控制乙公司,间接控制丙公司。2011年12月31日,甲、乙、丙三家公司未确认内部投资收益、提取盈余公积、未分配利润前有关财务报表资料如表3-22所示。

表3-22

单位:元

项目	甲公司	乙公司	丙公司
对乙公司投资	4 800 000		
对丙公司投资		2 400 000	
股本	8 000 000	4 000 000	2 000 000
资本公积	800 000	700 000	1 000 000
盈余公积	600 000	500 000	400 000
未分配利润	1 400 000	800 000	600 000
经营净利润(不含内部投资收益在内)	1 600 000	1 200 000	1 000 000
分配现金股利	1 000 000	800 000	600 000

根据上述资料,2011年12月31日的会计处理程序如下:

(1)编制会计分录:

①按成本法确认乙公司取得的现金股利:

借:应收股利　　　　(600 000×60%)360 000

贷:投资收益　　　　360 000

②按成本法确认甲公司取得的现金股利:

借:应收股利　　　　(800 000×80%)640 000

贷:投资收益　　　　640 000

(2)将上述会计分录登记入账,并分别编制甲公司、乙公司和丙公司的个别资产负债表、利润表等。假设按净利润的10%的比例提取法定盈余公积,则将上述会计分录登记入账后乙公司对丙公司"长期股权投资"账户余额仍为2 400 000元;甲公司对乙公司"长期股权投资"账户余额仍为4 800 000元。甲、乙、丙三家公司按成本法确认内部投资收益、提取盈余公积、未分配利润后有关财务报表资料见表3-23。

表3-23　　　　单位:元

项　目	甲公司	乙公司	丙公司
对乙公司投资	4 800 000		
对丙公司投资		2 400 000	
股本	8 000 000	4 000 000	2 000 000
资本公积	800 000	700 000	1 000 000
盈余公积	8 240 000 (600 000+2 240 000×10%)	656 000 (500 000+1 560 000×10%)	500 000 (400 000+1 000 000×10%)
未分配利润	2 416 000 (1 400 000+2 240 000×90%-1 000 000)	1 404 000 (800 000+1 560 000×90%-800 000)	900 000 (600 000+1 000 000×90%-600 000)
净利润	2 240 000 (1 600 000+800 000×80%)	1 560 000 (1 200 000+360 000)	1 000 000
分配现金股利	1 000 000	800 000	600 000

(3)将长期股权投资由成本法调整为权益法的调整分录如下:

乙公司:

借:长期股权投资　　　　[(1 000 000-600 000)×60%]240 000

贷:投资收益　　　　240 000

甲公司:

借:长期股权投资[(1 560 000+400 000×60%-800 000)×80%]800 000

贷:投资收益　　　　800 000

经调整后乙公司从丙公司取得的投资收益=360 000+240 000

=600 000(即:1 000 000×60%)(元)

经调整后乙公司净利润 = 1 560 000 + 240 000 = 1 800 000(元)

经调整后甲公司取得的投资收益 = 640 000 + 800 000

= 1 440 000[即:(1 560 000 + 240 000) × 80%](元)

可验证如下:

甲公司从乙公司获得的投资收益 = 1 200 000 × 80% = 960 000(元)

甲公司从丙公司获得的投资收益 = 1 000 000 × 60% × 80% = 480 000(元)

甲公司投资收益合计 = 960 000 + 480 000 = 1 440 000(元)

甲公司合并净利润 = 1 600 000 + 1 440 000 = 3 040 000(元)

(4)计算少数股东损益和少数股东权益:

丙公司少数股东损益 = 1 000 000 × 40% = 400 000(元)

乙公司少数股东损益 = 1 800 000 × 20% = 360 000(元)

丙公司少数股东权益 = (2 000 000 + 1 000 000 + 500 000 + 900 000) × 40% = 1 760 000(元)

乙公司少数股东权益 = (4 000 000 + 700 000 + 656 000 + 1 404 000 + 240 000 × 10% + 240 000 × 90%) × 20% = 1 400 000(元)

(5)编制抵销分录如下:

①乙公司对丙公司的抵销处理:

a. 借:实收资本(股本)　　2 000 000
　　资本公积　　1 000 000
　　盈余公积　　500 000
　　未分配利润——年末　　900 000
　贷:长期股权投资　　(2 400 000 + 240 000)2 640 000
　　　少数股东权益　　1 760 000

b. 借:投资收益　　600 000
　　少数股东损益　　400 000
　　未分配利润——年初　　600 000
　贷:提取盈余公积　　100 000
　　　对所有者的分配　　600 000
　　　未分配利润——年末　　900 000

②甲公司对乙公司的抵销处理:

a. 借:实收资本(股本)　　4 000 000
　　资本公积　　700 000
　　盈余公积　　656 000
　　未分配利润——年末　　(1 404 000 + 240 000)1 644 000

贷:长期股权投资　　　　(4 800 000 +1 440 000 -640 000)5 600 000

　　少数股东权益　　　　1 400 000

b. 借:投资收益　　　　1 440 000

　　少数股东损益　　　　360 000

　　未分配利润——年初　　　　800 000

　贷:提取盈余公积　　　　156 000

　　对所有者的分配　　　　800 000

　　未分配利润——年末　　　　(1 404 000 +240 000)1 644 000

2. 关联附属结构控股模式。关联附属结构控股模式见图 3 -2。

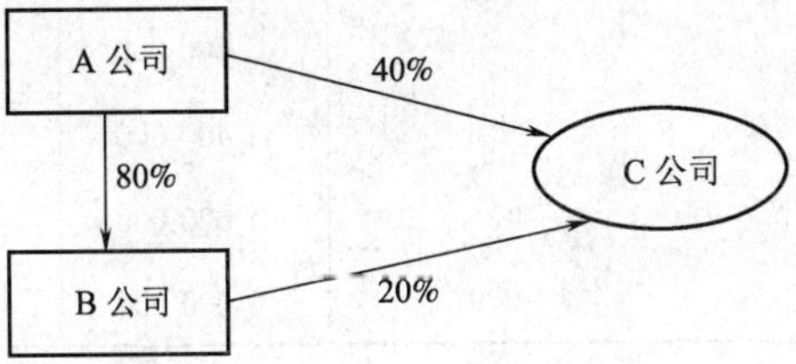

图 3 -2

从图 3 -2 可以看出,在关联附属结构控股模式下,母公司 A 直接持有 C 公司 40% 股权,又通过直接控股的 B 公司间接持有 C 公司 20% 股权。于是,A 公司直接和间接拥有 C 公司 60% 的股权。在这种控股模式下,合并财务报表的编制方法和程序与父子孙控股结构模式不尽相同,主要表现在 A 公司和 B 公司对 C 公司的长期股权投资、拥有的 C 公司的内部投资收益等应合并抵销,而不能分别抵销。其会计处理顺序如下:①确定 C 公司的本期净利润和期末所有者权益,编制 C 公司个别财务报表;②按 A 公司、B 公司持有 C 公司的股权比例,分别确定 A 公司和 B 公司拥有的 C 公司净利润的份额,并进而求得 C 公司少数股东损益;③确定 B 公司本期净利润和期末所有者权益,编制 B 公司个别财务报表;④按 A 公司持有 B 公司的股权比例,确定 A 公司拥有的 B 公司净利润的份额及 B 公司少数股东损益,并进而求得 A 公司本期净利润和期末所有者权益,编制 A 公司个别财务报表;⑤A 公司、B 公司对 C 公司的抵销处理;⑥A 公司对 B 公司的抵销处理。

【例 3 -52】　沿用例 3 -51 资料,假设 2011 年 1 月 1 日,A 公司以 4 800 000 元购入 B 公司 80% 的股权,以 1 600 000 元购入 C 公司 40% 的股权。2011 年 1 月 4 日,B 公司以 800 000 元购入 C 公司 20% 的股权。假设 A 公司和 B 公司的长期股权投资等于拥有的被投资单位所有者权益的份额,且被投资单位净资产账面价值等于公允价值。

由A、B、C三家公司组成的企业集团中,A公司直接控制B公司,直接和间接控制C公司。2011年12月31日,A、B、C三家公司未确认内部投资收益、提取盈余公积、未分配利润前有关财务报表资料见表3－24。

表3－24

单位:元

项目	A公司	B公司	C公司
对B公司投资	4 800 000		
对C公司投资	1 600 000	800 000	
股本	8 000 000	4 000 000	2 000 000
资本公积	800 000	700 000	1 000 000
盈余公积	600 000	500 000	400 000
未分配利润	1 400 000	800 000	600 000
经营净利润(不含内部投资收益在内)	1 600 000	1 200 000	1 000 000
分配现金股利	1 000 000	800 000	600 000

根据上述资料,2011年12月31日的会计处理程序如下:

(1)编制会计分录:

首先,按成本法计算A公司从C公司取得的现金股利:

借:应收股利　　(600 000×40%)240 000

　贷:投资收益　　240 000

其次,按成本法计算B公司从C公司取得现金股利:

借:应收股利　　(600 000×20%)120 000

　贷:投资收益　　120 000

最后,按成本法计算A公司从B公司取得的现金股利:

借:应收股利　　(800 000×80%)640 000

　贷:投资收益　　640 000

(2)将上述会计分录登记入账,并分别编制A公司、B公司和C公司的个别资产负债表、利润表等。假设按净利润10%提取法定盈余公积,则将上述会计分录登记入账后,B公司对C公司"长期股权投资"账户余额仍为800 000元;A公司对B公司"长期股权投资"账户余额仍为4 800 000元,A公司对C公司"长期股权投资"账户余额为1 600 000元。

A、B、C三家公司确认内部投资收益、提取盈余公积、未分配利润后有关财务报表资料见表3－25。

表 3－25　　　　单位:元

项　目	A 公司	B 公司	C 公司
对 B 公司投资	4 800 000		
对 C 公司投资	1 600 000	800 000	
股本	8 000 000	4 000 000	2 000 000
资本公积	800 000	700 000	1 000 000
盈余公积	848 000 (600 000 +2 480 000 ×10%)	632 000 (500 000 +1 320 000 ×10%)	500 000 (400 000 +1 000 000 ×10%)
未分配利润	2 632 000 (1 400 000 +2 480 000 × 90% －1 000 000)	1 188 000 (800 000 +1 320 000 × 90% －800 000)	900 000 (600 000 +1 000 000 × 90% －600 000)
净利润	2 480 000 (1 600 000 +240 000 +640 000)	1 320 000 (1 200 000 +600 000 ×20%)	1 000 000
分配现金股利	1 000 000	800 000	600 000

(3)将长期股权投资由成本法调整为权益法的调整分录如下:

B 公司:

借:长期股权投资　　　　[(1 000 000 －600 000) ×20%]80 000

　贷:投资收益　　　　80 000

A 公司:

借:长期股权投资　　　　[(1 000 000 －600 000) ×40%]160 000

　贷:投资收益　　　　160 000

借:长期股权投资 [(1 320 000 +400 000 ×20% －800 000) ×80%]480 000

　贷:投资收益　　　　480 000

经调整后 B 公司从 C 公司取得的投资收益 =120 000 +80 000

=200 000(即:1 000 000 ×20%)(元)

经调整后 B 公司净利润 =1 320 000 +80 000 =1 400 000(元)

经调整后 A 公司取得的投资收益 =240 000 +640 000 +160 000 +480 000

=1 520 000(即:1 000 000 ×40% +1 400 000 ×80%)(元)

A 公司合并净利润 =1 600 000 +1 520 000 =3 120 000(元)

可验证如下:

A 公司从 B 公司获得的投资收益 =1 200 000 ×80% =960 000(元)

A 公司从 C 公司获得的投资收益 =1 000 000 ×40% +1 000 000 ×

20% ×80% =560 000(元)

A 公司投资收益合计 = 960 000 + 560 000 = 1 520 000(元)

A 公司合并净利润 = 1 600 000 + 1 520 000 = 3 120 000(元)

(4)计算少数股东损益和少数股东权益:

C 公司少数股东损益 = 1 000 000 × 40% = 400 000(元)

B 公司少数股东损益 = 1 400 000 × 20% = 280 000(元)

C 公司少数股东权益 = (2 000 000 + 1 000 000 + 500 000 + 900 000) × 40%
= 1 760 000(元)

B 公司少数股东权益 = (4 000 000 + 700 000 + 632 000 + 1 188 000 + 80 000 × 10% + 80 000 × 90%) × 20% = 6 600 000 × 20% = 1 320 000(元)

(5)编制第一大类其他抵销分录:

①A 公司、B 公司对 C 公司的抵销分录:

a. 借:实收资本(股本)		2 000 000
资本公积		1 000 000
盈余公积		500 000
未分配利润——年末		900 000
贷:长期股权投资——A 对 C 投资		(1 600 000 + 160 000) 1 760 000
——B 对 C 投资		(800 000 + 80 000) 880 000
少数股东权益		1 760 000
b. 借:投资收益——A 公司		400 000
——B 公司		200 000
少数股东损益		400 000
未分配利润——年初		600 000
贷:提取盈余公积		100 000
对所有者的分配		600 000
未分配利润——年末		900 000

②A 公司对 B 公司的抵销分录:

a. 借:实收资本(股本)		4 000 000
资本公积		700 000
盈余公积		632 000
未分配利润——年末		(1 188 000 + 80 000) 1 268 000
贷:长期股权投资		(4 800 000 + 480 000) 5 280 000
少数股东权益		(6 600 000 × 20%) 1 320 000
b. 借:投资收益		1 120 000
少数股东损益		280 000

未分配利润——年初	800 000
贷：提取盈余公积	132 000
对所有者的分配	800 000
未分配利润——年末	1 268 000

（二）相互持股

相互持股作为横向交叉持股的复杂控股模式，是指企业集团内部各成员企业之间相互持有股份。其具体表现为两种形式：一是母公司持有子公司绝大部分股权，而子公司又持有母公司的少数股权，如母公司东方公司持有子公司西方公司 90% 股权，而西方公司又持有东方公司 10% 股权；二是企业集团内某个子公司持有另一子公司的股权，如东方公司所属子公司西方公司持有东方公司另一子公司南方公司 30% 的股权，南方公司又持有西方公司 5% 的股权。相互持股控股模式见图 3－3。

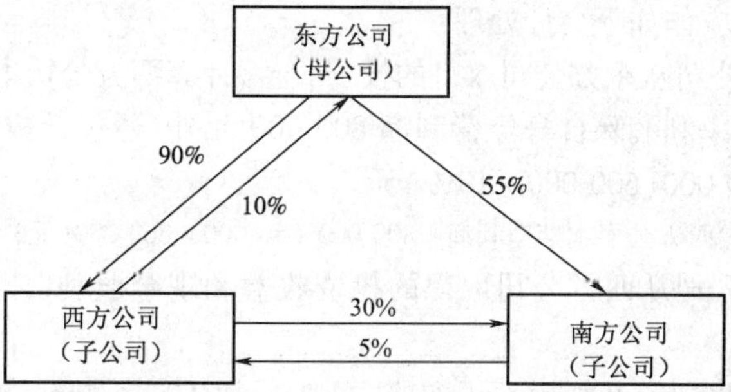

图 3－3

下面仅以子公司持有母公司股权为例说明其抵销处理方法。

在编制合并财务报表时，企业集团内部成员之间相互持股，一般有两种处理方法：库藏股法和交互分配法。

1. 库藏股法。在企业集团内部，一般是母公司为了取得对子公司的控制权而购入子公司发行在外的普通股股票，成为子公司的股东。但是，有时子公司也购入母公司的普通股股票，这便使得合并净利润的计算和长期股权投资的抵销变得复杂起来。较为简便可行的抵销方法是库藏股法。

所谓库藏股法，是将子公司持有母公司的股份，视为企业集团从少数股东那里收购的股份，视同未发行在外的库藏股份，在编制合并财务报表时，将子公司对母公司的投资在合并财务报表上转为"库藏股"项目列示。在母公司理论下，合并财务报表体现以母公司为报告主体，合并过程只是以子公司的资产和负债取代母公司长期股权投资，因此，将子公司持有母公司的股份视为母公司库藏股份，是合乎情理的。在这种方法下，首先，确认子公司从母公司取得的投资收益，并进而计算出子公司本期净利润；其次，确认母公司从子公司取得的投资收益和现金股利；最后，编制有关调整分录、抵销分录和合并财务报表。

【例3－53】 2011年1月1日，东方公司以7 200 000元购入西方公司90%的股权，此时西方公司所有者权益总额为8 000 000元，其中股本为6 000 000元，盈余公积为1 200 000元，未分配利润为800 000元。2011年1月5日，西方公司又用1 600 000元购入东方公司10%的股权，此时东方公司所有者权益总额为16 000 000元，其中股本为10 000 000元，盈余公积为4 000 000元，未分配利润为2 000 000元。2011年东方公司和西方公司的不含内部投资收益的经营净利润分别为1 200 000元和800 000元，宣告分配的现金股利分别为600 000元和400 000元。假设东方公司和西方公司为非同一控制下的企业，投资成本等于拥有的被购买方净资产公允价值，且净资产公允价值等于账面价值。

根据上述资料应作如下会计处理：

(1)确认西方公司从东方公司取得的投资收益，计算西方公司本期净利润：

西方公司当期净利润除自身经营利润800 000元外，还包括按成本法从东方公司取得的投资收益60 000(600 000×10%)元。

西方公司本期净利润＝800 000＋60 000＝860 000(元)

(2)确认东方公司从西方公司取得的投资收益和现金股利，计算东方公司本期净利润：

东方公司按成本法从西方公司取得的投资收益＝400 000×90%＝360 000(元)

东方公司本期净利润＝1 200 000＋360 000＝1 560 000(元)

(3)西方公司会计分录如下：

借：长期股权投资　　1 600 000

　贷：银行存款　　1 600 000

借：应收股利　　60 000

　贷：投资收益　　60 000

(4)东方公司会计分录如下：

①取得西方公司90%股权：

借：长期股权投资(明细账略)　　7 200 000

　贷：银行存款　　7 200 000

②确认从西方公司取得的投资收益：

借：应收股利　　(400 000×90%)360 000

　贷：投资收益　　360 000

(5)东方公司在编制合并财务报表时的调整分录和抵销分录：

①调整西方公司支付给东方公司的现金股利中包含的从东方公司取得的投资收益，消除库藏股股利：

借：投资收益　　60 000

　贷：对所有者的分配　　60 000

同时将西方公司提取的盈余公积予以抵销：

借：盈余公积　　6 000

　贷：提取盈余公积　　6 000

②将拥有的西方公司净利润由成本法调整为权益法：

借：长期股权投资　　[(800 000 - 400 000) × 90%]360 000

　贷：投资收益　　360 000

③借：实收资本(股本)　　6 000 000

　盈余公积　　(1 200 000 + 800 000 × 10%)1 280 000

　未分配利润——年末　(800 000 + 800 000 × 90% - 400 000)1 120 000

　贷：长期股权投资　　(7 200 000 + 360 000)7 560 000

　　少数股东权益　　(8 400 000 × 10%)840 000

④借：投资收益　　720 000

　少数股东损益　　80 000

　未分配利润——年初　　800 000

　贷：提取盈余公积　　(800 000 × 10%)80 000

　　对所有者的分配　　400 000

　　未分配利润——年末　　1 120 000

⑤将西方公司购入东方公司10%的股权按投资成本转为库藏股：

借：库藏股　　1 600 000

　贷：长期股权投资　　1 600 000

其他抵销分录略。合并工作底稿见表3-26。

表3-26　　**合并工作底稿**

2011年12月31日　　单位：元

项　目	东方公司	西方公司	合计数	抵销分录		少数股权	合并数
				借方	贷方		
(利润表)							
经营净利润	1 200 000	800 000	2 000 000				2 000 000

续表

项 目	东方公司	西方公司	合计数	抵销分录		少数股权	合并数
				借方	贷方		
投资收益	360 000	60 000	420 000	①60 000	②360 000		0
				④720 000			
少数股东损益						④80 000	80 000
净利润	1 560 000	860 000	2 420 000	780 000	360 000	80 000	2 080 000
期初未分配利润	2 000 000	800 000	2 800 000	④800 000			2 000 000
可供分配的利润	3 560 000	1 660 000	5 220 000	1 580 000	360 000	80 000	4 080 000
提取盈余公积	156 000	86 000	242 000		①6 000		156 000
					④80 000		
对所有者的分配	600 000	400 000	1 000 000		①60 000		540 000
					④400 000		
未分配利润	2 804 000	1 174 000	3 978 000	③1 120 000	④1 120 000		3 224 000
				2 700 000	2 026 000	80 000	
(资产负债表)							
流动资产							
货币资产							
短期投资							
应收票据					(金额略)		
应收账款							
预付账款							
存货							
长期股权投资							
对子公司	7 200 000	1 600 000	8 800 000	②360 000	③7 560 000		0
					⑤1 600 000		
所有者权益							
实收资本	10 000 000	6 000 000	16 000 000	③6 000 000			10 000 000
资本公积							
盈余公积	4 156 000	1 286 000	5 442 000	①6 000			4 156 000
				③1 280 000			
未分配利润	2 804 000	1 174 000	3 978 000	2 700 000	2 026 000	80 000	3 224 000
减:库藏股				⑤1 600 000			-1 600 000
少数股东权益						③840 000	840 000

2. 交互分配法。处理企业集团内部各企业之间相互持股的传统方法是交互分配法。在交互分配法下,子公司所持有的母公司股份视为对子公司投资的收回,减少其对子公司的投资,并相应冲减母公司所有者权益各项目,在合并财务报表中母公司这部分所有者权益不再列示。在交互分配法下,由于母公司和子公司利润构成相互交叉,所以,还需要运用数学方法处理相互交叉的收益,求得母公司和子公司当年实现的净利润。

【例 3－54】　沿用例 3－53 资料,说明交互分配法下的会计处理。

(1)编制母公司东方公司购入西方公司 90% 股权和从西方公司分得的现金股利的会计分录。

①借:长期股权投资	7 200 000	
贷:银行存款		7 200 000
②借:应收股利	(400 000×90%)360 000	
贷:投资收益		360 000

(2)编制东方公司和西方公司个别财务报表(略)。

(3)建立方程式,计算合并基础上的母公司东方公司和子公司西方公司的净利润。

设 P 为东方公司的净利润,S 为西方公司的净利润,则:

$$P = \text{东方公司自身经营净利润} + S \times 90\%$$

$$S = \text{西方公司自身经营净利润} + P \times 10\%$$

$$P = 120 + (80 + P \times 10\%) \times 90\%$$

$$= 120 + 72 + P \times 0.09 = 210.989(\text{万元})$$

$$S = 80 + 210.989 \times 10\% = 101.0989(\text{万元})$$

依据上述计算结果,可得东方公司和西方公司净利润合计 312.087 9 万元,比两家公司经营净利润合计金额 200(120＋80)万元多 112.087 9 万元,需要作进一步调整计算。

首先,将东方公司净利润 210.989 万元乘以 90%,求得推定赎回后东方公司实际净利润 189.890 1 万元。

其次,将西方公司净利润 101.098 9 万元乘以 10%,计算出少数股东收益 10.109 9 万元;

再次,将东方公司净利润 189.890 1 万元,与少数股东收益 10.109 9 万元相加,验证东方公司和西方公司经营净利润合计金额为 200 万元。

最后,计算东方公司从西方公司取得的投资收益 69.890 1(189.890 1－120)万元,或者用西方公司净利润乘以 90%,再减去东方公司净利润乘以 10%,求得东方公司从西方公司取得的投资收益。

东方公司从西方公司取得的投资收益 = 101.098 9 × 90% − 210.989 × 10%

= 90.989 01 − 21.098 9 = 69.890 1(万元)

(4)编制调整分录、抵销分录和合并财务报表。

①记录西方公司购入东方公司10%的股权而发生的推定赎回:

借:实收资本 (10 000 000 × 10%)1 000 000

　盈余公积 (1 600 000 − 1 000 000)600 000

　　贷:长期股权投资——东方对西方 1 600 000

该笔调整分录,一方面减少了东方公司的所有者权益,另一方面减少了东方公司对西方公司的投资,称为推定赎回。在东方公司的账上记录了东方公司股份的推定赎回后,东方公司的所有者权益则反映集团以外的股东所拥有的权益,不再包含企业集团内部相互持股的内部股东所拥有的权益。

②抵销东方公司分配给西方公司的现金股利:

借:长期股权投资——东方对西方 (600 000 × 10%)60 000

　　贷:对所有者的分配 60 000

之所以要作该笔调整分录,是因为,既然西方公司购入东方公司10%股权,已作为东方公司对西方公司投资的推定赎回,那么东方公司支付给西方公司的现金股利的性质就已改变,应在东方公司的账上抵销这项利润分配,转作东方公司对西方公司的投资

同时,将西方公司相应确认的投资收益和提取的盈余公积予以抵销:

借:投资收益 60 000

　　贷:应收股利 60 000

借:盈余公积 6 000

　　贷:提取盈余公积 6 000

③用权益法调整东方公司从西方公司取得的投资收益:

借:长期股权投资 (698 901 − 360 000)338 901

　　贷:投资收益 338 901

在交互分配法下,东方公司对西方公司长期股权投资期末余额应为599.890 1(720 − 160 + 6 + 33.890 1)万元。

④抵销西方公司对东方公司的投资:

借:长期股权投资——东方对西方 1 600 000

　　贷:长期股权投资——西方对东方 1 600 000

⑤抵销东方公司对西方公司投资和西方公司所有者权益:

借:实收资本 6 000 000

　盈余公积 (1 200 000 + 800 000 × 10%)1 280 000

未分配利润——年末

[800 000 + 800 000 × (1 - 10%) - 400 000] 1 120 000

贷:长期股权投资　(5 998 901 + 1 600 000) 7 598 901

少数股东权益

[8 400 000 × 10% + (101 099 - 60 000 - 80 000)] 801 099

⑥抵销东方公司内部投资收益和西方公司利润分配:

借:投资收益　698 901

少数股东损益　101 099

未分配利润——年初　800 000

贷:提取盈余公积　(800 000 × 10%) 80 000

对所有者的分配　400 000

未分配利润——年末　1 120 000

其他抵销分录略。合并工作底稿见表3-27。

表3-27　合并工作底稿

2008年12月31日　单位:元

项　目	东方公司	西方公司	合计数	抵销分录		少数股权	合并数
				借方	贷方		
(利润及利润分配表)							
经营净利润	1 200 000	800 000	2 000 000				2 000 000
投资收益	360 000	60 000	420 000	②60 000	③338 901		0
				⑥698 901			
少数股东损益						⑥101 099	101 099
净利润	1 560 000	860 000	2 420 000	758 901	338 901		1 898 901
期初未分配利润	2 000 000	800 000	2 800 000	⑥800 000			2 000 000
可供分配的利润	3 560 000	1 660 000	5 220 000	1 558 901	338 901	101 099	3 898 901
提取盈余公积	156 000	86 000	242 000		②6 000		156 000
					⑥80 000		
对所有者的分配	600 000	400 000	1 000 000		②60 000		540 000
					⑥400 000		
未分配利润	2 804 000	1 174 000	3 978 000	⑤1 120 000	⑥1 120 000		
				2 678 901	2 004 901	101 099	3 202 901
(资产负债表)							
流动资产							
货币资产							

续表

项目	东方公司	西方公司	合计数	抵销分录		少数股权	合并数
				借方	贷方		
短期投资							
应收票据					（金额略）		
应收账款							
预付账款							
存货							
长期股权投资							
对子公司	7 200 000	1 600 000	8 800 000	②60 000	①1 600 000		0
				③338 901	④1 600 000		
				④1 600 000	⑤7 598 901		
所有者权益							
实收资本	10 000 000	6 000 000	16 000 000	①1 000 000			9 000 000
				⑤6 000 000			
资本公积							
盈余公积	4 156 000	1 286 000	5 442 000	①600 000			3 556 000
				②6 000			
				⑤1 280 000			
未分配利润	2 804 000	1 174 000	3 978 000	2 678 901	2 004 901	101 099	3 202 901
少数股东权益						⑤801 099	801 099

由举例可以看出，库藏股法更符合持续经营假设和实质重于形式原则，且操作简便易行，但计算的投资收益不够准确，在非全资子公司情况下还会高估每股收益；交互分配法净收益的分摊有些违背了持续经营假设，过于强调法律形式而非经济实质，投资收益准确，但计算复杂，在非全资子公司情况下，能够消除交叉持股对母子公司之间权益及净利润的交叉影响，可以客观、公正地反映每股收益、每股净资产等重要财务指标。

《企业会计准则第 33 号——合并财务报表（修订）（征求意见稿）》规定："子公司持有母公司的长期股权投资，应当视为企业集团的库存股，作为所有者权益的减项，在合并资产负债表中所有者权益项目下以'减：库存股'项目列示；子公司相互之间持有的长期股权投资，应当比照母公司对子公司的股权投资的抵销方法，采用交互分配法将长期股权投资与其对应的子公司所有者权益中所享有的份额相互抵销。"该规定明确了子公司持有母公司的长期股权投资采用库藏股法核算，而子公司相互之间持有的长期股权投资采用交互分配法核算。

第四章

总分店经营

导读

总分店经营

- 分支机构概述
  - 分支机构的概念和特征
  - 分支机构与销售代理处的区别
  - 分支机构与子公司的区别
- 总分店经营及其会计特点
  - 总分店经营与连锁经营的关系
  - 总分店经营的会计核算制度
  - 总分店经营的商品调拨价格
  - 总分店经营内部往来账户的设置
  - 总分店经营的纳税问题
- 总分店经营的日常会计核算
  - 总店向分店调拨商品的核算
  - 分店固定资产的核算
  - 总店费用分摊的核算
  - 分店之间往来事项的核算
- 总分店经营的期末会计核算
  - 总分店内部往来账户余额的核对
  - 总分店期末结账的会计处理
  - 总分店联合财务报表的编制

说明：

分店是分支机构的一种形式，本章首先概述了分支机构的概念、设置情况，以及没有筹资、投资功能和作为整体企业的一个组成部分的非法人特征，明确了分支机构与销售代理处和子公司的区别。基于连锁经营在我国的快速发展，有必要明确连锁经营与总分店经营的关系。总分店经营在会计核算制度、商品调拨价格、核算的账户设置和纳税等方面均有其特点。总分店经营日常会计核算的重点内容是总店向分店调拨商品按成本计价和按高于成本计价情况下的会计处理，此外还有分店固定资产、总店费用分摊以及总分店之间往来事项等其他会计核算内容。会计期末，总分店在内部往来账户余额核对相符和完成结账的基础上，作为一个会计主体要对外编报反映企业整体财务状况、经营成果等的联合财务报表。

第一节　分支机构概述

一、分支机构的设置

伴随着企业经营规模的扩大，营业场所和地区的扩展，企业经常需要在本地区或其他地区设置分支机构，以获得规模经济效益，满足业务拓展和当地消费者的需求。企业的扩展不外乎有内部扩展和外部扩展两种方式。外部的扩展主要通过企业合并实现，有关企业合并已在第一章作了介绍；内部扩展则主要通过增加设备、设立分支机构等形式实现，其中，设立分支机构是当今企业普遍的内部扩展形式。在西方发达国家，一些大企业开设的分支机构多达数百家，在地域上遍布全国乃至全世界。随着我国社会主义市场经济的发展，我国各行各业的企业尤其是大企业纷纷设置分支机构。

分支机构是指企业总部设立的，不具备法人资格，经营管理受企业总部控制的业务经营单位。企业如在住所以外即异地设立分支机构，应当自决定之日起一定期限内向分支机构所在地的工商行政管理部门申请登记，核准后领取《营业执照》，并在核准登记的经营范围内从事经营活动。

企业所设置的分支机构，其地理位置、业务规模以及与总部的业务关系，取决于企业的业务特点和内部管理的要求。分支机构可以按企业生产经营的不同环节设置，如汽车企业可按零件厂、部件厂、成品装配厂、设备维修厂等设置分支机构；也可按生产经营的区域设置分支机构，如东北地区、华北地区等；综合性经营的企业还可按业务部门设置分支机构，如设置专门从事采购、生产、销售、咨询等业务的分支机构。

分支机构在不同的行业名称不同，如在银行系统，称为分行；在会计师事务所系统，称为分所;在商业系统,称为分店;在证券系统,称为营业部;在公司制企业,则称为分公司。我国《公司法》明确规定:“公司可以设立分公司。设立分公司,应当向公司登记机关申请登记,领取营业执照。分公司不具有法人资格,其民事责任由公司承担。”

二、分支机构的特征

分支机构作为整体企业的一个组成部分,不是法律主体,不具有对外筹资和投资的功能,其经营所需资金全部由企业总部拨给;其业务经营以总部名义进行,受总部控制,遵循企业总部统一的经营管理方针,但通常拥有一定的业务经营自主权;分支机构可以是非独立核算的经营单位,也可以是独立核算的会计主体。

分支机构作为会计主体,一方面,其独立性和完备性取决于企业总部对分支机构的控制程度,在不同的企业可能差异很大,即便在同一企业,总部对下属的各分支机构控制程度也不尽相同,基于此,各分支机构经营与核算的独立性也会有差异;另一方面,与法人会计主体相比,分支机构只是一个相对独立的会计主体,因为其会计核算内容只是自身所能控制和负责的部分,编制的财务报表是为了满足企业内部管理的需要,作为整个企业编制对外财务报表的资料来源之一,而不能直接对外提供。

三、分支机构与销售代理处和子公司的区别

(一)分支机构与销售代理处的区别

1. 在经营自主权方面。分支机构与销售代理处的主要区别在于经营自主权上。一般情况下,销售代理处通常不具有独立经营的自主权,一切要服从企业总部的安排;而分支机构则通常具有相对独立的经营自主权。

2. 在商品购销方面。销售代理处通常是企业为商品展销和与客户签订单而设立的,其本身没有库存商品直接供应给客户,也不从事商品购销业务,只是在代理店内陈列样品,供客户挑选;客户来店看样订货后,销售代理处将购货订单转交给企业总部,由总部决定是否给予客户赊销及赊销额度,代理处无权核准赊销;企业总部将商品直接发运给客户,并直接向客户收取货款。分支机构则可以独立从事商品购销等业务,通常具有较完备的商品存货,除了企业总部调拨商品外,分支机构经总部批准也可自行购进商品;在决定是否给予客户赊销及确定赊销额度上通常具有一定的自主权;销售时直接向客户交付商品,催收货款。

3. 在资金使用方面。企业总部为销售代理处设置定额备用金,销售代理处用于日常支付,并定期报销补足,除此之外,销售代理处一般不经办其他现金收支业务;分支机构则通常可以在银行开设账户,收付款项通过银行进行。

4. 在会计核算方面。销售代理处一般只需设置一本现金登记簿，用来记载总部拨付、代理处报销并补足备用金以及日常的备用金支出，不必设置完整的会计账簿体系；独立核算的分支机构通常具有较完备的账簿体系，单独核算盈亏并编制财务报表。

需要说明的是，企业的销售代理处与分支机构因为有上述区别，所以在理论上应严格区分，但在实务中，由于各企业在经营和管理上具有灵活性，有时对于销售代理处和不独立核算的分支机构并不严格区分，事实上对它们也难以区分。

为了与分支机构的会计核算相比较，下面举例说明企业销售代理处的会计核算。销售代理处自身只涉及现金收支的简单核算，因此，销售代理处的会计核算主要是站在企业总部角度。企业总部有关销售代理处业务核算的粗细程度，取决于是否单独考核销售代理处的推销业绩。如果单独考核，则在核算销售代理处的营业收入、费用以及净收益等时，应为销售代理处单独设置明细账，将其与企业总部和其他销售代理处的收支区分开。

【例4-1】 北京某总公司在天津设立甲销售代理处，2007年6月甲销售代理处发生业务如下：

(1) 总公司核定定额备用金50 000元，并签发现金支票拨付；

(2) 总公司运来A商品一批，成本为45 000元，作为陈列的样品；

(3) 推销出A商品一批，报由总公司发货，该批商品售价为86 000元，成本为57 000元。假定不考虑增值税，该公司存货采取永续盘存制。

(4) 向总公司报销费用4 700元，总公司签发现金支票补足备用金。

(5) 总公司以银行存款代本代理处支付费用2 300元。

(6) 总公司以银行存款购置一辆汽车，价值120 000元，拨交本代理处使用。

本例中，如果该总公司单独核算甲销售代理处的净收益，则还要将月末甲销售代理处的净收益转入总公司。在单独核算甲销售代理处净收益和不单独核算甲销售代理处净收益两种情况下，该总公司应编制的会计分录如表4-1所示。

表4-1　总公司对甲销售代理处的会计分录对照表　单位：元

业务序号	不单独核算甲销售代理处净收益	单独核算甲销售代理处净收益
(1)	借：备用金——甲销售代理处　50 000 　贷：银行存款　50 000	同左
(2)	借：库存商品——样品　45 000 　贷：库存商品——A商品　45 000	同左

续表

业务序号	不单独核算甲销售代理处净收益	单独核算甲销售代理处净收益
(3)	借:应收账款 86 000 贷:主营业务收入 86 000 借:主营业务成本 57 000 贷:库存商品——A 商品 57 000	借:应收账款 86 000 贷:主营业务收入——甲销售代理处 86 000 借:主营业务成本——甲销售代理处 57 000 贷:库存商品——A 商品 57 000
(4)	借:销售费用 4 700 贷:银行存款 4 700	借:销售费用——甲销售代理处 4 700 贷:银行存款 4 700
(5)	借:销售费用 2 300 贷:银行存款 2 300	借:销售费用——甲销售代理处 2 300 贷:银行存款 2 300
(6)	借:固定资产 120 000 贷:银行存款 120 000	同左
(7)	月末不作结转甲销售代理处收支的会计处理	月末结转收支,计算净收益 22 000 元: 借:主营业务收入——甲销售代理处 86 000 贷:本年利润——甲销售代理处 86 000 借:本年利润——甲销售代理处 64 000 贷:主营业务成本——甲销售代理处 57 000 销售费用——甲销售代理处 7 000

(二)分支机构与子公司的区别

分支机构与子公司的主要区别在于:子公司具有企业法人资格,可以依法独立承担民事责任,母子公司之间的交易和事项要完全按照法人之间的处理规定进行会计处理,子公司具有投资、筹资和利润分配等事项;而分支机构则不具有法人资格,其民事责任由总公司承担,分支机构的会计核算属于企业内部的会计核算,与子公司的会计核算相比,具有很大的灵活性,分支机构没有筹资和投资问题,也就没有利润分配等事项,所以会计核算的内容相比子公司要少得多。

本章主要介绍商品流通企业总分店经营的会计问题,其他分支机构的会计核算可比照总分店经营的会计核算进行。

第二节　总分店经营及其会计特点

一、总分店经营与连锁经营

连锁经营作为实现规模经济效益的一种经营方式，在发达国家已经有一百多年的发展史；在我国始于20世纪80年代，近年来在各行各业迅猛发展，尤其是在零售以及餐饮等服务行业应用更为普遍。

连锁店是指在同一总部的管理下，经营同类商品、使用统一商号的若干门店。依据我国有关连锁店经营管理规范意见，连锁店应由10个以上门店组成，实行规范化管理，由总部统一采购配送商品，部分商品也可根据物流合理和保质保鲜原则由供应商直接送货到门店，统一经营，采购与销售分离。单个连锁店由总部、门店和配送中心构成，总部是连锁店经营管理的核心，具备采购配送、财务管理、质量管理、经营指导、市场调研、商品开发、促销策划、教育培训等职能；门店是连锁店的基础，其主要职责是按照总部的指示和服务规范要求，承担日常销售业务；配送中心则是连锁店的物流机构，承担着各门店所需商品的进货、库存、分货、加工、集配、运输、送货等任务，也可面向社会服务。在超级市场、便利店、专业店、综合商场等多种业态中均可实行连锁经营。连锁店包括下列三种形式：

第一，直营连锁，即各连锁店同属一个投资主体，经营同类商品或提供同样服务，实行进货、价格、配送、管理、形象等方面的统一，总部对分店拥有全部的所有权和经营权，统一核算，统负盈亏。

第二，特许连锁（或称加盟连锁），即总部与加盟店签订合同，授权加盟店在规定区域使用自己的商标、服务标记、商号、经营技术和销售总店开发的产品，在同样形象下进行销售和提供劳务服务。总部对加盟店拥有经营权和管理权，加盟店拥有对门店的所有权和收益权。加盟店具备法人资格，实行独立核算，按销售额（营业额）的一定比例支付给特许者与其经营有关的特许权使用费。

第三，自愿连锁（或称自由合作连锁），即各门店在保留单个资本所有权的基础上实行联合，总部和门店之间是协商、服务关系，总部统一订货和送货，统一制定销售战略，统一使用物流及信息设施。实行自愿连锁经营，各门店各自的资产所有权关系不变，在总部的指导下共同经营，独立核算，自负盈亏，人事自主且具有很大的经营自主权。各门店应支付给总部与生产经营有关的服务费，总部经营的净利润可视情况部分返还各门店，具体返还比例和返还方式由总部和门店在连锁协议中确定。

由于连锁经营在我国的发展时间相对较短,现阶段我国连锁经营的总体水平仍然偏低。连锁经营的方式主要是直营连锁,特许连锁和自愿连锁尚未得到广泛发展,而直营连锁的发展规模和速度必然会受制于资金的约束。国际上连锁经营发达的国家,如美国、日本等,广泛采取特许连锁和自愿连锁的方式,尤其是特许连锁在当今国际上非常流行,如遍及全球的美国肯德基、麦当劳等特许连锁店,充分发挥了连锁经营拓展市场的优势。

直营、特许和自愿三种连锁经营形式,实质上体现着企业总部与门店之间的紧密、半紧密和松散型的联系。在实际工作中,这三种连锁形式可以在一个连锁企业中相互交叉存在。

从前述分支机构的定义以及直营、特许和自愿三种连锁经营形式的特点可见,实务中常见的连锁经营并不等同于总分店经营。这主要基于以下两点:

一是特许连锁经营中的加盟店具有法人资格,不符合分店的非法人特点;自愿连锁经营中合作店的资产所有权关系保持不变,亦不符合分店的资产所有权归属于总店的特点。

二是直营连锁经营属于总分店经营的范畴,但总分店经营要比直营连锁经营范围宽泛得多,如正规的直营连锁经营在门店的数量上我国要求至少 10 个,而总分店经营中对分店的数量没有特别要求,某个总店可能就下设一个分店;直营连锁经营中分店的所有资产、负债和损益都归总部或地区总部统一核算,而总分店经营中分店既可以实行非独立核算,也可以实行独立核算;直营连锁经营在内部资金管理上通过建立内部资金调剂中心对门店实行统一开户、统一结算、统一管理和统一调度,而总分店经营中分店可以单独开设银行账户;直营连锁经营中各门店的固定资产由总部或地区总部按统一标准配置,并且折旧由总部或地区总部统一提取,而总分店经营中分店经总店的批准可以单独购进固定资产,并可对固定资产及其折旧进行核算。

二、总分店经营的会计特点

总分店经营的会计特点主要体现在总分店经营的会计核算制度、商品调拨价格、内部往来账户的设置、联合财务报表的编制以及纳税问题几个方面。其中,联合财务报表的编制将在本章第四节专门介绍。

(一)总分店经营的会计核算制度

依据总店对分店的资金以及经营管理权限的控制程度不同,总店对分店实行的会计核算制度有分散核算制度和集中核算制度两种。

1. 分散核算制度。在分散核算制度下,分店是个相对独立的会计主体。在遵守总店统一的经营管理方针的前提下,分店拥有相对的业务经营自主权;有的分店可以自己的名义在银行开立账户，存销货款，支取营业款；一般拥有较完备的商品存货，其存货大部分为总店调拨，也可从企业外部购进；可自行决定对客户的赊销政策；拥有较完整的账簿体系，核算从总店收到的经营资金和商品、对外销售、应收应付款项以及费用等，并独立地核算其经营损益，编制财务报表报送总店。但分店的账户设置、会计核算制度和方针等都仍由总店统一制定。为了加强对重要事项的管理，有时分店的部分业务如固定资产及其折旧的核算归由总店负责。在此核算制度下，分店所入账的会计事项，应是分店经理能够控制且应予负责的事项。

分散核算制度一般适用于经营规模较大的分店。总店通过分店的会计核算，确认其销售水平、成本水平以及利润水平。

2. 集中核算制度。在集中核算制度下，分店不是独立的会计主体，不实行独立的会计核算。所有会计事项连同凭证都随时报送总店，由总店统一入账核算。分店不设正式账簿，但应根据管理的需要设置必要的辅助账目，作为备查记录，并定期与总店对账；各门店存入银行的款项由总店统一计划调剂，总店对分店可建立备用金制度；总店要对所经营的商品进行统一采购和统一配送，不宜统一配送的商品如保鲜期短或鲜活商品，由分店到总店指定的生产点取货，或在总店规定的渠道和价格浮动幅度内由分店用备用金直接采购后按规定向总店报账；总店对分店一般实行售价金额核算，进价数量控制，分店每月对商品进行盘点，建立实物负责制度；固定资产的管理、调拨、报废等事宜由总店统一管理，分店无权处置；分店每日销售款必须存入总店指定的银行并直接向总店报送销售日报表、销售流水收款单等；总店对折扣、折让的商品品种、范围、时限和幅度严格规定，统一筹划。

集中核算制度能够保持总分店会计处理的一致性，并且节约会计核算成本。但在过去的手工会计处理下，集中核算制度由于分店向总店报送数据容易延时，易影响财务报表编报的时效性，所以在会计实务中采用较少。但随着信息技术的快速发展，企业的会计电算化已经很普及。总分店之间通过计算机联网实施数据传递，使得集中核算制度变得高效和便捷，因此，其已为越来越多的企业采用。但对于管理上需要独立核算其盈亏的分店而言，将分店盈亏的核算都放在总店进行，无疑会加大总店核算的工作量。

事实上，在会计实务中，总店对下设的不同分店可依据分店的具体情况和总店的管理需要，采取不同的核算制度。

集中核算制度在会计核算上与一般企业没有差异，因此，本章仅介绍分散核算制度下总分店经营的会计核算。

（二）总分店经营的商品调拨价格

如前所述，在总分店经营中，分店拥有较完备的存货，其大部分货源由总店供应，有些情况下,总店也授权分店从企业外部采购存货。在分店从企业外部采购存货的情况下,会计处理与一般的商品购进相同;在总店调拨给分店存货的情况下,总店调拨给分店的存货可能是自制的,也可能是外购的,如为外购,总店实际上充当着批发商的角色。由于总店购买的批量大,因而可比各分店自行的小批量购买享受较高的折扣和较低的价格。由于在实际工作中,总分店之间的存货调拨主要为商品调拨,所以本章以商品调拨为例,说明总分店之间存货调拨的核算。

总店与分店作为各自独立的会计主体,对于相互之间商品的收进和发出,都应在各自的账簿上分别反映,以便分别进行业绩考核。但是,从整个企业看,总分店之间的商品收发仅属于企业内部的商品调拨,相当于商品的移库,并没有转移商品的所有权,不能作为销售处理。因此,总分店之间商品调拨如何计价便成为总分店经营会计的一个核心问题。当然,总分店之间商品调拨主要是指总店向分店下拨商品。调拨商品的计价方法不同,不仅会影响分店的商品存货金额,而且会影响总店和分店的经营利润。依据总店对商品的定价政策以及对分店的放权程度,总店向分店调拨商品通常有以下三种计价方法:

1. 按成本计价。按成本计价是指总店拨给分店的商品按总店的购进成本或自制成本计价。这种计价方法将总分店之间的商品调拨视为商品在总分店之间存放地点的转移,会计处理简便,能真实地反映分店的存货金额,避免在分店的期末存货中出现内部未实现的利润,同时也有利于调动分店营销的积极性,因此,该计价方法应用最为广泛。但是,这种计价方法将商品的全部销售利润首先都体现在分店,夸大了分店的经营业绩和获利能力。

2. 按成本加成计价。按成本加成计价是指总店拨给分店的商品按商品的购进成本或自制成本加上一定百分比的利润计价。这种计价方法使商品的销售利润一部分体现为总店的经营成果,另一部分体现为分店的经营成果,有利于正确评价分店的经营业绩,从而有利于克服商品调拨按成本计价的缺陷。但是,这种计价方法使得分店按成本加成计价的期末存货中包含内部未实现的利润,从而高估了分店期末存货的价值。为此,在期末编制总分店联合财务报表时应将分店期末存货价值中包含的未实现利润予以剔除,即作抵销处理。

3. 按零售价格计价。按零售价格计价是指总店拨给分店的商品按商品对外的零售价格计价。这种计价方法将商品销售的利润全部体现为总店的经营成果,分店的利润表中无利润。分店按零售价格记录所收到和所销售的存货,相应的期末存货也反映商品的零售价格,如果期末分店实际盘点的商品金额与账面不相符,则表明可能存在差错、丢失、盗窃或损失情况,这有利于总店及时进行检查和处理,从而强化对存货的管理和内部控制。但是,分店对于所经营的来自总店的商品,只有费用支出而没有利润,使得分店的经营成果不真实，也不利于调动分店营销的积极性；此外，与按成本加成计价方法相同，期末在编制总分店联合财务报表时，也应将分店期末存货价值中包含的未实现利润剔除。

按成本加成计价和按零售价格计价，都使得分店的账面上对商品的计价存在两种标准，一是自行购置情况下的成本价，二是总店调拨情况下的调拨价。这两种计价标准并存，不仅会影响分店自身计价标准的一致性，而且会影响总分店之间计价标准的一致性。但在这两种计价方法下编制出的总分店联合财务报表与按成本计价方法下编制的相同(将在本章第四节介绍)，因此，在某种意义上，这两种方法又兼有成本计价法的优点。这两种方法的区别仅在于售价高于成本的幅度不同，其本质和会计处理没有差异，因此，后面将其合并介绍，统称为按高于成本计价。

以上三种计价方法各有利弊，具体采取哪种计价方法应结合分店的具体情况和总店对分店的考核要求，并遵循便于管理、考核和调动各方面积极性的要求。

(三)总分店经营内部往来账户的设置

在总分店经营中，为了反映总分店之间的业务往来事项，需要设置两个相互对应的账户，即总店设置“分店往来”账户，分店则设置“总店往来”账户。

“分店往来”账户核算企业总店与每个独立核算的分店之间的往来事项，其借方反映向分店拨付的货币资金、商品或其他资产，贷方反映由分店交来的货币资金、商品或其他资产。一般情况下，该账户表现为借方余额，因为总店调拨给分店的资产，通常会比其从分店收取的资产多；而且，有时总店受分店的委托可能会发生一些费用，这些费用也会直接借记“分店往来”账户。“分店往来”账户期末的借方余额表示总店对分店拨付的资金，属于企业总部的一项资产数额。从另一角度看，“分店往来”账户在性质上也体现着总分店之间的债权债务关系，其余额相当于总店对分店的应收款金额。在总店设有多个分店的情况下，“分店往来”账户通常应按各个分店设置明细账，进行明细核算。当然，总店是否要为每个分店设置明细账，主要取决于总店是否单独核算分店的经营成果。

“总店往来”账户核算企业分店与总店的往来事项，其贷方反映收到总店拨来的货币资金、商品及其他资产；借方反映交送总店或其他分店的货币资金、商品或其他资产。期末，其贷方余额表示总店拨入的资金。同样道理，从另一角度看，“总店往来”账户在性质上也体现着总分店之间的债权债务关系，其余额相当于分店对总店的应付款金额。

因此，“分店往来”账户与“总店往来”账户是相互对应的反映总分店之间拨付资金与拨入资金关系的内部往来账户。这两个账户记录的内容相同，但记账方向相反。理论上两个账户的余额在任何时点上都应该相等，但在实务中，通常会因为未达账项以及记账差错造成这两个账户的余额不相等,对此应予以调节和更正(未达账项的调节方法将在本章第四节介绍),只有在两个账户余额相等的情况下才可编制联合财务报表。“分店往来”账户与“总店往来”账户的余额,在资产负债表中分别列入非流动资产和所有者权益项目中。

上述有关“分店往来”账户与“总店往来”账户余额的表述,是基于分店期末利润结转前。会计期末,分店计算出当期的利润或亏损后,要将其转入“总店往来”账户,总店要将分店的利润或亏损,自“分店往来”账户转入“本年利润”账户(具体结转方法将在本章第四节介绍)。期末结转后,“分店往来”账户与“总店往来”账户均属于共同性质的账户,期末余额可能在借方,也可能在贷方。“分店往来”账户的期末余额若在借方,表示分店占用总店的资金,相当于总店的资产;若在贷方,则表示总店占用分店的资金,相当于总店对分店的负债。与“分店往来”账户相对应,“总店往来”账户的期末余额若在借方,表示分店资金被总店占用,相当于分店的资产;若在贷方,则表示分店占用总店资金,相当于分店对总店的负债。

实务中,一些分店不设置“本年利润”账户,在此情况下,分店实现的利润和发生的亏损直接通过“分店往来”账户结转到“总店往来”账户。本章采取分店单设“本年利润”账户的做法。

应当指出,目前我国对于分支机构的会计核算并没有统一的规范,因此,在会计实务中,企业总部与其分支机构往来事项核算所设置的账户名称也不尽相同,但反映内容的实质一致。对于非商品流通企业,其总部与分支机构之间的往来事项,在企业总部通常设置“分支机构往来”、“分部往来”、“拨付所属资金”等账户;分支机构则设置“总部往来”、“公司总部往来”、“上级拨入资金”等账户。企业总部设置的“分支机构往来”等账户和分支机构设置的“总部往来”等账户,在结构上与商品流通企业的“总店往来”账户和“分店往来”账户相同,会计处理亦可比照商品流通企业进行。此外,在总分店经营的会计核算中,除设置“分店往来”和“总店往来”这两个核心账户外,依据存货的盘存制度和商品调拨价格的不同,还需要增设其他账户(具体内容将在本章第三节介绍)。

(四)总分店经营的纳税问题

总分店经营在区域范围上,有的在同一城区,有的跨城区乃至跨国;在会计核算上,有的分店实行独立核算,有的实行非独立核算。因此,总分店经营的纳税问题主要表现为是由总店统一纳税还是由分店分别纳税。总分店经营涉及的主要税种是增值税和企业所得税。为了支持和促进我国连锁经营的发展,财政部和国家税务总局专门就连锁经营的纳税问题发布相关的规定,总分店经营的纳税可比照相关规定进行。

有关增值税,1997 年财政部、国家税务总局联合发出《关于连锁经营企业增值税纳税地点问题的通知》，规定跨地区经营的直营连锁企业，即连锁店的门店均由总部全资或控股开设，在总部领导下统一经营的连锁企业凡采取微机联网，实行统一采购配送商品，统一核算，统一规范化管理和经营，并经有关部门批准，可由总店向其所在地主管税务机关统一申报缴纳增值税。自愿连锁和特许连锁仍由各独立核算门店向所在地主管税务机关申报缴纳增值税。

根据上述规定，只有直营连锁企业满足规定的条件才可由总店统一缴纳增值税，否则应由分店独立缴纳增值税。由总店统一缴纳增值税，实际上是对连锁企业的一项税收优惠政策。因为统一纳税后，总店向分店配送环节不再计算缴纳增值税，而后移为门店销售实现后总店再计算缴纳增值税，递延了增值税的缴纳时间。

有关企业所得税，长期以来我国企业所得税的纳税人，是按独立核算企业界定的。无论是法人企业还是非法人企业，只要会计上实行独立核算，即满足在银行开设结算账户、建立独立账簿和编制财务报表以及独立计算盈亏三个条件，即为企业所得税的纳税人，据此，独立核算的分店应分别在当地税务机关纳税。一般情况下，分别纳税使得总分店之间的盈亏不能互抵，企业整体的税负水平会比较高，当然还会增加人力、管理等方面的纳税成本。

2003 年财政部、国家税务总局发布了总分店合并纳税的条件，根据《关于连锁经营企业有关税收问题的通知》，内资连锁企业省内跨区域设立的直营门店，凡在总部领导下统一经营、与总部微机联网，并由总部实施统一采购配送、统一核算、统一规范化管理，并且不设银行结算账户、不编制财务报表和账簿的，由总部向其所在地主管税务机关统一缴纳企业所得税。根据此规定，不满足条件的，如实行独立核算的分店仍在所在地独立纳税。

而依据 2007 年颁布的《中华人民共和国企业所得税法》，纳税人应为法人组织。分店以及其他的分支机构因其不是法人，也就不是纳税人。企业若设有多个不具有法人资格的营业机构，应由法人汇总纳税。对于总分店经营而言，即由总店汇总纳税。实行法人税制是世界各国所得税制发展的方向。当前，世界上大多数国家对个人以外的组织或者实体课征所得税，一般都是以法人作为纳税主体。因此，新所得税法以法人组织为纳税人符合国际惯例，也是企业所得税改革的内在要求，有利于更加规范、科学、合理地确定企业的纳税义务。

实行由总店统一向总店所在地税务机关缴纳企业增值税和所得税，也容易产生一些问题，如总店所在地税务机关对异地分支机构的经营情况难以详细掌握；分店所在地税务机关由于拿不到分店实际贡献的企业所得税而缺乏共同稽查的动力等。为防止企业所得税的流失，一方面应强化税收征管的力度；另一方面，财政部门应及时制定统一纳税后所属地区间财政利益的调整办法，以确保连锁企业门店所在地的财政利益在纳税地点变化后不受影响。此外，合并纳税也不是总能降低企业的整体税负，有些情况下反而可能会提高企业的整体税负，对此纳税问题这里不作深入介绍。

从税金的会计处理角度来看，无论是由总店统一计提纳税，还是由分店独立计提纳税，有关税金的会计处理与一般企业没有什么区别。因此，本章的会计核算不涉及税金的会计处理问题。

第三节　总分店经营的日常会计核算

总分店经营的会计特殊问题，主要体现在总分店日常往来的会计处理和期末内部往来账户的核对以及联合财务报表的编制。至于总店和分店各自的其他会计核算，与一般企业的会计处理相同，这里不再赘述。

总分店经营的日常会计核算主要包括总店向分店调拨商品、分店固定资产、总店费用分摊以及分店之间往来事项等核算内容。下面分别予以介绍。

一、总店向分店调拨商品的核算

总店和分店对商品存货的核算，可以采用永续盘存制，也可以采用定期盘存制。在采用永续盘存制的情况下，总分店之间商品调拨，可直接增减“库存商品”账户。而在定期盘存制下，由于总店的“库存商品”账户平时只记增加额，不记减少额，商品销售成本根据“期初存货 + 本期购货 - 本期销售”的计算公式倒挤得出。因此，为了在账上反映总分店之间的商品调拨业务，总店还应设置“拨交分店商品”账户，作为总店“商品采购”账户的备抵调整账户；分店设置“总店拨来商品”账户。本章主要介绍永续盘存制下商品调拨的核算以及联合财务报表的编制。

（一）商品调拨按成本计价的核算

在总店按成本价调拨商品给分店的情况下，总分店双方有关商品调拨的会计处理都较为简单。总店向分店拨出商品时，按成本价借记“分店往来”账户，贷记“库存商品”账户；分店收到总店拨入的商品，应按成本价借记“库存商品”账户，贷记“总店往来”账户。

【例4－2】　A电器公司的总店2007年8月20日按成本价调拨一批电器给下属的甲分店。该批电器的成本价总额为85 000元，零售价总额为110 000元。根据资料，该

总分店应分别编制如下会计分录:

(1)总店:

借:分店往来　　85 000

　贷:库存商品　　85 000

(2)分店:

借: 库存商品　　85 000

　贷:总店往来　　85 000

(二)商品调拨按高于成本计价的核算

商品调拨按高于成本计价包含前述按成本加成计价和按零售价格计价。总店在以高于成本的价格作为计价标准向分店调拨商品时,应按调拨价借记"分店往来"账户;按所调出库存商品的成本,贷记"库存商品"账户;按调拨价高于成本的差额,贷记"备抵存货超成本计价"账户。这样的会计处理,既利于总店保存向分店调拨商品的成本记录,又便于掌握内部利润情况。"备抵存货超成本计价"账户核算商品调拨价高于成本价的金额,即未实现利润。

分店收到总店调入的商品时,按总店调拨价,借记"库存商品"账户,贷记"总店往来"账户。这样,分店的库存商品中便包含商品调拨价高于成本价的差额。这部分差额在会计期末,若商品未售出,则表现为期末存货中含有未实现利润;若分店实现商品销售,则在结转销售成本时,就从"库存商品"账户转入"主营业务成本"账户,即转化成了分店的销售成本。

【例4-3】　假定在例4-2中,A电器公司的总店按零售价调拨商品,则该总分店对于商品调拨应分别编制如下会计分录:

(1)总店:

借:分店往来　　110 000

　贷:库存商品　　85 000

　　　备抵存货超成本计价　　25 000

(2)分店:

借:库存商品　　110 000

　贷:总店往来　　110 000

二、分店固定资产的核算

分店使用的固定资产有两种核算方法,一种由总店统一核算;另一种在分店账上核算。第一种方法因其有利于总店控制整个企业的资本性支出以及统一企业的折旧政策而更多运用。

若采取总店统一核算固定资产的做法，分店的账簿上不记录固定资产及其折旧，当总店为分店购置固定资产时，总店应借记“固定资产”账户，贷记“银行存款”等账户；如经批准由分店自行购置固定资产，则分店在购进固定资产时，应借记“总店往来”账户，贷记“银行存款”等账户，并向总店报账。总店在接到分店的固定资产购置报告后，应借记“固定资产”账户，贷记“分店往来”账户。这种核算方法的举例请参见例4－9。

若采取由分店核算固定资产的做法，如果经批准由分店自行购置固定资产，则分店在购进固定资产时，应借记“固定资产”账户，贷记“银行存款”等账户。该笔固定资产购置业务对总店不产生影响，只是使分店的资产结构发生变化，因此，不必通过“总店往来”和“分店往来”账户进行核算。如果分店的固定资产由总店拨入，当总店向分店调拨固定资产时，在总店账簿上，应借记“分店往来”账户，贷记“固定资产”账户；在分店账簿上，应借记“固定资产”账户，贷记“总店往来”账户。分店记录的固定资产无论是自行购置还是由总店拨入，均应计提折旧。

【例4－4】　A电器公司下属的异地乙分店独立核算固定资产，2007年2月5日总店将批量购进的一批固定资产调拨给所属各分店，乙分店收到调拨设备的总成本为68 000元。A电器公司的总分店对于该项设备调拨，应编制如下会计分录：

(1)总店：

借：分店往来　　68 000

　贷：固定资产　　68 000

(2)分店：

借：固定资产　　68 000

　贷：总店往来　　68 000

三、总店费用分摊的核算

总店对于直接为某一分店支付的费用，应立即由该分店负担。但对于应由各分店负担的各项费用，如广告费、保险费、房产税以及总店统一记账的固定资产折旧费等，总店通常会根据经验采取一定的标准在各分店之间进行分配，以消除分店账簿上少记费用而虚增的利润，真实反映各分店的经营成果，合理地考核各分店的利润。尤其是在总店不直接经营业务而只行使管理和核算职能的情况下，总店的全部费用都必须先在总店账上归集，然后再按一定的标准分摊给各分店。对于不同的费用，总店应确定其合适的分摊标准，分摊标准是否恰当合理，直接影响费用分配的合理性。例如，对于折旧费，在总店按直线法计提折旧时，可以各部门固定资产的原值作为分摊标准；按双倍余额递减法计提折旧时，可以各部门固定资产的净值作为分摊标准。又如，对于直接与销售有

关的广告费、包装费等,可以各分店的销售收入作为分摊标准。对于应由分店分摊的费用,总店在会计处理上可采取以下两种做法:

一种是总店先统一支付再分摊给各个分店记账。采用这种做法,总店可以采取开具借项通知单的方式通知各个分店,并借记"分店往来——××分店"账户,贷记"销售费用"等账户;各个分店收到总店开具的借项通知单后,借记"销售费用"等账户,贷记"总店往来"账户。这种做法可使分店单独编制的利润表反映其实际的损益,便于总店对分店经营业绩的考核,其举例请参见例4-9。有时,企业出于管理需要和保密性的考虑,也可能并不将应由分店负担的费用全部分摊给分店,这样会使得分店因为少记费用而利润虚增。因此,总店在将分店的利润入账时,应调整分店的利润,借记"本年利润——××分店"账户,贷记"销售费用"账户。

另一种是统一在总店的账簿上登记,分店账簿上不予反映。采用这种做法,总店在将分店的利润入账时,同样要将分店应负担的费用调减其利润,借记"本年利润——××分店"账户,贷记"销售费用"账户。此种做法会计处理简单,不再举例说明。

需要指出的是,上述两种做法对于总分店编制的联合财务报表影响相同。

四、分店之间往来事项的核算

总店下属的各个分店之间也可能会发生一些往来事项,如:存货从某一分店调拨到另一分店;在总店规定售出的商品可以在任一分店退换的情况下,某一分店售出的商品被客户退回到另一分店等。对于各个分店往来事项的会计处理有总店集中核算制和分店分散核算制两种做法。

(一)总店集中核算制

在总店集中核算制下,各个分店不设立相互往来账户,其往来事项业务,视同与企业总部发生往来关系进行处理,即一律通过总店核算,以加强总店对分店的统一管理。当然,并不是存货实物通过总店收进或发出,而只是在会计处理上视做发货的分店先将存货发往总店,总店再将存货发到收货的分店,即将属于各个分店之间的往来事项转化为各分店对总店的往来事项。

【例4-5】 大华电器公司(总店)下设多个分店,采用总店集中核算制。2007年6月10日总店要求A分店将一批成本为200 000元的商品调拨给B分店。

根据上述资料,大华电器公司的总店、A分店和B分店应分别编制如下会计分录:

(1)总店:

借:分店往来——B分店	200 000	
贷:分店往来——A分店		200 000

(2)A 分店：

借:总店往来　　200 000

　贷:库存商品　　200 000

(3)B 分店：

借:库存商品　　200 000

　贷:总店往来　　200 000

从上述会计处理可见,采取总店集中核算制,账务处理较为清晰、简明,也有利于加强总店对各个分店的统一管理。

(二)分店分散核算制

在分店分散核算制下,分店应增设反映分店之间相互往来的账户,可比照总店的设账做法,设置“分店往来”账户,并按各分店的名称设置明细账。某一分店与其他分店所发生的往来事项,直接记入为该分店设立的往来明细账中,而不必通过“总店往来”账户进行核算。

【例4－6】　沿用例4－5资料,假定采用分店分散核算制。则A分店和B分店应分别编制如下会计分录：

(1)A 分店：

借:分店往来——B 分店　　200 000

　贷:库存商品　　200 000

(2)B 分店：

借:库存商品　　200 000

　贷:分店往来——A 分店　　200 000

在分店分散核算制下,会计处理能够反映各个分店之间往来事项的实际情况。但是,一方面,各分店往来事项的会计处理会增加编制联合财务报表工作底稿的难度;另一方面,也会弱化总店对分店统一管理的职能。

在对总分店之间商品调拨进行会计处理时,需要注意运费的处理问题。无论是实行总店集中核算制还是实行分店分散核算制,商品的购进费用一般情况下都应计入购进成本。但分店之间的商品调拨是迂回运输,因此,比总店直拨多出的运费,应视为总店在商品调拨上的失误,列为总店的损失,而不应由分店负担计入商品成本中,否则不仅会虚增存货的价值,而且不利于明确责任,加强管理。调入商品的分店,计入存货成本的运费金额,应以该项商品从总店调入所需支付的运费为限。如某总店调拨商品给下属的甲分店,运费为1 000元,后又将该批商品调拨给下属的乙分店,从甲分店到乙分店发生350元运费。若该批商品总店直拨给乙分店,运费为900元,则多发生的运费

450(1 000 + 350 - 900)元应作为总店的损失。对此,总店可增设“超额运费损失”账户,并可在其利润表中“资产减值损失”项目下增设“超额运费损失”项目列示。下面举例说明分店之间调拨商品多付运费的会计处理。

【例4-7】 某总店将成本为160 000元的一批商品调拨给甲分店,支付运费2 000元。不久,总店要求甲分店将该批商品转运给乙分店。甲分店将该批商品转运给乙分店时,支付运费1 000元。假定该批商品直接由总店调拨到乙分店,运费为2 500元。运费款项均开出支票支付,分店之间的往来事项采取总店集中核算制。根据资料,该总分店之间商品调拨的会计处理如表4-2所示。

表4-2　　总分店之间商品调拨的会计分录对照表　　单位:元

业务	总店	甲分店	乙分店
总店调拨商品给甲分店	借:分店往来——甲分店 162 000 贷:库存商品 160 000 银行存款 2 000	借:库存商品 162 000 贷:总店往来 162 000	
甲分店将商品转运给乙分店	借:分店往来——乙分店 162 500 超额运费损失 500 贷:分店往来——甲分店 163 000	借:总店往来 163 000 贷:库存商品 162 000 银行存款 1 000	借:库存商品 162 500 贷:总店往来 162 500

有时,分店收到从总店调入的商品可能会有残次等质量问题而产生退货,或者总店因商品短缺需要分店退回所调拨的商品。不论发生哪种情况,分店将商品退回总店都会发生运费,此运费也不应作为正常的运费处理,亦应列入总店的超额运费损失中。

第四节　总分店经营的期末会计核算

会计期末,总店与分店的会计核算主要包括三项内容:一是总分店内部往来账户余额的核对;二是总分店期末结账;三是总分店联合财务报表的编制。其中,总分店期末结账是指在会计期末计算并结转分店的利润。

一、总分店内部往来账户余额的核对

为了防止差错,总店与分店之间应经常核对其内部往来账户。如前所述,总店的“分店往来”与分店的“总店往来”这两个相对账户的余额原则上应该相等。但在实际工作中,如同企业银行存款日记账余额与开户银行对账单余额不符一样,由于总店或者分店一方或双方记账错误,更多的则是由于存在未达账项,而使得这两个账户余额出现不一致。

未达账项是指一项业务在总分店之间由于时间差导致一方已经记账,另一方尚未记账的事项。总店与分店之间的任何往来事项都可能引起时间差的问题。例如，总店拨给分店货币资金或商品，总店在货币资金或商品拨出时便已记账，而分店因未收到相关的原始单据和商品尚未入账。又如，分店汇交总店的款项，分店汇出款项时便已入账，而总店因未收到款项尚未入账。再如，总店开出借项通知单分摊给分店营业费用并据以入账，而分店因未收到借项通知单尚未入账。

总分店在核对内部往来账户金额时，对于记账错误，一经发现应及时更正；对于未达账项，在会计期间内不需要调节，因为通常过些时日未达账项便会到达入账。但在会计期末总店编制联合财务报表前，必须对其进行调节，以保证"分店往来"与"总店往来"账户余额的一致性。在此基础上，才能在编制联合财务报表的工作底稿中，将总分店之间的内部往来余额相互抵销。

与银行存款余额调节方法相同，调节总分店之间内部往来的未达账项，通常可采取编制"总分店内部往来账户余额调节表"的做法，即在总店和分店双方内部往来账户余额的基础上，采取补记式调节方法，将对方记账而本方未入账的事项予以加减调节，调节后双方内部往来账户的余额应该相等。如果不相等，则表明总店或分店或双方的内部往来账户记录有错，对此，总分店必须及时查找差错及原因，并予以更正。

【例4－8】　红光公司2007年12月31日总店的"分店往来"账户为借方余额144 000元，分店的"总店往来"账户为贷方余额100 500元。经核对存在以下未达账项：

(1)12月27日，总店代分店收取应收账款90 000元，分店因未接到总店的通知，尚未入账；

(2)12月28日，分店汇交总店款项52 500元，总店因未接到收款通知，尚未入账；

(3)12月29日，分店代总店收取应收账款27 000元，总店因未接到收款通知，尚未入账；

(4)12月30日，总店按成本价108 000元调拨一批商品给分店，因商品还在运输途中，分店尚未入账。

根据上述未达账项，编制红光公司"总分店内部往来账户余额调节表"如表4－3所示。

表4－3　　总分店内部往来账户余额调节表　　单位：元

总店的"分店往来"账户	金　额	分店的"总店往来"账户	金　额
调节前余额	144 000	调节前余额	100 500
加：分店代收应收账款	27 000	加：总店拨交分店商品	108 000
减：分店汇交款项	52 500	减：总店代收应收账款	90 000
调节后余额	118 500	调节后余额	118 500

与企业编制的"银行存款余额调节表"的作用相同,"总分店内部往来账户余额调节表"也只起对账作用,而不作为更改账面记录的原始凭证。

二、总分店期末结账的会计处理

会计期末,总店和分店均应进行结转损益的会计处理,以确定本期实现的利润。这里主要说明分店的利润形成和结转的核算。

分店在将主营业务收入等结转"本年利润"账户时,应借记"主营业务收入"等账户,贷记"本年利润"账户;在将主营业务成本和销售费用等结转"本年利润"账户时,应借记"本年利润"账户,贷记"主营业务成本"、"销售费用"等账户;在将"本年利润"账户的贷方余额(利润)结转总店时,则应借记"本年利润"账户,贷记"总店往来"账户。若分店的"本年利润"账户表现为借方余额,则为亏损,应编制借记"总店往来"账户,贷记"本年利润"账户的结转分录。在总店对分店的商品调拨按高于成本计价的情况下,分店的"本年利润"账户通常表现为借方余额。

总店对于分店本期实现的利润(或亏损),可以单设"分店利润"账户进行核算,也可在"本年利润"账户下按分店开设明细账进行核算,本章采取后一种设账方法。总店在收到分店转来的利润额时,应借记"分店往来——××分店"账户,贷记"本年利润——××分店"账户。在总店对分店的商品调拨按高于成本计价的情况下,收到分店转来的亏损额时,应借记"本年利润——××分店"账户,贷记"分店往来——××分店"账户。

总分店经过上述结账处理后,"分店往来"与"总店往来"的余额应该相等。

总分店期末结账的会计处理举例请参见例4-9和例4-10,读者可结合后面的例题加以理解。

三、总分店联合财务报表的编制

(一)联合财务报表概述

1. 联合财务报表的概念。在分店独立核算的情况下,会计期末分店、总店和企业整体均应编制财务报表。分店的财务报表可以使总店的管理层了解和评价其财务状况和经营成果;总店的财务报表可以使企业管理层评价总店的财务状况、经营成果以及现金流量。除了在总、分店各自的资产负债表上分别列示"分店往来"与"总店往来"金额外,总店和分店各自的财务报表编制与一般企业财务报表的编制并无差异。但在总店按成本加成计价或按零售价格计价向分店调拨商品的情况下,与分店的"本年利润"账户相对应,分店利润表中的营业利润在分店的货源大部分来自总店的情况下,通常表现为亏损。

无论是总店还是分店，编制的独立财务报表仅供企业内部使用，而不能满足企业外部信息使用者的需求。事实上，分店编制的资产负债表通常由于其重要的资产（如固定资产）在总店核算，有用性并不强。另外，由于分店不具有法人资格，因此，其财务报表只能报给总店。总店期末对外报出的财务报表必须包括分店数据，按单个企业财务报表的编制要求，编制出反映企业整体情况的联合财务报表。联合财务报表就是指由总店编制的反映总分店整体财务状况、经营成果和现金流量的财务报表。

综上所述，总分店联合财务报表的编制体现了总分店会计信息披露双重性的特点，即在总店与分店独立编制的财务报表的基础上，再由总店编制出反映总分店整体信息的联合财务报表。

2. 联合财务报表编制的方法。为了保证联合财务报表编制的正确性，企业通常设置联合财务报表工作底稿，据以编制联合财务报表。联合财务报表工作底稿（参见表4－9）的格式以及编制步骤和方法与企业集团的合并财务报表工作底稿基本一致，可比照其设置和编制。联合财务报表的工作底稿采取多栏式，自上而下分别列示利润表、资产负债表等项目，依据总店和分店的独立财务报表编制。

在联合财务报表工作底稿中，一是将总分店相同项目的金额汇总；二是抵销总分店内部往来等事项的金额；三是计算各报表项目抵销后的金额即联合财务报表数额。其中，抵销总分店内部往来等事项（包括总分店之间的其他债权债务事项），通过编制抵销分录进行，将抵销分录过入联合财务报表工作底稿，即可将总分店之间的内部事项抵销；各报表项目抵销后的联合报表数的计算方法与集团合并财务报表各项目抵销后的合并数计算方法相同；联合财务报表数直接抄自联合财务报表工作底稿的最右面一栏。需要注意的是：联合财务报表工作底稿中的抵销分录只是为了编制联合财务报表而编制的，不应记入总店和分店的账簿。

由此可见，联合财务报表工作底稿是编制联合财务报表的依据。联合财务报表的编制过程，实质上就是联合财务报表工作底稿的编制过程。

3. 联合财务报表与合并财务报表的异同。总分店的联合财务报表与企业集团的合并财务报表两者既有相同点，又有本质的区别。二者的相同点主要表现在：①都是反映一个复合会计主体的财务状况、经营成果和现金流量；②均依据工作底稿编制；③编制者（总店、母公司）都具有控制权；④编制的基础都是个别财务报表；⑤对内部事项均需作抵销处理。二者的区别主要有：①联合财务报表的会计主体由一个法人企业和若干个非法律主体构成；而合并财务报表的会计主体皆由法人构成。②编制联合财务报表需要抵销处理的项目不多，主要涉及总分店的内部往来、存货和营业成本项目；而编制合并财务报表因为集团内部往来事项较多，涉及的抵销处理项目也比较多。如在编制集团合并财务报表时,当集团内部的购货方期末将从集团内部销货方取得的存货实现对集团外销售时,由于母子公司在个别财务报表中均列示了营业收入,而站在集团角度来看,只是对外实现一次销售,因此,应将集团内部销货方的内部销售收入予以抵销;而编制联合财务报表,由于总店调拨商品给分店,作为企业的内部移库处理,总店不确认收入,分店将调拨的商品销售后才确认收入,从整个企业的角度来看,只确认一次收入,因此,没有重复确认收入的问题,从而也就没有对营业收入的抵销处理。

需要指出,一方面,由于分店没有所有者权益项目,因此,反映企业总体所有者权益变动情况的联合所有者权益变动表,实质上就是总店所编制的个别所有者权益变动表;另一方面,由于分店没有筹资和投资活动,资金的管理权集中在总店,因此,分店编制的现金流量表只能反映其经营活动的现金流量,而不是完整的现金流量表。基于以上两方面,本章不涉及联合所有者权益变动表和联合现金流量表的编制问题。下面区别总分店调拨商品按成本计价和按成本加成计价两种不同情况,介绍总分店的联合资产负债表和联合利润表的编制。

(二)调拨商品按成本计价情况下联合财务报表的编制

为了全面说明总分店经营的会计处理,下面举一道总分店经营日常会计处理以及联合财务报表编制的综合例题。

【例4-9】 假设甲公司(总店)下设一个A分店,A分店于2007年年初设立,其营运资金由总店负责调拨,并统一执行总店的经营管理方针。总店向A分店调拨的存货按总店成本计价,A分店拥有完整的会计记录并编制独立的财务报表。总店以及分店的存货均采取永续盘存制,A分店使用的固定资产在总店统一核算。总店为分店所支付的广告费、保险费等均分配给A分店。所得税由总店统一缴纳。2007年A分店发生的经济业务如下(假定不考虑增值税等相关税费情况,年末没有未达账项,款项均通过银行转账收付):

1. 总店拨入营运资金50 000元。

2. 总店拨入商品一批,按成本计价为680 000元,该批商品的市场零售价为816 000元。

3. 购买一项设备,成本为42 000元,该设备在总店统一核算。

4. 总店拨入商品的70%本期按市场零售价实现对外销售,销售价款的60%收回,40%为赊销。

5. 从其他单位赊购商品36 000元。

6. 支付本期发生的营业费用总计42 000元。

7. 从其他单位赊购的商品全部出售,取得销售收入40 000元,款已收。

8. 偿还前欠的购货款36 000元。

9. 总店向A分店分摊总部发生的广告费等营业费用20 000元。

10. 期末结余的货币资金中，除50 000元作为备用金外，其余的上缴总店。

根据上述资料，甲总店和A分店的会计处理步骤如下：

第一步，双方作为独立的会计主体，各自编制的会计分录如表4－4所示。

表4－4　总分店的会计分录对照表　单位：元

业务序号	总店会计分录		分店会计分录	
1	借：分店往来	50 000	借：银行存款	50 000
	贷：银行存款	50 000	贷：总店往来	50 000
2	借：分店往来	680 000	借：库存商品	680 000
	贷：库存商品	680 000	贷：总店往来	680 000
3	借：固定资产——设备（A分店）	42 000	借：总店往来	42 000
	贷：分店往来	42 000	贷：银行存款	42 000
4	不作会计处理		借：银行存款	342 720
			应收账款	228 480
			贷：主营业务收入	571 200
			借：主营业务成本	476 000
			贷：库存商品	476 000
5	不作会计处理		借：库存商品	36 000
			贷：应付账款	36 000
6	不作会计处理		借：销售费用	42 000
			贷：银行存款	42 000
7	不作会计处理		借：银行存款	40 000
			贷：主营业务收入	40 000
			借：主营业务成本	36 000
			贷：库存商品	36 000
8	不作会计处理		借：应付账款	36 000
			贷：银行存款	36 000
9	借：分店往来	20 000	借：销售费用	20 000
	贷：销售费用	20 000	贷：总店往来	20 000
10	借：银行存款	262 720	借：总店往来	262 720
	贷：分店往来	262 720	贷：银行存款	262 720

从表4－4可见，总店只记录与分店之间发生的往来事项，对于分店的其他事项，因分店是独立的会计核算主体，总店不予记录。

第二步，将上述的会计分录登记入账，总店和分店的内部往来账户明细账记录如表4－5和表4－6所示。

表4－5　总店的“分店往来”明细账记录　单位：元

日期	摘要	借方	贷方	余额
（略）	向分店拨付营运资金	50 000		50 000
	按成本价向分店调拨商品	680 000		730 000
	记录分店购买的设备		42 000	688 000
	分摊给分店的营业费用	20 000		708 000
	收到分店缴款		262 720	445 280

表4－6　A分店的“总店往来”明细账记录　单位：元

日期	摘要	借方	贷方	余额
（略）	总店拨入营运资金		50 000	50 000
	总店按成本价拨入商品		680 000	730 000
	购买设备	42 000		688 000
	总店分摊营业费用		20 000	708 000
	上缴总店款	262 720		445 280

从表4－5和表4－6可知，在会计期末结账前，“分店往来”与“总店往来”两个账户的余额均为445 280元。

第三步，总分店期末结转损益。

(1)A分店期末结账的会计分录如下：

①将损益类账户的金额结转“本年利润”账户：

借：主营业务收入　611 200

　贷：本年利润　611 200

借：本年利润　574 000

　贷：主营业务成本　512 000

　　　销售费用　62 000

上述结转后，“本年利润”账户为贷方余额37 200元，表示A分店当年实现的利润。

②将“本年利润”账户的余额结转“总店往来”账户：

借：本年利润　37 200

　贷：总店往来　37 200

(2)总店期末结转分店利润的会计分录如下：

借：分店往来　37 200

　贷：本年利润　37 200

经过上述期末结转后,"分店往来"账户和"总店往来"账户的余额均为482 480 元。

第四步,根据账簿记录,期末总分店编制的个别利润表和个别资产负债表如表4－7和表4－8所示(总店的个别财务报表数中,除"分店往来"项目金额外,其他数据都是假定的)。

表4－7 **个别利润表**

2007年 单位:元

项目	总店	分店
一、营业收入	1 168 000	611 200
减:营业成本	890 000	512 000
营业税金及附加	35 000	
销售费用	33 000	62 000
管理费用	47 500	
财务费用	2 000	
资产减值损失	6 000	
加:公允价值变动收益		
投资收益		
二、营业利润	154 500	37 200
加:营业外收入		
减:营业外支出	3 100	
三、利润总额	151 400	37 200
减:所得税费用	47 150	
四、净利润	104 250	37 200
五、每股收益		

表4－7中的"所得税费用"金额是在假定该公司没有纳税调整项目情况下,按总店和分店利润总额的合计数乘以25%的所得税税率计算求得的。

表4－8 **个别资产负债表**

2007年12月31日 单位:元

资产	总店	分店	负债和所有者权益	总店	分店
流动资产:			流动负债:		
货币资金	200 000	50 000	短期借款	380 000	
交易性金融资产			交易性金融负债		

续表

资　产	总　店	分　店	负债和所有者权益	总　店	分　店
应收票据	54 000		应付票据		
应收账款	360 000	228 480	应付账款	522 400	
预付款项	80 000		预收款项	69 000	
应收利息			应付职工薪酬	37 600	
应收股利			应交税费	42 790	
其他应收款	63 000		应付利息		
存货	402 000	204 000	应付股利		
一年内到期的非流动资产			其他应付款	92 000	
流动资产合计	1 159 000	482 480	一年内到期的非流动负债		
非流动资产：			流动负债合计	1 143 790	
可供出售金融资产			非流动负债：		
持有至到期投资			长期借款		
长期应收款			应付债券		
分店往来	482 480		长期应付款	300 000	
长期股权投资			专项应付款		
投资性房地产			预计负债		
固定资产	1 824 300		递延所得税负债		
在建工程			非流动负债合计	300 000	
工程物资			负债合计	1 443 790	
固定资产清理			所有者权益：		
无形资产	150 000		总店往来		482 480
开发支出			实收资本	1 000 000	
商誉			资本公积	300 000	
长期待摊费用			盈余公积	201 990	
递延所得税资产			未分配利润	670 000	
非流动资产合计	2 456 780		所有者权益合计	2 171 990	482 480
资产总计	3 615 780	482 480	负债和所有者权益总计	3 615 780	482 480

第五步,总店编制总分店之间内部往来的抵销分录。

由于本例中总店调拨给分店的商品按成本计价,因此,只需将总分店之间的内部往来金额抵销即可。其抵销分录如下:

借:总店往来　　482 480

　贷:分店往来　　482 480

第六步,总店编制总分店的联合财务报表工作底稿(见表4-9)。

表4-9　　联合财务报表工作底稿

2007年　　单位:元

项　目	总　店	分　店	抵销分录		联合财务报表金额
			借方	贷方	
(利润表项目)					
营业收入	1 168 000	611 200			1 779 200
营业成本	890 000	512 000			1 402 000
营业税金及附加	35 000				35 000
销售费用	33 000	62 000			95 000
管理费用	47 500				47 500
财务费用	2 000				2 000
资产减值损失	6 000				6 000
公允价值变动收益					
投资收益					
营业利润	154 500	37 200			191 700
营业外收入					
营业外支出	3 100				3 100
利润总额	151 400	37 200			188 600
所得税费用	47 150				47 150
净利润	104 250	37 200			141 450
每股收益					
(资产负债表项目)					
流动资产:					
货币资金	200 000	50 000			250 000
交易性金融资产					

续表

项　目	总　店	分　店	抵销分录		联合财务报表金额
			借方	贷方	
应收票据	54 000				54 000
应收账款	360 000	228 480			588 480
预付款项	80 000				80 000
应收利息					
应收股利					
其他应收款	63 000				63 000
存货	402 000	204 000			606 000
一年内到期的非流动资产					
流动资产合计	1 159 000	482 480			1 641 480
非流动资产：					
可供出售金融资产					
持有至到期投资					
长期应收款					
分店往来	482 480			482 480	0
长期股权投资					
投资性房地产					
固定资产	1 824 300				1 824 300
在建工程					
工程物资					
固定资产清理					
无形资产	150 000				150 000
开发支出					
商誉					
长期待摊费用					
递延所得税资产					
非流动资产合计	2 456 780			482 480	1 974 300
资产总计	3 615 780	482 480		482 480	3 615 780

续表

项　目	总　店	分　店	抵销分录		联合财务报表金额
			借方	贷方	
流动负债：					
短期借款	380 000				380 000
交易性金融负债					
应付票据					
应付账款	522 400				522 400
预收款项	69 000				69 000
应付职工薪酬	37 600				37 600
应交税费	42 790				42 790
应付利息					
应付股利					
其他应付款	92 000				92 000
一年内到期的非流动负债					
流动负债合计	1 143 790				1 143 790
非流动负债：					
长期借款					
应付债券					
长期应付款	300 000				300 000
专项应付款					
预计负债					
递延所得税负债					
非流动负债合计	300 000				300 000
负债合计	1 443 790				1 443 790
所有者权益：					
总店往来		482 480	482 480		0
实收资本	1 000 000				1 000 000
资本公积	300 000				300 000
盈余公积	201 990				201 990
未分配利润	670 000				670 000
所有者权益合计	2 171 990	482 480	482 480		2 171 990
负债和所有者权益总计	3 615 780	482 480	482 480		3 615 780

第七步，总店根据工作底稿上联合财务报表栏各项目的数据，填列反映企业整体财务状况和经营成果的联合财务报表，如表 4－10 和表 4－11 所示。

表4－10　　联合利润表

2007年　　单位:元

项　目	金　额
一、营业收入	1 779 200
减:营业成本	1 402 000
营业税金及附加	35 000
销售费用	95 000
管理费用	47 500
财务费用	2 000
资产减值损失	6 000
加:公允价值变动收益	
投资收益	
二、营业利润	191 700
加:营业外收入	
减:营业外支出	3 100
三、利润总额	188 600
减:所得税费用	47 150
四、净利润	141 450
五、每股收益	

表4－11　　联合资产负债表

2007年12月31日　　单位:元

资　产	金　额	负债和所有者权益	金　额
流动资产:		流动负债:	
货币资金	250 000	短期借款	380 000
交易性金融资产		交易性金融负债	
应收票据	54 000	应付票据	
应收账款	588 480	应付账款	522 400
预付款项	80 000	预收款项	69 000
应收利息		应付职工薪酬	37 600
应收股利		应交税费	42 790

续表

资　产	金　额	负债和所有者权益	金　额
其他应收款	63 000	应付利息	
存货	606 000	应付股利	
一年内到期的非流动资产		其他应付款	92 000
流动资产合计	1 641 480	一年内到期的非流动负债	
非流动资产:		流动负债合计	1 143 790
可供出售金融资产		非流动负债:	
持有至到期投资		长期借款	
长期应收款		应付债券	
长期股权投资		长期应付款	300 000
投资性房地产		专项应付款	
固定资产	1 824 300	预计负债	
在建工程		递延所得税负债	
工程物资		非流动负债合计	300 000
固定资产清理		负债合计	1 443 790
无形资产	150 000	所有者权益:	
开发支出		实收资本	1 000 000
商誉		资本公积	300 000
长期待摊费用		盈余公积	201 990
递延所得税资产		未分配利润	670 000
非流动资产合计	1 974 300	所有者权益合计	2 171 990
资产总计	3 615 780	负债和所有者权益总计	3 615 780

(三)调拨商品按高于成本计价情况下联合财务报表的编制

1. 无期初存货情况下联合财务报表的编制。在总店向分店调拨商品按成本加成计价或按零售价格计价的情况下,抵销处理包括两项内容:一是与调拨商品按成本计价情况相同,抵销总分店之间的内部往来金额;二是抵销总分店之间调拨商品的调拨价高于成本价的差额。

如前所述,分店库存商品反映的是商品的调拨价,包含着商品调拨价高于成本价的差额。这部分差额待分店实现商品销售,结转销售成本时,就转化成了分店的销售成本,即分店的销售成本也是按调拨价反映的数额。

在编制联合财务报表时,一方面,为了真实反映商品的销售成本,应通过抵销处理,将"主营业务成本"账户的金额调整为原始成本,按销售商品所包含的调拨价高于成本价的差额,借记"备抵存货超成本计价"账户,贷记"主营业务成本"账户;另一方面,为了不虚增期末存货的价值,对于分店期末存货中包含的调拨价高于成本价的差额,同样应予以抵销,借记"备抵存货超成本计价"账户,贷记"库存商品"账户。

【例4-10】 沿用例4-9资料,假定甲总店按市场零售价向A分店调拨商品,其他资料不变。为避免重复,下面只介绍与例4-9中按成本价调拨商品的会计处理的不同之处,其包括四项内容:一是总店向分店调拨商品的核算;二是分店结转销售成本的核算;三是期末结账的核算;四是编制联合财务报表时的抵销处理。

(1)总店按市场零售价向A分店调拨商品时,总店与分店应编制如下会计分录:

①总店:

借:分店往来　　816 000

　贷:库存商品　　680 000

　　备抵存货超成本计价　　136 000

②分店:

借:库存商品　　816 000

　贷:总店往来　　816 000

(2)分店售出商品,结转销售成本的金额比按成本计价增加了95 200元。分店结转销售成本时,编制会计分录如下:

借:主营业务成本　　(816 000×70% +36 000)607 200

　贷:库存商品　　607 200

期末结账前,总店的"分店往来"账户为借方余额581 280元,比按成本计价情况下的"分店往来"账户余额多136 000元,该部分差额即商品调拨价高于成本价的金额;分店的"总店往来"账户为贷方余额581 280元。

(3)由于A分店销售商品的成本高于按成本计价情况,其期末利润也就与按成本计价情况不同。会计期末总分店结账时,应编制如下会计分录:

分店:

①借:主营业务收入　　611 200

　贷:本年利润　　611 200

借:本年利润　　669 200

　贷:主营业务成本　　607 200

　　销售费用　　62 000

分店的“本年利润”账户为借方余额58 000元，为亏损数额；而在商品按成本计价情况下为净利润37 200元，差额95 200元则为两种计价情况下结转的销售成本金额不同所致。

②借：总店往来　　58 000
　贷：本年利润　　58 000

总店：

借：本年利润　　58 000
　贷：分店往来　　58 000

经过上述期末结转后，“分店往来”账户和“总店往来”账户的余额均为523 280元。

(4)总店在编制联合财务报表工作底稿时，应编制如下抵销分录：

①抵销总分店内部往来余额：

借：总店往来　　523 280
　贷：分店往来　　523 280

②抵销本期已售商品所实现的存货超成本计价数95 200(136 000×70%)元，将已售商品的售价成本调整为实际成本：

借：备抵存货超成本计价　　95 200
　贷：营业成本　　95 200

③抵销期末存货244 800(816 000×30%)元中包含的未实现存货超成本计价数40 800(136 000×30%)元，将期末存货价值调整为实际成本：

借：备抵存货超成本计价　　40 800
　贷：存货　　40 800

根据总分店的个别财务报表资料(为节省篇幅，总分店的个别财务报表不再单独列示，其数据见表4－12)和抵销分录，编制总分店联合财务报表工作底稿如表4－12所示。

表4－12　　总分店联合财务报表工作底稿

2007年　　单位：元

项　目	总　店	分　店	抵销分录		联合财务报表金额
			借方	贷方	
(利润表项目)					
营业收入	1 168 000	611 200			1 779 200
营业成本	890 000	607 200		② 95 200	1 402 000
营业税金及附加	35 000				35 000

续表

项　目	总　店	分　店	抵销分录		联合财务报表金额
			借方	贷方	
销售费用	33 000	62 000			95 000
管理费用	47 500				47 500
财务费用	2 000				2 000
资产减值损失	6 000				6 000
公允价值变动收益					
投资收益					
营业利润	154 500	（58 000）		95 200	191 700
营业外收入					
营业外支出	3 100				3 100
利润总额	151 400	（58 000）		95 200	188 600
所得税费用	47 150				47 150
净利润	104 250	（58 000）		95 200	141 450
每股收益					
（资产负债表项目）					
流动资产：					
货币资金	200 000	50 000			250 000
交易性金融资产					
应收票据	54 000				54 000
应收账款	360 000	228 480			588 480
预付款项	80 000				80 000
应收利息					
应收股利					
其他应收款	63 000				63 000
存货	402 000	244 800		③40 800	606 000
备抵存货超成本计价	（136 000）		②95 200 ③40 800		0
一年内到期的非流动资产					

续表

项　目	总　店	分　店	抵销分录		联合财务报表金额
			借方	贷方	
流动资产合计	1 023 000	523 280	136 000	40 800	1 641 480
非流动资产：					
可供出售金融资产					
持有至到期投资					
长期应收款					
分店往来	523 280			①523 280	0
长期股权投资					
投资性房地产					
固定资产	1 824 300				1 824 300
在建工程					
工程物资					
固定资产清理					
无形资产	150 000				150 000
开发支出					
商誉					
长期待摊费用					
递延所得税资产					
非流动资产合计	2 497 580			523 280	1 974 300
资产总计	3 520 580	523 280	136 000	564 080	3 615 780
流动负债：					
短期借款	380 000				380 000
交易性金融负债					
应付票据					
应付账款	522 400				522 400
预收款项	69 000				69 000
应付职工薪酬	37 600				37 600
应交税费	42 790				42 790

续表

项目	总店	分店	抵销分录		联合财务报表金额
			借方	贷方	
应付利息					
应付股利					
其他应付款	92 000				92 000
一年内到期的非流动负债					
流动负债合计	1 143 790				1 143 790
非流动负债：					
长期借款					
应付债券					
长期应付款	300 000				300 000
专项应付款					
预计负债					
递延所得税负债					
非流动负债合计	300 000				300 000
负债合计	1 443 790				1 443 790
所有者权益：					
总店往来		523 280	①523 280		0
实收资本	1 000 000				1 000 000
资本公积	300 000				300 000
盈余公积	201 990				201 990
未分配利润	670 000				670 000
所有者权益合计	2 171 990	523 280	523 280		2 171 990
负债和所有者权益总计	3 615 780	523 280	523 280		3 615 780

从表4-12可见，联合财务报表工作底稿中“联合财务报表金额”一栏的数据与按成本计价完全相同。由于调拨商品按高于成本计价，所产生的对分店“存货”和“营业成本”报表项目的影响，经过抵销处理后已经消除，“存货”和“营业成本”两个报表项目抵销后的金额均为实际成本，因此，在资料相同的情况下，总店向分店调拨商品无论采取哪种计价方法，编制出的联合财务报表均相同。

2. 有期初存货情况下联合财务报表的编制。分店没有期初存货的情况一般出现在分店新设的当年，分店设立以后的会计年度没有期初存货的情况极为少见。在分店有期初存货的情况下，总店编制联合财务报表时，应比照对分店期末存货的抵销做法，对分店期初存货中包含的超成本计价数予以抵销，以不虚增整体企业的资产价值。

总店在对分店期初存货进行抵销处理时，对于分店期初存货中包含的调拨价高于成本价的差额，应区分期初存货在本年度有无对外实现销售进行抵销处理。若期初存货在本年度实现对外销售，则应调整营业成本额，借记“备抵存货超成本计价”，贷记“营业成本”；若期初存货在本年度未实现对外销售，形成本期末存货，则应将期末存货金额调为实际成本，借记“备抵存货超成本计价”，贷记“存货”。

【例4-11】 沿用例4-10资料，编制甲公司2008年联合财务报表工作底稿。在例4-10中，A分店期末存货包含售价高于成本价的差额40 800元。2007年A分店的期末存货到了2008年转为期初存货，因此，2008年总分店在编制联合财务报表时，对于这部分期初存货中包含的超成本计价额，应根据不同情况编制抵销分录。

若2007年期末存货在2008年度已经实现销售，应作如下抵销分录：

借：备抵存货超成本计价　　40 800

　贷：营业成本　　40 800

若2007年期末存货到2008年度没有实现销售，则应作如下抵销分录：

借：备抵存货超成本计价　　40 800

　贷：存货　　40 800

除此以外的其他会计事项处理以及联合财务报表工作底稿的编制方法与前述相同，这里不再赘述。

第五章 上市公司的信息披露

导读

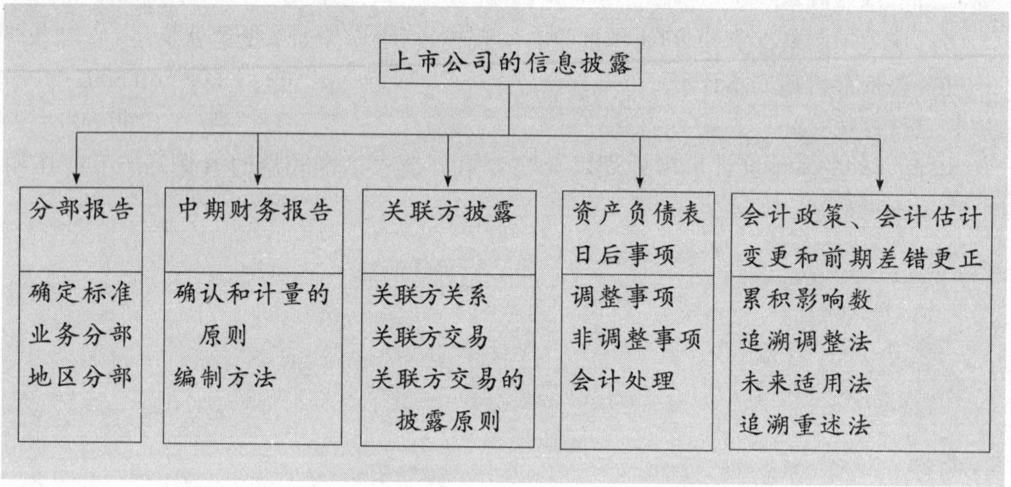

说明：

上市公司是资本市场上极为活跃的基本细胞，其信息披露也是建立现代企业制度的重要内容。上市公司信息披露的基本框架包括：招股说明书、上市公告、定期报告和临时报告。分部报告、中期财务报告、关联方披露、资产负债表日后事项以及会计政策、会计估计变更和前期差错更正是上市公司信息披露的特殊形式。分部报告按其经营业务的不同性质、地理范围或产品分别编制，分别称为业务分部报告和地区分部报告。提供分部报告的首要工作是确定出需提供分部报告的单位，将重要的分部作为对外报告资料的分部。中期财务报告是指非年终报表外的其他按一定时间阶段编出的财务报告。关于编制中期财务报告的理论基础问题，概括起来，目前主要有两种观点：一种是独立观，另一种是一体观。公司在存在关联方关系时，关联方之间的交易可能不是建立在公平交易的基础上，关联方之间通过虚假交易可以达到经营管理当局所需要的目标，因此，国际会计准则委员会、主要西方国家和我国都对关联方关系及其交易的披露制定了规范和准则。在实际工作中，有些交易或事项是在资产负债表日以后、财务报告批准报出日之前发生的，而且这些交易或事项对企业报告期的财务状况、经营成果以及现金流量可能会产生较大的影响。因此，需要对资产负债表日后事项中的调整事项进行会计处理，对非调整事项进行合理披露。在企业发生会计政策变更、会计估计变更和前期差错更正时，会在很大程度上影响会计信息在不同期间的可比性。因此，有必要对会计政策变更、会计估计变更以及前期差错更正的会计核算和相关信息的披露作出规定，对于会计政策变更应选择使用追溯调整法和未来适用法，对于会计估计变更主要采用未来适用法，而对于前期差错更正则主要采用追溯重述法。

第一节　上市公司信息披露的意义和基本框架

一、上市公司与信息披露

上市公司是指其股票在证券交易所挂牌交易的公司，是股份有限公司的一种形式。在我国，公开发行股票的公司采用募集设立，不公开发行股票的公司采用发起设立。根据我国现行法规的规定，我国公开发行股票的公司都必须挂牌上市。截至 2007 年，我国上市公司已有 1 500 多家。

从世界各国的情况看，对公司的上市要求都比较严格，其标准大多在资本总额、股东状况、经营规模和获利能力等方面。例如，美国纽约证券交易所要求公司达到的上市标准为：①持有 100 股以上的股东不少于 2 000 人；②公开发行股票的市值至少为 1 800 万美元；③上一年度税前盈利在 250 万美元以上；④过去两年每年税前盈利在 200 万美元以上；⑤公司有形资产净值在 1 800 万美元以上；⑥公司股票至少要有 110 万股为公众所有（不包括董事、经理及有 10% 股权股东所拥有的股数）。我国《公司法》要求上市公司达到的标准主要为:①其股票已公开发行;②发行后的股本总额不少于人民币5 000万元;③持有面值在人民币1 000元以上股票的股东人数不少于1 000人,向社会公开发行股份达公司股份总数的25%以上,公司股本总额超过人民币4亿元的,向社会公开发行股份的比例为15%以上;④公司有最近三年连续盈利的记录,原国有企业改组为上市公司的,原企业有最近三年连续盈利的记录;⑤公司在最近三年内无重大违法行为,财务报告无虚假记载等。

从上述规定可以看出,上市公司一般均规模较大、经济效益较好,否则难以符合上市的标准;除此之外,有的国家还有关于对上市后公司审查的问题,在纽约、东京,若上市公司经营不良,低于上述标准,则要被取消股票在证券市场上流通的资格。

信息披露是公开发行股票的公司根据国家有关法律法规的规定向社会公众公开其组织结构、历史沿革、董事及高级管理人员、生产经营、财务会计等方面信息的行为。国家有关证券市场信息披露的法律法规主要是针对公开发行股票的公司的,由于我国公开发行股票的公司都是上市公司,所以这里公开发行股票的公司特指上市公司。

与一般企业相比,上市公司的一个重要特征就是面向资本市场,这不仅表现在股票流通、股权分散、投资者众多上,而且还表现为会面对市场上成千上万的潜在投资者。在股票市场上,股票就是可供选购的商品,投资者和潜在投资者就是商品(股票)的购买者。股票这种特殊商品的质量无法外在表现,只取决于外界看不见、摸不着的内在盈利能力。而将公司的盈利能力向投资者和潜在投资者展示的唯一有效的途径,就是公开披露公司在生产经营、风险、研究与开发、财务状况和经营成果等多方面的信息,让投资者和潜在投资者去分析、判断公司的经营状况,进而衡量公司的分量,评估公司股票的"质量"。

公司披露信息是有代价的,而投资者和潜在投资者使用信息却是无偿的(无须向披露信息的公司付费),对于公司而言,显然缺乏披露信息的利益机制。为此,各国政府和证券管理部门均对上市公司的信息披露作了严格而详尽的规定。

二、上市公司信息的质量特征

上市公司作为现代企业制度的主要组织形式,特别是都存在着企业"外部"和企业"内部"之间资源委托与受托经营的关系,客观上要求上市公司向市场披露有关信息,以帮助现实的和潜在的投资者、债权人和其他财务信息使用者作出合理、正确的决策,同时还应当为公司各级管理部门或国家进行宏观调控提供其所需信息,这就决定了上市公司财务报告所提供的信息容量大,范围广。上市公司的信息除了具备一般企业所具有的共性（如真实性、相关性、可比性、时效性）外，还具有如下特征。

（一）必须经过独立的注册会计师审计

上市公司的所有权与使用权的分离导致财务报告编制者与使用者的分离，财务报告信息的数量和质量又涉及公司内部及其公司外部众多集团、个人利益。为增强公司外部财务报告使用者对其真实性、公允性的信赖，就必须利用外部独立的注册会计师对上市公司所提供的财务报告的公正性、真实性、全面性、合法性进行审计，以增强财务报告的可靠性，提高上市公司的信誉。

（二）必须以财务信息为主，辅以其他非财务信息

上市公司的财务报告提供的信息，在性质上主要应为财务方面的，即传递的信息主要用货币计量，简称为财务信息。唯有如此，方能综合、全面、连续、系统地反映和揭示上市公司在各会计报告期间全部的生产经营活动及其结果，才能为与本公司有利害关系者的决策提供依据。但这种财务信息在实践中也逐渐暴露出不少局限性。例如，它忽视了许多不能以货币计量的事实，如公司信誉、管理部门的能力、企业文化、人力资源、地理环境等，这些非财务信息对外部使用者的决策也有重要影响。因此，如果不附以其他资料和定性信息，则财务报告是很不全面的。

（三）所反映的主要是已经发生的经济业务事项，辅以预测性信息

上市公司财务报告所提供的财务信息，主要是反映本公司已发生的生产经营活动及交易事项的内容及其结果，在财务报告及其补充资料中所反映的内容大多为历史性的，如反映生产经营的成本费用，已经完工交付使用的房屋的工程造价，固定资产取得的价格等。但是，也要求公司管理部门提供有关未来发展前景的预测信息，如预计年利润额、预计投资收益率等。

三、上市公司信息披露的意义

上市公司的组织形式，已使企业的所有者从独资、合伙，为数较少的股东进一步扩展到了社会公众。这样，过去只为企业管理当局和小范围投资者提供投资、管理信息的会计要进一步扩展为对社会上各股东、潜在的投资者提供信息。上市公司信息披露的重要意义在于以下几个方面。

（一）有助于投资者进行投资决策

随着现代企业制度的建立，资本市场的进一步完善与发展，上市公司与社会各方面的经济联系越来越密切，造就了一大批投资人和债权人，他们不直接参与上市公司的生产经营活动，不能直接从中获得所需经济资源、经济义务等方面的财务信息。尽管财务

报告提供的信息主要是过去经营成果和财务状况的反映和总结，但它是用来判断上市公司在激烈的市场竞争中生存、成长、扩展能力必不可少的资料，对于预测未来该公司的发展前景无疑也是十分必要的。这些资料都必须在上市公司定期公布的财务报告中披露。投资者、债权人需要了解公司的财务状况，分析公司偿债能力、盈利能力、融资能力，以作为投资、信贷、融资等决策的依据。

（二）反映上市公司管理部门对受托经营管理责任的履行情况

上市公司由于两权分离，使股东与公司管理部门之间成为委托与受委托关系。股东把资本投入公司的目的在于保值和增值，在其委托经营管理期间，为了确保自己的利益，确保投入资本的完整和增值，股东随时都想了解管理部门对受托经济资源的经营管理情况。而财务报告能够较全面、系统、连续、综合地跟踪反映公司投入经济资源的渠道、性质、分布、运用效果，从而有助于评价公司的财务状况和经营业绩，以及管理部门对受托经济资源的经营管理责任的履行情况。财务报告这方面的作用不仅是明显的，而且是其他资料不可替代的。

（三）帮助公司管理部门改善经营管理

相关利益集团是公司各种经济资源的提供者，公司的生存发展必需依赖他们的贡献、配合、协作。公司管理部门的主要职责在于鼓励、激发各种相关利益集团保持或扩大对本公司的贡献，协调公司与相关利益集团以及各利益集团之间的关系。而要实现这种协调与激励，不仅要求管理人员进行有创见的管理和有效地利用受托的各种经济资源，而且还要求其定期向相关利益集团全面、系统、连续、客观地报告对受托经济资源的管理、利用情况，以及所创造的效益和分配情况。所以，财务报告在改善公司经营管理，协调公司与其相关利益集团的关系，促进公司快速、稳定发展等方面发挥着不可替代的重要作用。

同时，公司披露的信息会形成企业巨大的外部压力。企业经营状况不佳的信息披露后，常会引起股票价格的波动。一般是诸小股东抛售股票，从而影响广大股东的利益。这样，公司董事会、股东会就会为保持自身的利益而采取必要的改进措施，甚至进行公司内结构性的调整。这就为公司的自我完善起了极大的促进作用。

公开披露信息也在实现企业“优胜劣汰”方面发挥着作用。上市公司若经营状况持续不佳，就很有可能成为被“收购”的对象，通过股票在市场上的买与卖被其他公司所兼并；而要“收购”对方股票的公司，也要将其收购过程的各类信息对外披露。这样，市场经济中的“优胜劣汰”可在企业披露的信息中被揭示殆尽。这无疑是促使上市公司艰苦敬业、尽责经营的强大制约力量。

（四）是国家进行宏观调控和管理的重要依据

上市公司是国民经济中的重要细胞，国民经济管理部门可以通过各个上市公司的财务报告所提供的信息资料进行汇总。一方面,分析、考核国民经济总体运行情况,从中发现存在的问题,能够对宏观经济运行作出相应的判断,为国民经济宏观调控提供依据。另一方面,政府经济管理部门可以利用各上市公司财务报告提供的财务信息资料,及时掌握微观经济单位(企业、公司等)的经营管理情况,从而对他们的生产经营和经济活动进行检查分析,制定经济发展战略和政策,实现经济和社会目标,加速社会经济资源的合理有效配置,促进社会经济健康稳定的发展。

由此可见,上市公司对外披露信息,是其筹资、利益分配的需要,也是社会各界对上市公司的要求,它是上市公司在社会公众中树立自身形象,介入社会经济活动的必要方式。披露信息不仅是上市公司组建的保证,也是上市公司外部推动力的形成因素。信息披露就如同联系公司与外界各管理机构、投资者、债权人、潜在的投资者与债权人的中介,在上市公司组建、运行中发挥着重要作用;也正是这种作用给上市公司注入了活力,使其成为企业组织形式中最具有优势的一种组织形式。

四、上市公司信息披露的基本框架

鉴于上市公司信息披露的重要性,各国都对上市公司的信息披露有着较为严格的具体规定。这些规定在上市公司披露信息方面起着很强的制约作用,而按规定报出各种会计信息,也就成为上市公司会计工作最重要的内容之一。

股票在美国纽约上市时所需披露的会计信息主要有:三年来有关资产、收入与获利情况的描述,按市场区域与产业划分的部门的营业收入或净收入,公司内部销售交易与会计政策,公司近期发展及未来展望。需具体提供的财务会计资料包括:经审计的最近三年的收益表、资产负债表和现金流量表,其中每股盈利比率、净收入及股权等数据需按美国公认会计准则的要求计算并列示;如果最近的会计年度在上市日期六个月前结束,则须递交中期财务报告。除此之外,公司还要报出公司财务状况及营业结果的分析报告,股票发行后的股本结构,以及过去五年的财务资料摘要和过去五年的外汇汇率记录。股票上市后,公司除要公开披露其中期报告和年度报告外,还要报告任何实际违约行为或股票持有权的更改情况,与公司有关的重大合并或收购活动以及公司购置或出售资产、更换会计人员等事项。

我国对上市公司信息披露的要求较为具体。目前,我国涉及上市公司信息披露的法律法规主要有《公司法》、《上市公司信息披露管理办法》、《发行股票公司信息披露的内容与格式》等。根据我国上述有关法律、行政法规的规定,上市公司必须公开披露的信息主要包括以下内容。

(一)招股说明书

按照《公司法》和《股票发行与交易管理暂行条例》规定,股份有限公司公开发行股票时应当编制招股说明书,并按规定予以公告,向社会公开披露有关信息。

招股说明书是公开发行股票的公司在发行股票时向社会公众披露有关公司的基本情况及与本次股票发行相关的股本结构、资金运用、盈利水平、财务状况的书面报告。招股说明书是面向一级市场的,即面向股票发行市场。

需要公开披露招股说明的主要内容有:

1. 公司的名称、住所。

2. 发起人、发行人简况。

3. 筹资的目的。

4. 公司现有股本总额,本次发行的股票种类、总额,每股的面值、售价,发行前的每股净资产值和发行结束后每股预期净资产值,发行费用和佣金。

5. 初次发行的发起人认购股本的情况、股权结构及验资证明。

6. 承销机构的名称、承销方式和承销数量。

7. 发行的对象、时间、地点及股票认购和股款缴纳的方式。

8. 所筹资金的运用计划及收益、风险预测。

9. 公司近期发展规划和经注册会计师审核的公司下一年的盈利预测文件。

10. 重要的合同。

11. 涉及公司的重大诉讼事项。

12. 公司董事、监事名单及其简历。

13. 近三年或者成立以来的生产经营状况和有关业务发展的基本情况。

14. 经会计师事务所审计的公司近三年或者成立以来的财务报告和由二名以上注册会计师及其所在事务所签字、盖章的审计报告。

15. 增资发行的公司前次公开发行股票所筹资金的运用情况。

16. 证监会要求载明的其他事项。

(二)上市公告

上市公告是股份有限公司将其公开发行的股票在证券交易所挂牌交易时披露信息的文本。除上述招股说明书中的内容外,上市公告还应披露以下内容:

1. 公司概况,包括公司法定名称、注册地址、法定代表、高级管理人员其他情况、股本结构、股票发行情况。

2. 公司组织状况,包括公司沿革、历次股东大会的简况和纪要、现有组织机构。

3. 股东持股情况,包括法人持 A 股在 5% 以上及前十名股东,个人持 A 股在 0.5% 以上及前十名股东,境外投资者持 B 股在 5% 以上及前十名股东。

4. 公司三年经营业绩。

5. 公司财务状况，包括验资报告、资产评估报告、国有资产管理部门资产评估的确认书、审计报告和会计报表、会计报表附注。

6. 财务指标分析，包括流动比率、速动比率、应收账款周转率、股东权益比率、每股收益、每股净资产。

7. 公司内部审计监督制度，包括内部审计组织机构、规章制度。

8. 重要事项揭示，包括重要会计政策的变动、股份有限公司成立时与有关部门进行财务清算及资金划归情况、会计师事务所的变动说明、市场和商品价格重大变化、企业迁移或兼并、公司主要生产协作关系更换、较大技术项目投产、重大的投资决策及产生效益情况、涉及公司的重大法律诉讼案件、公司股票上市时股东大会的决议、律师机构出具的法律意见书以及其他需要说明的事项。

9. 公司发展规划和资金投向。

10. 公司后三年盈利预测，包括盈利预测的基准和预测假设、三年税后利润分析、每股收益和每股净资产预测。

（三）定期报告

股份有限公司在发行股票并将其公开发行的股票在证券交易所挂牌交易后，为使现实投资者和潜在投资者了解上市公司的经营业绩和其他信息，《公司法》要求上市公司按规定定期公告信息，即定期报告。定期报告包括年度报告、中期报告和季度报告，年度报告应当在每个会计年度结束之日起 4 个月内编制完成并披露，中期报告应当在每个会计年度的上半年结束之日起 2 个月内编制完成并披露，季度报告应当在每个会计年度第 3 个月、第 9 个月结束后的 1 个月内编制完成并披露。

1. 年度报告。年度报告是上市公司在股票发行和上市后最重要的信息报告，《公开发行证券的公司信息披露内容与格式准则第 2 号——年度报告的内容与格式》（2005 年修订）规定，年度报告包括正文、备查以及摘要三部分。

（1）年度报告正文。年度报告正文包括以下内容：

①重要提示及目录。这包括：公司董事会、监事会及董事、监事、高级管理人员保证本报告所载资料不存在任何虚假记载、误导性陈述或者重大遗漏，并对其内容的真实性、准确性和完整性承担个别及连带责任；执行审计的会计师事务所对公司出具了有强调事项、保留意见、无法表示意见或否定意见的审计报告等。年度报告目录应标明各章、节的标题及其对应的页码。

②公司基本情况简介。这包括：公司历史和发展，主营业务，特点和规模，负责信息披露事务人员的联系办法等。

③会计数据和业务数据摘要。这包括:本年度实现的利润总额、净利润、扣除非经常性损益后的净利润、主营业务利润、其他业务利润、营业利润、投资收益、补贴收入、营业外收支净额、经营活动产生的现金流量净额、现金及现金等价物净增减额。公司应采用数据列表方式(可以附有图形表)提供截至报告期末公司前3年的主要会计数据和财务指标,包括以下各项:主营业务收入、净利润、总资产、股东权益(不含少数股东权益)、每股收益、每股净资产、调整后的每股净资产、每股经营活动产生的现金流量净额、净资产收益率等。公司应列示报告期内股东权益变动情况(以合并会计报表数据填列),并逐项说明变化原因。

④股本变动及股东情况。这包括:截至报告期末的前3年历次股票发行情况,包括股票及衍生证券的种类、发行日期、发行价格、发行数量、上市日期、获准上市交易数量、交易终止日期等;对报告期内因股权分置改革、送股、转增股本、配股、增发新股、吸收合并、可转换公司债券转股、减资、内部职工股上市或其他原因引起公司股份总数及结构的变动,应予以说明;报告期末股东总数;持有本公司5%以上(含5%)股份的股东的名称、年度内股份增减变动的情况、年末持股数量、所持股份类别及所持股份质押或冻结的情况,若持股5%以上(含5%)的股东少于10人,则应列出至少前10名股东的持股情况,若所持股份中包括已上市流通股份和未上市流通股份,应分别披露其数额;公司控股股东;其他持股在10%以上(含10%)的法人股东;公司前10名流通股股东的名称全称、年末持有流通股的数量和种类。

⑤董事、监事、高级管理人员和员工情况。这包括:基本情况,最近5年的主要工作经历,年度报酬情况以及聘任或解聘的高级管理人员情况等。

⑥公司治理结构。这包括:公司治理的实际状况,独立董事履行职责情况,内部控制情况以及对高级管理人员的考评与激励机制及相关奖励制度情况等。

⑦股东大会情况简介。这包括报告期内召开的年度股东大会和临时股东大会的有关情况。

⑧董事会报告。这包括:管理层讨论情况;报告期内公司经营情况的回顾;对公司未来发展的展望;报告期内的投资及募集资金情况;对会计师事务所出具的有强调事项、保留意见、无法表示意见或否定意见的审计报告,公司董事会报告应就所涉及事项作出说明;对股东大会决议的执行情况;等等。

⑨监事会报告。这包括:公司依法运作情况;检查公司财务的情况;公司最近一次募集资金实际投入项目情况;公司收购或出售资产交易价格情况;关联交易情况;会计师事务所出具了有强调事项、保留意见、无法表示意见或否定意见的审计报告的,或者公司报告期利润实现数较利润预测数低10%以上或较利润预测数高20%以上的,监事会的明确意见;等等。

⑩重要事项。这包括:重大诉讼、仲裁事项;收购及出售资产或吸收合并事项情况;重大关联交易事项情况;重大合同及其履行情况;重大担保情况;对公司或持股5%以上股东的承诺事项,公司董事会应说明该承诺事项情况;聘任或解聘会计师事务所情况;公司或董事会及董事如在报告期内有受中国证监会稽查、中国证监会行政处罚、通报批评、证券交易所公开谴责的情形,应当说明接受稽查及处罚情况;等等。

⑪财务报告。这包括:审计意见全文,经审计的会计报表及其附注。会计报表包括公司报告期末及其前一个年度末的比较式资产负债表、该两个年度的比较式利润表及利润分配表、该年度的现金流量表。编制合并会计报表的公司,除提供合并会计报表之外,还应提供母公司已审计的会计报表以及未予合并的特殊行业子公司的已审计的会计报表。被合并企业的会计报表必须经具有证券期货相关业务资格的会计师事务所审计。

(2)备查文件。备查文件包括:

①载有法定代表人、主管会计工作负责人(如设置总会计师,且必须为总会计师)、会计机构负责人(会计主管人员)签名并盖章的会计报表。

②载有会计师事务所盖章、注册会计师签名并盖章的审计报告原件。

③报告期内在中国证监会指定报纸上公开披露过的所有公司文件的正本及公告的原稿。

④在其他证券市场公布的年度报告。

(3)摘要部分。(略)

2. 中期报告。中期报告,亦称半年度报告。根据中国证监会2007年修订后的《公开发行证券的公司信息披露内容与格式准则第3号<半年度报告的内容与格式>》的规定,中期报告包括正文、备查以及摘要三部分。

(1)中期报告正文。中期报告正文包括以下内容:

①重要提示、释义及目录。这包括:公司董事会、监事会及董事、监事、高级管理人员保证本报告所载资料不存在虚假记载、误导性陈述或者重大遗漏,并对其内容的真实性、准确性和完整性承担个别及连带责任;公司负责人、主管会计工作负责人及会计机构负责人(会计主管人员)应当声明,保证半年度报告中财务报告的真实、完整;对半年度报告中投资者难于理解及有特定含义的术语作出解释;半年度报告的目录标题及对应页码。

②公司基本情况。这包括:公司历史和发展,主营业务,特点和规模,负责信息披露事务人员的联系办法等。

③财务数据和指标。这包括:营业利润、利润总额、净利润、扣除非经常性损益后的净利润、总资产、所有者权益(或股东权益)、经营活动产生的现金流量净额、基本每股

收益和稀释每股收益、归属于上市公司股东的每股净资产、每股经营活动产生的现金流量净额、净资产收益率。

④股本变动和主要股东持股情况。这包括:报告期内因送股、转增股本、配股、增发新股、可转换公司债券转股、实施股权激励计划或其他原因引起股份总数及结构变动的情况;报告期期末股东总数,前 10 名股东的持股情况;报告期期末持有公司股份达 5% 以上(含 5%)股东的全称;报告期内股份的增减变动及期末余额;所持股份类别以及所持股份被质押、冻结或托管的情况;等等。

⑤董事、监事、高级管理人员情况。这包括:报告期内董事、监事、高级管理人员持有本公司股份、股票期权、被授予的限制性股票数量的变动情况;报告期内董事、监事、高级管理人员的新聘或解聘情况。

⑥董事会报告。这包括:董事会的讨论与分析;报告期内经营情况分析;报告期投资情况;报告期实际经营成果与招股上市文件或定期报告披露的盈利预测、有关计划或展望进行比较的情况;对上年年度报告中披露的本年度经营计划作出修改的情况;如果预测本年至下一报告期期末的净利润可能为亏损或者与上年同期相比发生大幅度变动,应说明予以警示情况;财务报告已经会计师事务所审计,并被出具非标准审计报告的,董事会应就所涉及的事项予以说明;等等。

⑦重要事项。这包括:公司治理实际状况;报告期实施的利润分配方案、公积金转增股本方案或发行新股方案的执行情况;董事会在审议半年度报告时拟订的利润分配预案、公积金转增股本预案;报告期内股权激励方案的执行情况;报告期内发生及以前期间发生但持续到报告期的重大诉讼、仲裁事项,包括进展情况或审理结果,及对经营成果与财务状况的影响;报告期内发生及以前期间发生但持续到报告期的重大资产收购、出售及企业合并事项的简要情况;报告期内发生的重大关联交易事项情况;重大合同及其履行情况;公司或持有公司股份5%以上(含5%)的股东在报告期内发生或以前期间发生但持续到报告期的承诺事项情况;公司及其董事、监事、高级管理人员、公司股东、实际控制人、收购人如在报告期内有受有权机关调查、司法纪检部门采取强制措施、被移送司法机关或追究刑事责任、中国证监会稽查、中国证监会行政处罚、证券市场禁入、通报批评、证券市场禁入、认定为不适当人选、被其他行政管理部门处罚及证券交易所公开谴责的情形等,应当说明具体情况;等等。

⑧财务报告。这包括:比较式利润表、资产负债表、现金流量表、所有者权益变动表及报表附注;财务报告未经会计师事务所审计的,公司应当注明“未经审计”字样;财务报告经过审计的,若注册会计师出具非标准审计报告,公司应披露审计报告正文。财务报告包括会计报表和会计报表附注。会计报表至少包括资产负债表和利润表,可以是简化的报表,若有控股企业(控股 50% 以上),应编制合并报表;会计报表附注包括会计

政策的变更、合并或分立变化，生产经营环境及宏观政策法规的重大变化，报表项目的重大变化等。

(2)备查文件。备查文件包括：

①载有法定代表人签名的半年度报告文本。

②载有单位负责人、主管会计工作的负责人、会计机构负责人签名并盖章(如设置总会计师，还须由总会计师签名并盖章)的财务报告文本。

③载有会计师事务所盖章、注册会计师签名并盖章的审计报告文本(如有)。

④报告期内在中国证监会指定报刊上公开披露过的所有文件的正本及公告的原稿。

⑤在其他证券市场披露的半年度报告文本。

公司中期报告中的财务报告可以不经审计，但中国证监会和证券交易所另有规定的除外。

3. 季度报告。根据证监会2007年修订后的《公开发行证券的公司信息披露编报规则第13号——季度报告内容与格式特别规定》的规定，季度报告主要包括以下内容。

(1)重要提示。这包括：公司董事会、监事会及其董事、监事、高级管理人员保证本报告所载资料不存在任何虚假记载、误导性陈述或者重大遗漏，并对其内容的真实性、准确性和完整性承担个别及连带责任；如果季度财务报告经审计被出具带强调事项的无保留意见、保留意见、否定意见或无法表示意见的审计报告(以下简称“非标准审计报告”)，重要提示中应增加详细说明，请投资者注意阅读；公司负责人、主管会计工作负责人及会计机构负责人(会计主管人员)应当声明，保证季度报告中财务报告的真实、完整。

(2)公司基本情况。这包括：公司主要会计数据和财务指标，如说明总资产、所有者权益(或股东权益)、每股净资产、经营活动产生的现金流量净额、每股经营活动产生的现金流量净额、净利润、基本每股收益和稀释每股收益、净资产收益率、扣除非经常性损益后的净资产收益率等，同时说明扣除的非经常性损益项目及其金额；报告期期末股东总数，前10名流通股东或前10名无限售条件股东的持股情况。

(3)重要事项。这包括：报告期主要会计报表项目、财务指标发生大幅度变动的，应当说明情况及主要原因；报告期内发生或将要发生或以前期间发生但延续到报告期的重大事项；公司、股东及实际控制人承诺事项情况；公司如果预测年初至下一报告期期末的累计净利润可能为亏损或者与上年同期相比发生大幅度变动，应予以警示并说明原因。

公司季度报告中的财务报告可以不经审计，但中国证监会和证券交易所另有规定的除外。

(四)临时报告

定期报告是基本内容确定、报告时间确定的以披露公司正常经营情况为主的报告。

除了这些正常经营活动外,公司的一些重大事件或突发事件会对公司的正常经营活动和股票的市场价格产生重大影响,从而影响股东的利益。

《上市公司信息披露管理办法》规定,当发生可能对上市公司证券及其衍生品种交易价格产生较大影响的重大事件,投资者尚未得知时,上市公司应当立即编报临时报告予以披露,说明事件的起因、目前的状态和可能产生的影响。

这里的重大事件包括:

1. 公司的经营方针和经营范围的重大变化。

2. 公司的重大投资行为和重大的购置财产的决定。

3. 公司订立重要合同,可能对公司的资产、负债、权益和经营成果产生重要影响。

4. 公司发生重大债务和未能清偿到期重大债务的违约情况,或者发生大额赔偿责任。

5. 公司发生重大亏损或者重大损失。

6. 公司生产经营的外部条件发生的重大变化。

7. 公司的董事、1/3 以上监事或者经理发生变动,董事长或者经理无法履行职责。

8. 持有公司 5% 以上股份的股东或者实际控制人,其持有股份或者控制公司的情况发生较大变化。

9. 公司作出减资、合并、分立、解散及申请破产的决定,或者依法进入破产程序,被责令关闭。

10. 涉及公司的重大诉讼、仲裁,股东大会、董事会决议被依法撤销或者宣告无效。

11. 公司涉嫌违法违规被有权机关调查,或者受到刑事处罚、重大行政处罚;公司董事、监事、高级管理人员涉嫌违法违纪被有权机关调查或者采取强制措施。

12. 新公布的法律、法规、规章、行业政策可能对公司产生重大影响。

13. 董事会就发行新股或者其他再融资方案、股权激励方案形成相关决议。

14. 法院裁决禁止控股股东转让其所持股份,任一股东所持公司 5% 以上股份被质押、冻结、司法拍卖、托管、设定信托或者被依法限制表决权。

15. 主要资产被查封、扣押、冻结或者被抵押、质押。

16. 主要或者全部业务陷入停顿。

17. 对外提供重大担保。

18. 获得大额政府补贴等可能对公司资产、负债、权益或者经营成果产生重大影响的额外收益。

19. 变更会计政策、会计估计。

20. 因前期已披露的信息存在差错、未按规定披露或者虚假记载,被有关机关责令改正或者经董事会决定进行更正。

第二节　分部报告

一、分部报告的意义

分部报告亦即财务信息的分部报告，是指对一些在不同行业或不同地区都有业务的企业，按其经营业务的不同性质、地理范围或产品分别编制、报出的财务报告。按经营业务不同性质编报的分部报告，一般被称为业务分部报告；而按经营业务的地理范围编报的分部报告被称为地区分部报告。

随着市场经济的发展，企业的生产经营规模日益扩大；在激烈的市场竞争中，企业日益突破单一业务经营范围的界限，而成为从事多种产品生产经营和从事多种经营业务活动的综合经营体。一般的企业会计报表所提供的会计信息，只是反映该企业生产经营情况综合的会计信息，而难以提供从事各项具体业务活动所取得的收入、所占用的资产等会计信息。要对企业的生产经营情况、盈利能力和发展作出判断，则必须借助于各业务部门所形成的较为详细具体的会计信息。与此同时，随着企业生产规模的扩大，其生产经营范围有的已突破国界，延伸和发展到其他国家和地区，成为大型跨国公司和国际性企业。这些跨国公司业务往往跨越若干个国家和地区，而各国有着不同的社会政治经济法律环境，各生产经营地政治的动荡、政府的更替、法律的变化等，都将对其生产经营活动产生影响。这就是说，企业的各生产经营所在地存在着不同性质、不同程度的风险，要分析其经营风险、预测其经营业绩，则有必要使用其按不同地区提供的各地区分部的会计信息。只有运用处于生产经营环境下的各地区分部的会计信息，才能分析某一地区的经营风险，预测其经营业绩，从而对该跨国公司的经营风险和经营业绩作出准确的、综合性的评价，以有助于各投资者、债权人进行投资决策，有助于企业的生产经营者或管理当局进行经营决策和长期决策。由此，分部报告应运而生。

提供分部信息的主要目的，是为了帮助会计信息使用者评估不同因素对企业的影响，以便更好地理解企业以往的经营业绩，并对其未来的发展趋势作出合理的预测和判断。对一些有着多种经营业务或多个地区分部的大企业来说，其各个产业分部和地区分部的利润率、发展机会、未来前景和投资风险都可能会有很大的差别。因此，财务报告使用者不仅要着眼于总体的会计报表（包括合并报表），还需要参考分部资料，以正确评价一个从事多种经营的企业的前途与风险。按分部提供资料的意义主要在于，它可为财务报告的使用者（如投资人、债权人、国家有关经济管理部门、企业管理当局）提供关于从事多种经营企业的不同产业分部和不同地区企业分部的规模大小、利润贡献以及发展趋势的资料,使他们能对整个企业作出更有依据、更为合理的判断与决策。分部报告准则充分体现了会计信息质量相关性原则的要求。

二、分部报告的要求

国际会计准则委员会于1997年全面修订的《国际会计准则第14号——分部报告》中规定:

第一,证券公开上市的企业适用本准则。如果证券不公开交易的企业遵照国际会计准则编制财务报表,则鼓励自愿按分部披露信息。如果一份财务报告既包括证券公开上市的企业的合并财务报表,也包括母公司或一个或多个子公司的单独财务报表,分部信息只需以合并财务报表为基础填报。如果子公司本身就是证券公开上市的企业,则它应在本身的单独财务报告中列报分部信息。

第二,企业内部分部不是以相关产品和劳务的组合或地区为基础的,则要求企业注意内部分部划分中的下一个较低层次,以确定其报告分部。

第三,对每个予以编报的产业分部和地区分部,必须注明下列财务资料:①销售或其他营业收入,要区分为来自企业外部客户的和来自其他分部的;②分部的经营成果;③使用的分部资产;④分部之间定价的基础;⑤分部负债;⑥当期购置的不动产、设备以及无形资产的成本;⑦折旧费和摊销费;⑧折旧费和摊销费以外的非现金费用;⑨企业在按权益法核算的联营、合营或其他投资的净损益中所占的份额以及相关的投资金额。

第四,分部划分上的变更和编报分部资料时所用会计处理方法的变更,以及对分部资料有实质性影响的,均应加以说明。

美国财务会计准则委员会发布的第14号准则《企业分部财务报告》和以后对其修订的第21号准则《股票非公开上市公司每股收益的报告中止和分部信息》,都对分部报告提出了要求。美国会计准则要求分部信息应包括:①企业在不同行业中的业务经营(产业分部);②国外的业务经营和出口销售;③期末会计报表按公认的会计准则向社会公布时的主要客户。美国会计准则还强调,如果报表的内容期限长于一个财务年度,这样的信息应按每一年度分别表达,这样的信息资料只反映于年度报告中,不是中期报告的报出内容。

目前,中国证监会修订了《公开发行股票公司信息披露的内容与格式准则第2号——年度报告的内容与格式》的附件《会计报表附注指引》,对分部信息的披露内容作了简要规定,主要体现在:

第一,如果公司实行多元化经营,其业务涉及不同行业,则应对占公司主营业务10%以上(含10%)的经营活动及其所在的行业分别作出介绍。

第二,如果公司在不同地区或国家开展业务,还应该按照不同地区或国家来反映公司主营业务收入的构成。

第三，会计和业务数据摘要中非强制性指出："除会计数据和财务指标外，公司也可以采用以数据列表或图形表方式，提供与上述会计数据相同期间的业务数据和指标，例如产品销售量、市场份额、公司各主要业务占总收入的百分比、公司各地区收入占总收入的百分比等。"

第四，要求公司按产业和地区分类提供前后两年的主营业务收入、税前利润和净资产信息，并要求对集团内分部间的交易结果予以抵销。

我国财政部发布的《企业会计制度》也对分部报告披露的项目、披露的格式作了规定。

三、确定分部的标准

提供分部报告的首要工作是确定出需提供分部报告的单位，因为从事多种经营的企业可能会有很多个分部，但并非每个分部都要对外提供报告资料。为了对外有相对统一的标准，企业应在所有的分部中进行选择，将重要的分部作为对外报告资料的分部。

确定提供分部报告单位，有多种选择方法。国际会计准则提出，多种经营企业的管理当局在选择分部报告单位时，可按下述几种方法进行：①企业的各种产品和经营活动的相似或不同之处，这些产品和活动的获利能力、风险和发展前途有何异同之处，以及营业和销售地区和这些地区在整个企业内部的相对重要性有何异同之处。②如果一个企业是根据管理上需要建立起来的部门、子公司或分支机构，与企业所据以判定的分部相一致，可按这些组织结构提供财务信息分部报告；如果与管理上需要建立的机构不一致，则需在编报时将有关资料重新分类。③在确定分部时，对分部的重要程度，应当规定一些标准，并合理地限制分部的数目。这些标准可以是占企业合并收入、营业利润或资产总额的10%。但是，这些数量上的标准并不是确定编报分部的唯一因素。④产业分部和地区分部是提供财务信息分部报告的基础，如果一个企业的营业同时适用这两种基础，就须在这两种基础上提供资料。

由上可知，分部标准有行业、地区、客户、组织结构、独立核算单位、生产线、产品等，但使用最多的是行业和地区这两个标准。企业集团可能生产几百种甚至上千种产品，经营业务可能涉及许多不同的行业，各行业的获利能力、资金、技术、劳动密集程度、经营风险、发展前景必然存在差别，因此，可以企业经营的产品或行业为标准，分解整个企业的会计信息，编制分部会计报表。地区也是重要的分部标准，各地区因市场、交通、基础设施、工业基础、人员素质、财政负担、政治状况等不同，其经营的获利能力、发展前景也会大相径庭。受汇率、利率、通货膨胀率、收入水平、政治等多种因素的影响，设在各国的分公司以及国外分公司与国内分公司之间在获利能力、投资风险等方面也会存在很大差别，因此，有必要以地区为分部标准，编列分部会计报表。此外，如果企业对一家或几家客户的销售额在整个销售额中占很大比例，在分部会计报表中披露主要客户的信息也颇有价值。企业从内部控制与决策的需要出发，可以内部组织结构为标准，编制分部报告。

我国《企业会计准则第35号——分部报告》和《企业会计准则解释第3号》规定，企业在对外披露分部报告时，首先要确定报告主体的分部。这里所说的分部，即企业内部可区分的，专门用于向外部提供信息的一部分。分部包括经营分部和报告分部。

（一）经营分部的确定

经营分部是指企业内同时满足下列条件的组成部分：①该组成部分能够在日常活动中产生收入、发生费用；②企业管理层能够定期评价该组成部分的经营成果，以决定向其配置资源、评价其业绩；③企业能够取得该组成部分的财务状况、经营成果和现金流量等有关会计信息。需要说明的是：①不是企业的每个组成部分都必须是经营分部或经营分部的一个组成部分，若某些职能部门不赚取收入，或赚取的收入仅仅是偶发性的，这些部门就不作为经营分部；②"企业管理层"强调的是向企业的经营分部配置资源，并评价其业绩的职能，而不必是具有特定头衔的某一具体管理人员。

企业应当以内部组织结构、管理要求、内部报告制度为依据确定经营分部。经济特征不相似的经营分部，应当分别确定为不同的经营分部。在某些情况下，两个或两个以上的经营分部如果具有相似的经济特征，同时满足下列条件的，可以合并为一个经营分部：①各单项产品或劳务的性质相同或相似，其风险、报酬率及其成长率可能较为接近，因此，一般可以将其划分到同一经营分部中；②生产过程的性质相同或相似，采用劳动密集或资本密集方式组织生产、使用相同或者相似设备和原材料、采用委托生产或加工方式等；③产品或劳务的客户类型相同或相似；④销售产品或提供劳务的方式相同或相似；⑤生产产品或提供劳务受法律、行政法规的影响相同或相似。

（二）报告分部的确定

1. 重要性标准的判断。企业应以经营分部为基础确定报告分部。

经营分部满足下列条件之一的，应当确定为报告分部：

（1）该分部的分部收入占所有分部收入合计的10%或者以上。

分部收入是指可归属于分部的对外交易收入和对其他分部交易收入。分部收入主要由可归属于经营分部的对外交易收入构成，通常为营业收入。可归属经营分部的收入来源于两个渠道：一是可以直接归属于经营分部的收入，即直接由经营分部的业务交易而产生；二是可以间接归属于经营分部的收入，即将企业交易产生的收入在相关经营分部之间进行分配，按属于某经营分部的收入金额确认为分部收入。

分部收入通常不包括下列项目：①利息收入（包括因预付或借给其他分部款项而

确认的利息收入）和股利收入（采用成本法核算的长期股权投资取得的股利收入），但分部的日常活动是金融性质的除外。②营业外收入，如固定资产盘盈、处置固定资产净收益、出售无形资产净收益、罚没收益等。③处置投资产生的净收益，但分部的日常活动是金融性质的除外。④采用权益法核算的长期股权投资确认的投资收益，但分部的日常活动是金融性质的除外。

（2）该分部的分部利润（亏损）的绝对额，占所有盈利分部利润合计额或者所有亏损分部亏损合计额的绝对额两者中较大者的10%或者以上。

分部利润（亏损），是指分部收入减去分部费用后的余额。不属于分部收入和分部费用的项目，在计算分部利润（亏损）时不得作为考虑的因素。

分部费用，是指可归属于分部的对外交易费用和对其他分部的交易费用。分部费用主要由可归属于经营分部的对外交易费用构成，通常包括营业成本、营业税金及附加、销售费用等。与分部收入的确认相同，归属于经营分部的费用也来源于两个渠道：一是可以直接归属于经营分部的费用，即直接由经营分部的业务交易而发生；二是可以间接归属于经营分部的费用，即将企业交易发生的费用在相关分部之间进行分配，按属于某经营分部的费用金额确认为分部费用。

分部费用通常不包括下列项目：①利息费用（包括因预收或向其他分部借款而确认的利息费用），如发行债券等，但分部的日常活动是金融性质的除外。②营业外支出，如处置固定资产、无形资产等发生的净损失。③处置投资发生的净损失，但分部的日常活动是金融性质的除外。④采用权益法核算的长期股权投资的投资损失，但分部的日常活动是金融性质的除外。⑤与企业整体相关的管理费用和其他费用。

（3）该分部的分部资产占所有分部资产合计额的10%或者以上。

分部资产，是指经营分部日常活动中使用的可归属于该经营分部的资产，不包括递延所得税资产。如果与两个或多个经营分部共用资产相关的收入和费用也分配给这些经营分部，则该共用资产应分配给这些经营分部。共用资产的折旧费或摊销费在计量分部经营成果时被扣减的，该资产应包括在分部资产中。企业在计量分部资产时，应当按照分部资产的账面价值进行计量，即按照扣除相关累计折旧或摊销额以及累计减值准备后的金额计量。

通常情况下，分部资产与分部利润（亏损）、分部费用等之间存在一定的对应关系，即：①如果分部利润（亏损）包括利息或股利收入，分部资产中就应当包括相关的应收账款、贷款、投资或其他金融资产。②如果分部费用包括某项固定资产的折旧费用，分部资产中就应当包括该项固定资产。③如果分部费用包括某项无形资产或商誉的摊销额或减值额，分部资产中就应当包括该无形资产或商誉。

2. 低于10%重要性标准的选择。经营分部未满足上述10%的重要性标准的，可以按照下列规定确定报告分部：

(1)企业管理层认为披露该经营分部信息对会计信息使用者有用，那么可以将其确定为报告分部。在这种情况下，无论该经营分部是否满足10%的重要性标准，企业都可以直接将其指定为报告分部。

(2)将该经营分部与一个或一个以上的具有相似经济特征、满足经营分部合并条件的其他经营分部合并，作为一个报告分部。对经营分部10%的重要性测试可能会导致企业拥有大量未满足10%数量临界线的经营分部，在这种情况下，如果企业没有直接将这些经营分部指定为报告分部，可以将一个或一个以上具有相似经济特征、满足经营分部合并条件的经营分部合并成一个报告分部。

(3)不将该经营分部直接指定为报告分部，也不将该经营分部与其他未作为报告分部的信息与其他组成部分的信息合并，作为其他项目单独披露。

3. 报告分部75%的标准。企业的经营分部达到规定的10%重要性标准认定为报告分部后，确定为报告分部的各经营分部的对外交易收入合计额占合并总收入或企业总收入的比重应当达到75%的比例。如果未达到75%的标准，企业必须增加报告分部的数量，将其他未作为报告分部的经营分部纳入报告分部的范围，直到该比重达到75%。此时，其他未作为报告分部的经营分部很可能未满足前述规定的10%的重要性标准，但为了使报告分部的对外交易收入合计额占合并总收入或企业总收入的总体比重能够达到75%的比例要求，也应当将其确定为报告分部。

4. 报告分部的数量。根据前述的确定报告分部的原则，企业确定的报告分部数量可能超过10个，此时，企业提供的分部信息可能变得非常烦琐，不利于会计信息使用者理解和使用。因此，报告分部的数量通常不应当超过10个。如果报告分部的数量超过10个，企业应当考虑将具有相似经济特征、满足经营分部合并条件的报告分部进行合并，以使合并后的报告分部数量不超过10个。

5. 为提供可比信息报告分部的确定。企业在确定报告分部时，除应当遵循相应的确定标准以外，还应当考虑不同会计期间分部信息的可比性和一致性。对于某一经营分部，在上期可能满足报告分部的确定条件从而确定为报告分部，但本期可能并不满足报告分部的确定条件。此时，如果企业认为该分部仍然重要，单独披露该分部的信息能够更有助于报表使用者了解企业的整体情况，则无须考虑该经营分部确定为报告分部的条件，仍应当将该经营分部确定为本期的报告分部。

对于某一经营分部，在本期可能满足报告分部的确定条件从而确定为报告分部，但上期可能并不满足报告分部的确定条件从而未确定为报告分部。此时，出于比较目的提供的以前会计期间的分部信息应当予以重述，以将该经营分部反映为一个报告分部，即使其不满足确定为报告分部的条件也是如此。

四、分部信息的披露

企业披露的分部信息,应当有助于会计信息使用者评价企业所从事经营活动的性质和财务影响,以及经营所处的经济环境。企业应当以对外提供的财务报表为基础披露分部信息;对外提供合并财务报表的企业,应当以合并财务报表为基础披露分部信息。

(一)描述性信息

描述性信息包括确定报告分部考虑的因素、报告分部产品和劳务的类型。

确定报告分部考虑的因素,通常包括企业管理层是否按照产品和服务、地理区域、监管环境差异或综合各种因素进行组织管理。

(二)每一报告分部的利润(亏损)总额信息

每一报告分部的利润(亏损)总额信息,包括利润(亏损)总额组成项目的信息。还应当在附注中披露与利润总额相关的每一报告分部的下列信息:①对外交易收入和分部间交易收入。②利息收入和利息费用,但是,报告分部的日常活动是金融性质的除外。报告分部的日常活动是金融性质的,可以仅披露利息收入减去利息费用后的净额,同时披露这一处理方法。③折旧费用和摊销费用,以及其他重大的非现金项目。④采用权益法核算的长期股权投资确认的投资收益。⑤所得税费用或所得税收益。⑥其他重大的收益或费用项目。

(三)每一报告分部的资产总额、负债总额信息

每一报告分部的资产总额、负债总额信息,包括资产总额组成项目的信息。还应当在附注中披露每一报告分部的下列信息:①采用权益法核算的长期股权投资金额;②非流动资产(不包括金融资产、独立账户资产、递延所得税资产)金额。

(四)其他信息

除已经作为报告分部信息组成部分的披露内容外,企业还应当披露下列信息:

1. 每一产品和劳务或每一类似产品和劳务的对外交易收入。但是,披露相关信息不切实可行的除外。企业披露相关信息不切实可行的,应当披露这一事实。企业披露的每一产品和劳务或每一类似产品和劳务的对外交易收入金额,应当以用以编制企业财务报表的信息为基础。

2. 企业取得的来自于本国的对外交易收入总额,以及企业从其他国家或地区取得的对外交易或收入总额。但是,披露信息不切实可行的除外。企业披露相关信息不切实可行的,应当披露这一事实。如果企业从某个国家或地区取得的对外交易收入金额

重要,应当单独予以披露。

3. 企业取得的位于本国的非流动资产(不包括金融资产、独立账户资产、递延所得税资产)总额,以及企业位于其他国家或地区的非流动资产(不包括金融资产、独立账户资产、递延所得税资产)总额。但是,披露相关信息不切实可行的除外。企业披露相关信息不切实可行的,应当披露这一事实。如果企业位于某个国家或地区的非流动资产金额重要,应当单独予以披露。

4. 企业对主要客户的依赖程度。企业与某一外部客户交易收入占合并总收入或企业总收入的10%或以上,应当披露这一事实以及来自该外部客户的总收入和相关报告分部的特征。企业不需要报告主要客户的身份,每一报告分部也不需要报告来自该客户的收入。

(五)报告分部信息与企业信息总额的衔接

报告分部收入总额应当与企业收入总额相衔接;报告分部利润(亏损)总额应当与企业利润(亏损)总额相衔接;报告分部资产总额应当与企业资产总额相衔接;报告分部负债总额应当与企业负债总额相衔接。

(六)报告分部的比较信息

企业在披露报告分部的比较信息时,为可比起见,应当提供前期的比较数据。

【例5-1】 创业股份有限公司的生产经营主要由生产家用电器、商业贸易和旅游服务等三个业务分部组成。这些部门是公司报告其主要分部信息的基础。家用电器分部生产多种型号的电视机、高级音响、各种家用小电器。商业贸易分部专营销售电子检测设备、电子监控设备。旅游服务分部主要提供故宫、天坛、长城、十三陵等北京历史文化遗产的旅游景点服务。其他经营包括房地产开发、出租等业务。该股份有限公司按业务分部披露的分部报告如表5-1所示。

表5-1 分部报表(业务分部)

2006年12月31日 单位:万元

项目 \ 分部	家用电器		商业贸易		旅游服务		其他经营		抵销		未分配项目		合计	
	2006	2005	2006	2005	2006	2005	2006	2005	2006	2005	2006	2005	2006	2005
一、营业收入合计	70	60	30	31	21	20	9	9	(29)	(30)	—	—	101	90
其中:对外营业收入	55	50	20	17	19	16	7	7			—	—	101	90
分部间营业收入	15	10	10	14	2	4	2	2	(29)	(30)	—	—	0	0
二、销售成本合计	40	37.5	17.5	20	15	15.5	6	6.5	(17.5)	(18)	—	—	61	61.5

续表

分部 项目	家用电器		商业贸易		旅游服务		其他经营		抵　销		未分配项目		合　计	
	2006	2005	2006	2005	2006	2005	2006	2005	2006	2005	2006	2005	2006	2005
其中:对外销售成本	30	30	11.5	12.5	13.5	12.5	6	6.5			—	—	61	61.5
分部间销售成本	10	7.5	6	7.5	1.5	3	0	0	(17.5)	(18)	—	—	0	0
三、期间费用合计	10	5.5	3.5	4	4	3.5	1.5	1			2.5	2	21.5	16
四、营业利润	20	17	9	7	2	1	1.5	1.5	(11.5)	(12)	(2.5)	(2)	18.5	12.5
五、资产总额	54	50	34	30	10	10	10	9			5	4	113	103
六、负债总额	25	15	8	11	8	8	1	1			8	9	50	44

第三节　中期财务报告

一、编制中期财务报告的理论

中期财务报告是指非年终报表外的其他按一定时间阶段编出的财务报告。中期财务报告有的按季报出,称为季报;有的按月报出,称为月报;有的按半年报出,称为半年度报告;还有的视具体要求而定,但编报时间短于一个会计年度的期间,如1月1日至9月30日的期间等。典型的中期财务报告是半年度报告。中期财务报告可由资产负债表、利润表、现金流量表(财务状况变动表)和会计报表附注组成,但其核心内容在于一定期间的有关经营收益的信息。

(一)编制中期财务报告的意义

编制年度财务报告是一项重要的会计惯例,但在某些情况下,企业还需要编制中期财务报告。例如,一个企业因已向银行大额借款,可能需要按月或按季向贷款银行报送会计报告。中期财务报告的产生与证券市场的发展有着天然的联系。

随着市场经济的发展,市场竞争日趋激烈,外部经营环境的变化和企业日常经营活动的波动要远甚于以往,投资者对公开披露的财务报告信息的及时性和相关性提出了更高的要求。在这种情况下,各年度财务报告之间相隔的时间相对于投资者的决策需要来讲已经显得太长,不利于投资者的及时决策和合理预测。在瞬息万变的时代背景下,等到企业年度财务报告公开披露的时候,许多信息对于会计信息使用者来讲已经过时,十分不利于资源的有效配置和证券市场的稳定。为此,世界上大部分国家都要求企业(主要是上市公司)提供中期财务报告,通过及时披露企业中期末的财务状况和中期经营成果及其现金流量,来弥补年度财务报告的不足,满足会计信息使用者的信息需要。这其中最为典型的国家是美国。美国纽约证券交易所早在60多年以前就要求其上市公司编报季度财务报告。美国证券交易委员会要求上市公司定期公布其中期财务报告,特别是要求上市公司在会计年度第三季度后的45天内向委员会提供包括下述内容的资料:①截至本年与去年同期的比较损益表;②截至本季末与去年同期的比较资产负债表;③截至本季末与去年同期的比较现金流量表(财务状况变动表)。另外,澳大利亚、加拿大、智利、哥伦比亚、以色列、墨西哥、挪威、菲律宾、泰国、中国台湾地区等国家和地区也要求上市公司提供季度财务报告。而奥地利、比利时、巴西、丹麦、法国、德国、英国、印度、意大利、马来西亚、卢森堡、新西兰、巴基斯坦、新加坡、南非、西班牙、斯里兰卡、津巴布韦和中国香港地区等国家和地区则要求上市公司提供半年度的中期财务报告。

在我国,证监会规定上市公司应当在每个会计年度的前6个月结束后60日内编制完成中期财务报告。报告完成后,公司应立即将中期财务报告各10份报送证监会和其股票挂牌交易的证券交易所及地方证券监管部门备案,并将报告刊登在至少一种由证监会指定的全国性报刊上。在报刊上刊登之后,公司可不再以其他方式披露中期财务报告。已在境内和境外两个以上证券市场发行了股票和挂牌上市的公司,应在同一时间对境内外市场公布中期财务报告。如果国内外市场对编制中期财务报告的期限要求不同,应以较短的期限为准。我国财政部也于2001年11月颁布实施《企业会计准则——中期财务报告》。2006年2月,财政部又颁布了《企业会计准则第32号——中期财务报告》。此次修订后的中期财务报告准则只是在体例上进行了修改,在内容方面并无实质性变化。

(二)中期财务报告的编制理论

在美国,虽然证券界有对于中期财务报告的披露要求,会计实务界也有对外提供中期财务报告的惯例,但关于中期财务报告的正式准则是1973年由财务会计准则委员会提出的第28号意见书《中期财务报告》。1998年2月,国际会计准则委员会也颁布了《国际会计准则第34号——中期财务报告》。在此之前,中期财务报告的格式、内容和所采用的方式、方法,在各报告单位都有着很大的随意性,加之中期财务报告不是必须经注册会计师审查的项目,在这方面也曾出现过不少问题。

各种问题的核心在于,很多产业的季节性差异,会导致收益、费用和净收益在期间报表上有很大的升降变化。例如，水力发电企业上半年是枯水期，而第三季度则是潮水期，这时3个月发电量就可超过前6个月。而企业一般都把设备检修放在营业淡季，致使淡季营业收入与旺季营业收入相差更大。对于短期的报告，确定的经营成果在应计基础、递延以及存货核算方法选用上会出现较大的差异，以致影响中期财务报告的正确性。事实上，很多公司在编报中期财务报告时所采用的会计政策，与期末正式报出的报表有很大的差别。

关于编制中期财务报告的理论基础问题，概括起来，目前主要有两种观点：一种是独立观(Discrete View)，一种是一体观(Integral View)。

独立观将每一中期视为一个独立的会计期间，其基本特点是：中期财务报告中所采用的会计政策和确认、计量原则与年度财务报告相一致，其中所应用的会计估计、成本分配和应计项目的处理等也与年度财务报告相一致。应用独立观编制中期财务报告的优点是中期财务报告的编制可以直接采用企业在编制年度财务报告时已有的一套会计政策和确认、计量原则，便于进行实务操作，而且在中期财务报告中所反映的财务状况和经营业绩等相对更可靠，不容易被操控；缺点是容易导致各中期收入与费用的不合理配比，一方面会影响企业业绩的评价，另一方面可能会导致各中期列报的收益波动较大，影响会计信息使用者对年度结果的预测。

一体观将每一中期视为年度会计期间的有机组成部分，是会计年度整体不可分割的一部分而非独立的会计期间。其基本特点是：中期财务报告中应用的会计估计、成本分配、各递延和应计项目的处理必须考虑到全年将要发生的情况，即需要顾及会计年度剩余期间的经营结果。所以，会计年度内发生的成本与费用，需要以年度预计活动水平(Activity Level，如预计受益期间、预计销售量和产量等)为基础，分配至各个中期。应用一体观编制中期财务报告的优点是可以避免因会计期间的缩短而导致的各中期收益的非正常波动，从而有利于年度收益的预测；缺点是许多成本和费用需要以年度结果为基础进行估计，因此要依赖较高的职业判断能力，而且可能所估计的结果因缺乏客观、可靠的依据作为佐证，而使收益容易被操控，影响中期财务报告信息的可靠性。

从国际惯例来看，美国会计原则委员会于1973年发布了第28号意见书——《中期财务报告》，该意见书的目的在于为有关中期财务报告特有的会计及报告问题提供指南，并为上市公司的中期财务报告制定了最低的披露要求，该意见书规定采用一体观。目前世界上除美国、中国台湾地区等少数国家和地区采用中期财务报告的一体观外，大多数国家或地区采用的都是独立观，如国际会计准则以及英国、加拿大、澳大利亚、墨西哥、新西兰、中国香港地区等国家和地区的会计准则都采用的是独立观。以独立观作为中期财务报告的理论基础已是世界上中期财务报告会计准则制定的一个发展趋势。当然,从各国或地区中期财务报告会计准则(包括国际会计准则)的具体内容来看,纯粹采用其中一种观点的情况比较少,往往都有例外情况。所以,从严格意义上讲,上述国家或地区的中期财务报告准则只是侧重于采用一体观或者独立观。目前,由于我国证券市场的发育程度较低,会计信息质量失真问题时有发生,会计人员的职业判断水平不高,大多数中期财务报告无须经过注册会计师审计,监管部门对于企业编制中期财务报告的过程也不甚了解等原因,我国《企业会计准则第 32 号——中期财务报告》编制侧重于以独立观作为其理论基础。

二、中期财务报告的主要内容

(一)美国和国际会计准则规定

根据美国会计原则委员会第 28 号意见书的规定,公司给股东的中期财务报告,最低揭示要求通常包括下列各项资料,这些资料应列报在最近季度以及截至当日的年度,或截至该季末 12 个月的报告内:①销售收入或毛收入、所得税费用、非常项目(包括有关所得税影响数)、会计原则或实务变更的累积影响数及净收益;②报告期的基本每股收益和完全稀释的每股收益;③季节性收入、成本或费用;④所得税估计或预提的重大变更;⑤企业分部的处置及非常、特殊或不常发生项目的处置;⑥或有项目;⑦会计原则或估计变更;⑧财务状况的重大变动。

国际会计准则委员会颁布的《国际会计准则第 34 号——中期财务报告》规定了中期财务报告的基本内容:①如果企业在中期财务报告中公布一套简明的财务报表,这些简明报表至少应包括最近期的年度财务报表中列出的每个标题和小计项目及本准则要求的有选择的说明性附注。如果因缺少某些追加的单列项目或附注,将使简明中期财务报表产生误导,则还应将这些追加的单列项目或附注包括在内。②基本的和稀释的每股收益应在中期收益表内列报,无论收益表是完整的还是简明的。③《国际会计准则第 1 号》提供了有关财务报表结构的指南,并包括一个附录——“财务报表结构示例”,该附录为主要标题和小计项目提供了进一步的指南。

(二)我国企业会计准则规定

我国证监会颁布的《中期财务报告的内容与格式准则》规定,公司在中期财务报告中提供的财务报表至少应包括完整的资产负债表和利润表及利润分配表,中期会计报告必须经审计的公司应当编制现金流量表。我国《企业会计准则第 32 号——中期财务报告》规定的基本内容如下。

1. 在中期财务报告中,企业应当提供以下比较会计报表。

(1)本中期末的资产负债表和上年度末的资产负债表。

(2)本中期的利润表、年初至本中期末的利润表以及上年度可比期间的利润表(其中上年度可比期间的利润表是指上年度可比本中期的利润表和上年度年初至可比本中期末的利润表)。

(3)年初至本中期末的现金流量表和上年度年初至可比本中期末的现金流量表。

企业如果在中期对会计报表项目进行了调整或者修订,那么在中期财务报告中所提供的上年度比较会计报表项目的有关金额就应当按照本年度中期会计报表的要求予以重新分类,并在会计报表附注中说明会计报表项目金额重新分类的原因及其内容。如果企业无法对比较会计报表中的有关金额进行重新分类,企业应当在中期会计报表附注中说明不能进行重新分类的原因。

2. 企业在编制中期会计报表附注时,应当满足以下基本要求。

(1)中期会计报表附注应当提供比上年度财务报告更新的信息。中期财务报告准则规定,企业在其中期会计报表附注中应当重点披露自上年度资产负债表日之后发生的,有助于理解企业财务状况、经营成果和现金流量变化情况的重要事项或者交易。这就是说,中期会计报表附注应当提供相对于上年度财务报告而言更新的事项或者交易信息,无须重复披露在上年度财务报告中已经披露过的、相对并不重要的信息。因为企业中期财务报告使用者一般都可以获得上年度财务报告信息,所以在中期会计报表附注的编制过程中,重点披露比上年度财务报告更新的信息更为有用。

(2)中期会计报表附注应当遵循重要性原则。重要性原则是中期会计确认、计量和披露的一项重要原则。同样地,中期会计报表附注的披露也应当遵循重要性原则,对于那些会影响中期财务报告信息使用者的经济决策并且又未在中期财务报告的其他部分披露的重要信息,企业应当在中期会计报表附注中予以披露。

(3)中期会计报表附注的编制应当以会计年度年初至本中期末为基础。编制中期财务报告的目的是为了向报告使用者提供自上年度资产负债表日之后所发生的重要事项或者交易,因此,中期会计报表附注应当以“年初至本中期末”为基础编制,而不应当只披露本中期所发生的重要事项或者交易。例如,某企业需要编制季度财务报告,该企业在2005年3月5日对外进行重大投资,设立一家子公司。对于这一事项,企业不仅应当在2005年度第一季度财务报告的会计报表附注中予以披露,在2005年度第二季度财务报告和第三季度财务报告的会计报表附注中也应当予以披露。

(4)中期会计报表附注还应当披露对于本中期重要的交易或者事项。中期会计报表附注应当以“年初至本中期末”为基础编制,重点披露自上年度资产负债表日之后发生的,有助于理解企业财务状况、经营成果和现金流量变化情况的重要事项或者交易。同时,与理解本中期财务状况、经营成果和现金流量有关的重要事项或者交易,也应当在中期会计报表附注中予以披露。

3. 中期会计报表附注至少应当包括下列信息。

(1)中期会计报表所采用的会计政策与上年度会计报表相一致的说明。如果发生了会计政策的变更,应当说明会计政策变更的内容、理由及其影响数;如果会计政策变更的累积影响数不能合理确定,应当说明理由。

(2)会计估计变更的内容、理由及影响数。如果影响数不能合理确定,应当说明理由。

(3)重大前期差错的内容及其更正金额。

(4)企业经营的季节性或周期性特征。

(5)存在控制关系的关联企业发生变化的情况;关联方之间发生交易的,应当披露关联方关系的性质、交易的类型和交易要素。

(6)合并会计报表的合并范围发生变化的情况。

(7)对性质特别或者金额异常的会计报表项目的说明。

(8)债务性证券和权益性证券的发行、回购和偿还情况。

(9)向企业所有者分配利润的情况(包括在中期内实施的利润分配和已提出或者已批准但尚未实施的利润分配情况),包括向所有者分配的利润总额和每股股利。

(10)业务分部和地区分部的分部收入与分部利润(亏损)。

(11)中期资产负债表日至中期财务报告批准报出日之间发生的非调整事项。

(12)上年度资产负债表日以后所发生的或有负债和或有资产的变化情况。

(13)企业结构变化情况的说明,如企业合并和重组,对被投资单位具有重大影响、共同控制关系或者控制关系的长期股权投资的购买或者处置,终止营业等。

(14)其他重大交易或者事项,如重大的长期资产转让及其出售情况,重大的固定资产和无形资产取得情况,重大的研究和开发支出,重大的非货币性交易事项,重大的债务重组事项,重大的资产减值损失及其减值损失的转回情况等。

中期会计报表可以不经过审计,但下列情形除外:①按照《股票上市规则》的规定,公司股票交易实行特别处理,公司拟在下半年办理配股申报事宜的;②在中期拟订分红预案或公积金转增股本预案,并将在下半年实施的;③中国证监会或证券交易所确认应当进行审计的其他情形。凡未经审计的中期会计报表,应注明“未经审计”字样,如果中期会计报表经过审计,公司应当披露完整的审计意见。

三、中期财务报告的编制原则和方法

(一)中期会计确认与计量的基本原则

下面以我国会计准则为例,对中期财务报告的编制原则和方法加以说明。企业在确认、计量和披露在中期财务报告中列报的各会计报表项目时，应当遵循重要性原则。在判断项目的重要性程度时，应当以中期财务数据为基础，不应以预计的年度财务数据为基础；而且，与年度财务数据相比，中期会计计量可在更大程度上依赖于估计。具体而言，企业在编制中期会计报表时应当遵循以下原则：

1. 企业应当在中期会计报表中采用与年度会计报表相一致的会计政策，不得在中期内随意变更会计政策，以保持前后各期会计政策的一贯性，提高会计信息的可比性和有用性。

2. 企业如果在中期变更会计政策，应当符合《企业会计准则第 28 号——会计政策、会计估计变更和前期差错更正》规定的允许企业进行会计政策变更的条件。与此同时，如果在上年度资产负债表日之后发生了会计政策变更，且该变更了的会计政策将在本年度会计报表中采用，中期会计报表才应当采用该变更了的会计政策。

3. 中期各会计要素的确认与计量标准应当与年度会计报表相一致。

4. 企业财务报告的频率不应当影响其年度结果的计量，中期会计计量应当以年初至本中期末为基础。

5. 在中期会计计量过程中，会计估计变更的处理应当符合规定。如果会计年度内以前中期的会计报表项目在以后中期发生了会计估计变更，则在以后中期会计报表中应当反映这种会计估计变更的金额，但对以前中期财务报告中已反映的金额不再作调整。企业应当按照《企业会计准则第 28 号——会计政策、会计估计变更和前期差错更正》规定的原则对中期会计估计变更进行处理。

6. 对于季节性、周期性或者偶然性取得的收入，除在会计年度末允许预计或者递延的之外，企业都应当在发生时予以确认和计量，不应当在中期会计报表中预计或者递延。这些收入的确认和计量原则应当严格遵循《企业会计准则第 14 号——收入》会计准则等的规定。

7. 对于会计年度中不均匀发生的费用，除在会计年度末允许预提或者待摊的之外，企业都应当在发生时予以确认和计量，不应当在中期会计报表中预提或者待摊。

（二）中期会计确认和计量原则的若干应用示例

中期经营成果的确定是中期会计报表编制的主要问题，而中期经营成果的确定又可以具体化为收入、与收入有关的成本、所有其他成本及费用、所得税费用等的确定。

1. 收入。在中期利润表中反映的收入也应当首先符合收入的定义，即收入应当是企业在销售商品、提供劳务及让渡资产使用权等日常活动中所形成的经济利益的总流入。与年度会计报表一样，企业在中期也应当严格按照《企业会计准则第 14 号——收入》、《企业会计准则第 15 号——建造合同》等规定的收入确认条件和计量方法确认和计量收入,不能在会计年度的各个中期内随意预计或者递延收入。

【例5-2】 海天图书出版公司对外征订图书,收到订单和购书款与发送图书分属于不同的中期,则企业在收到订单和购书款的中期就不能够确认图书的销售收入,因为此时与图书所有权有关的风险和报酬尚未转移,不符合收入确认的条件。企业只有在发送图书,并且与图书所有权有关的风险和报酬已经转移的中期才能确认收入。

【例5-3】 安达公司的主要业务是开发房地产,而且其业务特点是:每开发完成一个房地产项目之后,再开发下一个房地产项目。该公司于2005年1月1日起开始开发一住宅小区,小区建成完工约需2年。公司采取边开发、边销售楼盘的策略。假定该公司在2005年各季度分别收到楼盘销售款1 000万元、3 000万元、2 500万元和2 000万元,为小区建设分别发生开发成本2 000万元、1 500万元、2 200万元和1 800万元;在2006年各季度分别收到楼盘销售款2 500万元、3 000万元、3 000万元和1 000万元,为小区建设分别发生开发成本1 000万元、1 700万元、1 500万元和300万元。小区所有商品房于2006年11月完工,12月全体交付给购房者,并办理完有关产权手续。

在本例中,安达公司的经营业务具有明显的周期性特征,公司只有在每隔一个周期,等房地产开发完成并实现对外销售后,方能确认收入,即公司只有在2006年12月所建商品房完工后,与商品房有关的风险和报酬已经转移给了购房者,符合收入确认条件后,方能确认收入。这一收入就属于周期性取得的收入。在2006年12月之前的各中期都不能预计收入,也不能将已经收到的楼盘销售款直接确认为收入,企业应当在收到这些款项时将其作为预收款处理。开发小区所发生的成本也应当首先归集在"开发成本"中,待到确认收入时,再结转相应的成本。同时,公司还需要根据规定,在中期会计报表附注中披露其经营的周期性特征。

2. 费用。在中期利润表中反映的费用也应当首先符合费用的定义,即费用应当是企业为销售商品、提供劳务等日常活动所发生的经济利益的流出。企业在中期应当严格按照配比、权责发生制、划分资本性支出和收益性支出等会计信息质量要求来确认和计量费用,确认和计量标准应当和年度会计报表相一致。企业不能在会计年度的各个中期内随意预提或者待摊所发生的费用。如果需要在中期会计报表中预提或者待摊费用,必须符合会计要素的定义和确认、计量标准。

3. 存货。尽管企业的存货往往处于不断的流转过程之中,而且在每个中期末或者年末都涉及存货数量的确定和成本的计价等问题。但是,企业在编制中期财务报告时,应当采用与会计年度末相同的原则来确认和计量存货。通常,企业需要在会计年度末对存货进行全面盘点。但是,在中期末,基于时间上的限制和成本效益方面的考虑,不一定要求企业对存货进行全面、详细的实地盘点。对于采用实地盘存制核算期末存货和当期销货成本的企业来讲,中期末可以当期所售产品的销售毛利率为基础来估计当期销货成本和期末存货价值。

4. 合同或者预计购买价格的变化。在中期末，企业如果可以判断购货折扣基本确定已经赚得或者将会赚得（或者销货折扣很可能已经发生或者将会发生），应当将其作为购货价格（或者销货价格）的抵减，以购货价格（或者销货价格）扣减数量折扣后的净额来确认和计量购货成本（或者销货收入），及时反映购货价格（或者销货价格）的变化。同样地，企业提供的劳务、发生的人工费等，如果合同规定存在数量折扣，企业亦应当遵循与上述购货或者销货折扣相同的原则进行处理。但是，合同没有规定、带有随意性的数量折扣则不能事先预计。

5. 资产减值。在每一中期末，企业都应当按照成本与市价孰低原则计提短期投资跌价准备，按照应收款项的可收回性计提坏账准备，按照成本与可变现净值孰低原则计提存货跌价准备，按照账面价值与可收回金额孰低原则对长期投资、委托贷款、固定资产、在建工程、无形资产等资产计提减值准备，确认减值损失。中期末采用的资产减值测试、确认和转回的标准应当与会计年度末所采用的标准相一致。但是，这并不意味着企业在每个中期末都应当像会计年度末那样对各相关资产作全面、详细的减值测试和计算。企业在中期末可以只对自上一会计年度末以来所发生的重大减值迹象进行检查，如果检查发现存在重大的资产减值情况，再进行相关测试和计算，确认减值损失。

6. 预计负债。如果企业在中期发生的或有事项导致企业承担了一项现时义务（无论该义务是法定义务还是推定义务），而且履行该义务很可能导致经济利益流出企业，企业就应当在中期末根据《企业会计准则第 13 号——或有事项》的规定，将其确认为一项负债，计入预计负债。而且，其确认和计量的标准应当与会计年度末相一致。导致经济利益流出企业的义务存在与否，与财务报告期间的长度无关。当然，由于预计负债的金额是根据会计期期末清偿该负债所需支出的最佳估计数确定的，随着事件的发展，如果清偿该负债的最佳估计数发生了变化，则企业应当对已经确认的预计负债金额作相应调增或者调减。

7. 中期所得税。企业应当在中期确认所得税，不能因为我国企业所得税实行按年计征的方式而不在中期会计报表中确认所得税。中期所得税的确认和计量原则应当与年度会计报表所采用的所得税确认和计量原则相一致。与此同时，企业在具体确认和计量各中期所得税时，应当以年初至本中期末为基础。

（三）中期会计政策变更的处理

企业在中期如果发生了会计政策的变更，应当按照我国《企业会计准则第 28 号——会计政策、会计估计变更和前期差错更正》的规定处理，并在会计报表附注中作相应披露。其中，在会计政策变更的累积影响数能够合理确定的情况下，除非国家规定了相关的会计处理方法,企业应当对所提供的以前年度比较会计报表最早期间的期初留存收益和这些会计报表其他相关项目的数字进行追溯调整;同时,涉及本会计年度内会计政策变更以前各中期会计报表相关项目数字的,也应当予以追溯调整,视同该会计政策在整个会计年度和可比会计报表期间一贯采用。

1. 会计政策变更发生在会计年度第一季度的情况。如果企业的会计政策变更发生在会计年度的第一季度,则企业除了计算会计政策变更的累积影响数并作相应的账务处理之外,在会计报表的列报方面,只需要根据变更后的会计政策编制第一季度和当年度以后季度会计报表,并对根据规定要求提供的以前年度比较会计报表最早期间的期初留存收益和这些会计报表的其他相关项目数字作相应调整。在会计报表附注的披露方面,应当披露会计政策变更对以前年度的累积影响数(包括对比较会计报表最早期间期初留存收益的影响数和以前年度可比中期损益的影响数)和对当年度第一季度损益的影响数。在当年度第一季度之后的其他季度会计报表附注中,则应当披露第一季度发生的会计政策变更对当季度损益的影响数和年初至本季度末损益的影响数。

2. 会计政策变更发生在会计年度内第一季度之外的其他季度。如果企业的会计政策变更发生在会计年度内第一季度之外的其他季度,如第二季度、第三季度等,企业除了应当计算会计政策变更的累积影响数并作相应的账务处理之外,在会计报表的列报方面,还需要调整根据规定要求提供的以前年度比较会计报表最早期间的期初留存收益和比较会计报表其他相关项目的数字,以及在会计政策变更季度财务报告中或者变更以后季度财务报告中所涉及的本会计年度内发生会计政策变更之前季度会计报表相关项目的数字。在会计报表附注的披露方面,企业需要披露会计政策变更对以前年度的累积影响数,以及对当年度变更季度、年初至变更季度末损益的影响数和当年度会计政策变更前各季度损益的影响数;同时,在发生会计政策变更以后季度会计报表附注中也需要作相应披露。例如,某企业在第三季度发生了会计政策变更,则在其第三季度财务报告中,需要调整上年度年初留存收益和上年度末资产负债表、上年度第三季度利润表和上年度年初至第三季度末利润表相关项目的数字;同时,在会计报表附注中还需要对会计政策变更对以前年度累积影响数、上年度年初留存收益影响数、上年度第三季度净利润影响数、上年度年初至第三季度末净利润影响数,以及对本年度第三季度净利润影响数、本年度年初至第三季度末净利润影响数和本年度第一季度、第二季度净利润影响数分别作出说明。

第四节　关联方披露

关联方关系及其交易是财务报表附注中需要披露的重要内容。关联方关系,是指有关联的各方之间存在的内在联系。公司在日常的业务往来过程中，必然涉及诸多方面的关系，如与供应商、代理商等的关系，在不存在关联方关系的情况下，公司间发生交易时，往往会从各自的利益出发，一般不会轻易接受不利于自身的交易条款。这种在对交易各方相互了解的、自由的、不受各方之间任何关系影响的基础上商定条款而形成的交易，视为公平交易。公司对外提供的财务报告一般是建立在公平交易基础上的。但在存在关联方关系时，关联方之间的交易可能不是建立在公平交易的基础上的，因为关联方之间交易时，不存在竞争性的、自由市场交易的条件，而且交易双方的关系常常以一种微妙的方式影响交易。在某些情况下，关联方之间通过虚假交易可以达到经营管理当局所需要的目标。即使关联方交易是在公平交易基础上进行的，重要关联方交易的披露也是有用的，因为它提供了未来可能再发生，而且很可能以不同形式发生的交易类型的信息。

目前，国际会计准则委员会以及主要西方国家都对关联方关系及其交易的披露制定了规范的准则或提出了具体要求，如《国际会计准则第24号——关联方披露》规定：

第一，在许多国家，法律要求财务报表对某些类别的关联方予以披露，特别关注与企业董事之间的交易，尤其是他们的薪金和借款，因为他们与企业之间的关系具有受托性质；同样地，也关注重要的企业集团内部交易，对集团内企业、联营企业的投资，与集团内企业、联营企业及董事间往来的余额。

第二，当存在控制关系时，无论关联方之间有无交易都应披露关联方关系。

第三，当存在控制关系时，为使财务报表的读者了解关联方关系对报告企业的影响，无论关联方之间是否发生了交易，都应说明该关联方关系。

第四，如果关联方之间发生了交易，报告企业应披露关联方关系的性质以及为理解财务报表所必需的交易类型和交易要素。

第五，为理解财务报表所必需的交易要素通常包括：①对交易量的说明，以金额或以相应比例表示；②未结算项目的金额或相应比例；③定价政策。

第六，对相同性质的项目，除为理解关联方交易对报告企业财务报表的影响而必须分别列示外，可以汇总反映。

我国于1996年颁布了《企业会计准则——关联方关系及其交易的披露》。2006年2月，财政部又颁布了《企业会计准则第36号——关联方披露》。我国会计准则与国际会计准则以及西方国家有关准则相比，更为详细，因此，这里主要以我国会计准则为论述基点。

一、关联方关系的判断

我国《企业会计准则第36号——关联方披露》中，给出了判断关联方关系的标准，即:“一方控制、共同控制另一方或对另一方施加重大影响,以及两方或两方以上同受一方控制、共同控制或重大影响的,构成关联方。”在这里,控制,是指有权决定一个企业的财务和经营政策,并能据以从该企业的经营活动中获取利益。共同控制,是指按照合同约定对某项经济活动所共有的控制,其仅在与该项经济活动相关的重要财务和生产经营决策需要分享控制权的投资方一致同意时存在。重大影响,是指对一个企业的财务和经营政策有参与决策的权力,但并不能够控制或者与其他方一起共同控制这些政策的制定。

(一)关联方关系的判断标准

我国《企业会计准则第36号——关联方披露》规定:“在企业财务和经营决策中,若一方有能力控制、共同控制另一方或对另一方施加重大影响时,则它们之间存在关联方关系;如果两方或多方同受一方控制、共同控制或重大影响,则它们之间也构成关联方关系”。从这一判断标准可以看出,上述判断关联方关系是否存在的标准,是以控制、共同控制或重大影响为前提条件的,并且包括横向和纵向两种主要形式。从纵向的关联方关系看,主要是指一方能够控制、共同控制另一方,或者能对另一方施加重大影响时;从横向的关联方关系看,当两方同受一方控制、共同控制或重大影响时,则它们之间也构成关联方关系。

(二)关联方关系存在的主要形式

关联方关系存在的主要形式如下:

1. 母公司,即能控制其他企业的企业,包括直接控制、间接控制或混合控制。

2. 子公司,即被其他企业所控制的企业,包括被直接控制、被间接控制或被混合控制。

3. 受同一母公司控制的其他企业。如A公司同为B公司与C公司的母公司,则B公司与C公司之间存在关联方关系。

4. 实施共同控制的投资方。如A公司与B公司在实质上控制C公司的财务和经营决策,则A公司与C公司之间存在关联方关系。

5. 施加重大影响的投资方。当一方拥有另一方20%或以上至50%表决权资本时,一般对被投资企业具有重大影响。

6. 合营企业。合营企业是指按合同规定,经营活动由投资双方或若干方共同控制的企业。它一般是指一个企业与其他企业共同出资或出技术、场地组建的企业。其主要特点在于,投资各方均不能对被投资企业的财务和经营政策单独作出决策,必须由投资各方共同作出决策,并且由合同约束投资各方的行为。合营企业是以共同控制为前提的,两方或多方共同控制某一企业时,共同控制方与被共同控制企业之间构成关联方关系。

7. 联营企业。联营企业是指投资者对其具有重大影响但不是投资者的子公司或合营企业的企业。当某一企业对另一企业具有前文所述的重大影响时，两方构成关联方关系。当一方拥有另一方20%或以上至50%表决权资本时，一般对被投资企业具有重大影响，则该被投资企业视为投资企业的联营企业。

8. 主要投资者个人。主要投资者个人，是指能够控制、共同控制一个企业或者对一个企业施加重大影响的个人投资者，包括自然人和法定代表人，但不包括法人投资者。

9. 关键管理人员。关键管理人员是指有权力并负责进行计划、指挥和控制的企业人员，主要是指董事、总经理、总会计师、财务总监、主管各项事务的副总经理，以及行使类似政策职能的人员，他们对企业的财务和经营政策起决定性的作用，但不包括董事会秘书、非执行董事、监事等。关键管理人员包括企业层次和母公司层次。

10. 关系密切的家庭成员。关系密切的家庭成员是指在处理与企业的交易时有可能影响某人或受其影响的家庭成员，这是针对主要投资者个人和关键管理人员而言的。与主要投资者个人或关键管理人员关系密切的家庭成员，是指在处理与企业的交易时可能影响该个人或受该个人影响的家庭成员，包括父母、配偶、子女、兄弟和姐妹。另外，在判断与上述人员关系密切的家庭成员是否为一个企业的关联方时，还应当考虑他们在处理与企业交易时的相互影响。例如，A公司总经理王某的配偶与A公司为关联方。

11. 主要投资者个人、关键管理人员或与其关系密切的家庭成员控制、共同控制或施加重大影响的其他企业。其具体表现在以下几个方面：

(1)某一企业与受该企业主要投资者个人直接控制的其他企业之间的关系。例如，A公司的主要投资者甲拥有B公司60%的表决权资本，则A公司和B公司之间存在关联方关系。

(2)某一企业与受该企业关键管理人员直接控制的其他企业之间的关系。例如，乙同为A公司与B公司的关键管理人员，则A公司和B公司之间存在关联方关系。

(3)某一企业与受与该企业主要投资者个人关系密切的家庭成员直接控制的其他企业之间的关系。例如，A企业的主要投资者甲的儿子乙拥有B企业70%的表决权资本，则A公司和B公司之间存在关联方关系。

(4)某一企业与受与该企业关键管理人员关系密切的家庭成员直接控制的其他企业之间的关系。例如，A公司的董事甲的父亲乙是B公司的总经理，则A公司与B公司存在关联方关系。

仅仅存在下列关系的各方，不构成企业的关联方：

一是与企业发生日常往来的资金提供者、公用事业部门、政府部门和机构。

二是由于与某一企业发生大量交易而存在经济依存关系的单个客户、供应商、特许商、经销商或代理商。

三是与某一企业共同控制合营企业的合营者。

四是同受国家控制而不存在其他关联方关系的企业。

需要强调的是,在判断是否存在关联方关系时,应当看其关系的实质,即在处理与公司的交易时,是否存在有碍公平交易的因素,交易结果是否影响投资者和债权人的利益等。比如,不能仅因为两个或多个企业有同一名关键管理人员,就将其作为关联方,除非该关键管理人员能同时对这些企业实施控制、共同控制或重大影响。不能仅因为共同控制某合营企业,就将各合营者作为关联方。

二、关联方交易的类型

(一)关联方交易概述

关联方交易,是指关联方之间转移资源、劳务或义务的行为,而不论是否收取价款。资源或义务的转移是关联方交易的主要特征。通常情况下,在资源或义务转移的同时,风险和报酬也相应转移。关联方之间资源或义务的转移价格是了解关联方交易的关键。一般而言,关联方交易能在一般商业条款中使参与双方受益。一般商业条款是指那些不会比与非关联方交易可望合理受益更多或更少的商业条款。母公司与子公司之间的交易在使用其他条款没有有利之处时,经常以这种条款进行。但在某些情况下,关联方交易是为了使交易的一方受益而进行的。例如,某一公司的董事可能影响销售给他本人的一项资产的价格,使之低于市价,或是一方为另一方提供便利而参与交易。

会计上确认资源或义务的转移通常是以风险和报酬的转移为依据的,并以各方同意的价格为计量标准。关联方在确定价格时可能有一定程度的弹性,而在非关联方之间的交易中则没有这种弹性,非关联方之间的价格是公平价格。国际会计准则提供了关联方交易中确定价格的几种方法,如可比不可控价格、转售价格、成本加利润法等。但在有些情况下,如果不存在关联方关系,交易就不会发生,如子公司销售给母公司的产品按照成本计价,如果母公司不买这些产品,子公司的产品可能就没有买主,在这种情况下,关联方之间的交易采取按成本计价的方法;在另外一些情况下,关联方之间的交易采取不计价的方法,如免费提供管理服务等。

(二)关联方交易的类型

关联方交易的类型主要有:

1. 购买或销售商品。购买或销售商品是关联方交易较常见的交易事项。例如,企业集团成员之间互相购买或销售商品，从而形成了关联方交易。

2. 购买或销售除商品以外的其他资产。例如，母公司出售设备给其子公司或出售联营企业给其子公司等。

3. 提供或接受劳务。例如，A 企业为 B 企业的联营企业，A 企业专门从事设备维修服务，B 企业的所有设备均由 A 企业负责维修，B 企业每年支付设备维修费用 35 万元。

4. 提供担保和抵押。担保包括在借贷、买卖、货物运输、加工承揽等经济活动中，为了保障其债权实现而实行的保证、抵押等。当存在关联方关系时，一方往往为另一方提供为取得借贷、买卖等经济活动所需的担保。

5. 提供资金（包括以现金或实物形式提供的贷款或权益性资金）。例如，企业从其关联方取得资金，或权益性资金的变动等。

6. 租赁。租赁通常包括经营租赁和融资租赁等。

7. 代理。代理主要是依据合同条款，一方可为另一方代理某些事务，如代理销售货物，或一方代另一方签订合同等。

8. 研究与开发项目的转移。在存在关联方关系时，有时某一企业所研究与开发的项目会由于一方的要求而放弃或转移给其他企业。例如，B 公司是 A 公司的子公司，A 公司要求 B 公司停止对某一新产品的研究和试制，并将 B 公司研究的现有成果转给 A 公司最近购买的、研究和开发能力超过 B 公司的 C 公司继续研制。

9. 达成许可协议。当存在关联方关系时，可能关联方之间达成某项协议，允许一方使用另一方的商标等，从而形成关联方之间的交易。

10. 代表企业或由企业代表另一方进行债务结算。

11. 支付关键管理人员薪酬。

值得注意的是：上述关联方交易类型的例子只是各种交易形式的一部分，判断是否属于关联方交易，应以交易是否发生为准，而不应以是否收取价款为前提。例如，A 公司为 B 公司的母公司，B 公司的某项专有技术无偿提供给 A 公司使用，A 公司由于使用了 B 公司的专有技术而打开了产品的销路，利润大幅度增长。在这项交易中，虽然 B 公司没有就 A 公司使用其自有技术而收取价款，但是交易已经存在，因为这一事项对 A 公司的财务状况和经营成果产生了较大的影响，所以也应当将其作为关联交易。

三、关联方关系的披露

当关联方之间存在控制关系时，无论关联方之间有无交易，或者交易是否在公平基础上进行，国际会计准则、西方国家和地区的会计准则以及我国的会计准则都要求披露相关的信息。关联方之间由于互相影响程度不同，即控制、共同控制和重大影响对企业的影响程度不同,因而,在披露方面也有不同的要求。按照我国《企业会计准则第36号——关联方披露》的规定,关联方关系披露的原则如下。

第一,当关联方之间存在控制和被控制关系时,如母子公司关系,企业无论是否发生关联方交易,均应当在附注中披露与母公司和子公司有关的下列信息:①母公司和子公司的名称。母公司不是该企业最终控制方的,还应当披露最终控制方名称。母公司和最终控制方均不对外提供财务报表的,还应当披露母公司之上与其最相近的对外提供财务报表的母公司名称。②母公司和子公司的业务性质、注册地、注册资本(或实收资本、股本)及其变化。③母公司对该企业或者该企业对子公司的持股比例和表决权比例。

第二,当存在共同控制、重大影响时,在没有发生交易的情况下,可以不披露关联方关系;在发生交易的情况下,应当披露关联方关系的性质。关联方关系的性质是指关联方与本企业的关系,即关联方为本企业的子公司,或合营企业,或联营企业,或主要投资者个人,或关键管理人员,或与主要投资者个人及关键管理人员关系密切的家庭成员等。

【例5-4】 某一上市公司对外披露合并会计报表,所有子公司均包括在合并会计报表内,其关联方的有关情况如下:

(1)存在控制关系的关联方情况,如表5-2所示。

表5-2　　　　存在控制关系的关联方示意表

企业名称	注册地址	主营业务	与本企业关系	经济性质或类型	法定代表人
M企业	北京前门6号	工业生产	母公司	国有	石光
A企业	成都川路2号	商业零售	子公司	有限责任公司	田力
B企业	上海淮海7号	商业批发	子公司	集体	包林
C企业	北京东单1号	旅游服务	子公司	国有	郑远征

(2)存在控制关系的关联方的注册资本及其变化情况,如表5-3所示。

表5-3　　　　存在控制关系的关联方的注册资本及其变化示意表　　　　单位:万元

企业名称	年初数	本年增加数	本年减少数	年末数
M企业	8 000	0	0	8 000
A企业	600	50		650
B企业	870	0	70	800
C企业	500	0	0	500

(3)存在控制关系的关联方所持股份或权益及其变化情况,如表5-4所示。

表 5-4　存在控制关系的关联方所持股份或权益及其变化示意表　单位:万元

企业名称	年初数		本年增加		本年减少		年末数	
	金额	%	金额	%	金额	%	金额	%
M 企业	8 000	60	0	0	0	0	8 000	60
A 企业	600	55	50	1.97①		0	650	56.97
B 企业	870	80	0	0	70	1.38②	800	78.62
C 企业	500		0		0		500	0

注:①对 A 企业本年增加股权 1.97% 的计算过程为:

本公司年末占 A 企业的股权比例 = 650 ÷ (600 ÷ 55% + 50) × 100% = 56.97%

本公司对 A 企业本年增加股权比例 = 56.97% − 55% = 1.97%

②对 B 企业本年减少股权 1.38% 的计算过程为:

本公司年末占 B 企业的股权比例 = 800 ÷ (870 ÷ 80% − 70) × 100% = 78.62%

本公司对 B 企业本年减少股权比例 = 80% − 78.62% = 1.38%

四、关联方交易的披露

(一)关联方交易的披露方法

对关联方交易的披露有两种方法,一是在财务报表附注中作相关披露,二是对某些重大项目的金额在会计报表中披露,其他事项在会计报表附注中披露。在美国,实务中将关联方交易在会计报表中被认为最相关的地方披露,与关联方的往来款项在金额较大时通常在资产负债表上加以列示,与关联方的销售或购买交易通常在利润表上列示,也有些公司在会计报表附注中披露所有的信息。我国会计准则对关联方交易的披露采用第一种方法,即不要求在会计报表中披露,而在会计报表附注中披露,但对重大项目,应当分别关联方以及交易类型披露。在企业与关联方发生交易的情况下,企业应当在财务报表附注中披露关联方关系的性质、交易类型及其交易要素。交易要素一般包括:①交易的金额;②未结算项目的金额、条款和条件,以及有关提供或取得担保的信息;③未结算应收项目的坏账准备金额;④定价政策。

(二)关联方交易的披露原则

关联方交易的披露原则为:

1. 关联方之间的交易对企业财务状况和经营成果有影响的,如果属于重大影响(主要是指交易金额较大的,如销售给关联方产品的销售收入占本企业的销售收入 10% 及以上),应当分别关联方以及交易类型披露。分别关联方披露,是指分别各个关联企业和关联个人予以披露。分别交易类型披露,是指按照交易的各种类型分别披露。

如果关联方之间的交易属于非重大交易类型,相同的非重大交易可以合并披露,但以不影响会计报表使用者正确理解企业财务状况、经营成果为前提。关联方之间虽然有交易,但交易是零星的、非经常性的,且对企业的财务状况和经营影响较小或几乎没有影响的,可以合并披露。

2. 判断关联方交易是否需要披露,不以交易金额的大小作为判断标准,而应以交易对企业财务状况和经营成果的影响程度来确定。例如,关联方之间有一项很重要的交易,即使这项交易没有发生交易金额,但是它对当期或后期企业财务状况和经营成果影响很大,则应披露与这项交易有关的信息。

3. 关联方交易应当分别关联方以及交易类型予以披露。类型相似的关联方交易,在不影响财务报表阅读者正确理解关联方交易对财务报表影响的情况下,可以合并披露。

4. 企业只有在提供确凿证据的情况下,才能披露关联方交易是公平交易。

5. 下列关联方之间的交易不需要披露。

(1)在合并会计报表中披露的已包括在合并会计表中的企业集团成员之间的交易。合并会计报表将集团作为一个整体反映与其有关的财务信息。在合并会计报表中,将企业集团作为一个整体看待,企业集团内的交易已不属于交易,并且已经在编制合并会计报表时作了抵销,因此,在正确编制的合并会计报表中已没有集团内部交易可以披露。但这仅仅是指按照合并会计报表合并范围,已经包括在合并会计报表合并范围内的企业集团成员之间的交易可以不予披露。

(2)在与合并会计报表一同提供的母公司会计报表中已披露的关联方交易。这是因为,母公司会计报表与合并会计报表一并向外提供,而在合并会计报表中,母公司与其关联方之间的交易有的被抵销,有的已经如实反映,而且会计报表使用者主要查看整个集团的合并会计报表,与合并会计报表一同提供的母公司会计报表在这种情况下并不是很重要。

在披露关联方交易时,还需要注意以下几个问题:

第一,关联方交易中的主要事项,如购货、销货、应收应付款项等,应当披露连续两年的比较资料。如果连续两年的比较资料中有一年属于重大交易,另一年属于非重大交易,应作为重大交易披露,并分别关联方和交易类型予以披露,不能采用合并披露的方法。

第二,关联方之间签订的交易协议或合同涉及当期和以后各期的,应当在签订协议或合同的当期和以后各期披露协议或合同的主要内容、交易总额以及当期的交易数量及金额。

第三,在披露未结算项目的金额或相应比例时,应当披露累计余额,不需要披露本期发生额。

第四,对未包括在合并会计报表内的子公司,应当在会计报表附注中披露其与母公司之间的交易,以及与其他子公司之间的交易。

第五,已包括在合并会计报表内并已抵销的关联交易可不再披露,但不可抵销的关联交易仍需披露,如母公司给子公司提供借款担保、综合服务等。

第六,关于交易价格的披露,应披露定价原则,如国家定价、市场价格或协议价等。

【例5-5】 沿用例5-5资料,本公司与关联方的交易披露如下:

(1)本公司所销售的产品价格由母公司规定。如果母公司规定的价格低于本公司的正常售价,则母公司应披露退回给本公司销售产品的价差;如果母公司规定的价格高于本公司的正常售价,则本公司应披露必须上交给母公司产品销售的价差。2005年和2006年度内本公司无任何高于或低于正常售价的价格情况。

(2)不存在控制关系的关联方关系的性质情况,如表5-5所示。

表5-5　　不存在控制关系的关联方关系的性质示意表

企业名称	与本企业的联系
D企业	与本企业有同一董事长
E企业	合营企业
F企业	联营企业
H企业	与本企业有同一总经理

(3)采购货物。本公司2006年度及2005年度向关联方采购货物有关明细资料如表5-6所示。

表5-6　　向关联方采购货物情况表　　单位:万元

企业名称	2006年		2005年	
	金　额	或占年度购货百分比	金　额	或占年度购货百分比
M企业	4 000	16%	4 200	21%
E企业	3 500	14%	3 200	16%
H企业	3 250	13%	3 400	17%
其他企业	1 250	5%	1 000	5%
合　计	12 000	48%	11 800	59%

(4)销售货物。本公司2006年度及2005年度向关联方销售货物有关明细资料如表5-7所示。

表 5－7　　向关联方销售货物情况表　　单位:万元

企业名称	2006 年		2005 年	
	金　额	或占年度购货百分比	金　额	或占年度购货百分比
H 企业	4 200	12%	3 000	12%
E 企业	6 300	18%	5 000	20%
F 企业	4 200	12%	3 250	13%
其他企业	1 750	5%	750	3%
合　计	16 450	47%	12 000	48%

(5)关联方应收应付款项金额资料如表 5－8 所示。

表 5－8　　关联方应收应付款项情况表　　单位:万元

项　目	年末余额		或占全部应收(付)款项的比重	
	2006 年	2005 年	2006 年	2005 年
应收账款				
E 企业	36	60	10%	12%
F 企业	61.2	60	17%	12%
其他企业	68.4	100	19%	20%
应付账款				
D 企业	56	20	8%	5%
E 企业	63	52	9%	13%
其他企业	98	84	14%	21%

(6)其他应披露的事项如下。

①母公司 M 公司的运输队为本公司提供运输服务,收费标准按向外单位提供同样服务所收费用的 70% 计算。2006 年度支付运输费用 60 万元,2005 年度支付运输费用 55 万元。

②本公司用一栋办公楼为 D 公司提供贷款担保,办公楼的账面原价为 500 万元,由于这一项担保,D 公司从银行获得贷款 400 万元。

③由于 D 公司生产的某种产品为名牌产品,本公司生产的同样产品也使用 D 公司的商标,本年与 D 公司签订了商标使用许可合同,合同中规定本公司每年按照该种主营业务收入的 2% 向 D 公司支付商标使用费。本年度共支付给 D 公司商标使用费 56 万元。

④2006 年度支付给关键管理人员的报酬（包括采用货币、实物形式和其他形式的工资、福利、奖金、特殊待遇及有价证券等）总额为 89 万元人民币；2005 年为 70 万元人民币。

第五节　资产负债表日后事项

财务报告反映企业在规定日期（资产负债表日）的财务状况、经营成果以及截至规定日期的现金流量的变动情况。在实际工作中，有些交易或事项是在资产负债表日以后、财务报告批准报出日之前发生的，而且这些交易或事项对企业报告期的财务状况、经营成果以及现金流量可能会产生较大的影响。为了使财务报告的使用者能够全面、客观地了解企业的财务信息，会计上就必须评价这些交易或事项，以确定这些交易或事项是否应调整将要报出的报告期的财务报告，或仅在会计报表附注中进行说明即可，以便使用者能够获取与公布日最为相关的、可以利用的财务信息。

目前，国际会计准则委员会和西方发达国家均对“资产负债表日后事项”有所规范。这里，主要以我国《企业会计准则第 29 号——资产负债表日后事项》为蓝本进行论述。

一、资产负债表日后事项的含义

资产负债表日后事项，是指资产负债表日至财务报表批准报出日之间发生的有利或不利事项。财务报表批准报出日，是指董事会或类似机构批准财务报表报出的日期。

理解这个定义需要明确以下几个问题：

第一，资产负债表日是指会计年度末和会计中期末。我国年度资产负债表日为 12 月 31 日。如果母公司在国外，或子公司在国外，无论国外母公司或子公司如何确定会计年度，其向国内提供的财务报表均应按照我国对会计年度的规定，提供相应期间的财务报表，而不能以国外母公司或子公司确定的会计年度作为依据。中期资产负债表日是指各中期期末，如提供第一季度财务报告时，资产负债表日是该年度的 3 月 31 日。

第二，不是在这个特定期间内发生的全部事项，而是与资产负债表日存在状态有关的事项，或虽然与资产负债表日无关，但对企业财务状况具有重大影响的事项。

第三，资产负债表日后事项包括所有有利和不利的事项，即对于资产负债表日后事项在会计处理中采取同一原则进行处理。

第四，资产负债表日后事项表明持续经营假设不再适用的，企业不应当在持续经营基础上编制财务报表。

第五,资产负债表日后事项所涵盖的期间是资产负债表日后至财务报告批准报出日之间。对上市公司而言,在此期间内涉及几个日期,包括完成财务报告编制日、注册会计师出具审计报告日、董事会批准财务报告可以对外公布日、实际对外公布日等。审计报告日期是指注册会计师完成外勤审计工作的日期。审计报告日期一般不应早于被审计单位管理当局确认和签署财务报表的日期;实际对外公布日通常不早于董事会批准财务报告对外公布的日期。财务报告批准报出日,通常是指对财务报告的内容负有法律责任的单位(如董事会)或个人批准财务报告向企业外部公布的日期。因此,资产负债表日后事项涵盖的期间为从报告年度次年1月1日起至董事会等类似权力机构批准的财务报告可以对外公布的日期。例如,某上市公司2009年的年度财务报告于2010年2月18日编制完成,注册会计师完成整个年度审计工作,并签署审计报告的日期为2010年4月23日,经董事会批准财务报告可以对外公布的日期为2010年4月23日,财务报告实际对外公布日期为2010年4月26日,股东大会召开日期为2010年5月8日。根据我国会计准则的规定,财务报告批准报出日为2010年4月23日,资产负债表日后事项的时间区间为2010年1月1日至2010年4月23日。在4月23日至26日之间发生了重大事项,需要调整会计报表相关项目的数字或需要在会计报表附注中披露的,经调整或说明后的财务报告再经董事会批准的报出日期为2010年4月27日,实际对外公布的日期为2010年4月30日,则资产负债表日后事项涵盖的期间为2010年1月1日至2010年4月27日。

二、资产负债表日后事项的内容

资产负债表日后事项包括两类:一类是就资产负债表日已经存在的情况提供进一步依据的事项,以确定资产负债表日提供的财务信息是否与事实相符,这类事项所提供的新的、追加的证据有助于对资产负债表日存在的情况作出新的估计,因而称之为调整事项;另一类是在资产负债表日后才发生的事项,这类事项不影响资产负债表日存在情况,但为了让财务报告使用者全面了解企业的财务状况、经营成果以及现金流量的变动,需要在会计报表附注中予以说明,因而称之为非调整事项。

在《国际会计准则第10号——或有事项和资产负债表日以后发生的事项》的有关定义中,明确指出资产负债表日后事项包括有利的或不利的事项,但在我国会计准则中未指明,这是因为资产负债表日后事项,无论是有利的还是不利的事项,均应按同一原则处理,无须单独指明。在其他西方国家的相关准则中,只有法国规定,资产负债表日后事项仅包括那些预示着存在风险或损失的交易或事项,但在实务中通常也包括有利事项和不利事项。

所谓调整事项,是指于资产负债表日至财务报告批准报出日之间发生、对资产负债表日已经存在的情况提供了新的进一步证据的事项。资产负债表日后事项的调整,应当调整资产负债表日财务报表的相关项目。根据《企业会计准则第29号——资产负债表日后事项》的规定,调整事项主要有:①资产负债表日后诉讼案件结案,法院判决证实了企业在资产负债表日已经存在现时义务,需要调整原先确认的与该诉讼案件相关的预计负债,或确认一项新负债;②资产负债表日后取得确凿证据,表明某项资产在资产负债表日发生了减值或者需要调整该项资产原先确认的减值金额;③资产负债表日后进一步确定了资产负债表日前购入资产的成本或售出资产的收入;④资产负债表日后发现了财务报表舞弊或差错;等等。

调整事项的特点:一是在资产负债表日或以前已经存在,资产负债表日后得以证实的事项,如在资产负债表日后收到上一年度的经济官司的败诉通知书(涉案金额达100 000元);二是对按资产负债表日存在状况编制的会计报表产生重大影响的事项。例如,A企业应收B企业账款600 000元,按合同约定应在2010年11月11日前偿还。在2010年12月31日结账时,A企业尚未收到这笔应收账款,并已知B企业财务状况不佳,近期内难以偿还债务,A企业对该项应收账款提取3%的坏账准备。2011年2月10日,在A企业报出财务报告之前收到B企业通知,B企业已宣告破产,无法偿付部分欠款。从这一例子可见,A企业于2010年12月31日结账时已经知道B企业财务状况不佳,即在2010年12月31日资产负债表日,B企业财务状况不佳的事实已经存在,但未得到B企业破产的确凿证据。2011年2月10日A企业正式收到B企业通知,得知B企业已破产,并且无法偿付部分货款,即2011年2月10日对2010年12月31日存在的情况提供了新的证据,表明根据2010年12月31日存在情况提供的资产负债表所反映的应收B企业账款中已有部分成为坏账,按该资产负债表日存在状况编制的会计报表所提供的信息已不能真实反映企业的实际情况,因此,应据此对会计报表有关项目的数字进行调整。

资产负债表日后,企业利润分配方案中拟分配的以及经审议批准宣告发放的股利或利润,不确认为资产负债表日负债,但应当在附注中单独披露。

资产负债表日后非调整事项,是指表明资产负债表日后发生的情况的事项。资产负债表日后才发生或存在的事项不涉及资产负债表日存在状况,但为了对外提供更有用的会计信息,必须以适当的方式披露这类事项,并将这类事项作为非调整事项。非调整事项主要有:①资产负债表日后发生重大诉讼、仲裁、承诺。②资产负债表日后资产价格、税收政策、外汇汇率发生重大变化。③资产负债表日后因自然灾害导致资产发生重大损失。④资产负债表日后发行股票和债券以及其他巨额举债。⑤资产负债表日后资本公积转增资本。⑥资产负债表日后发生巨额亏损。⑦资产负债表日后发生重大会计政策变更。⑧资产负债表日后发生企业合并或处置子公司。

非调整事项的特点:一是资产负债表日并未发生或存在,完全是期后新发生的;二是对理解和分析财务报告有重大影响。例如,甲企业应收乙企业一笔货款,在2008年12月31日时,乙企业经营状况良好,并无显示财务困难的迹象。但在2009年1月25日,乙企业发生火灾,烧毁了全部厂房、设备和存货,无法偿还甲企业的货款。这一事项完全是由于资产负债表日后新发生的,与资产负债表日存在状况无关,因而属非调整事项。非调整事项,由于其与资产负债表日存在状况无关,故不应调整资产负债表日编制的会计报表。但这类事项可能很重大,如不加以披露,将会影响会计报表使用者对企业财务状况、经营成果作出正确的估价。如上例,甲企业应收乙企业账款无法收回,表明资产负债表中反映的应收乙企业账款已成为坏账,如不披露,会计报表使用者会误以为这笔应收账款仍然可以收回。所以,应对此在会计报表附注中予以披露。

调整事项和非调整事项的共同点在于:都是在资产负债表日后至财务报告批准报出日之间发生的,对报告年度的财务报告所反映的财务状况、经营成果都将产生重大影响。二者的区别在于:调整事项是事项存在于资产负债表日或以前,资产负债表日后提供了证据,对以前已存在的事项所作的进一步说明;而非调整事项在资产负债表日尚未存在,但在财务报告批准报出日之前发生或存在。

三、资产负债表日后事项的会计处理

资产负债表日后事项中的会计处理主要针对调整事项。而调整事项如何处理,国际上通常有两种方法可供选择。

第一种方法:调整会计报表的资产和负债以及相关收入、费用等,以反映资产负债表日后事项的影响。这一方法与权责发生制原则是一致的。该观点认为,财务报表中列示的金额经常来自于估计,而非准确的计量。这些金额一般包括很多近似值、分类、概括、判断和分配。例如,估计是用来确定诸如资产的折旧年限、不可收回的应收账款金额、可能发生的产品保修成本、销售退回和折让、由于减损而减记的资产公允价值以及为履行采购义务而必须付出的金额等的,企业资产的实际结果需要到交易结束才能确定,而这一结果常常发生在财务报告日以后。因此,尽管财务报告都被认为是准确的,但会计报表中的数据几乎无一例外都是基于估计的。则在财务报告公布以前可以获得的全部信息都应为其使用者所利用,来评价作为估计基础的情况和条件,以便为其使用者作出正确的判断而提供相关可靠的依据。因此,对资产负债日后所取得的新的证明导致的任何估计的变化,均应进行会计处理,调整财务报告。

第二种方法:不调整会计报表上的相关数据,仅在会计报表附注中披露资产负债表日后事项对会计报表上相关项目预计产生的影响。这种观点认为,通过在会计报表附注中或以其他信息披露方式披露这些项目,可以很好地反映会计报表的原貌以及会计报表中估计的变化情况。

国际会计准则和中国香港地区、日本、英国及美国都要求对有助于资产负债表中数额估计的所有调整事项,针对资产和负债进行调整。只有法国规定"当事项显示了风险或损失的存在、且损失的金额可合理估计时才要求调整"。我国会计准则认为,资产负债表日后事项中的调整事项,是对资产负债表日所占有资料作出估计的一种追加证据,表明资产负债表日所作的估计与事实存在一定的差距,故采用了第一种方法。其会计处理的原则如下:对于调整事项,不仅要调整会计报表上的有关数据,而且需要作出有关账务处理。但是,资产负债表日后事项发生在次年,而上年度的有关账目已经结账,不能再调整有关科目,特别是损益类科目在12月31日结账后已无余额,有关的调整事项再计入损益类科目已不可能。因此,在进行账务处理时,应当分别以下情况处理:

第一,涉及损益的事项,单独设置"以前年度损益调整"科目,核算企业本年度发生的调整以前年度损益的事项,以及企业在年度财务报告报出前发生的需要调整报告年度损益的事项。调整增加以前年度收益或调整减少以前年度亏损的事项及其相应减少的所得税,记入"以前年度损益调整"科目的贷方;调整减少以前年度收益或调整增加以前年度亏损的事项以及相应增加的所得税,记入"以前年度损益调整"科目的借方。"以前年度损益调整"科目的贷方或借方余额,转入"利润分配——未分配利润"科目,结转后"以前年度损益调整"科目无余额。

第二,涉及利润分配调整的事项,直接在"利润分配——未分配利润"科目核算。

第三,不涉及损益以及利润分配的事项,调整相关科目。

第四,经过上述调整后,还应同时调整资产负债表日编制的会计报表相关项目的数字。这包括:①资产负债表日编制的会计报表相关项目的数字;②当期编制的会计报表相关项目的年初数;③提供比较会计报表时,还应调整相关会计报表的上年数。

【例5-6】　甲企业为股份有限公司,2009年1月1日销售给乙企业一批产品,价款为1 160万元(含应向购买方收取的增值税额),乙企业于2月份收到产品并验收入库。按合同规定,乙企业应于收到货物后一个月内付款。由于乙企业财务状况不佳,至2009年12月31日仍未付款。甲企业于12月31日编制会计报表时,已为该项应收账款提取坏账准备58万元(坏账准备计提比例5%),12月31日资产负债表上的"应收账款"项目的余额为1 600万元,"坏账准备"项目的余额为80万元;该项应收账款已按1 160万元列入资产负债表"应收账款"项目内。甲企业于2010年3月4日收到乙企业通知,乙企业已进行破产清算,并无力偿还所欠部分货款,预计甲企业可收回应收账款的40%。假设甲企业按净利润10%提取法定盈余公积,所得税税率为25%。甲企业应在接到乙企业通知时，作如下会计处理：

(1)补提坏账准备：

应补提坏账准备 = 1 160 × 60% - 58 = 638(万元)

借：以前年度损益调整　　　　6 380 000

　贷：坏账准备　　　　6 380 000

(2)调整应交所得税：

借：递延所得税资产　　　　(6 380 000 × 25%) 1 595 000

　贷：以前年度损益调整　　　　1 595 000

(3)将"以前年度损益调整"科目的余额转入利润分配：

借：利润分配——未分配利润　　　　(6 380 000 - 1 595 000) 4 785 000

　贷：以前年度损益调整　　　　4 785 000

(4)调整提取的盈余公积(法定盈余公积)：

借：盈余公积　　　　(4 785 000 × 10%) 478 500

　贷：利润分配——未分配利润　　　　478 500

(5)调整报告年度会计报表有关项目的数字(见表5-9和表5-10)。

表5-9　　资产负债表(简表)

编制单位：甲公司　　　　2009年12月31日　　　　单位：万元

资产	调整前	调整后	负债和所有者权益(或股东权益)	调整前	调整后
流动资产：			流动负债：		
货币资金	1 000	1 000	短期借款	500	500
交易性金融资产	200	200	应付票据	120	120
应收票据	200	200	应付账款	80	80
应收账款	1 520	882	应交税费	500	340.5
存货	480	480	流动负债合计	1 200	1 040.5
流动资产合计	3 400	2 762	非流动负债：		
长期股权投资	1 100	1 100	长期借款	600	600
固定资产	800	800	负债合计	1 800	1 640.5
无形资产	100	100	实收资本(或股本)	2 000	2 000
开发支出	0	0	盈余公积	240	192.15
商誉	0	0	未分配利润	1 360	929.35
长期待摊费用	0	0	所有者权益(或股东权益)合计	3 600	3 121.5
资产总计	5 400	4 762	负债和所有者权益(或股东权益)总计	5 400	4 762

表 5－10　　利润表(简表)

编制单位:甲公司　　2009 年度　　单位:万元

	调整前	调整后
一、营业收入	2 600	2 600
减:营业成本	1 000	1 000
营业税金及附加	100	100
销售费用	0	0
管理费用	34	672
财务费用	18	18
资产减值损失	0	0
加:公允价值变动收益	0	0
投资收益	0	0
其中:对联营企业和合资企业的投资收益	0	0
二、营业利润	1 448	810
加:营业外收入	2	2
减:营业外支出	0	0
其中:非流动资产处置损失	0	0
三、利润总额	1 450	812
减:所得税费用	478.5	319
四、净利润	971.5	493

资产负债表项目的调整:

调减应收账款年末数 638 万元;调增递延所得税资产 159.5 万元;调减盈余公积 47.85万元;调减未分配利润 430.65 万元。

利润表项目的调整:

调增资产减值损失 638 万元,调减所得税费用 159.5 万元。

(为便于比较,假设根据 2009 年 12 月 31 日存在状况编制的会计报表的数字在"调整前"栏反映,按照资产负债表日后发生的调整事项调整后的数字在"调整后"栏反映。)

(6)调整 2010 年 3 月份资产负债表相关项目的年初数。甲公司在编制 2010 年 1 月份、2 月份的会计报表时,以上表中调整前的数字作为资产负债表的年初数。由于发生了资产负债表日后调整事项,甲公司除了调整 2009 年度会计报表相关项目的数字外，还应调整2010年3月份资产负债表相关项目的年初数。其年初数按上表中调整后的数字填列。

四、资产负债表日后事项的披露

资产负债表日后事项的披露，主要针对非调整事项。一般而言，非调整事项的财务影响在它发生的那个期间（资产负债表日后的期间）已被记录在会计报表中，不需要调整有关科目和会计报表。这样处理的理由是，如果因资产负债表日以后发生的事项而调整资产或负债，通常会导致在取得收益或发生费用的日期之前报告这些金额，这样处理是不恰当的。但这类事项可能很重大，如不加以说明，将会影响财务报告的使用者对企业财务状况、经营成果作出正确的判断和决策，因而需要在会计报表附注中说明事项的内容、估计其对财务状况和经营成果的影响，以提供示范性会计数据来补充资产负债表日编制的会计报表的信息。在实务中这类事项披露到何种程度，要依靠职业判断力，如果对资产负债表日后发生的非调整事项无法作出估计，应说明其原因。国际会计准则和日本、美国都要求揭示重要的非调整事项，只有法国推荐但不要求揭示资产负债表日后发生的非调整事项，在实务中如果这些事项较为重大，则通常也会被揭示。

我国也遵守国际惯例，在《企业会计准则第29号——资产负债表日后事项》中规定，应披露每项重要的资产负债表日后非调整事项的性质、内容及其对财务状况和经营成果的影响。无法作出估计的，应当说明原因。另外，该具体准则还规定应披露财务报表的批准报出者和财务报表的批准报出日（按照有关法律、行政法规等规定，企业所有者或其他方面有权对报出的财务报表进行修改的，应当披露这一情况）；企业在资产负债表日后取得了影响资产负债表日存在情况的新证据，应当调整与之相关的披露信息。

【例5-7】 汇通股份有限公司披露2009年度财务报告，假定财务报告批准报出日是次年的4月30日。在该公司会计报表附注中对资产负债表日后事项的披露内容如下：

（1）本公司于2010年2月10日经批准发行三年期债券800万元，面值100元，年利率7%，企业以110元的价格发行，并于2010年3月25日发行结束。

（2）2010年1月10日，经董事会决定以260万元购买另外两家小型加工企业（占股权的80%）为本公司生产配件。购买工作于2010年4月15日结束。

（3）本公司2009年10月销售给乙企业一批产品，货款为250万元，乙企业收到货物验收入库后开出6个月承兑的商业汇票。本公司于2009年12月31日编制2009年度会计报表时，将这笔应收票据列入资产负债表“应收票据”项目内。本公司于2010年1月27日收到乙企业通知，乙企业由于发生火灾，烧毁了大部分厂房和设备，已无力偿付所欠货款。

(4)2010 年 1 月 23 日,本公司的第三股东(诚通控股集团)将其 60% 的普通股以溢价 1 500 万元出售给了华美电器公司,每股售价 25 元,诚通控股集团原每股买入价为 20 元。(这一交易对汇通股份有限公司来说,只是换了一个股东,但在其编制 2009 年度财务报告时,应披露与这一非调整事项有关的华美电器公司购置股份的事实,以及有关购置价格的信息。)

(5)本公司拥有凯顿医药公司(属外国企业)10% 的股权,投资成本为 500 万元。凯顿医药公司的股票在国外的某家股票交易所上市交易。本公司在编制 2009 年 12 月 31 日的资产负债表时,对凯顿医药公司投资的账面价值按历史成本反映。2010 年 2 月,凯顿医药公司所在国发生政治动荡,造成凯顿医药公司的股票市场价值明显下跌,预计本公司此项投资损失 160 万元;此外,该国还新增加了防止资产和盈利返还给外国投资者的限制,由于这些变动,本公司已不可能全部收回对凯顿医药公司的股权投资。

第六节　会计政策、会计估计变更和前期差错更正

一、会计政策、会计估计变更和前期差错更正的含义

会计政策,是指企业在会计确认、计量和报告中所采用的原则、基础和会计处理方法。企业采用的会计计量基础也属于会计政策。其中,“原则”指的是企业按照国家统一的会计制度规定的原则所制定的、适合于本企业的会计制度所采用的会计原则;“会计处理方法”指的是企业在会计核算中于诸多可选择的会计处理方法中所选择的适合于本企业的会计处理方法。例如,对资产是以公允价值计价还是以历史成本计价就属于计价的会计核算原则,而在以公允价值计价的情况下,重置成本、可变现净值、现值等就属于会计核算过程中所采用的会计处理方法,可由企业根据自身情况加以选择。会计估计,是指企业对其结果不确定的交易或事项以最近可利用的信息为基础所作出的判断。前期差错,是指由于没有运用或错误运用以下两种信息,而对前期财务报表造成的遗漏或误报:一是在以前期间的财务报表批准报出时能够取得的可靠信息;二是在编报以前期间的财务报表时能够合理预期可以取得并应当加以考虑的可靠信息。前期差错通常包括计算错误、应用会计政策错误、疏忽或曲解事实及舞弊产生的影响以及存货、固定资产盘盈等。

会计政策变更,是指企业对相同的交易或事项由原来采用的会计政策改用另一种会计政策的行为。会计估计变更,是指由于资产和负债的当前状况及预计经济利益和

义务发生了变化,从而对资产和负债的账面价值或者资产的定期消耗金额进行调整,如对固定资产折旧年限、无形资产摊销年限等事项作出新的估计。前期差错更正,是指企业对诸如会计确认、计量、记录等方面出现的前期差错进行纠正。

在发生会计政策变更、会计估计变更和前期差错更正时,怎样调整有关项目?其对资产、负债、所有者权益和损益的影响,应当计入哪一个会计期间?这些会在很大程度上影响会计信息在不同期间的可比性。因此,有必要对会计政策变更、会计估计变更以及会计差错更正的会计核算和相关信息的披露作出规定。对此,国际会计准则委员会,美国、英国等西方国家均先后制定了相关准则。1998 年 6 月,我国财政部发布了《企业会计准则——会计政策、会计估计变更和会计差错更正》,并定于 1999 年1月 1 日起暂在上市公司施行。2006 年 2 月,财政部又颁布了《企业会计准则第 28 号——会计政策、会计估计变更和前期差错更正》,并于 2007 年 1 月 1 日起在上市公司施行。

二、会计政策变更的处理

(一)会计政策变更的规定

《国际会计准则第 8 号——当期净损益、重大差错和会计政策变更》指出:会计政策变更应采用追溯调整法或未来适用法。追溯调整法使得适用于各事项或交易的新会计政策,如同过去一直在使用。因此,新会计政策应从这些项目的初始日开始适用。未来适用法,是指新的会计政策适用于变更日后出现的交易或事项,没有必要对与以前期间相关的项目进行调整,既不调整留存收益,也不调整当期净损益,因为现有余额并不重新计算。新的会计政策应从变更日起适用于现有余额。

美国《会计原则委员会意见书第 20 号——会计变更》指出:大部分会计政策变更的累积影响数应建立在追溯调整法的基础上,并包括在会计政策变更发生当期的净利润中。

在分析借鉴国际会计准则和各国会计准则的基础上,我国会计准则规定,企业发生会计政策变更时,可以根据具体情况,分别采用追溯调整法或未来适用法。

1. 企业依据法律或会计准则等行政法规、规章的要求变更会计政策,应分别以下情况处理。

(1)如果国家发布了相关的会计处理办法,则按照国家发布的相关会计处理规定进行会计处理。

(2)如果国家没有发布相关的会计处理办法,则采用追溯调整法进行会计处理。

2. 由于经济环境、客观情况的改变而变更会计政策,以便提供有关企业财务状况、经营成果和现金流量等更可靠、更相关的会计信息,则应采用追溯调整法进行会计处理。

3. 在以下情况下应采用未来适用法进行会计处理。

(1)应用追溯调整法的累积影响数不能确定。

(2)应用追溯调整法要求对管理层在该期当时的意图作出假定。

(3)应用追溯调整法要求对有关金额进行重大估计,并且不可能将提供的有关交易发生时存在状况的证据和该期间财务报表批准报出时能够取得的信息这两类信息与其他信息客观地加以区分。

4. 企业应在财务报表附注中披露以下有关事项。

(1)会计政策变更的性质、内容和原因。

(2)当期和各个列报前期财务报表中受影响的项目名称和调整金额。

(3)无法进行追溯调整的,说明该事实和原因以及开始应用变更后的会计政策的时点、具体应用情况。

(二)会计政策变更的会计处理方法

对于企业会计政策变更的会计处理,国际上主要有三种方法:一是采用追溯调整法,同时重新调整比较财务报表;二是采用追溯调整法,不调整比较财务报表,但提供模拟会计信息;三是采用未来适用法。按照我国会计准则的规定,对于企业会计政策的变更应当采用追溯调整法和未来适用法,而追溯调整法又有我国会计处理的特点,具体如下。

1. 追溯调整法。这是指对某项交易或事项变更会计政策时,如同该交易或事项初次发生时就开始采用新的会计政策,并以此对相关项目进行调整的方法。在追溯调整法下,应计算会计政策变更的累积影响数,将会计政策变更累积影响数调整列报前期最早期初留存收益,其他相关项目的期初余额和列报前期披露的其他比较数据也应当一并调整,确定该项会计政策变更累积影响数不切实可行的除外。

追溯调整法的运用通常由以下几步构成。

第一步,计算会计政策变更的累积影响数;

第二步,编制相关调整分录;

第三步,调整列报前期最早期初财务报表相关项目及其金额;

第四步,附注说明。

会计政策变更累积影响数,是指按照变更后的会计政策对以前各期追溯计算的列报前期最早期初留存收益应有金额与现有金额之间的差额。

累积影响数一般可以通过以下各步计算获得:

第一步,根据新的会计政策重新计算受影响的前期交易或事项;

第二步,计算两种会计政策下的差异;

第三步,计算差异的所得税影响金额;

第四步,确定前期中每一期的税后差异;

第五步,计算会计政策变更的累积影响数。

值得注意的是,我国会计准则规定的追溯调整法,是将会计政策变更的累积影响数调整期初留存收益,而不计入当期损益。

2. 未来适用法。这是指将变更后的会计政策应用于变更日以后发生的交易或者事项,或者在会计估计变更当期和未来期间确认会计估计变更影响数的方法。

(三)会计政策变更示例

【例5-8】 汇达股份有限公司从2007年起对其以交易为目的从股票市场购入的股票,由以成本与市价孰低改为以公允价值计量。该公司保存的会计资料比较齐备,可以通过会计资料追溯计算。假设所得税税率为33%。该公司按净利润的10%提取法定盈余公积,该公司发行股份额为2 250万股。两种方法计算的税前会计利润见表5-11。

表5-11　两种方法计量的交易性金融资产　单位:万元

会计政策 / 年份	成本	市价	成本与市价孰低	公允价值
2005年	225	255	225	255
2006年	55	65	55	65

根据上述资料,汇达股份有限公司对于此项会计政策变更应采用追溯调整法。其会计处理如下:

1. 计算改变交易性金融资产计量方法后的累积影响数(见表5-12)。

表5-12　改变交易性金融资产计量方法后的累积影响数　单位:万元

年度	公允价值	成本与市价孰低	税前差异	所得税影响	税后差异
2005年	255	225	30	9.9	20.1
2006年	65	55	10	3.3	6.7
总计	320	280	40	13.2	26.8

汇达股份有限公司2007年12月31日的比较财务报表最早期初为2006年1月1日。

汇达股份有限公司2005年按公允价值计算的交易性金融资产为255万元,按成本与市价孰低计算的交易性金融资产为225万元,差额30万元即为该公司2006年期初由成本与市价孰低改为公允价值的累积影响数。

汇达股份有限公司2006年按公允价值追溯计算的交易性金融资产价值为320万

元,按成本与市价孰低追溯计算的交易性金融资产价值为280万元。两者的所得税影响为13.2万元,两者差异的税后净影响额为26.8万元。其中,20.1万元应调整2006年年初数和上年数,6.7万元应调整2006年当期金额。

2. 编制有关项目的调整分录。

(1)调整交易性金融资产:

借:交易性金融资产　　400 000

　贷:利润分配——未分配利润　　268 000

　　递延所得税负债　　132 000

(2)调整利润分配:

借:利润分配——未分配利润　　(268 000×10%)26 800

　贷:盈余公积　　26 800

3. 财务报表调整和重述(财务报表略)。汇达股份有限公司在列报2007年度的财务报表时,应调整资产负债表和2007年年初数;利润表及股东权益变动表的上年数也应作相应调整。

(1)资产负债表项目的调整:

调增2007年交易性金融资产年初数40万元,调增2007年递延所得税负债13.2万元,调增盈余公积2.68万元,调增未分配利润24.12万元。

(2)利润表项目的调整:

调增2007年公允价值变动收益10万元,调增所得税费用3.3万元,调增净利润6.7万元,调增基本每股收益0.001 5元。

(3)股东权益变动表项目的调整:

调增盈余公积项目下会计政策变更影响数2.68万元,调增未分配利润项目下会计政策变更影响数24.12万元。

4. 附注说明:2007年汇达股份有限公司按照会计制度规定,对交易性金融资产由成本与市价孰低改为以公允价值计量。此项会计政策变更采用追溯调整法,2006年的比较财务报表已重新表述。2006年期初运用新会计政策追溯计算会计政策变更影响数为20.1万元,调增2006年的期初留存收益20.1万元。其中,调增未分配利润18.09万元,会计政策变更对2007年报告的损益影响为增加净利润6.7万元。

三、会计估计变更的处理

(一)会计估计变更的判断

由于企业经营活动中内在的不确定因素,许多财务报表项目不能准确地计量,只能加以估计,估计过程涉及以最近可以得到的信息为基础所作的判断。但是,估计毕竟是就现有资料对未来所作的判断。随着时间的推移,如果赖以进行估计的基础发生了变化,或者取得了新的信息,累积了更多的经验或根据后来的发展可能不得不对估计进行修订。会计估计变更的情形包括以下几种。

1. 赖以进行估计的基础发生了变化。企业进行会计估计,总是依赖于一定的基础。如果赖以进行估计的基础发生了变化,则会计估计也应相应发生变化。例如,某公司的一项无形资产(专利权)摊销年限原定为 12 年,以后发生的情况表明,该资产的受益年限已不足 12 年,则应相应调整摊销年限。

2. 取得了新的信息,累积了更多的经验。企业进行会计估计是就现有资料对未来所作的判断,随着时间的推移,企业有可能取得新的信息,累积更多的经验,在这种情况下不得不对会计估计进行修订,即发生会计估计变更。例如,某公司原应收账款计提坏账准备的比例为其年度余额的 6%。现掌握了新的信息,判定不能收回的应收账款比例已达 14%,则企业改按 14% 的比例计提坏账准备。

(二)会计估计变更的规定

《国际会计准则第 8 号——当期净损益、重大差错和会计政策变更》指出:会计估计变更的影响应包括在与前期相同的利润表项目中。其中,与当期相关的变更的影响,应在当期确认为收益或费用;如果对未来期间有影响,则应在未来期间予以确认。

为确保不同期间的财务报表的可比性,如果会计估计在前期计入正常活动损益,则该会计估计变更的影响仍应计入变更当期正常活动净损益。如果会计估计在前期作为非常项目,则会计估计变更的影响在变更当期也应作为非常项目报告。

美国《会计原则委员会意见书第 20 号——会计变更》指出:会计估计变更的影响应当按以下原则处理:

第一,如果会计估计变更仅影响变更当期,则应归属于变更当期;

第二,如果会计估计变更既影响变更当期,又影响未来期间,则应归属于变更当期和未来期间。

对于会计估计变更,不需要重新表述以前期间的财务报表或以前期间的比较信息。

我国会计准则规定:会计估计变更的会计处理,采用未来适用法,即在会计估计变更当年及以后期间,采用新的会计估计,不改变以前期间的会计估计,也不调整以前期间的报告结果。如果会计估计变更仅影响变更当期,则影响数应于当期确认;否则,有关估计变更的影响数应于当期及以后各期分别确认。而且,为了使不同期间的财务报表能够可比,如果以前期间的会计估计变更的影响数计入日常经营活动损益,则以后期间也应计入日常经营活动损益；如果以前期间的会计估计变更的影响数计入特殊项目，则以后期间也应计入特殊项目。并且，要求在会计报表附注中披露以下会计估计变更的事项：①会计估计变更的内容和理由，包括变更的内容、变更日期以及为什么要对会计估计进行变更。②会计估计变更的影响数，包括会计估计变更对当期损益的影响金额，以及对其他各项目的影响金额。③会计估计变更的影响数不易确定的理由。

实务中，尽管企业应当正确划分会计政策变更和会计估计变更，并按不同的方法进行会计处理，但是，有时很难区分会计政策变更和会计估计变更。如果不易分清会计政策变更和会计估计变更，则应按会计估计变更进行处理，即采用未来适用法。

（三）会计估计变更示例

【例5-9】　中通公司于2006年1月1日起计提折旧的管理用设备一台，价值168 000元，估计使用年限为8年，净残值为8 000元，按直线法计提折旧。至2010年初，由于新技术的发展等原因，需要对原估计的使用年限和净残值作出修正，修改后该设备的耐用年限为6年，净残值为4 000元。公司执行33%的所得税税率。

中通公司对上述会计估计变更的处理方式如下：

（1）不调整以前各期折旧，也不计算累积影响数。

（2）变更日以后发生的经济业务改按新估计使用年限提取折旧。

按原估计，每年折旧额为20 000元，已提折旧4年，共计80 000元，固定资产净值为88 000元，则第五年相关科目的期初余额如下：

固定资产	168 000
减：累计折旧	80 000
固定资产净值	88 000

改变估计使用年限后，2010年起每年计提的折旧费用为42 000[（88 000－4 000）÷（6－4）]元。2010年不必对以前年度已提折旧进行调整，只需按重新预计的使用年限和净残值计算确定的年折旧费用，编制会计分录如下：

借：管理费用　　42 000

　贷：累计折旧　　42 000

（3）附注说明：本公司一台管理用设备，原始价值168 000元，原估计使用年限为8年，预计净残值为8 000元，按直线法计提折旧。由于新技术的发展，该设备已不能按原估计使用年限计提折旧，本公司于2010年初变更该设备的耐用年限为6年，预计净残值为4 000元，以反映该设备的真实耐用年限和净残值。此估计变更影响本年度净利润减少数为14 740[（42 000－20 000）×（1－33%）]元。

四、前期差错更正的处理

(一)前期差错重要性的判断

重要的前期差错,是指足以影响财务报表使用者对企业财务状况、经营成果和现金流量作出正确判断的前期差错。非重要的前期差错,是指不足以影响财务报表使用者对企业财务状况、经营成果和现金流量作出正确判断的前期差错。

如果财务报表项目的遗漏或错误表述可能影响财务报表使用者根据财务报表所作出的经济决策,则该项目的遗漏或错误是重要的。

前期差错的重要性取决于在相关环境下对遗漏或错误表述的规模和性质的判断。前期差错所影响的财务报表项目的金额或性质,是判断前期差错是否具有重要性的决定性因素。一般来说,前期差错所影响的财务报表项目的金额越大,性质越严重,其重要性水平越高。

(二)前期差错更正的规定

《国际会计准则第 8 号——当期净损益、重大差错和会计政策变更》指出:

首先,基准方法——与前期相关的错误更正金额应通过调整留存收益的期初余额来反映,除非这样做不可行;比较信息应重新表述,除非无法做到这一点。在编报包括以前期间比较信息的财务报表时,应视为会计差错在其产生的当期已经更正。因此,与列报的各期间相关的更正金额应计入各该期净损益。与列报在可比财务报表中的各期之前期间相关的更正金额,应调整最早期间留存收益的期初余额,任何与以前期间相关的其他资料,也应予以重新表述。

其次,备选方法——会计差错更正金额应计入发现当期净损益。在财务报表中,比较信息应如前期的报告方式一样报告。附加模拟信息也应予以报告,除非无法做到这一点。会计差错更正的结果应计入报告当期净损益。但是,还应列报附加信息,以反映当期和列报的以前各期的净损益,如同会计差错在其发生的当期就已经更正。

美国《会计原则委员会意见书第 20 号——会计变更》指出:发现以前年度财务报表中的会计差错,应作为以前年度的调整事项进行列报。

我国《企业会计准则第 28 号——会计政策、会计估计变更和差错更正》规定:

第一,重要的前期差错,应采用追溯重述法。发现前期差错时,视同该项前期差错从未发生过,从而对财务报表相关项目进行重新列示和披露。追溯重述法的会计处理与追溯调整法相同,即对会计报表相关项目期初数进行调整。如影响损益,应将其对损益的影响数调整发现当期的期初留存收益,会计报表其他相关项目的期初数也应一并调整。但确定前期差错累积影响数不切实可行的除外。

第二,确定前期差错影响数不切实可行的,可以从可追溯重述的最早期间开始调整留存收益的期初余额,财务报表其他相关项目的期初余额也应当一并调整;也可以采用未来适用法。

第三,不重要的前期差错,应采用未来适用法。对此,企业不需要调整财务报表相关项目的期初数,但应调整发现当期与前期相同的相关项目,属于影响损益的,应直接计入本期与上期相同的净损益项目;属于不影响损益的,应调整本期与上期相同的相关项目。

第四,在编制比较会计报表时,对于比较会计报表期间的重大会计差错,应调整各该期间的净损益和其他相关项目,视同该差错在产生的当期已经更正;对于比较会计报表期间以前的重大会计差错,应调整比较会计报表最早期间的期初留存收益,会计报表其他相关项目的数字也应一并调整。

第五,企业应在会计报表附注中披露以下事项:①前期差错的性质;②各个列报前期财务报表中受影响的项目名称和更正金额;③无法进行追溯重述的,说明该事实和原因以及对前期差错开始进行更正的时点、具体更正情况。

(三)前期差错更正示例

1. 非重要的前期差错。

【例5-10】 中亚公司在2011年12月31日发现,一台价值4 800元应计入固定资产并于2009年2月1日开始计提折旧的管理用设备,在2009年计入了当期费用。该公司固定资产折旧采用直线法,该资产估计使用年限为4年,假设不考虑净残值因素。对此前期差错采用未来适用法,则在2011年12月31日更正此差错的会计分录为:

借:固定资产	4 800	
贷:管理费用		2 500
累计折旧		2 300

2. 重要的前期差错。

【例5-11】 奇亚公司2008年度的财务会计报告于2009年4月20日批准报出。奇亚公司按净利润的10%提取法定盈余公积。2009年3月20日,奇亚公司发现2007年和2008年行政管理部门的固定资产分别少提折旧200万元和100万元(达到重要性要求)。假定不考虑所得税费用的调整。对此前期差错采用追溯重述法,则奇亚公司对上述前期差错的会计处理如下。

(1)账务处理:

①调整前期差错累积影响数:

借:以前年度损益调整	3 000 000	
贷:累计折旧		3 000 000

②调整利润分配：

借：利润分配——未分配利润　　3 000 000

　贷：以前年度损益调整　　3 000 000

借：盈余公积　　300 000

　贷：利润分配——未分配利润　　300 000

(2)会计报表调整(如表5－13和表5－14所示)：

表5－13　**2008年12月31日资产负债表相关项目调整数**　单位：元

项目	年初数		期末数	
	调增	调减	调增	调减
累计折旧	2 000 000		3 000 000	
盈余公积		200 000		300 000
未分配利润		1 800 000		2 700 000

表5－14　**2008年度利润表和所有者权益变动表相关项目调整数**　单位：元

项目	上年数		本期数	
	调增	调减	调增	调减
管理费用	2 000 000		1 000 000	
未分配利润年初调整数				1 800 000
提取法定盈余公积		200 000		100 000

第六章 外币业务

导读

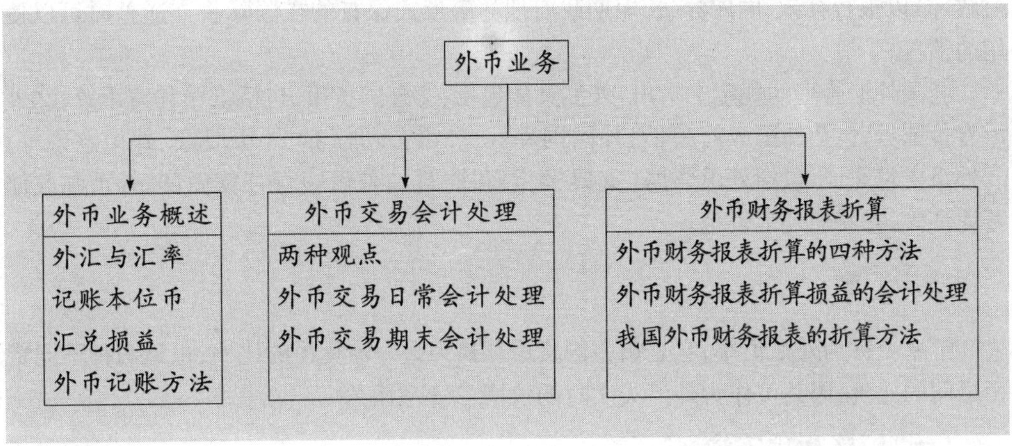

说明：

外币业务会计主要涉及外币交易的会计处理及外币财务报表的折算。首先应掌握一些有关外币业务的基本概念。对外币交易的日常会计处理，通常采用外币统账制记账方法；会计期末或结算日应分别外币货币性项目和外币非货币性项目进行处理。对因汇率变动而产生的外币货币性项目的汇兑差额的计算及其处理，是外币交易会计的核算重点。国际上不同外币财务报表的折算方法，因对外币报表各个项目选择何种汇率进行折算的理论依据不同而存在差异，尚未形成统一的国际惯例。我国会计准则主要以现行汇率法为基础,对企业外币财务报表折算进行规范。

第一节　外币与外币业务概述

为拓展生产经营规模,企业将不断增加对外进出口贸易及对外投、融资等外币业务活动。而国际经济全球化的迅猛发展,又使得一些跨国公司在境外设立分支机构或子公司,从事境外经营活动。这些分支机构或子公司提供的以所在国或地区货币编制的外币财务报表,必须在汇总或合并报表时,折算为母公司或总公司所在国统一的报告货币。因此,外币业务会计主要涉及外币业务的核算及外币报表的折算。

一、外汇

外汇通常是指以外国货币表示的用于国际结算的支付手段。国际货币基金组织曾将外汇一词解释为:"外汇是货币行政当局(中央银行、货币机构、外汇平准基金组织及财政部)以银行存款、国库券、长短期政府债券等形式保有的在国际收支逆差时可以使用的债权。"

我国外汇管理的规定中指出,外汇具体包括:①外国货币,包括纸币和铸币等;②外币有价证券,包括外国政府公债、外国国库券、外币公司债券、外币股票、外币息票等;③外币支付凭证,包括外币票据(支票、汇票和期票)、外币银行存款凭证、外币邮政储蓄凭证等;④其他外汇资金。

二、汇率

汇率全称为外汇汇率,它是指一国货币兑换为另一国货币的比率,也称两种不同货币之间的比价,因其可作为外汇买卖时的价格,又称为汇价。

(一)汇率标价方法

汇率表示不同货币的价格比值,按照其是以本国货币还是以外国货币作为折算标准,分为直接标价法和间接标价法两种表述方式。

1. 直接标价法(也称直接汇率或应付标价法)。它是以一定数量的其他货币单位为标准折算为本国货币金额的标价方法。例如,人民币对美元的直接标价为1美元 = 8.27元人民币。在直接标价法下,外币金额标准固定不变,而由本国货币的币值升、降变化表明汇率的变动。如果换取等量外币需支付的本国货币比以前多,表明外币的币值上升,本国货币币值下降;反之,则表明外币贬值,本币升值。目前,世界上绝大多数国家包括我国在内,都采用这一国际惯例的直接标价法。

需要说明的是,中国人民银行自 1995 年 4 月 1 日起,只公布人民币对美元、日元、港元和欧元 4 种货币的基准汇率,不再公布对其他货币的基准汇率。发生其他货币的外币业务时,应采用下列套算汇率方法,确定该货币对人民币的汇率及不同货币之间的汇率。

(1)美元、日元、港元和欧元以外的其他货币对人民币的汇率套算。美元、日元、港元和欧元以外的其他货币对人民币的汇率,应根据美元对人民币的基准汇率和国家外汇管理局公布的纽约外汇市场美元对其他主要外币的汇率进行套算,从而确定套算后的相应汇率。其套算公式如下:

$$\text{其他货币对人民币的汇率}=\frac{\text{美元对人民币的基准汇率}}{\text{美元对该种货币的汇率}}$$

例如,×年×月×日,中国人民银行公布的外汇汇率为:1 美元 = 7.26 元人民币。当日纽约外汇市场美元对新加坡元的汇率为:1 美元 = 1.54 新加坡元。运用上述公式可套算出新加坡元对人民币的汇率:

套算:7.26/1.54;结果:1 新加坡元 = 4.71 元人民币

(2)涉及人民币以外的其他货币之间的汇率套算。外币交易涉及人民币以外的其他货币之间的汇率,可直接采用国家外汇管理局公布的纽约外汇市场美元对其他主要外币的汇率进行套算,从而确定套算后的相应汇率。其套算公式如下:

$$\text{货币 A 对货币 B 的汇率}=\frac{\text{美元对货币 B 的汇率}}{\text{美元对货币 A 的汇率}}$$

设货币 A 为瑞士法郎,货币 B 为新加坡元。当日纽约外汇市场美元对瑞士法郎的汇率:1 美元 = 1.24 瑞士法郎,其他资料同上例。运用上述公式可套算出瑞士法郎对新加坡元的汇率:

套算:1.54/1.24;结果:1 瑞士法郎 = 1.24 新加坡元

2. 间接标价法(也称间接汇率或应收标价法)。它是以一定数量的本国货币为标准折算为其他货币金额的标价方法。例如,人民币对美元的间接标价为 1 元人民币 = 12.09 美元。在间接标价法下,本国货币金额标准固定不变,而由外币的币值升、降变化表明汇率变动。如果换取等量本国货币需收取的外币比以前多,表明外币的币值下降,本国货币币值上升;反之,则表明外币升值,本币贬值。英国一直实行间接标价法。美国从 1978 年起为与国际外汇市场对美元的标价一致,也改用间接标价法对外汇汇率进行标价。

(二)汇率种类

外汇汇率可以从多种角度,根据不同需求进行分类。以下重点介绍与本书内容相关的汇率分类。

1. 现行汇率、历史汇率和平均汇率。现行汇率是指外币业务发生日现时的汇率；历史汇率是指过去某一时点的汇率；平均汇率是对现行汇率或历史汇率的简单或加权平均数。现行汇率与历史汇率是相对的，当日的现行汇率相对于次日而言就是历史汇率。

2. 买入价、卖出价和中间价。买入价，是指银行买入其他货币的价格；卖出价，是指银行出售其他货币的价格；中间价，是指银行买入价与卖出价之间的平均值。必须强调，无论是外币买入价还是卖出价，均应立足于银行的角度。卖出价高于买入价的差额，则为银行经办外汇买卖业务的收益。

3. 即期汇率、即期汇率的近似汇率与远期汇率。即期汇率是指外汇交易中的现实汇率，通常是指中国人民银行公布的当日人民币外汇牌价的中间价。企业发生的外币兑换业务或涉及外币兑换的交易事项，应当按照交易实际采用的汇率（银行买入价或卖出价）折算。即期汇率的近似汇率是指按照系统合理的方法确定的、与交易发生日即期汇率近似的汇率，通常采用当期平均汇率或加权平均汇率等。远期汇率是指外汇期货交易双方成交后依合同约定在以后一定期限内交割时使用的约定汇率，又称为期汇汇率。

同一时点上的远期汇率可能高于即期汇率，也可能低于即期汇率。影响远期汇率最主要的因素是不同币别之间的利率差别。远期汇率与即期汇率的差额称为升水或贴水。在直接标价法下，远期汇率高于即期汇率的差额为升水；反之，则为贴水。在间接标价法下，升水和贴水的计算与直接标价法正好相反。

三、记账本位币

记账本位币，是指企业经营所处的主要经济环境中的货币。

企业通常应选择人民币作为记账本位币。业务收支以人民币以外的货币为主的企业，可以按规定选定其中一种货币作为记账本位币。但是，编报的财务报表应当折算为人民币。

企业选定记账本位币应考虑下述两个因素：一是该货币主要影响商品和劳务销售价格，通常以该货币进行商品和劳务的销售价格计价和结算；二是该货币主要影响商品和劳务所需人工、材料和其他费用，通常以该货币进行上述费用的计价和结算。

如果综合考虑了上述两个因素后，仍然难以判定应选择的记账本位币，还需要兼顾考虑以下因素，以确定记账本位币：融资活动获得的资金以及保存从经营活动中收取款项时所使用的货币。

企业记账本位币一经确定，不得随意变更，除非企业经营所处的主要经济环境发生重大变化。

企业因经营所处的主要经济环境发生重大变化，确需变更记账本位币的，应当采用变更当日的即期汇率将所有项目折算为变更后的记账本位币，折算后的金额作为新的记账本位币的历史成本。由于采用同一即期汇率进行折算，因此这一过程不会产生汇兑差额。

四、汇兑损益

汇兑损益原指因汇率变动造成的外汇兑换损失和利得。但在外币业务会计中，往往将外币业务处理以及外币报表编制过程中因汇率变动而产生的差额统称为汇兑损益。

（一）外币交易损益

外币交易损益，是指企业发生以记账本位币以外的其他货币进行款项收付、往来结算和计价的经济业务时，因业务交易发生日与款项结算日的汇率不同而产生的汇兑损益。例如，企业向国外某客商出口一批产品，售价 10 000 美元，采用托收方式结算货款。当年 12 月 20 日办理出口交单手续，当日汇率为 1 美元 = 8.26 元人民币。第二年 1 月 15 日收到外币货款，收汇日汇率为 1 美元 = 8.271 3 元人民币。从中可以看出，此项出口交易因汇率变动而形成 113[10 000 × (8.2713 − 8.26)]元人民币的汇兑利得。

如果考虑外币交易跨期结算及会计分期编制报表的需求，还可以将外币交易损益进一步区分为已结算交易损益和未结算交易损益。已结算交易损益，是指因外币款项结算时，结算日即期汇率不同于该项账款账面记录的即期汇率而实际发生的损益数额。未结算交易损益，是指在期末编制财务报表时，为使报表信息数据真实反映企业资产及负债价值，对尚未结算的账款余额按报表日即期汇率进行表述而产生的损益调整数额。仍以上项交易为例：设第一年 12 月 31 日汇率为 1 美元 = 8.264 5 元人民币，年末编制财务报表时，因汇率变动而形成此项未结算交易汇兑利得 45 元人民币；同时，此项外币债权在资产负债表上应表述为应收账款 82 645 元人民币。第二年 1 月 15 日，实际收汇日发生已结算交易利得 68 元人民币，该项外币交易前后两期形成的汇兑收益共计 113 元。在会计实务操作中，对上述两种交易收益并未区分处理。但理论界对未结算交易损益的性质及其应否确认为当期损益尚存争议。

（二）外币报表折算损益

外币报表折算损益是指出于不同目的，将以外币编报的财务报表按照选用的汇率和方法折算为报告货币（或记账本位币）表示的报表时产生的折算差额。其内容和性质与外币交易损益截然不同。对外币报表折算汇率的选择以及对折算损益的认识及处理,一直是外币业务会计中不断探讨的较复杂的问题之一,目前国际会计理论与实务界尚未形成统一定论,具体内容将在本章第三节加以阐述。

五、外币记账方法

外币业务的记账方法按其对记账币别选择不同,分为外币统账制和外币分账制两种方法。

外币统账制,又称记账本位币法,是指企业必须将发生的外币业务按照选定的汇率统一折算为记账本位币登记入账,并以此编制财务报表。外币业务在初始确认时,可以采用外币交易发生日的即期汇率将外币金额折算为记账本位币金额;也可以采用按照系统合理的方法确定的、与交易发生日即期汇率近似的汇率折算。为客观反映外币业务的实际发生额,通常采用复币式记账方式,即在登记记账本位币金额的同时,也登记相应的外币金额。(复币式账户参见表6-1)

表6-1　银行存款(美元户)　单位:元

日期	摘要	借方			贷方			余额(借方)		
		原币	汇率	人民币	原币	汇率	人民币	原币	汇率	人民币

采用外币统账制记录外币业务时,平时除外币兑换业务外,不确认汇兑损益,但月份(或季度、年度)终了时,应当按照资产负债表日即期汇率,将各外币货币性项目的外币期末余额调整折算为记账本位币的金额;该项目因当日即期汇率与初始入账时或前一资产负债表日即期汇率不同而产生的差额,确认为本期发生的汇兑损益,进行相应的账务处理。

外币分账制,是指企业对外币业务在日常核算时按照外币原币进行记账,并区别不同的外币币种分别核算其所实现的损益,编制各种货币币种的财务报表,资产负债表日再按当日即期汇率一次性地将外币财务报表折算为记账本位币表示的报表,并与记账本位币业务编制的财务报表汇总形成整个企业一定会计期间的财务报表。

目前,我国绝大部分企业采用外币统账制方法核算其外币业务。本章外币业务核算处理也采用了外币统账制方法。外币分账制一般只在外币交易频繁、外币币种较多的银行等少数金融企业使用。

第二节　外币交易会计处理

外币是企业记账本位币以外的货币。外币交易，是指以外币计价或者结算的交易，主要包括买入或者卖出以外币计价的商品或者劳务、借入或者借出外币资金和其他以外币计价或者结算的交易。

外币交易会计处理主要包括企业对外币交易的初始确认，即企业按外币统账制进行外币折算及相关核算处理，以及资产负债表日及结算日对相关项目进行汇兑差额的计算及核算处理。

一、外币交易会计核算的两种观点

对外币业务的会计处理，需要解决的主要问题，是如何认识外币业务性质及对其交易中发生的汇兑损益如何处理的问题。对此，国际上存在着两种不同观点，即"一笔交易观点"和"两笔交易观点"。

（一）一笔交易观点

一笔交易观点，也称单一交易观点，它是将某项交易的发生和随后的账款结算视为一项完整业务。该观点认为，由于外币业务中汇率变动的影响是客观存在且不可预知的，那么该项交易必须在账款结算后方告完成；而此前因不同时点汇率的变动所产生的折合记账本位币的差额，都应作为已入账的存货购入成本或销售收入的调整额，而不应另作当期汇兑损益处理。

下面仍以第一节中的交易为例（该企业记账本位币为人民币），说明在一笔交易观点下所作的会计处理。

1. 出口交易发生日：12 月 20 日出口销售 10 000 美元产品，当日汇率 1 美元 = 8.26 元人民币，暂作销售处理。作会计分录如下：

借：应收账款——美元　　　　82 600

　贷：主营业务收入　　　　82 600

2. 资产负债表日：12 月 31 日当日汇率为 1 美元 = 8.264 5 元人民币；因交易日与报表日汇率变动而发生折算人民币差额为 45 元人民币，应据以调整已入账销售收入和应收账款。作会计分录如下：

借：应收账款——美元　　　　45

　贷：主营业务收入　　　　45

3. 次年收汇结算日:次年1月15日当日汇率为1美元=8.271 3元人民币,将当日收讫的外币货款结汇入账;同时,按当日即期汇率调整账面销售收入和应收账款68元人民币。作会计分录如下:

(1)借:应收账款——美元　　68

　　贷:主营业务收入　　68

(2)借:银行存款——美元　　82 713

　　贷:应收账款——美元　　82 713

从本例中可以看出,一笔交易观点下的外币交易损益被作为销售收入的一部分进行调整。虽然从理论上说,一笔交易观点较客观地反映了交易最终入账价值,但却与企业执行的会计准则中有关交易发生的确认标准相矛盾,且实务操作中将一笔交易跨期调整亦显烦琐,会计处理中无法反映外币交易的汇率风险,不利于管理部门分析监督。

(二)两笔交易观点

两笔交易观点,也称两项交易观点,它是将某项交易的发生和随后的账款结算视为两项业务。在此观点下,交易按一定标准及当期汇率确认发生后不再更改,并将此后账款结算过程中产生的汇率变动差额作为当期汇兑损益处理。

仍使用第一节中的交易资料,说明两笔交易观点的会计处理。

1. 出口交易发生日确认销售。作会计分录如下:

借:应收账款——美元　　82 600

　贷:主营业务收入　　82 600

2. 资产负债表日调整结算账户并确认当期汇兑损益。作会计分录如下:

借:应收账款——美元　　45

　贷:财务费用　　45

3. 次年收汇结算日,按当日汇率调整结算账户确认汇兑损益;同时,将收讫的外币货款结汇入账。作会计分录如下:

(1)借:应收账款——美元　　68

　　贷:财务费用　　68

(2)借:银行存款　　82 713

　　贷:应收账款——美元　　82 713

两笔交易观点符合会计相关准则中关于交易发生确认的标准;同时,对汇兑损益的单独处理也能明确地看出外币业务中因汇率变动而产生的风险影响,有助于企业对此进行分析与防范。

鉴于对以上两种观点的比较,目前,国际上包括我国在内的绝大多数国家在外币业务会计处理中均采用两笔交易观点。

二、外币交易的会计处理

外币交易会计处理主要包括两方面内容：首先是在企业外币交易日进行初始确认，将外币金额折算为记账本位币金额，并作相关账务处理；其次是对资产负债表日，因汇率变动产生的外币资产负债、外币债权债务的折算差额进行账务处理。

企业对外币业务进行会计处理时，应当设置相应的外币账户，具体包括"库存现金（外币专户）"、"银行存款（外币专户）"、外币结算的债权账户（如"应收账款"、"应收票据"和"预付账款"等）和外币结算的债务账户（如"短期借款"、"长期借款"、"应付账款"、"应付票据"、"应付职工薪酬"、"预收账款"等）。

（一）外币交易日的会计处理

外币交易应当在初始确认时，采用交易发生日的即期汇率或即期汇率的近似汇率将外币金额折算为记账本位币金额。企业通常应当采用即期汇率进行折算。汇率变动不大的，也可以采用即期汇率的近似汇率进行折算。

1. 外币兑换业务。外币兑换业务是指企业从银行等金融机构购入外币或向银行等金融机构售出外币。企业兑换外币时，一方面登记实际收取或付出的记账本位币（按照交易日外币买入价或卖出价折算）金额；另一方面登记卖出或买入的外币（按照外币账面即期汇率折算）金额，双方之间差额记入当期损益。

(1)企业购入外币。企业通常是按外汇卖出价从银行购买外币，即按照外汇卖出价计算支付记账本位币的数额；同时，将买入的外币按照交易日即期汇率（中间价）折算为记账本位币登记入账。因汇率标准不同，使得实际支付的记账本位币数额与收入外币折算入账的记账本位币数额之间出现了差额，这一差额应作为当期汇兑损益处理。

【例6－1】　某股份有限公司的记账本位币为人民币。公司从银行购入100 000美元，当日银行美元卖出价为1美元＝7.88元人民币，当日即期汇率为1美元＝7.70元人民币。该公司采用交易日即期汇率进行会计处理。会计分录如下：

借：银行存款——美元　　　　(100 000×7.70)770 000

　　财务费用——汇兑差额　　　　18 000

　贷：银行存款——人民币　　　　(100 000×7.88)788 000

(2)企业售出外币。企业通常是按外汇买入价向银行卖出外汇，即按照外汇买入价计算收入记账本位币的数额；同时，将卖出的外币按照账面即期汇率折算为记账本位币金额转出。而实际收入的记账本位币数额与付出外币折算的记账本位币数额之间的差额，作为当期汇兑损益处理。

【例6-2】 某股份有限公司的记账本位币为人民币。公司将5 000美元(账面汇率为1美元=7.65元人民币)向银行兑换为人民币,当日银行美元买入价为1美元=7.35元人民币。会计分录如下:

借:银行存款——人民币　(5 000×7.35)36 750
　　财务费用——汇兑差额　1 500
　贷:银行存款——美元　(5 000×7.65)38 250

2.购买或销售以外币计价的商品或劳务。

(1)企业进口采购业务。企业以外币计价从国外或境外购进存货、引进设备时,需执行会计准则中有关存货或设备入账价值的确认标准;同时将应支付的外币债务按照当日的即期汇率折算为记账本位币登记入账。

【例6-3】 A公司记账本位币为人民币,属于增值税一般纳税企业。从日本进口100吨原材料,货款共计1 500 000日元,尚未支付。当日即期汇率为100日元=7.58元人民币,另以人民币存款支付进口关税22 740元,货物增值税23 195元。该项进口原材料入账成本为136 440元人民币(货价+关税)。会计分录如下:

借:材料采购　(1 500 000×0.075 8+22 740)136 440
　　应交税费——应交增值税(进项税额)　23 195
　贷:应付账款——日元　(1 500 000×0.075 8)113 700
　　　银行存款　45 935

【例6-4】 A公司从韩国购进一台不需要安装的检测设备,价款为20 000美元,货款尚未支付;当日即期汇率为1美元=8.27元人民币。另以人民币支付进口关税及增值税共计57 000元。该项进口设备入账成本为222 400元人民币(货价+关税+增值税)。会计分录如下:

借:固定资产——设备　222 400
　贷:应付账款——美元　(20 000×8.27)165 400
　　　银行存款　57 000

(2)企业出口销售业务。企业以外币计价出口销售商品或产品时,按照会计收入确认原则,将商品结算金额按当日的即期汇率折算为记账本位币,确认销售收入及出口销售发生的债权。

【例6-5】 A公司出口销售一批产品,出口合同规定货款总额为80 000港币,采用托收方式结算,货款尚未收到;当日即期汇率为1港元=1.06元人民币。该项出口产品免征关税,增值税税率为0。会计分录如下:

借:应收账款——港元　(80 000×1.06)84 800
　贷:主营业务收入　84 800

3. 外币借款业务。企业从银行等金融机构取得外币贷款时,应按照借入外币时的即期汇率折算为记账本位币登记入账。

【例6-6】 某企业记账本位币为人民币,且采用外币业务发生时的即期汇率进行会计处理。该企业从银行借入20 000美元贷款,期限9个月,暂存企业存款户。借入日即期汇率为1美元=7.25元人民币。会计分录如下:

借:银行存款——美元 145 000

贷:短期借款——美元 145 000

4. 接受外币资本投资。企业收到投资者以外币投入的资本,无论是否有合同约定汇率,均不得采用合同约定汇率和即期汇率的近似汇率折算,而是采用交易日即期汇率。

【例6-7】 某企业收到外商投资者投入的外币资本500 000美元,投资合同中约定汇率为1美元=8.10元人民币。收款当日的即期汇率为1美元=7.80元人民币。会计分录如下:

借:银行存款——美元 3 900 000

贷:实收资本 3 900 000

(二)期末或结算日对外币交易余额的会计处理

资产负债表日,企业应根据相关规定区分外币货币性项目和外币非货币性项目进行不同的会计处理。

1. 货币性项目的处理。货币性项目,是指企业持有的货币资金和将以固定或可确定的金额收取的资产或者偿付的负债。货币性项目分为货币性资产和货币性负债。货币性资产包括库存现金、银行存款、应收账款、其他应收款以及准备持有至到期的债券投资等;货币性负债包括短期借款、应付账款、其他应付款、长期借款、应付债券、长期应付款等。

对于外币货币性项目,应采用资产负债表日即期汇率折算。同时,因结算或采用资产负债表日的即期汇率折算与初始确认时或者前一资产负债表日即期汇率不同而产生的汇兑差额,应确认为汇兑损益,同时调增或调减外币货币性项目的记账本位币金额。

外币货币性资产(如外币银行存款、应收账款)和负债(如外币借款、应付账款)因外币汇率变动影响其价值变动而产生的汇兑损益结果是不同的:外币汇率上升时,企业持有的外币货币性资产升值引起汇兑收益,而企业外币货币性负债则表现为汇兑损失;相反,外币汇率下降时,企业外币货币性负债因贬值产生汇兑收益,而外币货币性资产则表现为汇兑损失。因此,资产负债表日计算不同性质外币账户余额的汇兑损益应有所区别,具体计算公式如下:

外币资产类账户:

$$\begin{matrix}\text{账面外币}\\\text{借方余额}\end{matrix}\times\begin{matrix}\text{期末即期}\\\text{汇率}\end{matrix}-\begin{matrix}\text{账面记账本位币}\\\text{借方余额}\end{matrix}=\text{期末汇兑损益(“+”为收益,“-”为损失)}$$

外币负债类账户：

$$\text{账面记账本位币贷方余额} - \text{账面外币贷方余额} \times \text{期末即期汇率} = \text{期末汇兑损益（“+”为收益，“-”为损失）}$$

对于按上述方法计算得出的期末汇兑损益额，还应进行相应的账务处理。一方面，将汇兑损益额调整发生差额的各外币资产及负债类账户期末余额，以使各账户外币余额均按资产负债表日即期汇率折算成记账本位币金额；另一方面，对期末产生的汇兑损益额，应根据外币业务的不同性质及会计有关划分收益性支出与资本性支出的原则，将其计入当期损益或作资本化处理。

根据我国相关会计准则，对企业资产负债表日发生的汇兑损益强调应区分不同情况进行处理。对于筹建期间发生的购建固定资产以外的汇兑损益，应当作为开办费用处理。生产经营期间发生的购建固定资产以外的汇兑损益，应当作为当期财务费用处理。对于与购建固定资产等直接相关的汇兑损益，在资产达到预定可使用状态前按规定应予资本化，计入固定资产的购建成本；在资产已达到预定可使用状态后，则应将其计入当期损益，作财务费用处理。

应当说明的是，期末计算得出的汇兑损益，既包括已结算交易损益，也包括未结算交易损益。

【例6-8】 某股份有限公司于2008年3月31日编制期末财务报表。资产负债表日的即期汇率为1美元=7.55元人民币。需按期末当日即期汇率统一折算外币账户记账本位币（人民币）余额，并计算汇兑损益。有关外币账户余额折算及汇兑损益计算如表6-2所示。

表6-2　期末汇兑损益计算表

2008年3月31日　　单位：元

项目	外币账户金额（美元）(1)	期末即期汇率(2)	记账本位币金额（人民币）(3)=(1)×(2)	调整前账面记账本位币金额（人民币）(4)	汇兑损益 (5)=(3)-(4)资产类 (5)=(4)-(3)负债类
银行存款	300 000	7.55	2 265 000	2 276 000	-11 000
应收账款	750 000	7.55	5 662 500	5 715 000	-52 500
短期借款	100 000	7.55	755 000	760 000	5 000
应付账款	500 000	7.55	3 775 000	3 800 000	25 000
合计					-33 500

(1)依据表内计算结果编制调整分录如下:

借:应付账款——美元　25 000

　短期借款——美元　5 000

　财务费用——汇兑差额　33 500

　贷:银行存款——美元　11 000

　　应收账款——美元　52 500

(2)假定该公司于2008年4月21日收到上月出口销售外币货款750 000美元,并于结算日兑换成人民币后直接存入银行,当日银行买入价为1美元=7.57元人民币。会计分录如下:

借:银行存款——人民币　(750 000×7.57)5 677 500

　贷:应收账款——美元　5 662 500

　　财务费用——汇兑差额　15 000

(3)假定该公司于2008年9月1日以人民币归还当年3月所借外币贷款,本金及利息一并支付共计102 500美元,当日银行卖出价为1美元=7.58元人民币。假设4月至8月外币汇率不变。会计分录如下:

①借:短期借款——美元　755 000

　　财务费用——汇兑差额　3 000

　　贷:银行存款——人民币　(100 000×7.58)758 000

②借:财务费用——利息支出　18 950

　　贷:银行存款——人民币　(2 500×7.58)18 950

2.非货币性项目的处理。非货币性项目,是指货币性项目以外的项目,包括存货、交易性金融资产、长期股权投资、固定资产、无形资产、实收资本等。

资产负债表日,对于以历史成本计量的外币非货币性项目,由于已在交易发生日按当日即期汇率折算,应仍采用交易发生日的即期汇率(账面历史汇率)折算,不改变其记账本位币金额。但对于期末存货按成本与可变现净值孰低计量,且其可变现净值需以外币确定时,则应先将可变现净值按资产负债表日即期汇率折算为记账本位币,再与以记账本位币反映的存货成本进行比较。

资产负债表日,对于以公允价值计量的外币非货币性项目,如交易性金融资产(股票、基金等),则采用公允价值确定日的即期汇率折算,折算后的记账本位币金额与原记账本位币金额的差额,作为公允价值变动(含汇率变动)处理,计入当期损益。

【例6-9】　某股份有限公司以人民币为记账本位币。2007年11月18日公司以每件1 000欧元的价格从境外购入新型A商品20件,当日即期汇率为1欧元=10.20元人民币,欧元款项已支付。2007年12月31日,库存尚有12件新型A商品尚未售出，国内市场无同类商品供应，而国际市场新型A商品价格已降至每件950欧元。当日即期汇率为1欧元=10.25元人民币。假定不考虑增值税等相关税费。

由于库存新型A商品市场价格下跌，使得其可变现净值低于成本，应计提存货跌价准备，会计分录如下：

借：资产减值损失　　5 550

　贷：存货跌价准备　　(1 000×12×10.20−950×12×10.25)5 550

【例6-10】　某股份有限公司的记账本位币为人民币。2008年6月1日公司以每股8港元的价格购入甲公司的H股100 000股作为交易性金融资产，当日即期汇率为1港元=0.98元人民币，港元款项已支付。2008年6月30日，甲公司H股的市值变为每股7港元，当日即期汇率为1港元=0.95元人民币。2008年7月20日股份公司将所购甲公司H股按当日市价每股8.2港元全部售出，所得820 000港元已存入银行，当日即期汇率为1港元=0.96元人民币，假定不考虑相关税费的影响。会计分录如下：

(1)2008年6月1日，购入H股股票：

借：交易性金融资产　　(100 000×8×0.98)784 000

　贷：银行存款——港元　　784 000

(2)2008年6月30日，按公允价值调账：

借：公允价值变动损益　　(784 000−100 000×7×0.95)119 000

　贷：交易性金融资产　　119 000

(3)2008年7月20日，出售H股股票：

借：银行存款——港元　　(100 000×8.2×0.96)787 200

　贷：公允价值变动损益　　119 000

　　交易性金融资产　　665 000

　　投资收益　　3 200

第三节　外币财务报表折算

外币财务报表折算，是指如果企业境外经营选定的记账本位币与企业的记账本位币不同，在满足境外经营与企业会计期间和会计政策相一致的前提下，将企业境外经营的财务报表折算为以企业记账本位币反映的财务报表，再进行合并报表或汇总报表等编制，最终提供给投资者、债权人等报表阅读者。

外币报表折算涉及的主要会计问题是：外币报表中各个项目应按何种汇率进行折算；因项目折算汇率不同而产生的外币报表折算差额应如何处理。对此，会计理论界和实务界存有不同的观点，致使外币财务报表的折算尚未形成统一的国际惯例，各国报表的折算方法也各不相同。

一、外币财务报表折算方法

外币财务报表的折算方法，基本上可划分为单一汇率法和多种汇率法两大类。单一汇率法主要指现行汇率法；多种汇率法主要包括流动性与非流动性项目法、货币性与非货币性项目法和时态法三种折算方法。

（一）现行汇率法

现行汇率法，也称期末汇率法，是指外币报表中所有资产、负债项目，所有收入和费用项目，全部统一按期末报表日的即期汇率进行折算的方法。

在现行汇率法下，外币报表中除所有者权益项目采用历史汇率折算外，所有资产和负债项目都按期末即期汇率折算。而对于收入和费用项目，理论上应按项目发生时的即期汇率折算，但鉴于此类业务量大且繁杂，为简化起见，也可以采用财务报表当期的平均汇率进行折算。现行汇率法是折算方法中最为简便的一种方法，是最早使用，也是至今各国使用率最高的一种折算方法。

现行汇率法除具有简便、易于操作的优点外，还因为用这种折算方法折算后的资产负债表各个项目仍能保持原有外币报表中各项目之间的比例关系，没有破坏外币报表的内部结构和各项目之间的经济关系，折算后计算出的报表分析数据、财务比率也基本上符合子公司原有实际，因而受到广泛接受。

但现行汇率法暴露出的问题也是显而易见的。首先，所有外币报表中以历史成本表示的资产项目按照期末即期汇率折算的结果，既不是资产的历史成本，也非资产的现行市价，而是以外币表示的资产历史成本与报表编制日即期汇率两个不同时点数字的乘积，在此基础上折算反映的资产价值不能说是真实、可靠的。其次，外币报表中绝大多数非货币性长期资产，其价值并不受现行不断变动的汇率的影响，如固定资产，而现行汇率法下，这些资产折算价值会因各期期末汇率不同而有所变化，有时甚至是较大的变化，这类资产价值随汇率产生的增减变化，也是不能令人信服的。

（二）流动性与非流动性项目法

流动性与非流动性项目法，是将资产负债表上的资产和负债项目，按其流动性质，划分为流动性项目和非流动性项目两大类，并根据项目的不同性质分别选择不同汇率进行折算。其中，对流动性资产和负债项目，按照报表日期末即期汇率折算；对非流动性资产和负债项目，则按其原来入账时的历史汇率进行折算；对于所有者权益类资本项目，仍按原入账历史汇率折算；对于利润表项目，除固定资产折旧和摊销费用按其相关资产入账时的历史汇率折算外，其他收益和费用支出项目均按当期平均汇率进行折算。

流动性与非流动性项目法是在分析克服现行汇率法缺点的基础上产生发展起来的。按此方法折算的外币报表，有助于对营运资金进行分析，同时也在一定程度上反映了非流动性资产项目的原始入账价值。但这一折算方法也受到了会计界及企业界人士的批评。首先，对不同项目折算汇率选用的标准缺乏足够的理论依据。其次，流动性项目中有些项目并不受汇率影响，如存货项目，若对该项目按现行汇率法折算，也不符合存货按历史成本计价原则；而非流动性项目中有些项目会承受汇率变动的风险，如长期借款、长期应付款等项目就非常典型。由此可见，按此种方法折算后的财务报表仍未能准确、客观地反映报表各项目的真实价值。

目前，使用这一折算方法的国家为数不多，且即使使用也已对一些项目的折算汇率进行了调整。

（三）货币性与非货币性项目法

货币性与非货币性项目法，是按照受汇率变动影响程度，将资产负债表项目划分为货币性项目和非货币性项目，并分别采用不同的汇率进行折算的方法。

货币性项目包括货币性资产和货币性负债。货币性资产是指货币资产及未来期间可收回的固定金额的权利，包括库存现金、银行存款、应收账款、应收票据和其他应收款等。货币性负债是指以货币形态存在的、未来期间应付出的固定金额的义务，如应付账款、应付票据、长期借款和应付股利等项目。采用这种方法进行外币报表折算时，对于资产负债表上的货币性项目，按报表日期末即期汇率折算；对非货币性项目和所有者权益项目，则按原入账时历史汇率折算；利润表折算的方法和流动性与非流动性项目法基本相同。

尽管此种方法比前种方法在报表项目的分类上前进了一步，使折算对象与折算汇率的关系更加紧密，体现了货币性项目承受汇率风险这一事实，但仍未脱离只注重对外币报表项目的分类，而未能关注报表项目计量属性与汇率之间关系的旧有思路。

（四）时态法

时态法，也称时间度量法。其理论依据是，外币报表的折算不应当改变财务报表所反映的经济事实，因此，在选择汇率时，只能改变计量单位，而不应当改变原有的计量属性。同货币性与非货币性项目法相比，此种方法更加注意外币报表折算应在项目原有计量属性的基础上，重新表述其不同货币单位的价值；而折算汇率的选择不单以项目分类为依据，还要以项目计量属性为基础。

按照时态法的基本原则,在外币报表折算中,对货币性项目统一按现行即期汇率进行折算。但对于非货币性项目,则应注意各个项目的计量基础:对于按历史成本计价的非货币性资产必须按历史汇率折算;对于按现行成本计价的非货币性资产,必须按现行汇率折算;对公司所有者权益项目,除未分配利润项目外,均按历史汇率折算,未分配利润项目则按轧算的平衡数;对于收入和费用项目,按交易发生时的实际汇率或按当期平均汇率折算;对于折旧及摊销费用,按相关项目(如固定资产、无形资产)入账的历史汇率折算;对于销售成本,则应在存货适用汇率折算后计算得出。

采用时态法进行外币报表折算,在理论上可以说对报表项目的分析最能体现其性质的本来面目,较忠实于报表项目原有计量属性,但在实务操作上,尚待进一步完善。例如,折算后的报表项目之间的比例与原外币报表不一致;利润表折算的结果因各收入、费用具体项目汇率的不一致,可能与原外币报表损益结果有较大差距。这些都妨碍了此种方法的推行应用。

不同折算方法下的资产负债表项目选用的汇率如表6-3所示。

表6-3

项　目	现行汇率法	流动性与非流动性项目法	货币性与非货币性项目法	时态法
现金	C	C	C	C
应收账款	C	C	C	C
存货				
——按成本	C	C	H	H
——按市价	C	C	H	C
投资				
——按成本	C	H	H	H
——按市价	C	H	H	C
固定资产	C	H	H	H
无形资产	C	H	H	H
应付账款	C	C	C	C
长期借款	C	H	C	C
股本	H	H	H	H
留存收益	*	*	*	*

注:C=现行汇率;H=历史汇率;*=平衡数。

二、外币报表折算损益的会计处理

外币报表折算损益,是指对外币报表进行折算时,由于报表的不同项目采用不同汇率折算而产生的资产与权益的差额。这种因对外币报表折算而产生的差额,其性质与内容均有别于外币交易损益。除不同报表项目与报表折算时反映的汇率变动方向不同而形成差额外,选用不同的折算方法对不同项目采用不同的汇率折算,也是导致外币报表折算损益的主要原因。

对外币报表折算损益的会计处理,国际会计学界存在着不同的见解,主要观点有两种:一是作为资产负债表调整项目,递延到以后各期;二是作为当期损益,列入利润表项目。

(一)作为递延项目处理

此种观点认为,外币报表折算损益其实质并非企业真实的利得或损失,而只是以不同币种对资产、权益重新计量过程中产生的调整数额,而且本期折算差额还会因下期折算差额而发生抵补变化,所以如果将其作为已实现的损益计入当期损益,很可能给报表使用者提供不实信息而导致误解。因此,将折算差额作为递延项目,有利于保持原有外币报表的比例关系,同时也有助于对不同期间报表进行比较分析。

(二)作为当期损益处理

将外币报表折算损益作为当期损益项目列入利润表内,是基于对汇率变动影响的一致认识:既然外币报表折算差额是因汇率不同而产生出来的未实现汇兑损益,那么外币交易损益中,包括已实现和未实现汇兑损益两部分内容都是汇兑损益,其处理也应保持一致。这是客观存在的差异现象,不应回避或掩盖这一损益现实,只有在利润表中如实披露,才是给报表使用者提供了真实可靠的会计信息。

由以上介绍可以看出,外币报表折算损益的会计处理,其认识和处理方法均存在着很大差异,至今尚未形成统一观点。国际会计准则委员会为解决这一问题,在《国际会计准则第 21 号——汇率变动影响》中提出了使用外币报表折算的相应方法,即应根据国外经营子公司是国外独立实体还是母公司经营活动的有机组成部分,分别选用现行汇率法和时态法。对于采用现行汇率法形成的报表折算损益,作递延处理;采用时态法形成的报表折算损益,则列为当期损益。我国相关法规对外币报表的折算及会计处理方法选择了递延处理。

三、我国外币报表折算方法

我国企业会计准则对于外币财务报表的折算方法作了具体规定,主要内容如下。

（一）境外经营财务报表的折算

1. 境外经营的记账本位币的确定。境外经营，是指企业在境外的子公司、合营企业、联营企业、分支机构。在境内的子公司、合营企业、联营企业、分支机构，采用不同于企业记账本位币的，也视同境外经营。

企业选定境外经营的记账本位币，除考虑一般因素外，还应当考虑下列因素：

(1) 境外经营对其所从事的活动是否拥有很强的自主性；

(2) 境外经营活动中与企业的交易是否在境外经营活动中占有较大比重；

(3) 境外经营活动产生的现金流量是否直接影响企业的现金流量，是否可以随时汇回；

(4) 境外经营活动产生的现金流量是否足以偿还其现有债务和可预期的债务。

2. 外币财务报表折算的一般原则。企业将境外经营的财务报表进行折算时，应遵循如下规定：

(1) 资产负债表中的所有资产、负债项目，均按照资产负债表日的即期汇率折算，所有者权益项目除"未分配利润"项目外，其他项目采用发生时的即期汇率折算；"未分配利润"项目以折算后所有者变动表中该项目的金额直接填列；折算后资产类项目与负债类项目和所有者权益类项目合计数的差额，作为外币财务报表折算差额，在资产负债表中所有者权益项目下单独列示。

(2) 利润表中的收入和费用项目，可采用交易发生日的即期汇率折算；也可以采用按照系统合理的方法确定的、与交易发生日即期汇率近似的汇率折算。

(3) 按照上述规定折算产生的外币财务报表折算差额，在资产负债表中所有者权益项目下单独列示。

(4) 企业编制合并财务报表涉及境外经营的，如有实质上构成对境外经营净投资的外币货币性项目，因汇率变动而产生的汇兑差额，也应列入所有者权益"外币报表折算差额"项目。

(5) 处置境外经营时，应当将并入后的资产负债表中所有者权益项目下列示的、与该境外经营相关的外币财务报表折算差额，自所有者权益项目转入处置当期损益；部分处置境外经营的，应当按处置的比例计算处置部分的外币财务报表折算差额，并转入处置当期损益。

(6) 比较财务报表的折算比照上述规定处埋。

(7) 企业选定的记账本位币不是人民币的，应当按照境外经营财务报表折算原则将其财务报表折算为人民币财务报表。

【例 6－11】 甲公司的记账本位币为人民币，乙公司是其境外全资子公司，记账本位币为美元。乙公司有关资料如下：

2008 年 12 月 31 日的即期汇率为 1 美元 = 8.4 元人民币。2008 年期初汇率为 1 美元 = 8.2 元人民币，期末汇率为 1 美元 = 8.4 元人民币，当期平均汇率为1 美元 = 8.3 元人民币。实收资本发生日即期汇率（账面历史汇率）为 1 美元 = 8 元人民币。该子公司 2007 年 12 月 31 日外币财务报表中实收资本 500 万美元，折算为人民币金额为4 000万元；累计盈余公积 50 万美元，折算为人民币金额为 405 万元；累计未分配利润 120 万美元，折算为人民币金额为 972 万元。甲、乙两公司均在年末提取盈余公积。

根据上述资料，乙公司外币财务报表折算如表 6－4、表 6－5 和表 6－6 所示。

表 6－4 **利润表**

编制单位：乙公司 2008 年度 单位：万元

项 目	期末数（美元）	折算汇率	折算后金额（人民币）
一、营业收入	2 000	8.3	16 600
减：营业成本	1 500	8.3	12 450
营业税金及附加	40	8.3	332
销售费用	0	8.3	0
管理费用	100	8.3	830
财务费用	10	8.3	83
资产减值损失	0	8.3	0
加：公允价值变动收益	0	8.3	0
投资收益	30	8.3	249
二、营业利润	380	—	3 154
加：营业外收入	40	8.3	332
减：营业外支出	20	8.3	166
其中：非流动资产处置损失	10	8.3	83
三、利润总额	400	—	3 320
减：所得税	120	8.3	996
四、净利润	280	—	2 324
五、每股收益	—	—	—

表6－5 资产负债表

编制单位:乙公司 2008年12月31日 单位:万元

资产	期末数(美元)	折算汇率	折算后金额(人民币)	负债和所有者权益	期末数(美元)	折算汇率	折算后金额(人民币)
流动资产:				流动负债:			
货币资金	90	8.4	756	短期借款	45	8.4	378
交易性金融资产				应付账款	285	8.4	2 394
应收票据				其他流动负债	110	8.4	924
应收账款	190	8.4	1 596	流动负债合计	440		3 696
存货	240	8.4	2 016	非流动负债:			
其他流动资产	150	8.4	1 260	长期借款	140	8.4	1 176
流动资产合计	670		5 628	应付债券	80	8.4	672
非流动资产:				其他长期负债	90	8.4	756
长期股权投资	120	8.4	1 008	非流动负债合计	310		2 604
固定资产	550	8.4	4 620	负债合计	750		6 300
在建工程	80	8.4	672	所有者权益:			
无形资产	50	8.4	420	实收资本	500	8	4 000
递延所得税资产				盈余公积	120	—	986
其他非流动资产	30	8.4	252	未分配利润	130	—	1 055
非流动资产合计	830		6 972	外币报表折算差额		—	259①
				所有者权益合计	750		6 300
资产总计	1 500	—	12 600	负债和所有者权益总计	1 500	—	12 600

注:①系以记账本位币反映的净资产减去以记账本位币反映的实收资本、累计盈余公积及累计未分配利润后的余额。

表6-6　所有者权益变动表

编制单位：乙公司　2008年度　单位：万元

	实收资本			盈余公积			未分配利润		外币报表折算差额	所有者权益合计
	美元	汇率	人民币	美元	汇率	人民币	美元	人民币		人民币
一、本年年初余额	500	8	4 000	50		405	120	972		5 377
二、本年增减变动金额										
(一)净利润							280	2 324		2 324
(二)直接计入所有者权益的利得和损失										259
其中：外币报表折算差额									259	259
(三)利润分配										
1.提取盈余公积				70	8.3	581	-70	-581		
2.对所有者的分配							-200	-1 660		-1 660
三、本年年末余额	500	8	4 000	120		986	130	1 055	259	6 300

(二)恶性通货膨胀经济中外币财务报表折算

1.恶性通货膨胀经济的判断。企业应按照以下特征判断境外经营处于恶性通货膨胀经济：

(1)最近三年累计通货膨胀率接近或超过100%；

(2)利率、工资和物价与物价指数挂钩；

(3)公众不是以当地货币，而是以相对稳定的外币为单位作为衡量货币金额的基础；

(4)公众倾向于以非货币性资产或相对稳定的外币来保存自己的财富，持有的当地货币立即用于投资以保持购买力；

(5)即使信用期限很短，赊销、赊购交易仍按补偿信用期预计购买力损失的价格成交。

2.恶性通货膨胀经济中外币财务报表折算原则。企业对处于恶性通货膨胀经济中的境外经营外币财务报表进行折算时，应当首先对其财务报表进行重述，然后再按资产负债表日即期汇率进行折算。

(1)资产负债表项目的重述。在对资产负债表项目进行重述时，通过协议与物价变动挂钩的资产和负债,应根据协议约定进行调整;货币性项目如货币资金、应收账款、其他应收款等已经以资产负债表日的计量单位表述,因此不需要对其进行重述;非货币性项目中,有些是以资产负债表日的计量单位列示的,如存货已按可变现净值列示,则资产负债表日就不需要进行重述。其他非货币性项目,如固定资产、投资、无形资产等,应自购置日起以一般物价指数予以重述。

(2)利润表项目的重述。在对利润表项目进行重述时,所有项目金额都需要自其初始确认之日起,以一般物价指数变动进行重述,以使利润表的所有项目均以资产负债表日的计量单位表述。由于上述重述而产生的差额计入当期净利润。

第七章 所得税

导读

- 所得税
  - 所得税会计概述
    - 所得税的性质
    - 所得税会计的产生与发展
    - 所得税会计的核算方法
    - 所得税会计的核算程序
  - 资产、负债的计税基础及暂时性差异
    - 资产、负债以及特殊项目计税基础的确定
    - 可抵扣暂时性差异的确定
    - 应纳税暂时性差异的确定
  - 递延所得税资产和递延所得税负债的确认与计量
    - 递延所得税资产的确认与计量
    - 递延所得税负债的确认与计量
  - 所得税费用的确认与计量
    - 当期所得税的确认与计量
    - 递延所得税的确认与计量
  - 所得税的列报
    - 在资产负债表和利润表中的列示
    - 在附注中应当披露的信息

说明：

所得税会计主要是针对会计与税法处理规定的不同而造成的资产、负债的账面价值与其计税基础的差异，确认与计量相关的递延所得税资产和递延所得税负债，以及确定利润表中的所得税费用。本章内容由五部分构成：其一，介绍所得税会计的产生和发展过程以及所得税会计的核算方法；其二，在明确资产、负债的计税基础上，分析资产、负债以及特殊项目产生的暂时性差异；其三，在确定可抵扣暂时性差异和应纳税暂时性差异的基础上，对于符合确认条件的，相应的确认与计量递延所得税资产和递延所得税负债；其四，在确定当期应交所得税和递延所得税的基础上，确定利润表中的所得税费用；其五，说明所得税在资产负债表和利润表中的列示方法以及在附注中应予披露的信息。

第一节 所得税会计概述

一、所得税的性质

企业所得税是国家对企业在一定期间内的生产、经营所得和其他所得依法征收的一种税。依据我国企业所得税法，在中华人民共和国境内，企业和其他取得收入的组织（以下统称为企业）为企业所得税的纳税人，应依法就境内和境外的各种所得计算缴纳企业所得税。

对于所得税的性质，国际上存在两种观点：收益分配观和费用观。

收益分配观认为：企业向政府缴纳的各种税金，与向投资者分配的利润或现金股利一样，具有利润分配的性质，是企业的一项利润分配。区别仅在于分配的对象是国家政府而已，是国家以社会管理者的身份参与企业利润分配的所得。

费用观则认为：企业向国家政府缴纳的各种税金与企业其他支出一样，均属于费用性质。国际会计准则委员会（IASC）和世界上的一些主要国家均将所得税作为费用处理，在计算净利润前扣除。

上述两种观点在会计理论和实务中一直存在争议。实际上，有关所得税属性的认识，涉及所依据的权益理论。一种是业主权益理论，它站在企业所有者的角度，关注的是企业最终所得，认为企业的所得税与企业的利息费用、薪酬费用等并无本质区别，都是企业的一项费用；而另一种是企业理论，它站在整个社会的角度，认为所得税是企业的一项利润分配，国家以管理者的身份参与企业的利润分配。

我国在 1994 年以前，将企业上缴所得税视为利润分配，列示在企业的利润分配表中,其金额为企业当期依据税法规定应缴纳的所得税。在此情况下,企业所得税会计的主要任务就是正确计算应缴纳的所得税。1994年6月财政部颁布《企业所得税会计处理的暂行规定》,要求企业自当年开始,将所得税视为一项费用进行会计处理,列示在利润表中。

依据我国所得税准则,利润表中的所得税费用由企业当期应交所得税和递延所得税两部分构成。当期应交所得税是在当期会计利润(指利润总额)的基础上依据税法规定,经过对会计与税法规定不一致项目的调整,计算出应纳税所得额(亦称应税利润),在此基础上乘以适用税率得出。其具体的调整与计算将在本章第四节介绍。递延所得税资产和递延所得税负债的核算将在本章第三节介绍。

二、所得税会计的产生与发展

所得税会计属于财务会计的一个分支,其产生和发展大致经历了三个主要发展阶段。

(一)所得税会计与财务会计合二为一的共同发展时期

税法中和会计(指财务会计,下同)联系最为密切的是所得税法。会计作为一种社会现象,在远古的印度社会就出现了萌芽。而所得税法最早出现在英国。1799年英国首次征收所得税,其间由于战争废止、开征、再废止,直到1842年重新开征并正式立法为一项永久性的税种。法国1890年开征所得税。美国的所得税则开征于1909年,1913年成为永久性的税种。

会计的技术水平也远优于同期的税法。最初的税法基本上是在全盘接纳会计概念、方法和技术的基础上确立的。如1916年美国税法第一次规定,企业应税所得额的确定必须以会计记录为基础;同年美国联邦岁入法允许采用权责发生制记账的纳税人采用同样的方法编制纳税申报表;1918年联邦岁入法,第一次以商业会计实践为基础确立了纳税原则,宣布纳税"所得收入应该依据记账时通用的会计方法"计算,"根据采用的标准会计方法,一般都能够明确地反映所得收入。"税法和会计走过了一段相互适用、共同发展、会计所得和纳税所得彼此一致的发展时期。在此期间,税法借鉴会计的方法,促进了自身的发展。

(二)所得税会计和财务会计的逐步分离时期

当税法发展到一定阶段后,对会计的反作用日趋明显。如在存货发出的计价方法、固定资产折旧方法的选择方面,税法与会计逐渐产生了差异。税法与会计的主要差别是:

1. 目标不同。会计的目标是提供企业真实完整的财务状况、经营成果和现金流量信息，以助于会计信息的使用者合理决策；税法则以课税为目的，就所得税而言，确定企业的经营在一定时期内的纳税所得额，进而确定企业应交的所得税。

2. 核算的基础不同。企业财务会计的核算基础是权责发生制，而税法则是按照收付实现制和权责发生制混合计量所得，许多情况下以现金的实际收入和费用的确认为标准。

(三)所得税会计的产生和发展时期

随着所得税法和财务会计偏离程度的加深与发展，对两种所得的差异不进行会计处理和协调将导致企业税后利润不真实。英、美、澳、新西兰等国家，首先采用按会计原则编制财务报告，计税按税法编制申请表，并通过会计核算处理会计所得和纳税所得的差异，所得税会计由此产生。

所得税会计的出现，立即得到了西方国家会计准则委员会和国际会计准则委员会的推崇和公认。1944 年 12 月，美国会计程序委员会发布了会计研究公报第 23 号(ARB23)"所得税会计"，首次明确了所得税的费用性质，并提出了"永久性差异"和"时间性差异"的概念，规定对不重复发生的时间性差异选择采用"纳税净额法"和"负债法"予以跨期分摊。1959 年，会计原则委员会取代了原会计程序委员会。1967 年，美国会计原则委员会发布了第 11 号意见书《所得税的会计处理》，对所得税会计处理采用"损益表法"，具体采用"全面摊配观下的递延法"确认递延所得税资产与负债。1973 年，美国财务会计准则委员会(FASB)又取代了美国会计原则委员会。1985 年，美国财务会计准则委员会发布了概念公告第 6 号《财务报表的要素》，依据该公告对资产负债的定义，第 11 号意见书所计算的递延所得税资产与负债，不符合概念公告第 6 号关于资产、负债的定义。故而 1987 年 12 月，美国财务会计准则委员会发布美国财务会计准则第 96 号(SFAS96)《所得税的会计处理》，专门表述了所得税会计的处理原则，率先提出了暂时性差异的概念，以取代第 11 号意见书中使用的时间性差异，要求公司以"综合基础"采用"负债法"对暂时性差异进行"所得税跨期分摊"。SFAS96 取代了上述的第 11 号意见书。原定于 1988 年 12 月 31 日后开始生效的 SFAS96，因其复杂性及递延所得税资产的确认和计量标准，生效日期推迟了 3 次，直到 1992 年被美国财务会计准则第 109 号(SFAS109)所取代。SFAS109 与 SFAS96 一样，仍然采用面向资产负债表的方法，均以在资产负债表日报告会计主体得到未来可抵扣和应纳税金额的实际所得税影响的最佳估计数为基本目标，但在确认与计量递延所得税方面比 SFAS96 简化，并且规定以债务法取代递延法。

1974 年 8 月，英国原会计准则委员会(ASC)发布了标准会计实务公告第 8 号(SSAP8)"在公司报表中按估算制征税的会计处理"，详细地规范公司税的会计处理要求。1978年,该委员会又发布了标准会计实务公告第15号(SSAP15)“递延税款会计”。1995年改组后的英国会计准则委员会(ASB)发布了一份关于税务会计的讨论稿,决定修改SSAP15。在该讨论稿中,ASB提出采用“全面分摊法”核算递延税款,以取代SSAP15规定的“部分分摊法”,但此意见当时没有获得广泛的支持。1999年6月,ASB发布了第18号财务报告准则征求意见稿(FRED18)“本期税款”,同年8月又发布第19号财务报告准则征求意见稿(FRED19)“递延税款”,当年12月正式发布了FRS16“本期税款”和FRS19“递延税款”两个准则,前者取代SSAP8,于2000年3月23日起生效,后者取代SSAP15,于2002年1月23日实施。

由于各国会计体制和法律体制不同,有关会计与税务的关系,国际上存在两种模式,一是主张会计利润与纳税所得协调统一的模式,代表国家有日本、德国、法国等。如法国,要求会计必须遵循国家税法,财务报表要符合税法的要求,这势必会降低会计信息对其他利益相关者的有用性。二是主张所得税会计与财务会计相分离的模式,代表国家有美国、加拿大、英国等。如在美国,会计不简单地服务于税法的目标,而以向投资者提供有利于其决策的信息为出发点。

为了协调各国对所得税的会计处理,1979年7月国际会计准则委员会(IASC)颁布了《国际会计准则第12号——所得税》,它从一定程度上统一了所得税的会计处理标准,并得到各国会计界的广泛认可。1994年11月,IASC对IAS12的格式进行重排,并要求企业采用递延法或债务法(损益表债务法)核算所得税。1996年10月,IASC重新修订了IAS12,采用暂时性差异的概念取代时间性差异,禁止采用递延法,而采用资产负债表债务法。受国际会计准则的影响,1983年,法国修订了其《商务公司法》,要求会计应“真实公允”,从而在法国会计中也引入了美、英等国家的会计理念。

我国所得税的开征和立法均较晚,1980年我国颁布了第一部所得税法——《中外合资经营企业所得税法》。1983年利改税后国有企业开始缴纳所得税。在1992年会计改革前,我国会计以服务于政府为目标,强调会计要满足国家宏观管理的需求,会计制度缺乏自身的独立性,要服从于税法等法规。因此,按会计制度计算的税前会计利润与按税法规定计算的应税所得基本一致,所得税会计既无产生的基础,也无产生的必要。

伴随着我国社会主义市场经济体制的建立和改革开放的不断深入,会计和税收法规也比照国际惯例进行了相应改革。1993年7月1日实施的《企业会计准则》,实现了我国会计与国际会计惯例的接轨。1994年6月国家又对税制进行了一系列重大的改革,颁布了包括《中华人民共和国所得税暂行条例》及其实施细则在内的一系列税收法规,对企业的纳税行为进行规范。在新的会计制度和税收法规中,均体现了会计和税法各自相对的独立性和适当分离原则。

由于企业处理会计事项的自主权力扩大,会计处理方法灵活性增加,企业按照会计规定计算的所得税前会计利润与按税法规定计算的应纳税所得额之间,因计算口径或计算时间不同而产生差额。为此,在计缴所得税时,就需要通过一定的方法对企业税前会计利润和纳税所得之间差异的产生、调整、转销等作出规定。于是,财政部 1994 年颁布《企业所得税会计处理的暂行规定》,在规定中要求企业在税前会计利润的基础上,按照税法规定对税前会计利润进行调整计算出纳税所得,并按调整后的数额申报缴纳所得税。该规定使我国产生了所得税会计,它是 1994 年至 2006 年期间我国企业进行所得税会计处理的主要依据之一。在这一时期,我国所得税会计的核心内容就是研究如何处理会计利润与纳税所得之间的差异,本质上是处理两类问题:一是某项目是否应确认为收入或费用;二是某项目何时被确认为收入和费用。

随着社会主义市场经济的不断发展以及国际趋同的入市要求,2006 年 2 月,财政部颁布了《企业会计准则第 18 号——所得税》(以下简称所得税准则)。依据所得税准则,所得税会计是通过比较资产负债表上列示的资产、负债的账面价值与其计税基础,对于两者之间的差额,分别作为应纳税暂时性差异与可抵扣暂时性差异,确认相关的递延所得税负债与递延所得税资产,并在此基础上确定每一会计期间利润表中的所得税费用。

综上所述,所得税会计的形成和发展是所得税法规与会计准则规定相互分离的必然结果,两者分离的程度以及差异的种类和数量,直接影响和决定了所得税会计处理方法的改进。

三、所得税会计核算方法的沿革

长期以来,我国企业所得税会计处理的依据是财政部 1994 年发布的《企业所得税会计处理的暂行规定》,2001 年财政部发布的《企业会计制度》中有关企业所得税的会计处理基本上沿用了上述文件的规定,即企业可以选择应付税款法或以利润表为基础的纳税影响会计法核算所得税。2006 年 2 月财政部发布的所得税准则,本着与国际惯例趋同的原则,充分借鉴了《国际会计准则第 12 号——所得税》的做法,取消了应付税款法,只采用纳税影响会计法中的资产负债表债务法。与原来的所得税会计处理规定相比,所得税准则无论是在理念上还是在方法上都有着重大变化。

(一)应付税款法

根据《企业所得税会计处理的暂行规定》和《企业会计制度》中有关所得税的处理规定,企业在一定时期的税前会计利润与纳税所得之间,由于计算口径或计算时间不同而产生的差异可分为永久性差异和时间性差异。永久性差异是指某一会计期间,由于会计制度与税法在计算收益、费用或损失时的口径不同，所产生的税前会计利润与纳税所得之间的差异。这种差异在本期发生，不会在以后各期转回。时间性差异则是指由于税法与会计制度在确认收益、费用或损失时的时间不同而产生的企业一定时期的税前会计利润与纳税所得之间的差额。时间性差异发生于某会计期间，但在以后的一期或若干期内可以转回。这两种不同的差异，会计核算可分别采用“应付税款法”或“纳税影响会计法”。

应付税款法是指将本期税前会计利润与纳税所得之间的所有差异造成的对所得税的影响金额直接计入当期损益，确认为当期的所得税费用，而不递延到以后各期。在此方法下，当期利润表中的所得税费用与按照税法计算的应交所得税一致。显然，应付税款法基于收付实现制的核算基础，不符合收入与费用的配比原则，不能正确体现会计利润与应纳税所得额不一致情况下企业实际的所得税费用，国际会计准则和美国财务会计准则中早在20世纪60年代就取消了这种方法。

（二）以利润表为基础的纳税影响会计法

纳税影响会计法是将本期税前会计利润与纳税所得之间的时间性差异造成的对所得税的影响金额，递延和分配到以后各期。有关所得税跨期分摊的程度，存在两种不同观点：一是全面分摊法，主张将全部的时间性差异都进行跨期分摊，即无论是重复发生的还是非重复发生的时间性差异，都应确认其对未来所得税的影响金额；另一种是部分分摊法，主张只对一次性非重复发生的时间性差异才作跨期分摊，重复发生的时间性差异因其旧的差异需要转回时又会被新产生的差异所抵销，从而使原确认的时间性差异对所得税的影响数长期不需支付或不可抵减，因而会计上确认今后不能转回的时间性差异对所得税的影响没有意义，也就无须跨期分摊。如固定资产折旧，税法规定采用快速折旧法，会计上采用直线法，在固定资产使用初期会产生应纳税时间性差异，转回时会增加转回期间的纳税所得，但由于又有新购进的固定资产产生新的应纳税时间性差异，抵销了原应转回的时间性差异，故而无须跨期分摊。

在税率变化的情况下，以利润表为基础的纳税影响会计法又有递延法和债务法之分。递延法和债务法各自作为纳税影响会计法的一种，都是将本期由于时间性差异而产生的对所得税的影响金额，保留递延到这一差异发生相反变化的以后期间予以转回。区别在于当税率变化或开征新税时是否调整由于税率变化或开征新税对递延税款余额的影响。递延法下不调整税率变化或开征新税对递延税款余额的影响，发生在本期的时间性差异影响纳税的金额，用现行税率计算，以前各期发生而在本期转销的各项时间性差异影响所得税的金额，应按所转销的时间性差异原来发生时适用的所得税率转销。债务法则相反，当税率变化或开征新税时，应调整税率变化或开征新税对递延税款余额的影响,以前各期发生而在本期转销的各项时间差异影响纳税的金额按当期适用的所得税率转销。

显而易见,由于递延法下当税率变化或开征新税时,不调整税率变化或开征新税对递延税款余额的影响,因此,递延法下资产负债表中递延税款的余额,并不代表企业真实的收款权利或付款业务,相对于债务法来讲不够科学。

以利润表为基础的债务法尽管相对于递延法而言较为科学合理,客观地反映了税率变动而引起的企业所得税收款权利或付款义务,使得这种方法下资产负债表上递延税款的余额,代表企业真实的收款权利或付款业务。但是,由于利润表债务法侧重利润表,用收入费用观定义收益,强调收益是收入与费用的配比,从而注重会计和税法在收入和费用确认上的时间性差异。但随着经济的不断发展,企业合并等业务不断增多,由此产生了许多不同于时间性差异的暂时性差异,对于这类非时间性的暂时性差异利润表债务法无法反映和处理,如企业拥有的可供出售金融资产,期末其公允价值与账面价值变动的差额按规定计入资产负债表的资本公积中,不构成时间性差异,但属于暂时性差异。因为利润表债务法下不能反映所有的暂时性差异对所得税的影响,因此,也就不能充分完整地提供企业所得税的会计信息,故而1996年国际会计准则委员会在取消递延法的同时也取消了损益表(即利润表)债务法,要求采用资产负债表债务法进行所得税的会计处理。

(三)资产负债表债务法

资产负债表债务法基于资产负债观。资产负债观认为,企业的收益是期末比期初净资产的净增加额。用公式表示如下:

$$收益=(期末资产-期末负债)-(期初资产-期初负债)$$

在资产负债观下,只要企业的净资产增加了,就应当作为收益确认。按资产负债观确认的收益属于经济收益,既考虑交易因素的影响,也考虑非交易因素的影响。它要求企业根据未来期间经济利益流入流出情况对相关资产、负债等进行确认与计量,在有足够证据的前提下,增加了有关所得税的预测性信息。因而,比按照收入费用观确认的收益更为全面,对使用者也更加有用,能够有助于会计信息使用者对企业在报告日的财务状况和未来现金流量作出恰当的评价,提高预测价值。

早在1978年,美国财务会计准则委员会发布的第1号财务概念公告,将向投资者等信息使用者提供对其决策有用的信息确定为财务报告的主导目标。以决策有用性这一目标为指导,1980年又发布第3号概念公告,从导致未来经济利益流入和流出企业的角度定义资产和负债,并定义了全面收益的概念,使资产负债表不仅能够反映企业在某一会计期间的全面收益,而且能够向投资者提供与其决策相关的未来收益情况的信息。

在资产负债表债务法下，确认和计量已发生的交易和事项所引起的所得税流入或流出给企业造成的影响，即确认和计量递延所得税资产和递延所得税负债，能较为完整地体现资产负债观念，在所得税的会计核算方面贯彻了资产、负债的界定。

综上所述，所得税会计的核算方法，经历了应付税款法、递延法和以利润表为基础的债务法，发展到当今许多国家采用的资产负债表债务法，日臻成熟和科学。

四、所得税会计的核算程序

在不同的所得税会计核算方法下，所得税会计的核算程序会有差异。企业采用资产负债表债务法核算所得税，一般应在每一资产负债表日进行所得税的核算。发生特殊交易或事项时，比如企业合并，应在确认因交易或事项取得的资产或负债时，确认相关的所得税影响。资产负债表债务法的所得税会计核算一般程序如下。

（一）确定资产和负债的账面价值

企业首先要依据会计准则，确定资产负债表中除递延所得税资产和递延所得税以外的其他资产和负债项目的账面价值。资产和负债的账面价值，是指企业按照相关会计准则的规定核算后在资产负债表中列示的金额。具体而言，资产的账面价值是其账面余额或账面净值减去已提减值准备后的余额；负债的账面价值通常就是其账面余额。

（二）确定资产和负债的计税基础

一项资产或负债的计税基础，是指计税时归属于该资产或负债的金额。从计税的角度看，即是企业未来不需要缴纳所得税的资产价值以及未来不可以抵扣的负债价值。企业应依据所得税准则和适用的税收法规，确定有关资产、负债项目的计税基础。

（三）确定暂时性差异

企业应在资产负债表日，分析比较资产、负债的账面价值与其计税基础，若两者之间存在差异，即为暂时性差异。对于暂时性差异应分析其性质，分别确认为可抵扣暂时性差异和应纳税暂时性差异。对于在企业合并等特殊交易或事项中取得的资产和负债，企业应在购买日比较其入账价值与计税基础，确定暂时性差异。

（四）计算递延所得税资产和递延所得税负债的确认额或转回额

除准则中规定的特殊情况外，可抵扣暂时性差异和应纳税暂时性差异各自乘以适用的所得税税率，即为资产负债表日递延所得税资产和递延所得税负债的应有金额；将其与期初的递延所得税资产和递延所得税负债的余额相比，其差额则为当期应予进一步确认的递延所得税资产和递延所得税负债的金额或应予转回的金额。此确认或转回的递延所得税额，构成利润表中所得税费用的其中一个组成部分。

（五）计算当期应交所得税

当期应交所得税是企业按照税法规定计算的当期应纳税所得额和适用的所得税率计算的应交所得税金额。它构成了利润表中所得税费用的另外一个组成部分。

（六）确定利润表中的所得税费用

企业在分别计算出当期递延所得税和应交所得税后，将两者之和或之差确认为利润表中的所得税费用。所得税费用是指包括在本期净损益确定中的当期所得税和递延所得税的总金额。在逻辑顺序上，只有确定出递延所得税资产和递延所得税负债的金额，才可求出当期的所得税费用（或收益）。

需要说明的是：上述的“所得税会计核算程序”部分，建议在本节只作为概述了解，在本章的以后各节再深入地理解学习。

第二节　资产、负债的计税基础及暂时性差异

一、资产、负债的计税基础

资产负债表债务法下，所得税会计的关键在于确定资产、负债的计税基础。资产、负债的计税基础一经确定，即可计算出暂时性差异，并在此基础上确认递延所得税资产、递延所得税负债和递延所得税费用。企业在取得资产、负债时，应严格遵循税法中对于资产的税务处理以及可税前扣除的费用等规定，确定资产和负债的计税基础。

（一）资产的计税基础

资产的计税基础是指企业在收回资产的账面价值过程中，计算应纳税所得额时，按照税法规定可以自应税经济利益中抵扣的金额，即某项资产在未来期间使用或最终处置时，依据税法规定，可作为成本或费用税前列支而不需缴税的总金额。用公式表示如下：

$$\text{资产的计税基础}=\text{未来可税前列支的金额}$$

$$\begin{matrix}\text{某一资产负债表日}\\\text{资产的计税基础}\end{matrix}=\begin{matrix}\text{该项资产}\\\text{的成本}\end{matrix}-\begin{matrix}\text{该项资产以前期间}\\\text{已税前列支的金额}\end{matrix}$$

例如，某台设备原值为200万元，折旧70万元已在当期和以前期间计税时扣减，折余价值130万元将在未来期间通过折旧或处置作为减项从应税利润中抵扣，即未来可

税前列支的金额为130万元。因此,该设备的计税基础就是130万元。

资产在初始确认时,其计税基础一般为取得成本,即企业为取得某项资产而支付的成本在未来期间准许税前扣除。在持有期间,其计税基础则为资产的取得成本减去以前期间按照税法规定已经税前扣除金额后的余额。此余额表示依据税法规定,该项资产在未来期间计税时可以税前扣除的金额。如固定资产、无形资产等长期资产,在某一资产负债表日的计税基础,就是其成本减去按税法规定已经在以前期间税前扣除的累计折旧额或累计摊销后的金额。

资产负债表中部分资产项目计税基础的确定,将在本章第三节中具体介绍。

(二)负债的计税基础

负债的计税基础是指负债的账面价值减去其未来期间计算应纳税所得额时,按照税法规定可予抵扣的金额。用公式表示如下:

负债的计税基础 = 负债的账面价值 - 未来可税前扣除的金额

如账面金额为2万元的应付罚款,假设计算所得税时该项罚款不可抵扣,则该应付罚款的计税基础就是其账面价值2万元。

一般而言,负债的确认与偿还不会影响企业的损益,也不会影响应纳税所得额,如企业的应付账款、其他应付款等。在未来期间计算应纳税所得额时,依据税法规定可予抵扣的金额为0,因此,其计税基础即为账面价值。但是,某些情况下,负债的确认可能会影响企业的损益,相应的影响不同期间的应纳税所得额,从而使其计税基础与账面价值之间产生差异,如预计负债项目。

资产负债表中部分负债项目计税基础的确定,也将在本章第三节中具体介绍。

二、暂时性差异

(一)暂时性差异的概念

暂时性差异是指资产或负债的账面价值与其计税基础之间的差额。未作为资产和负债确认的项目,按照税法规定可以确定其计税基础的,该计税基础与其账面价值之间的差额也属于暂时性差异。随着时间的推移,暂时性差异会逐渐转回或消除。

(二)暂时性差异与时间性差异的关系

国际会计准则第12号对于时间性差异的定义为:“时间性差异是指在一个期间产生而在以后的一个或多个期间转回的应税所得与会计利润之间的差额。”并规定所有的时间性差异都是暂时性差异,暂时性差异不仅包括时间性差异,还包括非时间性的暂时性差异。国际会计准则第12号列举了如下的非时间性的暂时性差异:

1. 子公司、联营企业或合营企业没有向母公司或投资者分配全部利润;

2. 重估资产而在计税时不作相应调整；

3. 企业合并发生的成本，依据取得的可辨认资产和预计负债的公允价值分配计入上述资产和负债，而在计税时不作相应调整；

4. 主体的非货币性资产和负债以功能货币计量，但是应税利润或损失由另外一种货币决定；

5. 非货币性资产和负债按照《国际会计准则第 29 号——恶性通货膨胀经济中的财务报告》进行重述；

6. 资产或负债初始确认的账面金额不同于其初始计税基础。

我国的所得税准则没有列举非时间性的暂时性差异。国际会计准则主要是从差异的内容表述暂时性差异包括所有的时间性差异，若从计量的角度看，二者则有着本质的差别：时间性差异是个时期数，而暂时性差异是时点数。

（三）暂时性差异的分类

暂时性差异按照对未来期间应纳税所得额和应交所得税影响的不同，分为可抵扣暂时性差异和应纳税暂时性差异。

1. 可抵扣暂时性差异。可抵扣暂时性差异是指企业在确定未来收回资产或清偿负债期间的应纳税所得额时，将导致产生可抵扣金额的暂时性差异。由于该差异在未来期间转回时会减少未来期间的应纳税所得额，相应减少企业未来期间的经济利益流出，因此，在可抵扣暂时性差异产生当期，应将其对所得税的影响确认为递延所得税资产。

可抵扣暂时性差异通常产生于以下两种情况：

（1）资产的账面价值小于其计税基础。由于一项资产的账面价值是企业在持续使用或最终出售该项资产时将取得的经济利益总额，而计税基础是一项资产在未来期间可予税前扣除的金额，因此，资产的账面价值小于其计税基础，表明资产在未来期间产生的经济利益少，依据税法规定允许税前扣除的金额多，其账面价值与计税基础之间的差额，企业在未来期间可以减少应纳税所得额并相应减少应交所得税，符合确认条件时，应当确认相关的递延所得税资产。如某项存货的账面价值为 70 万元，其计税基础为 100 万元，表明企业在未来期间就该项存货的应纳税所得额减少 30 万元，为可抵扣暂时性差异。该项存货的账面价值、计税基础、暂时性差异以及所产生的暂时性差异类别如表 7－1 所示。

表 7－1　　单位：万元

资　产	账面价值	计税基础	暂时性差异	暂时性差异类别
存货	70	100	30	可抵扣暂时性差异

(2)负债的账面价值大于其计税基础。一项负债的账面价值表示企业预计在未来期间清偿该项负债时的经济利益流出，而其计税基础则表示账面价值扣除税法规定未来期间允许扣除金额之后的差额。因此，负债账面价值与其计税基础不同所产生的暂时性差异，实质上是该项负债在未来清偿期间计税时可以税前扣除的金额，即与该项负债相关的费用支出在未来期间可予税前扣除的金额。用公式表示如下：

负债产生的暂时性差异 = 账面价值 - 计税基础

= 账面价值 - (账面价值 - 未来可税前扣除的金额)

= 未来可税前扣除的金额

某项负债的账面价值大于其计税基础，表明企业在未来期间与该项负债相关的全部或部分支出可以从未来应税经济利益中扣除，从而减少未来期间的应纳税所得额和应交所得税。如某企业在销售当期预提产品保修费 150 万元，同时确认为预计负债和销售费用。税法规定与产品售后服务相关的费用在实际发生时允许税前扣除，则该预计负债的计税基础为 0，其账面价值与其计税基础之间的差额 150 万元为可抵扣暂时性差异。该项预计负债的账面价值、计税基础、暂时性差异以及所产生的暂时性差异类别如表 7 - 2 所示。

表 7 - 2

单位：万元

负　债	账面价值	计税基础	暂时性差异	暂时性差异类别
预计负债	150	0	150	可抵扣暂时性差异

2. 应纳税暂时性差异。应纳税暂时性差异是指企业在确定未来收回资产或清偿负债期间的应纳税所得额时，将导致产生应税金额的暂时性差异。由于该差异在未来期间转回时，会增加转回期间的应纳税所得额，相应增加企业未来期间的经济利益流出即应交所得税额，因此，在应纳税暂时性差异产生当期，应将其对所得税的影响确认为递延所得税负债。

与可抵扣暂时性差异相对应，应纳税暂时性差异通常产生于以下两种情况：

(1)资产的账面价值大于其计税基础。资产的账面价值大于其计税基础，表明该项资产在未来期间产生的经济利益不能全部税前扣除，二者之间的差额需要交税，从而产生应纳税暂时性差异。如某项固定资产的账面价值为 100 万元，其计税基础为 80 万元，表明该项固定资产在未来期间可带来的经济利益为 100 万元，未来期间可税前扣除的总额为 80 万元，两者之间的差额 20 万元会导致企业未来期间应纳税所得额和应交所得税的增加，因此，为应纳税暂时性差异。该项固定资产的账面价值、计税基础、暂时性差异以及所产生的暂时性差异类别如表 7 - 3 所示。

表7－3 单位:万元

资 产	账面价值	计税基础	暂时性差异	暂时性差异类别
固定资产	100	80	20	应纳税暂时性差异

(2)负债的账面价值小于其计税基础。在某项负债的账面价值小于其计税基础的情况下,依据前述"负债产生的暂时性差异"计算公式,该项负债在未来期间可以税前抵扣的金额为负数,意味着其账面价值小于计税基础的差额,应调增未来期间的应纳税所得额和应交所得税额,因此,属于应纳税暂时性差异。

上述所举的存货、预计负债和固定资产项目产生的暂时性差异,在下文中还将详细介绍。

资产和负债账面价值与其计税基础不同所产生的暂时性差异种类可概括如表7－4所示。

表7－4

账面价值与计税基础的关系	资 产	负 债
账面价值 > 计税基础	应纳税暂时性差异	可抵扣暂时性差异
账面价值 < 计税基础	可抵扣暂时性差异	应纳税暂时性差异

(四)资产、负债项目产生的暂时性差异

1. 资产项目产生的暂时性差异。通常情况下,资产在取得时其入账价值与计税基础相同,后续计量可能会因会计准则规定与税法规定的不同,账面价值与计税基础之间产生差异。资产负债表中账面价值与其计税基础可能存在差异的资产项目及其所产生的暂时性差异如下:

(1)固定资产产生的暂时性差异。企业采用各种方式取得的固定资产,初始确认时依据会计准则规定确定的入账价值税法基本上认可,即取得时其账面价值一般等于计税基础。

在持有期间进行后续计量时,由于会计与税法在折旧方法、折旧年限以及固定资产减值准备的提取等方面处理规定不同,可能会导致固定资产的账面价值与其计税基础之间产生差异。

①因折旧方法和折旧年限不同产生的暂时性差异。会计准则规定,企业应当根据与固定资产有关的经济利益预期实现方式合理选择折旧方法,既可以按年限平均法计提折旧,也可以按照双倍余额递减法、年数总和法等快速折旧法计提折旧;而税法多数情况下可以税前扣除的是按照年限平均法计提的折旧。

税法对于每一类固定资产的折旧年限都作出了规定,而会计则由企业根据固定资

产的性质和使用情况合理确定折旧年限。当企业进行会计处理确定的折旧年限与税法规定不同时，便会导致固定资产的账面价值与其计税基础之间出现差异。

②因计提固定资产减值准备产生的暂时性差异。企业在持有固定资产期间，当某项固定资产预计可收回金额小于其账面价值时，就应对该项固定资产计提减值准备。在对固定资产计提减值准备后，固定资产的账面价值会减少。而税法规定企业计提的减值准备在发生实质性损失前不允许税前扣除，也会造成固定资产账面价值和计税基础的差异。

固定资产在持有期间进行后续计量，其账面价值和计税基础的计算用公式表示如下：

固定资产的账面价值 = 取得成本 − 累计折旧 − 固定资产减值准备

固定资产的计税基础 = 取得成本 − 依据税法规定已在以前期间税前扣除的折旧额

【例 7－1】 甲公司 2007 年 12 月 1 日以 200 万元购进一项固定资产，估计其使用寿命为 10 年，会计上采用年限平均法计提折旧，预计净残值为零。假定税法规定该固定资产采用加速折旧法按 5 年计提的折旧可以税前扣除，该公司在计税时采用双倍余额递减法计提折旧，净残值与会计规定相同。2008 年 12 月 31 日，该公司估计该项固定资产的可收回金额为 175 万元。

本例中，会计的折旧方法、折旧年限与税法处理规定不同。在 2008 年 12 月 31 日，该项固定资产的暂时性差异计算如下：

账面净值 = 取得成本 − 按年限平均法计提的折旧额 = 200 − 200 ÷ 10 × 1 = 180（万元）

由于该项固定资产的可收回金额 175 万元小于其账面净值，因此，应对该项固定资产计提减值准备 5 万元。

账面价值 = 账面净值 − 已提的减值准备 = 180 − 5 = 175（万元）

计税基础 = 取得成本 − 按双倍余额递减法计提的折旧额 = 200 − 200 × 40% = 120（万元）

暂时性差异 = 175 − 120 = 55（万元）

该项固定资产的账面价值大于其计税基础的差额 55 万元，将增加未来期间的纳税所得额和应交所得税额，形成应纳税暂时性差异。

如果本例企业采用双倍余额递减法计提折旧，而税法规定采用年限平均法计提折旧，那么该项固定资产在 2008 年 12 月 31 日的账面价值就会小于其计税基础 120 万元，形成可抵扣暂时性差异。

（2）无形资产产生的暂时性差异。无形资产在初始确认时，除内部研究开发形成的无形资产外，其他方式取得的无形资产，依据会计准则规定确定的入账价值与按照税法规定确定的计税成本之间一般不存在差异。无形资产在后续计量时，账面价值与其计税基础之间的差异主要产生于使用寿命不确定的无形资产以及无形资产减值准备的提取。有关无形资产计提减值准备产生的无形资产账面价值与其计税基础之间的差异，可比照固定资产进行会计处理，不再赘述。

①内部研究开发形成的无形资产产生的暂时性差异。无形资产准则规定，企业的内部研究开发活动分为两个阶段，研究阶段的支出全部费用化，计入当期的管理费用；开发阶段的支出符合资本化条件的，自满足资本化条件的时点到无形资产达到预定用途前发生的支出总和计入无形资产的成本。税法上为了鼓励企业自主创新，引导企业增加研发资金投入，提高我国企业的核心竞争力，对企业的研究开发实行税收优惠，规定企业为开发新技术、新产品、新工艺发生的研究开发费用，未形成无形资产计入当期损益的，在据实扣除的基础上，按研究开发费用的50%加计扣除；形成无形资产的，按无形资产成本的150%摊销，无形资产的账面价值与计税基础之间产生暂时性差异，但如该无形资产的确认不是产生于企业合并交易，同时在确认时既不影响会计利润也不影响应纳税所得额，依据所得税准则的规定，不确认该暂时性差异的所得税影响。

【例7－2】　甲公司2×10年研究开发支出3 000万元，其中研究阶段支出和开发阶段符合资本化条件前发生的支出为1 200万元，符合资本化条件后至达到预定用途前发生的支出1 800万元。税法规定企业为开发新技术发生的研究开发费用，未形成无形资产计入当期损益的，在据实扣除的基础上，按研究开发费用的50%加计扣除；形成无形资产的，按无形资产成本的150%摊销。假定开发形成的无形资产在当年末达到预定用途（尚未开始摊销）。

本例甲公司2×10年发生的研究开发支出中，1 200万元依据规定应予费用化，1 800万元形成无形资产的成本，则2×10年末形成无形资产的账面价值为1 800万元。

依据税法规定，甲公司2×10年可税前扣除的研究开发支出为1 800万元。当年的研究开发支出所形成的无形资产未来期间可税前扣除的金额为2 700万元，则2×10年末该项无形资产的暂时性差异计算如下：

账面价值＝1 800（万元）

计税基础＝2 700（万元）

暂时性差异＝1 800－2 700＝－900（万元）

该项无形资产的账面价值小于其计税基础的差额900万元，为可抵扣暂时性差异。

②无形资产后续计量产生的暂时性差异。无形资产在后续计量时，会计与税法的差异主要产生于是否需要摊销及无形资产减值准备的提取。

会计准则规定，企业在取得无形资产后，应根据无形资产的使用寿命，将无形资产区分为使用寿命有限的无形资产与使用寿命不确定的无形资产。对于使用寿命不确定的无形资产，在持有期间内不需要摊销，但应在每个会计期间进行减值测试，需要计提减值准备的，应计提减值准备；而税法上没有界定使用寿命不确定的无形资产，企业取得的所有无形资产成本均应在一定期间内摊销,计税时按照税法规定的摊销额允许税前扣除。基于会计与税法对使用寿命不确定的无形资产是否需要摊销的规定不同,使用寿命不确定的无形资产的账面价值与其计税基础之间便产生了暂时性差异。

【例7-3】 乙公司于2008年1月1日取得某项无形资产,成本为320万元,取得该项无形资产后,有确凿证据表明无法合理估计其使用寿命,因此将其作为使用寿命不确定的无形资产。2008年12月31日,对该项无形资产进行减值测试表明其未发生减值。乙公司在计算所得税时,对该项无形资产按照10年的期限摊销,摊销金额允许税前扣除。

本例中,该项无形资产在2008年12月31日的暂时性差异计算如下:

账面价值=320(万元)

计税基础=取得成本-按照税法规定可予税前扣除的摊销额

=320-32=288(万元)

暂时性差异=320-288=32(万元)

该项无形资产的账面价值大于其计税基础之间的差额32万元,为应纳税暂时性差异。

(3)以公允价值计量且其变动计入当期损益的金融资产产生的暂时性差异。会计准则规定,以公允价值计量且其变动计入当期损益的金融资产,在某一会计期末的账面价值为该时点的公允价值,公允价值与账面价值的差额计入当期损益;税法规定资产在持有期间公允价值变动损益在计算所得税时不予考虑,待处置该项资产时一并计算计入应纳税所得的金额,则该类金融资产在某一会计期末的计税基础为其取得成本,从而造成在公允价值变动的情况下,该类金融资产的账面价值与其计税基础之间存在暂时性差异。

【例7-4】 2008年11月6日A企业在二级市场上支付价款580万元,购入某公司的股票,作为交易性金融资产核算。2008年12月31日,该股票的市价为610万元。

本例交易性金融资产的期末市价为580万元,依据会计核算,其在2008年资产负债表日的账面价值为610万元。由于税法规定交易性金融资产在持有期间的公允价值变动不计入应纳税所得额,因此该项交易性金融资产在2008年资产负债表日的计税基础仍是其当初的取得成本580万元。该项交易性金融资产的账面价值610万元大于其计税基础580万元之间的差异30万元,为应纳税暂时性差异。

如果本例所购买的股票在2008年12月31日市价为560万元,则该项交易性金融资产在2008年12月31日的账面价值、计税基础和暂时性差异如下:

账面价值=560(万元)

计税基础=580(万元)

暂时性差异=560-580=-20(万元)

该项交易性金融资产的账面价值小于其计税基础之间的差异20万元,为可抵扣暂时性差异。

(4)可供出售金融资产产生的暂时性差异。会计准则规定,企业持有的可供出售金融资产在会计期末,与以公允价值计量且其变动计入当期损益的金融资产一样,也按公允价值计量,不同的只是对公允价值变动的处理不同,前者计入资本公积,后者计入当期损益。税法上对于可供出售金融资产计税基础的确定,与以公允价值计量且其变动计入当期损益的金融资产相同。对于企业持有可供出售金融资产期间公允价值的变动不计入应纳税所得额。

【例7-5】 2008年9月1日B企业从二级市场上购入某公司股票,成本为165万元,作为可供出售金融资产核算。2008年12月31日,该股票市价为150万元。

本例中,该项可供出售金融资产在2008年12月31日的账面价值、计税基础和暂时性差异如下:

账面价值 = 150(万元)

计税基础 = 165(万元)

暂时性差异 = 150 - 165 = -15(万元)

该项可供出售金融资产账面价值小于其计税基础的差额15万元,为可抵扣暂时性差异。相反,如果本例中2008年12月31日,该股票市价为170万元,则其账面价值170万元与计税基础165万元之间的差额5万元,为未来应纳税暂时性差异。

(5)长期股权投资产生的暂时性差异。会计准则规定,企业对于长期股权投资在采用权益法核算的情况下,初始投资成本小于按持股比例计算应享有被投资单位可辨认净资产公允价值份额的,应当调整长期股权投资的账面价值;持有投资期间,在被投资单位实现净利润或发生净亏损以及其他权益发生变化引起其所有者权益发生增减变动时,应按所享有的份额调整长期股权投资的账面价值。而税法规定长期股权投资的计税基础在持有期间不变,长期股权投资计税按成本计量。长期股权投资所产生的暂时性差异是否确认相关的所得税影响,应视企业对长期股权投资的持有意图是长期持有还是拟改变意图对外出售而定,具体将在后面介绍。

(6)投资性房地产产生的暂时性差异。会计准则规定,企业对持有的投资性房地产进行后续计量时,可以采取成本和公允价值两种模式。企业通常应当采用成本模式计量,在满足特定条件时可以采用公允价值模式计量。对于采用成本模式进行后续计量的投资性房地产,其账面价值与计税基础的确定与固定资产、无形资产相同;对于采用公允价值模式进行后续计量的投资性房地产,其计税基础的确定与以公允价值计量且其变动计入当期损益的金融资产类似。

【例7-6】 2008年1月1日甲公司将一栋自用房屋对外出租,该房屋的成本为

2 450万元,预计使用年限为20年。该房屋在转为投资性房地产之前已使用6年,企业按照年限平均法计提折旧,预计净残值为零。在该房屋转为投资性房地产核算后,由于能够持续可靠取得该投资性房地产的公允价值,因此甲公司采用公允价值对其进行后续计量。该房屋在2008年12月31日的公允价值为2 000万元。假定税法规定的折旧方法、折旧年限和净残值与会计规定相同;同时税法规定资产在持有期间公允价值的变动不计入应纳税所得额。

本例投资性房地产在2008年12月31日的账面价值、计税基础和暂时性差异如下:

账面价值=2 000(万元)

计税基础=取得成本-按照税法规定允许税前扣除的折旧额

=2 450- 2450÷20×7=1 592.5(万元)

暂时性差异=2 000-1 592.5=407.5(万元)

该项投资性房地产的账面价值大于其计税基础的差额407.5万元,为应纳税暂时性差异。相反,若该项投资性房地产的账面价值小于其计税基础,则会形成可抵扣暂时性差异。

(7)其他计提资产减值准备的各项资产产生的暂时性差异。除上述的固定资产、无形资产和以成本模式计量的投资性房地产外,其他的资产如金融资产、存货、长期股权投资、商誉等,当其预计未来现金流量现值或估计可变现净值以及估计可收回金额低于其账面价值时,也应计提相关的减值准备。

有关资产在计提了减值准备后,其账面价值会随之下降。而依据税法规定,企业提取的减值准备一般不得在税前扣除,只有在资产发生实质性损失时才允许税前扣除。由于资产的计税基础不会随着减值准备的提取而发生变化,因此便产生了资产在计提减值准备以后账面价值与其计税基础之间的暂时性差异。

【例7-7】 A企业2008年12月31日应收账款余额为2 600万元,该企业本年末对应收账款计提了130万元的坏账准备。税法规定不符合财政、税务主管部门规定的各项减值准备不允许税前扣除。假定该企业期初应收账款及坏账准备的余额均为零。

本例A企业2008年12月31日应收账款的账面价值为2 470(2 600-130)万元;因坏账准备不允许税前扣除,其计税基础为2 600万元,该应收账款的账面价值小于其计税基础的差额130万元为可抵扣暂时性差异,会减少应收账款发生实质性损失期间的应纳税所得额和应交所得税。

【例7-8】 B企业2008年末持有的某项存货账面余额为60万元,估计可变现净值为55万元,计提了存货跌价准备5万元。

本例中,2008年末该项存货计提了存货跌价准备后,账面价值为55万元。由于税法规定资产的减值损失在发生实质性损失前不允许扣除，因此，该批存货的计税基础仍为60万元。该项存货的账面价值55万元与其计税基础60万元之间的差额5万元为可抵扣暂时性差异。

2. 负债项目产生的暂时性差异。一般的负债项目，其确认和清偿不影响所得税的计算，如应付账款、短期借款、应付票据、应付职工薪酬、其他应付款等，计税基础即为其账面价值。例如，应付职工薪酬项目，依据会计准则规定，企业为获得职工提供的服务给予各种形式的报酬以及其他相关支出均应作为企业的成本费用，在支付前确认为负债。税法中对于职工薪酬自20世纪80年代至2007年期间，一直是实行限额扣除政策，超过限额部分要计入企业应纳税所得额，目的是防止企业工资过度发放，调节收入分配等，以适用这一时期国有企业自我财务约束机制不健全、国有资产收益分配制度不完善的国情。但随着我国经济体制改革的不断深入，国有企业产权治理结构的不断完善，2007年颁布的所得税法对内资企业取消了工资限额扣除政策，实行与外资企业一致的真实合理的职工薪酬支出据实扣除的政策，以使企业的职工薪酬支出得到足额补偿，进一步降低内资企业的税负水平。税法中对于合理的职工薪酬基本允许税前扣除，但规定了税前扣除标准，而按会计准则计入成本费用支出的金额超过规定标准部分，应进行纳税调整。无论是允许税前扣除的职工薪酬，还是不允许税前扣除的超标薪酬，对未来期间计税均不产生影响。

【例7-9】 甲公司2008年12月计入成本费用的职工工资总额为50万元，至2008年12月31日尚未支付，资产负债表中应付职工薪酬为50万元。假定当期计入成本费用的50万元工资支出中，税法允许全额税前扣除，则2008年12月31日该项应付职工薪酬的账面价值、计税基础和暂时性差异如下：

账面价值=50(万元)

计税基础=账面价值-未来可税前扣除的金额=50-0=50(万元)

暂时性差异=50-50=0

依据国际会计准则，应付的退休福利会产生暂时性差异。退休福利成本可以在确定雇员提供劳务期间的会计利润时抵扣，但实际中当企业将分摊的成本付给一项基金或当企业支付退休金时，才能在确定应税利润时抵扣，因此，该项负债的计税基础通常为零，账面价值与计税基础之间产生一项可抵扣暂时性差异。如某项应付退休福利的账面价值为350万元，相应的成本费用在计算会计利润时已抵扣，而税法规定在支付退休金时才可抵扣，则该应付退休福利的计税基础为0(账面价值350-未来可税前扣除的金额350)。该项负债的账面价值大于其计税基础，形成可抵扣暂时性差异350万元。

企业的其他负债项目，如应交的罚款和滞纳金等，在尚未支付之前依据会计规定确认为支出,同时作为负债反映。而税法规定罚款和滞纳金不得税前扣除,其计税基础等于账面价值,不形成暂时性差异。

某些情况下负债的确认可能会影响损益,并影响不同期间的应纳税所得额,使其账面价值与其计税基础之间存在差异。账面价值与其计税基础存在差异的负债项目主要有因销售商品提供售后服务等原因确认的预计负债、预收账款等。这些负债的确认可能影响损益,并影响不同期间的应纳税所得额,使其账面价值与计税基础之间存在差异。

(1)因销售商品提供售后服务等原因确认的预计负债产生的暂时性差异。依据或有事项准则规定,企业对于预计提供售后服务将发生的支出在满足预计负债的确认条件时,应在销售当期确认为费用,同时确认为预计负债;而税法规定,与销售产品相关的支出应在发生时税前扣除。由于税法依据收付实现制征税,允许该项支出在实际发生(即未来保修)时全部税前扣除,因此,企业因销售商品提供售后服务等原因确认的预计负债,期末的计税基础就是其账面价值与未来期间可税前扣除的金额之差0,预计负债的账面价值大于其计税基础之间的差额为可抵扣暂时性差异。

【例7-10】 A企业2008年因销售产品承诺提供3年的保修服务,在当年的利润表中确认350万元的销售费用,同时确认为预计负债,当年未发生任何保修支出。依据税法规定,与产品售后服务相关的费用在实际发生时允许全额税前扣除。则该项预计负债在2008年12月31日的账面价值、计税基础和暂时性差异如下:

账面价值=350(万元)

计税基础=账面价值-未来可税前扣除的金额350万元=0

可抵扣暂时性差异=350-0=350(万元)

但不是所有的预计负债都会产生账面价值与计税基础之间的差异,是否产生暂时性差异取决于税法的规定。企业因销售商品提供售后服务以外的其他交易或事项确认的预计负债,应按照税法规定的计税原则确定其计税基础。有些情况下,所确认的预计负债,税法规定其支出无论是否实际发生均不允许税前扣除,即未来期间按照税法规定可予抵扣的金额为0,账面价值等于计税基础,不产生暂时性差异。如某企业因对其关联企业进行债务担保确认了预计负债800万元,该企业就此项担保未收取与相应责任相关的款项。依据税法规定该项预计负债在未来无论是否实际支出,因为没有相应的收入与之相配比,均不允许税前扣除。则该项预计负债账面价值为800万元,计税基础亦为800万元,不产生暂时性差异。

(2)预收账款产生的暂时性差异。企业预收账款时,因不符合会计的收入确认条件,故确认其为负债;税法对于收入的确认原则一般与会计规定相同,计税时一般也不计入纳税所得。因此,这种情况下的预收账款在未来期间计税时可予税前扣除的金额为0,计税基础等于账面价值,不产生暂时性差异。

某些情况下,尽管预收账款在会计上不确认收入,但税法规定应将其计入当期的纳税所得,这样因预收账款在取得当期已经就其经济利益计算交纳了所得税,因此,未来期间依据会计准则确认收入时,不应再计入纳税所得,而应予全额税前扣除,其计税基础为0。该预收账款的账面价值大于0的差额,则是其在未来期间计税时可抵扣的暂时性差异。

【例7－11】　甲公司于2008年12月15日收到客户的预付货款180万元,作为预收账款核算。依据税法规定,该款项应计入取得当期的纳税所得额中计算缴纳所得税。则该项预收账款在2008年12月31日的账面价值、计税基础和暂时性差异如下:

账面价值＝180(万元)

计税基础＝账面价值180万元－未来可税前扣除的金额180万元＝0

可抵扣暂时性差异＝180－0＝180(万元)

(五)企业合并中产生的暂时性差异

除上述企业在正常生产经营活动过程中取得的资产和负债外,对于某些特殊交易如企业合并中取得的资产、负债,因会计准则与税法对企业合并的划分标准和处理原则不同,因此,有些情况下会形成入账价值与其计税基础之间的差异。

考虑到在第一章中鉴于难度未涉及合并中的所得税问题,因此,此处在介绍企业合并中取得的资产、负债产生的暂时性差异时,将合并中涉及的其他所得税问题也一并介绍。

在第一章已经提及,企业合并涉及的所得税主要有两个方面:一是企业合并作为一种资产转让交易,应按其转让所得计算缴纳所得税;二是企业合并完成后,合并方取得的资产、负债的账面价值与其计税基础之间的差异要进行所得税处理。下面分别从税法和会计的角度,介绍税法有关企业合并的税务处理,以及会计上对于合并中取得的资产、负债的账面价值与其计税基础之间差异的处理。

1.企业合并的所得税处理。企业合并按其合并方式分为吸收合并、新设合并和控股合并。其中,控股合并,只是母公司取得了对子公司的财务与经营决策的控制权,母公司和子公司都仍然是独立的法律主体和会计主体,并未发生实质上的子公司将其部分或全部的资产转让给母公司的财产转让行为。因此,控股合并业务在合并日不涉及所得税的计算和缴纳。而吸收合并和新设合并,被合并企业在企业合并后丧失了法人资格,被合并企业实质上是将其持有的资产全部转让给合并企业。按照国税发〔2000〕118号《国家税务总局关于企业股权投资业务若干所得税问题的通知》、国税发〔2000〕119号《国家税务总局关于企业合并分立业务有关所得税问题的通知》等规定,被合并企业的这种资产转让行为,其资产转让所得是否缴纳所得税,应视企业合并是应税合并还是免税合并而定[①]。

(1)应税合并。应税合并是指被合并企业以前年度发生的亏损,不得结转到合并企业进行弥补;被合并企业按公允价值计算其全部资产成本和转让所得,依法缴纳企业所得税。

实行应税合并,合并企业接受被合并企业的有关资产,计税时可以按经评估确认的价值确定成本。

(2)免税合并。免税合并是指非股权支付额不高于所支付股权票面价值20%的企业合并。所谓非股权支付额,是指合并企业支付给被合并企业或其股东的收购价款中,除合并企业股权以外的现金、有价证券和其他资产。

免税合并是目前国际上对于企业合并最普遍的做法。依据我国税法,合并企业支付给被合并企业或其股东的收购价款中,除合并企业股权以外的现金、有价证券和其他资产(以下简称非股权支付额),不高于支付的股权票面价值(或支付的股本账面价值)20%的,经税务机关审核确认,可以作为免税合并处理。在免税合并下,合并企业与被合并企业可依据下列规定进行所得税的处理:

被合并企业不确认全部资产的转让所得或损失,不计算缴纳所得税。被合并企业合并以前的全部企业所得税纳税事项由合并企业承担;以前年度的亏损,如果未超过法定弥补期限,可由合并企业继续按规定用以后年度实现的与被合并企业资产相关的所得弥补。计算公式如下:

某一纳税年度可弥补被合并企业亏损的所得额

= 合并企业某一纳税年度未弥补亏损前的所得额 ×(被合并企业净资产公允价值 ÷ 合并后合并企业全部净资产公允价值)

【例7-12】 2008年1月1日,甲公司对乙公司实施吸收合并。合并日,乙公司账面净资产为2 000万元。评估确认的乙公司账面净资产公允价值为2 200万元,上一年亏损额为400万元,甲公司以前年度无亏损额。甲公司发行在外的普通股为8 000万股,每股面值1元。经双方协商,甲公司以720万股、每股1元的普通股和40万元人民币购买乙公司。甲公司的股票市价合并时为每股3元,合并后为每股3.1元。甲、乙公司适用的所得税税率均为25%。甲公司2008年未弥补亏损前的所得额为1 600万元。则:

甲公司的非股权支付额 = 40(万元)

---

① 2009年4月30日,财政部和国家税务总局联合出台了《财政部 国家税务总局关于企业重组业务企业所得税处理若干问题的通知》,自2008年1月1日起执行。依据该通知,企业法律形式改变、债务重组、股权收购、资产收购、合并、分立等统称为企业重组,企业重组的税务处理区分不同条件分别适用一般性税务处理规定和特殊性税务处理规定。具体规定见财税〔2009〕59号。

非股权支付额占所支付股权账面价值的比例 = 40/720 = 5.56% < 20%

因此，乙公司不就资产转让所得缴纳所得税，属于免税合并。乙公司上年度的亏损400万元，由甲公司弥补。

2008年度甲公司可税前弥补乙公司亏损的所得额
= 1 600 × [2 200/(8 000 × 3.1)]
= 141.935 5(万元)

【例7－13】　沿用例7－12的资料，假设甲公司以600万股、每股1元的普通股和400万元人民币购买乙公司，其他资料与例7－12相同。则：

甲公司非股权支付额 = 400(万元)

非股权支付额占所支付股权账面价值的比例 = 400 ÷ 600 × 100% = 66.67% > 20%

从计算结果可知，属于应税合并，乙公司应就资产转让所得缴纳所得税。

乙公司应缴纳的所得税 = (600 × 3 + 400 － 2000) × 25% = 50(万元)

乙公司上年度亏损400万元，不得结转到甲公司弥补。乙合并企业接受被合并企业全部资产的计税成本，须以被合并企业原账面净值为基础确定。

2. 企业合并取得的资产、负债产生的暂时性差异。依据我国合并准则，在吸收合并和新设合并方式下，对于企业合并应视参与合并各方在合并前和合并后是否为同一方或相同的多方最终控制，分别同一控制下的企业合并与非同一控制下的企业合并两种类型进行会计处理。对于同一控制下的企业合并，合并方在企业合并中取得的资产和负债，应按照合并日在被合并方的原账面价值入账，合并中不产生新的资产和负债。而对于非同一控制下的企业合并，合并方在企业合并中取得的资产和负债，应按其在购买日的公允价值计量。企业合并成本大于合并中取得的可辨认净资产公允价值份额的差额，确认为商誉；反之，企业合并成本小于合并中取得的可辨认净资产公允价值份额的差额，应对取得的被购买方各项可辨认资产、负债及或有负债的公允价值以及合并成本的计量进行复核，复核后仍有差额的，将其计入合并当期损益。

如前所述，依据税法规定，在吸收合并和新设合并方式下，如果属于应税合并，合并企业接受被合并企业的有关资产，计税时可以按经评估确认的价值确定成本；如果属于免税合并，合并企业接受被合并企业全部资产的计税成本，须以被合并企业原账面净值为基础确定。

可见，至少在以下两种情况下，在合并日，合并方取得的被合并方资产和负债的账面价值与其计税基础可能会存在差异：

一是应税的同一控制下的企业合并。会计准则规定合并方取得的被合并方的资产、负债按被合并方的账面价值计量；而税法规定以合并方取得的资产评估确认价值作为计税基础。

二是免税的非同一控制下的企业合并。会计准则规定购买方取得的被购买方的资产、负债按公允价值计量;而税法规定购买方取得的被购买方资产按被购买方原账面净值作为计税基础。

这样,在合并日,无论是同一控制下的企业合并还是非同一控制下的企业合并,所取得的有关资产、负债的计税基础与其账面价值都可能会产生暂时性差异。

【例7-14】 沿用例7-12的资料。假设甲公司和乙公司为非同一控制下的企业。乙公司资产的账面价值为3 600万元,公允价值3 800万元;乙公司负债的账面价值为1 600万元,公允价值为1 600万元;净资产的账面价值为2 000万元,公允价值为2 200万元。按企业会计准则规定,甲公司取得的乙公司资产按公允价值3 800万元计入合并日的资产负债表。假设税法规定的计税基础为3 600万元。

本例属于免税的非同一控制下的企业合并。在购买日:

企业合并中取得资产的账面价值=3 800(万元)

企业合并中取得资产的计税基础=3 600(万元)

企业合并中取得资产所产生的暂时性差异

=3 800-3 600=200(万元)(为应纳税暂时性差异)

【例7-15】 沿用例7-13和例7-14的资料。假定甲公司和乙公司为同一控制下的企业。按企业会计准则规定,甲公司取得的乙公司资产按原账面价值3 600万元计入合并日资产负债表,假设税法规定的计税基础为3 800万元。

本例属于应税的同一控制下的企业合并。在合并日:

企业合并中取得的资产的账面价值=3 600(万元)

企业合并中取得的资产的计税基础=3 800(万元)

企业合并中取得的资产所产生的暂时性差异

=3 600-3 800=-200(万元)(为可抵扣暂时性差异)

由于在实务中,免税合并更为常见,而免税情况下只有非同一控制下的企业合并才会产生暂时性差异。因此,后面的有关介绍中不再区分应税合并和免税合并,仅涉及非同一控制下的企业合并。

(六)特殊项目产生的暂时性差异

1. 未作为资产、负债确认的项目产生的暂时性差异。某些交易或事项发生后,因为不符合资产、负债的确认条件而未体现为资产或负债,但依据税法规定能够确定其计税基础的,则其账面价值0与计税基础之间的差异也构成暂时性差异。

【例7-16】 A企业2008年发生了3 000万元广告费支出,发生时计入当期的销售费用。税法规定,广告费支出不超过当年销售收入15%的部分允许税前扣除,超过部分允许向以后纳税年度结转税前扣除。A企业2008年实现销售收入15 000万元。

本例中A企业的广告费支出在发生时计入当期损益，不形成资产负债表中的资产，若将其视作资产，其账面价值为0。

按照税法规定，当期可税前扣除2 250万元，可结转以后年度税前扣除的金额为750万元，其计税基础为750万元。

该项资产的账面价值0与其计税基础750万元之间产生的暂时性差异，在未来期间可减少A企业的应纳税所得额，为可抵扣暂时性差异。

对于未作为资产、负债确认的项目产生的暂时性差异，国际会计准则举了研究成本的例子。依据规定，研究成本在发生当期计算会计利润时作为费用扣减，但直到以后期间才允许在确定应税利润（可抵扣亏损）时作为抵扣项目。该研究成本未来允许抵税的金额即计税基础与其零账面金额之间的差额，则为可抵扣暂时性差异。

国际会计准则还举了另一个初始确认时未作为资产、负债项目但产生暂时性差异的例子，即以股份为基础的支付交易。以股份为基础的支付交易是指企业为获取职工和其他方提供的服务而授予权益工具或者承担以权益工具为基础确定的负债的交易。除了立即可行权的股份支付外，无论权益结算的股份支付还是现金结算的股份支付，企业在授予日均不作会计处理。依据国际会计准则，在有些税务管辖区内，将所消耗的雇员劳务确认为费用并以之作为授予股份期权的对价，但是直到履行该期权时，才可以行权日企业的股票价格为基础，计量所得税的抵扣额，即授予日会计上的账面价值为零，计税基础是税务部门允许在未来抵扣的金额，计税基础与零账面金额之间的差额是一项可抵扣暂时性差异。如果企业本期末不能可靠预计税务部门允许在未来期间进行抵扣的金额，则应以本期末可获得的信息为基础进行估计。例如，税务部门允许企业在未来期间抵扣的金额以其未来某日的股票价格为基础，则可抵扣暂时性差异的计量应以本期末企业的股票价格为基础。如果估计的未来所得税抵扣的金额超过相关的累计报酬费用的金额，则表明所得税抵扣同时与报酬费用和权益项目相关。在此情况下，与当期或递延所得税相关的超额部分应确认为权益。

2. 可抵扣亏损和税款抵减产生的暂时性差异。为公平税负，鼓励企业发展，各国税法大多允许营业亏损的抵转。其抵转的形式主要有两种：一种是亏损抵前，另一种是亏损抵后。亏损抵前是指企业当年发生的亏损，可抵销以前年度的纳税所得，并申请退回已缴纳的所得税；亏损抵后则是指企业当年发生的亏损，可抵销以后年度的应税所得。有些国家则实行既可抵前又可抵后的税收优惠规定，如美国的税法规定，某一年度的营业亏损可抵前3年及抵后15年，或者仅选择抵后15年。

我国采取亏损抵后的做法。根据我国企业所得税法，纳税人企业纳税年度发生的亏损，准予向以后年度结转，用以后年度的所得弥补，但结转年限最长不得超过五年。

对于按照税法规定可以结转以后年度的未弥补亏损及税款抵减，尽管不是由于资产、负债的账面价值与其计税基础不同产生的,但本质上与可抵扣暂时性差异具有同样作用,均能够减少未来期间的应纳税所得额,相应的减少未来期间的应交所得税,因此,应将其视同为可抵扣暂时性差异。

【例7-17】 B企业于2008年因政策性原因发生经营亏损1 000万元,依据税法规定,该亏损可用于抵减以后5个年度的应纳税所得额。该公司预计其在未来5年期间能够产生足够的应纳税所得额弥补该经营亏损。

本例中,尽管该经营亏损不是因资产、负债的账面价值与其计税基础不同产生的,但从其性质上看可以减少未来期间的应纳税所得额和应交所得税,因此,应视同可抵扣暂时性差异。

第三节 递延所得税资产和递延所得税负债的确认与计量

一、确认递延所得税资产和递延所得税负债的意义

递延所得税资产和递延所得税负债是与当期所得税资产和当期所得税负债相对应的两个概念。

资产负债表日,企业对于当期和以前期间形成的当期所得税,如果未支付,应当按规定计算预期应交纳的所得税金额,确认为当期所得税负债;如果当期和以前期间已支付的金额超过应付的金额,则应当按照税法计算预期应返还的所得税金额,确认为当期所得税资产。在确认当期所得税资产和负债时,国际会计准则规定:与能够向前期结转以收回以前期间的当期所得税的可抵扣亏损相关的利益,应确认为一项资产;当可抵扣亏损用于收回以前期间的当期所得税时,主体应在可抵扣亏损发生的期间将该利益确认为一项资产,因为该利益很可能流入主体,而且能够可靠地计量。

递延所得税资产是指根据以下各项计算的未来期间可收回的所得税金额:①可抵扣暂时性差异;②未利用的可抵扣亏损结转后期;③未利用的税款抵减结转后期。递延所得税负债则是指根据应纳税暂时性差异计算的未来期间应付的所得税金额。

递延所得税资产和递延所得税负债的确认体现了资产负债的定义以及会计核算的基础和会计信息的质量要求:

首先,企业当期发生的交易或事项会导致未来应纳税金额的减少或增加,从而导致企业未来经济利益发生变化,由此确认的递延所得税资产和递延所得税负债符合资产

和负债的定义。

其次，确认递延所得税资产和递延所得税负债，遵循了权责发生制的会计核算基础和配比性要求的会计信息、质量要求。依据权责发生制，交易或事项在某一会计期间确认，与其相关的所得税影响也应在该期间内确认；依据配比要求，对同一会计期间的会计利润与所得税费用应当相互配比。确认递延所得税资产和递延所得税负债能更真实地反映企业的财务状况和经营成果。

【例7－18】 假定某企业每年实现税前利润总额500万元，2008年预计50万元的产品销售保修费用，2009年实际支付该保修费。该企业适用的所得税税率为25%。

本例若采用应付税款法核算，不确认递延所得税，2008年和2009年的净利润分别为：

$$2008\text{年净利润}=500-(500+50)\times25\%=362.5(\text{万元})$$

$$2009\text{年净利润}=500-(500-50)\times25\%=387.5(\text{万元})$$

而在采用资产表债务法确认递延所得税的情况下，2008年和2009年的净利润分别为：

$$2008\text{年净利润}=500-(500+50)\times25\%+50\times25\%=375(\text{万元})$$

$$2009\text{年净利润}=500-(500-50)\times25\%-50\times25\%=375(\text{万元})$$

从以上计算结果可见，是否确认递延所得税资产和递延所得税负债对于企业的财务成果具有直接影响，显然，确认递延所得税使得企业各期的财务成果更为均衡与合理。

二、递延所得税资产的确认与计量

（一）递延所得税资产的确认

1. 确认递延所得税资产的一般原则。企业存在可抵扣暂时性差异的应按规定将其对所得税的影响额确认为递延所得税资产。如前所述，常见的产生可抵扣暂时性差异的项目有：固定资产、交易性金融资产、可供出售的金融资产、长期股权投资、投资性房地产、计提减值准备的各项资产（如应收账款、存货等）、预计负债、预收账款、企业合并中取得的资产和负债、企业的筹建费用、可抵扣亏损和税款抵减等。

递延所得税资产的确认条件要比递延所得税负债严格。由于递延所得税资产产生于可抵扣暂时性差异，可抵扣暂时性差异在未来期间转回时，会减少未来期间的应纳税所得额和应交所得税额。因此，递延所得税资产给企业带来的经济利益能否实现，取决于企业在未来期间能否产生足够的应纳税所得额。有关递延所得税资产的确认，国际会计准则和一些主要国家的会计准则均持谨慎态度，我国也不例外。依据我国所得税准则，企业在确认递延所得税资产时，应以很可能取得用来抵减可抵扣暂时性差异的应纳税所得额为限。对于预计的应纳税所得额须提供相应的证据。

国际会计准则对于企业在评估未来期间是否有足够的应税利润时，还强调了企业不应考虑预计在未来期间产生的可抵扣暂时性差异形成的应税金额，因为这些可抵扣暂时性差异形成的递延所得税资产本身就要求有未来应税利润以供利用。

资产负债表日，当企业有确凿证据表明未来期间很可能获得足够的应纳税所得额用以利用可抵扣暂时性差异时，应当以很可能取得用来利用可抵扣暂时性差异的应纳税所得额为限，确认以前期间未确认的递延所得税资产。

递延所得税资产期末余额和本期发生额的计算公式为：

递延所得税资产期末余额 = 期末可抵扣暂时性差异 × 所得税税率

本期递延所得税资产发生额（增加或减少）= 递延所得税资产期末余额 − 递延所得税资产期初余额

企业在确认可抵扣暂时性差异产生的递延所得税资产时，交易或事项发生时影响到会计利润或应纳税所得额的，相关的所得税影响应作为利润表中所得税费用的构成部分，即确认递延所得税资产同时减少确认当期所得税费用。资产负债表日，确认递延所得税资产时，应借记"递延所得税资产"账户，贷记"所得税费用——递延所得税费用"账户；转回递延所得税资产，应编制相反的会计分录。

对产生于直接计入所有者权益的交易或事项的可抵扣暂时性差异，其所得税影响应增加或减少所有者权益。确认该可抵扣暂时性差异的递延所得税资产金额时，应借记"递延所得税资产"账户，贷记"资本公积——其他资本公积"账户。

企业合并中取得的有关资产、负债产生的可抵扣暂时性差异，其所得税影响应调整合并中确认的商誉或计入合并当期营业外收入。购买日确认递延所得税资产时，应借记"递延所得税资产"账户，贷记"商誉"等账户。

可见，除直接计入所有者权益的交易或事项以及企业合并外，企业在确认递延所得税资产时，应减少利润表中的所得税费用。

上述的"所得税费用"账户核算企业确认的应从当期利润总额中扣除的所得税费用。其借方登记当期所得税费用额和递延所得税费用的增加额；贷方登记递延所得税费用的减少额。期末该账户的余额转入"本年利润"账户，结转后该账户无余额。该账户下设"当期所得税费用"、"递延所得税费用"两个明细账进行明细核算。

"递延所得税资产"账户核算企业确认的可抵扣暂时性差异产生的所得税资产，包括按税法规定可用以后年度税前利润弥补的亏损及税款抵减产生的所得税资产。其借方登记递延所得税资产的增加额，贷方登记递延所得税资产的减少额；期末借方余额反映企业已确认的递延所得税资产。该账户应按可抵扣暂时性差异等项目进行明细核算。

【例7-19】 甲公司于2008年购入某项设备，成本为100万元，会计上采用双倍余额递减法计提折旧，预计使用寿命为10年，预计净残值为0，计税时按年限平均法计提折旧，预计使用寿命和预计净残值与会计相同。甲公司适用的所得税税率为25%。

假定该企业不存在其他会计与税法处理上的差异，该项固定资产在期末亦未发生减值。

本例2008年12月31日，该项固定资产按照会计规定计提的折旧额为20万元，计税时允许扣除的折旧额为10万元，该项固定资产的账面价值80万元与其计税基础90万元之间的差额10万元，为可抵扣暂时性差异，甲公司应按其对所得税的影响额确认递延所得税资产。确认的会计分录为：

借：递延所得税资产　　　　25 000

　贷：所得税费用——递延所得税费用　　　　25 000

我国的所得税准则仅涉及可供出售金融资产产生的暂时性差异的所得税影响额计入权益项目。而国际会计准则要求或允许下列项目所产生的暂时性差异所得税影响金额直接借记或贷记入权益：

(1)因不动产、厂场和设备价值重估引起的账面金额的改变；

(2)因追溯应用的会计政策的变更或差错的更正，而对留存收益的期初余额进行的调整；

(3)折算国外经营的财务报表而形成的汇兑差额；

(4)复合金融工具的权益成分初始确认时形成的金额。

2. 确认递延所得税资产应注意的问题。企业在确认递延所得税资产时，应注意以下五个问题：

(1)递延所得税资产的确认应以未来期间很可能取得的用来抵扣可抵扣暂时性差异的应纳税所得额为限。如果企业预计在可抵扣暂时性差异转回的未来期间内，无法产生足够的应纳税所得额用以抵减可抵扣暂时性差异的影响，则不应确认递延所得税资产，但应在会计报表附注中进行披露。若企业有明确的证据表明在可抵扣暂时性差异转回的未来期间能够产生足够的应纳税所得额，进而利用可抵扣暂时性差异，则应以很可能取得的应纳税所得额为限，确认相关的递延所得税资产。

企业在判断可抵扣暂时性差异在未来转回期间能否产生足够的应纳税所得额时，应考虑以下两方面的影响因素：

第一，通过正常的生产经营活动能够实现的应纳税所得额。对此应以经企业管理层批准的最近财务预算或预测数据，以及该预算或者预测期后年份稳定的或递减的增长率为基础预测。

第二，以前期间产生的应纳税暂时性差异在未来期间转回时相应增加的应纳税所得额。

(2)按照税法可以结转以后年度的未弥补亏损和税款抵减，应视同可抵扣暂时性差异处理。企业在预计能够利用可弥补亏损或税款抵减的未来5年内，很可能获得用来抵减可抵扣亏损和税款抵减的未来应纳税所得额时，应以很可能获得的应纳税所得额为限,确认相应的递延所得税资产,同时减少确认当期的所得税费用;相反,若预计未来期间很可能无法获得足够的应纳税所得额用来利用可抵扣亏损和税款抵减时,则不能将该暂时性差异对所得税的影响确认为或全额确认为递延所得税资产。

企业在确定可抵扣亏损时,一般应与税务部门沟通,取得税务部门的认可。与可抵扣亏损和税款抵减相关的递延所得税资产的确认条件,与其他可抵扣暂时性差异产生的递延所得税资产相同。企业在估计未来期间是否很可能产生足够的应纳税所得额用以利用该部分可抵扣亏损或税款抵减时,主要应考虑在可抵扣亏损到期前,企业能否通过正常的生产经营活动产生足够的应纳税所得额,以及是否会因为以前期间产生的应纳税暂时性差异转回而产生足够的应纳税所得额等因素。对于在可抵扣亏损和税款抵减到期前,企业能够产生足够的应纳税所得额的估计基础,企业应当在会计报表附注中说明。

【例7-20】 某企业2×01年亏损1 000万元,预计2×02年至2×04年每年应纳税所得额分别为:300万元、400万元和500万元。假定该企业适用税率一直为25%,税法规定企业纳税年度发生的亏损,可在以后五年内用所得弥补。假定无其他暂时性差异。

本例该企业2×01年的可抵扣亏损对2×01至2×04各年所得税影响的会计分录为:

2×01年末:

借:递延所得税资产 2 500 000

贷:所得税费用——递延所得税费用 2 500 000

2×02年末:

借:所得税费用——递延所得税费用 750 000

贷:递延所得税资产 750 000

2×03年:

借:所得税费用——递延所得税费用 1 000 000

贷:递延所得税资产 1 000 000

2×04年:

借:所得税费用——递延所得税费用 1 250 000

贷:递延所得税资产 750 000

应交税费——应交所得税 500 000

如果本例企业在2×01年末预计未来5年内应纳税所得额很可能为600万元,则2×01年末应以很可能获得的应纳税所得额600万元为限,确认相应的递延所得税资产。对于没有应纳税所得额可利用的400万元可抵扣亏损,其对所得税的影响金额不

能确认为递延所得税资产。在此情况下,2×01 年末该企业应编制如下会计分录:

借:递延所得税资产 1 500 000

贷:所得税费用——递延所得税费用 1 500 000

(3)对与子公司、联营企业、合营企业的投资相关的可抵扣暂时性差异,同时满足下列条件的,应确认为相关的递延所得税资产:①暂时性差异在可预见的未来很可能转回;②未来很可能获得用来抵扣可抵扣暂时性差异的应纳税所得额。

企业对联营企业和合营企业等投资所产生的可抵扣暂时性差异,主要产生于以下两种情况:①权益法下当被投资单位发生亏损时,投资企业按持股比例确认应承担的部分相应减少长期股权投资账面价值,而税法规定长期股权投资成本在持有期间不变,为此,就产生长期股权投资账面价值小于其计税基础,两者之间的差额为可抵扣暂时性差异。②对长期股权投资计提减值准备。

(4)非同一控制下的企业合并中,按照会计规定确定的合并中取得各项可辨认资产、负债的入账价值与其计税基础之间形成可抵扣暂时性差异的,应确认相应的递延所得税资产,并调整合并中应予确认的商誉或计入利润表的营业外收入。举例参见例 7-24。

(5)与直接计入所有者权益的交易或事项相关的可抵扣暂时性差异,相应的递延所得税资产应计入所有者权益。如可供出售金融资产因公允价值下降而应确认的递延所得税资产。

【例 7-21】 乙企业持有的某项可供出售金融资产,取得成本为 180 万元,2008 年末其公允价值为 172 万元,乙企业适用的所得税税率为 25%。

本例 2008 年末乙企业确认该项可供出售金融资产公允价值变动的会计分录为:

借:资本公积——其他资本公积 80 000

贷:可供出售金融资产 80 000

2008 年末乙企业该项可供出售金融资产的计税基础仍为其初始取得成本 180 万元,计税基础与其账面价值之间的差额 8 万元,属于可抵扣暂时性差异。对于该项所得税的影响,一方面应确认为递延所得税资产,另一方面应计入资本公积。乙企业 2008 年末确认递延所得税资产的会计分录为:

借:递延所得税资产 20 000

贷:资本公积——其他资本公积 20 000

若本例中可供出售金融资产的公允价值高于账面价值,则其二者之间的差额为应纳税暂时性差异。企业将该应纳税暂时性差异对所得税的影响确认为递延所得税负债时,应借记“资本公积——其他资本公积”账户,贷记“递延所得税负债”账户。

依据国际会计准则,如果资产或负债的计税基础不十分明显,只要资产或负债的账面金额的收回或清偿可能使未来税款支付额大于(小于)不产生纳税后果情况下的收回或清偿金额,那么除少数例外,企业应确认递延所得税资产(负债)。

3. 不确认递延所得税资产的特殊情况。

(1)不属于企业合并的交易或事项,且交易发生时既不影响会计利润也不影响应纳税所得额,同时该项交易中产生的资产、负债的初始确认金额与其计税基础不同,产生可抵扣暂时性差异的,则在交易或事项发生时,该可抵扣暂时性差异对于所得税的影响不确认相应的递延所得税资产。

由于该类交易或事项发生时既不影响会计利润,也不影响应纳税所得额,因此,确认递延所得税资产的直接结果是对实际成本进行调整,增减有关资产、负债的账面价值,使得资产、负债在初始确认时,违背历史成本的会计信息质量要求,影响会计信息的可靠性。

(2)如前所述,企业对子公司、联营企业及合营企业投资相关的可抵扣暂时性差异,在不同时具备暂时性差异在可预见的未来很可能转回,以及未来很可能获得用来抵扣可抵扣暂时性差异的应纳税所得额两个条件时,不确认相应的递延所得税资产。

(3)前已述及,资产负债表日企业预计未来期间很可能无法获得足够的应纳税所得额用来利用可抵扣亏损和税款抵减时,不应确认或全额确认递延所得税资产。

(二)递延所得税资产的计量

企业对递延所得税资产的计量,应注意以下三个方面:

1. 适用税率的确定。企业对于可抵扣暂时性差异应按照预期收回该资产期间的适用税率计算递延所得税资产。基于此,企业在确认递延所得税资产时,应估计相关可抵扣暂时性差异的转回时间,并采用与收回资产的预期方式相一致的税率和计税基础,以反映资产负债表日企业预期收回资产方式的所得税影响。

需要注意,由于适用的所得税税率发生变化的,企业应对已经确认的递延所得税资产按新的税率重新计量,反映税率变化带来的影响。

【例 7-22】 B 企业为高新技术企业,2×01 年 12 月购入价值为 2 500 万元的环保设备,预计使用寿命 5 年,不考虑净残值,企业按照会计政策采用年数总和法计提折旧,税法规定采用直线法按 5 年计提折旧,亦不考虑净残值。该企业适用的所得税税率为 15%。

本例设备各年的账面价值、计税基础、暂时性差异以及递延所得税资产的余额和发生额如表 7-5 所示。

表 7-5　　暂时性差异及其对所得税影响计算表　　单位:万元

项　目	2×01 年	2×02 年	2×03 年	2×04 年	2×05 年	2×06 年
账面价值	2 500	1 667	1 000	500	167	0
计税基础	2 500	2 000	1 500	1 000	500	0
暂时性差异	0	333	500	500	333	0
递延所得税资产余额	0	50	75	75	50	0
递延所得税资产发生额	0	50(借)	25(借)	0	25(贷)	50(贷)

表 7-5 中有关数字的计算及其相关账务处理如下(计算结果取四舍五入后的整数)。

(1)2×02 年:

年末账面价值 = 2 500 - 2 500 × 5 ÷ 15 ≈ 1 667(万元)

年末计税基础 = 2 500 - 2 500 ÷ 5 = 2 000(万元)

年末账面价值小于计税基础,产生可抵扣暂时性差异 333 万元。

年末递延所得税资产余额 = 333 × 15% = 50(万元)

本年递延所得税资产发生额 = 50 - 0 = 50(万元)(借方)

年末确认递延所得税资产时:

借:递延所得税资产　　500 000

　贷:所得税费用——递延所得税费用　　500 000

(2)2×03 年:

年末账面价值 = 1 667 - 2 500 × 4 ÷ 15 ≈ 1 000(万元)

年末计税基础 = 2 500 - 2 500 ÷ 5 × 2 = 1 500(万元)

年末账面价值小于计税基础 500 万元。

年末递延所得税资产余额 = 500 × 15% = 75(万元)

本年递延所得税资产发生额 = 75 - 50 = 25(万元)(借方)

年末确认递延所得税资产时:

借:递延所得税资产　　250 000

　贷:所得税费用——递延所得税费用　　250 000

(3)2×04 年:

年末账面价值 = 1 000 - 2 500 × 3 ÷ 15 = 500(万元)

年末计税基础 = 2 500 - 2 500 ÷ 5 × 3 = 1 000 (万元)

年末账面价值小于计税基础500万元。

$$年末递延所得税资产余额=500\times15\%=75(万元)$$

$$本年递延所得税资产发生额=75-75=0$$

年末对于递延所得税资产不需做账务处理。

(4)2×05年：

$$年末账面价值=500-2\ 500\times2\div15\approx167(万元)$$

$$年末计税基础=2\ 500-2\ 500\div5\times4=500(万元)$$

年末账面价值小于计税基础333万元。

$$年末递延所得税资产余额=333\times15\%\approx50(万元)$$

$$本年递延所得税资产发生额=50-75=-25(万元)(贷方)$$

年末转回递延所得税资产时：

借:所得税费用——递延所得税费用　　250 000

　贷:递延所得税资产　　250 000

(5)2×06年：

$$年末账面价值=167-2\ 500\times1\div15=0$$

$$年末计税基础=2\ 500-2\ 500\div5\times5=0$$

年末账面价值等于计税基础,递延所得税资产余额为0。

$$本年递延所得税资产发生额=0-50=-50(万元)(贷方)$$

年末转回递延所得税资产时：

借:所得税费用——递延所得税费用　　500 000

　贷:递延所得税资产　　500 000

需要说明的是:本例以及下文“确认递延所得税负债的一般原则”处的举例仅是为了说明递延所得税的核算,而实务中各会计期末确认和计量递延所得税资产和递延所得税负债的核算则与当期所得税一并进行,可参见本章第四节的举例。

2.递延所得税资产不予折现。依据我国所得税准则,无论相关的可抵扣暂时性差异转回期间如何,递延所得税资产均不予折现。因为如果以折现基础来可靠确定递延所得税资产(负债),则要求详细地推定每一项暂时性差异转回的时间。在许多情况下,这种时间推定不是切实可行或相当复杂,因而,要求对递延所得税资产(负债)折现是不恰当的。如果准则允许但不要求折现,将会导致企业之间的递延所得税资产(负债)的不可比。基于此,国际会计准则第12号和美国财务会计准则第109号,均禁止对递延所得税资产(负债)进行折现。

但英国的递延税款准则(FRS19)则允许但不要求报告主体对递延所得税资产(负债)进行折现,以反映货币的时间价值。

3.递延所得税资产账面价值的复核。与其他资产相同,递延所得税资产的账面价值也应当代表其为企业带来未来经济利益的能力。企业在确认了递延所得税资产后，如对依据新情况估计在有关可抵扣暂时性差异转回的期间内，无法产生足够的应纳税所得额用来利用可抵扣暂时性差异，使得与递延所得税资产相关经济利益无法全部实现的，则对于预期无法实现的部分，应减记递延所得税资产的账面价值。减记时，除原确认时记入所有者权益的递延所得税资产减记的金额也相应记入所有者权益外，其余的应增加减记当期的所得税费用。为此，企业在每一资产负债表日，应当对递延所得税资产的账面价值进行复核。

在递延所得税资产的确认方面，我国所得税准则与国际会计准则第 12 号做法一致，都是先判断递延所得税资产的可实现性，再确定是否确认递延所得税资产。而美国财务会计准则对递延所得税资产采取先确认，后判断可实现性的做法，当递延所得税资产的实现概率小于或等于 50% 时，应计算估价准备冲减递延所得税资产，以使递延所得税资产净额反映可收回的金额。

美国财务会计准则第 109 号（FAS109）规定，企业根据可获得的证据（包括正面和负面）的权重程度即证据的重要程度，确定是否需要估价备抵。估价备抵是指一项递延所得税资产中的纳税利益很可能不能实现的部分。如果一部分或全部的递延所得税资产不能（超过 50% 的可能性）实现时，应通过估价备抵冲减递延所得税资产。估价备抵应当有足够的金额用以冲减递延所得税资产，使之能够实现。企业在确定需要的估价备抵金额时，还应考虑纳税筹划策略在实施时产生的人笔费用或确认的大额损失的影响，即作为税收筹划策略结果而确认的纳税利益，应扣除任何实施该纳税策划策略的重大费用和重大损失。企业现有可抵扣暂时性差异或移后扣减的纳税利益在未来能否实现，最终取决于根据税法可用的移前扣减、移后扣减期内是否存在充足的、具备恰当属性（如正常收益或资本利得）的应税收益。例如，若税法允许移前扣减，则以前移前扣减年度的应税收益，也应作为可能的应税收益来源，用于实现可抵扣暂时性差异和税后扣减形成的纳税利益。

英国的递延税款准则（FRS19）也规定，由于每一个资产负债表日的情况会发生变化，从而会影响递延所得税资产的收回程度，因此有必要对已确认的金额作出调整，并在当期成果中反映递延所得税资产余额的最终变动。但 FRS19 没说明具体的调整方法。所以相对而言，FAS109 的规定更为具体且具有较强的可操作性。

三、递延所得税负债的确认与计量

（一）递延所得税负债的确认

1. 确认递延所得税负债的一般原则。递延所得税负债产生于应纳税暂时性差异。

由于应纳税暂时性差异在转回期间将增加企业的纳税所得和应交所得税，导致企业的经济利益流出，因此，在其发生的当期，形成了企业应支付税金的义务，应将其对所得税的影响作为负债确认。

常见的产生应纳税暂时性差异的项目有：固定资产、使用寿命不确定的无形资产、交易性金融资产、可供出售金融资产、长期股权投资、投资性房地产、企业合并中取得的资产和负债等。

基于谨慎性的会计信息质量要求，为了充分反映交易或事项发生后，对于未来期间的计税影响，除所得税准则中明确规定不确认递延所得税负债的特殊情况外，企业应当确认所有的应纳税暂时性差异产生的递延所得税负债。

递延所得税负债期末余额和本期发生额的计算公式为：

递延所得税负债期末余额 = 期末应纳税暂时性差异 × 所得税税率

本期递延所得税负债增加或减少发生额 = 递延所得税负债期末余额 − 递延所得税负债期初余额

与递延所得税资产的确认相对应，企业在确认应纳税暂时性差异产生的递延所得税负债时，交易或事项发生时影响到会计利润或应纳税所得额的，相关的所得税影响应作为利润表中所得税费用的构成部分，确认递延所得税负债的同时确认当期利润表中所得税费用的增加。资产负债表日，企业确认递延所得税负债时，应借记“所得税费用——递延所得税费用”账户，贷记“递延所得税负债”账户；转回递延所得税负债，应编制相反的会计分录。

与直接计入所有者权益的交易或事项相关的应纳税暂时性差异，其所得税影响应增加或减少所有者权益。确认时，应借记“资本公积——其他资本公积”账户，贷记“递延所得税负债”账户。

企业合并中产生的应纳税暂时性差异，其相关的所得税影响应调整购买日确认的商誉或计入合并当期营业外收入。购买日确认递延所得税负债时，应借记“商誉”等账户，贷记“递延所得税负债”账户。

可见，除直接计入所有者权益的交易或事项以及企业合并外，确认递延所得税负债时，应增加利润表中的所得税费用。

上述的“递延所得税负债”账户核算企业确认的应纳税暂时性差异产生的所得税负债。其贷方登记递延所得税负债的增加额，借方登记递延所得税负债的减少额；期末贷方余额，反映企业已确认的递延所得税负债。该账户可按照应纳税暂时性差异的项目进行明细核算。

【例7－23】 乙企业2×01年12月31日购入成本为400万元的设备，预计使用年限为5年，预计净残值为0，会计采用直线法计提折旧。因该设备符合税法规定的税收优惠条件，允许采用双倍余额递减法计提折旧，假定税法规定的使用年限及净残值与会计相同，该企业各年末均未对该项固定资产计提减值准备。乙企业适用的所得税税率为25%。

本例会计采用的折旧方法与税法规定不同，使得该设备账面价值与其计税基础不同，产生暂时性差异。各年的暂时性差异额及其对纳税的影响额计算如表7-6所示。

表7-6　暂时性差异额及其对所得税影响数计算表　单位：万元

项　目	2×01年	2×02年	2×03年	2×04年	2×05年	2×06年
账面价值	400	320	240	160	80	0
计税基础	400	240	144	86.4	43.2	0
暂时性差异	0	80	96	73.6	36.8	0
递延所得税负债余额	0	20	24	18.4	9.2	0
递延所得税负债发生额	0	20（贷）	4（贷）	5.6（借）	9.2（借）	9.2（借）

在表7-6中，各年有关数字的计算及其相关的账务处理如下：

(1)2×02年：

年末账面价值=400-400÷5=320(万元)

年末计税基础=400-400×40%=240(万元)

年末账面价值大于计税基础，产生应纳税暂时性差异80万元。

年末递延所得税负债余额=80×25%=20(万元)

本年递延所得税负债发生额=20-0=20(万元)(贷方)

年末确认递延所得税负债时：

借：所得税费用——递延所得税费用　200 000

　贷：递延所得税负债　200 000

(2)2×03年：

年末账面价值=400-400÷5×2=240(万元)

年末计税基础=240-240×40%=144(万元)

年末账面价值大于计税基础96万元。

年末递延所得税负债余额=96×25%=24(万元)

本年递延所得税负债发生额=24-20=4(万元)(贷方)

年末确认递延所得税负债时：

借：所得税费用——递延所得税费用　40 000

　贷：递延所得税负债　40 000

(3)2×04 年:

$$年末账面价值 = 400 - 400 \div 5 \times 3 = 160(万元)$$

$$年末计税基础 = 144 - 144 \times 40\% = 86.4(万元)$$

年末账面价值大于计税基础 73.6 万元。

$$年末递延所得税负债余额 = 73.6 \times 25\% = 18.4(万元)$$

$$本年递延所得税负债发生额 = 18.4 - 24 = -5.6(万元)(借方)$$

年末转回递延所得税负债时:

借:递延所得税负债　　56 000

　贷:所得税费用——递延所得税费用　　56 000

(4)2×05 年:

$$年末账面价值 = 400 - 400 \div 5 \times 4 = 80(万元)$$

$$年末计税基础 = 86.4 - 86.4 \div 2 = 43.2(万元)$$

年末账面价值大于计税基础 36.8 万元。

$$年末递延所得税负债余额 = 36.8 \times 25\% = 9.2(万元)$$

$$本年递延所得税负债发生额 = 9.2 - 18.4 = -9.2(万元)(借方)$$

年末转回递延所得税负债时:

借:递延所得税负债　　92 000

　贷:所得税费用——递延所得税费用　　92 000

(5)2×06 年:

$$年末账面价值 = 400 - 400 \div 5 \times 5 = 0$$

$$年末计税基础 = 43.2 - 86.4 \div 2 = 0$$

年末账面价值等于计税基础,递延所得税负债余额为 0。

$$本年递延所得税负债发生额 = 0 - 9.2 = -9.2(万元)(借方)$$

年末转回递延所得税负债时:

借:递延所得税负债　　92 000

　贷:所得税费用——递延所得税费用　　92 000

2. 确认递延所得税负债应注意的问题。企业在确认递延所得税负债时应注意以下两个问题:

(1)非同一控制下的企业合并,按照会计规定确定的合并中取得各项可辨认资产、负债的公允价值与其计税基础之间形成应纳税暂时性差异的,应确认相应的递延所得税负债,并调整合并中应予确认的商誉。参见例 7-24。

(2)与直接计入所有者权益的交易或事项相关的应纳税暂时性差异,相应的递延所得税负债也应计入所有者权益。如可供出售金融资产因公允价值上升而确认的递延所得税负债。举例参见例 7-21。

3. 不确认递延所得税负债的情况。某些情况下,尽管资产、负债的账面价值与其计税基础不同,产生了应纳税暂时性差异,但是出于某些考虑,所得税准则中规定不确认相应的递延所得税负债。主要有以下三种情况:

(1)商誉的初始确认。在非同一控制下的企业合并中,企业合并成本大于合并中取得的被购买企业可辨认净资产公允价值份额的差额,依据会计准则应确认为商誉;依据税法在作为免税合并的情况下,计税时不认可商誉的价值,则商誉的计税基础为0,商誉的账面价值与其计税基础之间的差额形成应纳税暂时性差异。对此所得税准则中规定不确认与其相关的递延所得税负债,主要基于以下两方面的考虑:一方面,确认该部分应纳税暂时性差异所产生的递延所得税负债,意味着购买方在企业合并中获得的可辨认净资产的价值量下降,企业应增加商誉的价值,而商誉本身就是企业合并成本在取得的被购买方可辨认资产、负债之间进行分配后的剩余价值,若确认该项递延所得税负债会进一步增加商誉的价值,影响到会计信息的可靠性,同时还会进一步产生应纳税暂时性差异,使得递延所得税负债和商誉价值量的变化不断循环。另一方面,商誉的账面价值增加后,可能很快就要计提减值准备。

【例7-24】 甲公司2008年11月7日增发市场价值为7 200万元的本公司普通股购入乙公司100%的净资产,对乙公司进行非同一控制下的吸收合并。假定该项合并符合税法规定的免税合并条件,甲公司适用的所得税税率为25%。购买日乙公司各项可辨认资产、负债的公允价值及其计税基础如表7-7所示。

表7-7 单位:万元

项 目	公允价值	计税基础	暂时性差异
应收账款	2 800	2 800	0
存货	2 320	1 653	667
固定资产	2 500	1 157	1 343
无形资产	1 100	910	190
应付账款	(1 600)	(1 600)	0
其他应付款	(400)	0	(400)
合 计	6 720	4 920	1 800

甲公司的有关计算如下:

取得的乙公司可辨认净资产公允价值=6 720(万元)

递延所得税资产=400×25%=100(万元)

递延所得税负债=(667+1 343+190)×25%=550(万元)

$$\text{考虑递延所得税资产和负债后所取得的可辨认净资产公允价值} = 6\ 720 + 100 - 550 = 6\ 270(\text{万元})$$

$$\text{商誉} = 7\ 200 - 6\ 270 = 930(\text{万元})$$

由于该项合并符合税法规定的免税合并条件，因此，如果甲、乙公司选择免税处理，则甲公司作为购买方在免税合并中所取得的乙公司的资产和负债，应维持其原来的计税基础，乙公司原账面上并未确认商誉，即商誉的计税基础应为0。

甲企业对于在该项合并中所确认的商誉金额930万元与其计税基础0之间产生的应纳税暂时性差异，不再进一步确认相关的所得税影响，不确认递延所得税负债。

国际会计准则对与商誉有关的因应纳税暂时性产生的递延所得税负债，规定在不是由于商誉初始确认而产生的情况下应当加以确认。例如，企业在合并中取得了200万元的商誉，并可以自并购当年开始每年以20%的比率进行纳税抵扣，那么商誉在初始确认时计税基础为200万元，在并购年末则为160万元。如果商誉在并购年末的账面价值保持200万元不变，则并购年末就会产生应税暂时性差异40万元。因为该应税暂时性差异与商誉的初始确认无关，因此由其引起的递延所得税负债可以确认。

美国财务会计准则第109号对于商誉的暂时性差异是否确认递延所得税负债或资产，与国际会计准则的规定类似，根据商誉摊销在计税目的上是否为可抵扣项目而定。在商誉的摊销为不可抵扣的税收管辖区内，考虑到调整的复杂性等因素，对于商誉的暂时性差异不确认递延所得税负债或递延所得税资产。而在某些税收管辖区内，商誉的摊销为可抵扣项目，如果每年的摊销额在财务报告和计税目的上有区别，不确认递延所得税负债或递延所得税资产就会造成财务报告上不均衡的实际税率。因而，在此类税收管辖区内，应对商誉的暂时性差异确认一项递延所得税负债或递延所得税资产。

(2)与同种情况下不确认递延所得税资产相同，企业对于除企业合并以外的其他交易或事项，若该交易或事项发生时既不影响会计利润，也不影响应纳税所得额，则该交易或事项发生时，所产生的资产、负债的初始确认金额，与其计税基础不同所形成的应纳税暂时性差异，不确认相应的递延所得税负债。因为如果确认递延所得税负债，则直接结果是增加有关资产的账面价值或降低所确认负债的账面价值。如某项负债在初始确认时，按会计规定确定的入账价值为80万元，计税基础为100万元，二者之间的差额20万元在初始确认时既不影响会计利润，也不影响纳税所得额。因此，如果确认该暂时性差异的所得税影响，则会降低所确认负债的账面价值。

国际会计准则也规定，在不是企业合并并且交易时既不影响会计利润也不影响应税利润(可抵扣亏损)的情况下产生的应税暂时性差异，不确认递延所得税负债。但对于复合金融工具则作为例外情况。我国的所得税准则没有涉及该例外情况。依据国际会计准则的规定,复合金融工具(如可转换债券)的发行者将工具的负债成分归类为负债,而将权益成分归类为权益。在某些税收管辖区内,初始确认时负债成分的计税基础等于负债和权益成分的初始账面金额之和。这样,负债的账面价值与其计税基础之间便存在差异。对此由初始确认负债成分所产生的应税暂时性差异对于所得税的影响,应确认为递延所得税负债,并计入所有者权益中。

(3)企业对与子公司、联营企业及合营企业投资相关的应纳税暂时性差异,在投资企业能够控制暂时性差异转回的时间和该暂时性差异在可预见的未来很可能不会转回时,不确认相应的递延所得税负债。

一般情况下,企业对于与子公司、联营企业及合营企业投资相关的应纳税暂时性差异,应确认相关的递延所得税负债。但当投资企业可以运用自身的影响力决定暂时性差异转回的时间,同时预计该暂时性差异在可预见的未来很可能不会转回时,因在可预见的未来该项暂时性差异不会转回,对未来期间也就不会产生所得税影响,因此,不需确认相应的递延所得税负债。

应当注意,企业在运用上述条件不确认与联营企业及合营企业等投资相关的递延所得税负债时,应有明确的证据表明其能够控制有关暂时性差异转回的时间。所得税准则规定能够控制暂时性差异转回时间的条件一般是通过与其他投资者签订协议等,达到能够控制被投资单位利润分配的政策。如对联营企业的投资,一般情况下,企业对联营企业的生产经营决策仅能实施重大影响,并不能够主导被投资单位包括利润分配政策在内的主要生产经营决策的制定。

长期股权投资在采用权益法核算的情况下,其账面价值与计税基础之间的差异是否确认相关的所得税影响,应考虑该项投资的持有意图:

①在企业准备长期持有长期股权投资的情况下,采用权益法核算的长期股权投资账面价值与计税基础之间的差异一般不确认相关的所得税影响。因为初始投资成本的调整产生的暂时性差异以及确认应享有被投资单位其他权益变动而产生的暂时性差异,预计未来期间不会转回;确认投资损益产生的暂时性差异,如在未来期间分回现金股利或利润时免税,对未来期间的所得税没有影响。

②在投资企业改变长期股权投资的持有意图拟对外出售的情况下,依据税法规定,企业在转让或者处置投资时,投资的成本准予扣除,因长期股权投资的账面价值与计税基础不同产生的有关暂时性差异,则应确认相关的所得税影响。

【例7-25】 A企业2×10年2月15日以银行存款800万元取得B企业25%的表决权股份,拟长期并能够对B企业施加重大影响,对B企业的长期股权投资采用权益法核算。2×10年12月31日,B企业实现净利润500万元,假定不考虑相关的调整因素,A企业按其持股比例计算应享有的投资收益125万元,假定除此事项外,该长期股权投资不存在其他会计与税收之间的差异。A 企业和 B 企业均为居民企业，适用的所得税税率均为 25%，双方采用的会计政策和会计期间相同。税法规定，居民企业之间的股息红利免税。

本例依据权益法，2×10 年末 A 企业在确认所享有的投资收益时，长期股权投资账面价值增加 125 万元；而税法规定长期股权投资的计税基础在持有期间不变，仍为初始投资成本 800 万元，产生应纳税暂时性差异 125（925－800）万元。在 A 企业长期持有该股权投资的情况下，因在未来期间取得现金股利或利润时免税，不产生所得税影响，因此不需确认相关的递延所得税负债。

有关递延所得税负债的确认，美国财务会计准则第 109 号规定，企业在国外子公司或国外合资公司中投资的财务报告金额超过计税基础等暂时性差异项目，除非在可预见的未来能够明显地转回，否则不能确认为递延所得税负债。

（二）递延所得税负债的计量

企业在计量递延所得税负债时主要解决两个问题：一是计量时采用的税率，二是递延所得税负债是否折现。所得税准则对这两个问题的规定与递延所得税资产相同。

1. 资产负债表日企业对于应纳税暂时性差异应按照预期清偿该负债期间的适用税率计算递延所得税负债。在计量递延所得税负债时，应当采用与清偿债务的预期方式相一致的税率和计税基础，以反映资产负债表日企业预期清偿负债方式的所得税影响。

由于在我国除享受所得税优惠政策的企业以外，企业适用的所得税税率在不同年度之间一般不会发生变化，因此，企业在确认递延所得税负债时，可以现行税率为基础计量。对于享受所得税优惠政策的企业，其所产生的暂时性差异应以预计其转回期间适用的所得税税率计算。如某小型微利企业，2008 年适用 20% 的优惠所得税率，2008 年产生的某项应纳税暂时性差异预计 2009 年转回，若该企业预计 2009 年利润将有大幅度的增长，按规定适用 25% 的一般税率，则该企业在计量 2008 年产生的该项应纳税暂时性差异时，应按预计转回年份适用的 25% 的所得税税率计量。

与递延所得税资产相同，由于适用税收法规的变化，导致企业在某一会计期间适用的所得税税率发生变化的，企业也应对已经确认的递延所得税负债按新的税率重新计量，并调整变化当期的所得税费用或所有者权益。

2. 递延所得税负债不予折现。与递延所得税资产不予折现的道理相同，如果要对递延所得税负债进行折现，企业需要对相关的应纳税暂时性差异进行详细的分析，确定其具体的转回时间，并在此基础上，按一定的利率折现后计算递延所得税负债。考虑到进行这样的分析工作量较大,包含的主观因素较多,而且在很多情况下无法合理确定暂时性差异的具体转回时间,因此,所得税准则规定企业不应当对递延所得税负债进行折现。

第四节　所得税费用的确认与计量

企业在利润表中应单独列示所得税费用。所得税费用由当期所得税(当期应交所得税)和递延所得税两部分组成,它们均应作为所得税费用或收益计入当期损益。

一、当期所得税

当期所得税是指企业依据税法规定针对当期发生的交易和事项,计算确定的应交所得税金额。考虑可抵扣亏损情况,国际会计准则第12号(IAS12)将当期所得税定义为:"根据一个期间的应税利润(可抵扣亏损)计算的应付(可收回)所得税金额。"当期所得税的计算公式为:

$$当期所得税 = 当期应纳税所得额 \times 适用的所得税税率$$

企业每一纳税年度的收入总额,减除不征税收入、免税收入、各项扣除以及允许弥补的以前年度亏损后的余额,为应纳税所得额。其中,"收入总额"包括销售货物收入、提供劳务收入、转让财产收入、股息、红利等权益性投资收益、利息收入、租金收入、特许权使用费收入、接受捐赠收入、其他收入等以货币形式和非货币形式从各种来源取得的收入;收入总额中的财政拨款、依法收取并纳入财政管理的行政事业性收费、政府性基金等为不征税收入;国债利息收入等为免税收入。

"各项扣除"是指企业实际发生的与取得收入有关的、合理的支出,包括成本、费用、税金、损失和其他支出,准予在计算应纳税所得额时扣除,具体包括:①企业发生的在年度利润总额12%以内的公益性捐赠支出。②企业按照规定计算的固定资产折旧。③企业按照规定计算的无形资产摊销费用。④企业按照规定摊销的长期待摊费用的支出:已足额提取折旧的固定资产改建支出;租入固定资产的改建支出;固定资产的大修理支出;其他应当作为长期待摊费用的支出。⑤企业使用或者销售存货按照规定计算的存货成本。⑥企业转让资产的净值。⑦可以在计算应纳税所得额时加计扣除的支出:一是开发新技术、新产品、新工艺发生的研究开发费用;二是安置残疾人员及国家鼓励安置的其他就业人员所支付的工资。

不得在税前扣除的项目主要包括:①向投资者支付的股息、红利等权益性投资收益款项;企业所得税税款;税收滞纳金;罚金、罚款和被没收财物的损失;超过年度利润总额12%部分的公益性捐赠支出;赞助支出;未经核定的准备金支出;与取得收入无关的其他支出等。②以下固定资产的折旧:房屋、建筑物以外未投入使用的固定资产;以经营租赁方式租入的固定资产;以融资租赁方式租出的固定资产;已足额提取折旧仍继续使用的固定资产;与经营活动无关的固定资产;单独估价作为固定资产入账的土地;其他不得计算折旧扣除的固定资产。③以下不得计算摊销费用扣除的无形资产:自行开发的支出已在计算应纳税所得额时扣除的无形资产;与经营活动无关的无形资产;其他不得计算摊销费用扣除的无形资产。④对外投资成本,即企业对外投资期间投出资产的成本。⑤企业从其关联方接受的债权性投资与权益性投资的比例超过规定标准而发生的利息支出。

会计实务中,企业当期的应纳税所得额通常是在会计利润的基础上,对于当期发生的交易和事项中会计处理与税收处理不一致的项目调整而确定的。企业在计算应纳税所得额时,会计处理办法与税收法律、行政法规不一致的,应当依照税收法律、行政法规的规定计算。

依据所得税法的规定,企业所得税按纳税年度计算,纳税年度自公历1月1日起至12月31日止。企业在一个纳税年度中间开业,或者终止经营活动,使该纳税年度的实际经营期不足12个月的,应当以其实际经营期为一个纳税年度。企业依法清算时,应当以清算期间作为一个纳税年度。所得税分月或者分季预缴的企业,应当自月份或者季度终了之日起15日内,向税务机关报送预缴企业所得税纳税申报表,预缴税款。企业应自年度终了之日起5个月内,向税务机关报送年度企业所得税纳税申报表,并汇算清缴,结清应缴应退税款。对于年末企业汇算清缴,可按以下公式计算确定应纳税所得额:

应纳税所得额 = 会计利润 + 按照会计准则规定计入利润表但计税时不允许税前扣除的费用 +(或 -)计入利润表的费用与按照税法规定可予税前扣除的费用金额之间的差额 +(或 -)计入利润表的收入与按照税法规定应计入纳税所得的收入之间的差额 - 税法规定不征税的收入 +(或 -)其他需要调整的因素

在上式会计与税法规定不同产生的调整因素中,除前述的暂时性差异项目外,还有其他非暂时性差异项目,如:

购买的国债利息收入。按照会计准则规定,国债利息收入计入投资收益,而按税法的规定则给予免税,不计入应纳税所得额中。

罚金、罚款和被没收财物的损失以及税收滞纳金、非公益性捐赠支出和赞助支出。这些项目在会计上列作营业外支出,但税法上不允许抵减纳税所得。

企业从其关联方接受的债权性投资与权益性投资的比例超过规定标准而发生的利息支出。会计上对于利息支出据实列支,税法则规定了计税的开支标准。针对企业与关联方之间借减少股份资本、扩大贷款规模,从而增加利息支出来减少应税所得的行为，税法规定企业从其关联方接受投资的比例超过规定标准而发生的利息支出，不得在计算应纳税所得额时扣除。

公益性捐赠支出。会计上对于公益性捐赠支出据实列入“营业外支出”，但税法规定公益性捐赠支出超过年度利润总额一定比例以外的部分要计算缴纳所得税。对此，我国2008年前规定的税前扣除比例为年应纳税所得额的3%，2008年实行的所得税法为了进一步扩大税收支持社会公益捐赠的力度，将公益性捐赠的税前扣除比例由年应纳税所得额的3%提高至年度利润总额的12%。所得税法中将捐赠税前扣除比例定为12%在国际上属于较高水平，如美国为10%，韩国为7%，荷兰为6%，比利时为5%，俄罗斯最高为10%，中国台湾地区为10%等。按照12%的税前扣除比例和我国目前企业公益性捐赠的一般水平，企业的公益性捐赠基本上可以在税前扣除。实行捐赠扣除比例限制，主要是为了堵塞税收漏洞，防止部分企业利用捐赠扣除达到少缴税的目的，这是世界上主要国家和地区的通行做法。但如果比例定得过低，又会影响企业参与公益性捐助的积极性。

【例7－26】　甲公司2008年利润表中利润总额为1 000万元，适用的所得税税率为25%，当年发生的有关交易和事项中，会计处理与税收处理存在差异的有：

(1)向关联企业提供现金捐赠50万元；

(2)支付罚款和税收滞纳金6万元；

(3)向关联企业赞助支出12万元；

(4)取得国债利息收入18万元；

(5)年末计提了20万元的存货跌价准备；

(6)某项交易性金融资产取得成本为150万元，年末的市价为180万元，按照税法规定，持有该项交易性金融资产期间公允价值的变动不计入应纳税所得额；

(7)年末预提了因销售商品承诺提供1年的保修费50万元，按照税法规定，与产品售后服务相关的费用在实际发生时允许扣除。

根据上述资料，甲公司2008年应纳税所得额和应交所得税的计算如下：

$$\text{应纳税所得额} = 1000 + 50 + 6 + 12 - 18 + 20 - 30 + 50 = 1\,090(\text{万元})$$

$$\text{应交所得税} = 1\,090 \times 25\% = 272.5(\text{万元})$$

二、递延所得税

递延所得税是指按照所得税准则规定应予确认的递延所得税资产和递延所得税负债期末应有的金额与原已确认金额之间的差额，即递延所得税资产和递延所得税负债当期发生额的综合结果。由于利润表中的所得税费用是时期数，而资产负债表中的递延所得税是时点数，因此，在计算所得税费用时，应将递延所得税也按时期数表示。递延所得税的计算公式为：

递延所得税 =（期末递延所得税负债余额 - 期初递延所得税负债余额）-（期末递延所得税资产余额 - 期初递延所得税资产余额）

= 当期递延所得税负债增加额 - 当期递延所得税资产增加额

在运用上述计算公式时，"递延所得税资产"和"递延所得税负债"账户余额应为扣除直接计入所有者权益、商誉以及营业外收入后的金额。

【例 7-27】 沿用例 7-26 资料，甲公司 2008 年 12 月 31 日资产负债表相关项目金额及其计税基础如表 7-8 所示。假定甲公司预计会持续盈利，能够获得足够的应纳税所得额。

表 7-8 单位：万元

项目	账面价值	计税基础	差异	
			应纳税暂时性差异	可抵扣暂时性差异
存货	60	80		20
交易性金融资产	180	150	30	
预计负债	50	0		50
总计			30	70

依据表 7-8 资料，甲公司 2008 年递延所得税计算如下：

递延所得税资产 = 70 × 25% = 17.5（万元）

递延所得税负债 = 30 × 25% = 7.5（万元）

递延所得税 = 7.5 - 17.5 = -10（万元）

三、所得税费用

如前所述，企业的本期所得税费用由当期所得税和递延所得税构成。用公式表示如下：

本期所得税费用 = 当期所得税 + 递延所得税

【例 7-28】 沿用例 7-26 和例 7-27 资料，甲公司 2008 年 12 月 31 日利润表中应确认的所得税费用的相关账务处理如下：

借：所得税费用——当期所得税费用 2 725 000

　贷：应交税费——应交所得税 2 725 000

借：递延所得税资产 175 000

　贷：递延所得税负债 75 000

　　所得税费用——递延所得税费用 100 000

上述两笔会计分录也可合编一笔会计分录。

【例 7-29】 沿用例 7-26、例 7-27 和例 7-28 有关资料，假定甲公司 2009 年应纳税所得额为 1 200 万元，资产负债表中有关资产、负债的账面价值与其计税基础如表 7－9所示，假定除所列项目外，其他资产、负债项目不存在会计与税收的差异。

表 7－9　　单位：万元

项　目	账面价值	计税基础	差　异	
			应纳税暂时性差异	可抵扣暂时性差异
存货	120	120		
无形资产	100	0	100	
交易性金融资产	200	240		40
预计负债	25	0		25
总　计			100	65

依据有关资料，甲公司 2009 年所得税的计算和账务处理如下：

（1）计算当期所得税：

当期所得税＝当期应交所得税＝1 200×25%＝300（万元）

（2）计算递延所得税：

①递延所得税负债：

年末递延所得税负债＝100×25%＝25（万元）

年初递延所得税负债＝7.5（万元）

本年递延所得税负债发生额＝25－7.5＝17.5（万元）

②递延所得税资产：

年末递延所得税资产＝65×25%＝16.25（万元）

年初递延所得税资产＝17.5（万元）

本年递延所得税资产发生额＝16.25－17.5＝－1.25（万元）

③递延所得：

税递延所得税＝17.5＋1.25＝18.75（万元）

（3）计算所得税费用：

所得税费用＝300＋18.75＝318.75（万元）

（4）作相应的账务处理：

借：所得税费用——当期所得税费用　　3 000 000

　　　　　　——递延所得税费用　　187 500

　贷：应交税费——应交所得税　　3 000 000

　　递延所得税资产　　12 500

　　递延所得税负债　　175 000

第五节 所得税的列报

一、我国所得税准则对所得税的列报要求

我国所得税准则规定,企业的递延所得税资产和递延所得税负债应当分别作为非流动资产和非流动负债在资产负债表中列示;所得税费用应当在利润表中单独列示。

企业应当在附注中披露与所得税有关的下列信息:

其一,所得税费用(收益)的主要组成部分。

其二,所得税费用(收益)与会计利润关系的说明。该项披露要求,目的是使财务报表使用者了解所得税费用(收益)和会计利润之间关系是否不寻常,以及在未来可能影响这种关系的因素。例如,免税收入、在确定应税利润时不能抵扣的费用、可抵扣亏损等因素均可能影响所得税费用(收益)和会计利润之间的关系。

其三,未确认递延所得税资产的可抵扣暂时性差异、可抵扣亏损的金额(如果存在到期日,还应披露到期日)。

其四,对每一类暂时性差异和可抵扣亏损,在列报期间确认的递延所得税资产或递延所得税负债的金额,确认递延所得税资产的依据。

其五,未确认递延所得税负债的,与对子公司、联营企业及合营企业投资相关的暂时性差异金额。

二、国际会计准则对所得税的列报要求

(一)表内列示

国际会计准则第 12 号(IAS12)有关所得税的表内列示主要有:

1. 当企业拥有抵销已确认金额的法定行使权,以及旨在以净值为基础结算,或同时变现资产和清偿负债的情况下,应抵销当期所得税资产和当期所得税负债。

2. 当所涉及的企业具有按单一的净额支付税款或接受返还的法定行使权,且旨在支付或接受这一净额,或同时收回资产和清偿负债的情况下,在合并财务报表中,集团中一个企业的当期所得税资产与该集团另一企业的当期所得税负债相互抵销。

3. 当同时满足以下情况时,应抵销递延所得税资产和递延所得税负债:

(1)企业拥有以当期所得税负债抵销当期所得税资产的法定行使权;

(2)递延所得税资产和递延所得税负债与同一税务部门对以下两种情形之一征收

的所得税相关：①同一纳税主体；②不同纳税主体，旨在预期结算或收回递延所得税负债或资产的重大金额的每一未来期间，以净值为基础结算当期所得税负债和资产，或者同时变现资产和清偿负债。

4. 与正常经营活动产生的损益相关的所得税费用（收益）应在收益表内列报。

（二）附注披露

依据国际会计准则第 12 号的规定，企业应在报表附注中主要披露与所得税有关的下列信息：

1. 所得税费用（收益）的主要构成项目，包括：①当期所得税费用（收益）；②在本期确认的、对以前期间的当期所得税所作的调整；③与暂时性差异的产生和转回相关的递延所得税费用（收益）的金额；④与税率改变或开征新税相关的递延所得税费用（收益）的金额；⑤以前未确认的可抵扣亏损、税款抵减，或以前期间用于减少当期所得税费用的暂时性差异所产生的利益的金额；⑥以前未确认的可抵扣亏损、税款抵减，或以前期间用于减少递延所得税费用的暂时性差异所产生的利益的金额；⑦由递延所得税资产的减记或前期减记的转回所产生的递延所得税费用；⑧与不需要追溯调整的会计政策变更和差错相关的所得税费用（收益）的金额。

2. 与借记或贷记入权益的项目相关的当期和递延所得税的总额。

3. 对所得税费用（收益）和会计利润之间关系所作的说明。

4. 与以前的会计期间相比，适用税率发生改变的说明。

5. 在资产负债表中未确认其递延所得税资产的可抵扣暂时性差异、未利用可抵扣亏损和未利用税款抵减的金额。

6. 与对子公司、分支机构及联营的投资和在合营中的权益相联系且未确认递延所得税负债的暂时性差异的总额。

7. 每一类暂时性差异以及每一类未利用可抵扣亏损和未利用税款抵减，在每一个列报期间的资产负债表内确认的递延所得税资产和负债的金额，以及在收益表内确认的递延所得税收益或费用的金额。

8. 终止经营的终止的利得或损失，以及终止经营当期的正常经营活动形成的损益和每一个列报前期的对应金额。

9. 在财务报表批准公布前提议或宣布向企业股东分配，但未在财务报表中确认为负债的股利的所得税后果的金额。

10. 当以下情况出现时，递延所得税资产的金额和支持其确认的证据的性质：①该递延所得税资产的利用取决于未来应税利润超过因转回现存应税暂时性差异所形成的利润的部分；②在递延所得税资产相关的税收管辖区内，该主体在当期或前期发生了亏损。

11. 由向股东支付股利产生的潜在所得税后果的性质、可实际确定的潜在所得税后果的金额以及是否存在不可实际确定的潜在的所得税后果。

12. 任何与纳税有关的或有负债或资产。

三、美国财务会计准则对所得税的列报要求

(一)表内列示

依据美国财务会计准则第 109 号的规定,在分类财务状况表中,企业应将递延所得税负债和递延所得税资产根据财务报告对相关资产和负债的分类划分为流动性和非流动性项目列示。与财务报告资产和负债无关的递延所得税负债和递延所得税资产(如开办费),包括与移后扣减相关的递延所得税资产,应根据该暂时性的预期转回日期进行分类。特定税收管辖区的估价备抵应在该税收管辖区的流动和非流动递延所得税资产之间按估计比例进行分摊。

对某一企业的特定纳税组成部分及在一个特定的税收管辖区内,所有流动性的递延所得税负债和递延所得税资产可分别加总,互相抵销,抵销后的净额作为一个单独的金额列报于"流动资产"或"流动负债"项目下;所有非流动性的递延所得税负债和递延所得税资产亦如此,相互抵销后的净额列示于"非流动资产"或"非流动负债"项目下。但企业不能抵销归属于企业不同纳税组成部分或不同税收管辖区内的递延所得税负债和递延所得税资产。

企业可根据某项递延所得税负债或资产是否与特定资产相关,来分析判断其是流动项目还是非流动项目。如与特定资产或负债相关,则按相关资产或负债相同的分类划分为流动或非流动项目。如与特定资产或负债无关,则按预计转回期间的长短进行分类:一年内能够转回的,列为流动项目;超过一年期以上转回的,列为非流动项目。

(二)附注披露

美国财务会计准则第 109 号要求企业在附注中主要披露以下信息:

1. 在财务状况表上确认的净递延所得税负债或递延所得税资产的组成部分:①所有递延所得税负债的合计额;②所有递延所得税资产的合计额;③对确定的递延所得税资产所确认的估价备抵合计。年度中估价备抵合计的净变动额也应予以披露。公开企业(指其债权或权益性证券在公开市场交易的企业)应披露形成递延所得税负债和递延所得税资产很大部分的每一种暂时性差异和以后扣减的近似纳税影响;非公开企业则可省去披露每一类型的纳税影响,只披露重大暂时性差异和移后扣减的类型。

之所以要求企业在附注中披露上述内容,是因为在资产负债表上,递延所得税资产或负债是以净额列示的,为了使会计信息的使用者了解更详细的信息,就需要通过附注形式予以揭示。

2. 每年由持续经营产生的所得税费用的重要组成部分:①递延所得税费用或利益(不包括下列其他组成部分的影响);②投资税款抵减;③政府补贴;④营业亏损移后扣减的利益;⑤直接将某些纳税利益分摊到被购买企业的实缴资本,或冲减商誉或其他非流动无形资产所产生的所得税费用;⑥因适用税法或税率的变动,或企业纳税身份的变化而对递延所得税负债或递延所得税资产进行的调整;⑦由于情况的变化,导致对未来年度相关递延所得税资产变现能力的判断的变化,而对估价备抵的年初余额进行的调整。

3. 分配给持续经营和分别分配给其他项目的所得税费用或利益的金额。

4. 计税目的的营业亏损和税款抵减移后扣减的金额和到期日,以及在递延所得税资产的估价备抵中的部分。

5. 属于填制合并纳税申报表的企业集团成员,将当期所得税费用和递延所得税费用的合并金额分配给集团成员的方法,以及该方法任何变更的性质和影响。

综上所述,首先,从所得税项目的表内列示看,我国的所得税准则与国际会计准则都不要求将递延所得税项目划分为流动性和非流动性项目。而美国的财务会计准则要求将递延所得税资产和递延所得税负债划分为流动性和非流动性项目,这在理论上是科学的,但在实际操作中却给予了会计人员过多的主观判断空间。因为不少暂时性差异与特定的资产和负债无关,在确定其相应的递延所得税项目的流动性与否时,只能按其预计转回期间的长短加以分类:在下一年度转回的,列为流动项目,否则列为非流动项目。企业会计人员在对转回期间作职业判断时,可能出于粉饰企业的短期偿债能力、流动资产营运能力及资产结构等目的,存在一定的会计操纵行为。基于此,我国在所得税项目列报方面不将递延所得税项目作流动性和非流动性的划分,与国际会计准则趋同符合我国的国情,但为了提高会计信息的透明度,可以在报表附注中对递延所得税资产(负债)或借项(贷项)的合计数、产生重大递延所得税项目的各类暂时性差异及各自对所得税的影响数予以适当披露。

其次,国际会计准则和美国财务会计准则都规定了在满足条件的情况下,递延所得税资产和递延所得税负债可以相互抵销,按抵销后的净额列示在报表中。英国的递延税款准则(FRS19)也规定,在同时满足条件的情况下,递延税款借方和贷方余额可以相互抵销,按抵销后的净额列示。而我国的所得税准则要求企业将递延所得税资产和递延所得税负债分别列示,不作抵销处理,以使信息使用者能够了解递延所得税资产和递延所得税负债的全貌。

再次,在附注的披露方面,国际会计准则和美国财务会计准则比我国的所得税准则要求得更为全面和具体,如从全面性上看,国际会计准则涉及与终止经营相关的所得税费用的披露;美国财务会计准则结合本国的税制和所得税处理的特殊要求,相应地作出所得税期内分摊等的披露要求。从披露的详细程度看,如对利润表中所得税费用(收益)的主要组成部分的披露要求,我国所得税准则只作出总的披露要求,而国际会计准则和美国财务会计准则均详细列示了应单独披露的主要组成部分项目。

第八章

非货币性资产交换

导读

非货币性资产交换

- 非货币性资产交换概述
  - 非货币性资产交换的概念
  - 非货币性资产交换交易的特点及判定标准
  - 货币性资产交换交易与非货币性资产交换交易的主要区别
- 按公允价值计量的非货币性资产交换
  - 非货币性资产交换具有商业实质的判断
  - 非货币性资产交换公允价值能够可靠计量的确定
  - 不涉及补价的会计处理
  - 涉及补价的会计处理
- 按账面价值计量的非货币性资产交换
  - 不涉及补价的非货币性资产交换
  - 涉及补价的非货币性资产交换
- 涉及多项非货币性资产的交换
  - 换入涉及多项非货币性资产交换的计量
  - 涉及多项非货币性资产交换按公允价值计量的会计处理
  - 涉及多项非货币性资产交换按账面价值计量的会计处理

说明:

非货币性资产交换是指交易双方通过存货、固定资产、无形资产和长期股权投资等非货币性资产进行的交换。该交换不涉及或只涉及少量的货币性资产(即补价)。非货币性资产有别于货币性资产的最基本特征是,其在将来为企业带来的经济利益,即货币金额,是不固定或不确定的。由于非货币性资产交换交易的对象主要是非货币性资产,因此非货币性资产交换交易是以非货币性资产进行交换的行为。非货币性资产交换的确认与计量与非货币性资产交换是否具有商业实质密切相关。非货币性资产交换,只有同时满足该项交换具有商业实质、换入资产或换出资产的公允价值能够可靠计量这两个条件的,才能以公允价值和应支付的相关税费作为换入资产的成本,公允价值与换出资产账面价值的差额计入当期损益;如果这两个条件不能同时满足,则换入资产的成本应当以换出资产的账面价值和应支付的相关税费之和确定,在这种情况下就不再确认当期损益。无论按公允价值还是按账面价值计量,凡是涉及补价的,其换入资产的成本应当分别支付补价和收到补价的情况确定。企业发生的非货币性资产交换交易,按是否涉及补价,考虑在非货币性资产交换中是否同时满足该项交换具有商业实质和换入资产或换出资产的公允价值能够可靠计量的规定条件,进行不同的会计处理。

第一节　非货币性资产交换概述

一、非货币性资产交换的概念

非货币性资产交换是指交易双方通过存货、固定资产、无形资产和长期股权投资等非货币性资产进行的交换,有时也涉及少量货币性资产(即补价)。

从上述定义可以看出,非货币性资产交换的对象主要是非货币性资产。通常情况下,诸如企业以现金购买材料物资、以现金偿还企业的各种债务等都属于货币性资产交换。所谓货币性资产,是指企业将以固定或可确定金额的货币收取的资产,包括现金、银行存款、应收账款和应收票据以及准备持有至到期的债券投资等。现金是企业所持有的货币,其金额是固定的。应收账款作为企业的债权,有相应的发货票等原始凭证作为收款的依据,虽然在收回货款过程中有可能发生坏账损失,但是,企业可以根据以往与购货方交往的经验,估计出发生坏账的可能性以及坏账金额,所以,应收账款在将来为企业带来的经济利益,即货币金额,是固定的或可确定的。应收票据是企业收到的商业汇票,是企业在将来收款的依据,分带息和不带息两种:不带息应收票据,企业在将来可根据其面值收到款项;带息的应收票据,企业可根据面值、持有期间和票面利率计算出在将来收到的款项。准备持有至到期的债券投资,因为企业准备持有至到期,所以在将来为企业带来的经济利益,即货币金额,是固定或可确定的,因此符合货币性资产的定义。因此,现金、银行存款、应收账款和应收票据以及准备持有至到期的债券投资都属于货币性资产。货币性资产交换的特点就是以放弃货币性资产的方式换入货币性或非货币性资产。而货币性资产以外的资产就是非货币性资产,包括存货、固定资产、无形资产、股权投资以及不准备持有至到期的债券投资等。这里的存货,包括在途物资、原材料、包装物、低值易耗品、库存商品、委托加工物资、委托代销商品等。

非货币性资产有别于货币性资产的最基本特征是,其在将来为企业带来的经济利益,即货币金额,是不固定或不确定的。比如,企业持有存货的主要目的,或者是在正常的生产经营过程中通过直接销售获利;或者作为劳动对象,在正常的生产经营过程中通过对其进行加工形成商品,然后通过销售获利;或者作为辅助手段,在正常的生产经营过程中有助于销售过程或有助于加工过程。在这一过程中,存货在将来企业带来的经济利益,即货币金额,可能受到内部、外部主客观因素的影响,是不固定的,或是不可确定的,不符合货币性资产的定义。企业持有固定资产的主要目的是作为劳动手段,在正常的生产经营过程中通过作用于劳动对象,或服务于生产经营过程,同时以折旧的方式将其磨损价值转移到产品成本中,最后通过销售获利。在这一过程中,固定资产在将来为企业带来的经济利益,即货币金额,是不固定的,或是不可确定的,不符合货币性资产的定义。无形资产,能够给企业提供的未来经济利益的大小具有很大程度上的不确定性,其原因主要有:首先,无形资产的经济价值在很大程度上受外部经济因素的影响,预期的获利能力不能准确地加以确定;其次,无形资产一般需要借助于有形资产才能发挥作用。正因为如此,无形资产在将来给企业带来的经济利益,即货币金额,是不固定的,或是不可确定的,不符合货币性资产的定义。因此,无形资产属于非货币性资产。股权投资取得的经济利益,是通过其他单位使用投资者投入的资产创造效益后分配而取得,或是通过投资改善贸易关系等获取经济利益。在这一过程中,股权投资在将来为企业带来的经济利益,即货币金额,是不固定的或是不可确定的,不符合货币性资产的定义。不准备持有至到期的债券投资,因为企业不准备持有至到期,企业随时可能处置该债券投资;同时,债券投资的市场价格受多种因素的影响,所以,不准备持有至到期的债券投资在将来为企业带来的经济利益,即货币金额,是不固定的,或是不可确定的,不符合货币性资产的定义。因此,存货、固定资产、无形资产、股权投资以及不准备持有至到期的债券投资都属于非货币性资产。

二、非货币性资产交换交易的特点及判定标准

非货币性资产交换的特点是不涉及或只涉及少量的货币性资产即补价。也就是说

非货币性资产并不完全排除货币性资产，有时也可能涉及少量的货币性资产。

（一）非货币性资产交换交易的对象主要是非货币性资产

通常情况下，企业进行商品交易都是用货币性资产来交换存货、固定资产、无形资产等非货币性资产。但是，有些商品交易可能不涉及货币性资产，或只涉及少量的货币性资产。

（二）非货币性资产交换交易是以非货币性资产进行交换的行为

企业在生产经营过程中所进行的各类交易，按照交易行为的性质，可分为互惠转让和非互惠转让。互惠转让，是指一个企业和另一个企业之间的交换，其结果是，企业以换出资产为代价换入资产。这里所讲的非货币性资产交换就是互惠转让。非互惠转让，是指资产的单方向转让，由一个企业转让给其所有者或其他企业，或是由所有者或其他企业转让给该企业。非互惠转让通常包括企业与所有者的非互惠转让和企业与所有者以外的其他单位或个人的非互惠转让。例如，在企业清算过程中，把非货币性资产转让给企业的所有者，属于企业与所有者的非互惠转让。又如，企业将非货币性资产捐赠给慈善组织，属于企业与所有者以外的其他单位或个人的非互惠转让。

（三）非货币性资产交换交易有时也可能涉及少量的货币性资产

非货币性资产交换交易并不意味着不涉及任何货币性资产。如果只涉及少量的货币性资产，则仍属于非货币性资产交换交易。为便于判断，非货币性资产交换准则认定涉及少量货币性资产的交换为非货币性资产交换。通常以补价占整个资产交换金额的比例低于25%作为参考。支付的货币性资产占换入资产公允价值（或占换出资产公允价值与支付的货币性资产之和）的比例低于25%（不含25%）的，视为非货币性资产交换。如果高于25%（含25%）的，则视为以货币性资产取得非货币性资产，在这种情况下，不适用《企业会计准则第7号——非货币性资产交换》准则，而适用《企业会计准则第14号——收入》等相关准则。

三、货币性资产交换交易与非货币性资产交换交易的主要区别

货币性资产交换交易与非货币性资产交换交易的主要区别是资产在将来为企业带来的经济利益，即货币金额，是否是固定或可确定的。如果资产在将来为企业带来的经济利益，即货币金额，是固定或可确定的，则该资产交易是货币性资产交易；反之，如果资产在将来为企业带来的经济利益，即货币金额，是不固定的或是不可确定的，则该资产交易是非货币性资产交易。比如，甲企业需要乙企业拥有的设备，乙企业需要甲企业生产的产品，甲、乙企业在货币性资金短缺的情况下，就可能会出现非货币性资产交换的交易行为。

第二节　按公允价值计量的非货币性资产交换

非货币性资产交换准则规定，非货币性资产交换同时满足具有商业实质和公允价值能够可靠计量这两个条件时，才能采用按公允价值计量的方法。

一、非货币性资产交换具有商业实质的判断

非货币性资产交换具有商业实质，是决定换入资产能够采用公允价值计量的一个重要条件。判断非货币性资产交换是否具有商业实质时，应当遵循实质重于形式的原则，重点考虑发生的该项非现金资产交换预期给企业带来的未来现金流量发生变动的程度。如果根据换入资产的性质和换入企业经营活动的特征等因素，推断换入资产与换入企业其他现有资产相结合能够产生更大的效用，使换入企业受该换入资产影响产生的预计未来现金流量或其现值与换出资产明显不同，则表明该项非货币性资产交换具有商业实质。

根据《企业会计准则——非货币性资产交换》的规定，非货币性资产交换在满足下列条件之一时，就可以说具有商业实质。

（一）换入资产的未来现金流量在风险、时间和金额方面与换出资产显著不同

这主要包括以下三种情形：

1. 未来现金流量的风险、金额相同，时间不同。这种情形是指换入资产和换出资产产生的未来现金流量总额相同，获得这些现金流量的风险相同，但现金流量流入企业的时间不同。比如，甲企业以一批原材料换入一项设备，由于原材料属于存货，其流动性强，能够在较短的时间内产生现金流量，而设备作为固定资产要在较长的时间内为企业带来现金流量，因此两者产生现金流量的时间相差较大，即上述原材料与固定资产产生的未来现金流量显著不同。

2. 未来现金流量的时间、金额相同，风险不同。这种情形是指换入资产和换出资产产生的未来现金流量总额相同，获得这些现金流量的时间相同，但现金流量流入企业的风险明显不同。这里的风险不同是指企业获得现金流量的不确定性程度的差异。比如，甲企业将其不准备持有至到期的国库券换入不动产房屋一幢，准备用于出租，假定该企业预计未来每年收到的国库券利息与房屋租金在金额和流入时间上相同，但是由于国库券利息通常风险很小，而租金的取得却需要依赖于承租人的财务及信用情况等

而定，因此可以看出国库券与房屋的未来现金流量显著不同，两者现金流量的风险或不确定性程度存在明显差异。

3. 未来现金流量的风险、时间相同，金额不同。这种情形是指换入资产和换出资产的现金流量总额相同，预计为企业带来现金流量的时间跨度相同，风险也相同，但各年产生的现金流量金额存在明显差异。比如，甲企业以其一项专利权换入乙企业的一项商标权，预计这两项无形资产的使用寿命相同，在使用寿命内预计为企业带来的现金流量总额相同，但由于换入的商标权是企业新产品的，预计其开始阶段产生的未来现金流量明显少于后期，而该企业拥有的专利权每年产生的现金流量比较均衡，这必然导致两者产生的现金流量在金额上明显不同，进而导致两者产生的未来现金流量存在明显差异。

（二）换入资产与换出资产的预计未来现金流量现值不同，且其差额与换入资产和换出资产的公允价值相比是重大的

这里所指资产的预计未来现金流量现值，应当按照资产在持续使用过程和最终处置时所产生的预计税后未来现金流量，根据企业自身而不是市场参与者对资产特定风险的评价，选择恰当的折现率对其进行折现后的金额加以确定。举个例子来说，甲企业将一项专利权换入乙企业拥有的长期股权投资，假定该项专利权与该项长期股权投资的公允价值相同，两项资产未来现金流量的风险、时间和金额也相同，但对换入企业而言，甲企业换入的是该项长期股权投资，使该企业对被投资方由重大影响变为控制关系，从而对甲企业而言，其换入的该项长期股权投资预计未来现金流量的现值与其换出的专利权就产生了较大差异；乙企业换入的是专利权，并且该专利权由于能够解决生产中的技术难题，从而使乙企业的预计未来现金流量现值与换出的长期股权投资产生明显差异，因而可以说这两项资产的交换都具有商业实质。

综上所述，企业应当遵循实质重于形式的原则判断非货币性资产交换是否具有商业实质。非货币性资产交换是否具有商业实质是非货币性资产交换的确认与计量的关键问题。在确定非货币性资产交换是否具有商业实质时，企业应当重点关注交换涉及的同类资产的情况和交易各方之间是否存在关联方关系。由于同类资产产生的未来现金流量可能相同，也可能不同，因而同类资产在换入和换出企业之间的交换可能具有商业实质，也可能不具有商业实质。而关联方关系的存在，可能导致发生的非货币性资产交换不具有商业实质。

二、非货币性资产交换公允价值能够可靠计量的确定

符合下列三种情形之一时，表明换入资产或换出资产的公允价值能够可靠地计量。

（一）换入或换出资产存在活跃市场

换入或换出资产存在活跃市场的，表明该资产的公允价值能够可靠计量。对于存在活跃市场的存货、长期股权投资、固定资产、无形资产等非货币性资产，应当以资产的市场价格为基础确定其公允价值。

（二）换入或换出资产不存在活跃市场，但同类或类似资产存在活跃市场

换入资产或换出资产不存在活跃市场，但同类或类似资产存在活跃市场，表明该资产的公允价值能够可靠计量。对于同类或类似资产存在活跃市场的存货、长期股权投资、固定资产、无形资产等非货币性资产，应当以同类或类似资产市场价格为基础确定其公允价值。

（三）换入或换出资产不存在同类或类似资产的可比市场交易

换入或换出资产不存在同类或类似资产的可比市场交易，应当采用估值技术确定其公允价值。该公允价值估计数的变动区间很小，或者在公允价值估计数变动区间内，各种用于确定公允价值估计数的概率能够合理确定的，视为公允价值能够可靠计量。

三、不涉及补价的非货币性资产交换的会计处理

在非货币性资产交换具有商业实质且公允价值能够可靠计量的情况下，不涉及补价的，其换入资产的入账价值应以换出资产的公允价值加上应支付的相关税费确定；如果有确凿证据表明换入资产的公允价值更加可靠，则以换入资产的公允价值加上应支付的相关税费确定。换出资产公允价值与其账面价值之间的差额，应计入当期损益。公式为：

换入资产的入账价值 = 换出资产的公允价值 + 应支付的相关税费

【例 8－1】A 公司决定以账面价值为 425 000 元、公允价值为 500 000 元的一台机床，换入 B 公司账面价值为 425 000 元，公允价值为 500 000 元的一批材料，用于产品生产。A 公司换出机床的原价为 500 000 元，累计折旧为 75 000 元，该机床未计提减值准备。B 公司换出的商品的公允价值为 500 000 元，B 公司将换入的设备作为固定资产管理。假设 B 公司该批商品计税价格等于公允价值，A、B 公司均为增值税一般纳税人，适用的增值税税率为 17%。在整个资产交换中没有发生除增值税以外的其他相关税费，该项交换具有商业实质。要求编制 A、B 公司非货币资产交换的会计分录。

A 公司应作如下会计处理：

(1)借：固定资产清理	425 000
累计折旧	75 000

贷:固定资产　　500 000

(2)借:原材料　　500 000

应交税费——应交增值税(进项税额)　　85 000

贷:固定资产清理　　425 000

应交税费——应交增值税(销项税额)　　85 000

营业外收入　　75 000

需要说明的是:此题A公司换入材料的公允价值与其换出设备的公允价值相同。A公司以换出设备的公允价值作为换入材料的成本。

B公司应作如下会计处理:

(1)借:固定资产　　500 000

应交税费——应交增值税(进项税额)　　85 000

贷:主营业务收入　　500 000

应交税费——应交增值税(销项税额)　　85 000

(2)借:主营业务成本　　425 000

贷:库存商品　　425 000

四、涉及补价的非货币性资产交换的会计处理

非货币性资产交换具有商业实质且换入资产或换出资产的公允价值能够可靠计量的,在发生补价时,企业在按照公允价值和应支付的相关税费作为换入资产成本的情况下,其换入资产的成本应当分别支付补价和收到补价的情况进行确定,并且进行其会计处理。

(一)支付补价

凡支付补价的,其换入资产的成本应当以换出资产的公允价值加上支付的补价(或换入资产的公允价值)和应支付的相关税费确定。可用公式表述为:

换入资产的入账价值 = 换出资产的公允价值 + 补价 + 应支付的相关税费

换入资产成本与换出资产账面价值加支付的补价、应支付的相关税费之和的差额应当计入当期损益。

(二)收到补价

凡收到补价的,其换入资产的入账价值应当以换出资产的公允价值减去补价(或换入资产的公允价值)和应支付的相关税费确定。可用公式表述为:

换入资产的入账价值 = 换出资产的公允价值 - 补价 + 应支付的相关税费

换入资产成本加收到的补价之和与换出资产账面价值加应支付的相关税费之和的

差额应当计入当期损益。

对于换出资产公允价值与其账面价值的差额,应当分别以下不同情况处理:

1. 如果换出的资产为存货,则应当作为销售处理。根据《企业会计准则第 14 号——收入》相关内容的规定,按其公允价值确认收入,同时结转相应的成本。

2. 如果换出的资产为固定资产、无形资产,则换出资产公允价值与其账面价值的差额,应计入营业外收入或营业外支出。

3. 如果换出的资产为长期股权投资、可供出售金融资产的,则换出资产公允价值与其账面价值的差额,应计入投资损益。

需要注意的是:换入资产与换出资产涉及相关税费的,如换出存货视同销售计算的销项税额,换入资产作为存货应当确认的可抵扣增值税进项税额,以及换出固定资产、无形资产视同转让应交纳的营业税等,按照税收相关规定计算确定。

【例 8-2】假定例 8-1 中的 A 公司换出设备的公允价值为 600 000 元,换入材料的公允价值为 500 000 元。B 公司换出商品的账面价值为 400 000 元,B 公司向 A 公司另外支付补价 100 000 元。其他资料同例 8-1。

在本例中,由于 A 公司收到的补价 100 000 元占换出资产公允价值的比例为 100 000/600 000 = 17% < 25%。B 公司支付的补价 100 000 元占换入资产公允价值的比例为 100 000/(500 000 + 100 000) = 17% < 25%。因此属于非货币资产交换交易。

A 公司应作如下会计处理:

(1)借:固定资产清理　　425 000
　　累计折旧　　75 000
　贷:固定资产　　500 000

(2)借:原材料　　(600 000 - 100 000)500 000
　　银行存款　　100 000
　　应交税费——应交增值税(进项税额)　　85 000
　贷:固定资产清理　　425 000
　　应交税费——应交增值税(销项税额)　　(600 000 × 17%)102 000
　　营业外收入　　158 000

B 公司应作如下会计处理:

(1)借:固定资产　　(500 000 + 100 000)600 000
　　应交税费——应交增值税(进项税额)　　(600 000 × 17%)102 000
　贷:主营业务收入　　500 000
　　应交税费——应交增值税(销项税额)　　85 000
　　银行存款　　100 000

营业外收入　　17 000
(2)借:主营业务成本　　400 000
贷:库存商品　　400 000

第三节　按账面价值计量的非货币性资产交换

在非货币性资产交换中,如果不能同时满足该项交换具有商业实质和换入资产或换出资产的公允价值能够可靠计量的规定条件,则换入资产的成本应当以换出资产账面价值为基础确定。

一般来说,如果换入资产和换出资产的公允价值都不能可靠计量,则该项非货币性资产交换通常不具有商业实质。在这种情况下,无论是否涉及补价,均不需确认损益。

一、不涉及补价的非货币性资产交换

在这种情况下,因不涉及补价,其换入资产的成本应以换出资产的账面价值和应支付的相关税费之和确定,此时不再确认当期损益。公式为:

换入资产的入账价值 = 换出资产的账面价值 + 应支付的相关税费

【例 8-3】A 公司以一台设备换入 B 公司的一辆小轿车,A 公司换出设备的账面原值为 90 000 元,已提折旧 15 000 元;B 公司换出的小轿车的账面原值为 105 000 元,已提折旧 22 500 元。在这项交易中,A 公司以银行存款支付了设备清理费相关税费 5 075 元。假定该项交易不具有商业实质,A、B 公司换出的固定资产,其预计未来现金流量的现值相等。A、B 公司换出的固定资产均未计提减值准备。不考虑相关税金。要求编制 A、B 公司非货币资产交换的会计分录。

A 公司应作如下会计处理:

(1)借:固定资产清理　　75 000
累计折旧　　15 000
贷:固定资产——设备　　90 000
(2)借:固定资产清理　　5 075
贷:银行存款　　5 075
(3)借:固定资产——小轿车　　(75 000 + 5 075)80 075
贷:固定资产清理　　80 075

B 公司应作如下会计处理:

(1)借:固定资产清理　　82 500

累计折旧 22 500

贷:固定资产——小轿车 105 000

(2)借:固定资产——设备 82 500

贷:固定资产清理 82 500

二、涉及补价的非货币性资产交换

在非货币性资产交换中,如果不能同时满足该项交换具有商业实质或者换入资产或换出资产的公允价值能够可靠计量的规定条件,则企业在按照换出资产的账面价值和应支付的相关税费作为换入资产成本的前提下,对发生补价的,应当分别支付补价和收到补价的情况确定。

(一)支付补价

凡支付补价的,应当以换出资产的账面价值,加上支付的补价和应支付的相关税费,作为换入资产的成本,不确认损益。可用公式表示为:

换入资产的入账价值 = 换出资产的账面价值 + 补价 + 应支付的相关税费

(二)收到补价

收到补价的,应当以换出资产的账面价值,减去收到的补价并加上应支付的相关税费,作为换入资产的成本,不确认损益。可用公式表示为:

换入资产的入账价值 = 换出资产的账面价值 - 补价 + 应支付的相关税费

【例8-4】 A公司以一辆小轿车换取B公司一辆小型中巴,A公司换出小轿车的原始价值为275 000元,已提折旧17 500元;B公司换出的小型中巴的原始价值为337 500元,已计提折旧60 000元。A公司另向B公司支付补价10 000元。假设A、B公司均未对换出固定资产计提减值准备,换入后A、B公司仍作为固定资产管理。A、B公司换出的固定资产的公允价值不能可靠计量。

A公司应作如下会计处理:

(1)借:固定资产清理 257 500

累计折旧 17 500

贷:固定资产——小轿车 275 000

(2)借:固定资产——中巴 (257 500 + 10 000)267 500

应交税费——应交增值税(进项税额) (267 500 × 17%)45 475

贷:固定资产清理 257 500

银行存款 10 000

应交税费——应交增值税(销项税额) (267 500 × 17%)45 475

B 公司应作如下会计处理：

(1)借：固定资产清理　　277 500
　　累计折旧　　60 000
　贷：固定资产　　337 500

(2)借：固定资产——小轿车　　(277 500 - 10 000)267 500
　　应交税费——应交增值税(进项税额)　　(267 500 × 17%)45 475
　　银行存款　　10 000
　贷：固定资产清理　　277 500
　　应交税费——应交增值税(销项税额)　　(267 500 × 17%)45 475

第四节　涉及多项非货币性资产的交换

涉及多项非货币性资产交换包括企业以一项非货币性资产同时换入另一企业的多项非货币性资产，企业以多项非货币性资产换入另一企业的一项非货币性资产，企业以多项非货币性资产同时换入另一企业的多项非货币性资产等情况。在涉及多项非货币性资产的交换中，也可能涉及补价。

一、换入涉及多项非货币性资产的交换的计量

换入涉及多项非货币性资产的交换一般应按以下两种方法进行计量。

(一)按公允价值计量

换入资产的总成本按照公允价值计量，但各单项换入资产的成本，应视其公允价值能否可靠计量而分别以下三种情况进行处理：

1. 资产交换具有商业实质，且各项换出资产和各项换入资产的公允价值均能够可靠计量。在这种情况下，换入资产的总成本的确定，应以换出资产的公允价值总额为基础，除非有确凿证据证明换入资产的公允价值总额更可靠。各项换入资产的成本，应当按照各项换入资产的公允价值占换入资产公允价值总额的比例，对换入资产的成本进行分配后确定。

2. 资产交换具有商业实质，且换入资产的公允价值能够可靠计量、换出资产的公允价值不能可靠计量。在这种情况下，换入资产总成本的确定，应以换入资产的公允价值总额为基础；各项换入资产的成本，应以各项换入资产的公允价值占换入资产公允价值总额的比例，对换入资产总成本进行分配后确定。

3. 资产交换具有商业实质、换出资产的公允价值能够可靠计量,但换入资产的公允价值不能可靠计量。在这种情况下,换入资产总成本的确定,应当以换出资产的公允价值总额为基础;各项换入资产的成本,应以各项换入资产的原账面价值占换入资产原账面价值总额的比例,对按照换出资产公允价值总额确定的换入资产总成本进行分配后确定。

(二)按账面价值计量

资产交换不具有商业实质,或换入资产和换出资产的公允价值均不能可靠计量。在这种情况下,换入资产总成本的确定,应当以换出资产原账面价值总额为基础;各项换入资产的成本,应以各单项换入资产的原账面价值占换入资产原账面价值总额的比例进行分配后确定。

二、涉及多项非货币性资产交换按公允价值计量的会计处理

非货币性资产交换同时换入多项资产的,在确定各项换入资产的成本时,如果非货币性资产交换具有商业实质,并且换入资产的公允价值能够可靠计量,则在同时换入多项资产的情况下,应当按照换入各项资产的公允价值占换入资产公允价值总额的比例,对换入资产的成本总额进行分配,确定各项换入资产的成本。当涉及补价时,与具有商业实质且涉及补价的单项资产的会计处理原则相同。

【例8-5】 A、B公司均为增值税一般纳税企业,其适用的增值税税率均为17%。为适应各自生产发展的需要,A、B公司经协商,相互进行非货币性资产交换,该交换具有商业实质,并且公允价值能够可靠地予以计量。有关资料如下:

(1)A公司以仓库、设备和原材料换入B公司的办公楼、专利权和货运汽车。其换出仓库的账面原价为1 125 000元,已提折旧225 000元,公允价值为750 000元;换出设备的账面原价为900 000元,已提折旧450 000元,公允价值为600 000元;换出原材料的账面价值为2 250 000元,公允价值与计税价值相等,均为2 625 000元。A公司换入的办公楼和货运汽车作为固定资产管理和核算,换入的专利权作为无形资产管理和核算。

(2)B公司以办公楼、专利权和货运汽车换入A公司的仓库、设备和原材料。其换出的办公楼的账面原价为1 125 000元,已提折旧375 000,公允价值1 125 000元;换出的专利权的实际成本为1 500 000元,累计摊销675 000元,公允价值750 000元;换出的货运汽车的账面原价为2 250 000元,已提折旧600 000元,公允价值为1 800 000元。B公司另支付补价542 250元。B公司换入的仓库、设备均作为固定资产管理和核算,换入的原材料作为库存材料管理和核算。

假定A、B公司换出的资产均未计提减值准备,且在资产交换过程中均未发生除增值税以外的其他税费。

要求:(1)分别计算A、B公司各项换入资产的入账价值。

(2)分别编制有关A、B公司非货币性资产交换的会计分录。

(1)有关计算如下:

①A公司换出资产的账面价值合计

=900 000+450 000+2 250 000

=3 600 000(元)

A公司换出资产的公允价值合计

=750 000+600 000+2 625 000

=3 975 000(元)

②B公司换出资产的账面价值合计

=750 000+825 000+1 650 000

=3 225 000(元)

B公司换出资产的公允价值合计

=1 125 000+750 000+1 800 000

=3 675 000(元)

③A公司应分配的换入资产价值总额

=3 975 000-300 000

=3 675 000(元)

B公司应分配的换入资产价值总额

=3 675 000+300 000

=3 975 000(元)

④A公司换入各项资产的入账价值如下:

A公司换入B公司的办公楼应分配的入账价值

=3 675 000×(1 125 000÷3 675 000)

=1 125 000(元)

A公司换入B公司的专利权应分配的入账价值

=3 675 000×(750 000÷3 675 000)

=750 000(元)

A公司换入B公司的货运汽车应分配的入账价值

=3 675 000×(1 800 000÷3 675 000)

=1 800 000(元)

⑤B 公司换入各项资产的入账价值如下:

B 公司换入 A 公司的仓库应分配的入账价值

=750 000 ÷ 3 975 000 × 3 975 000

=750 000(元)

B 公司换入 A 公司的设备应分配的入账价值

=600 000 ÷ 3 975 000 × 3 975 000

=600 000(元)

B 公司换入 A 公司的原材料应分配的入账价值

=2 625 000 ÷ 3 975 000 × 3 975 000

=2 625 000(元)

(2)A、B 公司非货币资产交换的会计处理:

A 公司应作如下会计处理:

①借:固定资产清理　　1 350 000
　　累计折旧　　675 000
　贷:固定资产——仓库　　1 125 000
　　　　　　——设备　　900 000

②借:固定资产清理　　(750 000 × 5%)37 500
　贷:应交税费——应交营业税　　37 500

③借:固定资产——办公楼　　1 125 000
　　　　　　——货运汽车　　1 800 000
　　应交税费——应交增值税(进项税额)　　(1 800 000 × 17%)306 000
　　无形资产　　750 000
　　银行存款　　542 250
　　营业外支出　　37 500
　贷:固定资产清理　　1 387 500
　　应交税费——应交增值税(销项税额)
　　　　[(600 000 + 2 625 000) × 17%]548 250
　　其他业务收入　　2 625 000

④借:其他业务成本　　2 250 000
　贷:原材料　　2 250 000

B 公司应作如下会计处理:

①借:固定资产清理　　2 400 000

累计折旧　975 000
　贷:固定资产——办公楼　1 125 000
　　　　　——货运汽车　2 250 000
②借:固定资产清理　(1 125 000 ×5%)56 250
　贷:应交税费——应交营业税　56 250
③借:固定资产——仓库　750 000
　　　　　——设备　600 000
　累计摊销　675 000
　原材料　2 625 000
　应交税费——应交增值税(进项税额)
　　[(600 000 +2 625 000) ×17%]548 250
　贷:固定资产清理　2 456 250
　　应交税费——应交增值税(销项税额)　306 000
　　无形资产　1 500 000
　　应交税费——应交营业税　(750 000 ×5%)37 500
　　银行存款　300 000
　　营业外收入　598 500

三、涉及多项非货币性资产交换按账面价值计量的会计处理

如果非货币性资产交换不具有商业实质,或者虽具有商业实质,但换入资产的公允价值不能可靠计量,若不涉及补价,则在同时换入多项资产的情况下,应当按照换入各项资产的原账面价值占换入资产原账面价值总额的比例,对换入资产的成本总额进行分配,确定各项换入资产的成本。当涉及补价时,与不具有商业实质且涉及补价的单项资产的会计处理原则相同。

(一)不涉及补价

前已述及,不涉及补价的单项非货币性资产,不同时满足非货币性资产交换具有商业实质和换入资产或换出资产的公允价值能够可靠计量的条件时,其换入资产的入账价值是按换出资产的账面价值加上应支付的相关税费确定的。在涉及多项非货币性资产交换时,由于换出、换入的各项资产的账面价值无法形成一一对应关系,因此各项换入资产的入账价值,是按照换入各项资产的账面价值占换入资产账面价值总额的比例,对换入资产的成本总额进行分配后确定的。

【例8 -6】　A、B 公司均为增值税一般纳税企业,其适用的增值税税率均为17%。

为适应各自生产经营的需要，经双方协商进行非货币性资产交换。假设该交换不具有商业实质，A、B公司的换出资产均未计提减值准备，在整个资产交换中尚未发生除增值税以外的其他税费。A、B公司换入的资产均作为相关资产管理和核算。其他相关资料如下：

(1)A公司以其不需用的设备、非专利技术和库存材料换入B公司的机床和库存商品。其换出设备的账面原价为5 250 000元，已提折旧3 000 000元，公允价值为2 400 000元；换出非专利技术的账面原价为1 800 000元，累计摊销450 000元，公允价值为1 650 000元；换出库存材料的账面价值为450 000元，公允价值为600 000元。

(2)B公司以其不需用的机床和库存商品换入A公司的设备、非专利技术和库存用材料。其换出机床的账面原价为6 000 000元，已提折旧3 750 000元，公允价值为2 400 000元；换出库存商品的账面价值为1 500 000元，公允价值为1 650 000元。

上述各项资产的计税价格与公允价值相同。

要求：(1)分别计算A、B公司各项换入资产的入账价值。

(2)分别编制有关A、B公司非货币性资产交换的会计分录。

(1)有关计算如下：

①A公司换出资产的账面价值合计

=(5 250 000 - 3 000 000) + (1 800 000 - 450 000) + 450 000

=4 050 000(元)

②A公司应分配的换入资产价值总额

=[(5 250 000 - 3 000 000) + (1 800 000 - 450 000) + 450 000]

+ (2 400 000 + 600 000) × 17% - (2 400 000 + 1 650 000) × 17%

=4 050 000 + 510 000 - 668 500

=3 891 500(元)

③B公司换出资产的账面价值合计

=(6 000 000 - 3 750 000) + 1 500 000

=3 750 000(元)

④B公司应分配的换入资产价值总额

=[(6 000 000 - 3 750 000) + 1 500 000] + (2 400 000 + 1 650 000) × 17%

- (2 400 000 + 600 000) × 17%

=3 750 000 + 668 500 - 510 000

=3 908 500(元)

⑤A公司换入B公司各项资产应分配的价值

A公司换入B公司机床应分配的价值

=(6 000 000 - 3 750 000) ÷ 3 750 000 × 3 891 500

=2 334 900(元)

A 公司换入 B 公司库存商品应分配的价值

=1 500 000 ÷ 3 750 000 × 3 891 500

=1 556 600(元)

⑥B 公司换入 A 公司各项资产应分配的价值

B 公司换入 A 公司设备应分配的价值

=(5 250 000 - 3 000 000) ÷ 4 050 000 × 3 908 500

=2 171 388.89(元)

B 公司换入 A 公司非专利技术应分配的价值

=(1 800 000 - 450 000) ÷ 4 050 000 × 3 908 500

=1 302 833.33(元)

B 公司换入 A 公司库存用材料应分配的价值

=450 000 ÷ 4 050 000 × 3 908 500

=434 277.78(元)

(2)A、B 公司非货币资产交换的会计处理

A 公司应作如下会计处理:

①借:固定资产清理　2 250 000
　　累计折旧　3 000 000
　贷:固定资产——设备　5 250 000

②借:固定资产——机床　2 334 900
　　累计摊销　450 000
　　库存商品　1 556 600
　　应交税费——应交增值税(进项税额)
　　　　[(2 400 000 + 1 650 000) × 17%]688 500
　　营业外支出　212 500
　贷:其他业务收入　600 000
　　　固定资产清理　2 250 000
　　　无形资产　1 800 000
　　　应交税费——应交增值税(销项税额)
　　　　[(2 400 000 + 600 000) × 17%]510 000
　　　　　——应交营业税　(1 650 000 × 5%)82 500

③借:其他业务成本　450 000
　贷:原材料　450 000

B公司应作如下会计处理：

①借：固定资产清理　　2 250 000
　　累计折旧　　3 750 000
　贷：固定资产——机床　　6 000 000

②借：固定资产——设备　　2 171 388.89
　　无形资产　　1 302 833.33
　　原材料　　434 277.78
　　应交税费——应交增值税（进项税额）
　　　　[(2 400 000 + 600 000) × 17%] 510 000
　　营业外支出　　170 000
　贷：固定资产清理　　2 250 000
　　　主营业务收入　　1 650 000
　　　应交税费——应交增值税（销项税额）　　688 500

③借：主营业务成本　　1 500 000
　贷：库存商品　　1 500 000

（二）涉及补价

前已述及，涉及补价的单项非货币性资产，不同时满足非货币性资产交换具有商业实质和换入资产或换出资产的公允价值能够可靠计量的条件时，其换入资产的入账价值分别按支付补价和收到补价进行会计处理。即对支付补价的一方，是以换出资产的账面价值，加上补价和应支付的相关税费，作为换入资产的入账价值，此时不涉及损益；对收到补价的一方，是以换出资产的账面价值加上应支付的相关税费，再减去补价，作为换入资产的入账价值，此时也不涉及损益。对于涉及补价的多项非货币性资产交换，就需要对换入各项资产的价值进行分配，其分配方法与不涉及补价的多项资产交换原则相同，即按照换入各项资产的账面价值占换入资产账面价值总额的比例，对换入资产的成本总额进行分配后确定。

【例8－7】　A、B公司均为增值税一般纳税企业，其适用的增值税税率均为17%。为适应各自生产经营的需要，经双方协商进行非货币性资产交换。假设该交换不具有商业实质，A、B公司的换出资产均未计提减值准备，在整个资产交换中尚未发生除增值税以外的其他税费。A、B公司换入的资产均作为相关资产管理和核算。其他相关资料如下：

（1）A公司将其生产用机器、办公用房和库存商品换入B公司的机床、仓库和原材料。换出生产用机器的账面原价为1 500 000元，已提折旧为675 000元，公允价值为750 000元；换出办公用房的账面原价为1 125 000元，已提折旧为375 000元，公允价值为1 125 000元;换出库存商品的账面原价为1 650 000元,公允价值为1 800 000元。另支付补价300 000元。

(2)B公司将其机床、仓库和原材料换入A公司的生产用机器、办公用房和库存商品。换出机床的账面原价为900 000元,已提折旧为450 000元,公允价值为600 000元;换出仓库的账面原价为1 125 000元,已提折旧为225 000元,公允价值为750 000元;换出原材料的账面原价2 250 000元,公允价值为2 625 000元。

上述各项资产的计税价格与公允价值相同。

要求:(1)分别计算A、B公司各项换入资产的入账价值。

(2)分别编制有关A、B公司非货币性资产交换的会计分录。

(1)有关计算如下:

①A公司换出资产的账面价值合计

=(1 500 000-675 000)+(1 125 000-375 000)+1 650 000

=3 225 000(元)

②A公司应分配的换入资产价值总额

=换出资产的账面价值+应支付的相关税费+支付的补价

-可抵扣的增值税进项税额

=3 225 000+(750 000+1 800 000)×17%+300 000-(600 000+2 625 000)×17%

=3 410 250(元)

③B公司换出资产的账面价值合计

=(900 000-450 000)+(1 125 000-225 000)+2 250 000

=3 600 000(元)

④B公司应分配的换入资产价值总额

=换出资产的账面价值+应支付的相关税费

-收到的补价-可抵扣的增值税进项税额

=3 600 000+(600 000+2 625 000)×17%-300 000

-(750 000+1 800 000)×17%

=3 414 750(元)

⑤A公司换入B公司各项资产应分配的价值

A公司换入B公司机床应分配的价值

=(900 000-450 000)÷3 600 000×3 410 250

=426 281.25(元)

A公司换入B公司仓库应分配的价值

=(1 125 000-225 000)÷3 600 000×3 410 250

=852 562.5(元)

A公司换入B公司原材料应分配的价值

=2 250 000÷3 600 000×3 410 250

=2 131 406.25(元)

⑥B公司换入A公司各项资产应分配的价值

B公司换入A公司生产用机器应分配的价值

=(1 500 000－675 000)÷3 225 000×3 414 750

=873 540.7(元)

B公司换入A公司办公用房应分配的价值

=(1 125 000－375 000)÷3 225 000×3 414 750

=794 127.9(元)

B公司换入A公司库存商品应分配的价值

=1 650 000÷3 225 000×3 414 750

=1 747 081.4(元)

(2)A、B公司非货币资产交换的会计处理

A公司应作如下会计处理：

①借:固定资产清理　　1 575 000

　　累计折旧　　1 050 000

　贷:固定资产——办公用房　　1 500 000

　　　　　　——机器　　1 125 000

②借:固定资产清理　　(1 125 000×5%)56 250

　贷:应交税费——应交营业税　　56 250

③借:固定资产——机床　　426 281.25

　　　　　　——仓库　　852 562.5

　　原材料　　2 131 406.25

　　应交税费——应交增值税(进项税额)

　　　　[(600 000+2 625 000)×17%]548 250

　　营业外支出　　206 250

　贷:主营业务收入　　1 800 000

　　　固定资产清理　　1 631 250

　　　应交税费——应交增值税(销项税额)

　　　　[(750 000+1 800 000)×17%]433 500

　　　银行存款　　300 000

④借:主营业务成本 1 650 000

贷:库存商品 1 650 000

B 公司应作如下会计处理:

①借:固定资产清理 1 350 000

累计折旧 675 000

贷:固定资产——机床 900 000

——仓库 1 125 000

②借:固定资产清理 (750 000 ×5%)37 500

贷:应交税费——应交营业税 37 500

③借:固定资产——生产用机器 873 540.7

—— 办公用房 794 127.9

库存商品 1 747 081.4

应交税费——应交增值税(进项税额)

[(750 000 +1 800 000) ×17%]433 500

营业外支出 412 500

银行存款 300 000

贷:固定资产清理 1 387 500

其他业务收入 2 625 000

应交税费——应交增值税(销项税额)

[(600 000 +2 625 000) ×17%]548 250

④借:其他业务成本 2 250 000

贷:原材料 2 250 000

第九章

金融工具

导读

- 金融工具会计
  - 金融工具会计概述
    - 金融工具的产生和发展
    - 金融工具的概念
    - 金融工具的分类
    - 金融工具会计的产生和发展
    - 金融工具会计的基本问题
  - 衍生工具一般业务的会计处理
    - 衍生工具的确认
    - 衍生工具的计量
    - 衍生工具的会计核算
  - 嵌入衍生工具的会计处理
    - 嵌入衍生工具的概念
    - 嵌入衍生工具的处理原则
  - 套期保值的会计处理
    - 套期保值概述
    - 套期工具和被套期项目
    - 运用套期保值会计的条件
    - 套期保值的会计核算
  - 权益工具和混合工具的会计处理
    - 权益工具的会计处理
    - 混合工具的分析
  - 金融工具列报
    - 金融工具列报概述
    - 金融工具的表内列示
    - 金融工具一般信息披露要求
    - 金融工具风险信息披露要求

说明：

金融工具是会计核算的对象之一。近年来金融工具业务在国内外发展迅速，所以本章首先概述金融工具的产生和发展，给出金融工具的概念和分类，进而介绍金融工具会计的产生、发展及其基本问题。由于金融工具包括基本金融工具和衍生工具，而基础金融工具属于财务会计涵盖的内容，因此本章随后重点介绍衍生工具的会计处理，具体分为衍生工具一般业务的会计处理、嵌入衍生工具的会计处理和套期保值的会计处理。接着介绍权益工具的确认和计量以及混合工具的分析。最后介绍金融工具列报，具体包括金融工具的表内列示、金融工具一般信息披露要求和金融工具风险信息披露要求等。

第一节 金融工具会计概述

一、金融工具的产生和发展

(一)金融工具的产生

自20世纪中叶开始，金融业无论是在规模上还是在深度上，都得到了空前飞速的发展，金融市场已经逐渐成长为一支影响经济和社会发展的重要力量，受到人们前所未有的关注。在21世纪，由于投资、贸易的发展，必然带来金融的国际化。金融国际化以金融机构业务国际化、金融市场国际化、货币流通国际化以及金融监管国际化为特征。

从历史发展过程看，经济的发展离不开资本的积累、推动和扩张，由于资本市场的日益发达和跨国公司的发展，形成了资本流动的全球化。而世界经济和贸易的变化构成了资本流动在全球扩张的客观基础。跨国公司的全球化经营战略和对外直接投资，以及其不断加剧的竞争及购并行为，对世界经济产生了深远的影响，传统的以商业贸易为主的国际经济交往，正在被全球范围的国际分工和资源配置所取代。另外，跨国公司海外活动的增加，要求并推动资本以更快的速度实现国际化。而跨国银行的国际网络逐渐遍布全球，为资本的全球化流动提供了巨大便利。跨国公司及其主导的资本流动全球化发展客观上有助于保持贸易收支的平衡，但也加剧了国际金融市场的动荡，催生出诸如商品价格、外汇汇率、利率等因素变动导致的新的金融风险。因此，越来越多的机构和个人要求通过使用金融工具在国内和国际外汇资本市场上进行套汇和发行套期保值证券等经济业务来降低成本，因此，以规避风险和实现套期保值为主要目的的各种金融工具不断涌现并迅速发展起来。

(二)金融工具的发展

20世纪80年代以来,金融工具的交易量出现了几何级的增长,特别是金融期货、互换和各类期权产品交易量均急剧增长。这一阶段金融工具发展的特征及表现主要有以下几点:

1. 金融工具合约的数目和交易量迅速增加。从需求方来讲,不断增长的市场不稳定性、对政府债券市场流动性需求的增加、大公司规模风险需求的增加、机构投资者分散风险的需求的增加都是导致衍生金融工具交易增长的原因。从宏观经济角度看,1973年,美国固定汇率制转为浮动汇率制,导致了汇率的不稳定。1979年,美国联邦储备局的政策目标由利率稳定转变为控制货币流通额,这又使利率的不稳定性进一步增加。1987年美国的股市崩溃和1992年欧洲货币危机都使人们对金融市场的变化难测深感不安,人们为了减小风险而增加了对衍生金融工具的需求。从供给方来讲,许多大的经纪人和银行中介机构为了自己的利益而不断为各种衍生金融工具扩大和创造市场。另外,在许多国家,金融工具的持有者可以不必拥有任何实际资产,进入市场非常容易,这也是促使金融工具迅速发展的一个原因。

2. 具有全球化特点的新金融工具不断出现。20世纪六七十年代,国际金融工具创新主要有互换、平行信贷、浮动利率债券、欧洲美元、外汇期货期权等,到了20世纪80年代,国际市场上又出现了众多新型金融工具,全球化的特色更加鲜明。近年来,金融工具的大幅度增长,既没有受到金融市场不同地理位置的局限,也没有受到各种类型金融行为的限制。新的金融工具使用规模的扩展及其重要性的提高,不仅形成了一种迅速扩展的金融局面,而且这种革新的活动已成为西方世界范围内的一种普遍发展行为。这种特点进一步说明,新金融工具的创新在国际金融体制中正发挥着越来越重要的作用。

3. 金融工具创新的杠杆性是一把双刃剑。金融工具的大量出现,使其收益和风险都成倍地放大,一个微小的错误就可能让交易者没有补救的机会。比如巴林银行的倒闭不过发生在一日之内,仅仅是因为日经指数的轻微下跌。所以,它对市场参与者的要求很高。由于管理者、操作者几乎没有犯错误的机会,因而要求市场参与者制定灵活而严密的内部管理秩序。金融市场对市场参与者有如此高的要求,使得失误发生的概率大到几乎无法回避的程度,对专业人才的高度要求和人力本身的局限性,也使得金融市场充满了无法预见的风险。

4. 计算机的广泛应用促进了金融工具的发展。除此之外,金融市场的发达,最大的功劳应归功于先进的科技和计算机的广泛应用。通过全球的通讯网络,人们可以在瞬间完成交易或以最低的利率借款。套利交易在20世纪80年代曾经增长很快，但是在20世纪90年代由于通信的发达，从套利交易中获利的可能变得越来越小。计算机成了金融市场不可缺少的工具，它使经济情报的集中、处理、分析和储存变得简单而低廉。许多公司都不惜重金开发资本、证券、风险等的计算机管理体系，它可以使经营者在数小时内计算风险并及时选择合适的方法减小风险，实时获得、选择适当的套期保值工具或者实现套利收益。

二、金融工具的概念

我国《企业会计准则第22号——金融工具确认和计量》对金融工具作了如下定义：

金融工具是指形成一个企业的金融资产，并形成其他单位的金融负债或权益工具的合同。金融工具包括金融资产、金融负债和权益工具。其中，金融资产通常指企业下列资产：现金、银行存款、应收账款、应收票据、贷款、股权投资、债权投资等；金融负债通常指企业的下列负债：应付账款、应付票据、应付债券等。从发行方看，权益工具指能证明拥有某个企业在扣除所有负债后的资产中的剩余权益的合同，具体指企业发行的普通股、在资本公积项下核算的认股权等。

三、金融工具的分类

金融工具可以分为基础金融工具和衍生工具。

（一）基础金融工具

基础金融工具包括企业持有的现金、存放于金融机构的款项、普通股，以及代表在未来期间收取或支付金融资产的合同权利或义务等，如应收账款、应付账款、其他应收款、其他应付款、存出保证金、存入保证金、客户贷款、客户存款、债券投资、应付债券。

由于基础金融工具属于中级财务会计所涵盖的内容，所以本章将不再详细介绍这部分内容。

（二）衍生工具

1. 衍生工具的概念和特点。衍生工具是指金融工具确认和计量准则涉及的、具有下列特征的金融工具或其他合同：

(1)价值随着特定利率、金融价格、商品价格、汇率、价格指数、费率指数、信用等级、信用指数或其他类似变量的变动而变动；变量为非金融变量的，该变量与合同的任一方不存在特定关系。衍生工具的价值变动取决于标的变量的变化。例如，人民币债券远期合同的价值变化主要取决于人民币基准利率的变化。衍生工具的结算金额，也往往通过标的变量作用于衍生工具的名义金额来确定。其中,衍生工具的“名义金额”既指一定数量的货币金额,也可能指一定数量的股份,还可能指衍生工具合同所约定的一定数量的其他项目。衍生工具的结算金额也可能不需要通过名义金额确定,而是通过合同中明确的结算条款确定。例如,某衍生工具要求合同的一方在 6 个月期的 LIBOR(即伦敦银行同业贷款利率)上涨幅度超过 100 点时支付另一方 1 000 万元,就属于此种情形。

(2)不要求初始净投资;或与对市场情况变动有类似反应的其他类型合同相比,要求很少的初始净投资。企业从事衍生工具交易不要求初始净投资,通常指签订某项衍生工具合同时不需要支付现金或现金等价物。例如,某企业与其他企业签订一项将来买入债券的远期合同,就不需要在签订合同时支付将来购买债券所需的现金。但是,不要求初始净投资,并不排除企业按照约定的交易惯例或规则相应缴纳一笔保证金,比如企业进行期货交易时要求缴纳一定的保证金。缴纳保证金不构成一项企业解除负债的现时支付,因为保证金仅具有“保证”性质。

在某些情况下,企业在从事衍生工具交易时也会遇到要求进行现金支付的情况,但该现金支付只是相对很少的初始净投资。例如,从市场上购入备兑认股权证,就需要先支付一笔款项。但相对于行权时购入相应股份所需支付的款项,此项支付往往是很小的。又如,企业进行货币互换时,通常需要在合同签订时支付某种货币表示的一笔款项,但同时也会收到以另一种货币表示的“等值”的一笔款项,无论是从该企业的角度,还是对方(合同的另一方)的角度看,初始净投资均为零。

(3)在未来某一日期结算。衍生工具在未来某一日期结算,表明衍生工具结算需要经历一段特定期间。但是,“在某一日期结算”不能理解为只在未来某一日期进行一次结算。例如,利率互换可能涉及合同到期前多个结算日期。另外,有些期权可能由于是价外期权而到期不行权,也是在未来日期结算的一种方式。

需要指出的是,如买卖非金融项目的合同,根据企业预期购买、出售或使用要求,以获取或交付非金融项目为目的而签订,那么此类合同不符合衍生工具的定义。但是,当此类合同可以通过现金或其他金融工具净额结算或通过交换金融工具结算,或者合同中的非金融项目可以方便地转换为现金时,这些合同应当比照衍生工具进行会计处理。例如,可以采用现金净额方式进行结算的商品期货合约。

2. 衍生工具的内容。衍生工具包括远期合同、期货合同、互换和期权,以及具有远期合同、期货合同、互换和期权中一种或一种以上特征的工具。下面将重点介绍一下金融远期、商品期货、金融期货、金融期权以及金融互换五类衍生工具。

(1)金融远期。金融远期是指在确定的将来某一时间按照确定的价格购买或出售某项资产的合约。由于是非标准合约,因此流通性差,难以转让,绝大部分远期合约都必须到期进行实际交割。根据标的的不同,金融远期主要包括远期外汇合约和远期利率协议。

远期外汇合约是指客户与经营外汇的银行之间或经营外汇的银行互相之间签订合约,在双方约定的未来日期按约定的远期汇率将一种货币兑换成另一种货币的交易行为,在期汇交易中签订的合约即为远期外汇合约。合约的标的物为外汇。

远期利率协议是一种以利率为标的物的远期合约,通过这种合约,买方和卖方可以把未来某一时点开始的某个预先约定的期间内的利率锁定。具体来说,远期利率协议是双方协定以未来一定期间、一定名义的本金为计算基础,将约定利率与约定期间开始日的市场利率之差形成的利息差额的现值,由一方支付给另一方的合约。

(2)商品期货。商品期货是指买卖双方在有组织的交易所内,以公开竞价的方式达成协议,约定在未来某一特定时间交割标准数量特定商品的交易合约。按商品交易的种类分,商品期货主要包括:①农作物产品。这主要包括黄豆、玉米、小麦、砂糖、豆油、棕榈油、亚麻仁、椰干、可可、木材、棉花、咖啡等。②畜牧产品。这主要包括活牛、活猪、其他家畜等。③工业产品。这主要包括橡胶、工业棉花、钢材等。④贵重金属。这主要包括黄金、白银、白金和钯等。⑤基本金属。这主要包括铝、铜、铅、镍、锌等。⑥能源产品。这主要包括热燃油、轻原油、无铅汽油、含铅汽油和燃料油、丙烷等。

(3)金融期货。金融期货是指买卖双方在有组织的交易所内,以公开竞价的方式达成协议,约定在未来某一特定时间交割标准数量特定金融工具的交易合约。与远期不同的是,由于是标准化合约,具有较强的流动性,绝大多数合约在到期前被平仓,到期交割的比例极小。由于期货交易采取保证金结算制度,故一般有较强的效应。根据标的的不同,金融期货主要有外汇期货、利率期货和股票指数期货。

外汇期货是指交易双方在有组织的交易场所按照交易规则,通过公开竞价,买卖特定币种、特定数量、特定交割期的标准合约的交易。外汇期货合约的标的是各种可自由兑换的货币,可以用于规避汇率变动的风险或利用汇率变动获取利益。

利率期货也是在有组织的场所内,按照交易规则,通过公开竞价,买卖特定数量、特定交割期的标准合约的交易。但利率期货合约的标的物是各种利率的载体,通常包括商业票据、定期存单、国债及其他政府公债。利率期货通过签订约定远期利率的协议,使投资者能够锁定未来的利率水平,实现套期保值。

股票指数期货是以股票价格指数作为合约标的物,又称股指期货或期指。股指期货合约的价格是按指数的点数与一个固定金额相乘计算的,合约以现金进行结算或交割。

(4)金融期权。期权是一种交易选择权,它有买权和卖权两个基本类型。买权,即看涨期权,其持有者有权在某一个确定时间以确定价格购买标的资产;卖权,即看跌期权，其持有者有权在某一确定时间以某一确定价格出售标的资产。在这两类期权中，有交易选择权的一方都必须向另一方支付权利金，即期权价格。按照期权权利行使时间，可以分为欧式期权和美式期权。欧式期权只能在到期日执行；美式期权则可以在期权有效期内的任何时间执行。根据标的资产的不同，金融期权包括外汇期权、利率期权、股票期权和股票指数期权等。

外汇期权是以外汇为标的物的期权交易，即在合约买方支付权利金的前提下，赋予合约买方在规定期限内按合约双方约定的价格购买或出售一定数量外汇的权利。外汇期权又分为现汇期权和外汇期货期权。现汇期权是指期权买方在期权到期日或之前，有权决定是否购售外汇现货的合约；外汇期货期权是指期权买方在期权到期日或之前，有权决定是否购售外汇期货的合约。

利率期权在合约买方支付权利金的前提下，赋予其在规定期限内按合约双方约定的价格购买或者出售一定数量的某种利率商品（如商业票据、国债或其他政府公债）的权利，合约卖方取得权利金后，有义务在买方要求履行时进行出售和购买。利率期权经过发展变形，出现了利率上限、利率下限和利率上下限等期权形式。利率上限是双方就未来一定时间内商定一个固定利率作为利率上限，如果市场利率超过了这一上限，则由卖方将出现的利息差额支付给买方，但买方在签约时需要支付一定的权利金。利率上限可用来固定最高利率，将利率上升的风险锁定在一定的范围内。相反，利率下限是指商定一个利率下限，如果市场利率低于这一下限，则由卖方将利息差额支付给买方，买方同样需要支付一定的权利金。利率下限可以用来固定最低利率，将利率下降的风险锁定在一定的范围内。利率上下限是在买入一个利率上限的同时，出售一个利率下限，即将利率上限和利率下限组合起来，通过出售利率下限，获取一定的权利金，从而降低利率上限的成本。

股票期权是在合约买方支付权利金的前提下，赋予其在规定期限内按合约双方约定的价格购买或出售一定数量的某种股票的权利，合约卖方取得权利金后，有义务在买方要求履约时进行出售或购买。

股票指数期权是以股票指数为标的物的期权交易，又称股指期权。与外汇期权、利率期权、股票期权不同的是，股票指数期权合约的价格是以点数衡量的，这一点与股指期货最为相似，即合约价格是按指数的点数与一个固定金额相乘计算的，最终合约实际交割的是现金。

（5）金融互换。金融互换是指当事人按照一定的条件在金融市场上进行不同金融工具的交换的合约。金融互换交易由于考虑了交易各方的自身情况，并利用了各自的优势，通常可以同时增加交易各方的经济利益。金融互换主要分为货币互换、利率互换等。

货币互换是指以一种货币表示的一定数量的资本及在此基础上产生的利息支付义务,与另一种货币表示的相应数量的资本额及在此基础上产生的利息支付义务进行相互交换。货币互换的前提是要存在两个在期限和金额上利益相同而对货币需求相反的伙伴,双方按预先约定进行资本额的互换,互换后,每年以约定利率和资本额为基础进行利息支付的互换,协议到期后,再按照原约定的利率将原资本额换回。也就是说,货币互换要在期初、计息日、到期日发生多次资金流动,而且资金的流动是双向的。

利率互换是在货币互换的基础上产生的,是指计息方法不同(一方以固定利率计息,另一方以浮动利率计息)或者利率水平不一致的债权或债务之间进行的转换。与货币互换不同的是,利率互换是在利率不同的同一货币之间互换,并且不进行本金的互换,只是在协议约定的各期,互换由于利息不同而产生的利息差额。由于没有期初及最后的本金互换,利率互换的资金流动只发生在计息日,而且由于是净额结算,因此资金的流动是单向的。

虽然在形式上有所不同,利率互换与货币互换同样都产生于市场参与者改变债务结构、管理风险以及降低筹资成本等方面的需要。而降低筹资成本的需要是利率互换产生的主要因素。固定市场中的投资者对某个特定发行者所要求的溢价,可能会与浮动市场中的投资者对同一发行者所要求的溢价不同,因此,发行者们发现可以通过在具有比较优势的市场上发行债务工具,然后与其他市场上具有比较优势的另一方互换利息流量来降低发行成本,并能规避交易双方的利率风险。所以,利率互换的主要优点是降低筹资成本和规避风险。

四、金融工具会计的产生和发展

金融工具会计是伴随着金融工具的产生而产生的,并伴随着金融工具的发展而发展。在此将主要介绍金融工具会计在我国的发展情况。

20 世纪 90 年代以来,特别是从我国加入世界贸易组织以来,我国的资本市场蓬勃发展,我国的金融工具交易,尤其是衍生工具交易也有了较快的发展。但是我国金融工具会计准则的制定相对于金融工具交易的发展却显得相对滞后:2007 年 1 月 1 日开始在上市公司实施的新会计准则出台之前,我国原有的会计制度(或准则)主要对基本金融工具,如应收账款、债券和股票等的会计处理作了较详细的规定,而对除商品期货以外的绝大部分衍生工具的会计处理都没有详细和系统的规范。但是,这并不能说我国会计法规的制定者和会计理论的研究者没有关注衍生工具的会计问题,事实上自从衍生工具在中国出现,法规制定者和研究者对衍生工具会计的研究就从未间断过。比如,2001 年财政部发布实施的《金融企业会计制度》中对金融企业的衍生金融工具的确认和计量等作了相应的规定。2002 年 10 月，中国证券监督管理委员会对上市的商业银行的年报、财务报表附注已作出特别规定。其第三条第（四）项规定：对于外汇交易合约、利率期货、远期汇率合约、货币和利率套期、货币和利率期权等衍生金融工具，应说明其计价方法；采用公允价值的，还应说明公允价值取得方法，如市场比价、未来现金流量等；对于投资活动的衍生金融工具及用于套期保值目的的其他衍生金融工具，应说明损益的确认方法，以及将衍生金融工具确认为套期保值的标准。

2007 年 1 月 1 日开始在上市公司实施的新会计准则对金融工具会计作了全面而系统的规定。尽管该套准则目前还仅是在上市公司范围内实施，但这是我国金融工具会计发展的里程碑。新准则的出台反映了实务界对金融工具，特别是衍生金融工具会计规定的迫切要求。新会计准则体系中涉及金融工具会计的准则有以下四项：

第一，《企业会计准则第 22 号——金融工具确认和计量》（以下简称金融工具确认和计量准则）。该准则规范了包括金融企业在内的各类企业的金融工具交易的会计处理，要求企业将几乎所有金融工具尤其是衍生工具纳入表内核算，这将有助于如实反映企业的金融工具交易。

第二，《企业会计准则第 23 号——金融资产转移》（以下简称金融资产转移准则）。该准则规范了金融资产转移的确认和计量，有助于更准确地反映因金融资产转移业务而对企业带来的财务影响。

第三，《企业会计准则第 24 号——套期保值》（以下简称套期保值准则）。该准则规范了企业的套期保值业务会计处理，有助于如实反映企业套期保值业务对其风险管理和财务状况的总体影响，便于投资者对企业的风险管理策略和风险管理水平作出综合评价。

第四，《企业会计准则第 38 号——金融工具列报》（以下简称金融工具列报准则）。该准则规范了权益工具的确认和计量、金融工具的披露等问题，有助于如实地反映企业存在的金融工具风险、风险管理策略和风险管理水平等信息，便于投资者对企业进行综合评价。

本章后面的内容都将以新会计准则的规定为准来介绍有关衍生金融工具的核算与列报。

五、金融工具会计的基本问题

任何交易活动的会计核算，都包括确认、计量、记录和报告四部分。具体到金融工具会计，应当解决的问题主要是金融工具的会计确认、会计计量和报告。由于金融工具本身的复杂性和灵活多变性，使得这些问题解决起来难度非常之大。

(一)金融工具的会计确认

金融工具的会计确认是会计记录的出发点。基本金融工具的会计确认经过多年的实践,在处理原则和处理方法上基本已有定论,但衍生金融工具的确认在我国新准则出台之前一直是一个尚未克服的障碍。金融工具确认和计量准则对衍生工具的确认作了规范,在一定程度上解决了这一问题,但是由于衍生金融工具不断创新,所以衍生金融工具的确认还需要一个长时间修改和完善的过程。

(二)金融工具的会计计量

金融工具的会计计量是整个金融会计体系的核心。由于会计确认有初次确认和后续确认之分,所以会计计量也分为初次计量和后续计量。在初次计量时,金融工具一般以支付的对价或者收到的款项或其他资产进行计量。由于在初次计量的确认时点上,各种计量属性具有同质性,因此争议较少。而在后续计量时,金融工具是依然按照历史成本的原则作为计量属性,还是应当改用公允价值作为计量属性,一直存在着争议。金融工具确认和计量准则对衍生工具的后续计量作了规范,在一定程度上解决了这一问题,但是该准则有关金融工具计量的规定还需要实践的检验,与金融工具的确认一样也需要一个长时间修改和完善的过程。

(三)金融工具的会计披露

金融工具中可明确区分为金融资产和金融负债的品种,应分别按照资产方和负债方在会计报告中列示。但是一些具有负债和权益双重性质的衍生金融工具的会计披露,就需要确定其应归为负债还是股东权益。金融工具列报准则对金融工具的列报和信息披露作了明确规定。

第二节　衍生工具一般业务的会计处理

一、衍生工具的确认

衍生工具的确认是指将符合衍生工具定义和衍生工具确认条件的项目记入和列入资产负债表的过程。

(一)衍生工具确认条件

企业成为衍生工具合同的一方时,应当确认一项金融资产或金融负债。根据此确认条件,企业应将金融工具确认和计量准则范围内的衍生工具合同形成的权利或义务,确认为金融资产或金融负债。但是,如果衍生工具涉及金融资产转移,且导致该金融资产转移不符合终止确认条件,则不应将其确认,否则会导致衍生工具形成的义务被重复确认。

(二)衍生工具的终止确认

衍生工具终止确认,是指将衍生工具从企业的账户和资产负债表内予以转销。金融工具确认和计量准则规定,收取金融资产现金流量的合同权利终止,或金融资产已经转移,且符合金融资产转移准则规定的金融资产终止确认条件的,应当终止确认该衍生工具。

二、衍生工具的计量

按照金融工具确认和计量准则的规定,衍生工具属于交易性金融资产或金融负债,应以公允价值计量且其变动计入当期损益。但是,被指定为有效套期工具的衍生工具、属于财务担保合同的衍生工具、在活跃市场中没有报价且其公允价值不能可靠计量的权益工具投资挂钩并须通过交付该权益工具结算的衍生工具除外。其中,财务担保合同是指保证人和债权人约定,当债务人不履行债务时,保证人按照约定履行债务或者承担责任的合同。

企业取得衍生工具发生的相关交易费用应当直接计入当期损益。交易费用,是指可直接归属于购买、发行或处置金融工具新增的外部费用。新增的外部费用,是指企业不购买、发行或处置金融工具就不会发生的费用,包括支付给代理机构、咨询公司、券商等的手续费和佣金及其他必要支出,不包括债券溢价、折价、融资费用、内部管理成本及其他与交易不直接相关的费用。交易费用构成实际利息的组成部分。

三、衍生工具的会计核算

(一)会计科目设置

企业应该设置"衍生工具"会计科目,核算衍生工具的公允价值及其变动形成的衍生资产或衍生负债。该科目是一个共同类会计科目,应该按照衍生工具的类别进行明细核算,需要设置"期货合约"、"期权合约"、"远期合约"、"互换合约"等明细科目。企业取得衍生资产记入该科目的借方;企业取得衍生负债记入该科目的贷方。衍生资产公允价值增加的,记入该科目的借方;衍生资产公允价值减少的,记入该科目的贷方。衍生负债公允价值增加的,记入该科目的贷方;衍生负债公允价值减少的,记入该科目的借方。期末该科目可能有借方余额,反映衍生工具形成资产的公允价值;该科目也可能有贷方余额,反映衍生工具形成负债的公允价值。

(二)衍生工具的具体核算

在这里主要介绍一下衍生工具形成的资产的会计核算：

1. 企业取得衍生工具，按其公允价值，借记“衍生工具”科目；按发生的交易费用，借记“投资收益”科目；按照实际支付的金额，贷记“银行存款”等科目。

2. 资产负债表日，衍生工具的公允价值高于其账面余额的差额，借记“衍生工具”科目，贷记“公允价值变动损益”科目；公允价值低于其账面余额的差额，做相反会计处理。

3. 处置衍生工具的时候，按照实际收到的金额，借记“银行存款”、“结算备付金”等科目；按衍生工具的账面价值，贷记“衍生工具”科目；按其差额，借记或贷记“投资收益”科目；同时，将原计入该衍生工具的公允价值变动转出，借记或贷记“公允价值变动损益”科目，贷记或借记“投资收益”科目。

【例9－1】 2007年2月1日，甲企业和乙企业签订了一份合约，双方约定在2008年1月31日进行一次“现金交换”(实际上是净额交换)，“现金交换”的标的物是甲发行的股票2 000股。届时，甲按固定价格每股102元付给乙，乙却要按当时市场上每股的价格付给甲。从本质上讲，就是甲和乙赌该股票是涨过每股102元，还是跌过每股102元。假定该合约标的物(股票)于合约期间不发放股利，在合约签订日远期价格的现值与现货价格相等，远期合约本身在签订日公允价值为零。会计期末，远期合约的公允价值按照市场股票价格与固定远期价格的现值之间的差额计算。其他条件如下：

(1)合约签订日2007年2月1日，合约到期日2008年1月31日；

(2)2007年2月1日每股市价为100元，2007年12月31日每股市价为106元，2008年1月31日每股市价为104元；

(3)2008年1月31日将支付的固定远期价格为102元，2007年2月1日远期价格的现值为100元，远期合约中的股票数量为2 000股。

根据上述资料，甲企业所作的会计处理如下：

(1)2007年2月1日：该日签订合约时的每股价格为100元，2007年2月1日远期合约的初始公允价值为零，故不做会计分录。因为衍生金融工具的公允价值为零，且没有支付或收取现金。

(2)2007年12月31日：该日每股市价增加至106元，假设此时固定远期价格204 000(102元×2 000)元的现值为202 500元，从而远期合约的公允价值增加至106元×2 000－202 500元＝9 500元。会计要处理远期合约公允价值的增加，编制会计分录如下：

借：衍生工具——远期合约　　　　9 500

贷:公允价值变动损益　　9 500

(3)2008 年 1 月 31 日:该日每股市价减少至 104 元,远期合约的公允价值为 4 000(104 元×2 000－204 000)元。在同一天,合约以现金进行净额结算,甲企业有义务向乙企业交付 204 000 元,乙企业有义务向甲企业交付 208 000(104 元×2 000)元,因此乙企业应向甲企业支付 4 000 元净额。甲企业进行以下账务处理:

借:银行存款　　4 000
　投资收益　　5 500
　贷:衍生工具——远期合约　　9 500

乙企业要作的会计处理如下:

(1)2007 年 2 月 1 日:

该日签订合约时的每股价格为 100 元,远期合约的初始公允价值为零。因为衍生金融工具的公允价值为零,且没有支付或收取现金,故不作会计分录。

(2)2007 年 12 月 31 日:

该日每股市价增加至 106 元,此时固定远期价格为 204 000(102 元×2 000)元的现值为 206 500 元,从而远期合约的公允价值增加至 9 500(106 元×2 000－202 500)元。账务处理要反映远期合约公允价值的增加,须编制会计分录如下:

借:公允价值变动损益　　9 500
　贷:衍生工具——远期合约　　9 500

(3)2008 年 1 月 31 日:

该日每股市价减少至 104 元,远期合约的公允价值为 4 000(104×2 000－204 000)元,同一天合约以现金进行净额结算。由于甲企业有义务向乙企业交付 204 000 元,乙企业有义务向甲企业交付 208 000(104×2 000)元,因此乙企业应向甲企业支付 4 000 元净额。乙企业的账务处理如下:

借:衍生工具——远期合约　　9 500
　贷:银行存款　　4 000
　　投资收益　　5 500

【例 9－2】　某公司 2007 年 2 月 1 日投入某期货公司 100 万元,进行期货合约交易。2 月 6 日买入合约一张,单价为 2 600 元,数量为 200 吨,应付保证金 31 200 元。2 月底该期货合约单价上涨至 2 610 元,3 月底该合约单价上涨至 2 615 元,4 月 25 日公司按照单价 2 620 元卖出平仓。

(1)2007 年 2 月 1 日以银行存款拨付资金,编制会计分录如下:

借:存出保证金——某期货公司　　1 000 000
　贷:银行存款　　1 000 000

(2)2007 年 2 月 6 日下交易指令购买合约,编制会计分录如下:

借:衍生工具——期货合约　31 200

　贷:存出保证金——某期货公司　31 200

(3)2007 年 2 月 28 日,结算月末持仓期货合约的浮动盈亏(即确定公允价值变动)为(2 610 元 - 2 600 元) × 200 = 2 000 元,编制会计分录如下:

借:衍生工具——期货合约　2 000

　贷:公允价值变动损益　2 000

(4)2007 年 3 月 31 日,结算持仓期货合约浮动盈亏(即确定公允价值变动)为(2 615 元 - 2 600 元) × 200 - 2 000 元 = 1 000 元,编制会计分录如下:

借:衍生工具——期货合约　1 000

　贷:公允价值变动损益　1 000

(5)2007 年 4 月 25 日卖出期货合约平仓,结算盈亏额 = (2 620 元 - 2 600 元) × 200 - 3 000 元 = 1 000 元。此笔期货合约买入价格 2 600 元,卖出价格 2 620 元,净收益 4 000 元。其中,2004 年 2 月已确认收益 2 000 元,2004 年 3 月已确认收益 1 000 元,剩余 1 000 元的收益在当月入账,所得利润不予分配,仍留存期货公司。编制会计分录如下:

借:存出保证金——某期货公司　4 000

　贷:衍生工具——期货合约　3 000

　　　投资收益　1 000

冲回原购买期货合约的款项,编制会计分录如下:

借:存出保证金——某期货公司　31 200

　贷:衍生工具——期货合约　31 200

同时,将公允价值变动损益确认为投资收益,编制会计分录如下:

借:公允价值变动损益　3 000

　贷:投资收益　3 000

以上各笔分录过入总分类账所属各明细分类账户后,"存出保证金——某期货公司"账户为借方余额 1 004 000 元,"衍生工具——期货合约"、"公允价值变动损益"账户结平,"投资收益"账户的贷方余额为 4 000 元,说明该公司通过期货投资业务获得了收益。

第三节 嵌入衍生工具的会计处理

一、嵌入衍生工具的概念

衍生工具通常是独立存在的,但也可能嵌入非衍生金融工具或其他合同中。嵌入衍生工具,是指嵌入到非衍生工具(即主合同)中,使混合工具的全部或部分现金流量随特定利率、金融工具价格、商品价格、汇率、价格指数、费率指数、信用等级、信用指数或其他类似变量的变动而变动的衍生工具。嵌入衍生工具应从以下两个方面去理解:

其一,主合同通常包括租赁合同、保险合同、服务合同、特许权合同、债务工具合同、合营合同等。嵌入衍生工具与主合同构成混合工具,如企业持有的可转换公司债券等。

其二,在混合工具中,嵌入衍生工具通常以具体合同条款体现。例如,甲公司签订了按通胀率调整租金的3年期租赁合同。根据该合同,前2年的租金先约定,从第3年开始,租金按前1年的一般物价指数调整。此例中,主合同是租赁合同,嵌入衍生工具体现为一般物价指数调整条款。除一般物价指数调整条款外,以下条款也可能体现嵌入衍生工具:可转换公司债券中嵌入的股份转换选择权条款(对应可转换公司债券)、与权益工具挂钩的本金或利息支付条款、与商品或其他非金融项目挂钩的本金或利息支付条款、看涨期权条款、看跌期权条款、提前还款权条款、信用违约支付条款等。

需要说明的是,附在主合同上的衍生工具,如果可以与主合同分开,并能够单独转让,则不能作为嵌入衍生工具,而应作为一项独立存在的衍生工具处理。例如,某贷款合同可能附有一项相关的利率互换。如该互换能够单独转让,那么该互换是一项独立存在的衍生工具,而不是嵌入衍生工具,即使该互换与主合同(贷款合同)的交易对手(借款人)是同一方也是如此。同样的道理,如果某工具是衍生工具与其他非衍生工具"合成"或"拼成"的,那么其中的衍生工具也不能视为嵌入衍生工具,而应作为单独存在的衍生工具处理。例如,某公司有一项10年期浮动利率债务工具和一项10年期支付浮动利率、收取固定利率的利率互换合同,两者放在一起创造了一项"合成"的10年期固定利率债务工具。在这种情况下,"合成"工具中的利率互换不应作为嵌入衍生工具处理。

二、嵌入衍生工具的处理原则

嵌入衍生工具的处理原则是,尽可能使嵌入衍生工具与单独存在的衍生工具采用一致的会计原则进行处理。金融工具确认和计量准则规定,单独存在的衍生工具,通常应采用公允价值进行初始计量和后续计量。但是,主合同(非衍生工具)可能因为划分的类别不同(如划分为持有至到期投资、贷款和应收款项等),不会采用公允价值后续计量。因此,如果混合工具没有整体指定为以公允价值计量且其变动计入当期损益的金融资产或金融负债,则应当考虑能否将其从混合工具中分拆出来。具体的会计处理流程见图9-1。

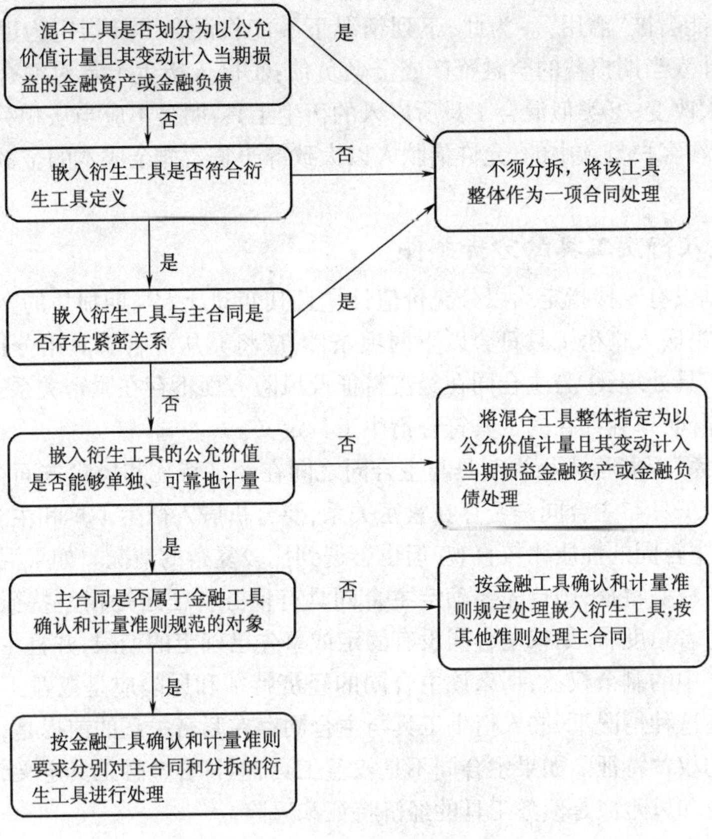

图9-1　嵌入衍生工具会计处理流程图

(一)将混合工具指定为以公允价值计量且其变动计入当期损益的金融资产或金融负债的条件

允许企业直接将混合工具指定为以公允价值计量且其变动计入当期损益,其理由在于:①当一项混合工具包括的嵌入衍生工具不止一项时,仍要求企业将这些嵌入衍生工具进行分拆可能不符合“效益大于成本”原则。②企业实际操作中,包括了若干衍生工具的结构化产品通常要用衍生工具来对冲其所有或几乎所有风险。至于这些嵌入衍生工具是否由于会计准则的要求而分拆,在风险管理中往往不太关注。因此,最简单的方法就是直接指定混合工具按公允价值计量,以使风险对冲在会计处理上得以真实反映。③会计实务中,确定混合工具整体的公允价值往往要比确定分拆出来的衍生工具的公允价值相对容易。

但是,如果不加限制地由企业直接指定混合工具以公允价值计量且其变动计入当期损益,又可能会被"滥用"。为此,下列情况下不能将混合工具指定为以公允价值计量且其变动计入当期损益的金融资产或金融负债:①嵌入衍生工具对混合工具的现金流量没有重大改变;②类似混合工具所嵌入的衍生工具,明显不应当从相关混合工具中分拆,例如嵌在客户贷款中的、允许借款人以大致等于贷款摊余成本的金额提前还款的权利。

(二)嵌入衍生工具的分拆条件

混合工具没有直接指定为以公允价值计量且其变动计入当期损益的金融资产或金融负债的,如果嵌入衍生工具符合以下两项条件,应将其从混合工具中分拆,作为单独存在的衍生工具处理:①与主合同在经济特征及风险方面不存在紧密关系;②与嵌入衍生工具条件相同、单独存在的工具符合衍生工具定义。

"紧密关系"是指嵌入衍生工具与主合同之间在经济特征和风险方面存在相似性。判断嵌入衍生工具与主合同是否存在紧密关系,要分析嵌入衍生工具和主合同的性质。通常情况下,主合同的性质比较直观,但也会遇到比较复杂的情况。如果混合工具既有债务特征又有权益特征,则首先要确定主合同具有债务特征还是权益特征。从混合工具合同的持有者角度看,如果主合同没有固定或事先已确定的期限,并且主合同代表了在企业净资产中的剩余权益,那么该主合同的经济特征和风险应是权益工具的经济特征与风险。在这种情况下,嵌入衍生工具与主合同存在紧密关系的前提是,其具有和同一企业相关的权益特征。如果主合同不是权益工具,但符合金融工具定义,那么该主合同的经济特征和风险应是债务工具的经济特征和风险。

1. 不与主合同紧密相关。在下列情况下,嵌入衍生工具的经济特征和风险不与主合同紧密相关:

(1)嵌在某一金融工具中的卖出期权,使得持有人有权要求发行人以一定金额的现金或其他资产回购这项金融工具(其中,现金或其他资产的金额随着某一权益工具或商品价格或指数的变动而变动),该卖出期权不与主债务工具紧密相关。

(2)嵌在某一权益工具中的买入期权,使得发行人能够以特定价格回购该权益工具,从持有人的角度看,该买入期权不与主权益工具紧密相关。

(3)债务工具剩余期限展期的选择权或自动展期条款不与主债务工具紧密相关,

除非在展期的同时将利率调整至当前市场利率大致相当的水平。如果某一企业发行了一项债务工具,并且此债务工具的持有人将该债务工具的买入期权开立给了第三方,如果发行人在行使买入期权后可以被要求参与或协助债务工具的重新流通,则发行人应将买入期权视为债务工具的展期。

(4)嵌在主债务工具或保险合同中并与权益工具持钩的利息或本金支付额(即利息或本金的金额与权益工具价值挂钩),不与主工具紧密相关,因为主工具和嵌入衍生工具中内含的风险不同。

(5)嵌在主债务工具或保险合同中并与商品挂钩的利息或本金支付额(即利息或本金的金额与商品价格挂钩),不与主工具紧密相关,因为主工具和嵌入衍生工具中内含的风险不同。

(6)从金融工具持有人的角度看,嵌在可转换债务工具中的权益转换特征不与主债务工具紧密相关。

(7)嵌在主债务合同或主保险合同中的买入期权、卖出期权或预付期权不与主合同紧密相关,除非在每一行权日,该期权的行权价大致等于主债务工具的摊余成本或主保险合同的账面金额。

(8)嵌在主债务工具中并允许一方(即受益人)将某一特定参照资产的信用风险(即受益人可能不拥有该项资产的可能性)转移给另一方(即保证人)的信用衍生工具,不与主债务工具紧密相关。这种信用衍生工具允许保证人承担与其并未直接拥有过的参照资产相联系的信用风险。

2. 与主合同紧密相关。在下列情况下,嵌入衍生工具的经济特征和风险与主合同紧密相关:

(1)以利率或利率指数为标的,并且能够改变带息主债务合同或保险合同原本所支付或收取的利息额的嵌入衍生工具,与主合同紧密相关,除非复合工具能够以这样的方式结算,即持有人不能收回几乎所有的已确认投资,或嵌入衍生工具能够使持有人在主合同上的初始投资报酬率至少加倍,并能够使回报率至少达到与主合同条款相同的合同的市场投资报酬率的两倍。

(2)债务合同或保险合同中的嵌入利率下限或利率上限,只要在金融工具发行时,该利率上限等于或高于市场利率,而利率下限等于或低于市场利率,并且该利率上限或下限与主合同之间不存在杠杆关系,那么,该利率上限或下限与主合同紧密相关。类似地,合同中包含的购买或出售某一资产的条款,如果设定了为该资产将支付或收取的价格上限或下限,并且在开始时该价格上限或下限均为市价且与主合同没有杠杆关系,则该条款与主合同紧密相关。

(3)嵌在主债务工具中,并产生以外币表示的本金或利息付款流量的嵌入外币衍生工具与主债务工具紧密相关。

(4)主合同中的嵌入外币衍生工具,如果与主合同没有杠杆关系,不包含期权特征,并且规定以下述任何一种货币表示支付,则该嵌入衍生工具与主合同紧密相关:①任何主要合同方的功能货币;②国际商业交易中通常用以对所获得或支付的相关商品或劳务进行标价的货币;③在交易所处的经济环境中,买卖非金融项目的合同通常使用的货币。

(5)如果利息剥离或本金剥离,最初是通过分离收取金融工具合同现金流量的权利而形成的,并且该金融工具本身不包含嵌入衍生工具,同时,不包含任何未在原主债务合同中列示的条款,则利息剥离或本金剥离中的嵌入提前支付选择权与主合同紧密相关。

(6)主租赁合同的衍生工具,如果是下述三者之一,则该嵌入衍生工具与主合同紧密相关:①与通货膨胀有关的指数,如与消费品物价指数挂钩的租赁付款额指数(该租赁不是杠杆租赁,且该指数与企业自身经济环境中的通货膨胀有关);②基于相关销售额的或有租金;③基于变动利率的或有租金。

(7)嵌在主金融工具或主保险合同中的单位联结特征,如果单位计价付款额以反映基金资产公允价值的现行单位价值计量,则该单位联结特征与主金融工具或主保险合同紧密相关。单位联结特征是一项要求付款额以内部或外部投资基金单位表示的合同条款。

(8)嵌在主保险合同中的衍生工具,如果与主保险合同互相依赖,以致企业无法单独计量该嵌入衍生工具,则该嵌入衍生工具与主保险合同紧密相关。

企业在成为混合工具合同一方时,即应评价嵌入衍生工具是否应分拆出来作为单独的衍生工具处理。随后,除非混合工具合同条款的变化将重大影响原混合工具合同现金流量,否则企业不能对是否分拆重新进行评价。企业在确定现金流量调整是否"重大"时,应当分析判断与嵌入衍生工具、主合同或两者相关的预计未来现金流量发生改变的程度是否重大,以及相对于合同以前预计现金流量是否有重大的改变。

【例9-3】 甲公司购入一批某公司发行的可转换公司债券。该债券合同条款注明,该债券持有者2年后可按固定价格将债券转换为发行者的普通股。此例中,嵌入衍生工具为股份转换权,与主债务合同不存在紧密关系;如混合工具整体没有指定为以公允价值计量且其变动计入当期损益的金融负债,则应分拆为单独的衍生工具核算。

第四节 套期保值的会计处理

一、套期保值概述

(一)套期保值的概念

套期保值,是指企业为规避外汇风险、利率风险、商品价格风险、股票价格风险、信用风险等,指定一项或一项以上套期工具,使套期工具的公允价值或现金流量变动,预期抵销被套期项目全部或部分公允价值或现金流量变动。套期保值主要涉及套期工具、被套期项目和套期关系三个要素。

套期保值定义中的外汇风险,也称为汇率风险,是指因汇率变化而产生的利润和财富方面的风险。利率风险是指企业借出或借入资金时,面临的利率变动导致企业实际收到或支付的利息高于或者低于预期值的不确定性。信用风险是指不还债或者逾期还债所产生的风险。商品价格风险、股票价格风险均是针对价格变化的不确定性的风险。

企业运用商品期货进行套期时,其套期保值策略通常是,买入(卖出)与现货市场数量相当但交易方向相反的期货合同,以期在未来某一时间通过卖出(买入)期货合同来补偿现货市场价格变动所带来的实际价格风险。

相对于非金融企业,金融企业面临较多的金融风险,如利率风险、外汇风险、信用风险等,所以对套期保值有更多的需求。例如,某上市银行为规避汇率变动风险,与某金融公司签订外币期权合同,对现存数额较大的美元敞口进行套期保值。

(二)套期保值的分类

为运用套期会计方法,套期保值(以下简称套期)按套期关系(即套期工具和被套期项目之间的关系)可划分为公允价值套期、现金流量套期和境外经营净投资套期。

1. 公允价值套期。它是指对已确认资产或负债、尚未确认的确定承诺,或该资产或负债、尚未确认的确定承诺中可辨认部分的公允价值变动风险进行的套期。该类价值变动源于某类特定风险,且将影响企业的损益。以下是公允价值套期的例子:

(1)某企业对承担的固定利率负债的公允价值变动风险进行套期。

(2)某汽车生产公司签订了一项 6 个月后以固定外币金额购买生产线的合同(未确认的确定承诺),为规避外汇风险,对该确定承诺的外汇风险进行套期。

(3)某食品公司签订了一项4个月后以固定价格购买小麦的合同(未确认的确定承诺),为规避价格变动风险,对该确定承诺的价格变动风险进行套期。

【例9-4】 2007年12月1日,甲上市公司从美国进口某种商品,货款总计为100 000美元,合同约定于2008年1月15日以美元结算。为规避美元远期汇率升值的风险,在进口交易当天,甲上市公司与银行签订了买入金额为100 000美元、期限为45天的远期合同。很显然,通过签订远期合同,甲上市公司可以有效地规避预期美元升水的风险。在结算日,甲上市公司只需以固定的远期汇率买入美元进行清偿即可,使公司规避了汇率上升可能带来的损失。

2. 现金流量套期。它是指对现金流量变动风险进行的套期。该类现金流量变动源于与已确认资产或负债、很可能发生的预期交易有关的某类特定风险,且将影响企业的损益。以下是现金流量套期的例子:

(1)某企业对承担的浮动利率债务的现金流量变动风险进行套期。

(2)某汽车生产公司为规避6个月后预期很可能发生的与购买生产线相关的现金流量变动风险进行套期。

(3)某商业银行对2个月后预期很可能发生的与可供出售金融资产处置相关的现金流量变动风险进行套期。

对确定承诺的外汇风险进行的套期,企业可以作为现金流量套期或公允价值套期。

3. 境外经营净投资套期。它是指对境外经营净投资外汇风险进行的套期。境外经营净投资,是指企业在境外经营净资产中的权益份额。

企业既无计划也无可能于可预见的未来会计期间结算的长期外币货币性应收项目(含贷款),应当视同境外经营净投资的组成部分。因销售商品或提供劳务等形成的期限较短的应收账款不构成境外经营净投资。

【例9-5】 丙上市公司是一家中国企业,拥有一家美国子公司,净投资为3 000万美元。2007年9月1日,丙上市公司与某金融机构签订了一份6个月期限的远期合同,将卖出1 000万美元,汇率为1美元=7.92元人民币。2007年12月31日,汇率为1美元=7.91元人民币;2008年3月1日,汇率为1美元=7.89元人民币。

丙上市公司在美国的净投资暴露在汇率变动风险下。为了规避汇率下降,即美元贬值带来的风险,丙上市公司利用远期合同进行套期,以一个固定的远期汇率1美元=7.92元人民币卖出1 000万美元,形成空头。再于2008年3月1日以即期汇率买入1 000万美元进行交割,以使自己规避美元汇率下降带来的外汇风险,有效地保持净投资额的价值,否则公司将损失30(1 000×7.92-1 000×7.89)万元人民币。

二、套期工具和被套期项目

(一)套期工具

套期工具,是指企业为进行套期而指定的、其公允价值或现金流量变动预期可抵销被套期项目的公允价值或现金流量变动的衍生工具。对外汇风险进行套期还可以将非衍生金融资产或非衍生金融负债作为套期工具。套期保值准则对套期工具的具体规定如下:

1. 衍生工具通常可以作为套期工具。衍生工具包括远期合同、期货合同、互换和期权,以及具有远期合同、期货合同、互换和期权中一种或一种以上特征的工具。例如,某企业为规避库存铝价格下跌的风险,可以卖出一定数量铝期货合同。其中,铝期货合同即是套期工具。

但是,如果某项衍生工具无法有效地对冲被套期项目风险的,就不能作为套期工具。例如,企业发行的期权就不能作为套期工具,因为该期权的潜在损失可能大大超过被套期项目的潜在利得,从而不能有效地对冲被套期项目的风险。与此不同的是,购入期权的一方可能承担的损失最多的就是期权费,而可能拥有的利得通常等于或大大超过被套期项目的潜在损失,因而购入期权的一方可以将购入的期权作为套期工具。为此,套期保值准则规定,对于利率上下限期权,或由一项企业发行的期权和一项购入的期权组成的期权,其实质相当于企业发行一项期权(即企业收取了净期权费),不能将其指定为套期工具。

2. 非衍生金融资产或非衍生金融负债通常不能作为套期工具,但被套期风险为外汇风险时,某些非衍生金融资产或非衍生金融负债可以作为套期工具。例如,某种外币借款可以作为对同种外币结算的销售(确定)承诺的套期工具;又如,持有至到期投资可以作为规避外汇风险的套期工具。

3. 无论是衍生工具还是某些非衍生金融资产或非衍生金融负债,作为套期工具的基本条件就是其公允价值应当能够可靠地计量。因此,在活跃市场上没有报价的权益工具投资,以及与该权益工具挂钩并须通过交付该权益工具进行结算的衍生工具,由于其公允价值难以可靠地计量,不能作为套期工具。企业自身的权益工具既非企业的金融资产也非金融负债,因而也不能作为套期工具。

4. 在运用套期会计方法时,只有涉及报告主体以外的主体的工具(含符合条件的衍生工具或非衍生金融资产或非衍生金融负债)才能作为套期工具。这里所指报告主体指企业集团或集团内的各企业,也指提供分部信息的各分部。因此,在分部或集团内各企业的财务报表中,只有涉及这些分部或企业以外的主体的工具及相关套期指定,才能在符合套期保值准则规定条件时运用套期会计方法，而在集团合并财务报表中，如果这些套期工具及相关套期指定并不涉及集团外的主体，则不能对其运用套期会计方法进行处理。

（二）被套期项目

被套期项目，是指使企业面临公允价值或现金流量变动风险，且被指定为被套期对象的下列项目：①单项已确认资产、负债、确定承诺、很可能发生的预期交易，或境外经营净投资；②一组具有类似风险特征的已确认资产、负债、确定承诺、很可能发生的预期交易，或境外经营净投资；③分担同一被套期利率风险的金融资产或金融负债组合的一部分（仅适用于利率风险公允价值组合套期）。其中，确定承诺，是指在未来某特定日期或期间，以约定价格交换特定数量资源、具有法律约束力的协议；预期交易，是指尚未承诺但预期会发生的交易。套期保值准则对被套期项目的具体规定如下：

1. 作为被套期项目，应当使企业面临公允价值或现金流量变动风险（即被套期风险），在本期或未来期间会影响企业的损益。与之相关的被套期风险，通常包括外汇风险、利率风险、商品价格风险、股票价格风险、信用风险等。企业的一般经营风险（如固定资产毁损风险等）不能作为被套期风险，因为这些风险不能具体辨认和单独计量。同样地，企业合并交易中，与购买另一个企业的确定承诺相关的风险（不包括外汇风险）也不能作为被套期风险。

2. 衍生工具不能作为被套期项目，但对于外购的、嵌在另一项金融工具（主合同）中的期权，如果其与主合同存在紧密关系，且混合工具没有被指定为以公允价值计量且其变动计入当期损益的金融工具，则可以作为被套期项目。

3. 对于信用风险或外汇风险，企业可以将持有至到期投资作为被套期项目，而对于利率风险或提前还款风险，则企业不可以将其作为被套期项目。

4. 采用权益法核算的股权投资不能在公允价值套期中作为被套期项目，因为权益法下，投资方只是将其在联营企业或合营企业中的损益份额确认为当期损益，而不确认投资的公允价值变动。与之相类似，在母公司合并财务报表中，对子公司投资也不能作为被套期项目，但对境外经营净投资可以作为被套期项目，因为相关的套期指定针对的是外汇风险，而非境外经营净投资的公允价值变动风险。

5. 在运用套期会计方法时，只有涉及报告主体以外的主体的资产、负债、确定承诺或很可能发生的预期交易才能作为被套期项目。因此，企业集团内的各组成企业或分部之间发生的套期活动，只能在各组成企业的财务报表或分部的分部报告中运用套期会计方法，而不能在企业集团合并财务报表中对其予以反映。但是，发生在企业集团内两个组成企业或两个分部之间的外币交易形成的外币货币性项目(例如,外币应收款项),如果其外币汇兑损益不能相互抵销,则可以在企业集团合并财务报表中运用套期会计方法。

例如,按照《企业会计准则第19号——外币折算》的规定,当企业集团内的两个关联企业采用不同的记账本位币时,它们之间形成的应收(应付)款项产生的外汇汇兑损益通常不能全额抵销。与之类似,企业集团内部两个关联企业之间很可能发生的预期交易,按照进行此项交易的主体的记账本位币以外的货币标价(即按外币标价),且相关的外汇风险将影响合并利润或损失的,该很可能发生的预期交易(外汇风险)可以在合并财务报表中作为被套期项目。

三、运用套期保值会计的条件

对于满足套期保值准则规定条件的公允价值套期、现金流量套期和境外经营净投资套期,企业可运用套期会计方法进行处理。套期会计方法,是指在相同会计期间将套期工具和被套期项目公允价值变动的抵销结果计入当期损益的方法。

套期保值准则规定,公允价值套期、现金流量套期或境外经营净投资套期同时满足下列条件的,才能运用套期会计方法进行处理:①在套期开始时,企业对套期关系(即套期工具和被套期项目之间的关系)有正式指定,并准备了关于套期关系、风险管理目标和套期策略的正式书面文件。该文件至少载明了套期工具、被套期项目、被套期风险的性质以及套期有效性评价方法等内容。套期必须与具体可辨认并被指定的风险有关,且最终影响企业的损益。②该套期预期高度有效,且符合企业最初为该套期关系所确定的风险管理策略。③对预期交易的现金流量套期,预期交易应当发生的可能性很大,且必须使企业面临最终将影响损益的现金流量变动风险。④套期有效性能够可靠地计量,即被套期风险引起的被套期项目的公允价值或现金流量以及套期工具的公允价值能够可靠地计量。⑤企业应当持续地对套期有效性进行评价,并确保该套期在套期关系被指定的会计期间内高度有效。

(一)高度有效套期的认定

套期只有满足下列全部条件时,企业才能认定其为高度有效:

1. 在套期开始及以后期间,该套期预期会高度有效地抵销套期指定期间被套期风险引起的公允价值或现金流量变动。

2. 该套期的实际抵销结果在80%至125%的范围内。例如,某企业套期的实际结果是,套期工具公允价值变动形成的损失为60万元,而被套期项目的公允价值变动形成的利得为50万元,两者相互抵销的程度可以计算如下:60/50,即120%;或者50/60,

即83.33%。如果该套期也满足上面的条件1,那么企业可以认定该套期是高度有效的。

(二)套期有效性评价

企业至少应当在编制中期报告或年度财务报告时对套期有效性进行评价。

运用套期会计方法的条件实际上隐含了两项套期有效性评价要求:①预期性评价,即评价套期在未来会计期间是否高度有效。这就要求企业在套期开始时,以及至少在中期报告或年度财务报告日对套期有效性进行评价。②回顾性评价,即评价套期在以往的会计期间实际上是否高度有效。这就要求企业至少在中期报告或年度财务报告日对套期有效性进行评价。

一般情况下,企业难以实现套期工具和被套期项目的公允价值或现金流量变动完全抵销,因而会出现套期无效的较小金额范围。无效套期的形成源于多方面的因素。这些因素通常包括:①套期工具和被套期项目以不同的货币表示;②套期工具和被套期项目有不同的到期期限;③套期工具和被套期项目内含不同的利率或权益指数变量;④套期工具和被套期项目使用不同市场的商品价格标价;⑤套期工具和被套期项目对应不同的交易对手;⑥套期工具在套期开始时的公允价值不等于零;等等。

套期有效性评价方法应当与企业的风险管理策略相吻合,并在套期开始时就在风险管理有关的正式文件中详细加以说明。在这些正式文件中,企业应当就套期有效性评价的程序和方法、评价时是否包括套期工具的全部利得或损失、是否包括套期工具的时间价值等作出说明。

常见的套期有效性评价方法有三种:主要条款比较法;比率分析法;回归分析法。

1. 主要条款比较法。主要条款比较法是通过比较套期工具和被套期项目的主要条款,以确定套期是否有效的方法。如果套期工具和被套期项目的所有主要条款均能准确地匹配,可认定因被套期风险引起的套期工具和被套期项目公允价值或现金流量变动可以相互抵销。套期工具和被套期项目的“主要条款”包括:名义金额或本金、到期期限、内含变量、定价日期、商品数量、货币单位等。

企业在以利率互换对利率风险进行套期时,可以采用主要条款比较法。此外,以远期合同对很可能发生的预期商品购买进行套期保值,也可以采用主要条款比较法。例如,当以下全部条件同时符合时,可以认定该套期是高度有效的:

(1)远期合同与被套期的预期商品购买交易,在商品购买时间、地点、数量、质量等方面条款相同。

(2)远期合同初始确认时的公允价值为零。

(3)进行套期有效性评价时,不考虑远期合同溢价或折价变动对其价值的影响,或预期商品购买交易的预计现金流量变动以商品的远期价格为基础确定。

值得注意的是,采用这种方法对套期有效性评价虽然不需要进行计算,但适用的情况往往有限,而且只能用于套期预期性评价。即使是套期工具和被套期项目的主要条款均能准确地匹配,企业依然需要进行套期的回顾性评价。因为在这种情况下。套期无效仍可能出现。例如,套期工具的流动性或其交易对手的信用等级发生变化时,通常会导致套期无效。

2. 比率分析法。比率分析法,也称金额对冲法,是通过比较被套期风险引起的套期工具和被套期项目公允价值或现金流量变动比率,以确定套期是否有效的方法。运用比率分析法时,企业可以根据自身风险管理政策的特点进行选择,以累积变动数(即自套期开始以来的累积变动数)为基础比较,或以单个期间变动数为基础比较。如果上述比率没有超过80%至125%的范围,可以认定套期是高度有效的。

应当注意的是,以累积变动数和单个期间变动数分别作为比较基础,可能会得出不同结论。即如果以单个期间变动数为基础,套期可能不是高度有效的,但若以累积变动数为基础,套期却可能是高度有效的。

【例9-6】 甲公司2007年1月1日预期将在2008年1月1日对外出售一批商品。为了规避商品价格下降的风险,甲公司于2007年1月1日与其他方签订了一项远期合同(套期工具),约定在2008年1月1日以预期相同的价格(作为远期价格)卖出相同数量的商品。合同签订日,该远期合同的公允价值为零。假定套期开始时,该现金流量套期高度有效。

甲公司每季采用比率分析法对套期有效性进行评价。套期期间,套期工具的公允价值及其变动、被套期项目的预计未来现金流量现值及其变动如表9-1至表9-3所示。

表9-1 **以单个期间为基础比较** 单位:万元

	3月31日	6月30日	9月30日	12月31日
当季套期工具公允价值变动	(100)	(50)	110	140
当季被套期项目预计未来现金流量现值变动	90	70	(110)	(140)
当季套期有效程度	111%	71.4%	100%	100%
评 价	80%~125%	非高度有效	80%~125%	

注:以单季为基础比较,第2季度非高度有效;带“括号”的数据,表明是净减少额,后同。

表 9－2　　以累积变动数为基础比较　　单位：万元

	3月31日	6月30日	9月30日	12月31日
至本月止套期工具公允价值累计变动	(100)	(150)	(40)	100
至本月止被套期项目预计未来现金流量现值累积变动	90	160	50	(90)
至本月止累积套期有效程度	111%	93.8%	80%	111%
评　价	80%～125%			

注：以累积数为基础比较，第2季度高度有效。

表 9－3　　确定应计入所有者权益/当期损益的套期工具公允价值变动　　单位：万元

	3月31日	6月30日	9月30日	12月31日
直接在所有者权益中反映的套期工具公允价值变动额	(90)	(150)	(40)	90
当季套期工具公允价值变动中的有效部分（计入所有者权益）	(90)	(60)	110	130
当季套期工具公允价值变动中的无效部分（计入当期损益）	(10)	10	0	10
当季套期工具公允价值变动	(10)	(50)	110	140

3. 回归分析法。回归分析法是一种统计学方法，它是在掌握一定量观察数据基础上，利用数理统计方法建立自变量和因变量之间回归关系函数的方法。将此方法运用到套期有效性评价中，需要研究分析套期工具和被套期项目价值变动之间是否具有高度相关性，进而判断确定套期是否有效。运用回归分析法，自变量反映被套期项目公允价值变动或预计未来现金流量现值变动，而因变量反映套期工具公允价值变动。相关回归模型如下：

$$y = kx + b + \varepsilon$$

式中：y——因变量，即套期工具的公允价值变动；

k——回归直线的斜率，反映套期工具价值变动/被套期项目价值变动的比率；

b——y 轴上的截距；

x——自变量，即被套期风险引起的被套期项目价值变动；

ε——均值为零的随机变量，服从正态分布。

企业运用线性回归分析确定套期有效性时，套期只有满足以下全部条件才能被认为是高度有效的：

(1)回归直线的斜率必须为负数，且数值应在 -0.8～-1.25。

(2)相关系数应大于或等于 0.96，该系数表明套期工具价值变动由被套期项目价值变动影响的程度。当相关系数 =96% 时，说明套期工具价值变动的 96% 是由于某特定风险引起被套期项目价值变动形成的。相关系数越大，表明回归模型对观察数据的拟合越好，用回归模型进行预测效果也就越好。

(3)整个回归模型的统计有效性(F—测试)必须是显著的。F 值也称置信程度，表示自变量 x 与因变量 y 之间线性关系的强度。F 值越大，置信程度越高。

四、套期保值的会计核算

(一)会计科目的设置

在进行套期保值会计核算时，需要设置“套期工具”、“被套期项目”和“套期损益”三个会计科目。

1.“套期工具”科目。该科目是一个共同类会计科目，核算企业开展套期保值业务(包括公允价值套期、现金流量套期和境外经营净投资套期)过程中套期工具公允价值变动形成的资产或负债。该科目可按套期工具类别进行明细核算。

企业将已确认的衍生工具等金融资产或金融负债指定为套期工具的，应按其账面价值，借记或贷记“套期工具”科目，贷记或借记“衍生工具”等科目。资产负债表日，对于有效套期，应按套期工具产生的利得，借记“套期工具”科目，贷记“套期损益”等科目；套期工具产生损失做相反的会计分录。金融资产或金融负债不再作为套期工具核算的，应按套期工具形成的资产或负债，借记或贷记有关科目，贷记或借记“套期工具”科目。

“套期工具”期末借方余额，反映企业套期工具形成资产的公允价值；该科目的期末贷方余额，反映企业套期工具形成负债的公允价值。

2.“被套期项目”科目。该科目是一个共同类会计科目，核算企业开展套期保值业务被套期项目公允价值变动形成的资产和负债。该科目可按被套期项目类别进行明细核算。

企业将已确认的资产或负债指定为被套期项目，应按其账面价值，借记或贷记“被套期项目”科目，贷记或借记“库存商品”、“长期借款”、“持有至到期投资”等科目。已计提跌价准备或减值准备的，还应同时结转跌价准备或减值准备。资产负债表日，对于有效套期，应按被套期项目产生的利得，借记“被套期项目”科目，贷记“套期损益”等科目；被套期项目产生损失做相反的会计分录。资产或负债不再作为被套期项目核算的，应按被套期项目形成的资产或负债,借记或贷记有关科目,贷记或借记“被套期项目”科目。

“被套期项目”科目的期末借方余额,反映企业被套期项目形成资产的公允价值;该科目的期末贷方余额,反映企业被套期项目形成负债的公允价值。

3.“套期损益”科目。该科目是个损益类会计科目,用于核算有效套期关系中套期工具和被套期项目的公允价值变动。套期工具和被套期项目产生利得记入该科目的贷方,套期工具和被套期项目产生损失记入该科目的借方。会计期末,“套期损益”科目要全部转入“本年利润”,结转后该科目没有余额。

不单独设置“套期损益”科目的企业,对于套期工具和被套期项目产生的损益通过“公允价值变动损益”科目核算。

(二)公允价值套期会计核算

1.公允价值套期会计处理原则。

(1)基本要求。公允价值套期满足运用套期会计方法条件的,应当按照下列规定处理:

第一,套期工具为衍生工具的,公允价值变动形成的利得或损失应当计入当期损益;套期工具为非衍生工具的,账面价值因汇率变动形成的利得或损失应当计入当期损益。

第二,被套期项目因被套期风险形成的利得或损失应当计入当期损益,同时调整被套期项目的账面价值。被套期项目为按成本与可变现净值孰低进行后续计量的存货、按摊余成本进行后续计量的金融资产或可供出售金融资产的,也应当按此规定处理。

(2)被套期项目利得或损失的具体处理要求:

第一,对于金融资产或金融负债组合一部分的利率风险公允价值套期,企业对被套期项目形成的利得或损失可按下列方法处理:①被套期项目在重新定价期间内是资产的,在资产负债表中资产项下单列项目反映,待终止确认时转销;②被套期项目在重新定价期间内是负债的,在资产负债表中负债项下单列项目反映,待终止确认时转销。

第二,被套期项目是以摊余成本计量的金融工具的,对被套期项目账面价值所作的调整,应当按照调整日重新计算的实际利率,在调整日至到期日的期间内进行摊销,计入当期损益。

对利率风险组合的公允价值套期,在资产负债表中单列的相关项目,也应当按照调整日重新计算的实际利率,在调整日至相关的重新定价期间结束日的期间内摊销。采用实际利率法进行摊销不切实可行的,可以采用直线法进行摊销。此调整金额应当于金融工具到期日前摊销完毕;对于利率风险组合的公允价值套期,应当于相关重新定价期间结束日前摊销完毕。

第三,被套期项目为尚未确认的确定承诺的,该确定承诺因被套期风险引起的公允价值变动累计额应当确认为一项资产或负债,相关的利得或损失应当计入当期损益。

第四,在购买资产或承担负债的确定承诺的公允价值套期中,该确定承诺因被套期风险引起的公允价值变动累计额(已确认为资产或负债),应当调整履行该确定承诺所取得的资产或承担的负债的初始确认金额。

(3)终止运用公允价值套期会计方法的条件。套期满足下列条件之一的,企业应终止运用公允价值套期会计:

第一,套期工具已到期、被出售、合同终止或已行使。套期工具展期或被另一项套期工具替换时,展期或替换是企业正式书面文件所载明的套期策略组成部分的,不作为已到期或合同终止处理。

第二,该套期不再满足运用套期会计方法的条件。

第三,企业撤销了对套期关系的指定。

2. 公允价值套期会计处理举例。

【例9-7】 2007年1月1日,甲公司为规避所持有存货A的公允价值变动风险,与某金融机构签订了一项衍生工具合同(即衍生工具B),并将其指定为2007年上半年存货A价格变化引起的公允价值变动风险的套期。衍生工具B的标的资产与被套期项目存货在数量、质量、价格变动和产地方面相同。

2007年1月1日,衍生工具B的公允价值为零,被套期项目(存货A)的账面价值和成本均为2 000 000元,公允价值是2 200 000元。2007年6月30日,衍生工具B的公允价值上涨了50 000元,存货A的公允价值下降了50 000元。当日,甲公司将存货A出售,并将衍生工具B结算。

甲公司采用比率分析法评价套期有效性,即通过比较衍生工具B和存货A的公允价值变动评价套期有效性。甲公司预期该套期完全有效。

假定不考虑衍生工具的时间价值、商品销售相关的增值税及其他因素,甲公司的账务处理如下(金额单位:元)。

(1)2007年1月1日,将库存商品A套期,应将其转入被套期项目,编制会计分录如下:

借:被套期项目——库存商品A　　2 000 000

　贷:库存商品——A　　2 000 000

(2)2007年6月30日,确认衍生工具B和被套期的库存商品A的公允价值变动,出售商品 A 并结算衍生工具 B。

①结转套期工具 B 的公允价值变动，编制会计分录如下：

借：套期工具——衍生工具 B　　50 000

　贷：套期损益　　50 000

②结转被套期项目 A 的公允价值变动，编制会计分录如下：

借：套期损益　　50 000

　贷：被套期项目——库存商品 A　　50 000

③售出库存商品 A，货款收到存入银行，编制会计分录如下：

借：银行存款　　2 150 000

　贷：主营业务收入　　2 150 000

④结转库存商品 A 的销售成本 1 950 000(2 000 000 - 50 000)元，编制会计分录如下：

借：主营业务成本　　1 950 000

　贷：被套期项目——库存商品 A　　1 950 000

⑤收到套期工具 B 结算款 50 000 元，存入银行，编制会计分录如下：

借：银行存款　　50 000

　贷：套期工具——衍生工具 B　　50 000

注：由于甲公司采用了套期策略，规避了存货公允价值变动风险，因此其存货公允价值下降没有对预期毛利额 200 000(2 200 000 - 2 000 000)元产生不利影响。

假定 2007 年 6 月 30 日，衍生工具 B 的公允价值上涨了 45 000 元，存货 A 的公允价值下降了 50 000 元。其他资料不变，甲公司的账务处理如下：

(1)2007 年 1 月 1 日，将库存商品 A 套期，编制会计分录如下：

借：被套期项目——库存商品 A　　2 000 000

　贷：库存商品——A　　2 000 000

(2)2007 年 6 月 30 日，确认衍生工具 B 和被套期的库存商品 A 的公允价值变动，出售商品 A 并结算衍生工具 B。

①结转套期工具 B 的公允价值变动，编制会计分录如下：

借：套期工具——衍生工具 B　　45 000

　贷：套期损益　　45 000

②结转被套期项目 A 的公允价值变动，编制会计分录如下：

借：套期损益　　50 000

　贷：被套期项目——库存商品 A　　50 000

③售出库存商品 A,货款收到存入银行,编制会计分录如下:

借:银行存款　　2 150 000

　贷:主营业务收入　　2 150 000

④结转库存商品 A 的销售成本 1 950 000(2 000 000 - 50 000)元,编制会计分录如下:

借:主营业务成本　　1 950 000

　贷:被套期项目——库存商品 A　　1 950 000

⑤收到套期工具 B 结算款 45 000 元,存入银行,编制会计分录如下:

借:银行存款　　45 000

　贷:套期工具——衍生工具 B　　45 000

说明:两种情况的差异在于,前者不存在"无效套期损益",后者存在"无效套期损益"5 000 元,从而对甲公司当期利润总额的影响相差 5 000 元。

【例 9 - 8】　2006 年 1 月 1 日,XYZ 公司以每股 20 元的价格,从二级市场上购入 ICO 公司股票 20 000 股(占 ICO 公司有表决权股份的 3%),且将其划分为可供出售金融资产。为规避该股票价格下降风险,XYZ 公司于 2006 年 12 月 31 日支付期权费 50 000元购入一项看跌期权。该期权的行权价格为每股 25 元,行权日期为 2008 年 12 月 31 日。有关数据如表 9 - 4 所示。

表 9 - 4　　XYZ 公司购入的 ICO 股票和卖出期权的公允价值　　单位:元

项　目	2006 年 12 月 31 日	2007 年 12 月 31 日	2008 年 12 月 31 日
ICO 股票(股)	20 000	20 000	20 000
每股价格	25	23	22
总　价	500 000	460 000	440 000
卖出期权			
时间价值	50 000	30 000	0
内在价值	0	40 000	60 000
总　价	50 000	70 000	60 000

XYZ 公司将该卖出期权指定为对可供出售金融资产(ICO 股票投资)的套期工具,在进行套期有效性评价时将期权的时间价值排除在外,即不考虑期权的时间价值变化。假定 XYZ 公司于 2008 年 12 月 31 日行使了卖出期权,同时不考虑税费等其他因素的影响。据此,XYZ 公司的账务处理如下:

(1)2006 年 1 月 1 日,购入 ICO 公司股票,将其划分为可供出售金融资产,编制会计分录如下:

借:可供出售金融资产　　400 000

贷:银行存款　　400 000

(2)2006 年 12 月 31 日,确认 ICO 股票价格上涨,公允价值变动额 = 20 000 × (25 - 20) = 100 000 元,编制会计分录如下:

借:可供出售金融资产　　100 000

　贷:资本公积——其他资本公积　　100 000

指定可供出售金融资产为被套期项目,编制会计分录如下:

借:被套期项目——可供出售金融资产　　500 000

　贷:可供出售金融资产　　500 000

购入卖出期权并指定为套期工具,编制会计分录如下:

借:套期工具——卖出期权　　50 000

　贷:银行存款　　50 000

(3)2007 年 12 月 31 日,确认套期工具公允价值(内在价值)变动,编制会计分录如下:

借:套期工具——卖出期权　　40 000

　贷:套期损益　　40 000

确认套被套期项目公允价值变动,编制会计分录如下:

借:套期损益　　40 000

　贷:被套期项目——可供出售金融资产　　40 000

确认套期工具公允价值(时间价值)变动,变动额 = 50 000 - 30 000 = 20 000 元,编制会计分录如下:

借:套期损益　　20 000

　贷:套期工具——卖出期权　　20 000

(4)2008 年 12 月 31 日,确认套期工具公允价值(内在价值)变动,编制会计分录如下:

借:套期工具——卖出期权　　20 000

　贷:套期损益　　20 000

确认套被套期项目公允价值变动,编制会计分录如下:

借:套期损益　　20 000

　贷:被套期项目——可供出售金融资产　　20 000

确认套期工具公允价值(时间价值)变动,编制会计分录如下:

借:套期损益　　30 000

　贷:套期工具——卖出期权　　30 000

确认卖出期权行权,编制会计分录如下:

借:银行存款　　500 000

贷:套期工具——卖出期权 60 000

被套期项目——供出售金融资产 440 000

将直接计入资本公积的可供出售金融资产价值变动转出,计入当期损益,编制会计分录如下:

借:资本公积——其他资本公积 100 000

贷:套期损益 100 000

(三)现金流量套期会计核算

1. 现金流量套期会计处理原则。

(1)基本要求。现金流量套期满足运用套期会计方法条件的,应当按照下列规定处理:

①套期工具利得或损失中属于有效套期的部分,应当直接确认为所有者权益,并单列项目反映。该有效套期部分的金额,按照下列两项的绝对额中较低者确定:

第一,套期工具自套期开始的累计利得或损失;

第二,被套期项目自套期开始的预计未来现金流量现值的累计变动额。

②套期工具利得或损失中属于无效套期的部分(即扣除直接确认为所有者权益后的其他利得或损失),应当计入当期损益。

③在风险管理策略的正式书面文件中,载明了在评价套期有效性时将排除套期工具的某部分利得或损失或相关现金流量影响的,被排除的该部分利得或损失的处理适用《企业会计准则第22号——金融工具确认和计量》。

(2)套期工具利得或损失的后续处理要求:

①被套期项目为预期交易,且该预期交易使企业随后确认一项金融资产或一项金融负债的,原直接确认为所有者权益的相关利得或损失,应当在该金融资产或金融负债影响企业损益的相同期间转出,计入当期损益。但是,企业预期原直接在所有者权益中确认的净损失全部或部分在未来会计期间不能弥补时,应当将不能弥补的部分转出,计入当期损益。

②被套期项目为预期交易,且该预期交易使企业随后确认一项非金融资产或一项非金融负债的,企业可以选择下列方法处理:

第一,原直接在所有者权益中确认的相关利得或损失,应当在该非金融资产或非金融负债影响企业损益的相同期间转出,计入当期损益。但是,企业预期原直接在所有者权益中确认的净损失全部或部分在未来会计期间不能弥补时,应当将不能弥补的部分转出,计入当期损益。

第二,将原直接在所有者权益中确认的相关利得或损失转出,计入该非金融资产或非金融负债的初始确认金额。

非金融资产或非金融负债的预期交易形成了一项确定承诺时，该确定承诺满足运用套期保值准则规定的套期会计方法条件的，也应当选择上述两种方法之一处理。

企业选择了上述两种处理方法之一作为会计政策后，应当一致地运用于相关的所有预期交易套期，不得随意变更。

③不属于以上第一或第二所指情况的，原直接计入所有者权益中的套期工具利得或损失，应当在被套期预期交易影响损益的相同期间转出，计入当期损益。

(3)终止运用现金流量套期会计方法的条件：

①套期工具已到期、被出售、合同终止或已行使。在套期有效期间直接计入所有者权益中的套期工具利得或损失不应当转出，直至预期交易实际发生时，再按有关规定处理。套期工具展期或被另一项套期工具替换，且展期或替换是企业正式书面文件所载明套期策略组成部分的，不作为已到期或合同终止处理。

②该套期不再满足运用套期保值准则规定的套期会计方法的条件。在套期有效期间直接计入所有者权益中的套期工具利得或损失不应当转出，直至预期交易实际发生时，再按有关规定处理。

③预期交易预计不会发生。在套期有效期间直接计入所有者权益中的套期工具利得或损失应当转出，计入当期损益。

④企业撤销了对套期关系的指定。

对于预期交易套期，在套期有效期间直接计入所有者权益中的套期工具利得或损失不应当转出，直至预期交易实际发生或预计不会发生。预期交易实际发生的，应按有关规定处理；预期交易预计不会发生的，原直接计入所有者权益中的套期工具利得或损失应当转出，计入当期损益。

2. 现金流量套期会计处理举例。

【例9-9】 2008年1月1日，ABC公司预期在2008年6月30日准备销售一批商品X，数量为200 000吨。为规避该预期销售有关的现金流量变动风险，ABC公司于2008年1月1日与某金融机构签订了一项衍生工具合同Y，且将其指定为对该预期商品销售的套期工具。衍生工具Y的标的资产与被套期预期商品销售在数量、质次、价格变动和产地等方面相同，并且衍生工具Y的结算日和预期商品销售日均为2008年6月30日。该公司先后发生的现金流量套期业务如下：

2008年1月1日，衍生工具Y的公允价值为零，商品的预期销售价格为2 200 000元。

2008年6月30日，衍生工具Y的公允价值上涨了50 000元，商品X的预期销售价格下降了50 000元。

当日,ABC 公司将商品 X 出售,并将衍生工具 Y 结算。

假定 ABC 公司预期该套期完全有效,不考虑衍生工具的时间价值、商品销售相关的增值税及其他因素,ABC 公司的账务处理如下(单位:人民币元):

(1)2008 年 1 月 1 日,ABC 公司不作账务处理。

(2)2008 年 6 月 30 日,确认衍生工具的公允价值变动,做会计分录如下:

借:套期工具——衍生工具 Y　50 000

　贷:资本公积——其他资本公积(套期工具价值变动)　50 000

商品 X 对外售出,收到款项存入银行,做会计分录如下:

借:银行存款　2 150 000

　贷:主营业务收入　2 150 000

衍生工具 Y 以银行存款结算,做会计分录如下:

借:银行存款　50 000

　贷:套期工具——衍生工具 Y　50 000

确认将原计入资本公积的衍生工具公允价值变动转出,调整销售收入,做会计分录如下:

借:资本公积——其他资本公积(套期工具价值变动)　50 000

　贷:主营业务收入　50 000

【例 9－10】　东方公司于 2007 年 11 月 1 日与境外 ASB 公司签订合同,约定 2008 年 1 月 31 日以每吨 60 外币(EF)元的价格购入 1 000 吨花生油。东方公司为规避花生油成本的外汇风险,在当日与某金融机构签订了一项 3 个月到期的远期外汇合同,约定汇率为 1EF＝22.5 人民币元,合同金额 EF60 000 元。2008 年 1 月 31 日,东方公司以净额方式结算该远期外汇合同,并购入花生油。

假定:①2007 年 12 月 31 日,1 个月 EF 对人民币远期汇率为 1EF＝22.4 人民币元,人民币的市场利率为 6%;②2007 年 1 月 30 日,EF 对人民币即期汇率为 1EF＝22.3 人民币元;③该套期符合运用套期保值准则所规定的运用套期会计的条件;④不考虑增值税等相关税费。

(提示:根据套期保值准则,对外汇确定承诺的套期既可以划分为公允价值套期,也可以划分为现金流量套期。)

情形 1:东方公司将上述套期划分为公允价值套期。

(1)2007 年 11 月 1 日:

远期合同的公允价值为零,不作账务处理,将套期保值进行表外登记。

(2)2007 年 12 月 31 日:

远期外汇合同的公允价值＝[(22.5－22.4)×60 000/(1＋6%×1/12)]＝5 970(元)

做会计分录：

借：套期损益 5 970

　贷：套期工具——远期外汇合同 5 970

借：被套期项目——确定承诺 5 970

　贷：套期损益 5 970

(3)2008 年 1 月 31 日：

远期外汇合同的公允价值 = (22.5 − 22.3) × 60 000 = 12 000(元)

做会计分录：

借：套期损益 6 030

　贷：套期工具——远期外汇合同 6 030

借：套期工具——远期外汇合同 12 000

　贷：银行存款 12 000

借：被套期项目——确定承诺 6 030

　贷：套期损益 6 030

借：库存商品——花生油 1 338 000

　贷：银行存款 1 338 000

借：库存商品——花生油 12 000

　贷：被套期项目——确定承诺 12 000

(将被套期项目的余额调整花生油的入账价值)

情形 2：东方公司将上述套期划分为现金流量套期。

(1)2007 年 11 月 1 日：

不作账务处理，将套期保值进行表外登记。

(2)2007 年 12 月 31 日：

远期外汇合同的公允价值 = [(22.5 − 22.4) × 60 000/(1 + 6% × 1/12)] = 5 970(元)

借：资本公积——其他资本公积(套期工具价值变动) 5 970

　贷：套期工具——远期外汇合同 5 970

(3)2008 年 1 月 31 日：

远期外汇合同的公允价值 = (22.5 − 22.3) × 60 000 = 12 000(元)

借：资本公积——其他资本公积(套期工具价值变动) 6 030

　贷：套期工具——远期外汇合同 6 030

借：套期工具——远期外汇合同 12 000

　贷：银行存款 12 000

借：库存商品——花生油 1 338 000

贷:银行存款　　1 338 000

东方公司将套期工具于套期期间形成的公允价值变动累计额(净损失)暂记在所有者权益中,在处置花生油影响企业损益的期间转出,计入当期损益。

(四)境外经营净投资套期会计核算

对境外经营净投资的套期,企业应按类似于现金流量套期会计的规定处理:

其一,套期工具形成的利得或损失中属于有效套期的部分,应当直接确认为所有者权益,并单列项目反映。

处置境外经营时,上述在所有者权益中单列项目反映的套期工具利得或损失应当转出,计入当期损益。

其二,套期工具形成的利得或损失中属于无效套期的部分,应当计入当期损益。

第五节　权益工具和混合工具的会计处理

一、权益工具的会计处理

权益工具是指能证明拥有某个企业在扣除所有负债后的资产中的剩余权益的合同。例如,企业发行的普通股,企业发行的、使持有者有权以固定价格购入固定数量该企业普通股的认股权证等。

权益工具的一般会计处理在中级财务会计中有比较详细的介绍,在这里重点介绍一下权益工具和金融负债的区分以及权益工具产生的衍生工具的会计处理。

(一)权益工具和金融负债的区分原则

企业发行金融工具,应当按照该金融工具的实质,以及金融资产、金融负债和权益工具的定义,在初始确认时将该金融工具或其组成部分确认为金融资产、金融负债或权益工具。

通常情况下,企业比较容易分辨所发行的金融工具是权益工具还是金融负债,但也会遇到比较复杂的情况。例如,企业发行的、须用自身权益工具进行结算的金融工具,可能因为结算方式不同,导致所确认的结果不同。

企业发行金融工具时,如果该工具合同条款中没有包括交付现金或其他金融资产给其他单位的合同义务,也没有包括在潜在不利条件下与其他单位交换金融资产或金融负债的合同义务,那么该工具应确认为权益工具。如果企业发行的该工具将来须用或可用自身权益工具进行结算,还需要继续区分不同情况进行判断。如果该工具是非衍生工具,且企业没有义务交付非固定数量的自身权益工具进行结算,那么该工具应确认为权益工具;如果该工具是衍生工具,且企业只有通过交付固定数量的自身权益工具(此处所指权益工具不包括需要通过收取或交付企业自身权益工具进行结算的合同)换取固定数额的现金或其他金融资产进行结算,那么该工具也应确认为权益工具。权益工具和金融负债的区分可参见图9-2所示的流程图说明。

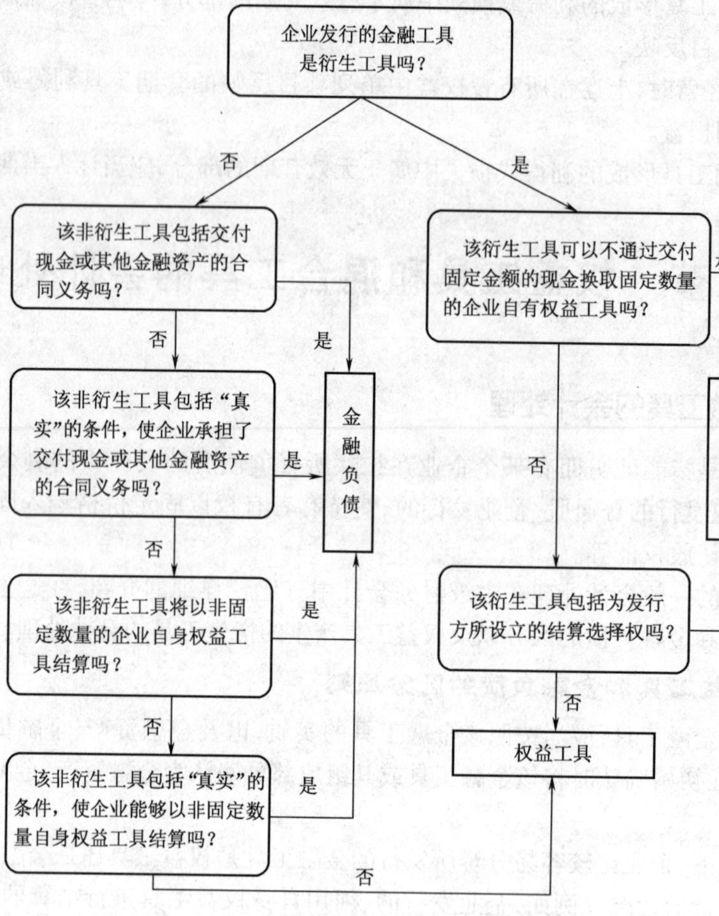

图9-2 区分权益工具与金融负债的流程

(二)权益工具产生的衍生工具核算举例

【例9-11】 A公司于2007年10月1日向B公司发行以自身普通股为标的的看涨期权。根据该期权合同,如果B公司行权(行权价为84元),B公司有权以每股84元的价格从甲公司购入普通股1 000股。

其他有关资料如下：

①合同签订日：	2007年10月1日
②行权日（欧式期权）：	2008年3月31日
③2007年10月1日每股市价：	78元
④2007年12月31日每股市价：	88元
⑤2008年3月31日每股市价：	88元
⑥2008年3月31日应支付的固定行权价格：	84元
⑦期权合同中的普通股数量：	1 000股
⑧2007年10月1日期权的公允价值：	6 000元
⑨2007年12月31日期权的公允价值：	4 500元
⑩2008年3月31日期权的公允价值：	4 000元

（1）期权以现金净额结算的账务处理。2008年3月31日A公司向B公司支付相当于本公司普通股1 000股市值的金额；同日，B公司向A公司支付1 000股×84＝84 000（元）的价款。

A公司在以现金净额结算账务中发生以下经济业务：

①2007年10月1日，收到发行看涨期权的价款6 000元，存入银行，编制会计分录如下：

借：银行存款　　6 000

　贷：衍生工具——看涨期权　　6 000

②2007年12月31日，确认期权公允价值减少1 500（6 000－4 500）元，编制会计分录如下：

借：衍生工具——看涨期权　　1 500

　贷：公允价值变动损益　　1 500

③2008年3月31日，确认期权公允价值减少500（4 500－4 000）元，编制会计分录如下：

借：衍生工具——看涨期权　　500

　贷：公允价值变动损益　　500

在同一天，B公司行使了该看涨期权，合同以现金净额方式进行结算。A公司有义务向B公司交付88 000（88×1 000）元，并从B公司收取84 000（84×1 000）元，A公司实际支付净额为4 000元。反映看涨期权结算的账务处理如下：

借：衍生工具——看涨期权　　4 000

　贷：银行存款　　4 000

（2）以普通股净额结算的账务处理。除期权以普通股净额结算外，其他资料与（1）相同。因此，以普通股净额结算除以下账务处理外，其他账务处理与（1）相同。A公司实际向 B 公司交付普通股数量 45.45 股(即 4 000/88 = 45.45 股)。

A 公司以普通股净额结算,2008 年 3 月 31 日向 B 公司交付普通股 45.45 股(每股面值 1 元),编制会计分录如下:

借:衍生工具——看涨期权　　4 000

　贷:股本　　45.45

　　资本公积——股本溢价　　3 954.55

二、混合工具的分拆

(一)混合工具的分拆原则

企业发行的某些非衍生金融工具(如可转换公司债券等)既含有负债成分,又含有权益成分。对此,企业应当在初始确认时将负债和权益成分进行分拆,分别进行处理。

在进行分拆时,应当先确定负债成分的公允价值,并以此作为其初始确认金额,再按照该金融工具整体的发行价格扣除负债成分初始确认金额后的金额确定权益成分的初始确认金额。

发行该非衍生金融工具发生的交易费用,应当在负债成分和权益成分之间按照各自的相对公允价值进行分摊。

(二)混合工具分拆的会计处理

【例 9-12】　A 公司 2007 年 1 月 1 日按每份面值 1 000 元发行了 4 000 份可转换债券,取得总收入 4 000 000 元。该债券期限为 3 年,票面年利息为 5%,利息按年支付;每份债券均可在债券发行 1 年后的任何时间转换为 200 股普通股。甲公司发行该债券时,二级市场上与之类似但没有转股权的债券的市场利率为 8%。假定不考虑其他相关因素,甲公司将发行的债券划分为以摊余成本计量的金融负债。

(1)先对负债部分进行计量,债券发行收入与负债部分的公允价值之间的差额则分配到所有者权益部分。负债部分的现值按 8% 的折现率计算(见表 9-5)。

表 9-5　　单位:元

本金的现值: 第 3 年年末应付本金 4 000 000 元(复利现值系数 0.793 8)	3 175 200
利息的现值: 3 年每年利息 200 000 元(年金现值系数 2.577 1)	515 420
负债部分总额	3 690 620
所有者权益部分(4 000 000 - 3 690 620)	309 380
债券发行总收入	4 000 000

(2)A 公司的账务处理。

①2007 年 1 月 1 日,发行可转换债券,编制会计分录如下:

借:银行存款　4 000 000

　贷:应付债券——可转换公司债券　3 690 620

　　资本公积——其他资本公积(股份转换权)　309 380

②当年应该确认的利息费用 = 3 690 620 × 8% = 295 249.60(元)

债券的应计利息 = 4 000 000 × 5% = 200 000(元)

2007 年 12 月 31 日计提债券利息,编制会计分录如下:

借:财务费用　295 249.60

　贷:应付利息　200 000

　　应付债券——可转换公司债券(利息调整)　95 249.60

(3)2007 年 12 月 31 日以银行存款实际支付利息,编制会计分录如下:

借:应付利息　200 000

　贷:银行存款　200 000

(4)当年应该确认的利息费用 = (3 690 620 + 95 249.60) × 8% = 302 869.57(元)

债券的应计利息 = 4 000 000 × 5% = 200 000(元)

2008 年 12 月 31 日债券转换前,计提债券利息,编制会计分录如下:

借:财务费用　302 869.57

　贷:应付利息　200 000

　　应付债券——可转换公司债券(利息调整)　102 869.57

(5)2008 年 12 月 31 日以银行存款实际支付利息,编制会计分录如下:

借:应付利息　200 000

　贷:银行存款　200 000

至此,转换前应付债券的摊余成本 = 3 690 620 + 95 249.60 + 102 860.57 = 3 888 730.17元。

假定至 2008 年 12 月 31 日,A 公司股票上涨幅度较大,可转换债券持有方均将于当日将持有的可转换债券转为 A 公司股份。由于 A 公司对应付债券采用摊余成本后续计量,因此,在转换日,转换前应付债券的摊余成本应为 3 888 730.17 元,而权益部分的账面价值仍为 309 380 元。同样是在转换日,A 公司发行股票数量为 800 000 股。对此,A 公司的账务处理如下:

借:应付债券——可转换债券　3 888 730.17

　贷:股本　800 000

　　资本公积——股本溢价　3 088 730.17

借:资本公积——其他资本公积(股份转换权) 309 380
　贷:资本公积——股本溢价 309 380

第六节 金融工具列报

一、金融工具列报概述

金融工具列报是金融工具会计处理的重要组成部分,金融工具列报准则规范了金融工具列报的要求。金融工具列报主要涉及金融工具表内列示和附注披露(即金融工具披露)。

企业在披露金融工具(包括已确认和未确认的金融工具)信息时,应当根据所披露金融工具的性质和特征将金融工具进行恰当归类,同时还应提供足够的信息使之与财务报表内的项目反映的信息有机地联系起来。例如,在对金融资产和金融负债进行披露时,应当将其归为以摊余成本后续计量和以其他基础后续计量的金融资产和金融负债。又如,对衍生工具进行披露时,也应当将其恰当归类,如按外汇衍生工具、利率衍生工具、信用衍生工具等归类。

二、金融工具的表内列示

(一)衍生工具在资产负债表的列示

发生衍生工具业务的企业,应该在资产负债表设置“衍生金融资产”和“衍生金融负债”项目,前者作为资产项目,后者作为负债项目。

“衍生金融资产”项目,反映企业期末持有的衍生工具、套期工具、被套期项目中属于衍生金融资产的金额,应根据“衍生工具”、“套期工具”和“被套期项目”等科目的期末借方余额分析计算填列。

“衍生金融负债”项目,反映企业期末持有的衍生工具、套期工具、被套期项目中属于衍生金融负债的金额,应根据“衍生工具”、“套期工具”和“被套期项目”等科目的期末贷方余额分析计算填列。

(二)衍生工具在利润表的列示

企业衍生工具产生的损益,根据不同的情况,分别反映在“投资收益”、“套期损益”和“公允价值变动损益”科目。在利润表中需要单列这几个项目反映相关损益,编制利润表时根据有关科目的发生额分析填列。

（三）衍生工具在现金流量表的列示

衍生工具引起的现金流入和流出属于投资活动的现金流量，根据具体情况分别在“收回投资收到的现金”、“取得投资收益收到的现金”和“投资支付的现金”等项目内反映。

（四）关于金融工具报表列示时相互抵销的特别规定

1. 金融资产和金融负债相互抵销的条件。根据金融工具列报准则的规定，金融资产和金融负债应当在资产负债表内分别列示，不得相互抵销，但是，同时满足下列条件的，应当以相互抵销后的净额在资产负债表内列示：

第一，企业具有抵销已确认金额的法定权利，且该种法定权利现在是可执行的；

第二，企业计划以净额结算，或同时变现该金融资产和清偿该金融负债。

不满足终止确认条件的金融资产转移，转出方不得将已转移的金融资产和相关负债进行抵销。

例如，甲公司与乙公司有长期合作关系，为简化结算，甲公司和乙公司合同中明确约定，双方往来款项定期以净额结算。这种情况满足金融资产和金融负债相互抵销的条件，应当在资产负债表中以净额列示相关的应收款项或应付款项。

2. 金融资产和金融负债不能相互抵销的情形。根据金融工具列报准则的规定，下列情况不允许将金融资产和金融负债相互抵销：

第一，将几项金融工具组合在一起模仿成某项金融资产或金融负债。例如将浮动利率长期债券与收取浮动利息、支付固定利息的互换组合在一起，模仿或“合成”为一项固定利率长期债券。这种组合内的各单项金融工具形成的金融资产或金融负债不能相互抵销。

第二，作为某金融负债担保物的金融资产，不能与被担保的金融负债抵销。

第三，企业与外部交易对手进行多项金融工具交易，同时签订“总抵销协议”。根据该协议，一旦某单项金融工具交易发生违约或解约，企业可以将所有金融工具交易以单一净额进行结算，以减少交易对手可能无法履约造成损失的风险。如果只是存在这种总抵销协议，而交易对手尚没有违约或解约，则不能说明企业已满足金融资产和金融负债相互抵销的条件。

三、金融工具一般信息披露要求

金融工具披露，是指企业在附注中披露已确认和未确认金融工具的有关信息。企业所披露的金融工具信息，应当有助于财务报告使用者就金融工具对企业财务状况和经营成果影响的重要程度作出合理评价。根据金融工具列报准则的规定，企业应该披露如下有关金融工具的信息。

(一)编制财务报表时对金融工具所采用的重要会计政策、计量基础等信息

编制财务报表时对金融工具所采用的重要会计政策、计量基础等信息主要包括:

1. 对于指定为以公允价值计量且其变动计入当期损益的金融资产或金融负债,应当披露下列信息:

(1)指定的依据;

(2)指定的金融资产或金融负债的性质;

(3)指定后如何消除或明显减少原来由于该金融资产或金融负债的计量基础不同所导致的相关利得或损失在确认或计量方面不一致的情况,以及是否符合企业正式书面文件载明的风险管理或投资策略的说明。

2. 指定金融资产为可供出售金融资产的条件。

3. 确定金融资产已发生减值的客观依据以及计算确定金融资产减值损失所使用的具体方法。

4. 金融资产和金融负债的利得和损失的计量基础。

5. 金融资产和金融负债的终止确认条件。

6. 其他与金融工具相关的会计政策。

(二)金融资产或金融负债的账面价值

企业应当披露下列金融资产或金融负债的账面价值:

1. 以公允价值计量且其变动计入当期损益的金融资产。

2. 持有至到期投资。

3. 贷款和应收款项。

4. 可供出售金融资产。

5. 以公允价值计量且其变动计入当期损益的金融负债。

6. 其他金融负债。

(三)指定为以公允价值计量且其变动计入当期损益的金融资产或金融负债

1. 企业将单项或一组贷款或应收款项指定为以公允价值计量且其变动计入当期损益的金融资产的,应当披露下列信息:

(1)资产负债表日该贷款或应收款项使企业面临的最大信用风险敞口金额,以及相关信用衍生工具或类似工具分散该信用风险的金额。其中,信用风险是指金融工具

的一方不能履行义务，造成另一方发生财务损失的风险。

(2)该贷款或应收款项本期因信用风险变化引起的公允价值变动额和累计变动额；相关信用衍生工具或类似工具本期公允价值变动额以及自该贷款或应收款项指定以来的累计变动额。

2. 企业将某项金融负债指定为以公允价值计量且其变动计入当期损益的金融负债的，应当披露下列信息：

(1)该金融负债本期因相关信用风险变化引起的公允价值变动额和累计变动额。

(2)该金融负债的账面价值与到期日按合同约定应支付金额之间的差额。

(四)金融资产重分类信息

企业将金融资产进行重分类，使该金融资产后续计量基础由成本或摊余成本改为公允价值，或由公允价值改为成本或摊余成本的，应当披露该金融资产重分类前后的公允价值或账面价值和重分类的原因。

(五)不满足金融资产终止确认条件的金融资产转移

对于不满足《企业会计准则第 23 号——金融资产转移》规定的金融资产终止确认条件的金融资产转移，企业应当披露下列信息：

1. 所转移金融资产的性质。

2. 仍保留的与所有权有关的风险和报酬的性质。

3. 继续确认所转移金融资产整体的，披露所转移金融资产的账面价值和相关负债的账面价值。

4. 继续涉入所转移金融资产的，披露所转移金融资产整体的账面价值、继续确认资产的账面价值以及相关负债的账面价值。

(六)作为担保物的金融资产或非金融资产

1. 企业应当披露与作为担保物的金融资产有关的下列信息：

(1)本期作为负债或或有负债的担保物的金融资产的账面价值。

(2)与担保物有关的期限和条件。

2. 企业收到的担保物(金融资产或非金融资产)在担保物所有人没有违约时就可以出售或再作为担保物的，应当披露下列信息：

(1)所持有担保物的公允价值。

(2)已将收到的担保物出售或再作为担保物的，披露该担保物的公允价值，以及企业是否承担了将担保物退回的义务。

(3)与担保物使用相关的期限和条件。

（七）金融资产减值信息

企业应当披露每类金融资产减值损失的详细信息，包括前后两期可比的金融资产减值准备期初余额、本期计提数、本期转回数、期末余额之间的调节信息等。

（八）套期保值信息

1. 企业应当披露与每类套期保值有关的下列信息：

（1）套期关系的描述。

（2）套期工具的描述及其在资产负债表日的公允价值。

（3）被套期风险的性质。

2. 对于现金流量套期，企业应当披露与现金流量套期有关的下列信息：

（1）现金流量预期发生及其影响损益的期间。

（2）以前运用套期会计方法处理但预期不会发生的预期交易的描述。

（3）本期在所有者权益中确认的金额。

（4）本期从所有者权益中转出、直接计入当期损益的金额。

（5）本期从所有者权益中转出、直接计入预期交易形成的非金融资产或非金融负债初始确认的金额。

（6）本期无效套期形成的利得或损失。

对于公允价值套期，企业应当披露本期套期工具形成的利得或损失，以及被套期项目因被套期风险形成的利得或损失。

对于境外经营净投资套期，企业应当披露本期无效套期形成的利得或损失。

（九）公允价值信息

企业在披露金融资产或金融负债的公允价值信息时，除非这些金融资产或金融负债是账面价值与公允价值相差很小的短期金融资产或金融负债，或者是在活跃市场中没有报价的权益工具投资，以及与该权益工具挂钩并须通过交付该权益工具结算的衍生工具，否则应当按照每类金融资产和金融负债披露下列公允价值信息：

第一，确定公允价值所采用的方法，包括全部或部分直接参考活跃市场中的报价或采用估值技术等。采用估值技术的，按照各类金融资产或金融负债分别披露相关估值假设，包括提前还款率、预计信用损失率、利率或折现率等。

第二，公允价值是否全部或部分采用估值技术确定，而该估值技术没有以相同金融工具的当前公开交易价格和易于获得的市场数据作为估值假设。这种估值技术对估值假设具有重大敏感性的，披露这一事实及改变估值假设可能产生的影响，同时披露采用这种估值技术确定的公允价值的本期变动额计入当期损益的数额。

企业在判断估值技术对估值假设是否具有重大敏感性时，应当综合考虑净利润、资产总额、负债总额、所有者权益总额(适用于公允价值变动计入所有者权益的情形)等因素。

金融资产和金融负债的公允价值应当以总额为基础披露(在资产负债表中金融资产和金融负债按净额列示的除外),且披露方式应当有利于财务报告使用者比较金融资产和金融负债的公允价值和账面价值。

企业在作上述披露时,对于不存在活跃市场的金融资产或金融负债,其计量不是以实际交易价格为基础,而是采用更公允的相同金融工具的公开交易价格或估值结果计量的,应当按照金融资产或金融负债的类别披露下列信息:

第一,在损益中确认原实际交易价格与公允价值之间形成的差异所采用的会计政策。

第二,该项差异的期初和期末余额。

(十)权益工具及相应衍生工具

企业应当披露在活跃市场中没有报价的权益工具投资,以及与该权益工具挂钩并须通过交付该权益工具结算的衍生工具有关的下列信息:

1. 因公允价值不能可靠计量而未作相关公允价值披露的事实。

2. 该金融工具的描述、账面价值以及公允价值不能可靠计量的原因。

3. 该金融工具相关市场的描述。

4. 企业是否有意处置该金融工具以及可能的处置方式。

5. 本期已终止确认该金融工具的,应当披露该金融工具终止确认时的账面价值以及终止确认形成的损益。

(十一)金融工具有关收入、费用、利得或损失

企业应当披露与金融工具有关的下列收入、费用、利得或损失:

1. 本期以公允价值计量且其变动计入当期损益的金融资产或金融负债、持有至到期投资、贷款和应收款项、可供出售金融资产、按摊余成本计量的金融负债的净利得或净损失。

2. 本期按实际利率法计算确认的金融资产或金融负债利息收入总额或利息费用总额。

3. 下列项目形成的、在确定实际利率时未包括的手续费收入或支出:

(1)以公允价值计量且其变动计入当期损益的金融资产或金融负债以外的金融资产或金融负债;

(2)企业为他人管理信托财产和其他托管行为。

4. 已发生减值的金融资产产生的利息收入。

5. 持有至到期投资、贷款、应收款项和可供出售金融资产本期发生的减值损失。

四、金融工具风险信息披露要求

(一)总体要求

企业既应披露金融工具风险的描述性信息,同时还应披露金融工具风险的数量信息。

1. 描述性信息。具体包括:①风险敞口及其形成原因;②风险管理目标、政策和过程以及计量风险的方法。描述性信息在本期发生改变的,应当作相应说明。

2. 数量信息。包括:

(1)资产负债表日风险敞口总括数据。企业在提供该数据时,应当以内部提供给关键管理人员的相关信息为基础。企业运用多种方法管理风险的,应当说明哪种方法能提供最相关和最可靠的信息。

(2)信用风险、流动性风险、市场风险等方面的数量信息。

(3)资产负债表日风险集中信息。风险集中信息应当包括管理层如何确定风险集中点的说明、确定各风险集中点的参考因素(包括交易对手、地理区域、货币种类、市场类型等)、各风险集中点相关的风险敞口金额。

上述数量信息不能代表企业本期风险敞口情况的,应当进一步提供相关信息。

(二)信用风险信息

1. 企业应当披露与每类金融工具信用风险有关的下列信息:

(1)在不考虑可利用的担保物或其他信用增级(如不符合相互抵销条件的净额结算协议等)的情况下,最能代表企业资产负债表日最大信用风险敞口的金额,以及可利用担保物或其他信用增级的信息。

(2)尚未逾期和发生减值的金融资产的信用质量信息。未逾期金融资产指本金和利息都没有逾期的金融资产。

(3)原已逾期或发生减值但相关合同条款已重新商定过的金融资产的账面价值。假如这些金融资产在企业资产负债表日又出现逾期,就作为已逾期金融资产披露。

2. 最能代表企业资产负债表日最大信用风险敞口的金融资产金额,应当是金融资产的账面余额扣除下列两项金额后的余额:

(1)满足金融资产和金融负债相互抵销条件、已抵销的金额。

(2)已对该金融资产确认的减值损失。

3. 企业应当按照类别披露已逾期或发生减值的金融资产的下列信息:

(1)资产负债表日已逾期但未减值的金融资产的期限分析。

(2)资产负债表日单项确定为已发生减值的金融资产信息,以及判断该金融资产发生减值所考虑的因素。

已逾期金融资产指本金或利息逾期1天或以上的金融资产。已发生减值的金融资产指单独进行减值测试后确定的已发生减值的金融资产。

(3)企业持有的、与各类金融资产对应的担保物和其他信用增级对应的资产及其公允价值。相关公允价值确实难以估计的,应当予以说明。

4.企业本期因债务人违约而处置担保物或其他信用增级对应的资产所取得的金融资产或非金融资产,满足资产确认条件的,应当披露下列信息:

(1)所取得资产的性质和账面价值。

(2)这些资产不易转换为现金的,应当披露处置这些资产或拟将其用于日常经营的计划等。

(三)流动性风险信息

流动性风险,是指企业在履行与金融负债有关的义务时遇到资金短缺的风险。

1.企业应当披露金融资产和金融负债按剩余到期日所作的到期期限分析,以及管理这些金融资产和金融负债流动性风险的方法。

2.企业在披露金融资产和金融负债到期期限分析时,应当运用职业判断确定适当的时间段。列入各时间段内的金融资产和金融负债金额,应当是未经折现的合同现金流量。

企业可以但不限于按下列时间段进行到期期限分析:①一个月以内(含本数,下同);②一个月至三个月以内;③三个月至一年以内;④一年至五年以内;⑤五年以上。

3.债权人可以选择收回债权时间的,债务人应当将相应的金融负债列入债权人要求收回债权的最早时间段内。债务人应付债务金额不固定的,应当根据资产负债表日的情况确定用于到期期限分析的金额。债务人承诺分期支付金融负债的,债权人应当把每期将收取的款项列入相应的最早时间段内;债务人应当把每期将支付的款项列入相应的最早时间段内。

(四)市场风险信息

金融工具的市场风险,是指金融工具的公允价值或未来现金流量因市场价格变动而发生波动的风险,包括外汇风险、利率风险和其他价格风险。其中,外汇风险是指金融工具的公允价值或未来现金流量因外汇汇率变动而发生波动的风险;利率风险是指金融工具的公允价值或未来现金流量因市场利率变动而发生波动的风险;其他价格风险是指外汇风险和利率风险以外的市场风险。

1. 企业应当披露与敏感性分析有关的下列信息：

(1)资产负债表日所面临的各类市场风险的敏感性分析。该项披露应当反映资产负债表日相关风险变量发生合理、可能的变动时，将对企业当期损益或所有者权益产生的影响。

(2)本期敏感性分析所使用的方法和假设。该方法和假设与前一期不同的，应当披露发生改变的原因。

2. 企业采用风险价值法或类似方法进行敏感性分析能够反映风险变量之间（如利率和汇率之间等）的关联性，且企业已采用该种方法管理财务风险的，可不按照上述1的要求进行披露，但应当披露下列信息：

(1)用于该种敏感性分析的方法、选用的主要参数和假设。

(2)所使用方法的目的，以及使用该种方法不能充分反映相关金融资产和金融负债公允价值的可能性。

(3)如果按上述(1)或(2)对敏感性分析的披露不能反映金融工具内在市场风险的，企业应当披露这一事实及其原因。

第十章

租　赁

导　读

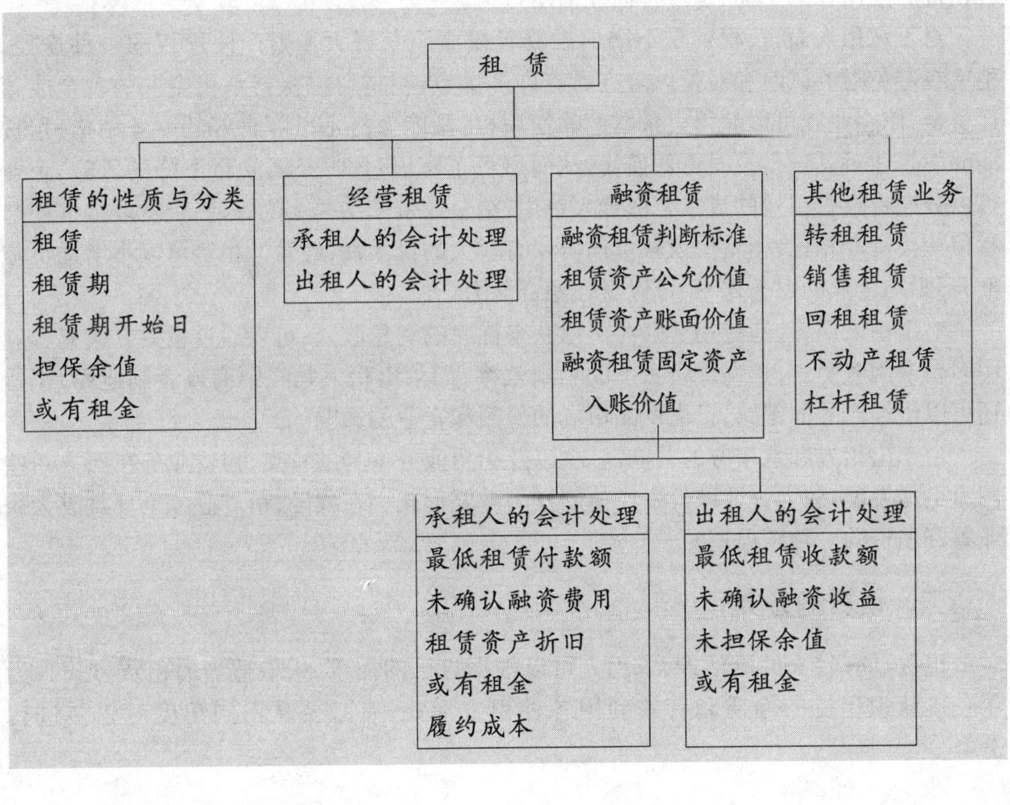
租　赁
租赁的性质与分类
租赁
租赁期
租赁期开始日
担保余值
或有租金
经营租赁
承租人的会计处理
出租人的会计处理
融资租赁
融资租赁判断标准
租赁资产公允价值
租赁资产账面价值
融资租赁固定资产入账价值
其他租赁业务
转租租赁
销售租赁
回租租赁
不动产租赁
杠杆租赁
承租人的会计处理
最低租赁付款额
未确认融资费用
租赁资产折旧
或有租金
履约成本
出租人的会计处理
最低租赁收款额
未确认融资收益
未担保余值
或有租金

说明：

租赁是企业筹资、融资或投资等重要的理财活动之一。通过本章的学习，应在了解租赁业务的特点和意义的基础上，掌握租赁业务的分类；进而，能够对租赁业务的主要形式——经营租赁和融资租赁进行分析比较，把握它们的不同特征以及会计处理方法。尤其是融资租赁会计是本章学习的一个重点和难点。对此，应从租金的计算、承租人会计处理和出租人会计处理三个方面掌握。此外，对于其他租赁业务，如转租租赁、回租租赁、不动产租赁和杠杆租赁，应了解它们的不同特点和相应的核算方法。

第一节　租赁的性质及其分类

一、租赁的性质

租赁也称为财产租赁，是指在约定期间内，企业之间由出租人向承租人收取租金并转让资产使用权的交易，是一种商业信用行为。

对于承租人而言，租赁是不增加投资者权益而获得大量财产使用权的一种途径。租赁在避免财务风险和经营风险方面有许多优点：租赁可以保持承租企业的现金或营运资金，使企业既可以获得大量财产的使用权，又能保持不破坏良好的财务结构；租赁能够使企业对其设备及时更新换代，从而避免了陈旧过时、技术含量下降的风险；企业可以分期将融资租赁的成本全部计入费用，给企业带来纳税上的好处；租赁取得资产与举债购买资产相比，租赁协议较负债协议有较大的灵活性；经营性租赁可以不增加负债额，不影响企业的财务比率，可以增强融资能力。

对出租人而言，通过租赁财产可以获得优厚的利息收入；可以通过租赁方式充分利用多余或闲置资产，提高设备资产的利用效率；如果出租人是经销商或者制造商，租赁还可以增加产品的销路，扩大产品市场的份额和企业的影响。

由于出租方和承租方的共同需要，以及租赁业务本身的特点，租赁业务在西方一些国家迅猛发展，成为企业取得资产使用权的重要形式。在我国，租赁业务也日益成为企业筹资融资的一种新渠道。

二、租赁的分类

租赁具有较大的灵活性，承租人可以根据自己的需求，采取适当的租赁方式。为了正确认识租赁的性质和有效利用各种租赁形式，有必要从不同角度对租赁进行分类。

(一)按与租赁资产所有权有关的风险和报酬是否转移分类

按与租赁资产所有权有关的风险和报酬是否转移,可以分为融资租赁和经营租赁。

1. 融资租赁。它是指实质上已转移与资产所有权有关的全部风险和报酬的租赁。这里所谓的“风险”,包括资产因技术陈旧、生产能力闲置等造成的损失;这里所指的“报酬”,包括资产在其使用年限内带来的收益,以及因资产升值或残值变现可能获得的收益。一项租赁业务如果具有下列情况之一,通常确认为融资租赁:

(1)在租赁期届满时,租赁资产的所有权转移给承租人。这种情况通常是指在租赁合同中已经约定,或者根据其他条件在租赁开始日作出合理判断,租赁期届满时出租人能够将资产的所有权转移给承租人。

(2)承租人有购买租赁资产的选择权,所订立的购买价款预计将远低于行使选择权时租赁资产的公允价值,因而在租赁开始日就可以合理确定承租人将会行使这种选择权。

(3)即使资产的所有权不转让,但是,租赁期占租赁资产使用寿命的大部分。其中“大部分”,通常掌握在租赁期占租赁资产使用寿命的75%以上(含75%)。

(4)承租人在租赁开始日的最低租赁付款额现值,几乎相当于租赁开始日租赁资产公允价值;出租人在租赁开始日的最低租赁收款额现值,几乎相当于租赁开始日租赁资产公允价值。其中“几乎相当于”,通常掌握在90%(含90%)以上。

这里,“最低租赁付款额”是指在租赁期内,出租人要求承租人交付的各种款项,加上由承租人(或与承租人有关的一方)担保的租赁资产余值,但不包括或有租金和履约成本。或有租金,是指金额不固定、以时间长短以外的其他因素(如销售量、使用量、物价指数等)为依据计算的租金。履约成本,是指租赁期内为租赁资产支付的各种使用费用,如技术咨询和服务费、人员培训费、维修费、保险费等。租赁开始时,如果能够肯定承租人在租赁期满时有廉价购买租赁资产的权利,则租赁付款额应包括为此所需另外支付的金额,不再包括承租人(或与承租人有关的一方)担保的租赁资产的余额。

(5)租赁资产性质特殊,如果不作较大改造,只有承租人才能使用。

可见,融资租赁是出租人将所投资的资产出租,收回投资额并取得合理利润的一种经济活动;对承租人而言,通过租赁不仅获得了所需资金,同时取得出租人提供资金所购置的资产,并在未取得资产所有权的情况下,承担与资产所有权有关的一切费用,这种租赁方式可使承租人长期使用租赁资产,有时还可最终获得资产所有权。

2. 经营租赁。它是指融资租赁以外的租赁,即承租人为生产经营过程中的临时需要或季节性需要而向出租人短期租用某类资产的行为。在经营租赁下,承租人只是要使用某类资产,而不想添置它;而出租人要将租赁物多次出租方能收回投资和获取利润。因此,与资产所有权有关的风险和资产的维修费用一般由出租人承担,承租人付出的代价也要比融资租赁高一些。

将租赁分为融资租赁和经营租赁,是租赁最基本的分类。其他分类方式都建立在此种分类基础之上。

(二)按租赁资产的资金来源分类

按租赁资产的资金来源不同,租赁可以分为直接融资租赁、销售租赁、杠杆租赁、回租租赁和转租租赁。

1. 直接融资租赁。它是指以自有资金或筹措的资金购入资产租给承租人,收取租金的租赁业务。这种租赁方式的出租人一般是专门的租赁公司。由于这种租赁实质上是出租人直接为承租人提供了购置可长期使用的财产的资金,因而被称为直接融资租赁。

2. 销售租赁。它是指出租人通过租赁方式把资产转与承租人而获得收益的行为。这种租赁的出租人可从销售财产和取得利息两个途径获取收益。与这种租赁方式最相近的事项是分期付款销售。两者间的区别为:前者的资产所有权并没有转移,仍属出租人;而后者的所有权则已经转移,属于购买方。这种租赁方式的出租人多为既从事资产生产、买卖,又从事资产租赁的制造厂家或经销商,资产租赁方式可为融资租赁和经营租赁两种。

3. 杠杆租赁(又称举债经营租赁)。这是一种由出租人以自筹加信贷方式筹措资金,购置资产而形成的租赁。在这种租赁中,出租方一般只要投资20% ~40%,即可取得租赁物名义上的所有权,而其余投资由银行等金融机构提供不可追索的贷款来解决,但出租人需以设备第一抵押权、租赁合同和收益租金的受让权作为借款担保。若出租人借贷成本低、收益租金高,即可获取较好的租赁业务净收益;反之,若借贷成本高,出租人获取的收益则要低一些。这种租赁方式的出租人多为专业的租赁公司,租赁的方式也可为融资租赁和经营租赁。

4. 回租租赁(又称售后回租)。它是指承租人先将自己取得的设备卖给租赁公司,然后再以租赁合同的形式将设备租回使用的租赁业务。这种租赁方式的承租人一般都处于现金短缺的境地,其租赁物又多为自身正在使用中的设备,因此,其售出只是一种形式,而要达到的目的是既要取得企业生产经营、对外投资等方面急需的现金,又保证继续使用现有资产。

在国外,这种回租方式还同投资减免所得税的政策相关。如果一家企业由于盈利总额不高不能从税收方面充分享受以投资抵免税收的好处,它就可以把新购置的设备转卖给一家租赁收入很高的租赁公司,再由租赁公司把抵免税收的好处以降低租金的方式转移给承租人。

5. 转租租赁。它是指租赁公司先作为承租人而取得资产，再作为出租人将资产租给直接使用资产的承租人，从而构成有双层租赁关系的租赁行为。这种业务的中间人要从租入、租出之间的租金差获取转租业务的收益。中间人既可以融资租赁、经营租赁两种方式租入资产，又可以融资、经营两种租赁方式租出资产。采用转租赁方式，一般要签订两次租赁合同，承租人需要支付高于通常直接租赁方式的租金。因此，此种方式只是由于转租的租赁公司资金不足，或者由于承租企业迫切需要国外只租不卖的先进技术时才采用。

其他标准的分类还有：①按租赁是否附带服务划分为附带服务租赁和不带服务租赁。附带服务的内容常为提供维修服务，提供消耗性材料等。②按照租赁对象划分为动产租赁与不动产租赁，前者指各种设备的租赁，后者包括土地、房屋等的租赁。

我国对租赁的分类采取了国际会计准则的标准，也借鉴了美国等国家的有关做法。考虑到任何一项租赁出租人与承租人的权利、义务是以双方签订的同一租赁协议为基础，因而我国租赁会计从出租人与承租人不同角度对租赁的分类采取相同的标准，避免同一项租赁业务因双方分类不同而造成会计处理不一致的情况。

第二节　经营租赁的会计处理

一、经营租赁的会计处理要求

国际会计准则第 17 号《租赁会计》，对经营租赁会计处理中承租人的一般要求为：①承租人的租赁费用（不包括保险及维修等服务性费用）应根据使用者受益时间有规则地予以确认，并计入本期的收益，有时还需在各期收益表中加以说明。②在为期一年以上不能取消的经营租赁中，为表明一个企业将来的付款责任，还应以摘要的形式说明未来租金金额和将要到期的时间。③由于经营租赁的承租人未承担资产的全部风险，且可视自己的情况中途撤销租赁合同，因此，租赁资产仍为出租人的财产，承租人的账务处理不包括该项资产及其相关的折旧等业务。

对出租人会计处理的要求为：①用于经营租赁的资产，应作为固定资产而计入出租人的账内，出租人对此类资产应按与其他相同资产一致的折旧政策计提折旧。②租金收入一般应列为租赁期的收益，在整个租赁期内按直线法计算入账。③专为获得租金收入而发生的初期直接费用，可作为递延费用，在整个租赁期内，按确认的租金收入比例在各期分摊,也可以在发生费用当期计入损益。

我国经营租赁会计处理规定与国际会计准则大致相同。承租人的会计处理要求是:①租入资产,只是另设置备查簿登记,不正式记入固定资产账户中。②支付的租金应在租赁期内的各个期间按直线法确认为费用,其他方法更为系统合理的,也可以采用其他方法。租金按其用途分别记人“制造费用”、“管理费用”等账户。③发生的初始直接费用,确认为当期费用。④对于租入资产所发生的改良支出,应单独设置“经营租入固定资产改良”账户核算,并在剩余租赁期与租赁资产尚可使用年限两者中较短的期间内,采用合理的方法单独计提折旧。

对出租人的会计处理要求是:①将租金记入“租赁收入”(租赁公司)或“其他业务收入”(一般企业)账户。②对于租出资产应采用类似折旧资产的折旧政策计提折旧。③发生的初始直接费用,确认为当期费用。④经营租赁的租金应在租赁期内的各个期间按直线法确认为收入,计入当期损益;其他方法更为系统合理的,也可以采用其他方法。

二、承租人的会计处理

承租人对经营租赁的会计处理比较简单,主要是指支付押金、租金和发生的由承租方负担的维修费用等业务的处理。

【例10-1】 华升公司年初向新荣电力公司以经营租赁方式租入办公楼数间,租赁合同规定租期为2年,押金60 000元,租金总额为240 000元,租金于租赁开始日与租赁结束日各支付50%。此外,华升公司签订租约后,随即对用房进行装修,以银行存款支付费用60 000元,公司决定按租期2年摊销。有关账务处理如下:

(1)对租赁资产在固定资产备查簿中进行登记。

(2)支付押金时:

借:其他应收款——新荣电力公司 60 000

贷:银行存款 60 000

(3)租赁开始日支付租金的50%时:

借:长期待摊费用 120 000

贷:银行存款 120 000

(4)每月份摊销租金时:

借:管理费用 10 000

贷:长期待摊费用 10 000

(5)支付租赁用房装修费时:

借:长期待摊费用 60 000

贷:银行存款 60 000

(6)每月计提折旧时:

借:管理费用 2 500

贷:长期待摊费用 2 500

(7)第二年1~12月预提每月应付租金:

借:管理费用 10 000

贷:预提费用 10 000

(8)租赁结束日支付租金的50%:

借:预提费用 120 000

贷:银行存款 120 000

三、出租人的会计处理

经营租赁下,租出资产的所有权仍归出租人,无疑应同企业其他自有资产一并进行核算与管理,但对于租赁公司和一般企业在具体的会计处理上又有所区别。

【例10-2】 华夏租赁公司将一台价值为600 000元、使用年限为10年、残值率为10%的载重汽车出租,租期5年,每年收取租金120 000元。出租该设备过程中发生的各项有关费用为8 000元。有关账务处理如下:

(1)支付各项有关费用时:

借:管理费用 8 000

贷:银行存款 8 000

(2)交付设备使用权时:

借:租赁资产 600 000

贷:固定资产——未使用固定资产 600 000

(3)收取第一年租金时(以后各年类推):

(因为华夏租赁公司是专业租赁公司,租金收入作为租赁收入处理)

借:银行存款 120 000

贷:租赁收入 120 000

(4)按月计提折旧时:

借:管理费用 [(600 000-60 000)÷10÷12]4 500

贷:累计折旧 4 500

【例10-3】 迅达桥梁厂年初根据租约向亚太公司出租设备一台。该设备账面原价200 000元,预计可使用年限为10年,预计净残值5 000元,租约规定租期为2年,每年租金为45 600元,于租赁期每年年末付讫,出租该设备过程中发生的各项有关费用为6 000元。有关账务处理如下：

(1)交付设备使用权时(迅达桥梁厂不是专业租赁机构,则该厂出租设备属于临时出租闲置性固定资产)：

借:固定资产——租出固定资产　200 000

　贷:固定资产——不需用固定资产　200 000

(2)支付有关费用时：

借:其他业务支出　6 000

　贷:银行存款　6 000

若费用数额较大,也可计入长期待摊费用,在租赁期间摊销。

(3)按月确认租金收入时(因为迅达桥梁厂不是专业租赁公司,租赁业务为其附营业务,所以租金收入作为其他业务收入处理)：

借:其他应收款　(45 600 ÷ 12)3 800

　贷:其他业务收入　3 800

(4)按月计提折旧时：

借:其他业务支出　[(200 000 - 5 000) ÷ 10 ÷ 12]1 625

　贷:累计折旧　1 625

(5)年末收到租金时：

借:银行存款　45 600

　贷:其他应收款——亚太公司　45 600

第三节　融资租赁的会计处理

一、租金构成和租金计算

在租赁业务中,租金的计算是一个关键环节,它关系到出租人和承租人的经济利益,是双方进行决策的主要依据。因此,正确地计算租金就成为一项极为重要的工作。

(一)构成租金的主要因素

在租赁会计实务中虽然各企业租金的构成不尽相同,但归纳起来不外乎以下几种：

1. 资产成本。构成租金的主要因素是资产成本,它由资产的购入价、运输费用、途中保险费及安装调试费几部分组成。

租赁资产的购置成本所包含的具体内容是由购入资产的方式来决定的。当出租人、承租人和供货厂家在同一地区时，出租人与购货厂家所签订的合同中规定由承租人自提货物，提货的运费一般由承租人承担，租赁资产的购置成本即为资产的出厂价。当出租人、承租人和供货厂家不在同一地区时，租赁资产的购置成本为资产的出厂价格加运费构成。购入需要从国外进口的租赁资产，应注意资产价款与进货条件之间的关系。在以到岸价格计算进货价格时，资产的价款等于按到岸价格计算的货款，包括资产的购价、货款的结算费用、运输费用、途中的保险费、进口关税、国内中转费，以及从国外厂商发运直到承租人收到货物过程中所发生的一切费用。而按离岸价格结算进货价格时，应在进货价格中加上运输费用、途中的保险费、进口关税等作为资产价款。当运费、保险费和进口关税由承租人直接支付时，这几项费用虽然包括在资产价款中，但在计算租金时应扣除，以免重复计算。

2. 利息费用。现代租赁以融资为主要目的，出租人购买承租人所需资产是以从银行筹集资金为前提的。因此，利息费用是指包括在租金中的出租人筹集资金时所发生的筹资成本，包括筹资的基本利率、国家就利息收入课征的所得税、筹资费用和利差风险费等。出租人为使租赁业务能够得以延续，必须将其费用加以补偿。出租人利息费用的补偿是从承租人所支付的租金中得到的。因此，租赁期间的利息费用是租金构成的一个重要因素。而筹资成本的高低，对支付的租金总额会产生直接的影响。筹资成本的高低取决于多种因素，如出租人的筹资能力、金融市场的行情、承租人的信誉等因素。

3. 手续费。构成租金的第二个因素是出租人向承租人收取的手续费。在租赁交易中，出租人提供租赁服务应获得一定利益，以弥补出租人在进行租赁交易过程中所支付的各种管理费用。如办公费、工资、差旅费、税金、房租等各种费用。手续费的确定一般以历年租赁成交额及营业费用为基础，采用两种计算方法：一是按照资产价款的一定百分比计算，于租赁开始日收取；另一种是酌量提高利息率，在租期内逐次收取。

4. 担保余值与未担保余值。担保余值，就承租人而言，是指由承租人或与其有关的第三方担保的资产余值；就出租人而言，是指就承租人而言的担保余值加上与承租人和出租人均无关，但在财务上有能力担保的第三方担保的资产余值。其中，资产余值是指在租赁开始日估计的租赁期届满时租赁资产的公允价值。为了促使承租人谨慎地使用租赁资产，尽量减少出租人自身的风险和损失，租赁合同有时要求承租人或与其有关的第三方对租赁资产的余值进行担保，此时的担保余值是针对承租人而言的。这里“与其有关的第三方”是指在业务经营或财务上与承租人有关的各方，如母公司、子公司、联营企业、合营企业、主要原料供应商、主要产品承销商、租赁资产出售方等。除此以外，担保人还可能是与承租人和出租人均无关，但在财务上有能力担保的第三方，如担保公司，此时的担保余值是针对出租人而言的。

未担保余值，指租赁资产余值中扣除就出租人而言的担保余值以后的资产余值。

未担保余值表明未有人担保而由出租人自身负担的那部分余值。这部分余值能否收回,没有切实可靠的保证,因此,在租赁开始日不能作为应收融资租赁款的一部分。

5. 初始直接费用。初始直接费用是指在租赁谈判和签订租赁合同过程中发生的,可归属于租赁项目的手续费、律师费、差旅费、印花税等费用。承租人在租赁谈判和签订租赁合同过程中发生的初始直接费用应当记入租入资产的入账价值;出租人在租赁谈判和签订租赁合同过程中发生的初始直接费用应当记入应收融资租赁款的入账价值。

(二)租金的计算方法

租金的计算方法很多,常用的计算方法有等额年金法、等差变额年金法和等比变额年金法等。

1. 等额年金法。这种计算方法适用于每年支付的租金数额相等,且租金支付的间隔也相等的情况。由于租金的支付时间可分为每年年初支付和每年年末支付,因此,其计算方法又有所不同。

(1)期末支付租金的计算。由于每年年末租金支付数额相等,因此,期末支付租金时,可采用下面的公式计算:

$$R = \frac{P}{PR(n,i)}$$

式中,R 为每期支付的租金;P 为租赁资产的成本;n 为租期;i 为利率;$PR(n,i)$ 为年金现值系数,查表即可求得。

这种租金计算方法,每期支付的租金数额相等,其中的利息数额是根据本金余额乘以利率计算的。随着本金的偿还,本金的账面金额不断减少,因此,应计利息数额递减,而本金回收额递增。

【例 10-4】 1999 年 1 月 1 日,银建租赁公司以融资租赁的方式将一台设备出租给万方公司。设备成本为 100 000 元,租期 5 年,利率为 10%,设备的使用年限亦为 5 年,无残值。

查 $n=5, i=10\%$ 的年金现值表,可知 $PR(5,10\%)$ 为 3.790 79。据此,每期末应付租金 26 380(即 100 000 ÷ 3.790 79)元。租赁期内,租金的具体计算如表 10-1 所示。

表 10-1 租金计算表 单位:元

项目 日期	租金 (1)	应计利息 (2)=(4)×10%	本金减少数 (3)=(1)-(2)	本金余额 (4)
1999 年 1 月 1 日	100 000			
1999 年 12 月 31 日	26 380	10 000	16 380	83 620

续表

日期 \ 项目	租金	应计利息	本金减少数	本金余额
	(1)	(2)=(4)×10%	(3)=(1)-(2)	(4)
2000 年 12 月 31 日	26 380	8 362	18 018	65 602
2001 年 12 月 31 日	26 380	6 560	19 820	45 782
2002 年 12 月 31 日	26 380	4 578	21 802	23 980
2003 年 12 月 31 日	26 378①	2 398	23 980	0
合 计	131 898	31 898	100 000	0

注:① 26 378 元系计算尾差而倒挤求得,即 26 378 元 = 2 398 元 + 23 980 元。

(2)期初支付租金的计算。由于每年年初租金支付数额相等,因此,期初支付租金时,可采用下面的公式计算:

$$R=\frac{P}{PR(n+1,i)}$$

采用这种方法,租入资产时,承租人需向出租人支付一期租金,这意味着融资额比资产成本少,故而每期租金应计利息均比期末支付租金的情况低。

承前例,查 $n=5,i=10\%$ 的即付年金现值表,可知 $PR(6,10\%)$ 为 4.169 86。据此,每期初应付租金 23 981.62(即 100 000 ÷ 4.169 86)元。具体计算如表 10－2 所示。

表 10－2 **租金计算表** 单位:元

日期 \ 项目	租金	应计利息	本金减少数	本金余额
	(1)	(2)=(4)×10%	(3)=(1)-(2)	(4)
1999 年 1 月 1 日				100 000
1999 年 1 月 1 日	23 981	0	23 981	76 019
2000 年 1 月 1 日	23 981	7 602	16 379	59 640
2001 年 1 月 1 日	23 981	5 964	18 017	41 623
2002 年 1 月 1 日	23 981	4 162	19 819	21 804
2003 年 1 月 1 日	23 984①	2 180	21 804	0
合 计	119 908	19 908	100 000	0

注:① 23 984 元系计算尾差而倒挤求得,即 23 984 元 = 2 180 元 + 21 804 元。

2. 等差变额年金法。由于受承租人支付能力的影响,各期租金可依一定金额逐期递增或递减,这种方法称为等差变额年金法。这里的关键是求得第一期租金。当双方约定后一期租金较上期增加 d 元时,第一期末应付租金的计算如下:

$$R=[P+d\sum PR(n,i)]/[PR(n,i)-nd]$$

如果双方约定后一期租金较上期减少 d 元,则第一期末的租金应改用下面的公式计算:

$$R=[P-d\sum PR(n,i)]/[PR(n,i)+nd]$$

【例 10-5】 假定例 10-4 中,双方商定租金于期末支付,而且各期租金分别比上期增加 5 000 元,则依据上面公式,第一期末应付租金 17 329 元。如果各期租金分别比上期减少 5 000 元,则第一期应付租金 35 430 元。在上述两种情况下,各期租金的具体计算分别如表 10-3 和表 10-4 所示。

表 10-3 **租金计算表** 单位:元

项目 日期	租金 (1)	应计利息 (2)=(4)×10%	本金减少数 (3)=(1)-(2)	本金余额 (4)
1999 年 1 月 1 日				100 000
1999 年 12 月 31 日	17 329	10 000	7 329	92 671
2000 年 12 月 31 日	22 329	9 267	13 062	79 609
2001 年 12 月 31 日	27 329	7 961	19 368	60 241
2002 年 12 月 31 日	32 329	6 024	26 305	33 936
2003 年 12 月 31 日	37 329	3 393	33 936	0
合计	136 645	36 645	100 000	0

表 10-4 **租金计算表** 单位:元

项目 日期	租金 (1)	应计利息 (2)=(4)×10%	本金减少数 (3)=(1)-(2)	本金余额 (4)
1999 年 1 月 1 日				100 000
1999 年 12 月 31 日	35 430	10 000	25 430	74 570
2000 年 12 月 31 日	30 430	7 457	22 973	51 597
2001 年 12 月 31 日	25 430	5 160	20 270	31 327
2002 年 12 月 31 日	20 430	3 132	17 298	14 029
2003 年 12 月 31 日	15 432①	1 403	14 029	0
合计	127 152	27 152	100 000	0

注:① 15 432 元系计算尾差而倒挤求得,即 15 432 元 = 1 403 元 + 14 029 元。

3. 等比变额年金法。这种方法适用于根据承租人的要求,按一定比率计算而逐期递增或递减租金。等比变额年金法,是从第二期开始,每期租金与前一期租金的比值是一个常数 R,即租金按一定比率(而不是绝对值)逐期递增或递减。租金按一定比率递增,则为等比递增变额年金法;如果按一定比率递减,则为等比递减变额年金法。应用等比递增变额年金法，第一期租金可按下面方法计算：

设第一期租金支付额为 $R(1)$，从第二期起每期递增的比率为 K，以后各期支付租金数额为前一期的 $1+K=q$。

若应用等比递减变额年金法，从第二期起每期递减的比率为 K，以后各期支付租金数额为前一期的 $1-K=q$。则第一期租金支付额用下列公式表示：

$$R(1)=\frac{P(1+i-q)}{1-q^n\div(1+i)^n}$$

【例 10－6】 假定例 10－4 中，双方商定从第二期开始，每期租金与前一期租金逐期递增5%，第一期末付租金为24 093 元。如果，每期租金与前一期租金逐期递减5%，则第一期应付租金 28 872 元。上述两种情况下，各期租金的具体计算分别如表 10－5 和表 10－6 所示。

表 10－5 **租金计算表** 单位：元

项目 / 日期	租 金	应计利息	本金减少数	本金余额
	(1)	(2)＝(4)×10%	(3)＝(1)－(2)	(4)
1999 年 1 月 1 日				100 000
1999 年 12 月 31 日	24 093	10 000	14 093	85 907
2000 年 12 月 31 日	25 297	8 591	16 706	69 201
2001 年 12 月 31 日	26 562	6 920	19 642	49 559
2002 年 12 月 31 日	27 890	4 956	22 934	26 625
2003 年 12 月 31 日	29 287①	2 662	26 625	0
合 计	133 129	33 129	100 000	0

注：① 29 287 系计算尾差而倒计求得，即 29 287＝2 662＋26 625。

表 10－6 **租金计算表** 单位：元

项目 / 日期	租 金	应计利息	本金减少数	本金余额
	(1)	(2)＝(4)×10%	(3)＝(1)－(2)	(4)
1999 年 1 月 1 日				100 000
1999 年 12 月 31 日	28 872	10 000	18 872	81 128
2000 年 12 月 31 日	27 428	8 813	18 615	62 513
2001 年 12 月 31 日	26 057	6 251	19 806	42 707
2002 年 12 月 31 日	24 754	4 271	20 483	22 224
2003 年 12 月 31 日	24 446①	2 222	22 224	0
合 计	131 557	31 557	100 000	0

注：① 24 446 系计算尾差而倒计求得，即 24 446＝2 222＋22 224。

二、承租人的会计处理

（一）会计处理原则

《国际会计准则第 17 号——租赁》对融资租赁中承租人的一般要求为：

第一，融资租赁应在承租人的资产负债表内加以反映，即记录一项资产和一项负债，其金额都应等于租赁资产在租赁开始日的公允价值减去出租人应收的各种补助金和税款减免后的净额，或者在租赁的最低付款总额的现值较低时相等于这个现值。

第二，租金应作为财务费用和减少账面负债的金额进行分摊，财务费用分摊于租赁期内的各个会计期。

第三，融资租赁在每个会计期间除发生财务费用外，还会有资产的折旧费，其折旧的处理政策应与自有资产的政策相一致，按统一的标准计算。如果不能肯定承租人在租赁期满后是否将取得资产的所有权，则资产应按租赁期或资产的预计使用年限中较短的一个期限计算并提取折旧。

第四，在期末会计报表中，承租人要说明属于融资租赁的资产及其相关负债，并且说明负债的金额、付款的到期日以及有关续租、购买的选择权等重要的财务限制条款。

我国《企业会计准则第 21 号——租赁》对融资租赁中承租人的一般要求为：

第一，在租赁开始日，承租人通常应当将租赁开始日租赁资产公允价值与最低租赁付款额的现值两者中较低者作为租入资产的入账价值，将最低租赁付款额作为长期应付款的入账价值，并将两者的差额记录为未确认融资费用。但是如果该项租赁资产占企业资产总额的比例不大（小于或等于 30%），则承租人在租赁开始日可按最低租赁付款额记录租入资产和长期应付款。

第二，承租人在计算最低租赁付款额的现值时，如果知悉出租人的租赁内含利率，应当采用出租人的租赁内含利率作为折现率；否则，应当采用租赁合同规定的利率作为折现率。如果出租人的租赁内含利率和租赁合同规定的利率均无法知悉，应当采用同期银行贷款利率作为折现率。

第三，在租赁谈判和签订租赁合同过程中承租人发生的、可直接归属于租赁项目的初始直接费用，如印花税、佣金、律师费、差旅费等，应当计入租入资产价值。

第四，承租人在融资租赁时发生的或有租金和履约成本，应在实际发生时确认为当期费用。

第五，未确认融资费用应当在租赁期内各个期间进行分摊。承租人分摊未确认融资费用时，应当采用实际利率法。

第六，计提租赁资产折旧时，承租人应当采用与自有应折旧资产相一致的折旧政策。能够合理确定租赁期届满时将会取得租赁资产所有权的,应当在租赁资产尚可使用年限内计提折旧;无法合理确定租赁期届满时能够取得租赁资产所有权的,应当在租赁期与租赁资产尚可使用年限两者中较短的期间内计提折旧。

(二)最低租赁付款额及现值的确定

最低租赁付款额,是指在租赁期内承租人应支付或可能被要求支付的各种款项,加上由承租人或与其有关的第三方担保的资产余值。但是,如果承租人有购买租赁资产的选择权,所订立的购价预计将远低于行使选择权时租赁资产的公允价值,因而在租赁开始日就可以合理确定承租人将会行使这种选择权,则购买价格也应当包括在内。

租赁付款额即资本化的租赁金额。它分为两种情况:一是租约规定承租人有廉价购买选择权时,租赁付款额是指租赁期内承租人按照租约支付给出租人的租金总额与另行支付的购买价格之和;二是未规定承租人有廉价购买选择权时,租赁付款额是指租赁期内承租人按照租约支付给出租人的租金总额与承租人(或与承租人有关的一方)担保的资产余值之和。就某项融资租赁而言,租赁付款额究竟包括哪些内容,应视租约的具体规定。

最低租赁付款额是承租人确定融资租赁资产、租赁负债入账价值的依据。我国会计准则已采纳西方国家及国际会计准则的处理方法,规定按照租赁资产公允价值与最低租赁付款额的现值两者中较低者作为租入资产的入账价值,将最低租赁付款额作为长期应付款的入账价值,并将两者的差额记录为未确认融资费用。下面举例说明租赁最低付款额现值的计算。

【例10-7】 甲公司向乙公司租入一条建筑构件生产线,有关约定内容如下:

(1)租赁期:2001年1月1日至2006年12月31日,不可撤销;

(2)租金支付方式:每年年末支付租金60 000元;

(3)租赁期满时,该设备的估计余值为50 000元,由承租人担保余值;

(4)租赁开始日,租赁资产的公允价值为300 000元;

(5)同期银行贷款利率为11%;

(6)租赁合同规定的利率为10%;

(7)该生产线的维护、保险等费用由甲公司自行承担,每年5 000元;

(8)该生产线采用直线法计提折旧;

(9)租期届满,租赁资产由出租人收回。

此外,假设该生产线占甲公司资产总额的30%以上,且不需要安装。

本例因承租人不知悉出租人的租赁内含利率(租赁内含利率一般可以根据资料,在多次测试的基础上用插值法计算,本书从略),则应当采用租赁合同规定的利率作为

折现率。根据上述资料,承租人租赁最低付款额现值的有关计算如下:

(1)最低租赁付款额 = 60 000 × 6 + 50 000 = 410 000(元)。

(2)确定折现率。因为没有出租人的租赁内含利率,则选择租赁合同规定的利率10%作为折现率。

(3)确定最低租赁付款额的现值:

60 000 × 4.355 26($n = 6, i = 10\%$时的年金现值系数) ≈ 261 316(元)

50 000 × 0.564 47($n = 6, i = 10\%$时的复利现值系数) ≈ 28 223(元)

现值合计 = 261 316 + 28 223 = 289 539(元)

由于最低租赁付款额的现值 289 539 元低于租赁开始日租赁资产的公允价值300 000元,所以甲公司对租入资产应按 289 539 元记录资产入账价值,以最低租赁付款额 410 000 元记录负债入账价值。而确认的资产与负债之间的差额 120 461 元作为"未确认融资费用"处理。

(三)账务处理

对于融资租赁业务,承租人的账务处理(承例 10 - 7)如下:

1. 判断租赁类型。根据我国会计准则判断租赁类型的具体标准,本例在 2001 年 1 月 1 日,最低租赁付款额的现值为 289 539 元,大于租赁资产公允价值的 90%,即 270 000元(300 000 元 × 90%),符合我国租赁准则的第 4 条判断标准,所以这项租赁应当认定为融资租赁。

2. 计算租赁开始日最低租赁付款额的现值,确定租赁资产入账价值。2001 年 1 月 1 日,根据例 10 - 7 的计算结果,作如下会计分录:

借:固定资产——融资租入固定资产	289 539	
未确认融资费用	120 461	
贷:长期应付款——应付融资租赁款		410 000

3. 履约成本的会计处理。履约成本名目较多,承租人在实际中可根据其内容进行处理。例如,对于融资租入固定资产的大修理支出、技术咨询和服务费、人员培训费等应予递延分摊计入各期费用或直接计入当期费用,借记"长期待摊费用"、"预提费用"、"制造费用"、"管理费用"等账户,贷记"银行存款"等账户;对于固定资产的经常性修理费、保险费等可直接计入当期费用,借记"制造费用"、"管理费用"等账户,贷记"银行存款"等账户。

承例 10 - 7,在 2001 年支付该生产线的保险费、维护费时,作会计分录:

借:制造费用	5 000	
贷:银行存款		5 000

4. 未确认融资费用的分摊。在融资租赁下,承租人向出租人支付的租金中,包含了

本金和利息两部分。承租人支付租金时，一方面应减少长期应付款，另一方面应同时将未确认的融资费用按一定的方法确认为当期融资费用。在先付租金（即每期期初等额支付租金）的情况下，租赁期第一期支付的租金不含利息，只需减少长期应付款，不必确认当期融资费用。

在分摊未确认的融资费用时，承租人应采用实际利率法加以计算。承租人应当根据租赁期开始日租入资产入账价值的不同情况，对未确认融资费用采用不同的分摊率。

承例 10－7，2001 年 12 月 31 日，计算分摊租赁期内未确认融资费用，并支付第一期租金。

第一步，确定融资费用分摊率。由于租赁资产的入账价值为其最低付款额的折现值，因此该折现率就是其融资费用分摊率，即合同利率 10%。

第二步，在租赁期内采用实际利率法分摊融资费用（见表 10－7）。

表 10－7 **租金摊销表** 单位：元

项 目 / 日 期	租 金	确认的融资收益	应收本金减少数	应收本金余额
	(1)	(2) - (4) ×10%	(3) = (1) - (2)	(4) = (4) - (3)
2001 年 1 月 1 日				289 539
2001 年 12 月 31 日	60 000	28 954	31 046	258 493
2002 年 12 月 31 日	60 000	25 849	34 151	224 342
2003 年 12 月 31 日	60 000	22 434	37 566	186 776
2004 年 12 月 31 日	60 000	18 678	41 322	145 454
2005 年 12 月 31 日	60 000	14 546	45 454	100 000
2006 年 12 月 31 日	60 000	10 000	50 000	50 000
合 计	360 000	120 461	239 539	50 000

第三步，作会计分录：

借：长期应付款——应付融资租赁款 60 000

贷：银行存款 60 000

同时，

借：财务费用 28 954

贷：未确认融资费用 28 954

以后各期支付租金以及未确认融资费用摊销的，会计分录可比照上面进行。

5. 租赁资产折旧的计提。承租人对融资租入的固定资产计提折旧，应按前述我国《企业会计准则第 21 号——租赁》的要求进行会计处理。如果承租人或与其有关的第三方对租赁资产余值提供了担保，则应计折旧总额为租赁开始日固定资产的入账价值减去担保余值加上预计清理费用;如果承租人或与其有关的第三方未对租赁资产余值提供担保,则应计折旧总额为租赁开始日固定资产的入账价值减去预计残值加上预计清理费用。

承例10-7,租赁期满,甲公司要将租赁资产退还给出租人,因此应按租赁期计提折旧。甲公司对该租赁资产采用直线法折旧,则租入资产每年应提39 923.17元,即(289 539-50 000)÷6。会计分录为:

借:制造费用　　39 923.17

　贷:累计折旧　　39 923.17

6.租赁期届满对租赁资产的账务处理。租赁期届满时,承租人对租赁资产的处理通常有以下三种情况:

(1)返还租赁资产。租赁期届满,承租人向出租人返还租赁资产时,借记"长期应付款——应付融资租赁款"、"累计折旧"账户,贷记"固定资产——融资租入固定资产"账户。

(2)优惠续租租赁资产。如果承租人行使优惠续租选择权,则应视同该项租赁一直存在而作出相应的账务处理。

(3)留购租赁资产。如果承租人留购租赁资产,则在承租人享有优惠购买选择权的情况下,支付购买价款时,借记"长期应付款——应付融资租赁款"账户,贷记"银行存款"等账户;同时,将固定资产从"融资租入固定资产"明细账户转入有关明细账户。

承例10-7,租赁期满,甲公司的"长期应付款"账户有贷方余额50 000元,固定资产净值亦为50 000元,即为承租人担保余值。退还资产时,作会计分录:

借:长期应付款——应付融资租赁款　　50 000

　　累计折旧　　239 539

　贷:固定资产——融资租入固定资产　　289 539

三、出租人的会计处理

(一)会计处理原则

国际会计准则对融资租赁中出租人的一般要求为:

第一,用于融资租赁的资产,在资产负债表中应作为应收款项,其金额相等于租赁中的投资净额。

第二,出租人应将租金作为对其投资和服务的补偿和报酬,即作为本金回收和财务收益处理;而在确认财务收益时,应当符合谨慎原则的要求,设置反映出租人在融资租赁中的未收回投资净额或未收回现金投资净额的一个固定的定期收益率,以把财务收益合理地、有规则地分配于整个租赁期。

第三，制造商或经销商出租人，应按照企业在直接销售中所正常遵循的政策，将租赁中的销售损益包括在收益中。如果采用人为的低利率，则销售利润应限于采用商业利率时所能得到的利润。初始直接费用应于租赁开始时在收益中列支。

第四，在资产负债表日，出租人应将融资租赁的投资总额和未实现财务收益，以及租赁资产的未担保余值加以说明。此外，出租人还应说明为产生一个固定的定期收益率而采用的分配收益的基础，比如收益是按租赁的投资净额计算还是按现金投资净额计算等。

我国《企业会计准则第21号——租赁》对融资租赁中出租人的一般要求为：

第一，在租赁期开始日，出租人应当将租赁开始日最低租赁收款额与初始直接费用之和作为应收融资租赁款的入账价值，同时记录未担保余值；将最低租赁收款额、初始直接费用及未担保余值之和与其现值之和的差额确认为未实现融资收益。

出租人采用实际利率法分配未实现融资收益，应当将租赁内含利率作为未实现融资收益的分配率。租赁内含利率，是指在租赁开始日，使最低租赁收款额的现值与未担保余值的现值之和等于租赁资产公允价值与出租人的初始直接费用之和的折现率。

最低租赁收款额，是指最低租赁付款额加上独立于承租人和出租人，但在财务上有能力担保的第三方对出租人担保的资产余值。而未担保余值，指租赁资产价值中扣除就出租人而言的担保余值以后的资产余值。

第二，在租赁谈判和签订租赁合同过程中出租人发生的、可直接归属于租赁项目的初始直接费用，如印花税、佣金、律师费、差旅费等，应记入应收融资租赁款的入账价值。

第三，出租人在融资租赁时发生的或有租金，应在实际发生时确认为当期租赁收入。

第四，未实现融资收益应当在租赁期内各个期间进行分配。

第五，出租人应当采用实际利率法计算当期应当确认的融资收入。

第六，超过一个租金支付期未收到的租金，应当停止确认融资收入，其已确认的融资收入，应予冲回，转作表外核算。在实际收到租金时，将租金中所含融资收入确认为当期收入。

第七，出租人应当根据承租人的财务及经营管理情况，以及租金的逾期期限等因素，分析应收融资租赁款的风险程度和回收的可能性，对应收融资租赁款减去未实现融资收益的差额部分合理计提坏账准备。

第八，出租人应当定期对未担保余值进行检查，至少于每年年末检查一次。

(二)账务处理

对于融资租赁业务,出租人的有关账务处理(承例10-7)如下。

1. 购入资产。用于融资租赁日的购入的资产,一般直接发往承租人,无须通过出租人的仓库,但在会计上应作"融资租赁资产"处理:

借:融资租赁资产　　300 000

　贷:银行存款　　300 000

2. 计算租赁内含利率。租赁内含利率是在租赁开始日,使最低租赁收款额的现值与未担保余值的现值之和等于租赁资产公允价值与出租人的初始直接费用之和的折现率。

由于本例中不存在与承租人和出租人均无关,但在财务上有能力担保的第三方对出租人担保的资产余值,因此最低租赁收款额等于最低租赁付款额,即

$$租金\times期数+承租人担保余值=60\ 000\times6+50\ 000=410\ 000(元)$$

由此有:

$$60\ 000\times PA(6,R)+50\ 000\times PV(6,R)=300\ 000$$

根据这一等式,可在多次测试的基础上,用插值法计算租赁内含利率。

当$R=9\%$时,

$$60\ 000\times PA(6,9\%)+50\ 000\times PV(6,9\%)=298\ 969<300\ 000$$

当$R=8\%$时,

$$60\ 000\times PA(6,8\%)+50\ 000\times PV(6,8\%)=308\ 884>300\ 000$$

用插值法,可得

$R=8.90\%$,即为租赁内含利率。

3. 计算未实现融资收益:

最低租赁收款额 = 60 000 × 6 + 50 000 = 410 000(元)

应收融资租赁款入账价值 = 410 000(元)

租赁开始日租赁资产公允价值 + 初始直接费用 = 300 000(元)

未确认融资收益 = 410 000 - 300 000 = 110 000(元)

据此,有关会计分录如下:

借:应收融资租赁款——甲公司　　410 000

　贷:融资租赁资产　　300 000

　　递延收益——未实现融资收益　　110 000

"递延收益——未实现融资收益"账户是"应收租赁款"账户的备抵账户。期末,将"应收租赁款"账户借方余额减去"递延收益——未实现融资收益"账户的贷方余额后的投资净额,列示于资产负债表中。

4. 分期收取租金和未实现融资收益分配。租赁开始后，出租人需编制"未实现融资收益分配表"，以便进行相应账务处理。乙公司的"未实现融资收益分配表"计算如表10－8所示。

表10－8 未实现融资收益分配表 单位：元

日期＼项目	租金	确认的融资收益	应收本金减少数	应收本金余额
	(1)	(2)＝(4)×8.9%	(3)＝(1)－(2)	(4)＝(4)－(3)
2001年1月1日				300 000
2001年12月31日	60 000	26 700	33 300	266 700
2002年12月31日	60 000	23 736.3	36 263.7	230 436.3
2003年12月31日	60 000	20 508.83	39 491.17	190 945.13
2004年12月31日	60 000	16 994.12	43 005.88	147 939.25
2005年12月31日	60 000	13 166.59	46 833.41	101 105.84
2006年12月31日	60 000	8 894.16①	51 105.84①	50 000
合计	360 000	110 000	250 000	50 000

注：①表示已做尾数调整。51 106元＝101 106元－50 000元；8 894元＝60 000元－51 106元。

乙公司收入第一期租金时，

借：银行存款 60 000

　贷：应收融资租赁款——甲公司 60 000

同时，

借：递延收益——未实现融资收益 26 700

　贷：租赁收入 26 700

以后各期收取租金，会计分录可比照上面的进行。

5. 租赁期满。乙公司的"应收租赁款"账户有借方余额50 000元，即租赁资产担保余值。收回资产时，作会计分录：

借：融资租赁资产 50 000

　贷：应收融资租赁款——甲公司 50 000

第四节 其他租赁业务的会计处理

在上述经营租赁和融资租赁的基础上，租赁业务还有以下特殊业务。

一、转租租赁

转租租赁是指承租人将租入的资产转租给新的承租人的租赁业务。在转租租赁方式下,承租人同时也是出租人。在转租业务中,资产承租人在租期内将租入资产的使用权有偿转让给第三方,从而使自己成为新的出租人。由此可见,转租业务涉及的当事人有三方:原出租人、原承租人(新出租人)、新承租人。转租业务发生时,至少有两份租赁协议,原出租人与原承租人之间的协议、原承租人(新出租人)与新承租人之间的协议。三方的会计处理应根据租赁的性质(融资租赁或经营租赁)分别采用相应的方法。

(一)原出租人的会计处理

原出租人只按与原承租人的租赁协议处理其租赁业务,而不管原承租人将租赁资产如何处置。因此,原出租人的会计处理不受转租的影响,仍按融资租赁或经营租赁的会计处理方法进行会计处理。

(二)新承租人的会计处理

新承租人和原出租人一样,只按与新出租人的租赁协议处理其租赁业务,而不管其租入的资产来自何方。新承租人不需要考虑转租的问题,分别按融资租赁或经营租赁的会计处理方法处理即可。

(三)原承租人(新出租人)的会计处理

原承租人(新出租人)的会计处理,取决于其租赁的性质是融资租赁还是经营租赁。如果原承租人是融资租入且最终拥有该资产的所有权,则原承租人可以用任何方式转租该项资产;如果原承租人是以经营租赁方式租入该项资产,则只能以经营租赁方式转租该项资产。

不管原承租人以何种方式转租租入的资产,在会计处理上,原承租人必须对转租业务进行双重记录。作为原承租人,应以承租人的身份,按租入的方式进行租入资产的会计处理,记录因租赁而发生的债务;同时,作为新出租人,又要以出租人的身份,按租出的方式进行租出资产的会计处理,记录因租赁而发生的债权。具体无论是经营租赁或是融资租赁的会计处理方法都与前面介绍的相同,此处不再赘述。

二、售后回租

售后回租简称回租,是指承租人将资产出售后又租回的一种形式。在回租业务中,交易双方均以双重身份出现:承租人同时是销货方,出租人同时是购货方。回租之所以在经济生活中流行,是因为它使销货方(兼承租人)在保留资产使用权的前提下获得了现金流入,同时为购货方(兼出租人)提供有利可图的投资机会。对于售后回租业务的会计处理应遵守如下原则：

第一，按照租赁业务的标准，将回租业务确定为融资租赁或经营租赁。

第二，对于融资租赁性质的回租业务，承租人（兼销货方）所取得的销售收入超过资产账面净值的差额，应作为递延收益，按直线法分配于租赁期内的各会计期间。这是因为回租业务中，资产的出售和回租属于同一笔交易，资产售价与租金一起计算；售价的高低同时决定了租金的高低，而且，为了避免人为提高资产售价而增加当期利润的现象，国际会计准则和西方会计惯例均将回租业务中出售资产的收益在租赁期内摊销。基于谨慎原则，对资产销售收入低于其账面净值的差额，则直接计入当期损益。我国会计准则规定，对售价与资产账面价值的差额应予递延，并按该项租赁资产的折旧进度进行分摊，作为折旧费用的调整。

第三，对于经营租赁性质的回租业务，承租人（兼销货方）所取得的销售收入超过资产账面净值的差额，同样应作为递延收益分配计入租赁期内的各会计期间。若资产销售收入低于其账面净值的差额，应作为损失直接计入当期损益，但是，如果该损失将由低于市场价格的租金予以补偿，则应将其作为递延损失，并按各期支付租金的比例在租赁期内摊销。我国会计准则规定，对售价与资产账面价值的差额应予递延，并在租赁期内按照租金支付的比例分摊，作为租金费用的调整。但是，有确凿证据表明售后租回交易是按照公允价值达成的，售价与资产账面价值的差额应当计入当期损益。

【例 10－8】 甲公司于 2002 年 1 月 1 日出售一成套设备给乙公司，并在售出时立即签订租赁合同租回，租期为 10 年，与该项设备的预计使用年限相同。该设备用直线折旧法计提折旧。甲公司购建该设备的成本为 1 000 000 元，已提折旧 200 000 元，售价为 900 000 元。

该租赁业务为融资租赁。由于租赁期与设备预计使用年限相同，又无担保余值，其租赁最低付款额的现值应等于该设备的公允价值。由于该设备的售价高于账面余值 100 000[900 000 －(1 000 000 －200 000)]元，高出部分应作为出售资产损益而在 10 年内递延，每年应摊销的数额为 10 000 元。甲公司应于每年年末时计提折旧费用 90 000元。

按上述资料，作为承租人的甲公司应作如下的会计处理。

（1）出售设备时：

借：固定资产清理　　800 000
　　累计折旧　　200 000
　贷：固定资产——设备　　1 000 000

借：银行存款　　900 000
　贷：固定资产清理　　900 000

借:固定资产清理　　100 000

　贷:递延收益——未实现融资收益　　100 000

(2)租回设备时:

借:固定资产——融资租入固定资产　　900 000

　贷:长期应付款——应付融资租赁款　　900 000

(3)每年年末提取折旧时:

借:制造费用——折旧　　90 000

　贷:累计折旧　　90 000

同时,分摊递延收益:

借:递延收益——未实现融资收益　　10 000

　贷:制造费用　　10 000

承租人有关租金和其他业务的处理以及出租人的会计处理与前述租赁业务相同,此处不再赘述。

如果该回租业务为经营租赁,按 5 年期以每年租金 200 000 元从乙企业租回该设备,其售出资产的会计处理与融资租赁性质一样,但其出售资产损益,应于 5 年内摊销完毕。每年支付租金和摊销损益的会计处理为:

借:制造费用　　200 000

　贷:银行存款　　200 000

同时,

借:未实现融资收益　　20 000

　贷:制造费用　　20 000

三、不动产租赁

租赁标的物包括不动产在内的,称之为不动产租赁。不动产指一般不能移动或移动就会丧失经济价值的财产,如土地、建筑物等。其会计处理与动产租赁有所不同。

(一)以土地为标的物的租赁

以土地为标的物的租赁只要满足融资租赁应具备的前两个条件(租期届满时租赁资产所有权将转移,以及租约中包含有以低价购买租赁资产的选择权),土地租赁就应予资本化。由于土地的经济寿命是无限的,其价值不会消逝,因而融资租赁的另外两个条件对土地租赁不适用。

(二)以建筑物为标的物的租赁

当租赁标的物是整个建筑物时,其分类和会计处理与以设备为标的物的租赁无异。

但当租赁资产是一个大整体的局部时,例如大厦中的一个办公室或一个层面,其成本及其公允价值就很难确定,这时,租赁分类及会计处理也较困难。其处理原则是:

1. 如果租赁资产公允价值能客观地确定,可以根据前述方法归类并进行相应的会计处理。

2. 如果租赁资产公允价值能客观地确定,承租人可根据租赁期是否等于或超过租赁资产的经济寿命来判断,满足条件的应予资本化,作融资租赁处理。

3. 如果租赁资产成本和公允价值均无法客观地确定,应将这种租赁作为经营租赁处理。

(三)以土地、建筑物为标的物的租赁

以土地、建筑物为标的物的租赁的处理原则是:

1. 如果这种租赁的所有权在租赁期届满时转移,或租约中包含低价购买权的条款,承租人应将土地和建筑物分类,予以资本化。

2. 如果不能满足以上条件,承租人和出租人必须根据其他因素来确定分类和会计方法。比如,土地的公允价值不足租赁资产公允价值的25%,应将土地和建筑物合并为一个项目,考虑其是否符合融资租赁应具备的其他两个条件:即租期等于或超过租赁资产经济寿命的大部分,以及最低租赁付款额现值等于或高于租赁资产公允市价的大部分,凡符合条件的,应予资本化。

3. 如果土地公允价值等于或高于租赁资产公允价值的25%,应把土地和建筑物分开,考虑建筑物是否符合融资租赁应具备的后两个条件。凡符合条件的,建筑物应予资本化,土地依然作为经营租赁处理;凡不符合条件的,土地和建筑物可作为一个项目,采用经营租赁处理方法。

在确定了租赁业务的性质后,不动产的会计处理方法与前面介绍的相同,不再赘述。

四、杠杆租赁

杠杆租赁,是指出租人 般只需支付租赁资产全部价款的一部分,另以租赁资产作抵押,由金融机构贷款支付其余价款,然后将购入资产用于租赁的一种融资租赁形式。它常见于大型的租赁项目,因为这类项目所需资金多、风险大,单方的出租人往往难以充当,故而邀请金融机构参加,提供资金,分担风险,促成交易。杠杆租赁涉及两对关系:一是出租人与承租人之间的租赁关系;二是出租人与贷款人之间的借贷关系。杠杆租赁下,出租人与承租人对租赁业务的会计处理与第三节阐述的方法相同,这里只讨论出租人与贷款人之间的关系在会计上的处理。

出租人是租赁资产的所有者，在杠杆租赁中一般可得到下述优惠待遇：①向金融机构贷款的利息和设备的加速折旧可在税前扣除；②租赁期满后，租赁资产可以续租或按公允价值售出。若出租人将上述待遇的一部分以降低租金的方式转让给承租人，双方都可在租赁中得到利益。但若承租人因意外情况，付不出租金时，贷款人不能向租赁公司追索欠款，只能会同租赁公司停止租赁，退回设备，转租他人。

杠杆租赁会计处理与前述几种方式租赁的区别主要在出租人方面。而出租人会计处理方面的主要特征又在融资租赁的前提下，体现于税收和现金流量方面。我们以下面的业务处理为例说明。

【例 10－9】 2001 年初，某承租企业欲租入一套大型成套设备，成本 500 000 元。经商议，中远租赁公司作为这笔业务的出租者，但购置该设备的资金有 70% 需向银行借款，并约定以该设备作为贷款抵押担保，为期 5 年，利率 5%，每年末还本付息，承租企业每年支付租金 120 000 元。则

$$总借款额 = 500\ 000 \times 70\% = 350\ 000(元)$$

$$每年需还款额 = 350\ 000 \div PR(5,5\%) = 80\ 841(元)$$

每年付息额如表 10－9 所示。

表 10－9 **租金计算表** 单位：元

项目 日期	租金 (1)	应计利息 (2)＝(4)×5%	本金减少数 (3)＝(1)－(2)	本金余额 (4)
1999 年 1 月 1 日				350 000
1999 年 12 月 31 日	80 841	17 500	63 341	286 659
2000 年 12 月 31 日	80 841	14 333	66 508	220 151
2001 年 12 月 31 日	80 841	11 008	69 833	150 318
2002 年 12 月 31 日	80 841	7 516	73 325	76 993
2003 年 12 月 31 日	80 843①	3 850	76 993	0
合 计	404 205	54 207	100 000	0

注：① 80 843 系计算尾差而倒挤求得，即 80 843 元＝3 850 元＋76 993 元。

(1)向银行贷款购置设备时：

借：融资租赁资产——抵押资产	500 000
贷：长期借款——抵押借款	350 000
银行存款	150 000

(2)出租给承租方时，出租方的会计分录如下：

借：应收租赁款	600 000

贷:融资租赁资产——抵押资产 500 000

未实现融资收益 100 000

(3)第一年末,收到承租人的租金时:

借:银行存款 120 000

贷:应收租赁款 120 000

借:未实现融资收益 20 000

贷:租赁收入 20 000

同时,归还借款时:

借:长期借款——抵押借款 63 341

财务费用 17 500

贷:银行存款 80 841

第十一章 债务重组和破产清算

导读

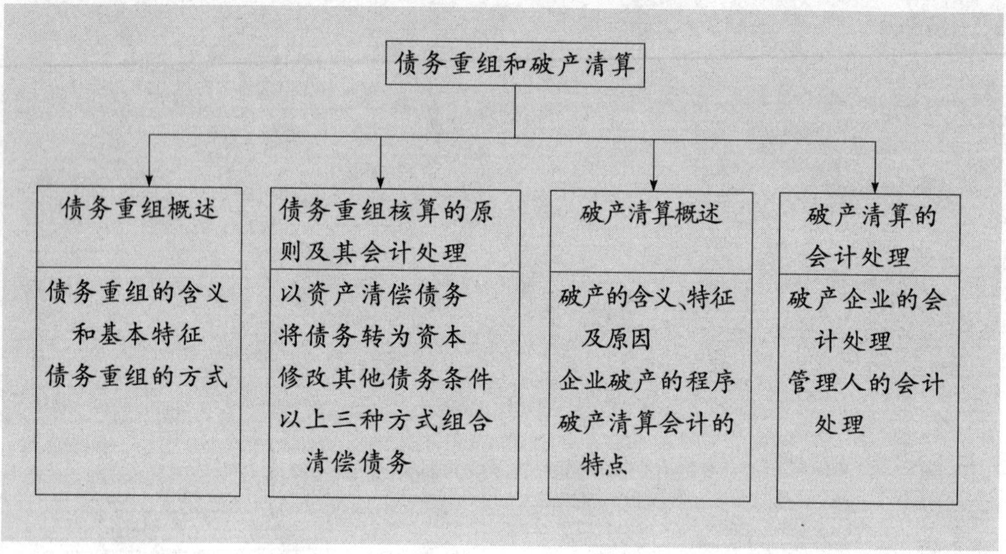

说明：

(1)债务重组，按照我国《企业会计准则——债务重组》中的定义，是指在债务人发生财务困难的情况下，债权人按照其与债务人达成的协议或者法院的裁定作出让步的事项。企业在认定债务重组时,应当遵循实质重于形式的原则,综合考虑债权人和债务人是否在自愿基础上达成重组协议、是否由法院作出裁定、债权人和债务人是否相互独立、是否构成关联方关系或者关联方关系是否对债务重组产生实质影响等情形加以判断。债务重组的方式包括以资产清偿债务(以低于债务账面价值的现金清偿债务和以非现金资产清偿债务)、将债务转为资本、修改其他债务条件和以上三种方式的组合等。企业应根据债务重组方式的不同,进行相应的会计处理,以确认和计量债务重组利得和损失。

(2)破产一般是指为了维护债权人及债务人的利益,对债务人不能清偿的到期债务,由法院强制执行其全部财产,公平清偿全体债权人的一种特定的法律程序。企业破产法中明确规定企业破产的原因是,企业法人不能清偿到期债务,并且资产不足以清偿全部债务或者明显缺乏清偿能力。企业破产法为使债权人获得公平清偿而对企业破产规定了三种特别程序,即重整、和解与破产清算程序。

(3)破产清算会计属于财务会计的一个分支,它既与常规财务会计存在密切的联系,又与常规财务会计有许多不同之处。它在会计核算上有其自身的特点。管理人接管破产清算的企业之后,会计主体便由管理人取代了被清算企业。破产企业进入破产清算阶段的主要工作有:破产企业要做好财产及债权、债务等的全面清查工作;破产企业在财产清查的基础上,应进行有关的会计处理,编制相应的财务报告;当破产企业被管理人接管以后,作为破产企业应按规定及时向管理人办理各种会计档案、文书等的移交手续。管理人应对被清算企业的财产进行处置,对债务进行清偿,并在此基础上进行相应的会计处理。

第一节　债务重组

一、债务重组的含义、基本特征及方式

(一)债务重组的含义和基本特征

在激烈的市场竞争中,一些企业可能因为经营管理不善,或受外部各种因素的影响等,而出现盈利能力下降或亏损,难以按期偿还债务。面对这种情况,作为债权人通常可采取两种方式进行处理:一种是通过法律程序,要求债务人破产以清偿债务;另一种是通过互相协商或法院裁决,债权人同意债务人修改债务条件进行债务重组。债权人若采取前一种处理方式,就会蒙受巨大的损失,因为债务人破产清算后,其资产的清算

价值一般会大大低于持续经营期间的价值。债权人为减少其损失,大多采用后一种处理方式。因此,债务重组就是解决债权人和债务人之间针对现有债务如何清偿所发生的经济事项。

债务重组,按照我国《企业会计准则第12号——债务重组》中的定义,是指在债务人发生财务困难的情况下,债权人按照其与债务人达成的协议或者法院的裁定作出让步的事项。其中"债务人发生财务困难",是指因债务人出现资金周转困难、经营陷入困境或者其他方面的原因等,导致其无法或者没有能力按原定条件偿还债务的情况;"债权人作出让步",是指债权人同意发生财务困难的债务人现在或者将来以低于重组债务账面价值的金额或者价值偿还债务。"债权人作出让步"的情形主要包括:债权人减免债务人部分债务本金或者利息、降低债务人应付债务的利率等。债务人发生财务困难,是债务重组的前提条件,而债权人作出让步是债务重组的必要条件。

需要注意的是:企业在认定债务重组时,应当遵循实质重于形式的原则,综合考虑债权人和债务人是否在自愿基础上达成重组协议、是否由法院作出裁定、债权人和债务人是否相互独立、是否构成关联方关系或者关联方关系是否对债务重组产生实质影响等情形加以判断。

以下情况不属于债务重组:①债务人发行的可转换债券,按正常条件转为其股权;②债务人破产清算时发生的债务重组;③债务人改组,债权人将债权转为对债务人的股权投资;④债务人借新债偿旧债。总之,债务人不处于财务困难条件下的债务重组都不属于债务重组准则规范的内容。

(二)债务重组的方式

企业进行债务重组主要有以下几种方式:

1. 以资产清偿债务。以资产清偿债务包括以低于债务账面价值的现金清偿债务和以非现金资产清偿债务。

(1)以低于债务账面价值的现金清偿债务。以低于债务账面价值的现金清偿债务,是指债务人以低于债务的账面价值的货币资金清偿债务的债务重组方式。这里的现金是指库存现金和银行存款等货币资金。在这种债务重组方式下,债权人同意债务人在日后一定期间内以货币资金清偿债务。

(2)以非现金资产清偿债务。以非现金资产清偿债务,是指债务人转让其非现金资产给债权人以清偿债务的债务重组方式。债务人通常用持有的股票、债券、基金等金融资产,存货、固定资产、无形资产、其他资产等作为偿债的资产。在这种债务重组方式下,债权人同意债务人在日后一定期间内以非现金资产清偿债务。

2. 将债务转为资本。将债务转为资本,是指债务人将债务转为资本,同时债权人将债权转为股权的债务重组方式。但债务人根据转换协议，将应付可转换公司债券转为资本的，则属于正常情况下的债务转资本，不作为债务重组处理。在这种债务重组方式下，债权人同意债务人在日后一定时期内将债务转为资本。需要注意的是，债务人以债务转为资本的方式进行债务重组时，必须满足国家有关法律规定的条件。

3. 修改其他债务条件。修改其他债务条件，是指修改不包括上述1、2两种方式外的债务条件进行债务重组的方式，如减少债务本金，减少债务利息等。

4. 以上三种方式的组合。这种债务重组方式是指采用以上三种方式共同清偿债务的债务重组方式。例如，以转让资产清偿某项债务的一部分，另一部分债务通过债务转为资本进行债务重组；以转让非现金资产清偿某项债务的一部分，并对该项债务的另一部分通过债务转为资本和降低利率进行债务重组等。

二、债务重组核算的原则

企业应根据债务重组方式的不同，在债务重组日进行以下相应的会计处理，以确认和计量债务重组利得和损失。

（一）以现金清偿债务

以低于债务账面价值的现金清偿某项债务时，在债务人满足金融负债终止确认条件时，终止确认重组债务，同时债务人应将重组债务的账面价值超过清偿债务的现金之间的差额确认为当期债务重组利得，计入营业外收入；债权人应将重组债权的账面价值与收到的现金之间的差额确认为当期债务重组损失，计入营业外支出。如果重组债权已计提减值准备的，应当先将上述差额冲减已计提的减值准备，冲减后还有余额的，将其确认为债务重组损失，计入营业外支出；冲减后减值准备仍有余额的，应予转回并抵减当期资产减值损失。

（二）以非现金资产清偿债务

以非现金资产清偿某项债务时，应当在符合金融负债终止确认条件时，终止确认重组债务，同时债务人应将重组债务的账面价值超过清偿债务的非现金资产的公允价值的差额，确认为当期债务重组利得，计入营业外收入。对于转让的非现金资产的公允价值与其账面价值的差额，则应作为资产转让损益，计入当期损益。

1. 用以清偿债务的非现金资产公允价值的计量。采用以非现金资产清偿债务的重组方式，债务人用以清偿债务的非现金资产应按公允价值计量。如果非现金资产属于企业持有的股票、债券、基金等金融资产，且该金融资产存在活跃市场的，则应当按照《企业会计准则第22号——金融工具确认和计量》的规定确定其公允价值，即按金融资产的市价作为非现金资产的公允价值。如果非现金资产属于存货、固定资产、无形资产等其他资产，且存在活跃市场的，则应当以这些非现金资产的市场价格为基础确定其公允价值；对于不存在活跃市场但与其类似资产存在活跃市场的，应当以类似资产的市场价格为基础确定其公允价值。如果采用上述两种方法仍不能确定非现金资产公允价值的，则应当采用估值技术等合理的方法确定其公允价值。

对于非现金资产属于金融资产，但该金融资产不存在活跃市场的，应当采用《企业会计准则第22号——金融工具确认和计量》规定的估值技术等合理的方法确定其公允价值。

2. 债务人用以清偿债务的非现金资产的公允价值与其账面价值之间差额的处理。

(1)用以清偿债务的非现金资产为存货的，应当作为销售进行核算，按照《企业会计准则第14号——收入》的规定，以其公允价值确认收入，同时结转相应的成本。

(2)用以清偿债务的非现金资产为固定资产或无形资产的，应视同固定资产处置或无形资产处置，即应将固定资产或无形资产的公允价值与该项固定资产、无形资产的账面价值和清理费用的差额作为转让固定资产或无形资产的损益处理。其公允价值和重组债务账面价值之间的差额，应作为债务重组利得或债务重组损失，计入营业外收入或营业外支出。

(3)用以清偿债务的非现金资产为股票、债券等金融资产的，则应将相关金融资产的公允价值与其账面价值及直接相关费用之和的差额，作为转让金融资产的利得或损失处理，计入投资收益；相关金融资产的公允价值与重组债务的账面价值之间的差额，作为债务重组利得，计入营业外收入。

需要注意的是，对于债务人在转让非现金资产的过程中发生的资产评估费、运杂费等相关税费，应将其直接计入转让资产的损益。对于涉及增值税的项目，应按债权人是否向债务人另行支付增值税分别进行处理：如果债权人不向债务人另行支付增值税，则应将其转让非现金资产的公允价值和该非现金资产的增值税销项税额与重组债务账面价值之间的差额作为债务重组利得；如果债权人向债务人另行支付增值税，则应将其转让非现金资产的公允价值与重组债务账面价值之间的差额作为债务重组利得。

采用非现金资产清偿债务，对债权人而言，债权人收到存货、固定资产、无形资产、股票、债券等非现金资产时，应按其公允价值入账。对于重组债权的账面余额与受让非现金资产公允价值之间的差额，应确认为债务重组损失，计入当期营业外支出。

需要说明的是：如果重组债权已计提减值准备的，应当先将上述差额冲减已计提的减值准备，冲减后还有余额的，再计入“营业外支出——债务重组损失”账户；冲减后减值准备仍有余额的，应予转回并抵减当期资产减值损失，不再确认债务重组损失。如果债权人对重组债权采取的是一揽子提取减值准备的方法，则债权人需先将对应于该债权的减值准备倒算出来，然后再确定是否对其确认债务重组损失。

（三）将债务转为资本清偿债务

将债务转为资本清偿债务时，债务人应当在满足金融负债终止确认条件时，终止确认重组债务，并将债权人放弃债权而享有股份的面值总额（或者股权份额）确认为股本（或者实收资本），将股权的公允价值与股本（或者实收资本）之间的差额确认为“资本公积——股本溢价（或者资本溢价）”。对于重组债务的账面价值超过所转股权的公允价值之间的差额，应确认为债务重组利得，计入营业外收入。

需要说明的是：①对上市公司而言，其发行的股票应以市价作为股份或者股权的公允价值；②对其他企业而言，由于债权人因放弃债权而享有的股份或者股权可能没有市价，因此其公允价值应采用恰当的估值技术予以确定；③对债务转资本时由债务人发生的相关税费，凡是与股票发行直接相关的手续费等，则应抵减资本公积；凡是发生的印花税等其他税费，则应直接计入当期损益。

对债权人而言，当债权人收到长期股权投资时，应将其按公允价值入账。债权人应当在债务重组日将享有股权的公允价值确认为对债务人的投资，将重组债权的账面余额与所转股份的公允价值之间的差额，确认为债务重组损失，计入营业外支出。

需要说明的是：①如果重组债权已计提减值准备的，应当先将上述差额冲减已计提的减值准备，冲减后仍有损失的，应计入“营业外支出——债务重组损失”；冲减后减值准备仍有余额的，应予转回并抵减当期资产减值损失。②对于债权人发生的相关税费，应分别按照长期股权投资或者金融工具确认和计量等准则的规定进行相关处理。

（四）以修改其他债务条件进行债务重组

以修改其他债务条件进行债务重组时，如果不附或有条件（即或有应付金额，是指需要根据未来某种事项出现而发生的应付金额，而且该未来事项的出现具有不确定性），则债务人应将修改其他条件后债务的公允价值作为重组后债务的入账价值，即将来应付金额；将重组后债务的入账价值与重组债务的账面价值之间的差额作为债务重组利得，计入营业外收入。也就是说在这种重组方式下，债务人应将重组债务的账面余额减记至将来应付金额，减记的金额就是债务重组利得。

对债权人来说，如果修改后的债务条款不涉及或有应收金额（即需要根据未来某种事项出现而发生的应收金额），则在债务重组日，债权人应将修改其他债务条件后的债权的公允价值作为重组后债权的账面价值，将重组债权的账面余额与重组后债权账面价值之间的差额确认为债务重组损失，计入当期营业外支出。如果债权人已对该项债权计提了坏账准备，则首先应将已计提的坏账准备予以冲减，坏账准备不足以冲减的部分，即为债务重组损失，计入营业外支出。

修改其他债务条件进行债务重组时，如果附或有条件，对债务人来说修改后的债务条款涉及或有应付金额（即需要根据未来某种事项出现而发生的应付金额，而且该未来事项的出现具有不确定性），并且该或有应付金额符合《企业会计准则第13号——或有事项》中有关预计负债的确认条件，则债务人应将该或有应付金额确认为预计负债。为此，债务人应将重组债务的账面价值与按公允价值计算的重组后债务的入账价值和预计负债金额之和的差额，确认为债务重组利得，计入营业外收入。

需要说明的是：在随后的会计期间如果没有发生或有应付金额，则原已确认的预计负债应当予以冲销，同时将其确认为营业外收入。

对债权人而言，修改后的债务条款中如果涉及或有应收金额（即需要根据未来某种事项出现而发生的应收金额，而且该未来事项的出现具有不确定性）的，则对其不予确认，不得将其计入重组后债权的账面价值。企业只有在实际发生或有应收金额时，才将其计入当期损益。

（五）以上几种方式组合清偿债务

债务人采用前述两种或两种以上的债务重组方式进行债务重组，包括债务人以现金、非现金资产两种方式组合清偿某项债务；债务人以现金、将债务转为资本两种方式组合清偿某项债务；债务人以非现金资产、将债务转为资本两种方式组合清偿某项债务；债务人以现金、非现金资产、将债务转为资本三种方式组合清偿某项债务；债务人以现金、非现金资产、将债务转为资本等方式清偿某项债务的一部分，并对该项债务的另一部分以修改其他债务条件进行债务重组。

债务人采用以现金、非现金资产、债务转为资本、修改其他债务条件等方式组合清偿债务时，应当依次以支付的现金、转让的非现金资产公允价值、债权人享有股权的公允价值冲减重组债务的账面价值，然后再按照前述修改其他债务条件的原则进行相应处理。

债权人则应当依次以收到的现金、接受的非现金资产公允价值、债权人享有股权的公允价值冲减重组债权的账面余额，然后再按前述修改其他债务条件的原则进行相应处理。

三、债务重组的会计处理

企业进行债务重组应按债务重组的不同方式，分别债务人和债权人进行其账务处理。

（一）以资产清偿债务

1. 以现金清偿债务。企业进行债务重组时，如果以低于债务账面价值的现金清偿债务,债务人应按应付债务的账面余额,借记"应付账款"账户;按实际支付的价款,贷记"银行存款"账户;按实际支付的价款小于应付债务账面余额的差额,贷记"营业外收入——债务重组利得"账户。重组债务的账面价值,一般为债务的面值、原值,如有利息的,还应加上应付未付的利息。债权人则应按实际收到的现金金额,借记"银行存款"等账户;按应收债权账面余额,贷记"应收账款"账户;按实际收到的现金金额小于应收债权账面余额的差额,借记"营业外支出——债务重组损失"账户。如果债权人已对应收债权计提了减值准备,则应按其差额先冲减减值准备,即借记"坏账准备"账户。冲减后还有余额的,应计入"营业外支出——债务重组损失"账户的借方。

债权人如果收到债务人清偿债务的款项大于该项应收账款账面价值,则应按实际收到的金额,借记"银行存款"等账户,按重组债权的账面余额,贷记"应收账款"账户,按重组债权已计提的减值准备,借记"坏账准备"账户;如果冲减减值准备后仍有余额,应予转回并抵减当期的资产减值损失,即将其冲减减值准备后的余额,贷记"资产减值损失——计提的坏账准备"账户。

【例11－1】　B企业于2006年5月15日销售一批材料给A企业,不含税价格为200 000元,增值税税率为17%,按合同规定,A企业应于2006年8月15日前偿付货款。由于A企业陷入财务困境,无法按合同规定偿还债务,经双方协议于2006年11月1日进行债务重组。根据债务重组协议规定,B企业同意A企业以银行存款偿还原债务的85%。B企业已提取坏账准备2 000元。(整个交易过程未发生除增值税以外的其他税费)

(1)债务人(A企业)的会计处理:

借:应付账款	[200 000×(1+17%)]234 000
贷:银行存款	(234 000×85%)198 900
营业外收入——债务重组利得	35 100

(2)债权人(B企业)的会计处理:

借:银行存款	198 900
坏账准备	2 000
营业外支出——债务重组损失	33 100
贷:应收账款	234 000

2.以非现金资产清偿债务。企业进行债务重组时,如果以非现金资产清偿债务,债务人应按应付账款的账面余额,借记"应付账款"账户;按用于清偿债务的非现金资产的公允价值,贷记"主营业务收入"、"其他业务收入"、"固定资产清理"、"无形资产"、"长期股权投资"等账户;按应支付的相关税费和其他费用,贷记"应交税费"、"银行存款"等账户;按其差额,贷记"营业外收入——债务重组利得"账户。

需要注意的是:如果企业用存货抵偿债务的,应视同销售进行核算,同时还应结转其存货成本,记入“主营业务成本”、“其他业务成本”等账户;如果企业用固定资产、无形资产抵偿债务的,其公允价值和账面价值的差额,应记入“营业外收入——处置非流动资产利得”或“营业外支出——处置非流动资产损失”账户;如果企业用交易性金融资产、持有至到期投资、长期股权投资等抵偿债务的,其公允价值和账面价值的差额,应记入“投资收益”账户。

对于债权人来说,如果收到债务人清偿债务的款项小于该项应收债权账面价值,则应按实际收到的金额,借记“银行存款”等账户;按重组债权已计提的坏账准备,借记“坏账准备”科目;按重组债权的账面余额,贷记“应收账款”账户;按其差额,借记“营业外支出”账户。如果收到债务人清偿债务的款项大于该项应收账款账面价值的,则应按实际收到的金额,借记“银行存款”等账户;按重组债权已计提的坏账准备,借记“坏账准备”账户;按重组债权的账面余额,贷记“应收账款”账户;按其差额,贷记“资产减值损失”账户。同时,债权人对于接受债务人用于清偿债务的非现金资产,应按该项非现金资产的公允价值,借记“原材料”、“库存商品”、“固定资产”、“无形资产”等账户;按重组债权的账面余额,贷记“应收账款”账户;按应支付的相关税费和其他费用,贷记“银行存款”、“应交税费”等账户;按其差额,借记“营业外支出”账户。如果涉及增值税进项税额,还应进行相应的处理。

企业以非现金资产清偿债务时,应分别以下情况进行会计处理:

(1)企业以交易性金融资产偿还债务。企业以交易性金融资产偿还债务时,应按应付账款的账面余额,借记“应付账款”账户;按用于清偿债务的交易性金融资产的账面价值,贷记“交易性金融资产”账户;按应支付的相关税费,贷记“应交税费”等账户;按清偿债务的交易性金融资产的公允价值与账面价值之间的差额,贷记“投资收益”账户;按清偿债务的交易性金融资产的公允价值小于应付账款的账面价值之间的差额,借记“投资收益”账户。交易性金融资产的公允价值与其重组债务账面价值的差额,计入“营业外收入——债务重组利得”或“营业外支出——债务重组损失”等账户。

债权人接受用于偿债的交易性金融资产时,应按交易性金融资产的公允价值,借记“交易性金融资产”;按重组债权已计提的坏账准备,借记“坏账准备”账户;按重组债权的账面余额,贷记“应收账款”账户;按应支付的相关税费和其他费用,贷记“银行存款”、“应交税费”等账户;按交易性金融资产的公允价值与应支付的相关税费、其他费用、重组债权已计提的坏账准备之和与重组债权的账面余额之间的差额,借记“营业外支出——债务重组损失”账户。

(2)企业以存货清偿债务。企业以存货清偿债务时,应按应付账款的账面余额,借记“应付账款”账户;按用于清偿债务的存货的公允价值,贷记“主营业务收入”账户;按应缴纳的增值税销项税额,贷记“应交税费——应交增值税(销项税额)”账户;按应支付的其他相关税费,贷记“银行存款”、“应交税费”等账户;按存货的公允价值与应支付的相关税费之和小于应付债务账面余额的差额,贷记“营业外收入——债务重组利得”等账户;按存货的公允价值与应支付的相关税费之和大于应付债务账面余额的差额,借记“营业外支出——债务重组损失”等账户。同时应结转存货的成本,即借记“主营业务成本”或“其他业务成本”账户,贷记“库存商品”或“原材料”账户。

(3)企业以固定资产清偿债务。企业以固定资产清偿债务时,应先将固定资产的公允价值与该项固定资产账面价值和清理费用的差额作为转让固定资产的损益处理。然后应按应付账款的账面余额,借记“应付账款”账户;按用于清偿债务的固定资产的公允价值,贷记“固定资产清理”账户;按固定资产的公允价值小于重组应付债务账面价值的差额,贷记“营业外收入——债务重组利得”等账户;按固定资产的公允价值大于重组应付债务账面价值的差额,借记“营业外支出——债务重组损失”等账户。

债权人接受用于偿债的固定资产时,应按固定资产的公允价值,借记“固定资产”账户;按重组债权的账面余额,贷记“应收账款”账户;按应支付的相关税费和其他费用,贷记“银行存款”、“应交税费”等账户;按固定资产的公允价值与应支付的相关税费、其他费用之和与重组债权的账面余额之间的差额,借记“营业外支出——债务重组损失”账户。

(4)企业以持有至到期投资或长期股权投资清偿债务。企业以持有至到期投资或长期股权投资清偿债务时,应按应付账款的账面余额,借记“应付账款”账户;按用于清偿债务的持有至到期投资或长期股权投资的账面价值,贷记“持有至到期投资”、“长期股权投资”账户;按持有至到期投资或长期股权投资的公允价值大于其账面价值的差额,贷记“投资收益——转让金融资产利得”等账户;按持有至到期投资或长期股权投资的公允价值小于其账面价值的差额,借记“投资收益——转让金融资产损失”账户。持有至到期投资或长期股权投资的公允价值与重组债务的账面价值的差额,作为债务重组利得或损失。

债权人接受用于偿债的持有至到期投资或长期股权投资时,应按持有至到期投资或长期股权投资的公允价值,借记“持有至到期投资”、“长期股权投资”账户;按重组债权的账面余额,贷记“应收账款”账户;按应支付的相关税费和其他费用,贷记“银行存款”、“应交税费”等账户;按持有至到期投资或长期股权投资的公允价值与重组债权的账面余额之间的差额,借记“营业外支出——债务重组损失”账户。

(5)企业以无形资产清偿债务。企业以无形资产清偿债务时,应按应付账款的账面余额,借记“应付账款”账户;按用于清偿债务的无形资产的公允价值,贷记“无形资产”账户;按无形资产的公允价值小于应付债务账面余额的差额,贷记“营业外收入——债务重组利得”等账户;按无形资产的公允价值大于应付债务账面余额的差额,借记“营业外支出——债务重组损失”等账户。

债权人接受用于偿债的无形资产时,应按无形资产的公允价值,借记“无形资产”账户;按重组债权的账面余额,贷记“应收账款”账户;按应支付的相关税费和其他费用,贷记“银行存款”、“应交税费”等账户;按无形资产的公允价值与应支付的相关税费、其他费用之和与重组债权的账面余额之间的差额,借记“营业外支出——债务重组损失”账户。

需要说明的是:以非现金资产清偿债务的重组方式,凡是涉及坏账准备的,都应当比照前述规定进行处理。

下面以存货、固定资产和长期股权投资偿还债务为例,说明其会计处理。

【例11-2】 假设例11-1中的A企业欠B企业的含税购货款234 000元,经与B企业协商,B企业同意A企业以其生产的产品偿还债务。该产品的市价为180 000元,实际成本为108 000元,该产品应缴纳的增值税销项税额为30 600元,该产品已计提的存货跌价准备为1 000元。A、B企业均为一般纳税企业。B企业接受A企业以产品偿还债务时,尚未发生相关税费,B企业已对该项应收账款计提坏账准备2 000元。

(1)债务人(A企业)的会计处理:

借:应付账款	234 000
贷:主营业务收入	180 000
应交税金——应交增值税(销项税额)	30 600
营业外收入——债务重组利得	23 400
借:主营业务成本	107 000
存货跌价准备	1 000
贷:库存商品	108 000

(2)债权人(B企业)的会计处理:

借:库存商品	180 000
应交税金——应交增值税(进项税额)	30 600
坏账准备	2 000
营业外支出——债务重组损失	21 400
贷:应收账款	234 000

【例11-3】 假设例11-1中的A企业欠B企业的含税购货款234 000元,经与B企业协商,B企业同意A企业以其一台机器设备偿还债务。该机器设备的公允价值为185 000元,账面原价为300 000元,已提折旧40 000元,已计提减值准备5 000元,A企业偿还债务时以银行存款支付清理费用1 000元。B企业接受A企业以机器设备偿还

债务时,尚未发生相关税费,B 企业已对该项应收账款计提坏账准备 2 000 元。

(1)债务人(A 企业)的会计处理:

①将固定资产账面价值转入固定资产清理时:

借:固定资产清理	255 000	
固定资产减值准备	5 000	
累计折旧	40 000	
贷:固定资产		300 000

②支付清理费用时:

借:固定资产清理	1 000	
贷:银行存款		1 000

③结转债务重组利得时:

借:应付账款	234 000	
贷:固定资产清理		185 000
营业外收入——债务重组利得		49 000

④结转转让固定资产的损益时:

借:营业外支出——处置固定资产损失	71 000	
贷:固定资产清理		71 000

(2)债权人(B 企业)的会计处理:

借:固定资产	185 000	
坏账准备	2 000	
营业外支出——债务重组损失	47 000	
贷:应收账款		234 000

【例 11-4】　假设例 11-1 中的 A 企业欠 B 企业的含税购货款 234 000 元,因资金周转暂时发生困难,经双方协议,B 企业同意 A 企业以其含息账面余额为 168 000 元的一张 2 年期到期一次还本付息债券偿还其债务。该项持有至到期投资的公允价值为 200 000元,已计提减值准备 3 000 元。B 企业接受该项持有至到期投资以偿还债务时,尚未发生相关税费。该项应收账款已计提坏账准备 2 000 元。

(1)债务人(A 企业)的会计处理:

借:应付账款	234 000	
持有至到期投资减值准备	3 000	
贷:持有至到期投资		168 000
营业外收入——债务重组利得		34 000
投资收益		(200 000 - 165 000)35 000

(2)债权人(B企业)的会计处理:

借:持有至到期投资　　200 000

　坏账准备　　2 000

　营业外支出——债务重组损失　　32 000

　贷:应收账款　　234 000

(二)以债务转为资本清偿债务

企业以债务转为资本清偿债务时,债务人应按应付账款的账面余额,借记"应付账款"账户;按债权人因放弃债权而享有的股权的公允价值,贷记"实收资本"或"股本"、"资本公积——资本(或股本)溢价"账户;按其差额,贷记"营业外收入——债务重组利得"账户。

需要注意的是:债务转为资本时,债务人可能会发生一些税费,如印花税。一般情况下,应按长期股权投资或者金融工具确认计量的规定进行处理。

对债权人而言,债权人将债权转为投资,应按享有股份的公允价值,借记"长期股权投资"账户;按重组债权的账面余额,贷记"应收账款"账户;按应支付的相关税费和其他费用,贷记"银行存款"、"应交税费"等账户;按其差额,借记"营业外支出——债务重组损失"账户。

【例11-5】　假设例11-1中的B企业同意将A企业的全部债务转换为普通股,并假设普通股每股面值为1元,每股市价1.2元。A企业以100 000股抵偿其债务。B企业已对应收账款提取坏账准备2 000元。假定B企业按印花税税率为0.4%支付印花税,不考虑其他税费。

(1)债务人(A企业)会计处理:

借:应付账款　　234 000

　贷:股本　　100 000

　　资本公积——股本溢价　　20 000

　　营业外收入——债务重组利得　　114 000

(2)债权人(B企业)会计处理:

借:长期股权投资　　[1.2×100 000+(1.2×100 000×0.4%)]120 480

　坏账准备　　2 000

　营业外支出——债务重组损失　　112 000

　贷:应收账款　　234 000

　　银行存款　　480

(三)以修改其他债务条件清偿债务

企业以修改其他债务条件进行债务重组时,应分别是否涉及或有应付金额进行其会计处理。

1. 不涉及或有应付金额的债务重组。不涉及或有应付金额的债务重组,是指在债务重组中不存在或有事项的重要协议。在这种情况下,债务人应将重组债务的账面余额减记至将来应付金额,减记的金额作为债务重组利得,并于当期确认计入损益。重组后债务的账面余额为将来应付金额。也就是说债务人应将修改其他债务条件后债务的公允价值作为重组后债务的入账价值,将重组债务的账面价值与重组后债务的入账价值之间的差额,确认为债务重组利得,计入当期营业外收入。修改债务条件后,应将重组债务的账面余额与重组后债务的公允价值之间的差额,借记"应付账款"账户,贷记"营业外收入——债务重组利得"账户。

对债权人而言,债权人应当将修改其他债务条件后的债权的公允价值作为重组后债权的账面价值,重组债权的账面余额与重组后债权的账面价值之间的差额,确认为债务重组损失,计入当期营业外支出。也就是说修改债务条件后,债权人应按修改其他债务条件后的债权的公允价值,借记"应收账款——债务重组"账户;按重组债权的账面余额,贷记"应收账款"账户;按其差额,借记"营业外支出——债务重组损失"账户。如果债权人已对该项债权计提了坏账准备,则应首先将已计提的坏账准备予以冲减。

【例 11-6】 B 企业 2004 年 12 月 31 日应收 A 企业的一张商业承兑汇票已到期,由于 A 企业连年亏损,不能如期偿付,该票据的票面价值为 90 000 元,累计未付的利息为 8 100 元,票面年利率为 9%。B 企业将 A 企业到期不能偿还的应收票据转入应收账款,同时与 A 企业协商,于 2004 年年末进行债务重组。B 企业同意将债务本金减至 75 000元,免去其所欠的全部利息,将利率从 9% 降至 6%(等于实际利率),并将 A 企业债务到期日延至 2006 年 12 月 31 日,利息按年支付。B 企业对该项应收账款计提坏账准备 7 500 元。整个债务重组交易没有发生相关税费。

(1)债务人(A 企业)的会计处理。

①计算重组债务的账面价值与将来应付金额之间的差额:

债务人 A 企业应付债务的账面价值 = 90 000 + 8 100 = 98 100(元)

债务人 A 企业重组后债务公允价值 = 75 000(元)

债务重组利得 = 98 100 - 75 000 = 23 100(元)

会计分录为:

借:应付账款	98 100	
贷:应付账款——债务重组		75 000

营业外收入——债务重组利得　23 100

②债务人 A 企业 2005 年 12 月 31 日支付利息时,其会计分录为:

借:财务费用　(75 000×6%)4 500

贷:银行存款　4 500

③2006 年 12 月 31 日偿还本金和最后一年利息时,其会计分录为:

借:应付账款——债务重组　75 000

财务费用　4 500

贷:银行存款　79 500

(2)债权人(B 企业)的会计处理。

①计算重组债务的账面余额与将来应收金额之间的差额:

债务重组日重组债权的账面余额 = 98 100(元)

重组后债权公允价值 = 75 000(元)

已计提坏账准备 = 7 500(元)

债务重组损失 = 98 100 - 75 000 - 7 500 = 15 600(元)

其会计分录为:

借:应收账款——债务重组　75 000

坏账准备　7 500

营业外支出——债务重组损失　15 600

贷:应收账款　98 100

②债权人 B 企业 2005 年 12 月 31 日收到利息时,其会计分录为:

借:银行存款　4 500

贷:财务费用　4 500

③债权人 B 企业 2006 年收到本金和最后一年利息时,其会计分录为:

借:银行存款　79 500

贷:应收账款——债务重组　75 000

财务费用　4 500

2. 涉及或有应付金额的债务重组。对债务人而言,如果修改后的债务条款涉及或有应付金额,且该或有应付金额符合或有事项中有关预计负债确认条件的,则债务人应当将该或有应付金额确认为预计负债。重组债务的账面价值与重组后债务的入账价值和预计负债金额之和的差额,作为债务重组利得,计入营业外收入。

对债权人而言,修改后的债务条款中涉及或有应收金额的,不确认其或有应收金额,不得将其计入重组后债权的账面价值,而是在或有应收金额实际发生时,计入当期损益。

【例 11－7】 2004 年 12 月 31 日，A 企业从某银行取得年利率 9% 的两年期贷款 1 500 000元。A 企业由于财务陷入困境，不能偿还各年贷款利息，于 2005 年 12 月 31 日进行债务重组，银行同意贷款到期日延长至 2008 年 12 月 31 日，利率降至 6%，免除积欠利息 135 000 元，本金减至 1 000 000 元，利息按年支付。但附有一条件：债务重组后，A 企业若从第二年起出现盈利，则其利率恢复至 9%；若没有盈利，则按 6% 的利率计息。该银行已对该项贷款计提了 15 000 元贷款呆账准备。假设债务重组协议规定，按每年是否盈利结算或有应付金额。该企业取得贷款的实际利率和名义利率相等。

(1) 债务人(A 企业)的会计处理。

①2005 年 12 月 31 日债务重组时：

借：长期借款　　(1 500 000 + 1 500 000 × 9%) 1 635 000
　贷：长期借款——债务重组　　1 000 000
　　预计负债　　[1 000 000 × (9% － 6%) × 2] 60 000
　　营业外收入——债务重组利得　　575 000

在本例中，债务重组后，重组贷款的公允价值为 1 000 000 元，或有应付金额为 60 000[1 000 000 × (9% － 6%) × 2] 元。因此，重组债务长期借款的账面余额 1 635 000元与重组贷款的公允价值 1 000 000 元和或有应付金额 60 000 元之间的差额 575 000 元作为债务重组利得。

②2006 年 12 月 31 日支付利息时：

借：财务费用　　(1 000 000 × 6%) 60 000
　贷：银行存款　　60 000

③假设 A 企业自债务重组后第二年开始出现盈利，则 2007 年 12 月 31 日至 2008 年 12 月 31 日 A 企业支付为 90 000(1 000 000 × 9%)元。其中，含有或有应付金额 30 000[1 000 000 × (9% － 6%)]元。其会计分录为：

借：财务费用　　60 000
　预计负债　　30 000
　贷：银行存款　　90 000

2008 年 12 月 31 日，A 企业支付最后一年的本息为 1 090 000 元(本金 1 000 000 元，利息 90 000 元)时：

借：长期借款——债务重组　　1 000 000
　财务费用　　60 000
　预计负债　　30 000
　贷：银行存款　　1 090 000

④假设A企业从债务重组的第二年开始没有盈利，则2007年12月31日至2008年12月31日A企业支付利息60 000(1 000 000×6%)元时，会计分录为：

借:财务费用　　60 000

　贷:银行存款　　60 000

同时，应将每期期末最佳估计数与原预计数的差额调整预计负债，并计入当期损益。本例中，两年调减的预计负债总额应为60 000元，并同时调增这两年的当期营业外收入。

(2)债权人(银行)的会计处理。

①2005年12月31日债务重组时：

借:中长期贷款——债务重组　　1 000 000

　贷款呆账准备　　15 000

　营业外支出——债务重组损失　　620 000

　贷:中长期贷款　　1 635 000

由于债权银行对该项贷款计提呆账准备15 000元，因此债权银行应将中长期贷款的账面价值1 620 000元与重组后贷款的公允价值1 000 000元之间的差额620 000元计入营业外支出。

②2006年12月31日收取利息时：

借:银行存款　　(1 000 000×6%)60 000

　贷:利息收入　　60 000

③假设A企业从债务重组后第二年起出现盈利，则银行在此后的两年里，每年应收利息为90 000(1 000 000×9%)元。则2007年12月31日收取利息时：

借:银行存款　　90 000

　贷:利息收入　　(1 000 000×9%)90 000

2008年12月31日收取中长期贷款本息时：

借:银行存款　　1 090 000

　贷:中长期贷款——债务重组　　1 000 000

　　利息收入　　90 000

④假设A企业从债务重组后第二年起没有盈利，则2007年12月31日收取的利息为60 000(1 000 000×6%)元：

借:银行存款　　60 000

　贷:利息收入　　60 000

2008年12月31日收取本息时：

借:银行存款　　1 060 000

贷：中长期贷款——债务重组　　1 000 000
　　利息收入　　60 000

（四）以混合重组方式清偿债务

企业在进行债务重组时，除了按以上三种方式进行外，还可将以上三种方式组合起来进行。组合清偿债务的情况主要有以下五种：

1. 债务人以现金、非现金资产方式组合清偿某项债务。债务人以低于债务账面价值的现金、非现金资产方式的组合清偿某项债务时，债务人应首先以支付的现金冲减重组应付债务的账面价值，然后按债务人以非现金资产清偿某项应付债务的原则进行会计处理。即债务人应将重组债务的账面价值与支付的现金、转让的非现金资产的公允价值之间的差额作为债务重组利得，而非现金资产的公允价值与其账面价值的差额则作为转让资产的损益。债权人应首先以收到的现金冲减重组应收债权的账面价值，然后按债权人以非现金资产清偿某项应收债权的原则进行会计处理，即债权人应将重组债权的账面价值与收到的现金、受让的非现金资产的公允价值，以及已提坏账准备之间的差额作为债务重组损失。

2. 债务人以现金、将债务转为资本两种方式的组合清偿某项债务。债务人以现金、将债务转为资本两种方式的组合清偿某项债务时，债务人应首先以支付的现金冲减重组应付债务的账面价值，然后按债务转为资本清偿某项应付债务的原则进行会计处理。即债务人应将重组债务的账面价值与支付的现金、债权人因放弃债权而享有的股权的公允价值之间的差额作为债务重组利得。而股权的公允价值与股本（或实收资本）之间的差额则作为资本公积。债权人应首先以收到的现金冲减重组应收债权的账面价值，然后按债权人以债务转为资本清偿某项应收债权的原则进行会计处理，即将重组债权的账面余额与因放弃债权而享有的公允价值，以及已提坏账准备之间的差额，作为债务重组损失。

3. 债务人以非现金资产、将债务转为资本两种方式的组合清偿某项债务。债务人以非现金资产、将债务转为资本两种方式的组合清偿某项债务时，债务人应首先以非现金资产的公允价值冲减应付债务的账面价值，然后按前述以债务转为资本偿还债务的原则进行会计处理；即将重组债务的账面价值与转让的非现金资产的公允价值、债权人因放弃债权而享有的股权的公允价值之间的差额作为债务重组利得，非现金资产的公允价值与账面价值的差额作为转让资产损益，股权的公允价值与股本（或实收资本）的差额作为资本公积。债权人应将重组债权的账面价值与受让的非现金资产的公允价值、因放弃债权而享有的股权的公允价值，以及已计提坏账准备之间的差额作为债务重组损失。

4. 债务人以现金、非现金资产、债务转为资本方式的组合清偿某项债务。债务人采用以低于债务账面价值的现金、非现金资产、债务转为资本方式的组合清偿某项债务时，债务人应首先以支付的现金、转让的非现金资产的公允价值冲减应付债务的账面价值，然后按前述以债务转为资本偿还债务的原则进行会计处理。即应将重组债务的账面价值与支付的现金、转让的非现金资产的公允价值、债权人因放弃债权而享有股权的公允价值的差额作为债务重组利得；非现金资产的公允价值与其账面价值的差额作为转让资产损益；股权的公允价值与股本（或实收资本）的差额作为资本公积。债权人应首先以收到的现金冲减重组应收债权的账面价值，然后再分别按受让的非现金资产和股权的公允价值确定非现金资产、股权的入账价值。如果债权人涉及多项非现金资产或多项股权，则应分别按各项非现金资产或各项股权的公允价值与其公允价值总额的比例分配确定各项非现金资产或各项股权的入账价值。在这种混合重组方式下，债权人应将重组债权的账面价值与收到的现金、受让的非现金资产的公允价值、因放弃债权而享有的股权的公允价值，以及已提坏账准备的差额作为债务重组损失。

5. 债务人以现金、非现金资产、债务转为资本方式的组合清偿债务的一部分，并对该项债务的另一部分以修改其他债务条件进行债务重组。债务人采用以低于债务账面价值的现金、非现金资产、债务转为资本方式的组合清偿某项应付债务的一部分，并对该项应付债务的另一部分以修改其他债务条件进行债务重组时，债务人首先应以支付的现金、转让的非现金资产的公允价值、债权人因放弃债权而享有的股权的公允价值冲减重组应付债务的账面价值。对于修改后的债务条款涉及或有应付金额，且该或有应付金额符合预计负债的条件的，则债务人应将该或有应付金额确认为预计负债；将重组债务的账面价值与重组后债务的入账价值和预计负债金额之和的差额，确认为债务重组利得，计入营业外收入。对债权人来说，债权人首先应以收到的现金、受让的非现金资产的公允价值、享有股权的公允价值价值，冲减应收债权的账面价值，然后将其余额与将来应收金额进行比较，然后计算债务重组损失。如果债权人已对该债权计提了坏账准备，则应当先将该差额冲减坏账准备，冲减后尚有余额的，再确认为债务重组损失，计入营业外支出。

需要注意的是，企业以上述五种组合方式进行债务重组时，均应按偿债顺序进行会计处理。其偿债顺序应按以下原则考虑：以资产清偿债务排列在最前，以修改其他债务条件清偿债务排列在最后。在以资产清偿债务时，还应按以现金清偿、以非现金资产清偿债务的顺序进行。

下面举例说明以组合方式进行债务重组的会计处理。

【例 11－8】 B 企业 2006 年 6 月 30 日销售给 A 企业一批材料，价值 3 510 000 元（包括应收取的增值税）；A 企业于同年 6 月 30 日开出期限为 6 个月、票面利率为 10%

的商业承兑汇票，抵充购买材料的价款。在该票据到期日，A 企业未按期兑付该票据，B 企业将该应收票据按到期价值转入应收账款，不再计提利息。2006 年 12 月 31 日，A 企业与 B 企业协商进行债务重组，达成如下债务重组协议：①A 企业支付银行存款 100 000元。②A 企业以一台设备偿还部分债务。该设备账面原价 525 000 元，已提折旧 75 000 元。该设备的公允价值为 550 000 元（假设转让该设备不需要交纳增值税）。③A 企业将其部分债务转为股本 600 000 股，每股面值为 1 元，每股市价 2.50 元。④B 企业同意减免 A 企业所负全部债务扣除实物抵债后剩余债务的 30%，其余债务的偿还期延至 2007 年 6 月 30 日。假设 B 企业未对该项应收账款计提坏账准备，债务重组交易没有发生任何相关税费。

分析：(1) 债务人（A 企业）的会计处理。其会计分录为：

借：固定资产清理　　450 000
　累计折旧　　75 000
　贷：固定资产　　525 000

借：应付账款　　[3 510 000 × (1 + 10% ÷ 2)] 3 685 500
　贷：银行存款　　100 000
　　固定资产清理　　550 000
　　股本　　600 000
　　应付账款——债务重组　　1 074 850
　　　[(3 685 500 − 100 000 − 550 000 − 1 500 000) × 70%]
　　资本公积——股本溢价　　[600 000 × (2.5 − 1)] 900 000
　　营业外收入——债务重组利得　　460 650

借：固定资产清理　　100 000
　贷：营业外收入——处置固定资产利得　　100 000

(2) 债权人（B 企业）的会计处理。其会计分录为：

借：银行存款　　100 000
　应收账款——债务重组　　1 074 850
　　[(3 685 500 − 100 000 − 550 000 − 1 500 000) × 70%]
　长期股权投资　　(600 000 × 2.5) 1 500 000
　固定资产　　550 000
　营业外支出——债务重组损失　　460 650
　贷：应收账款　　3 685 500

第二节 破产清算

一、破产的含义、特征及原因

企业破产是市场经济条件下的一种客观经济现象，是债务人不能清偿到期债务或资不抵债的客观事实。从法律意义上讲，它是指企业在市场竞争中，由于各种原因不能清偿到期债务，通过重整、和解或者破产清算等法律程序，使得债权债务关系依据重整计划或者和解协议得以调整，或者通过变卖债务人财产，使得债权人公平受偿。

破产的基本特征表现为：①债务人丧失了偿债能力；②破产是一种由法律严格规范的经济状态；③破产的宗旨是为了保护全体债权人的合法权益，在债权人之间公平履行其债务；④破产是一种特殊的偿债手段，它是以全部资产作为偿债基础，是一次性偿债；⑤破产是一种特定的法律程序，它是在法院主持下按照法定的程序进行的。

破产原因就是指破产界限，即达到什么情况可以破产。在我国新颁布的企业破产法中明确规定企业破产的原因是，企业法人不能清偿到期债务，并且资产不足以清偿全部债务或者明显缺乏清偿能力。

需要指出的是，将债务人不能清偿到期债务作为破产的一般原因，并不意味着凡是符合该原因的企业都必须实行破产清算。债权人申请对债务人进行破产清算的，在人民法院受理破产申请后、宣告债务人破产前，债务人可以向人民法院申请和解，债务人和债权人可以向人民法院申请重整。因此，宣告企业破产必须符合破产法规定的破产界限，但是，并不是所有达到破产界限的企业均应被宣告破产。

二、企业破产的程序

企业破产法为使债权人获得公平清偿而对企业破产规定了三种特别程序，即重整、和解、破产清算程序。

（一）重整

重整是指对无偿付能力的债务人的财产不需立即进行清算，而是在人民法院的主持下由债务人与债权人达成协议，制订重整计划，规定在一定的期限内，债务人按一定的方式全部或部分地清偿债务，同时债务人可以继续经营其业务的制度。重视重整制度是国际上破产法发展的重要趋势，各国破产法都十分详细地规定了重整制度。重整的目的是促进债务人复兴。

对于符合我国破产法规定的破产原因的债务企业,可由债务人或者债权人直接向人民法院申请进行重整。债权人申请对债务人进行破产清算的,在人民法院受理破产申请后、宣告债务人破产前,债务人或者出资额占债务人注册资本 1/10 以上的出资人,都可以向人民法院申请重整。人民法院经审查认为重整申请符合破产法规定的,应当裁定债务人重整,并予以公告。在重整期间,经债务人申请,人民法院批准,债务企业的财产和营业事务,可以在管理人的监督下自行管理财产和营业,也可以由管理人负责管理。这里需要说明的是:管理人可由有关部门或机构人员组成的清算组或者依法设立的律师事务所、会计师事务所、破产清算事务所等社会中介机构担任。人民法院根据债务人的实际情况,可以在征询有关社会中介机构的意见后,指定该机构具备相关专业知识并取得执业资格的人员担任管理人。

无论债务人自行管理财产和营业事务,还是由管理人负责管理财产和营业事务,都要制订重整计划草案;但前者由债务人制定,后者则由管理人制定。重整计划草案的内容包括债务人的经营方案、债权分类、债权调整方案、债权受偿方案、重整计划的执行期限和监督期限以及有利于债务人重整的其他方案。人民法院在收到重整计划草案后,在债权人会议各表决组及股东组以法定多数通过重整计划的情况下,经法院批准,对所有当事人均具有法律效力。如果未获全部表决组通过(但至少有一组通过),但重整计划草案符合法定条件时,债务人或者管理人可以申请人民法院予以批准重整计划,因此重整程序具有强制性。

(二)和解和整顿

破产和解就是指破产程序开始后,具备破产原因的债务人,为了避免受破产宣告或者破产分配,经过与债权人磋商谈判,达成以某种形式的让步方法解决债务危机的协议,经法院认可后协议生效的法律程序。和解是中止破产程序的制度。债务企业要进行破产和解,首先得由其上级主管部门提出整顿申请,整顿申请提出后,企业提出和解申请,并拟订和解协议草案,经债权人会议讨论通过,经法院审查认可后,破产程序中止,整顿程序随即开始。如果和解协议草案经债权人会议表决未获得通过,或者已经债权人会议通过但未获得人民法院认可,则人民法院应当裁定终止和解程序,并宣告债务人破产。

(三)破产清算

破产清算是指当债权人或债务人向法院提出破产申请,在法官的主持下,立即终止债务人企业的业务,并迅速变卖其资产,收缴其债权,对债权人的要求列出清单并予以估算,然后按破产程序公平分配破产财产或变卖收益。

根据新破产法规定,企业不能清偿到期债务,债权人可向法院申请企业破产;企业因资不抵债,可主动向法院申请破产;企业法人已解散但未清算或者未清算完毕,资产不足以清偿债务的,其依法负有清算责任的人也可向法院申请破产清算。以上三种情形经法院同意受理后,可启动如下破产程序:

1. 破产宣告。破产宣告是指法院依据当事人的申请或法定职权裁定宣布债务人破产以清偿债务的活动。企业破产法中还规定:"破产宣告前,有下列情形之一的,人民法院应当裁定终结破产程序,并予以公告:(1)第三人为债务人提供足额担保或者为债务人清偿全部到期债务的;(2)债务人已清偿全部到期债务的。"另外,"人民法院受理破产申请后,债务人与全体债权人就债权债务的处理自行达成协议的,可以请求人民法院裁定认可,并终结破产程序"。

2. 破产财产的变价和分配。管理人应当及时对破产财产拟订变价方案,提交债权人会议讨论,讨论通过后,管理人应当适时变价出售破产财产。变价出售破产财产应当通过拍卖进行,但是债权人会议另有决议的除外。破产企业可以将其全部或者部分财产变价出售,其中无形资产可与其他财产分开单独变价出售。

需要注意的是:①按照国家规定不能拍卖或者限制转让的财产,应当按照国家规定的方式处理。②破产财产的分配应当以货币分配方式进行。但是,债权人会议另有决议的除外。③对破产财产的分配要求管理人及时拟订破产财产分配方案,提交债权人会议讨论。

破产财产分配方案的内容有:①参加破产财产分配的债权人名称或者姓名、住所;②参加破产财产分配的债权额;③可供分配的破产财产数额;④破产财产分配的顺序、比例及数额;⑤实施破产财产分配的方法。破产财产分配方案需经债权人会议通过,由管理人提请人民法院裁定认可。人民法院裁定认可后,由管理人执行。管理人按照破产财产分配方案实施多次分配的,应当公告本次分配的财产额和债权额。管理人实施最后分配的,应当在公告中指明,并载明法律规定的事项。对债权人留有明确姓名或名称、地址、银行账户,无须债权人的受领行为即可交付的,管理人应当直接将破产财产分配额交付债权人。无法直接交付的债权人未受领的破产财产分配额,管理人应当提存。债权人自最后分配公告之日起满两个月仍不领取的,应视为放弃受领分配的权利,管理人或者人民法院应当将提存的分配额分配给其他债权人。

对于附生效条件或者解除条件的债权,管理人应当将其分配额提存。在最后分配公告日,生效条件未成就或者解除条件成就的,提存的分配额应当分配给其他债权人;在最后分配公告日,生效条件成就或者解除条件未成就的,提存的分配额应当交付给债权人。

破产财产分配时,对于诉讼或者仲裁未决的债权,管理人应当将其分配额提存。自破产程序终结之日起满两年仍不能受领分配的,人民法院应当将提存的分配额分配给其他债权人。

3. 破产程序的终结。破产程序的终结是指因债务人的破产财产不足以支付破产费用而终结;或因破产财产分配完毕而终结。管理人应当自破产程序终结之日起 10 日内,持人民法院终结破产程序的裁定,向破产人的原登记机关办理注销登记。

4. 追加分配。在破产程序因债务人财产不足以支付破产费用而终结,或者因破产人无财产可供分配或破产财产分配完毕而终结时,自终结之日起两年内,有下列情形之一的,债权人可以请求人民法院按照破产财产分配方案进行追加分配:

(1) 发现在破产案件中有可撤销行为、无效行为或者债务人的董事、监事和高级管理人员利用职权从企业获取非正常收入和侵占企业财产的情况,应当追回财产的;

(2) 发现破产人有应当供分配的其他财产的。

需要注意的是:有上述情形,但财产数量不足以支付分配费用的,不再进行追加分配,而由人民法院将其上交国库。

三、破产清算会计的特点

破产清算会计属于财务会计的一个分支,它既与常规财务会计存在密切的联系,又与常规财务会计有许多不同之处。

(一) 破产清算会计的目标

企业进入破产状态后,破产过程主要涉及债务人、债权人及管理人,其中管理人应履行的职责有:①接管债务人的财产、印章和账簿、文书等资料;②调查债务人财产状况,制作财产状况报告;③决定债务人的内部管理事务;④决定债务人的日常开支和其他必要开支;⑤在第一次债权人会议召开之前,决定继续或者停止债务人的营业;⑥管理和处分债务人的财产;⑦代表债务人参加诉讼、仲裁或者其他法律程序;⑧提议召开债权人会议;⑨人民法院认为管理人应当履行的其他职责。

破产清算会计信息使用者主要是债务人、债权人及管理人、法院和政府有关部门;因此,破产清算会计的目标主要是及时、客观地向债权人、人民法院、管理人及其他信息使用者提供破产企业资产变现、破产债权偿付等破产会计信息,监督破产程序实施的合法性、有效性和公平性,维护债权人的合法权益。

(二) 破产清算会计假设

企业进入破产程序后,传统意义上的会计假设受到很大的冲击。因此,根据破产清算的特点,建立破产清算会计的基本假设就显得非常必要了。

1. 破产主体假设。企业被宣告破产,其法人主体资格便随之消失,由管理人行使破产企业法人主体职权,对外进行民事活动,对内负责破产财产的保管、清理、估价、处理和分配等。为正确反映清算过程和结果,维护债权人的利益,向人民法院负责的管理人便控制了破产企业,从而代替了破产前的原会计主体,担当起破产企业会计主体的角色。

2. 中止经营假设。持续经营假设是以企业持续、正常的经营活动为前提进行会计核算的,在这一假设的基础上,产生了一系列的会计处理方法。但是,当企业破产后,建立在持续经营假设基础上一些公认的会计处理程序和方法便不复存在。企业破产后,其生产经营活动必然中止。因此,破产清算会计应建立中止经营假设。在这一假设的基础上,破产企业应采用一系列与持续经营假设下不同的会计处理程序和方法、不同的计量以及报告形式,依此进行资产的估价、变现和债务的偿还等。

3. 不确定期间假设。企业进入破产程序后,在中止经营假设的基础上,破产企业已无分期核算经营成果、分期编制财务会计报告的必要。自企业被宣告破产之日至破产程序终结,此期间为破产会计期间,这一会计期间存在不确定性,其破产会计核算是一次性的,不存在持续性和周期性的核算,因此持续经营假设下确定的会计分期也不再适用。

(三)破产清算会计核算原则

根据上述破产企业会计的特点,破产会计核算原则应符合可靠性、及时性、明晰性、重要性等会计原则的要求,这些会计核算的一般原则要求与持续经营假设下会计核算的一般原则要求相同。由于破产企业的会计假设、记账基础都发生了变化,其历史成本计量属性、权责发生制基础等也受到了冲击,表现在以下几个方面:

其一,企业进入破产状态后,在中止经营的前提下,以历史成本计价的资产的账面价值对破产企业债务的偿付已没有任何意义,必须根据破产企业的特点,选择其他计价基础。在破产清算会计中,资产的价值更注重可变现价值。

其二,由于企业持续经营假设失去了存在的基础,其会计分期也不再适用,建立在这些基础上的权责发生制必然受到冲击。

其三,在企业进入破产状态后,由于持续经营假设和会计分期假设受到冲击,企业没有必要分期考核经营成果,在这种情况下配比原则也失去了存在的意义。因为对破产企业来说,核算清算期结束后的最终清算损益是完全必要的。

为规范破产会计行为,维护债权人、债务人及投资人的合法权益,保证破产清算会计核算的质量,在破产企业会计核算中又形成了下列特有的原则:

1. 合法性原则。破产企业应按破产法等相关的法律规定组织破产会计核算,合法处置其破产财产。

2. 公正性原则。为维护债权人、债务人和投资人的合法权益,要求破产企业不偏不倚地反映破产状况，正确处理经济问题，合理分配破产财产。

3. 收付实现制原则。破产企业适用的中止经营假设决定了破产企业必须以收付实现制原则确认清算期间的收入和费用。

4. 可变现净值原则。为了最大限度地保护债权人的利益，并兼顾债务人的利益，对破产企业的全部财产不论其账面价值是多少，一律按可变现净值进行重新计价。对其他预付费用（原待摊费用）等不具备偿债条件的财产应一次转化为费用，根据变现后破产财产的数额偿付债务。

5. 划分破产费用与非破产费用原则。企业破产清算过程中，人民法院受理破产申请后会发生破产案件的诉讼费用，管理、变价和分配债务人财产的费用，管理人执行职务的费用、报酬和聘用工作人员的费用。由于这些费用的支付直接关系到债权人的切身利益，因此，应正确划分破产费用和非破产费用的界限，将为破产债权人的共同利益而支付的费用列入破产费用，在破产财产中支付；将债权人为个人利益而支付的费用，列作非破产费用。

6. 对等偿债原则。在破产清算会计中，为充分维护不同债权人的合法权益，应根据破产法的有关规定，正确区分诸如担保债务、抵销债务、优先偿付债务、破产债务等各种不同性质的债务，并分别按其债务与相应资产的对等关系，按照一定的顺序偿付各种债务。

（四）破产清算会计在其资产、负债计量上的特点

企业在破产清算的情况下，持续经营假设已被终止经营假设替代。为了将破产财产变现以实现其清算目的，对破产企业的资产，不仅要反映其账面价值，而且更重要的还要反映其资产的现时价值，即预计可变现价值。同样道理，对破产企业的负债，除了反映其账面价值外，还要反映其重新确认的价值以及偿还的数额等。因此，在破产清算会计中，对企业资产、负债的计量基础和计量方法等不同于常规财务会计。

（五）破产清算会计财务报告的特点

破产清算会计财务报告的主要目标是反映破产财产的处理情况以及债务的清偿情况。为此，管理人应当编制清算资产负债表、清算损益表、债务清偿表等。这些报表不同于常规财务会计报表。下面以清算资产负债表为例进行说明。

清算资产负债表是按资产、债务及清算净损益设置专栏，既要反映资产、债务等账面金额，又要反映资产的“预计可实现净值”和债务的“确认数”；同时，在其报表的栏目上，资产应按“用做担保的资产”和“普通资产”分设专行设置项目，债务应按“有担保的债务”和“普通债务”分设专行设置项目。清算资产负债表的权益部分，是按“清算净收益”反映的。由此可以看出，清算资产负债表与常规财务会计的资产负债

表的要求有很大不同。破产企业的清算财务报表,主要是为受理破产案件的人民法院以及主管财政机关、国有资产管理部门和债权人及投资者等提供所需要的信息资料。从这一点来看,破产企业清算财务报表的使用者也不同于常规财务会计的财务报告使用者。

四、破产企业的会计处理

前已述及,破产企业进入破产清算阶段,从法院宣告企业破产到管理人进驻接管企业以前这一时期,其会计主体仍是破产企业。在这一时期,破产企业的主要工作有:

第一,破产企业要做好财产及债权、债务等的全面清查工作。这些清查工作应在管理人的指导下,由破产企业组织进行。破产企业在清查核实其流动资产、可供出售金融资产、持有至到期投资、长期股权投资、固定资产、无形资产等各项资产、各项财产损失以及债权和债务的同时,还应对企业的会计文书、档案等进行查证、核对。

第二,破产企业在财产清查的基础上,应进行有关的会计处理,编制相应的财务报告,主要包括:①计算完工产品和在产品成本;②结转各项损益类账户和利润分配等,并进行相应的会计处理;③编制作为会计主体的企业在宣告破产日的科目余额表、资产负债表和自年初起至破产日的利润表。

第三,当破产企业被管理人接管以后,作为破产企业应按规定及时向管理人办理各种会计档案、文书等的移交手续。需要说明的是,企业的各种档案、文件、合同、规章制度、债权债务证明、账册、报表以及企业的各种印章等,在移交管理人以前,破产企业须妥善保管。

五、管理人的会计处理

管理人接管破产清算的企业之后,会计主体便由管理人取代了被清算企业。管理人应对被清算企业的财产进行处置,对债务进行清偿,并在此基础上进行相应的会计处理。下面以清算组作为管理人为例,说明其会计处理。

(一)新账簿体系的建立

清算组为全面反映破产清算企业在清算期间的财务活动,应设置一套新的账户,同时应正确处理新账户与原账户之间的结转和衔接,以及在清算结束时账户本身的结转。新设置的账户及核算内容主要有:

1.资产类账户。管理人应设置的资产类账户主要有:“库存现金”、“银行存款”、“交易性金融资产”、“应收票据”、“应收款”、“材料”、“自制半成品”、“库存商品”、“投资”、“固定资产”、“在建工程”、“无形资产”等。在上述资产类账户中,“库存现金”、

“应收票据”、“在建工程”和“无形资产”账户的核算内容与原企业相应账户的核算内容基本一致,其他账户则与原企业账户的设置和核算内容不同。有的账户是根据原企业所用的核算内容相近的有关账户合并后设置的,如“银行存款”账户是根据原企业“银行存款”账户和“其他货币资金”账户所属的明细账户“外埠存款”、“银行汇票”、“银行本票”、“信用证保证金”、“信用卡”、“存出投资款”合并设置的;“应收款”账户,是核算被清算企业除应收票据以外的各种应收款项;“材料”账户是根据原企业“材料采购”、“原材料”、“周转材料——包装物”、“周转材料——低值易耗品”、“材料成本差异”、“委托加工物资”等账户合并后设置的;“投资”账户是根据原企业“持有至到期投资”账户和“长期股权投资”账户合并后设置的。其他账户中还有的是根据原企业某些账户及其备抵账户合并后设置的,如“固定资产”账户是根据原企业“固定资产”账户、“累计折旧”账户、“固定资产减值准备”账户合并后设置的。

2. 负债类账户。管理人应设置的负债类账户主要有:“借款”、“应付票据”、“其他应付款”、“应付工职工薪酬”、“应交税费”、“应付利润”、“应付债券”等。在上述负债类账户中,“应付票据”、“应付职工薪酬”、“应付利润”、“应付债券”账户与原企业相应账户的核算内容应一致,而“借款”、“其他应付款”账户与原企业相应账户的设置和核算内容有较大差别。其中,“借款”账户是根据原企业“短期借款”账户和“长期借款”账户合并后设置的,“其他应付款”账户是核算被清算企业需要偿付的除应付票据以外的各种款项。

3. 清算损益类账户。管理人为反映被清算企业在清算过程中的财务状况、清算损益,应设置“清算费用”、“土地转让收益”和“清算损益”三个账户。

(1)“清算费用”账户,核算的是被清算企业在清算期间发生的各项费用。该账户的借方登记被清算企业支付的各种破产费用,贷方登记清算终结时应计入清算损益的清算费用数额。该账户应按清算费用的费用项目设置明细账,进行明细核算。

(2)“土地转让收益”账户,核算的是被清算企业转让土地使用权取得的收入,以及以土地使用权转让所得支付的职工安置费等。该账户的贷方登记被清算企业转让土地使用权取得的收入;借方登记从土地使用权转让所得中支付的职工安置费等有关费用,以及转让土地使用权时发生的成本、税费等;清算终结时,应将转让土地使用权的净收益转入清算损益。

(3)“清算损益”账户,核算的是被清算企业在破产清算期间处置资产、确认债务等发生的损益,以及被清算企业的所有者权益。该账户的贷方登记:①被清算企业在清算期间因处置资产、确认债务而发生的收益;②从被清算企业原“实收资本”、“资本公积”、“盈余公积”等所有者权益类账户转入的余额;③结转“土地转让收益”账户及有关负债类账户的余额。该账户的借方登记:①被清算企业在清算期间因处置资产或确认债务而发生的损失;②从被清算企业原"利润分配——未分配利润"账户转入的数额;③结转"清算费用"账户及有关资产类账户的余额。

(二)清算开始日期初账户余额的结转

清算组在清算开始日应根据破产企业向其提供的科目余额表,将原账户的余额转入新设置的相应账户中,并编制新的科目余额表。由于新账户在其核算范围上有的与原账户基本一致,有的与原账户存在一定的差异,因此有必要分别介绍有关账户余额的结转方法。

1. 将某一个原账户的余额直接转入新设置的相同账户。清算组应将原账户中"库存现金"、"应收票据"、"在建工程"、"无形资产"、"应付票据"、"应付职工薪酬"、"应付利润"、"应付债券"等账户的余额,直接转入新设置的相同账户中。

2. 将若干个原账户的余额间接转入新设置的有关账户。在资产类账户中,应将原"银行存款"账户的余额和"其他货币资金"账户所属的"外埠存款"、"银行汇票"、"银行本票"、"信用证保证金"、"信用卡"、"存出投资款"等明细账户的余额转入新设置的"银行存款"账户;将原"应收账款"、"应付账款"、"预付账款"、"预收账款"各所属明细账户的借方余额和"其他应收款"账户的余额,转入新设置的"应收款"账户;将原"材料采购"、"原材料"、"周转材料——包装物"、"周转材料——低值易耗品"、"材料成本差异"、"委托加工物资"等材料类账户的余额转入新设置的"材料"账户;将原"自制半成品"、"生产成本"、"制造费用"账户的余额转入新设置的"半成品"账户;将原"库存商品"、"发出商品"等产品类账户的余额转入新设置的"库存商品"账户;将原"持有至到期投资"和"长期股权投资"账户的余额转入新设置的"投资"账户;将原"固定资产"账户余额与"累计折旧"、"固定资产减值准备"账户余额的差额转入新设置的"固定资产"账户。

在负债类账户中,应将原"短期借款"和"长期借款"账户的余额转入新设置的"借款"账户;将原"应付账款"、"预付账款"、"预收账款"、"应收账款"账户所属明细账户的贷方余额和"其他应付款"、"长期应付款"、"专项应付款"账户的余额转入新设置的"其他应付款"账户。

在清算损益类账户中,应将原"实收资本"、"资本公积"、"盈余公积"、"利润分配"、"资产减值损失"、"其他预付费用"(待摊费用)、"其他预收费用"(预提费用)、"递延所得税资产"、"递延所得税负债"账户的余额结转记入新设置的"清算损益"账户。

(三)清算过程中主要会计事项的账务处理

1. 处理破产财产。破产财产不仅包括破产案件受理时属于债务人的全部财产,也包括破产案件受理后至破产程序终结前债务人取得的财产。破产案件受理时属于债务人的全部财产是指债务人在破产宣告时所有的或者经营管理的全部财产。债务人财产具体由以下四个部分构成：

其一，宣告破产时破产企业所有或者经营管理的全部财产，包括各种流动资产、持有至到期投资、长期股权投资、固定资产、无形资产和财产权益等。

其二，破产案件受理时，破产企业仍实际占有的财产。

其三，设定了担保权益或优先权的财产。新破产法中，已作担保物的财产仍然属于债务人财产，具体包括抵押物、留置物、出质物，担保物灭失后产生的保险金、补偿金、赔偿金等代位物以及依照法律规定存在优先权的财产。

其四，应当由破产企业行使的财产权利。这种财产权利主要有：①应当由债务人企业行使的物权。如债务人与他人共有的物、债权、知识产权等财产或者财产权，及进行分割确认所获得的财产。另外，在破产案件受理前受让他人财产并依法取得所有权或者土地使用权，包括未支付或者未完全支付对价的部分。②应当由债务人企业行使的债权。其包括因合同产生的债权、因侵权行为产生的损害赔偿请求权等。③应当由债务人企业行使的证券权利。破产宣告前，债务人企业因取得票据、债券、股票等有价证券，而享有的这些有价证券所代表的财产权利。④应当由债务人企业所有的知识产权。知识产权一般包括工业产权和版权两部分。由于这两部分财产的价值在债务人财产中有时占有相当大的比例，因此，在确定债务人企业的财产时，要对债务人企业的知识产权进行评估和变卖，以使其转换成有形财产。⑤债务人企业享有的股东出资缴纳请求权。法人被宣告破产时，不论其成员或股东的出资期限是否已到期，凡承诺缴纳出资的法人成员或股东，只要其尚未完全向债务人企业全额缴纳出资的，均应当缴纳；债务人企业同时享有要求缴纳出资的请求权。⑥其他财产权利。这是指债务人企业享有的除上述以外的其他任何财产权利。

破产案件受理后至破产程序终结前，债务人取得的财产包括：因破产企业债务人的清偿和财产持有人的交还而取得的财产；因未履行合同的继续履行而取得的财产；由破产企业享有的投资权益所产生的收益；破产财产取得的利息或转让所得，例如房屋出租取得的收入，银行存款、有价证券带来的收益以及破产财产转让价值超过其账面净值的差额部分等收益。

需要注意的是：①人民法院受理破产申请前一年内，对于债务人无偿转让财产、以明显不合理的价格进行交易、对没有财产担保的债务提供财产担保、对未到期的债务提前清偿和放弃债权的行为，管理人有权请求人民法院予以撤销。如果因这些行为而取得债务人的财产，则管理人有权追回，并将其列入破产财产。②人民法院受理破产申请前六个月内，债务人已不能清偿到期债务，并且资产不足以清偿全部债务或者明显缺乏清偿能力,但仍对个别债权人进行清偿的,管理人有权请求人民法院予以撤销。③涉及债务人为逃避债务而隐匿、转移财产,虚构债务或者承认不真实的债务的行为,应视为无效。④人民法院受理破产申请后,债务人的出资人尚未完全履行出资义务的,管理人应当要求该出资人缴纳所认缴的出资,而不受出资期限的限制。⑤债务人的董事、监事和高级管理人员利用职权从企业获取的非正常收入和侵占的企业财产,管理人应当追回。⑥人民法院受理破产申请后,管理人可以通过清偿债务或者提供为债权人接受的担保,取回质物、留置物;但当质物或者留置物的价值低于被担保的债权额时,需以该质物或者留置物当时的市场价值为限。

对于被界定的破产财产,应采用拍卖、协议等处置变现方式,同时对其进行账务处理。其账务处理的主要内容包括:收回应收账款等债权,变卖材料、产成品等存货,处置固定资产、在建工程及转让无形资产,转让持有至到期投资、长期股权投资等。这些破产财产在处理时还涉及相关税费的计缴,清算终结时,还应结转其清算损益。其会计处理分别介绍如下:

(1)收回应收账款等债权。当破产企业收到原来有关的债务人以现金、银行存款等方式交来的应收款,或以原材料、产成品等实物资产抵顶其应收款等债权时,应按实际收回的金额或预计可变现金额,借记“银行存款”、“库存商品”等账户;按应收金额与实收金额或预计可变现金额之间的差额,借记(或贷记)“清算损益”账户;按应收金额,贷记“应收款”、“应收票据”等账户。对于不能收回的应收款项,按核销的金额,借记“清算损益”账户,贷记“应收款”等账户。

(2)变卖材料、产成品等存货。变卖材料、产成品等存货时,应按实际变卖收入和收取的增值税额,借记“银行存款”等账户;按实际账面价值和变卖收入的差额,借记(或贷记)“清算损益”账户;按账面价值,贷记“材料”、“库存商品”等账户;按收取的增值税额,贷记“应交税费——应交增值税(销项税额)”账户(一般纳税企业),或贷记“应交税费——应交增值税”账户(小规模纳税企业)。需要说明的是,处置、销售产品等应缴纳消费税或营业税时,应借记“清算损益”账户,贷记“应交税费——应交消费税”账户,或贷记“应交税费——应交营业税”账户。对于按缴纳的增值税、消费税、营业税计算应缴的城市维护建设税和教育费附加,则应借记“清算损益”账户,贷记“应交税费——应交城市维护建设税”、“应交税费——应交教育费附加”账户。

(3)处置固定资产、在建工程及转让无形资产。变卖固定资产、在建工程及转让无形资产时,应按实际变卖收入,借记“银行存款”等账户;按实际账面价值和变卖收入的差额,借记(或贷记)“清算损益”账户;按账面价值,贷记“固定资产”、“在建工程”、“无形资产”等账户。对转让相关资产应缴纳的有关税费,应借记“清算损益”账户,贷记“应交税费”等账户。

(4)转让持有至到期投资和长期股权投资。转让企业原来的持有至到期投资和长期股权投资时,应按实际取得的转让收入,借记“银行存款”等账户;按“持有至到期投资”或“长期股权投资”的账面价值与转让收入的差额,借记(或贷记)“清算损益”账户;按“持有至到期投资”或“长期股权投资”的账面价值,贷记“投资”账户。对于破产企业在破产清算期间分回的投资收益,应按实际取得的款项金额,借记“银行存款”等账户,贷记“清算损益”账户;如果原已将应分回的“持有至到期投资”或“长期股权投资”记录在“投资收益”账户,则在实际分回投资收益时,直接冲减其“持有至到期投资”或“长期股权投资”,即应借记“银行存款”等账户,贷记“持有至到期投资”或“长期股权投资”账户。需要说明的是,管理人在清算期间处理破产财产时,如果取得的是其他业务收入,则应按其实际收入金额,借记“银行存款”等账户,贷记“清算损益”账户;对于发生的税金等支出,则应借记“清算损益”账户,贷记“应交税费”等账户。

(5)结转清算损益。清算终结时,应将上述各项资产予以核销,并转入清算损益,即借记“清算损益”账户,贷记“材料”、“库存商品”、“无形资产”、“持有至到期投资”或“长期股权投资”等账户。

2. 支付破产费用和偿付共益债务。所谓破产费用,是指破产过程中,为保障破产程序(包括重整、和解、破产清算)的顺利进行而支付的费用。主要包括:破产案件的诉讼费用;管理、变价和分配债务人财产的费用;管理人执行职务的费用、报酬和聘用工作人员的费用。所谓共益债务,是指为维护破产利害关系人的共同利益,以破产财产为基础所形成的债务。共益债务包括以下六项内容:因管理人或者债务人请求对方当事人履行双方均未履行完毕的合同所产生的债务;债务人财产受无因管理所产生的债务;因债务人不当得利所产生的债务;为债务人继续营业而应支付的劳动报酬和社会保险费用以及由此产生的其他债务;管理人或者相关人员执行职务致人损害所产生的债务;债务人财产致人损害所产生的债务。破产费用和共益债务由债务人财产随时清偿。当债务人财产不足以清偿所有破产费用和共益债务的,应先行清偿破产费用;当债务人财产不足以清偿所有破产费用或者共益债务的,应按照比例清偿;当债务人财产不足以清偿破产费用的,管理人应当提请人民法院终结破产程序。

需要注意的是:破产费用和共益债务的清偿顺序。破产费用和共益债务都属于优先清偿的部分,但在两者之间,清偿顺序也有先后,即破产费用优先于共益债务。

上述破产费用和共益债务支付时,应按实际发生额,借记“清算费用”账户,贷记“现金”、“银行存款”等账户;清算终结时,应将清算费用转入清算损益,即借记“清算损益”账户,贷记“清算费用”账户。

3. 转让土地使用权、支付职工有关费用。

(1)转让土地使用权。转让土地使用权可以分为转让无偿划拨取得的土地使用权和转让有偿取得的土地使用权两种情况。如果转让的是无偿划拨取得的土地使用权,应区分在取得该土地时是否单独入账,对于取得时没有单独入账的土地,在转让时应按实际转让收入,借记“银行存款”账户,贷记“土地转让收益”账户;对于取得时已作为固定资产单独入账的土地,在转让时应按其实际转让收入,借记“银行存款”账户;按其账面价值,贷记“固定资产”账户;按实际转让收入与账面价值的差额,贷记“土地转让收益”账户。如果转让的是有偿取得的土地使用权,则应按其实际转让收入,借记“银行存款”账户;按其账面价值贷记“无形资产”账户;按实际转让收入与账面价值的差额,贷记“土地转让收益”账户。无论按上述哪种情况转让土地使用权,都应按规定在转让时缴纳营业税等税费。对于应缴纳的税费,应借记“土地转让收益”账户,贷记“应交税费”等账户。

(2)以土地使用权支付职工的有关费用。按有关规定,企业破产时,土地使用权均得以变价用于安置职工,变价的土地使用权安置职工后有剩余的,按照破产财产分配方案清偿破产企业的债权;支付后有剩余的,应将其与其他破产财产统一列入破产财产分配方案。当上述职工安置费向有关部门拨付时,应按实际支付金额,借记“土地转让收益”账户,贷记“库存现金”、“银行存款”账户。如果土地使用权转让的收入不足以支付职工安置费时,则应按不足支付的金额,借记“清算损益”账户,贷记“库存现金”、“银行存款”账户。

(3)结转清算损益。清算终结时,应结转土地使用权转让的净收益,并将其计入清算损益,即借记“土地转让收益”账户,贷记“清算损益”账户。

4. 偿还债务。

(1)债务的偿还顺序。根据我国新企业破产法等法规的规定,破产财产在优先清偿破产费用和共益债务后,依照下列顺序清偿:①破产人所欠职工的工资和医疗、伤残补助、抚恤费用,所欠的应当划入职工个人账户的基本养老保险、基本医疗保险费用,以及法律、行政法规规定应当支付给职工的补偿金;②破产人欠缴的除前项规定以外的社会保险费用和破产人所欠税款;③普通债权人的债权。

需要注意的是:①破产财产不足以清偿同一顺序的清偿要求的,按照比例分配。破产企业的董事、监事和高级管理人员的工资按照该企业职工的平均工资计算。②依照新破产法的规定,破产财产清偿后不足以清偿的部分,对破产人的特定财产享有担保权的权利人,对该特定财产享有优先受偿的权利。债权人行使优先受偿权利未能完全受偿的,其未受偿的债权作为普通债权;如果债权人放弃优先受偿权利,则其债权应全部作为普通债权。

(2)债务偿还的账务处理。债务清偿时,应按上列偿还顺序进行其账务处理。首先,支付所欠职工工资和医疗、伤残补助、抚恤费用时,应按实际支付的金额,借记“应付职工薪酬”等账户,贷记“库存现金”、“银行存款”账户。其次,缴纳所欠社会保险费和有关税款时,应按实际缴纳的金额,借记“应付职工薪酬”、“应交税费”等账户,贷记“银行存款”等账户。然后清偿其他破产债务时,应按清偿各种债务的金额,借记“应付票据”、“其他应付款”、“借款”等账户,贷记“库存现金”、“银行存款”等账户。对于在清算过程中发生的支付给职工的各种费用,应直接记入“清算费用”账户进行核算。

(3)应予注销的债务的结转。清算终结时,按有关规定,对于破产财产不足以清偿需注销的债务,应借记“应付票据”、“其他应付款”、“借款”等账户,贷记“清算损益”账户。

5. 清算损益的结转。清算终结时,管理人应将有关账户的余额全部转入“清算损益”账户,通过该账户结平各有关账户。将“清算费用”、“土地转让收益”科目的余额转入“清算损益”账户,借记“清算损益”账户,贷记“清算费用”(或“土地转让收益”)账户。不能处置变现而需要核销的各项资产以及不能抵扣的期初进项税额,也应转入清算损益,借记“清算损益”科目,贷记“材料”、“库存商品”、“无形资产”、“应交税费”等账户。

在清算过程中,如果实际清算收入小于清算费用(即破产财产不足以支付破产费用),应立即终结清算程序,未清偿的破产债权不再清偿。在这种情况下,清算费用及有关的债务也应结转“清算损益”账户,结转方法与上述做法相同。

经过上述结转后,管理人所设置的各账户的余额均应结平。

(四)清算财务报表的编报

为全面、系统、综合地反映被清算企业清算的过程及其结果,并以此对国家有关部门和债权人负责,清算组在清算期间就要定期编报清算财务报表。其中,主要包括清算资产负债表、清算损益表和债务清偿表。清算资产负债表是全面反映被清算企业在清算报表日资产、负债和清算净损益的报表;清算损益表则是反映被清算企业在清算期间发生的清算收益、清算损失、清算费用等情况的报表;债务清偿表是清算会计特有的报表,主要反映被清算企业的债务偿还情况。清算财务报表按其报送时限可以分为清算开始日的会计报表、清算期间的会计报表和清算终结时的会计报表。其中:清算开始日的会计报表是指清算组在清算开始时,将被清算企业有关账户的余额转入新账户编制的资产负债表;清算期间的会计报表是指管理人在清算期间编制的清算资产负债表和清算损益表;清算终结时的会计报表是指管理人在清算结束时编制的清算损益表和债务清偿表。上述各种清算财务报表的格式详见后面举例。

(五)清算会计处理举例

【例11－9】 资料甲:某企业为国有企业,由于不能清偿到期债务,因此向法院申请破产清算。2007年4月10日由法院宣告其破产,并于即日由清算组作为管理人接管企业。清算组按规定设立了新的账户,并将企业原账户的余额转入新账户,转账后的科目余额表见表11－1。

表11－1　科目余额表　单位:元

科目名称	借方余额	贷方余额	科目名称	借方余额	贷方余额
库存现金	1 000		借款		881 850
银行存款	44 800		应付票据		201 400
应收票据	13 200		其他应付款		605 600
应收款	249 760		应付职工薪酬		533 600
材料	81 800		应交税费		211 550
自制半成品	17 600		应付利润		19 400
库存商品	56 600		应付债券		116 800
投资	524 200		清算损益	707 240	
固定资产	554 000				
无形资产	320 000				
合　计	1 862 960		合　计	707 240	1 862 960

需要说明的是:该破产企业没有担保的资产,也没有担保的债务,预计各种应收款项可收回的金额为210 400元,各项实物资产可变现金额为532 500元,投资变现金额为445 600元,无形资产变现金额为256 000元,各项债务的确认数与其账面金额一致。

资料乙:清算组于2007年4月10日至4月30日对破产财产的处置情况如下:

(1)收回应收票据4 000元。

(2)收回应收款100 000元。

(3)自制半成品的账面价值为17 600元,出售收入为14 600元,取得的增值税额为2 482元。

(4)支付管理人清算组执行职务的费用和报酬20 000元,支付管理债务人财产的费用7 000元,支付变价和分配债务人财产的费用3 000元。

资料丙:清算组于2007年5月1日至清算结束日8月31日处置破产财产、支付破产费用、偿还债务的情况如下:

(1)应收票据的账面金额为9 200元,实际收回金额为8 000元。

(2)应收账款的账面余额为149 760元,其中30 000元确认为不能收回的坏账,其余119 760元中只收回118 000元。

(3)变卖账面价值为81 800元的材料,取得变卖收入为57 200元,收取的增值税额为9 724元。

(4)变卖账面价值为56 600元的产成品,取得变卖收入为52 400元,收取的增值税额为8 908元。

(5)变卖账面价值为554 000元的固定资产,取得变卖收入为548 000元。

(6)转让账面价值为320 000元的无形资产,取得转让收入为390 000元。

(7)变卖固定资产、材料、产成品以及转让无形资产等应缴纳的营业税、城市维护建设税、教育费附加等合计62 800元。

(8)转让账面价值为524 200元的各种投资,取得转让收入为488 000元。

(9)转让原无偿划拨取得的没有入账的土地,实际转让价款为1 700 000元,按规定应缴纳的税费为85 000元。

(10)支付管理人清算组执行职务的费用和报酬104 800元,支付破产案件诉讼费320 000元,支付管理债务人财产的费用112 000元,支付变价和分配债务人财产的费用16 000元。

(11)通过银行转账结算,从土地使用权转让收入中划转职工安置费1 266 200元。

(12)支付所欠职工工资302 000元,职工福利费231 600元。

(13)支付所欠的税金376 264元,其他应缴款4 200元。

根据上述资料,清算组应进行如下会计处理:

(1)根据资料甲,清算组应编制清算开始日的资产负债表。见表11-2。

表11-2　清算资产负债表

编制单位:清算组　　2007年4月10日　　单位:元

资　产	账面金额	预计可变现净值	债务及清算净损益	账面金额	确认数
用做担保的资产:			有担保的债务:		
……			……		
……			……		
……			……		
合计			小计		
普通资产:			普通债务:		

续表

资　产	账面金额	预计可变现净值	债务及清算净损益	账面金额	确认数
货币资金	45 800	45 800	应付职工薪酬	533 600	533 600
应收款项	262 960	210 400	应付税费	211 550	211 550
实物资产	710 000	532 500	其他普通债务	1 825 050	1 825 050
投资	524 200	445 600	……		
有转让价值的无形资产	320 000	256 000	……		
……			小计	2 570 200	2 570 200
……			债务合计	2 570 200	2 570 200
……			清算净损益:		
合计	1 862 960	1 490 300	清算净收益	-707 240	
资产总计	1 862 960	1 490 300	债务及清算净损益合计	1 862 960	

(2)根据资料乙,清算组应编制2007年4月10日至4月30日破产财产处置和破产费用支付的会计分录,并根据会计分录编制4月30日的清算资产负债表和4月10日至30日的清算损益表。清算组应编制的会计分录如下:

①借:银行存款　　4 000
　　贷:应收票据　　4 000

②借:银行存款　　100 000
　　贷:应收款　　100 000

③借:银行存款　　17 082
　　　清算损益　　3 000
　　贷:自制半成品　　17 600
　　　　应交税费　　2 482

④借:清算费用　　30 000
　　贷:银行存款　　30 000

根据上述会计分录编制的4月30日的清算资产负债表和4月10日至30日的清算损益表如表11-3和表11-4所示。

表 11－3　　清算资产负债表

编制单位：　　2007 年 4 月 30 日　　单位：元

资　产	账面金额	预计可实现净值	债务及清算净损益	账面金额	确认数
用做担保的资产：			有担保的债务：		
……			……		
……			……		
……			……		
合计			合计		
普通资产：			普通债务：		
货币资金	136 882	136 882	应付职工薪酬	533 600	533 600
应收款项	158 960	127 200	应交税费	214 032	214 032
实物资产	692 400	505 600	其他普通债务	1 825 050	1 825 050
投资	524 200	445 600	……		
有转让价值的无形资产	320 000	256 000	……		
……			小计		
……			债务合计	2 572 682	2 572 682
……			清算净损益：		
合计	1 832 442	1 471 282	清算净收益	－740 240	
资产总计	1 832 442	1 471 282	债务及清算净损益合计	1 832 442	

表 11－4　　清算损益表

编制单位：　　2007 年 4 月 10 日至 30 日　　单位：元

项　目	预计数	本期数	累计数
一、清算收益	－800 000	－3 000	－3 000
二、清算费用	664 000	30 000	30 000
1. 破产案件的诉讼费用	400 000		
2. 管理、变价和分配债务人财产的费用	144 000	10 000	10 000

续表

项 目	预计数	本期数	累计数
3. 管理人执行职务的费用、报酬和聘用工作人员的费用	120 000	20 000	20 000
三、土地转让净收益		0	0
其中：土地转让收入		0	0
安置职工支出		0	0
四、清算净收益		−33 000	−33 000

（3）根据资料丙，清算组应首先编制在2007年5月1日至清算结束日8月31日处置破产财产、支付破产费用以及偿还债务的会计分录；其次，应对剩余破产财产不足清偿的其他破产债权，按有关规定按比例清偿，并编制有关会计分录；再次，在清算终结时，应将"清算费用"账户的余额、土地使用权转让净收益，以及应注销的不再清偿的其他债务转入清算损益，并编制有关会计分录；最后，应编制清算结束时的清算损益表和债务清偿表。清算组应编制的处置破产财产、支付破产费用以及偿还债务的会计分录如下：

①借：银行存款　8 000
　　清算损益　1 200
　贷：应收票据　9 200

②借：清算损益　30 000
　贷：应收款　30 000

借：银行存款　118 000
　清算损益　1 760
　贷：应收款　119 760

③借：银行存款　66 924
　　清算损益　24 600
　贷：材料　81 800
　　　应交税费　9 724

④借：银行存款　61 308
　　清算损益　4 200
　贷：库存商品　56 600
　　　应交税费　8 908

⑤借:银行存款　548 000
　　清算损益　6 000
　贷:固定资产　554 000
⑥借:银行存款　390 000
　贷:无形资产　320 000
　　　清算损益　70 000
⑦借:清算损益　62 800
　贷:应交税费　62 800
⑧借:银行存款　488 000
　　清算损益　36 200
　贷:投资　524 200
⑨借:银行存款　1 700 000
　贷:土地转让收益　1 700 000
借:土地转让收益　85 000
　贷:应交税费　85 000
⑩借:清算费用　552 800
　贷:银行存款　552 800
⑪借:土地转让收益　1 266 200
　贷:银行存款　1 266 200
⑫借:应付职工薪酬　533 600
　贷:银行存款　533 600
⑬借:应交税费　380 464
　贷:银行存款　380 464

在本例中,由于剩余财产不足清偿其他破产债务,因此清算组应按有关规定按比例进行清偿。清偿比例计算公式如下:

清偿比例＝货币资金余额/其他破产债务余额×100%＝784 050/1 825 050×100%＝42.96%

其他破产债务按清偿比例42.96%,计算应清偿的金额如下:

应清偿的借款＝881 850×42.96%＝378 842.76(元)

应清偿的应付票据＝201 400×42.96%＝86 521.44(元)

应清偿的其他应付款＝605 600×42.96%＝260 165.76(元)

应清偿的应付利润＝19 400×42.96%＝8 334.24(元)

应清偿的应付债券＝784 050－(378 842.76＋86 521.44＋260 165.76＋8 334.24)
＝50 185.8(元)

对上述应清偿的其他破产债务编制会计分录如下：

借：借款　　378 842.76
　应付票据　　86 521.44
　其他应付款　　260 165.76
　应付利润　　8 334.24
　应付债券　　50 185.80
　贷：银行存款　　784 050

清算终结时，清算组编制的结转"清算费用"账户余额，结转土地使用权转让净收益，以及注销不再清偿的其他债务的会计分录如下：

借：清算损益　　582 800
　贷：清算费用　　582 800
借：土地转让收益　　348 800
　贷：清算损益　　348 800
借：借款　　(881 850 - 378 842.76)503 007.24
　应付票据　　(201 400 - 86 521.44)114 878.56
　其他应付款　　(605 600 - 260 165.76)345 434.24
　应付利润　　(19 400 - 8 334.24)11 065.76
　应付债券　　(116 800 - 50 185.8)66 614.2
　贷：清算损益　　1 041 000

根据前述会计分录，清算组编制的清算结束时的清算损益表和债务清偿表如表 11 - 5 和表 11 - 6 所示。

表 11 - 5　　**清算损益表**

编制单位：　　2007 年 5 月 1 日至 8 月 31 日　　单位：元

项　目	预计数	本期数	累计数
一、清算收益	-800 000	-96 760	-99 760
二、清算费用	664 000	552 800	582 800
1. 破产案件的诉讼费用	400 000	320 000	320 000
2. 管理、变价和分配债务人财产的费用	144 000	128 000	138 000
3. 管理人执行职务的费用、报酬和聘用工作人员的费用	120 000	104 800	124 800

续表

项　目	预计数	本期数	累计数
……			
……			
……			
三、土地转让净收益		348 800	348 800
其中:土地转让收入		1 700 000	1 700 000
安置职工支出		1 266 200	1 266 200
四、清算净收益		-300 760	-300 760

表 11-6　　**债务清偿表**

编制单位:　　2007 年 8 月 31 日　　单位:元

债务项目	账面金额	确认金额	偿还比例	实际需偿还金额	本期偿还金额	累计偿还金额	尚未偿还金额
有担保的债务:							
××企业							
……							
小计							
普通债务:							
应付职工薪酬	533 600	533 600	100%	533 600	533 600	533 600	0
应交税费	380 464	380 464	100%	380 464	380 464	380 464	0
借款	881 850	881 850	42.96%	378 842.76	378 842.76	378 842.76	0
其中:××银行							
应付票据	201 400	201 400	42.96%	86 521.44	86 521.44	86 521.44	0
其中:××企业							
其他应付款	605 600	605 600	42.96%	260 165.76	260 165.76	260 165.76	0
其中:××企业							

续表

债务项目	账面金额	确认金额	偿还比例	实际需偿还金额	本期偿还金额	累计偿还金额	尚未偿还金额
应付利润	19 400	19 400	42.96%	8 334.24	8 334.24	8 334.24	0
其中：××企业							
应付债券	116 800	116 800	42.96%	50 185.80	50 185.80	50 185.80	0
其中：××企业							
小计	2 739 114	2 739 114		1 698 114	1 698 114	1 698 114	0
合计	2 739 114	2 739 114		1 698 114	1 698 114	1 698 114	0

(六)破产程序的终结

清算结束后,清算组应将接收的会计账册等资料以及清算期间所形成的会计档案,一同移交破产企业的业务主管部门或者人民法院,由业务主管部门或者人民法院指定有关单位对其进行保存,并严格执行《会计档案管理办法》的有关规定。

经人民法院裁定终结破产程序后,作为管理人的清算组还应向破产企业原登记机关办理注销登记,清算组于办理注销登记完毕的次日,应终止执行职务。至此,破产清算工作宣告结束。

教师参考资料

第一章　企业合并

一、教学目标

随着市场经济的发展,企业竞争的日益加剧,企业往往通过收购、兼并其他企业的方式拓宽生产经营渠道、降低成本、减少同业竞争。因此,企业合并是当今经济生活中常见的交易或事项。《国际财务报告准则第3号——企业合并》和我国2006年颁发的《企业会计准则第20号——企业合并》,都对企业合并涉及的会计处理作出了规范。通过本章学习,学生应当了解和掌握:

1. 企业合并的含义、范围。

2. 同一控制下的企业合并与非同一控制下的企业合并的划分标准。

3. 企业合并购买法的特点、购买方和购买日的确定以及购买方合并成本、商誉或损益的确定及其在吸收合并、新设合并和控股合并方式下的会计处理的异同。

4. 企业合并权益结合法的特点、合并方合并对价的支付,取得的资产、负债价值的计量及其在吸收合并、新设合并和控股合并方式下的会计处理的异同。

5. 购买法与权益结合法在会计处理方法、理论依据、经济影响和适用条件上的区别。

二、教学内容

本章教学内容可分为以下几个层次讲解。

（一）企业合并的含义和方式

1. 讲解重点：

（1）企业合并的范围。

（2）同一控制下的企业合并与非同一控制下的企业合并的划分标准。

2. 阅读资料：

（1）本章第一节。

（2）《国际财务报告准则》——《国际财务报告准则第 3 号——企业合并》。（中国财政经济出版社，2011 年版）

（3）《企业会计准则》——《企业会计准则第 20 号——企业合并》。（经济科学出版社，2006 年版）

（4）《企业会计准则——应用指南》——《企业会计准则第 20 号——企业合并》应用指南。（中国财政经济出版社，2006 年版）

（5）《企业会计准则讲解》第二十一章第一节。（人民出版社，2010 年版）

（6）《企业合并与合并会计报表》——《企业合并会计问题研究》第一章。（财政部会计准则委员会，大连出版社，2006 年版）

（7）《高级财务会计》第一篇第一章第一节。（中国注册会计师教育教材编审委员会，经济科学出版社，2002 年版）

（8）《高级财务会计》第五章第一节。（张文贤，首都经济贸易大学出版社，2003 年版）

（9）《2012 年度注册会计师全国统一考试辅导教材——会计》第二十五章第一节。（中国注册会计师协会，2012 年版）

3. 需要解答的思考题、练习题：

见学生学习资料的思考题、练习题。

（二）非同一控制下企业合并的购买法

1. 讲解重点：

（1）购买法的特点以及涉及的会计问题，包括确定购买方、购买日、合并成本以及合并成本的分配、商誉或损益的确认。

（2）吸收合并方式下购买方的会计处理。

（3）控股合并方式下购买方的会计处理。

2. 阅读资料：

（1）本章第二节。

（2）《国际财务报告准则》——《国际财务报告准则第 3 号——企业合并》。（中国

财政经济出版社,2011 年版)

(3)《企业会计准则》——《企业会计准则第 20 号——企业合并》。(经济科学出版社,2006 年版)

(4)《企业会计准则——应用指南》——《企业会计准则第 20 号——企业合并》应用指南。(中国财政经济出版社,2006 年版)

(5)《企业会计准则讲解》第二十一章第三节。(人民出版社,2010 年版)

(6)《企业合并与合并会计报表》——《企业合并会计问题研究》第三章。(财政部会计准则委员会,大连出版社,2006 年版)

(7)《高级财务会计》第一篇第一章第二节。(中国注册会计师教育教材编审委员会,经济科学出版社,2002 年版)

(8)《高级财务会计》第五章第一节。(张文贤,首都经济贸易大学出版社,2003 年版)

(9)《现代高级会计》第五章第二节。([美] E. 约翰·拉森著,张文贤主译,东北财经大学出版社,1999 年版)

(10)《高级会计学》第八章第二节。(阎达武、耿建新、戴德明编著,中国人民大学出版社,2002 年版)

(11)《高级财务会计》第一章第二节。(刘永泽、傅荣主编,东北财经大学出版社,2004 年版)

(12)《高级会计学》第一篇第一章第二节。(郭立田、李桂荣主编,南开大学出版社,2004 年版)

(13)《2012 年度注册会计师全国统一考试辅导教材——会计》第二十五章第三节。(中国注册会计师协会,2012 年版)

3. 需要解答的思考题、练习题:

见学生学习资料的思考题、练习题。

(三)同一控制下企业合并的权益结合法

1. 讲解重点:

(1)权益结合法的特点以及涉及的会计问题,包括确定合并日、合并对价和合并费用的处理以及所有者权益的合并。

(2)吸收合并方式下合并方的会计处理。

(3)控股合并方式下合并方的会计处理。

2. 阅读资料:

(1)本章第三节。

(2)《国际财务报告准则》——《国际财务报告准则第 3 号——企业合并》。(中国财政经济出版社,2011 年版)

(3)《企业会计准则》——《企业会计准则第 20 号——企业合并》。(经济科学出版社,2006 年版)

(4)《企业会计准则——应用指南》——《企业会计准则第 20 号——企业合并》应用指南。(中国财政经济出版社,2006 年版)

(5)《企业会计准则讲解》第二十一章第二节。(人民出版社,2010 年版)

(6)《企业合并与合并会计报表》——《企业合并会计问题研究》第三章第二节。(财政部会计准则委员会,大连出版社,2006 年版)

(7)《高级财务会计》第一篇第一章第三节。(中国注册会计师教育教材编审委员会,经济科学出版社,2002 年版)

(8)《高级财务会计》第五章第一节。(张文贤,首都经济贸易大学出版社,2003 年版)

(9)《现代高级会计》第五章第二节。([美] E. 约翰 · 拉森著,张文贤主译,东北财经大学出版社,1999 年版)

(10)《高级会计学》第八章第二节。(阎达武、耿建新、戴德明编著,中国人民大学出版社,2002 年版)

(11)《高级财务会计》第一章第二节。(刘永泽、傅荣主编,东北财经大学出版社,2004 年版)

(12)《高级会计学》第一篇第一章第三节。(郭立田、李桂荣主编,南开大学出版社,2004 年版)

(13)《2012 年度注册会计师全国统一考试辅导教材——会计》第二十五章第二节。(中国注册会计师协会,2012 年版)

3. 需要解答的思考题、练习题:

见学生学习资料的思考题、练习题。

(四)购买法与权益结合法的比较

1. 讲解重点:

购买法与权益结合法在会计处理方法、理论依据和经济影响方面的区别。

2. 阅读资料:

(1)本章第四节。

(2)《国际财务报告准则》——《国际财务报告准则第 3 号——企业合并》。(中国财政经济出版社,2005 年版)

(3)《企业合并与合并会计报表》——《企业合并会计问题研究》第三章第二节。(财政部会计准则委员会,大连出版社,2006 年版)

(4)《高级财务会计》第一篇第一章第四节。(中国注册会计师教育教材编审委员会,经济科学出版社,2002 年版)

(5)《高级财务会计》第五章第一节。(张文贤,首都经济贸易大学出版社,2003 年版)

(6)《现代高级会计》第五章第二节。([美] E. 约翰·拉森著,张文贤主译,东北财经大学出版社,1999 年版)

(7)《高级财务会计》第一章第二节。(刘永泽、傅荣主编,东北财经大学出版社,2004 年版)

(8)《高级会计学》第一篇第一章第四节。(郭立田、李桂荣主编,南开大学出版社,2004 年版)

3. 需要解答的思考题、练习题:

见学生学习资料的思考题、练习题。

(五)商誉减值

1. 讲解重点:

吸收合并、新设合并和控股并形成商誉的减值测试及其会计处理。

2. 阅读资料:

《企业会计准则第 9 号——资产减值》。

三、课时安排

课堂教学:6 课时;辅导:2 课时。

第二章　购并日的合并财务报表

一、教学目标

在控股合并方式下,为了反映由母公司和子公司组成的企业集团整体财务状况、经营成果和现金流量,母公司应当以企业集团为会计主体编制购并日和购并日后的合并财务报表。编制购并日合并财务报表存在困难的,也应按照编制购并日合并财务报表的原则编制合并当期期末合并财务报表。《国际会计准则第 27 号——合并财务报表和单独财务报表》和我国2006年颁发的《企业会计准则第33号——合并财务报表》,都对合并财务报表的合并范围、合并程序以及合并财务报表的编制方法作出了规范。这些规范既适于购并日合并财务报表的编制,也适于购并日后合并财务报表的编制。在教学中还应引导学生认识购买法下购买日合并财务报表与权益结合法下合并日合并财务报表在编制内容和编制方法上的区别。通过本章学习,学生应当了解和掌握:

1. 合并财务报表与个别财务报表、汇总财务报表相比较的特点。

2. 不同的合并理论对合并范围确定和合并方法的影响。

3. 以控制为依据确定合并财务报表的合并范围。

4. 合并财务报表的编制前提和编制程序。

5. 购买法与权益结合法编制的购并日合并财务报表的区别。

6. 在购买法下,母公司以等于、高于、低于子公司净资产公允价值取得子公司全部股权,在编制合并财务报表上的异同。

7. 在购买法下,母公司购入子公司全部股权与部分股权,在编制合并财务报表上的异同。

二、教学内容

本章教学内容可分为以下几个层次讲解。

(一)合并财务报表概述

1. 讲解重点:

(1)合并财务报表与个别财务报表相比较的特点。

(2)合并财务报表的合并理论。

(3)以控制为依据确定合并财务报表的合并范围。

(4)合并财务报表编制的前提和程序。

2. 阅读资料:

(1)本章第一节。

(2)《国际财务报告准则》——《国际财务报告准则第10号——合并财务报表》。(中国财政经济出版社,2011年版)

(3)《企业会计准则》——《企业会计准则第33号——合并财务报表》。(经济科学出版社,2006年版)

(4)《企业会计准则——应用指南》——《企业会计准则第33号——合并财务报表》应用指南。(中国财政经济出版社,2006年版)

(5)《企业会计准则讲解》第三十四章第一节。(人民出版社,2010年版)

(6)《企业合并与合并会计报表》——《企业合并会计报表研究》第二、六、七章。(财政部会计准则委员会,大连出版社,2006 年版)

(7)《高级财务会计》第一篇第二章第一节。(中国注册会计师教育教材编审委员会,经济科学出版社,2002 年版)

(8)《高级财务会计》第五章第二节。(张文贤,首都经济贸易大学出版社,2003 年版)

(9)《现代高级会计》第六章第一节。([美] E. 约翰·拉森著,张文贤主译,东北财经大学出版社,1999 年版)

(10)《高级会计学》第九章第一、二、三、四节。(阎达武、耿建新、戴德明编著,中国人民大学出版社,2002 年版)

(11)《高级财务会计》第一章第三、四节。(刘永泽、傅荣主编,东北财经大学出版社,2004 年版)

(12)《高级会计学》第一篇第二章第一节。(郭立田、李桂荣主编,南开大学出版社,2004 年版)

(13)《2012 年度注册会计师全国统一考试辅导教材——会计》第二十六章第一、二节。(中国注册会计师协会,2012 年版)

3. 需要解答的思考题、练习题:

见学生学习资料的思考题、练习题。

(二)购买法下购买日合并财务报表的编制

1. 讲解重点:

(1)购买法下购买日合并财务报表的特点。

(2)在全资子公司情况下,母公司长期股权投资与子公司所有者权益项目的抵销处理:

①按净资产公允价值购入时,将子公司资产、负债账面价值调整为公允价值,抵销子公司所有者权益项目和母公司长期股权投资。

②高于净资产公允价值购入时,将子公司资产、负债账面价值调整为公允价值,抵销子公司所有者权益项目和母公司长期股权投资并确认商誉。

③低于净资产公允价值购入时,将子公司资产、负债账面价值调整为公允价值,抵销子公司所有者权益项目和母公司长期股权投资并确认损益(或负商誉)。

(3)在非全资子公司情况下,母公司长期股权投资与子公司所有者权益项目的抵销处理:

①按净资产公允价值购入时,将子公司资产、负债账面价值调整为公允价值,少数

股东权益的性质和金额的确定。

②高于净资产公允价值购入时，将子公司资产、负债账面价值调整为公允价值，少数股东权益及商誉的确定。

③低于净资产公允价值购入时，将子公司资产、负债账面价值调整为公允价值，少数股东权益及损益或负商誉的确定。

2. 阅读资料：

（1）本章第二节。

（2）《国际财务报告准则》——《国际财务报告准则第 3 号——企业合并》、《国际财务报告准则第 10 号——合并财务报表》。（中国财政经济出版社，2011 年版）

（3）《企业会计准则》——《企业会计准则第 20 号——企业合并》、《企业会计准则第 33 号——合并财务报表》。（经济科学出版社，2006 年版）

（4）《企业会计准则——应用指南》——《企业会计准则第 33 号——合并财务报表》应用指南。（中国财政经济出版社，2006 年版）

（5）《企业会计准则讲解》第二十一章第三节，第三十四章第二节。（人民出版社，2010 年版）

（6）《高级财务会计》第一篇第二章第二、三、四节。（中国注册会计师教育教材编审委员会，经济科学出版社，2002 年版）

（7）《高级财务会计》第五章第三节。（张文贤，首都经济贸易大学出版社，2003 年版）

（8）《现代高级会计》第六章第二、三节。（[美] E. 约翰·拉森著，张文贤主译，东北财经大学出版社，1999 年版）

（9）《高级会计学》第九章第五节。（阎达武、耿建新、戴德明编著，中国人民大学出版社，2002 年版）

（10）《高级财务会计》第二章。（刘永泽、傅荣主编，东北财经大学出版社，2004 年版）

（11）《高级会计学》第一篇第二章第二节。（郭立田、李桂荣主编，南开大学出版社，2004 年版）

（12）《2012 年度注册会计师全国统一考试辅导教材——会计》第二十五章第三节。（中国注册会计师协会，2012 年版）

3. 需要解答的思考题、练习题：

见学生学习资料的思考题、练习题。

（三）权益结合法下合并日合并财务报表的编制

1. 讲解重点：

(1)权益法下合并日合并财务报表的特点。

(2)在全资子公司情况下，合并资产负债表、合并利润表和合并现金流量表的编制方法。

(3)在非全资子公司情况下，合并资产负债表、合并利润表和合并现金流量表的编制方法。

2. 阅读资料：

(1)本章第三节。

(2)《国际财务报告准则》——《国际财务报告准则第3号——企业合并》、《国际财务报告准则第10号——合并财务报表》。(中国财政经济出版社，2011年版)

(3)《企业会计准则》——《企业会计准则第20号——企业合并》、《企业会计准则第33号——合并财务报表》。(经济科学出版社，2006年版)

(4)《企业会计准则——应用指南》——《企业会计准则第33号——合并财务报表》应用指南。(中国财政经济出版社，2006年版)

(5)《企业会计准则讲解》第二十一章第二节，第三十四章第二、三、四节。(人民出版社，2010年版)

(6)《高级财务会计》第一篇第二章第五节。(中国注册会计师教育教材编审委员会，经济科学出版社，2002年版)

(7)《高级财务会计》第五章第三节。(张文贤，首都经济贸易大学出版社，2003年版)

(8)《现代高级会计》第六章第二、三节。([美] E. 约翰·拉森著，张文贤主译，东北财经大学出版社，1999年版)

(9)《高级会计学》第九章第五节。(阎达武、耿建新、戴德明编著，中国人民大学出版社，2002年版)

(10)《高级会计学》第一篇第二章第二节。(郭立田、李桂荣主编，南开大学出版社，2004年版)

(11)《2012年度注册会计师全国统一考试辅导教材——会计》第二十五章第三节。(中国注册会计师协会，2012年版)

3. 需要解答的思考题、练习题：

见学生学习资料的思考题、练习题。

三、课时安排

课堂教学:8 课时;辅导:2 课时。

第三章　购并日后的合并财务报表

一、教学目标

购并日后,企业集团中享有控股权的母公司应在季末、半年末和年末编制合并财务报表。企业合并不论采用购买法还是采用权益结合法,除同一控制下企业合并采用权益结合法,无须将子公司的资产、负债账面价值调整为公允价值外,其购并日后合并财务报表的编制方法基本相同。《国际会计准则第 27 号——合并财务报表和单独财务报表》和我国 2006 年颁发的《企业会计准则第 33 号——合并财务报表》,都对购并日后合并财务报表的编制方法作出了规范。本章以购买法为基础阐述了编制购并日后合并财务报表时需要调整和抵销的项目以及各国不同的做法。通过本章学习,学生应当了解和掌握:

1. 编制购买日后合并财务报表所需要调整和抵销处理项目可以归结为四大类八大项目。

2. 购买日后将子公司资产、负债和净资产账面价值调整为公允价值、将母公司内部投资收益由成本法调整为权益法、确认合并商誉或损益的方法及其对合并资产负债表和合并利润表的影响。

3. 在拥有子公司全部股权情况下,编制合并资产负债表和合并利润表时需要调整和抵销的项目及其金额。

4. 在拥有子公司部分股权情况下,编制合并资产负债表和合并利润表时需要调整和抵销的项目及其金额。

5. 在连续编制合并财务报表情况下,内部购销存货中包含的未实现内部利润和内部购销固定资产原值和累计折旧中未实现内部利润的抵销方法。

6. 内部债权、内部购销形成存货和固定资产计提减值准备的抵销处理方法。

7. 合并现金流量表和合并所有者权益变动表的编制方法。

8. 母公司分次购入和出售子公司对当期合并财务报表的影响。

9. 母公司增发股票和发放股票股利对当期合并财务报表的影响。

10. 在间接控股和相互持股情况下,长期股权投资与所有者权益项目抵销的方法。

11. 权益结合法下合并日后合并财务报表编制的特点。

二、教学内容

本章教学内容可分为以下几个层次讲解。

(一)母公司对子公司长期股权投资的处理

1. 讲解重点:

(1)母公司对子公司长期股权投资与子公司所有者权益项目的处理:

①母公司拥有子公司全部股权情况下的抵销处理。其抵销方法与购并日相同。这里应重点讲解将子公司资产负债账面价值调整为公允价值、将按成本法确认的投资收益转换为权益法以及商誉或损益的确认。

②母公司拥有子公司部分股权情况下的抵销处理。其抵销方法与购并日相同。这里应重点讲解子公司资产、负债账面价值调整为公允价值、将按成本法确认的投资收益转换为权益法、少数股东权益以及商誉或损益的确认。

③合并商誉和长期股权投资减值的处理。

(2)母公司内部投资收益项目与子公司利润分配有关项目的抵销处理:

①母公司拥有子公司全部股权的抵销处理。这里应重点讲解抵销的母公司内部投资收益不是已计入当期个别财务报表的投资收益,而是在合并工作底稿上按权益法调整后的母公司内部投资收益。本教材子公司本期净利润为子公司个别利润表确认的净利润,从更严格的意义上说,子公司本期净利润应当是经过各项内部交易抵销后的净利润。

②母公司拥有子公司部分股权的抵销处理。其抵销方法与拥有全部股权的区别在于应首先确定少数股东本期收益。

(3)权益结合法下的合并日后的合并财务报表编制。

2. 阅读资料:

(1)本章第一节。

(2)《国际财务报告准则》—《国际财务报告准则第 10 号——合并财务报表》。(中国财政经济出版社,2011 年版)

(3)《企业会计准则》——《企业会计准则第 33 号——合并财务报表》。(经济科学出版社,2006 年版)

(4)《企业会计准则——应用指南》——《企业会计准则第 33 号——合并财务报表》应用指南。(中国财政经济出版社,2006 年版)

(5)《企业会计准则讲解》第三十四章第二、三节。(人民出版社,2010 年版)

(6)《企业合并与合并会计报表》——《企业合并会计报表研究》第七章。(财政部会计准则委员会,大连出版社,2006 年版)

(7)《高级财务会计》第一篇第三章第一节至第五节。(中国注册会计师教育教材编审委员会,经济科学出版社,2002 年版)

(8)《高级财务会计》第五章第四节。(张文贤,首都经济贸易大学出版社,2003 年版)

(9)《现代高级会计》第七章。([美] E. 约翰·拉森著,张文贤主译,东北财经大学出版社,1999 年版)

(10)《高级会计学》第十章。(阎达武、耿建新、戴德明编著,中国人民大学出版社,2002 年版)

(11)《高级财务会计》第三章第一、二节。(刘永泽、傅荣主编,东北财经大学出版社,2004 年版)

(12)《高级会计学》第一篇第三章第一节。(郭立田、李桂荣主编,南开大学出版社,2004 年版)

(13)《2012 年度注册会计师全国统一考试辅导教材——会计》第二十六章第三、四节。(中国注册会计师协会,2012 年版)

3. 需要解答的思考题、练习题:

见学生学习资料的思考题、练习题。

(二)企业集团内部债权债务的处理

1. 讲解重点:

(1)内部债权与债务项目的抵销。应提示内部应付债券与内部持有至到期投资的抵销差额计入投资收益。

(2)内部应收款项坏账准备的抵销处理。应重点讲解以后各年连续编报涉及调整期初未分配利润,其金额为上期末内部应收款项相应的坏账准备。

2. 阅读资料:

(1)本章第二节。

(2)《国际财务报告准则》——《国际财务报告准则第 10 号——合并财务报表》。(中国财政经济出版社,2011 年版)

(3)《企业会计准则》——《企业会计准则第 33 号——合并财务报表》。(经济科学出版社,2006 年版)

(4)《企业会计准则——应用指南》——《企业会计准则第 33 号——合并财务报表》应用指南。(中国财政经济出版社,2006 年版)

(5)《企业会计准则讲解》第三十四章第二、三节。(人民出版社,2010 年版)

(6)《企业合并与合并会计报表》——《企业合并会计报表研究》第七章。(财政部会计准则委员会,大连出版社,2006 年版)

(7)《高级财务会计》第一篇第三章第一节至第四节,第六章。(中国注册会计师教育教材编审委员会,经济科学出版社,2002 年版)

(8)《高级财务会计》第五章第四节,第七章。(张文贤,首都经济贸易大学出版社,2003 年版)

(9)《现代高级会计》第七、九章。([美] E. 约翰·拉森著,张文贤主译,东北财经大学出版社,1999 年版)

(10)《高级会计学》第十、十一章。(阎达武、耿建新、戴德明编著,中国人民大学出版社,2002 年版)

(11)《高级财务会计》第三章第一、二节。(刘永泽、傅荣主编,东北财经大学出版社,2004 年版)

(12)《高级会计学》第一篇第三章第三节。(郭立田、李桂荣主编,南开大学出版社,2004 年版)

(13)《2012 年度注册会计师全国统一考试辅导教材——会计》第二十六章第二、三节。(中国注册会计师协会,2012 年版)

3. 需要解答的思考题、练习题:

见学生学习资料的思考题、练习题。

(三)内部营业收入和存货中包含的未实现内部销售利润的抵销处理

1. 讲解重点:

(1)第一期内部销售收入和存货中包含的未实现内部利润的抵销。重点讲解第二种方法;存货中包含的未实现内部利润的金额不包括相关税金和运杂费等。

(2)以后各期的抵销。与第一期比较增加了对期初未分配利润的调整。

(3)存货逆销的处理。从理论上说,如果存货逆销还应调整“长期股权投资”、“少数股东权益”、“投资收益”和“少数股东本期收益”项目。

(4)内部购销形成存货计提跌价准备的抵销,不论第一期还是以后各期都应区分两种不同的情况:在第一种情况下,应将内部购销形成存货计提的跌价准备全额抵销;在第二种情况下,抵销的金额应为该项存货中包含的未实现内部利润。以后各期抵销还涉及调整期初未分配利润。

2. 阅读资料:

(1)本章第三节。

(2)《国际财务报告准则》——《国际财务报告准则第 27 号——合并财务报表》。(中国财政经济出版社,2011 年版)

(3)《企业会计准则》——《企业会计准则第 33 号——合并财务报表》。(经济科学出版社,2006 年版)

(4)《企业会计准则——应用指南》——《企业会计准则第 33 号——合并财务报表》应用指南。(中国财政经济出版社,2006 年版)

(5)《企业会计准则讲解》第十四章第二、三节。(人民出版社,2010 年版)

(6)《企业合并与合并会计报表》——《企业合并会计报表研究》第七、八章,《合并会计报表》第四章。(财政部会计准则委员会,大连出版社,2006 年版)

(7)《高级财务会计》第一篇第四章。(中国注册会计师教育教材编审委员会,经济科学出版社,2002 年版)

(8)《高级财务会计》第五章第四节,第七章第二节。(张文贤,首都经济贸易大学出版社,2003 年版)

(9)《现代高级会计》第七章,第九章第二节。([美] E. 约翰 · 拉森著,张文贤主译,东北财经大学出版社,1999 年版)

(10)《高级会计学》第十章,第十一章第二节。(阎达武、耿建新、戴德明编著,中国人民大学出版社,2002 年版)

(11)《高级财务会计》第三章第一、二节。(刘永泽、傅荣主编,东北财经大学出版社,2004 年版)

(12)《高级会计学》第一篇第三章第三节。(郭立田、李桂荣主编,南开大学出版社,2004 年版)

(13)《2012 年度注册会计师全国统一考试辅导教材——会计》第二十六章第二、三节。(中国注册会计师协会,2012 年版)

3. 需要解答的思考题、练习题:

见学生学习资料的思考题、练习题。

(四)内部长期资产交易的抵销处理

1. 讲解重点:

重点讲解企业集团内部因产品销售形成固定资产的抵销处理:

(1)固定资产原值中包含的未实现内部利润第一期调减当期实现的利润,以后正常使用的各期调减期初未分配利润。

(2)固定资产折旧中包含的未实现内部利润,当期计提数调整当期费用,以前年度累计折旧中包含的未实现内部利润调整期初未分配利润。

(3)固定资产清理年度应区分三种情况进行抵销处理。

(4)内部交易形成固定资产计提的减值准备的抵销,应比照内部购销形成存货予以抵销,不同的是企业集团和购买企业的固定资产账面价值因计提折旧而逐年递减。

2. 阅读资料:

(1)本章第四节。

(2)《国际财务报告准则》——《国际财务报告准则第 10 号——合并财务报表》。(中国财政经济出版社,2011 年版)

(3)《企业会计准则》——《企业会计准则第 33 号——合并财务报表》。(经济科学出版社,2006 年版)

(4)《企业会计准则——应用指南》——《企业会计准则第 33 号——合并财务报表》应用指南。(中国财政经济出版社,2006 年版)

(5)《企业会计准则讲解》第三十四章第二、三节。(人民出版社,2010 年版)

(6)《企业合并与合并会计报表》——《企业合并会计报表研究》第七、八章,《合并会计报表》第四章。(财政部会计准则委员会,大连出版社,2006 年版)

(7)《高级财务会计》第一篇第五章。(中国注册会计师教育教材编审委员会,经济科学出版社,2002 年版)

(8)《高级财务会计》第五章第四节,第七章第三、四、五节。(张文贤,首都经济贸易大学出版社,2003 年版)

(9)《现代高级会计》第七章,第九章第三、五节。([美] E. 约翰 · 拉森著,张文贤主译,东北财经大学出版社,1999 年版)

(10)《高级会计学》第十章,第十一章第三节。(阎达武、耿建新、戴德明编著,中国人民大学出版社,2002 年版)

(11)《高级财务会计》第三章第一、二节。(刘永泽、傅荣主编,东北财经大学出版社,2004 年版)

(12)《高级会计学》第一篇第三章第三节。(郭立田、李桂荣主编,南开大学出版社,2004 年版)

(13)《2012 年度注册会计师全国统一考试辅导教材——会计》第二十六章第二、三节。(中国注册会计师协会,2012 年版)

3. 需要解答的思考题、练习题:

见学生学习资料的思考题、练习题。

(五)合并现金流量表和合并所有者权益变动表的编制

1. 讲解重点:

(1)合并现金流量表正表和补充资料的编制方法。正表采用合并工作底稿法,补充资料根据合并资产负债表和合并利润表及有关资料编制。

(2)合并所有者权益变动表的编制方法。合并所有者权益变动表可以个别所有者权益变动表为基础剔除重复计算的因素编制,也可根据合并资产负债表和合并利润表及有关资料编制。

2. 阅读资料:

(1)本章第五节。

(2)《国际财务报告准则》——《国际财务报告准则第 10 号——合并财务报表》。(中国财政经济出版社,2005 年版)

(3)《企业会计准则》——《企业会计准则第 33 号——合并财务报表》。(经济科学出版社,2006 年版)

(4)《企业会计准则——应用指南》——《企业会计准则第 33 号——合并财务报表》应用指南。(中国财政经济出版社,2006 年版)

(5)《企业会计准则讲解》第三十四章第四、五节。(人民出版社,2010 年版)

(6)《企业合并与合并会计报表》——《企业合并会计报表研究》第七章,《合并会计报表》第八章。(财政部会计准则委员会,大连出版社,2006 年版)

(7)《高级财务会计》第一篇第八章。(中国注册会计师教育教材编审委员会,经济科学出版社,2002 年版)

(8)《高级财务会计》第八章第二节。(张文贤,首都经济贸易大学出版社,2003 年版)

(9)《现代高级会计》第十章第二节。([美] E. 约翰 · 拉森著,张文贤主译,东北财经大学出版社,1999 年版)

(10)《高级会计学》第十二章第三节。(阎达武、耿建新、戴德明编著,中国人民大学出版社,2002 年版)

(11)《高级财务会计》第三章第三节。(刘永泽、傅荣主编,东北财经大学出版社,2004 年版)

(12)《高级会计学》第一篇第三章第五节。(郭立田、李桂荣主编,南开大学出版社,2004 年版)

(13)《2012 年度注册会计师全国统一考试辅导教材——会计》第二十六章第五、六节。(中国注册会计师协会,2012 年版)

3. 需要解答的思考题、练习题:

见学生学习资料的思考题、练习题。

(六)合并财务报表的特殊问题

1. 讲解重点:

(1) 母公司分次购入子公司股权并最终享有控制权时,商誉和享有子公司净利润金额的确定。

(2)母公司出售子公司部分股权时,投资成本的结转、商誉的确认和当期享有子公司净利润金额的确定。

(3)子公司增发股票引起的母公司投资成本与享有子公司所有者权益份额的差额的处理方法:

①子公司按持股比例向母公司和少数股东增发股票;

②子公司仅向母公司增发股票;

③子公司仅向少数股东增发股票。

(4)在间接控股的情况下,母公司长期股权投资与子公司所有者权益的抵销处理:

①父子孙结构的抵销处理的程序;

②关联附属结构的抵销处理的程序。

(5)相互持股情况下,母公司长期股权投资与子公司所有者权益的抵销处理:

①库藏股法;

②交互分配法。

2. 阅读资料:

(1)本章第六节。

(2)《国际财务报告准则》——《国际财务报告准则第 3 号——企业合并》。(中国财政经济出版社,2005 年版)

(3)《企业会计准则》——《企业会计准则第 20 号——企业合并》。(经济科学出版社,2006 年版)

(4)《企业会计准则　应用指南》——《企业会计准则第 20 号——企业合并》应用指南。(中国财政经济出版社,2006 年版)

(5)《企业会计准则讲解》第二十一章第三节。(人民出版社,2010 年版)

(6)《企业合并与合并会计报表》——《合并会计报表》第六、七章。(财政部会计准则委员会,大连出版社,2006 年版)

(7)《高级财务会计》第一篇第七章。(中国注册会计师教育教材编审委员会,经济科学出版社,2002 年版)

(8)《高级财务会计》第八章第三节,第九章第二、三、五节。(张文贤,首都经济贸易大学出版社,2003 年版)

(9)《现代高级会计》第十章第三节,第十一章。([美] E. 约翰·拉森著,张文贤主译,东北财经大学出版社,1999 年版)

(10)《高级会计学》第十二章第一节。(阎达武、耿建新、戴德明编著,中国人民大学出版社,2002 年版)

3. 需要解答的思考题、练习题:

见学生学习资料的思考题、练习题。

三、课时安排

课堂教学:12 课时;辅导:2 课时。

第四章　总分店经营

一、教学目标

伴随着我国市场经济的发展,越来越多的企业为了满足业务拓展和获取规模经济效益的需求,在本地或其他地区纷纷设置分支机构。分支机构是企业整体的一个组成部分,不具有法人资格,但可以作为独立核算的会计主体。不同行业对其分支机构的称谓不同。本章以商品流通企业的分支机构(分店)为例,介绍总分店经营的会计核算特点以及总分店经营的日常会计核算和期末会计核算。其他企业总部与其分支机构的核算可比照总分店经营的会计核算进行。通过本章学习,学生应了解和掌握:

1. 分支机构的概念和特征。

2. 分支机构与销售代理处和子公司的区别。

3. 销售代理处的会计核算。

4. 总分店经营与连锁经营的关系。

5. 总分店经营在会计核算制度、商品调拨价格、内部往来账户的设置、纳税等方面的特点。

6. 总店向分店调拨商品、分店固定资产、总店费用分摊以及分店之间往来事项等日常会计核算。

7. 总分店内部往来账户余额的核对和期末结账的会计处理。

8. 总分店联合财务报表的编制。

二、教学内容

本章教学内容,可分为以下几个层次讲解。

(一)分支机构概述

1. 讲解重点:

(1)分支机构的特征。

(2)分支机构与销售代理处的区别。

(3)分支机构与子公司的区别。

2. 阅读资料:

(1)本章第一节。

(2)《高级财务会计》第四章第一节。(汤云为主编,上海三联书店,1997 年版)

(3)《高级会计学》第七章第一节。(阎达武、耿建新、戴德明编著,中国人民大学出版社,2005 年版)

3. 需要解答的思考题、练习题:

见学生学习资料的思考题、练习题。

(二)总分店经营及其会计特点

1. 讲解重点:

(1)总分店经营的分散核算制度和集中核算制度。

(2)总分店经营的三种商品调拨价格及其优缺点。

(3)"分店往来"与"总店往来"账户的性质、结构及两者的关系。

2. 阅读资料:

(1)本章第二节。

(2)《高级财务会计》第四章第一节。(汤云为主编,上海三联书店,1997 年版)

(3)《高级财务会计》第二章第一节。(梁莱歆主编,清华大学出版社,2004 年版)

(4)《国内贸易部连锁店经营管理规范意见》。[原国内贸易部发布 1997 第 24 号文(内贸政体法字〔1997〕第 24 号)]

(5)《企业连锁经营有关财务问题的暂行规定》。[财政部发布 1997 年 411 号文(财商字〔1997〕411 号)]

(6)《关于连锁经营企业增值税纳税地点问题的通知》。[财政部、国家税务总局发布 1997 年 97 号文(财税字〔1997〕97 号)]

(7)《关于连锁经营企业有关税收问题的通知》。[财政部、国家税务总局发布

2003年1号文(财税〔2003〕1号)]

3. 需要解答的思考题、练习题:

见学生学习资料的思考题、练习题。

(三)总分店经营的日常会计核算

1. 讲解重点:

(1)总店向分店按成本计价调拨商品的核算。

(2)总店向分店按高于成本计价调拨商品的核算。

(3)分店固定资产的核算。

(4)总店费用分摊的核算。

2. 阅读资料:

(1)本章第三节。

(2)《高级财务会计》第四章第二节。(汤云为主编,上海三联书店,1997年版)

(3)《高级财务会计学》第十一章第三节。(余国杰、白华主编,清华大学出版社,2004年版)

3. 需要解答的思考题、练习题:

见学生学习资料的思考题、练习题。

(四)总分店经营的期末会计核算

1. 讲解重点:

(1)联合财务报表的概念。

(2)联合财务报表的编制方法。

(3)联合财务报表与合并财务报表的异同。

(4)调拨商品按成本计价情况下联合财务报表的编制。

(5)调拨商品按高于成本计价情况下联合财务报表的编制。

2. 阅读资料:

(1)本章第四节。

(2)《高级财务会计》第四章第二节。(汤云为主编,上海三联书店,1997年版)

(3)《高级会计学》第七章第三、四节。(阎达武、耿建新、戴德明编著,中国人民大学出版社,2005年版)

3. 需要解答的思考题、练习题:

见学生学习资料的思考题、练习题。

三、课时安排

课堂教学:3课时;辅导:1课时。

第五章　上市公司的信息披露

一、教学目标

上市公司信息披露是建立现代企业制度的重要内容。本章在阐述上市公司信息披露的特点和意义的基础上,论述上市公司信息披露的基本框架。进而对上市公司信息披露的特殊形式——分部报告、中期财务报告、关联方披露、资产负债表日后事项以及会计政策、会计估计变更及前期差错更正进行分析比较,揭示它们的不同特征和会计处理。通过本章学习,学生应了解和掌握:

1. 上市公司信息的质量特征和基本框架。

2. 分部报告:要能够掌握其划分标准(行业、地区)和披露原则。

3. 中期财务报告:要了解中期报告的编制理论,并能够根据不同情况,对中期经营成果进行相应的会计处理。

4. 关联方披露:能够正确地进行关联方关系的判断和关联方交易类型的划分,以及掌握关联方关系及其交易的披露原则和方法。

5. 资产负债表日后事项:应能够界定资产负债表日后事项的范围,并熟练地对资产负债表日后事项中的调整事项进行会计处理,对非调整事项进行合理披露。

6. 会计政策、会计估计变更和前期差错更正:重点掌握其方法——追溯调整法、未来适用法和追溯重述法的运用,并能够正确把握与前期相关的重大会计差错与非重大会计差错的更正程序和方法。

二、教学内容

本章教学内容可分为以下几个层次讲解。

(一)上市公司信息披露的意义和基本框架

1. 讲解重点:

(1)上市公司信息的质量特征。

(2)上市公司信息的基本框架。

2. 阅读资料:

(1)本章第一节。

(2)公开发行证券的公司信息披露内容与格式准则第 2 号《年度报告的内容与格

式》(证监公司字〔2003〕56 号);www. lawbook. com. cn。

(3)《中华人民共和国公司法》;www. lawbook. com. cn。

(4)《中华人民共和国证券法》;www. lawbook. com. cn。

(5)《上市公司信息披露管理办法》;www. lawbook. com. cn。

(6)《公开发行证券的公司信息披露内容与格式准则第 3 号〈半年度报告的内容与格式〉》;www. lawbook. com. cn。

(7)《股票发行与交易管理暂行条例》;www. lawbook. com. cn。

(8)《公开发行证券的公司信息披露编报规则第 13 号——季度报告内容与格式特别规定》;www. lawbook. com. cn。

3. 需要解答的思考题、练习题:

见学生学习资料的思考题、练习题。

(二)分部报告

1. 讲解重点:

(1)分部报告的要求。

(2)确定分部报告的标准。

(3)分部会计信息的披露。

2. 阅读资料:

(1)本章第二节。

(2)《企业会计准则》——《企业会计准则第 35 号——分部报告》。(经济科学出版社,2006 年版)

(3)《企业会计准则——应用指南》——《企业会计准则第 35 号——分部报告》应用指南。(中国财政经济出版社,2006 年版)

(4)财政部《企业会计准则讲解》。(人民出版社,2007 年版)

(5)全国会计专业资格考试辅导教材《中级会计实务》。(经济科学出版社,2007 年版)

3. 需要解答的思考题、练习题:

见学生学习资料的思考题、练习题。

(三)中期财务报告

1. 讲解重点:

(1)中期财务报告的编制理论及主要内容。

(2)中期财务报告的编制原则和方法。

2. 阅读资料：

(1)本章第三节。

(2)《企业会计准则》——《企业会计准则第32号——中期财务报告》。(经济科学出版社,2006年版)

(3)《企业会计准则——应用指南》——《企业会计准则第32号——中期财务报告》应用指南。(中国财政经济出版社,2006年版)

(4)财政部《企业会计准则讲解》。(人民出版社,2007年版)

(5)全国会计专业资格考试辅导教材《中级会计实务》。(经济科学出版社,2007年版)

3. 需要解答的思考题、练习题：

见学生学习资料的思考题、练习题。

(四)关联方披露

1. 讲解重点：

(1)关联方关系的判断。

(2)关联方交易的类型。

(3)关联方关系的披露原则。

(4)关联方交易的披露原则。

2. 阅读资料：

(1)本章第四节。

(2)《企业会计准则》——《企业会计准则第36号——关联方披露》。(经济科学出版社,2006年版)

(3)《企业会计准则——应用指南》——《企业会计准则第36号——关联方披露》应用指南。(中国财政经济出版社,2006年版)

(4)财政部《企业会计准则讲解》。(人民出版社,2007年版)

(5)全国会计专业资格考试辅导教材《中级会计实务》。(经济科学出版社,2007午版)

3. 需要解答的思考题、练习题：

见学生学习资料的思考题、练习题。

(五)资产负债表日后事项

1. 讲解重点：

(1)资产负债表日后事项的性质和内容。

(2)资产负债表日后事项的会计处理。

(3)资产负债表日后事项的披露。

2. 阅读资料:

(1)本章第五节。

(2)《企业会计准则》——《企业会计准则第 29 号——资产负债表日后事项》。(经济科学出版社,2006 年版)

(3)《企业会计准则——应用指南》——《企业会计准则第 29 号——资产负债表日后事项》应用指南。(中国财政经济出版社,2006 年版)

(4)财政部《企业会计准则讲解》。(人民出版社,2007 年版)

(5)全国会计专业资格考试辅导教材《中级会计实务》。(经济科学出版社,2007 年版)

3. 需要解答的思考题、练习题:

见学生学习资料的思考题、练习题。

(六)会计政策、会计估计变更和前期差错更正

1. 讲解重点:

(1)会计政策、会计估计变更和前期差错更正的性质。

(2)会计政策变更的处理。

(3)会计估计变更的处理。

(4)会计差错更正的处理。

2. 阅读资料:

(1)本章第六节。

(2)《企业会计准则》——《企业会计准则第 28 号——会计政策、会计估计变更和差错更正》。(经济科学出版社,2006 年版)

(3)《企业会计准则——应用指南》——《企业会计准则第 28 号——会计政策、会计估计变更和差错更正》应用指南。(中国财政经济出版社,2006 年版)

(4)财政部《企业会计准则讲解》。(人民出版社,2007 年版)

(5)全国会计专业资格考试辅导教材《中级会计实务》。(经济科学出版社,2007 年版)

3. 需要解答的思考题、练习题:

见学生学习资料的思考题、练习题。

三、本章课时安排

课堂教学:10 课时;辅导:6 课时。

第六章　外币业务

一、教学目标

本章阐述外币业务会计的基本理论与方法。外币业务会计主要涉及外币交易的会计处理及外币财务报表的折算。外币交易会计处理又分为日常会计处理和期末或结算日会计处理。应了解外币交易余额产生汇兑差额的原因及其性质,熟练掌握因汇率变动而产生的外币货币性项目汇兑差额的计算及其处理;比较分析国际上不同外币财务报表折算方法,掌握我国企业外币财务报表折算的具体规定。通过本章的学习,学生应理解和掌握:

1. 外汇、汇率和外币记账方法等基本概念。
2. 外币业务汇兑损益的构成及其处理的不同观点。
3. 我国外币交易日常会计处理方法。
4. 外币货币性项目和外币非货币性项目的区分。
5. 期末或结算日不同项目汇兑差额的计算及其会计处理。
6. 比较分析不同外币财务报表折算方法的理论依据及其特点。
7. 外币财务报表折算损益的性质及其处理方法。
8. 我国外币财务报表折算的具体编报方法。
9. 恶性通货膨胀经济对外币财务报表折算的影响。

二、教学内容

本章教学内容,可分以下几个层次讲解。

(一)外币业务概述

1. 讲解重点:

(1)外汇汇率基本标价方法、主要类别及其用途。

(2)记账本位币的选用原则及适用范围。

(3)分析汇兑损益产生的原因及其性质。

(4)不同外币记账方法的比较。

2. 阅读资料:

(1)《企业会计准则讲解》第二十章第一、二节。(财政部会计司,人民出版社,2006

年版)

(2)《国际会计准则(2000)》——《国际会计准则第21号——汇率变动的影响》。(中国财政经济出版社,2000年版)

(3)《财务会计四大难题》第九章第一节。(常勋著,立信会计出版社,2005年版)

3. 需要解答的思考题、练习题:

见学生学习资料的思考题、练习题。

(二)外币交易会计处理

1. 讲解重点:

(1)外币业务会计处理两种观点比较。

(2)外币交易初始确认原则。

(3)外币货币性项目和外币非货币性项目的划分。

(4)分析汇率波动对外币交易中资产和负债项目的汇兑损益影响。

(5)外币货币项目期末或结算日汇兑差额的计算及其会计处理。

2. 阅读资料:

(1)《企业会计准则讲解》第二十章第三节。(财政部会计司,人民出版社,2006年版)

(2)《国际会计准则(2000)》——《国际会计准则第21号——汇率变动的影响》。(中国财政经济出版社,2000年版)

(3)《财务会计四大难题》第九章第二、三、四节。(常勋著,立信会计出版社,2005年版)

3. 需要解答的思考题、练习题:

见学生学习资料的思考题、练习题。

(三)外币财务报表折算

1. 讲解重点:

(1)不同外币财务报表折算方法的理论依据及其特点与发展。

(2)分析比较外币财务报表折算损益的性质。

(3)我国外币财务报表折算的具体编报方法。

(4)恶性通货膨胀经济对外币财务报表折算的影响。

2. 阅读资料:

(1)《企业会计准则讲解》第二十章第四节。(财政部会计司,人民出版社,2006年版)

(2)《国际会计准则(2000)》——《国际会计准则第21号——汇率变动的影响》。(中国财政经济出版社,2000年版)

(3)《财务会计四大难题》第十一章。(常勋著,立信会计出版社,2005 年版)

3. 需要解答的思考题、练习题:

见学生学习资料的思考题、练习题。

三、课时安排

课堂教学:4 课时;辅导:2 课时。

第七章　所得税

一、教学目标

所得税作为企业的一项重要费用支出在各类企业中均居于重要的地位,相应的其会计核算也十分重要。2006 年 2 月财政部颁布的《企业会计准则第 18 号——所得税》,取消了我国企业多年来对所得税核算采用的应付税款法和递延法以及以利润表为基础的债务法,而代之以资产负债表债务法,从而实现了与国际会计准则的趋同。通过本章的学习,学生应该了解和掌握:

1. 所得税的性质。
2. 所得税会计的产生与发展。
3. 资产负债表债务法的意义以及核算程序。
4. 资产、负债计税基础的含义及其确定。
5. 暂时性差异的含义和分类。
6. 资产、负债项目和特殊项目的暂时性差异的确定。
7. 确认递延所得税资产和递延所得税负债的意义。
8. 递延所得税资产确认的一般原则、确认时应注意的问题、不应确认的特殊情况以及计量和账务处理。
9. 递延所得税负债确认的一般原则、确认时应注意的问题、不应确认的特殊情况以及计量和账务处理。
10. 所得税费用的确认、计量与账务处理(包括当期所得税和递延所得税)。
11. 所得税在报表中的列报以及在附注中应披露的信息。

二、教学内容

本章教学内容可分以下几个层次讲解。

（一）所得税会计概述

1. 讲解重点：

资产负债表债务法及其意义。

2. 阅读资料：

(1)本章第一节。

(2)《企业所得税会计处理的暂行规定》(财政部发布财会字[1994]第025号)。

(3)《中华人民共和国企业所得税法》(2007年3月16日第十届全国人民代表大会第五次会议通过)。

(4)《企业会计制度(2001)》第七章第一百零七条。(中华人民共和国财政部制定,经济科学出版社,2001年版)

(5)《所得税会计》。(财政部会计准则委员会编,大连出版社,2006年版)

(6)《高级会计学》第二章第一节。(阎达五、耿建新、戴德明,中国人民大学出版社,2005年版)

(7)《高级财务会计》第二章第一节。(李大诚,中国财政经济出版社,2000年版)

(8)《美国财务会计准则(中册)》——《美国财务会计准则第96号、100号、103号、108号和109号——所得税的会计处理》。(美国财务会计准则委员会制定,经济科学出版社,2002年版)

3. 需要解答的思考题、练习题：

见学生学习资料的思考题、练习题。

（二）资产、负债的计税基础及暂时性差异

1. 讲解重点：

(1)资产计税基础和负债计税基础的含义。

(2)暂时性差异的含义和分类。

(3)可抵扣暂时性差异和应纳税暂时性差异的含义。

(4)常见的资产、负债项目账面价值和计税基础以及所产生的暂时性差异。

(5)企业合并中取得的资产、负债产生的暂时性差异。

(6)特殊项目产生的暂时性差异。

2. 阅读资料：

(1)本章第二节。

(2)《企业会计准则(2006)》——《企业会计准则第18号——所得税》。(中华人民共和国财政部制定,经济科学出版社,2006年版)

(3)《企业会计准则——应用指南(2006)》——《企业会计准则第18号——所得

税》应用指南。(中华人民共和国财政部制定,中国财政经济出版社,2006 年版)

(4)《企业会计准则讲解(2006)》第十九章第二节。(财政部会计司编写组,人民出版社,2006 年版)

(5)《国际会计准则(2004)》——《国际会计准则第 12 号——所得税》。(国际会计准则委员会制定,中国财政经济出版社,2004 年版)

(6)《美国财务会计准则(中册)》——《美国财务会计准则第 109 号——所得税的会计处理》。(美国财务会计准则委员会制定,经济科学出版社,2002 年版)

(7)《所得税会计》。(财政部会计准则委员会编,大连出版社,2006 年版)

(8)《高级财务会计》第十八章第四节。(汤云为,上海三联书店,1995 年版)

(9)《国际会计准则与财务报告准则:研究与比较》——《IAS12 所得税》。(汪祥耀等,立信会计出版社,2004 年版)

3. 需要解答的思考题、练习题:

见学生学习资料的思考题、练习题。

(三)递延所得税资产和递延所得税负债的确认与计量

1. 讲解重点:

(1)确认递延所得税资产和递延所得税负债的意义。

(2)确认递延所得税资产的一般原则、应注意的问题以及不确认递延所得税资产的特殊情况。

(3)确认递延所得税负债的一般原则、应注意的问题以及不确认递延所得税负债的特殊情况。

(4)计量递延所得税资产和递延所得税负债适用税率的确定。

(5)递延所得税资产账面价值的复核。

(6)递延所得税资产和递延所得税负债确认与转回的账务处理。

2. 阅读资料:

(1)本章第三节。

(2)《企业会计准则(2006)》——《企业会计准则第 18 号——所得税》。(中华人民共和国财政部制定,经济科学出版社,2006 年版)

(3)《企业会计准则——应用指南(2006)》——《企业会计准则第 18 号——所得税》应用指南。(中华人民共和国财政部制定,中国财政经济出版社,2006 年版)

(4)《企业会计准则讲解(2006)》第十九章第三节。(财政部会计司编写组,人民出版社,2006 年版)

(5)《国际会计准则(2004)》——《国际会计准则第 12 号——所得税》。(国际会

计准则委员会制定,中国财经出版社,2004 年版)

(6)《美国财务会计准则(中册)》——《美国财务会计准则第 109 号——所得税的会计处理》。(美国财务会计准则委员会制定,经济科学出版社,2002 年版)

(7)《中华人民共和国企业所得税法》(2007 年 3 月 16 日第十届全国人民代表大会第五次会议通过)。

(8)《国家税务总局关于企业股权投资业务若干所得税问题的通知》(国税发〔2000〕118 号)。

(9)《国家税务总局关于企业合并分立业务有关所得税问题的通知》(国税发〔2000〕119 号)。

(10)《所得税会计》。(财政部会计准则委员会编,大连出版社,2006 年版)

3. 需要解答的思考题、练习题:

见学生学习资料的思考题、练习题。

(四)所得税费用的确认与计量

1. 讲解重点:

(1)当期所得税的计算与账务处理。

(2)递延所得税的计算与账务处理。

(3)所得税费用的计算与账务处理。

2. 阅读资料:

(1)本章第四节。

(2)《中华人民共和国企业所得税法》(2007 年 3 月 16 日第十届全国人民代表大会第五次会议通过)。

(3)《企业会计准则(2006)》——《企业会计准则第 18 号——所得税》。(中华人民共和国财政部制定,经济科学出版社,2006 年版)

(4)《企业会计准则——应用指南(2006)》——《企业会计准则第 18 号——所得税》应用指南。(中华人民共和国财政部制定,中国财政经济出版社,2006 年版)

(5)《企业会计准则讲解(2006)》第十九章第四节。(财政部会计司编写组,人民出版社,2006 年版)

(6)《国际会计准则(2004)》——《国际会计准则第 12 号——所得税》。(国际会计准则委员会制定,中国财经出版社,2004 年版)

(7)《美国财务会计准则(中册)》——《美国财务会计准则第 109 号——所得税的会计处理》。(美国财务会计准则委员会制定,经济科学出版社,2002 年版)

(8)《高级财务会计》第十八章第五节。(汤云为,上海三联书店,1995 年版)

(9)《2007年度注册会计师统一考试辅导教材——税法》第十四章第三节。(中国注册会计师协会编写,经济科学出版社,2007年版)

3. 需要解答的思考题、练习题:

见学生学习资料的思考题、练习题。

(五)所得税的列报

1. 讲解重点:

我国所得税准则中有关所得税在资产负债表和利润表中列示的方法,以及在附注中应披露的信息。

2. 阅读资料:

(1)本章第五节。

(2)《企业会计准则(2006)》——《企业会计准则第18号——所得税》。(中华人民共和国财政部制定,经济科学出版社,2006年版)

(3)《国际会计准则(2004)》——《国际会计准则第12号——所得税》。(国际会计准则委员会制定,中国财政经济出版社,2004年版)

(4)《美国财务会计准则(中册)》——《美国财务会计准则第109号——所得税的会计处理》。(美国财务会计准则委员会制定,经济科学出版社,2002年版)

(5)《所得税会计》。(财政部会计准则委员会编,大连出版社,2006年版)

(6)《国际会计准则与财务报告准则:研究与比较》——《IAS12 所得税》。(汪祥耀等,立信会计出版社,2004年版)

3. 需要解答的思考题、练习题:

见学生学习资料的思考题、练习题。

三、课时安排

课堂教学:8课时;辅导:4课时。

第八章　非货币性资产交换

一、教学目标

非货币性资产交换是一种非经常性的特殊交易行为,是交易双方主要以存货、固定资产、无形资产和长期股权投资等非货币性资产进行的交换。该交换不涉及或只涉及

少量的货币性资产。通过本章学习,学生应了解和掌握:

1. 非货币性资产交换的概念。

2. 非货币性资产交换的特点及其判断标准。

3. 货币性资产交换交易与非货币性资产交换交易的主要区别。

4. 非货币性资产交换具有商业实质的判定条件。

5. 非货币性资产交换同时满足该项交换具有商业实质和换入资产或换出资产的公允价值能够可靠计量的会计处理。

6. 非货币性资产交换不同时满足该项交换具有商业实质和换入资产或换出资产的公允价值能够可靠计量的会计处理。

7. 非货币性资产交换同时换入多项资产的会计处理。

二、教学内容

本章教学内容,可分以下几个层次讲解。

(一)非货币性资产交换的概念、特点及判断标准

1. 讲解重点:

(1)非货币性资产交换的概念。

(2)非货币性资产交换交易的特点及判定标准。

2. 阅读资料:

(1)本章第一节。

(2)《企业会计准则》——《企业会计准则第 7 号——非货币性资产交换》。(财政部制定,经济科学出版社,2006 年版)

(3)《企业会计准则——应用指南》——《企业会计准则第 7 号——非货币性资产交换》。(财政部制定,中国财政经济出版社,2006 年版)

(4)《企业会计准则讲解》第八章第一节。(财政部会计司编写组,人民出版社,2007 年版)

(5)全国会计专业资格考试辅导教材《中级会计实务》第八章第一节。(财政部会计资格评价中心,经济科学出版社,2007 年版)

3. 需要解答的思考题、练习题:

见学生学习资料的思考题、练习题。

(二)货币性资产交换交易与非货币性资产交换交易的主要区别

1. 讲解重点:

货币性资产交换交易与非货币性资产交换交易的主要区别是,资产在将来为企业

带来的经济利益，即货币金额，是否是固定的或可确定的。

2. 阅读资料：

(1)本章第一节。

(2)《企业会计准则》——《企业会计准则第7号——非货币性资产交换》。(财政部制定，经济科学出版社，2006年版)

(3)《企业会计准则——应用指南》——《企业会计准则第7号——非货币性资产交换》。(财政部制定，中国财政经济出版社，2006年版)

(4)《企业会计准则讲解》第八章第一节。(财政部会计司编写组，人民出版社，2007年版)

(5)全国会计专业资格考试辅导教材《中级会计实务》第八章第一节。(财政部会计资格评价中心，经济科学出版社，2007年版)

3. 需要解答的思考题、练习题：

见学生学习资料的思考题、练习题。

(三)按公允价值计量的非货币性资产交换

1. 讲解重点：

(1)非货币性资产交换具有商业实质的判断标准。

(2)非货币性资产交换公允价值能够可靠计量的确定。

(3)不涉及补价的非货币性资产交换的会计处理。

(4)涉及补价的非货币性资产交换的会计处理。

2. 阅读资料：

(1)本章第二节。

(2)《企业会计准则》——《企业会计准则第7号——非货币性资产交换》。(财政部制定，经济科学出版社，2006年版)

(3)《企业会计准则——应用指南》——《企业会计准则第7号——非货币性资产交换》。(财政部制定，中国财政经济出版社，2006年版)

(4)《企业会计准则讲解》第八章第二节。(财政部会计司编写组，人民出版社，2007年版)

(5)全国会计专业资格考试辅导教材《中级会计实务》第八章第二节。(财政部会计资格评价中心，经济科学出版社，2007年版)

3. 需要解答的思考题、练习题：

见学生学习资料的思考题、练习题。

(四)按账面价值计量的非货币性资产交换

1. 讲解重点:

(1)不涉及补价的非货币性资产交换。

(2)涉及补价的非货币性资产交换。

2. 阅读资料:

(1)本章第三节。

(2)《企业会计准则》——《企业会计准则第 7 号——非货币性资产交换》。(财政部制定,经济科学出版社,2006 年版)

(3)《企业会计准则——应用指南》——《企业会计准则第 7 号——非货币性资产交换》。(财政部制定,中国财政经济出版社,2006 年版)

(4)《企业会计准则讲解》第八章第三节。(财政部会计司编写组,人民出版社,2007 年版)

(5)全国会计专业资格考试辅导教材《中级会计实务》第八章第二节。(财政部会计资格评价中心,经济科学出版社,2007 年版)

3. 需要解答的思考题、练习题:

见学生学习资料的思考题、练习题。

(五)涉及多项非货币性资产的交换

1. 讲解重点:

(1)换入涉及多项非货币性资产的交换按公允价值的计量。

(2)换入涉及多项非货币性资产的交换按账面价值的计量。

(3)涉及多项非货币性资产交换按公允价值计量的会计处理。

(4)涉及多项非货币性资产交换按账面价值计量的会计处理。

2. 阅读资料:

(1)本章第四节。

(2)《企业会计准则》——《企业会计准则第 7 号——非货币性资产交换》。(财政部制定,经济科学出版社,2006 年版)

(3)《企业会计准则——应用指南》——《企业会计准则第 7 号——非货币性资产交换》。(财政部制定,中国财政经济出版社,2006 年版)

(4)《企业会计准则讲解》第八章第三节。(财政部会计司编写组,人民出版社,2007 年版)

(5)全国会计专业资格考试辅导教材《中级会计实务》第八章第二节。(财政部会计资格评价中心,经济科学出版社,2007 年版)

3. 需要解答的思考题、练习题：
见学生学习资料的思考题、练习题。

三、课时安排

课堂教学:4 课时;辅导:2 课时。

第九章　金融工具

一、教学目标

随着经济和资本市场的蓬勃发展,各种新型金融工具不断涌现,相对于金融工具本身的发展,金融工具会计的发展却存在着一定程度的滞后,本章内容是依据最新的会计准则安排的,内容比较新也比较难,教师在授课时要做到主次分明,重点突出。通过本章学习,学生应了解和掌握：

1. 金融工具的概念及分类。
2. 衍生工具一般业务的会计处理。
3. 嵌入衍生工具的会计处理原则和混合工具分拆的会计处理。
4. 套期保值的会计处理。
5. 权益工具相关的衍生工具的会计处理和混合工具分拆的会计处理。
6. 金融工具列报。

二、教学内容

本章教学内容,可分以下几个层次讲解。

(一)金融工具会计概述

1. 讲解重点：
(1)金融工具的概念。
(2)金融工具的分类。
(3)金融工具会计的基本问题。
2. 阅读资料：
(1)本章第一节。
(2)《企业会计准则讲解》第二十三章第一节。

(3)《金融工具会计》第一章。(李荣林,上海财经大学出版社,2003年版)

(4)《金融工具会计》第一章和第二章。(郑磊,吴超,清华大学出版社,2004年版)

3. 需要解答的思考题、练习题:

见学生学习资料的思考题、练习题。

(二)衍生工具会计处理

1. 讲解重点:

(1)衍生工具一般业务会计科目的设置及具体处理。

(2)嵌入衍生工具的处理原则及会计处理。

(3)套期保值的概念、分类及会计处理。

2. 阅读资料:

(1)本章第二节、第三节和第四节。

(2)《企业会计准则讲解》第二十三章第五节、第二十三章。(财政部会计司编写组,人民出版社,2006年版)

(3)《高级财务会计》第十二章第一至第五节。(陈文军,立信会计出版社,2007年版)

3. 需要解答的思考题、练习题:

见学生学习资料的思考题、练习题。

(三)权益工具和混合工具的会计处理

1. 讲解重点:

(1)权益工具和金融负债的区分原则。

(2)权益工具产生的衍生工具的核算。

(3)混合工具的分拆。

2. 阅读资料:

(1)本章第五节。

(2)《企业会计准则讲解》第三十八章第二节。(财政部会计司编写组,人民出版社,2006年版)

3. 需要解答的思考题、练习题:

见学生学习资料的思考题、练习题。

(四)金融工具列报

1. 讲解重点:

(1)金融工具的表内列示。

(2)金融工具信息披露的基本内容。

2. 阅读资料：

(1)本章第六节。

(2)《企业会计准则讲解》第三十八章第三节。(财政部会计司编写组,人民出版社,2006 年版)

(3)《高级财务会计》第十二章第六节。(陈文军著,立信会计出版社,2007 年版)

3. 需要解答的思考题、练习题：

见学生学习资料的思考题、练习题。

三、课时安排

课堂教学:8 课时;辅导:2 课时。

第十章　租　赁

一、教学目标

租赁是企业筹资、融资或投资等重要的理财活动之一。通过本章的学习,应在了解租赁业务的特点和意义的基础上,掌握租赁业务的分类;进而,能够对租赁业务的主要形式——经营租赁和融资租赁进行分析比较,把握它们的不同特征以及会计处理方法。尤其是融资租赁会计,是本章学习的一个重点和难点。对此,应从租金的计算、承租人会计处理和出租人会计处理三个方面掌握。此外,对于其他租赁业务,如转租租赁、回租租赁、不动产租赁和杠杆租赁,应了解它们的不同特点和相应的核算方法。通过本章学习,学生应了解和掌握：

1. 租赁的概念。
2. 租赁业务的分类。
3. 经营租赁的会计处理。
4. 融资租赁租金的计算。
5. 融资租赁承租人的会计处理。
6. 融资租赁出租人的会计处理。
7. 转租租赁、回租租赁、不动产租赁和杠杆租赁的不同特点和相应的核算方法。

二、教学内容

本章教学内容涵盖教材第一至第四节的内容,可分以下几个层次讲解。

（一）租赁的性质及其分类

1. 讲解重点：

(1)租赁的性质。

(2)租赁的分类。

2. 阅读资料：

(1)本章第一节。

(2)《企业会计准则》——《企业会计准则第 21 号——租赁》。(经济科学出版社，2006 年版)

(3)《企业会计准则——应用指南》——《企业会计准则第 21 号——租赁》应用指南。(中国财政经济出版社,2006 年版)

(4)财政部《企业会计准则讲解》(人民出版社,2007 年版)

(5)全国会计专业资格考试辅导教材《中级会计实务》。(经济科学出版社,2007 年版)

3. 需要解答的思考题、练习题：

见学生学习资料的思考题、练习题。

（二）经营租赁的会计处理

1. 讲解重点：

经营租赁的会计处理要求，即我国经营租赁会计处理规定与国际会计准则规定的比较。

2. 阅读资料：

(1)本章第二节。

(2)《企业会计准则》——《企业会计准则第 21 号——租赁》。(经济科学出版社，2006 年版)

(3)《企业会计准则——应用指南》——《企业会计准则第 21 号——租赁》应用指南。(中国财政经济出版社,2006 年版)

(4)财政部《企业会计准则讲解》。(人民出版社,2007 年版)

(5)全国会计专业资格考试辅导教材《中级会计实务》。(经济科学出版社,2007 年版)

3. 需要解答的思考题、练习题：

见学生学习资料的思考题、练习题。

（三）融资租赁的会计处理

1. 讲解重点：

(1)租金构成和租金计算。

①构成租金的主要因素；

②租金的计算方法，包括等额年金法、等差变额年金法和等比变额年金法。

(2)承租人的会计处理原则，即我国融资租赁会计处理规定与国际会计准则规定的比较。

(3)最低租赁付款额及现值的确定。

(4)承租人的会计处理。

(5)出租人的会计处理。

2. 阅读资料：

(1)本章第三节。

(2)《企业会计准则》——《企业会计准则第 21 号——租赁》。(经济科学出版社，2006 年版)

(3)《企业会计准则——应用指南》——《企业会计准则第 21 号——租赁》应用指南。(中国财政经济出版社，2006 年版)

(4)财政部《企业会计准则讲解》。(人民出版社，2007 年版)

(5)全国会计专业资格考试辅导教材《中级会计实务》。(经济科学出版社，2007 年版)

3. 需要解答的思考题、练习题：

见学生学习资料的思考题、练习题。

(四)其他租赁业务的会计处理

1. 讲解重点：

(1)转租租赁业务的会计处理。

(2)售后回租的会计处理。

(3)不动产租赁的会计处理。

(4)杠杆租赁的会计处理。

2. 阅读资料：

(1)本章第四节。

(2)《企业会计准则》——《企业会计准则第 21 号——租赁》。(经济科学出版社，2006 年版)

(3)《企业会计准则——应用指南》——《企业会计准则第 21 号——租赁》应用指南。(中国财政经济出版社，2006 年版)

(4)财政部《企业会计准则讲解》。(人民出版社，2007 年版)

(5)全国会计专业资格考试辅导教材《中级会计实务》。(经济科学出版社，2007 年版)

3. 需要解答的思考题、练习题：
见学生学习资料的思考题、练习题。

三、课时安排

课堂教学:8 课时;辅导:3 课时。

第十一章 债务重组和破产清算

一、教学目标

债务重组是解决债权人和债务人之间针对现有债务如何清偿所发生的经济事项；企业破产则是债务人不能清偿到期债务或资不抵债的客观事实。通过本章学习,学生应了解和掌握：

1. 债务重组的含义和基本特征。
2. 债务重组的方式。
3. 债务重组核算的原则。
4. 不同债务重组方式下债务人和债权人的会计处理。
5. 企业破产的含义、原因及特征。
6. 企业破产的程序。
7. 破产清算会计的假设。
8. 破产清算会计的核算原则。
9. 破产企业的会计处理。
10. 管理人的会计处理。

二、教学内容

本章教学内容涵盖教材第一至第二节的内容,可分以下几个层次讲解。

(一)债务重组的含义和基本特征

1. 讲解重点：

债务重组,按照我国《企业会计准则——债务重组》中的定义,是指在债务人发生财务困难的情况下,债权人按照其与债务人达成的协议或者法院的裁定做出让步的事项。其中"债务人发生财务困难",是指因债务人出现资金周转困难、经营陷入困境或者其他方面的原因等,导致其无法或者没有能力按原定条件偿还债务的情况;"债权人作出让步",是指债权人同意发生财务困难的债务人现在或者将来以低于重组债务账面价值的金额或者价值偿还债务;“债权人作出让步”的情形主要包括:债权人减免债务人部分债务本金或者利息、降低债务人应付债务的利率等。

需要注意的是:企业在认定债务重组时,应当遵循实质重于形式的原则,综合考虑债权人和债务人是否在自愿基础上达成重组协议、是否由法院作出裁定、债权人和债务人是否相互独立、是否构成关联方关系或者关联方关系是否对债务重组产生实质影响等情形加以判断。

2. 阅读资料:

(1)本章第一节。

(2)《企业会计准则——债务重组》——《企业会计准则第12号——债务重组》。(财政部制定,经济科学出版社,2006年版)

(3)《企业会计准则指南》——《企业会计准则第12号——债务重组》。(财政部制定,中国财经出版社,2006年版)

(4)《企业会计准则讲解》第十三章第一节。(财政部会计司编写组,人民出版社,2007年版)

(5)《国际会计准则2001》——《国际会计准则第39号——金融工具》。(中国财政经济出版社,2001年版)

(6)全国会计专业资格考试辅导教材《中级会计实务》第十一章第一节。(财政部会计资格评价中心,经济科学出版社,2007年1月)

3. 需要解答的思考题、练习题:

见学生学习资料的思考题、练习题。

(二)债务重组的方式

1. 讲解重点:

债务重组的方式主要包括:

(1)以资产清偿债务(包括以低于债务账面价值的现金清偿债务、非现金资产清偿债务)。

(2)将债务转为资本。

(3)修改其他债务条件,如减少债务本金、减少债务利息等。

(4)以上三种方式的组合。即债务重组以现金清偿债务、非现金资产清偿债务、债务转为资本、修改其他债务条件等方式的组合进行。

2. 阅读资料:

(1)本章第一节。

(2)《企业会计准则——债务重组》——《企业会计准则第12号——债务重组》。

（财政部制定，经济科学出版社，2006 年版）

（3）《企业会计准则指南》——《企业会计准则第 12 号——债务重组》。（财政部制定，中国财政经济出版社，2006 年版）

（4）《企业会计准则讲解》第十三章第一节。（财政部会计司编写组，人民出版社，2007 年版）

（5）《国际会计准则 2001》——《国际会计准则第 39 号——金融工具》。（中国财经出版社，2001 年版）

（6）全国会计专业资格考试辅导教材《中级会计实务》第十一章第一节。（财政部会计资格评价中心，经济科学出版社，2007 年版）

3. 需要解答的思考题、练习题：

见学生学习资料的思考题、练习题。

（三）债务重组核算的原则

1. 讲解重点：

企业应根据债务重组方式的不同，在债务重组日进行以下相应的会计处理，以确认和计量债务重组利得和损失。

2. 阅读资料：

（1）本章第一节。

（2）《企业会计准则——债务重组》——《企业会计准则第 12 号——债务重组》。（财政部制定，经济科学出版社，2006 年版）

（3）《企业会计准则指南》——《企业会计准则第 12 号——债务重组》。（财政部制定，中国财政经济出版社，2006 年版）

（4）《企业会计准则讲解》第十三章第一节。（财政部会计司编写组，人民出版社，2007 年版）

（5）《国际会计准则 2001》——《国际会计准则第 39 号——金融工具》。（中国财经出版社，2001 年版）

（6）全国会计专业资格考试辅导教材《中级会计实务》第十一章第一节。（财政部会计资格评价中心，经济科学出版社，2007 年版）

3. 需要解答的思考题、练习题：

见学生学习资料的思考题、练习题。

（四）用以清偿债务的非现金资产公允价值的计量

1. 讲解重点：

如果非现金资产属于企业持有的股票、债券、基金等金融资产，且该金融资产存在活跃市场的，则应当按照《企业会计准则第 22 号——金融工具确认和计量》的规定确定其公允价值，即按金融资产的市价作为非现金资产的公允价值。如果非现金资产属于存货、固定资产、无形资产等其他资产，且存在活跃市场的，则应当以这些非现金资产的市场价格为基础确定其公允价值；对于不存在活跃市场但与其类似资产存在活跃市场的，则应当以类似资产的市场价格为基础确定其公允价值。

如果采用上述两种方法仍不能确定非现金资产公允价值的，则应当采用估值技术等合理的方法确定其公允价值。

对于非现金资产属于金融资产，但该金融资产不存在活跃市场的，应当采用《企业会计准则第 22 号——金融工具确认和计量》规定的估值技术等合理的方法确定其公允价值。

2. 阅读资料：

(1) 本章第二节。

(2)《企业会计准则—债务重组》——《企业会计准则第 12 号——债务重组》。(财政部制定，经济科学出版社，2006 年版)

(3)《企业会计准则指南》——《企业会计准则第 12 号——债务重组》。(财政部制定，中国财政经济出版社，2006 年版)

(4)《企业会计准则讲解》第十三章第二节。(财政部会计司编写组，人民出版社，2007 年版)

(5)《国际会计准则 2001》——《国际会计准则第 39 号——金融工具》。(中国财政经济出版社，2001 年版)

(6) 全国会计专业资格考试辅导教材《中级会计实务》第十一章第二节。(财政部会计资格评价中心，经济科学出版社，2007 年版)

3. 需要解答的思考题、练习题：

见学生学习资料的思考题、练习题。

(五) 不同债务重组方式下债务人和债权人的会计处理

1. 讲解重点：

(1) 以现金清偿债务。

(2) 以非现金资产清偿债务。

(3) 以债务转为资本清偿债务。

(4) 以修改其他债务条件清偿债务。

企业以修改其他债务条件进行债务重组时，应分别是否涉及或有应付金额进行其会计处理。

(5) 以混合重组方式清偿债务。

2. 阅读资料：

(1)本章第一节。

(2)《企业会计准则——债务重组》——《企业会计准则第 12 号——债务重组》。(财政部制定,经济科学出版社,2006 年版)

(3)《企业会计准则指南》——《企业会计准则第 12 号——债务重组》。(财政部制定,中国财经出版社,2006 年版)

(4)《企业会计准则讲解》第十三章第一节。(财政部会计司编写组,人民出版社,2007 年版)

(5)《国际会计准则 2001》——《国际会计准则第 39 号——金融工具》。(中国财政经济出版社,2001 年版)

(6)全国会计专业资格考试辅导教材《中级会计实务》第十一章第一节。(财政部会计资格评价中心,经济科学出版社,2007 年版)

3. 需要解答的思考题、练习题：

见学生学习资料的思考题、练习题。

(六)企业破产的程序

1. 讲解重点：

企业破产法为使债权人获得公平清偿而对企业破产规定了三种特别程序,即重整、和解、破产清算程序。其中,破产清算程序包括破产宣告、破产财产的变价和分配、破产程序的终结、追加分配四个步骤。

2. 阅读资料：

(1)本章第二节。

(2)《高级会计学》第十六章第一节。(阎达五、耿建新、戴德明,中国人民大学出版社,2002 年版)

(3)《高级会计学》第十二章第二节。(耿建新、张天西,经济科学出版社,2000 年版)

(4)《中华人民共和国企业破产法》。(2006 年版)

3. 需要解答的思考题、练习题：

见学生学习资料的思考题、练习题。

(七)破产清算会计的特点

1. 讲解重点：

破产清算会计属于财务会计的一个分支,它既与常规财务会计存在密切的联系,又与常规财务会计有许多不同之处。它在会计核算上有其自身的特点,主要表现在破产会计的目标、假设、核算原则，破产清算会计在其资产、负债计量上的特点，破产清算会计财务报告的特点等方面。

2. 阅读资料：

(1)本章第二节。

(2)《高级会计学》第十六章第一节。(阎达五、耿建新、戴德明编著，中国人民大学出版社，2002 年版)

(3)《高级会计学》第十二章第二节。(耿建新、张天西，经济科学出版社，2000 年版)

(4)《中华人民共和国企业破产法》。(2006 年版)

3. 需要解答的思考题、练习题：

见学生学习资料的思考题、练习题。

(八)破产财产的概念和内容

1. 讲解重点：

破产财产不仅包括破产案件受理时属于债务人的全部财产，也包括破产案件受理后至破产程序终结前债务人取得的财产。破产案件受理时属于债务人的全部财产是指债务人在破产宣告时所有的或者经营管理的全部财产。债务人财产具体由以下四个方面构成：①宣告破产时破产企业所有或者经营管理的全部财产，包括各种流动资产、持有至到期投资、长期股权投资、固定资产、无形资产和财产权益等。②破产案件受理时，破产企业仍实际占有的财产。③设定了担保权益或优先权的财产。新破产法中，已作担保物的财产仍然属于债务人财产，具体包括抵押物、留置物、出质物；担保物灭失后产生的保险金、补偿金、赔偿金等代位物以及依照法律规定存在优先权的财产。④应当由破产企业行使的财产权利。

2. 阅读资料：

(1)本章第二节。

(2)《中华人民共和国企业破产法》。(2006 年版)

3. 需要解答的思考题、练习题：

见学生学习资料的思考题、练习题。

(九)破产费用和共益债务的内容

1. 讲解重点：

所谓破产费用，是指破产过程中，为保障破产程序(包括重整、和解、破产清算)的顺利进行而支付的费用。主要包括：破产案件的诉讼费用；管理、变价和分配债务人财产的费用；管理人执行职务的费用、报酬和聘用工作人员的费用。所谓共益债务，是指为维护破产利害关系人的共同利益，以破产财产为基础所形成的债务。共益债务包括：因管理人或者债务人请求对方当事人履行双方均未履行完毕的合同所产生的债务；债务人财产受无因管理所产生的债务；因债务人不当得利所产生的债务；为债务人继续营业而应支付的劳动报酬和社会保险费用以及由此产生的其他债务；管理人或者相关人员执行职务致人损害所产生的债务；债务人财产致人损害所产生的债务六项内容。

2. 阅读资料：

(1)本章第二节。

(2)《中华人民共和国企业破产法》。(2006 年版)

3. 需要解答的思考题、练习题：

见学生学习资料的思考题、练习题。

(十)破产企业破产财产在优先清偿破产费用和共益债务后的清偿顺序

1. 讲解重点：

根据我国新企业破产法等法规的规定，依照下列顺序清偿：①破产人所欠职工的工资和医疗、伤残补助、抚恤费用，所欠的应当划入职工个人账户的基本养老保险、基本医疗保险费用以及法律、行政法规规定应当支付给职工的补偿金；②破产人欠缴的除前项规定以外的社会保险费用和破产人所欠税款；③普通债权人的债权。

需要注意的是：①破产财产不足以清偿同一顺序的清偿要求的，按照比例分配。破产企业的董事、监事和高级管理人员的工资按照该企业职工的平均工资计算。②依照新破产法第的规定，破产财产清偿后不足以清偿的部分，对破产人的特定财产享有担保权的权利人，对该特定财产享有优先受偿的权利。债权人行使优先受偿权利未能完全受偿的，其未受偿的债权作为普通债权；放弃优先受偿权利的，其债权作为普通债权。

2. 阅读资料：

(1)本章第二节。

(2)《中华人民共和国企业破产法》。(2006 年版)

3. 需要解答的思考题、练习题：

见学生学习资料的思考题、练习题。

三、课时安排

课堂教学：8 课时；辅导：3 课时。

学生学习资料

第一章 企业合并

一、专业术语

企业合并　吸收合并　新设合并　控股合并　同一控制下的企业合并　非同一控制下的企业合并　合并日　购买日　合并对价　合并成本　购买成本　直接相关费用　购买法　权益结合法　合并商誉　合并损益(或负商誉)

二、思考题

1. 如何判断某项企业合并属于同一控制下的企业合并还是非同一控制下的企业合并?

2. 如何确定合并日或购买日?

3. 在购买法下,如何确定企业合并成本和商誉?

4. 在权益法下,实施合并企业发行在外的股份面值总和与参与合并企业的投入资本合计数不相等时,如何确定合并后所有者权益各项目的金额?

5. 通过企业合并购买法和权益法的比较,说明权益法的应用条件受到严格限制的原因。

三、练习题

(一)判断题

1. 企业合并按其法律形式可以分为购买合并和权益结合合并。(　　)

2. 企业合并的购买法只适用于用现金及其等价物取得被购买企业的净资产。(　　)

3. 在权益结合法下,不论合并日还是合并日后都会对企业的利润和利润分配产生有利影响,为了防止企业盲目采用权益结合法,多数国家都对权益结合法的运用作出了严格的规定。(　　)

4. 不论采用购买法还是权益结合法进行企业合并的会计处理,都可能形成合并商誉。(　　)

5. 非同一控制下的企业合并中,所发生的各项直接相关费用应计入企业合并成本。(　　)

6. 在同一控制下的企业合并中,合并方取得的净资产账面价值与支付的合并对价账面价值的差额应计入当期损益。(　　)

7. 在非同一控制下的企业合并中,经审核后合并成本仍小于合并中取得的被购买方可辨认净资产公允价值份额的,其差额应计入当期损益。(　　)

8. 在购买法下,编制合并财务报表时应以购买日确定的各项可辨认资产、负债及或有负债的公允价值为基础对子公司的财务报表进行调整。(　　)

(二)单项选择题

1. 甲公司以银行存款200万元吸收合并乙公司,并另行支付与合并有关的法律顾问费2万元、手续费1万元,新企业的注册登记费0.5万元,则甲公司购买乙公司的合并成本为(　　)万元。

A. 200　　B. 202　　C. 203　　D. 203.5

2. A公司购买B公司的购买成本为400万元,购买日B公司资产和负债的账面价值分别为540万元和200万元,公允价值分别为560万元和195万元,则确认的商誉为(　　)万元。

A. 35　　B. 40　　C. 55　　D. 60

3. 在非同一控制下的吸收合并和新设合并中,并入购买方账簿的被购方资产、负债及净资产是(　　)计量的。

A. 按账面价值

B. 按公允价值

C. 资产按公允价值,负债按账面价值

D. 资产按账面价值,负债按公允价值

4. 甲公司和乙公司为同一控制下的企业,2007年1月1日,甲公司合并乙公司时,有关资料如下：

（1）

合并日净资产资料　　单位：元

项　目	甲公司	乙公司	合　计
股本	2 100 000	2 500 000	4 600 000
资本公积	320 000	400 000	720 000
投入资本合计	2 420 000	2 900 000	5 320 000
留存收益	1 800 000	1 020 000	2 820 000
净资产	4 220 000	3 920 000	8 140 000

(2)甲公司发行 270 万股、每股面值 1 元的普通股票，换入乙公司股东持有的每股面值 1 元的 250 万股普通股股票。

(3)甲公司发生合并费用 300 000 元。

则合并日甲公司按权益结合法调整的资本公积为(　　)元。

A. 520 000　　B. 400 000　　C. 200 000　　D. 120 000

5. 甲公司于 2007 年 3 月取得乙公司 20% 的股份，成本为 10 000 000 元，当日乙公司可辨认净资产公允价值为 40 000 000 元。取得投资后甲公司派人参与乙公司的生产经营决策。2007 年确认投资收益 8 000 000 元，在此期间，乙公司未宣告发放现金股利或利润，不考虑相关税费影响。2008 年 2 月，甲公司以 30 000 000 元的价格进一步购入乙公司 40% 的股份，购买日乙公司可辨认净资产的公允价值为 70 000 000 元。确认的商誉为(　　)元。

A. 2 000 000　　B. 4 000 000　　C. 0　　D. －400 000

（三）多项选择题

1. 在企业合并的购买法下，购买方涉及的会计问题有(　　)。

A. 合并成本的确定

B. 所有者权益的合并

C. 购入资产和负债公允价值的确定

D. 计算形成的商誉或损益(或负商誉)

2. 在同一控制下的控股合并中，合并方取得的净资产账面价值与合并对价账面价值的差额，应当调整(　　)。

A. 合并方的资本公积　　B. 被合并方的资本公积

C. 合并方的留存收益　　D. 被合并方的留存收益

3. 以下项目中，属于权益法会计处理特点的有(　　)。

A. 企业合并取得的资产、负债和净资产按账面价值计量

B. 在合并财务报表中不需要确认商誉或负商誉

C. 企业合并发生的各项直接费用计入当期损益

D. 合并日只需要编制合并资产负债表

4. 企业合并发生当期的期末，购买方应当在财务会计报告附注中披露的与企业合并相关的信息有(　　)。

A. 购买日的确定依据

B. 作为合并对价发行的权益性证券的数量及定价原则

C. 合并成本的构成及其账面价值、公允价值

D. 商誉的金额及其确定方法

5. 非同一控制下的企业合并购买方的合并成本包括(　　)。

A. 付出非现金资产的公允价值　　B. 付出非现金资产的账面价值

C. 承担负债的公允价值　　D. 发行权益性证券的手续费、佣金

(四)业务分析处理与计算题

1.【目的】练习、掌握非同一控制下的企业吸收合并在购买法下的会计处理与计算。

【资料】2010 年 12 月 31 日，B 公司被 A 公司吸收合并，A 公司以银行存款 800 000 元购入 B 公司全部净资产并承担债务。B 公司合并前资产、负债和所有者权益各项目的账面价值和公允价值见表 1。A 公司还另支付登记费 8 000 元，审计费等合并费用 17 000元。A 公司和 B 公司为非同一控制下的企业。

表 1　　单位:元

资　产	账面价值	公允价值	负债及所有者权益	账面价值	公允价值
银行存款	32 000	32 000	短期借款	64 000	64 000
应收账款	84 000	80 000	应付账款	90 000	90 000
存货(省略具体项目)	140 000	160 000	长期借款	130 000	130 000
			长期应付款	120 000	102 000
长期股权投资	120 000	140 000	股本	240 000	702 000
固定资产	600 000	640 000	资本公积	300 000	
			盈余公积	72 000	
无形资产	40 000	36 000			
资产合计	1 016 000	1 088 000	负债及所有者权益合计	1 016 000	1 088 000

【要求】

(1)计算购买成本、商誉并编制 A 公司购买 B 公司的会计分录。

(2)如果 A 公司以 600 000 元购入 B 公司，实施吸收合并，其他资料相同，编制 A

公司购买 B 公司的会计分录。

2.【目的】练习、掌握非同一控制下的企业吸收合并在购买法下的会计处理与计算。

【资料】第 1 题资料中,若 A 公司发行 400 000 股每股面值 1 元的普通股股票,换取 B 公司 240 000 股每股面值 1 元的普通股股票。另支付发行费用 800 元。A 公司股票每股市价 2 元,其他条件不变。

【要求】计算购买成本、商誉并编制 A 公司购买 B 公司的会计分录。

3.【目的】练习、掌握同一控制下的企业吸收合并权益结合法的会计处理与计算。

【资料】甲公司与乙公司为同一控制下的企业,2010 年 12 月 31 日,甲公司吸收合并乙公司,合并前两公司所有者权益资料见表 2。甲公司发行 400 000 股每股面值 1 元的普通股股票,换取乙公司 240 000 股每股面值 1 元的普通股股票。甲公司股票每股市价 2 元。甲公司另支付审计费等 3 000 元,注册登记费 1 000 元。

表 2 单位:元

项　目	甲公司	乙公司	合　计
股　本	400 000	240 000	640 000
资本公积——股本溢价	60 000	300 000	360 000
盈余公积	250 000	62 000	312 000
未分配利润	100 000	10 000	110 000
净资产合计	810 000	612 000	1 422 000

【要求】按权益结合法计算合并后新形成的资本公积,编制企业合并的会计分录,各项资产、负债科目简化为“净资产”列示。

4.【目的】练习、掌握同一控制下的企业吸收合并在权益结合法下的会计处理与计算。

【资料】第 3 题资料中,若甲公司发行 660 000 股每股面值 1 元的普通股股票,换取乙公司 240 000 股每股面值 1 元的普通股股票。甲公司股票每股市价 2 元。甲公司另支付手续费等 4 000 元,登记费 1 200 元。

【要求】按权益结合法计算合并后新形成的资本公积,编制企业合并的会计分录,各项资产、负债科目简化为“净资产”列示。

5.【目的】练习、掌握非同一控制下的企业控股合并的会计处理与计算。

【资料】2010 年 12 月 31 日,A 公司以银行存款 800 000 元购入 B 公司 100%,并对 B 公司实施控制。其他资料同题 1。

【要求】编制 A 公司对 B 公司长期股权投资的会计分录。

6.【目的】练习、掌握同一控制下的企业控股合并的会计处理与计算。

【资料】甲公司与乙公司为同一控制下的企业,2010 年 12 月 31 日,甲公司对乙公司实施控股合并。有关资料见题 3。

【要求】编制甲公司对乙公司长期股权投资的会计分录。

四、阅读书目

1. 教材第一章。

2.《国际财务报告准则》——《国际财务报告准则第 3 号——企业合并》。(中国财政经济出版社,2011 年版)

3.《企业会计准则》——《企业会计准则第 20 号——企业合并》。(经济科学出版社,2006 年版)

4.《企业会计准则——应用指南》——《企业会计准则第 20 号——企业合并》应用指南。(中国财政经济出版社,2006 年版)

5.《企业会计准则讲解》第二十一章。(人民出版社,2007 年版)

6.《企业合并与合并会计报表》——《企业合并会计问题研究》。(财政部会计准则委员会,大连出版社,2006 年版)

7.《高级财务会计》第一篇第一章。(中国注册会计师教育教材编审委员会,经济科学出版社,2002 年版)

8.《高级财务会计》第五章第一节。(张文贤,首都经济贸易大学出版社,2003 年版)

9.《现代高级会计》第五章。([美]E. 约翰·拉森著,张文贤主译,东北财经大学出版社,1999 年版)

10.《高级会计学》第八章。(阎达武、耿建新、戴德明编著,中国人民大学出版社,2002 年版)

11.《高级财务会计》第一章第二节。(刘永泽、傅荣主编,东北财经大学出版社,2004 年版)

12.《高级会计学》第一篇第一章。(郭立田、李桂荣主编,南开大学出版社,2004 年版)

13.《2012 年度注册会计师全国统一考试辅导教材——会计》第二十五章。(中国注册会计师协会,2012 年版)

第二章 购并日的合并财务报表

一、专业术语

合并财务报表　母公司理论　实体理论　所有权理论　合并范围　控制　母公司　子公司　企业集团　少数股东权益　少数股东损益　合并商誉　合并损益(或负商誉)

二、思考题

1. 简述合并财务报表三种合并理论的区别及其对合并财务报表编制的影响。

2. 如何确定合并财务报表的合并范围?

3. 购并日合并财务报表有什么特点?

4. 在购买法下,母公司等于、高于、低于子公司净资产公允价值购入子公司全部或部分股权,在合并财务报表编制上的异同是什么?

5. 如何理解下推会计?

三、练习题

(一)判断题

1. 不论是吸收合并、新设合并还是控股合并,都应编制购并日合并财务报表。(　　)

2. 在母公司理论下,应以母公司是否对企业集团中的被投资企业享有控制权为依据确定合并范围。(　　)

3. 在购买法下,购并日只编制合并资产负债表;在权益法下,合并日还需编制合并利润表和合并现金流量表。(　　)

4. 从理论上说,母公司高于享有的子公司净资产公允价值取得子公司的控股权时,在编制合并财务报表时,一方面应将子公司净资产账面价值调整为公允价值,另一方面还应确认商誉。(　　)

5. 从理论上说,母公司低于享有的子公司净资产账面价值取得子公司的控股权时,在合并财务报表中,应将该项差额确认为损益或负商誉。(　　)

(二)单项选择题

1. 编制合并财务报表的首要条件是(　　)。

A. 外币财务报表折算

B. 确定合并范围

C. 统一母公司和子公司的会计期间

D. 统一母公司和子公司的会计政策

2. 在母公司理论下,确定合并范围应以投资企业对被投资企业的财务和经营政策(　　)为依据。

A. 有影响　　B. 有重大影响

C. 实施共同控制　　D. 实施有效控制

3. 在购买法下,购并日应编制(　　)。

A. 合并资产负债表　　B. 合并利润表

C. 合并现金流量表　　D. 合并所有者权益变动表

4. A 公司拥有 B 公司 70% 的表决权资本,并拥有 C 公司 30% 的表决权资本,B 公司拥有 C 公司 40% 的表决权资本,则 A 公司直接和间接拥有 C 公司(　　)表决权资本。

A. 30%　　B. 40%　　C. 58%　　D. 70%

5. 在购买法下,母公司投资成本大于享有的子公司净资产公允价值的份额,应确认为(　　)。

A. 当期费用　　B. 递延损失　　C. 商誉　　D. 合并价差

(三)多项选择题

1. 下列项目中,属于合并财务报表与个别财务报表相比较的特点的有(　　)。

A. 由企业集团中的母公司编制

B. 按隶属关系确定编报范围

C. 有独特的编制方法

D. 编制目的是为了满足上级管理部门和国家宏观控制的需要

2. 在母公司理论下,甲公司应将下列被投资企业应纳入合并范围的有(　　)。

A. 甲公司直接拥有其 50% 表决权资本的乙公司

B. 甲公司直接拥有其 30% 表决权资本的丙公司,并有权任免丙公司董事会的多数成员

C. 甲公司直接拥有 C 公司 20% 的表决权资本,甲公司拥有 60% 表决权资本的 B 公司拥有 C 公司 40% 的表决权资本

D. 甲公司拥有 A 公司 70% 的表决权资本，A 公司的所有者权益为负数但仍持续经营

3. 以下项目中，属于合并财务报表编制原则的有（ ）。

A. 重要性原则　　B. 谨慎性原则

C. 一体性原则　　D. 以个别财务报表为基础的原则

4. 为了准确地反映企业集团的财务状况和经营成果，编制合并财务报表时需要（ ）。

A. 统一母公司和子公司的会计期间

B. 统一母公司和子公司的会计政策

C. 统一母公司和子公司的会计科目

D. 将子公司的外币报表折算为记账本位币

5. 在购买法下编制的购并日合并资产负债表上（ ）。

A. 母公司的净资产按股权购买日的公允价值反映

B. 母公司的净资产按股权购买日的账面价值反映

C. 子公司的净资产按股权购买日的公允价值反映

D. 子公司的净资产按股权购买日的账面价值反映

（四）业务分析处理与计算题

1. 【目的】练习购并日合并财务报表的编制。

【资料】2010 年 12 月 31 日甲公司采用控股合并方式购买乙公司 100% 的股权，支付价款 2 003 000 元。甲、乙两公司为非同一控制下的企业。甲、乙两公司购并日编制的个别资产负债表及乙公司净资产公允价值资料见表 1。

表 1　　单位：元

资产负债表项目	甲公司	乙公司	乙公司净资产公允价值
银行存款	76 500	50 000	50 000
交易性金融资产	440 500	30 000	30 000
应收账款	840 000	210 000	210 000
存货	1 440 000	360 000	400 000
长期股权投资	2 003 000	300 000	300 000
固定资产	7 000 000	1 500 000	1 700 000
无形资产	400 000	100 000	120 000
资产合计	12 200 000	2 550 000	2 810 000
短期借款	640 000	160 000	160 000

续表

资产负债表项目	甲公司	乙公司	乙公司净资产公允价值
应付账款	908 000	227 000	227 000
长期借款	1 560 000	300 000	300 000
长期应付款	1 000 000	340 000	340 000
股本	4 400 000	600 000	
资本公积	2 000 000	610 000	+260 000
盈余公积	692 000	173 000	=1 783 000
未分配利润	1 000 000	140 000	
负债及所有者权益合计	12 200 000	2 550 000	2 810 000

另外,甲公司应收账款中有200 000元应收乙公司货款,未计提坏账准备。

【要求】

(1)分配合并差额并确认商誉。

(2)编制购买日合并财务报表的调整分录和抵销分录。

(3)编制合并工作底稿。

2.【目的】练习购并日合并财务报表的编制

【资料】2010年12月31日甲公司采用控股合并方式购买乙公司100%的股权,支付价款1 003 000元。甲、乙两公司购并日编制的个别资产负债表及乙公司净资产公允价值资料见表2。

表2 单位:元

资产负债表项目	甲公司	乙公司	乙公司净资产公允价值
银行存款	76 500	50 000	50 000
交易性金融资产投资	1 440 500	30 000	30 000
应收账款	840 000	210 000	210 000
存货	1 440 000	360 000	210 000
长期股权投资	1 003 000	300 000	300 000
固定资产	7 000 000	1 500 000	1 300 000
无形资产	400 000	100 000	120 000
资产合计	12 200 000	2 550 000	2 220 000
短期借款	640 000	160 000	160 000
应付账款	908 000	227 000	227 000

续表

资产负债表项目	甲公司	乙公司	乙公司净资产公允价值
长期借款	1 560 000	300 000	300 000
长期应付款	1 000 000	340 000	340 000
股本	4 400 000	600 000	
资本公积	2 000 000	610 000	1 193 000
盈余公积	692 000	173 000	
未分配利润	1 000 000	140 000	
负债及所有者权益合计	12 200 000	2 550 000	2 220 000

另外，甲公司应收账款中有 200 000 元应收乙公司货款，未计提坏账准备。

【要求】

(1)分配合并差额并确认损益。

(2)编制购并日合并财务报表的调整分录和抵销分录。

(3)编制合并工作底稿。

3.**【目的】**练习购并日合并财务报表的编制。

2010 年 12 月 31 日甲公司采用控股合并方式购买乙公司 80% 的股权，支付价款 1 618 400元。甲、乙两公司购并日编制的个别资产负债表及乙公司净资产公允价值资料见表 1。其他资料同题 1。

【要求】

(1)分配合并差额并确认商誉。

(2)编制购并日合并财务报表的调整分录和抵销分录。

(3)编制合并工作底稿。

4.**【目的】**练习购并日合并财务报表的编制。

【资料】题 2 中，假设甲公司以 926 400 购入乙公司 80% 的股权，其他资料同题 2。

【要求】

(1)分配合并差额并确认损益。

(2)编制购并日合并财务报表的调整分录和抵销分录。

(3)编制合并工作底稿。

四、阅读书目

1. 教材第二章。

2.《国际财务报告准则》——《国际财务报表准则第 3 号——企业合并》、《国际财

务报告准则第 10 号——合并财务报表》。(中国财政经济出版社,2011 年版)

3.《企业会计准则》——《企业会计准则第 20 号——企业合并》、《企业会计准则第 33 号——合并财务报表》。(经济科学出版社,2006 年版)

4.《企业会计准则——应用指南》——《企业会计准则第 33 号——合并财务报表》应用指南。(中国财政经济出版社,2006 年版)

5.《企业会计准则讲解》第二十一章,第三十四章第二节。(人民出版社,2010 年版)

6.《高级财务会计》第一篇第二章第二、三、四节。(中国注册会计师教育教材编审委员会,经济科学出版社,2002 年版)

7.《高级财务会计》第五章第三节。(张文贤,首都经济贸易大学出版社,2003 年版)

8.《现代高级会计》第六章第二、三节。([美] E. 约翰·拉森著,张文贤主译,东北财经大学出版社,1999 年版)

9.《高级会计学》第九章第五节。(阎达武、耿建新、戴德明编著,中国人民大学出版社,2002 年版)

10.《高级财务会计》第二章。(刘永泽、傅荣主编,东北财经大学出版社,2004 年版)

11.《高级会计学》第一篇第二章第二节。(郭立田、李桂荣主编,南开大学出版社,2004 年版)

12.《2012 年度注册会计师全国统一考试辅导教材——会计》第二十五章。(中国注册会计师协会,2012 年版)

第三章　购并日后的合并财务报表

一、专业术语

长期股权投资核算的成本法　长期股权投资核算的权益法　成本法转换为权益法　少数股东权益　内部投资收益　少数股东本期损益　内部债权债务的抵销内部销售收入　内部销售成本　未实现内部销售利润　存货顺销　存货逆销　内部固定资产交易　间接控股　相互持股　库藏股法　交互分配法

二、思考题

1. 在编制合并财务报表时,如何将母公司长期股权投资核算的成本法转换为权益法。

2. 编制购并日后的合并财务报表时,一般会涉及哪些抵销调整项目?其中哪些抵销调整项目需要调整期初未分配利润?

3. 存货逆销对合并净利润有何影响? 如何通过编制抵销分录和调整分录消除这种影响?

4. 比较父子孙结构与关联附属结构两种间接控股方式下,母公司长期股权投资与子公司所有者权益各项目抵销的处理程序的差别。

5. 说明间接控股的库藏股法下,如何抵销母公司长期股权投资与子公司所有者权益各项目?

6. 说明间接控股的交互分配法下,如何抵销母公司长期股权投资与子公司所有者权益各项目?

三、练习题

(一)判断题

1. 母公司对子公司长期股权投资与子公司所有者权益的份额抵销时产生的合并差额应直接确认为商誉。(　　)

2. 在编制合并财务报表时,对于母公司投资成本大于享有的子公司净资产公允价值的差额,应确认为商誉;对于子公司净资产公允价值大于其账面价值的差额,应将其账面价值调整为公允价值。(　　)

3. 在编制购并日后合并财务报表时,应将母公司长期股权投资按权益法进行调整,其调整的金额为享有的子公司当期净利润的份额。(　　)

4. 如果母公司初始投资成本小于子公司净资产公允价值,那么在编制购并日后合并财务报表时就需要确认损益。(　　)

5. 企业集团成员企业对内部债权计提的坏账准备对当期合并期末未分配利润没有影响。(　　)

6. 当期内部购销形成存货中包含的未实现内部利润对当期合并净利润没有影响。(　　)

7. 内部商品购销业务形成固定资产原值中包含的未实现内部利润的金额为销售方的商品销售价格减去销售成本及相关税费后的余额。(　　)

8. 超期使用的内部交易固定资产报废清理的会计期间,在编制合并财务报表时无须进行任何抵销处理。(　　)

(二)单项选择题

1. 在第三期末抵销内部应收账款坏账准备时,调整期初未分配利润的金额为(　　)。

A. 第二期期初内部应收账款坏账准备金额

B. 第二期补提的内部应收账款坏账准备金额

C. 第二期冲销的内部应收账款坏账准备金额

D. 第二期期末内部应收账款坏账准备金额

2. 在合并财务报表实务中，母公司长期股权投资与享有的子公司所有者权益公允价值份额的差额应(　　)。

A. 确认为合并商誉　　B. 调整子公司净资产账面价值

C. 调整当期损益　　D. 以合并价差列示

3. 在母公司个别财务报表中反映的对子公司长期股权投资金额是(　　)。

A. 按权益法确定的长期股权投资账户余额

B. 按成本法确定的长期股权投资账户余额

C. 按成本法调整为权益法后的长期股权投资账户余额

D. 长期股权投资的初始投资成本

4. 期末某项内部购销形成存货中包含的未实现内部销售利润，应为(　　)的差额。

A. 购货方该项存货的购买价格与销货方的销售价格

B. 购货方该项存货的采购成本与销货方的销售成本

C. 购货方该项存货的期末余额与销货方的销售成本

D. 购货方该项存货的购买价格与销货方的取得成本

5. 企业集团某成员企业从另一成员企业产品销售中取得的固定资产，其固定资产原值中包含的未实现内部利润，应为(　　)的差额。

A. 销货方的销售收入与销货方销售成本

B. 该项固定资产原值与销货方销售成本

C. 销货方的销售收入与销货方销售成本及相关税费

D. 该项固定资产原值与销货方取得成本

6. 购买企业期末内部购销形成存货的可变现净值低于销货企业的销售成本时，抵销的存货跌价准备金额应为(　　)。

A. 该项存货跌价准备的全额

B. 当期补提的该项存货跌价准备

C. 购买企业该项存货买价高于销货企业销售成本的差额

D. 购买企业该项存货采购成本高于销货企业销售成本的差额

(三)多项选择题

1. 购并日后的合并财务报表主要包括(　　)。

A. 合并资产负债表　　B. 合并利润表

C. 合并现金流量表　　D. 合并利润分配表

2. 在合并财务报表实务中，母公司高于子公司净资产公允价值购入全部股权时，在抵销母公司长期股权投资时涉及的相关项目有(　　)。

A. 长期股权投资　　B. 实收资本

C. 少数股东权益　　D. 商誉

3. 在合并财务报表实务中，母公司低于子公司净资产公允价值购入部分股权时，在抵销母公司长期股权投资时涉及的相关项目有(　　)。

A. 商誉　　B. 实收资本　　C. 少数股东权益　　D. 营业外收入

4. 企业集团内部商品交易形成的管理用固定资产，当可收回金额低于按销货企业销售成本计提折旧后的净值时，在计提固定资产减值准备的第一期，由于抵销调整影响合并期末未分配利润的因素有(　　)。

A. 固定资产原值中包含的未实现内部利润

B. 至上年末止累计折旧中包含的未实现内部利润

C. 当期计提的固定资产减值准备的全额

D. 按购货企业买价计提折旧后的固定资产净值与按销货企业销售成本计提折旧后的固定资产净值的差额

5. 关于编制合并财务报表特殊问题，下列表述正确的有(　　)。

A. 子公司分配股票股利在编制合并财务报表时不予体现

B. 在我国母公司分次购入子公司股权并取得控制权，商誉应分次计算确认

C. 子公司仅向少数股东增发普通股股票，由于发行价格高于或低于已发行在外的股票的账面价值，引起母公司发生的损益，从理论上说，可以计入当期投资损益，也可以计入资本公积或确认商誉

D. 企业集团内部各成员企业相互持有股份时，一般先计算母公司从子公司取得的投资收益，再确认子公司从母公司取得的投资收益，最后编制抵销分录

(四)业务分析处理与计算题

1.【目的】练习全资子公司情况下购并日后第一年合并财务报表的编制。

【资料】(1)A 公司和 B 公司为非同一控制下的企业。2010 年 1 月 1 日 A 公司以 2 440 000元购买 B 公司 的全部股权。购买日 B 公司所有者权益账面价值为 2 200 000 元，公允价值为 2 340 000 元，购买日 A 公司投资成本分配和商誉计算表见表 1。

(2)2010 年 A 公司和 B 公司个别财务报表见表 2 和表 3。

(3)2010 年 A 公司和 B 公司个别财务报表补充资料如下：

①A 公司向 B 公司销售产品，不含税销售价格为 1 000 000 元，增值税税率为

17%。该批产品销售成本为600 000元。B公司已将从A公司购入的产品作为管理用固定资产使用,该项固定资产使用年限为5年,2010年9月20日投入使用,按直线法计提折旧,不考虑净残值。

②B公司向A公司销售产品,不含税价格为2 000 000元,增值税税率为17%,该批产品的销售成本为1 200 000元。

③A公司2010年1月1日按面值购买B公司2010年1月1日发行的3年期公司债券800 000元,年利率为5%,每年年末计息,到期一次还本付息。

④A公司、B公司均按应收款项余额10%计提坏账准备。A公司应收账款余额中700 000元为应收B公司销货款;A公司预收账款中有60 000元为预收B公司销货款。

⑤B公司应收账款中有800 000元为应收A公司销货款;B公司应收票据中有50 000元为应收A公司销货款。

⑥A公司期末存货中有从B公司购货2 000 000元中尚未对外销售的40%。

⑦B公司财务费用中,有当年发行公司债券的利息支出100 000元,不符合资本化条件。

⑧A公司投资收益中有从B公司购入的公司债券利息收入40 000元。

⑨A公司期末存货中有从B公司购货2 000 000元中尚未对外销售的40%,其可变现净值为40万元,A公司为其计提了存货跌价准备。

【要求】

(1)编制合并差额分配表。

(2)编制调整分录和抵销分录。盈余公积按净利润的10%调整。

(3)编制合并工作底稿,求出合并财务报表各项目的合并数。

表1

单位:元

投资成本	2 440 000
减:B公司净资产账面价值	2 200 000
投资成本高于净资产账面价值	240 000
净资产公允价值高于账面价值的分配:	

项目	公允价值	账面价值	差异	摊销年限
应收账款	1 200 000	1 220 000	-20 000	年内收回
存货	800 000	740 000	60 000	年内出售
固定资产	2 100 000	2 000 000	100 000	生产用5年
合计	4 100 000	3 960 000	140 000	
合并商誉			100 000	

表 2　　**A 公司、B 公司资产负债表资料**

2010 年 12 月 31 日　　单位:元

资　产	A 公司	B 公司	负债及所有者权益	A 公司	B 公司
货币资金	7 000 000	700 000	短期借款	200 000	100 000
交易性金融资产	400 000		应付票据	100 000	20 000
应收票据	200 000	400 000	应付账款	2 400 000	750 000
应收账款	1 800 000	900 000	预收账款		
预付账款	600 000	500 000	应付职工薪酬	100 000	
存货	2 000 000	700 000	应付股利	2 000 000	50 000
持有至到期投资	860 000	100 000			
长期股权投资			长期借款	2 000 000	
对 B 公司投资	2 440 000		应付债券	2 000 000	1 980 000
			长期应付款	1 000 000	
			实收资本	8 000 000	2 000 000
			资本公积	200 000	200 000
固定资产	4 640 000	2 400 000	盈余公积	1 800 000	400 000
			未分配利润	2 000 000	900 000
在建工程		600 000			
无形资产	50 000	100 000			
其他资产	10 000				
资产总计	20 000 000	6 400 000	负债及所有者权益总计	20 000 000	6 400 000

表 3　　**A 公司、B 公司利润表和所有者权益变动表资料**

2010 年　　单位:元

项　　目	A 公司	B 公司
一、营业收入	16 100 000	6 800 000
减:营业成本	10 060 000	3 600 000
营业税金及附加	200 000	80 000
销售费用	400 000	220 000
管理费用	600 000	400 000
财务费用	790 000	200 000
资产减值损失	400 000	100 000
加:公允价值变动收益	400 000	
投资收益	900 000	10 000

续表

项　　目	A公司	B公司
二、营业利润	4 950 000	2 210 000
加:营业外收入	1 150 000	230 000
减:营业外支出	100 000	40 000
三、利润总额	6 000 000	2 400 000
加:少数股东损益		
减:所得税	2 000 000	300 000
四、净利润	4 000 000	2 100 000
归属于母公司所有者的净利润		
少数股东损益		
加:期初未分配利润	1 000 000	
可供分配的利润	5 000 000	2 100 000
减:提取盈余公积	800 000	400 000
对所有者的分配	2 200 000	800 000
期末未分配利润	2 000 000	900 000

2.【目的】练习非全资子公司情况下购并日后第一年合并财务报表的编制。

【资料】沿用第1题资料,但:

(1)假设A公司以2 000 000元购买B公司80%的股权。

(2)A公司对B公司长期股权投资余额为2 000 000元。

(3)其他股权投资60 000元。

(4)A公司固定资产未计提减值准备。

(5)合并差额分配表(见表4)。

表4 单位:元

投资成本			2 000 000		
减:B公司净资产账面价值份额			1 760 000(2 200 000×80%)		
投资成本高于净资产账面价值			240 000		
净资产公允价值高于账面价值的分配:					
项　目	公允价值	账面价值	差异	分配额	摊销年限
应收账款	1 200 000	1 220 000	-20 000	-16 000	年内收回
存货	800 000	740 000	60 000	48 000	年内出售
固定资产	2 100 000	2 000 000	100 000	80 000	生产用5年
合计	4 100 000	3 960 000	140 000	112 000	
合并商誉				128 000	

【要求】

(1)编制合并差额分配表。

(2)编制调整分录和抵销分录。盈余公积按净利润的10%调整。

(3)编制合并工作底稿,求出合并财务报表各项目的合并数。

3.【目的】练习全资子公司情况下购并日后以后各年合并财务报表的编制。

【资料】(1)沿用第1题资料。

(2)2011年A公司、B公司个别财务报表资料见表5和表6。

(3)2011年A公司、B公司个别财务报表资料补充资料如下:

①B公司2010年从A公司购入的产品作为固定资产继续使用并计提折旧。

②A公司、B公司继续对B公司2009年发行的3年起债券计提利息,B公司将利息予以资本化。

③A公司2010年从B公司购入的产品已全部实现对外销售。

④A公司向B公司销售产品一批,不含税价格为3 000 000元,增值税税率为17%,该批产品销售成本为2 100 000元。

⑤A公司应收账款中有20 000元为应收B公司销货款;A公司预收账款中有100 000元为预收B公司购货款。

⑥B公司应收账款中有800 000元为应收A公司销货款。

⑦B公司存货中有当年从A公司购货3 000 000元中的60%。

⑧B公司当年从A公司购货3 000 000元中形成存货部分的可变现净值为1 300 000元。

【要求】

(1)编制合并差额分配表。

(2)编制调整分录和抵销分录。盈余公积按净利润10%调整。

(3)编制合并工作底稿,求出合并财务报表各项目的合并数。

表5 A公司、B公司资产负债表资料

2011年12月31日

资　产	A公司	B公司	负债及所有者权益	A公司	B公司
货币资金	3 048 000	400 000	短期借款	85 000	20 000
交易性金融资产	500 000		应付票据	260 000	10 000
应收票据	400 000	500 000	应付账款	1 000 000	40 000
应收账款	3 800 000	1 080 000	预收账款	200 000	
预付账款	800 000	600 000	应付职工薪酬		30 000

续表

资　产	A 公司	B 公司	负债及所有者权益	A 公司	B 公司
存货	3 000 000	800 000	应付股利	85 000	200 000
持有至到期投资	902 000	110 000	长期借款	3 000 000	
长期股权投资	2 440 000		应付债券	1 170 000	2 200 000
对 B 公司投资			长期应付款	800 000	
			实收资本	8 500 000	2 000 000
			资本公积	100 000	200 000
			盈余公积	2 800 000	800 000
			未分配利润	3 000 000	1 000 000
固定资产	4 532 000	2 100 000			
在建工程	1 000 000	800 000			
无形资产	500 000	90 000			
其他资产	78 000	20 000			
资产总计	21 000 000	6 500 000	负债及所有者权益总计	21 000 000	6 500 000

表 6　　　　A 公司、B 公司利润表

2011 年

项　　目	A 公司	B 公司
一、营业收入	18 100 000	6 000 000
减:营业成本	11 050 000	3 050 000
营业税金及附加	220 000	90 000
销售费用	240 000	250 000
管理费用	650 000	200 000
财务费用	350 000	150 000
资产减值损失	700 000	80 000
加:公允价值变动收益	1 300 000	290 000
投资收益	800 000	40 000

续表

项　　目	A公司	B公司
二、营业利润	6 990 000	2 510 000
加:营业外收入	80 000	130 000
减:营业外支出	40 000	40 000
三、利润总额	7 030 000	2 600 000
加:少数股东损益		
减:所得税	2 030 000	600 000
四、净利润	5 000 000	2 000 000
归属于母公司所有者的净利润		
少数股东损益		
加:期初未分配利润	2 000 000	900 000
可供分配的利润	7 000 000	2 900 000
减:提取盈余公积	1 000 000	400 000
对所有者的分配	3 000 000	1 500 000
期末未分配利润	3 000 000	1 000 000

4.【目的】练习非全资子公司情况下购并日后以后各年合并财务报表的编制。

【资料】沿用第2题资料。沿用第3题资料,但A公司对B公司长期股权投资余额为2 000 000元。

【要求】

(1)编制合并差额分配表。

(2)编制调整分录和抵销分录。盈余公积按净利润的10%调整。

(3)编制合并工作底稿,求出合并财务报表各项目的合并数。

四、阅读书目

1. 教材第三章。

2.《国际财务报告准则》——《国际财务报告准则第3号——企业合并》、《国际财务报告准则第10号——合并财务报表》。(中国财政经济出版社,2011年版)

3.《企业会计准则》——《企业会计准则第20号——企业合并》、《企业会计准则第33号——合并财务报表》。(经济科学出版社,2006年版)

4.《企业会计准则——应用指南》——《企业会计准则第20号——企业合并》应用

指南、《企业会计准则第33号——合并财务报表》应用指南。(中国财政经济出版社,2006年版)

5.《企业会计准则讲解》第二十一、三十四章。(人民出版社,2010年版)

6.《企业合并与合并会计报表》——《企业合并会计报表研究》第七、八章,《合并会计报表》第四、六、七章。(财政部会计准则委员会,大连出版社,2006年版)

7.《高级财务会计》第一篇第三、四章至第八章。(中国注册会计师教育教材编审委员会,经济科学出版社,2002年版)

8.《高级财务会计》第五章第四节,第七、八、九章。(张文贤,首都经济贸易大学出版社,2003年版)

9.《现代高级会计》第七、九、十、十一章。([美] E.约翰·拉森著,张文贤主译,东北财经大学出版社,1999年版)

10.《高级会计学》第十、十一、十二章。(阎达武、耿建新、戴德明编著,中国人民大学出版社,2002年版)

11.《高级财务会计》第三章。(刘永泽、傅荣主编,东北财经大学出版社,2004年版)

12.《高级会计学》第一篇第三章。(郭立田、李桂荣主编,南开大学出版社,2004年版)

13.《2012年度注册会计师全国统一考试辅导教材——会计》第二十六章第二、三、五节。(中国注册会计师协会,2012年版)

第四章　总分店经营

一、专业术语

分支机构　　销售代理处　　总分店经营　　分散核算制度　　集中核算制度
商品调拨按成本计价　　商品调拨按成本加成计价　　商品调拨按零售价格计价
分店往来　　总店往来　　联合财务报表

二、思考题

1. 什么是分支机构?分支机构具有哪些特征?
2. 销售代理处与分支机构在经营及会计核算上有何不同?
3. 分支机构与子公司有何区别?

4. 总店向分店调拨商品可以采用哪几种计价方法？各有何优缺点？

5. 集中核算制度与分散核算制度在做法上有何不同？

6. 母公司对子公司的“长期股权投资”账户与总店对分店的“分店往来”账户在性质及核算内容上有何异同？

7. 会计期末，总店与分店的内部往来账户余额如果不符，可能是什么原因造成的？对于未达账项应如何调节？

8. 什么是联合财务报表？联合财务报表、分店财务报表和总店财务报表各自编制的目的是什么？

9. 联合财务报表与企业集团的合并财务报表有何异同？

10. 总店按不同的价格调拨商品给分店，联合财务报表的编制有何不同？不同调拨价格下编制出的联合财务报表是否有差异？为什么？

三、练习题

（一）判断题

1. 企业的分支机构既可能是个会计主体，也可能是个法律主体。（　　）

2. 按成本加成计价使商品的销售利润一部分体现为总店的经营成果，另一部分体现为分店的经营成果。（　　）

3. 即便是总店对分店实行集中核算制度，分店也可以自己名义在银行开设账户，收支款项。（　　）

4. 将总店的费用分摊给分店会影响整个企业的净利润。（　　）

5. 与编制集团合并财务报表的抵销原理相同，在联合财务报表的工作底稿中，应将总分店之间的内部销售收入予以抵销。（　　）

（二）单项选择题

1. 销售代理处与分店的最主要区别在于（　　）方面。

A. 经营自主权　　B. 独立纳税　　C. 法律主体　　D. 损益计算

2. 假设分店的固定资产由总店入账，分店以银行存款 8 000 元购买设备一台，则总店应编制的会计分录为（　　）。

A. 借记“分店往来”账户，贷记“固定资产”账户

B. 借记“固定资产”账户，贷记“分店往来”账户

C. 借记“分店往来”账户，贷记“银行存款”账户

D. 借记“固定资产”账户，贷记“银行存款”账户

3. 借记“销售费用”账户，贷记“总店往来”账户，是（　　）的会计分录。

A. 总店记录分店向其摊销费用

B. 总店记录其向分店摊销费用

C. 分店记录总店向其摊销费用

D. 分店记录其向总店摊销费用

4. 有关总分店经营，下列说法错误的是(　　)。

A. "备抵存货超成本计价"账户核算总分店之间因调拨商品产生的调拨价高于成本价的差额

B. "分店往来"账户的余额可视做分店的所有者权益

C. "分店往来"账户与"总店往来"账户的期末余额应该相等

D. 不应将编制联合财务报表工作底稿过程中的抵销分录记入总分店的会计账簿

5. 甲总店下设两个分店，分别为分店 A 和分店 B，总店调拨给分店的商品按成本加上 20% 的利润计价，正常的运费计入商品成本中，存货采用永续盘存制。2008 年，总店调拨一批商品给 A 分店，成本为 22 000 元，并支付运费 800 元。不久因 B 分店缺货，总店要求 A 分店将该批商品转运给 B 分店。A 分店将该批商品转运给 B 分店时，支付了运费 640 元。如果该批商品由总店直接调拨给 B 分店，所需运费为 700 元。则：

(1) 总店在将该批商品调拨给 A 分店时，应借记"分店往来"账户(　　)。

A. 26 400 元　　B. 22 800 元　　C. 22 000 元　　D. 27 200 元

(2) A 分店将该批商品转运给 B 分店时，应借记"总店往来"账户(　　)。

A. 27 840 元　　B. 27 900 元　　C. 27 200 元　　D. 22 800 元

(3) 分店 B 接收从 A 分店转运的商品时，应借记"库存商品"账户(　　)。

A. 27 040 元　　B. 27 100 元　　C. 22 640 元　　D. 22 700 元

(4) 对于 A 分店将该批商品转运给 B 分店，总店应列支的超额运费损失为(　　)。

A. 740 元　　B. 800 元　　C. 700 元　　D. 640 元

(5) 若年底该批商品未售出，该总分店联合资产负债表存货项目中所包含的该批商品金额为(　　)。

A. 22 640 元　　B. 22 000 元　　C. 22 700 元　　D. 27 100 元

(三) 多项选择题

1. 下列(　　)属于分支机构的主要特征。

A. 具有独立的法人地位　　B. 可以是一个独立的会计主体

C. 其经营资金要从总公司取得　　D. 业务经营在企业总部的控制下进行

2. 销售代理处具有以下特点(　　)。

A. 总店为其核定备用金定额　　B. 商品直接由总店发运

C. 只陈列样品，不储备存货　　D. 自行收取销货款

3. 总店与分店之间的商品调拨可以采取下列(　　)计价方式。

A. 成本　　B. 成本加成　　C. 计划价格　　D. 零售价格

4. 在分店不单设“本年利润”账户的情况下，分店的“总店往来”账户兼有(　　)双重性质。

A. 所有者权益　　B. 负债　　C. 资产　　D. 损益

5. 对分店使用的固定资产，下列处理正确的有(　　)。

A. 由总店统一核算和管理，同时在分店账上反映

B. 由分店进行核算和管理，同时在总店账上反映

C. 由总店统一核算和管理，不需在分店账上反映

D. 由分店进行核算和管理，不需在总店账上反映

（四）业务分析处理与计算题

1.【目的】练习销售代理处业务的核算。

【资料】乙公司2008年1月设立A销售代理店作为公司的销售窗口，并对其单独核算净收益。当月该公司下拨60 000元备用金给A销售代理店，并送交样品一批，成本为50 000元。当月乙公司根据A销售代理店与客户签订的销售合同，共向客户销售商品的售价款为325 000元，销售成本为251 000元。乙公司为增值税的一般纳税人，销售的商品均开出增值税专用发票。当月A销售代理店共发生营业费用42 000元，已向公司报销补足。

【要求】为乙公司编制上述业务的会计分录，并计算A销售代理店的净收益。

2.【目的】练习总分店内部往来账户的核对和余额调节。

【资料】甲公司2008年5月总店账上的“分店往来——B分店”账户余额为187 500元，B分店账上的“总店往来”账户余额为156 000元。经核对，截至5月25日双方的内部往来账户余额一致。2008年5月26日~5月31日双方的内部往来账户记录如下：

(1)“分店往来——B分店”的账户记录：

①5月26日，代B分店支付应付账款15 000元(借)；

②5月28日，调拨一批商品给B分店，成本为450 000元(借)；

③5月30日，拨给B分店营运资金102 000元(借)；

④5月31日，代B分店收取应收账款52 500元(贷)。

(2)B分店的“总店往来”账户记录：

①5月27日，代总店收取应收账款51 000元(贷)；

②5月30日，汇交总店款项18 000元(借)；

③5 月 31 日,收到总店拨交商品 450 000 元(贷)。

【要求】核对甲公司内部往来账户,并编制“总分店内部往来账户余额调节表”。

3.**【目的】**练习总分店经营的日常会计核算及总分店商品调拨按成本计价情况下期末联合财务报表的编制。

【资料】(1)大江公司(总店)2008 年 12 月开设一个分店,该分店实行独立核算,总店以及分店的存货均采取永续盘存制,分店使用的固定资产由总店统一管理和核算,应由分店负担的费用总店先统一支付再分摊给分店记账。2008 年分店的资产负债表年末数中,存货为 24 000 元,货币资金为 20 000 元,总店往来为 44 000 元,其他报表项目均无余额。假定分店在开设当年没有发生盈亏。2009 年大江公司的分店发生如下经济业务(假设不考虑增值税,款项均通过银行收付,适用的所得税税率为 25%,没有纳税调整项目):

① 总店增拨营运资金 30 000 元给分店。

② 分店经总店批准自行从甲公司赊购商品 23 000 元。

③ 总店按成本计价调拨商品给分店,成本价总额为 612 500 元。

④ 分店将年初存货全部售出,售价 29 500 元,款已收。

⑤ 分店将自行赊购的商品全部对外出售,售价 26 450 元,款已收。

⑥ 分店偿付欠甲公司的购货款 23 000 元。

⑦ 分店经总店批准购买一台经营用设备,成本为 56 000 元,并向总店报账。

⑧ 分店将总店调拨商品的 80% 实现对外销售,售价总额为 588 000 元,款项收回 70%。

⑨ 分店以银行存款支付营业费用 41 600 元。

⑩ 总店向分店分摊广告等营业费用 25 000 元。

⑪分店留存营运资金 50 000 元,其余款项通过银行汇交给总店,款项为346 950元。

(2)大江公司 2009 年总店的个别资产负债表如表 1 所示,个别利润表如表2所示(为简便起见,均为简表)。

表 1 个别资产负债表

2009 年 12 月 31 日 单位:元

资 产	金 额	负债和所有者权益	金 额
货币资金	475 000	应付账款	802 000
应收账款	543 000	应付职工薪酬	71 600
其他应收款	32 000	应交税费	68 000

续表

资产	金额	负债和所有者权益	金额
存货	1 350 800	其他应付款	329 400
分店往来	348 900	实收资本	3 000 000
固定资产	3 084 100	未分配利润	1 928 000
无形资产	365 200		
资产总计	6 199 000	负债和所有者权益总计	6 199 000

表 2　　个别利润表

2009 年　　单位:元

项目	金额
营业收入	7 520 000
营业成本	5 896 000
营业税金及附加	42 640
销售费用	523 000
管理费用	376 000
财务费用	250 400
资产减值损失	48 000
营业利润	383 960
营业外支出	27 110
利润总额	356 850
所得税费用	99 300
净利润	257 550

【要求】

(1)针对上述经济业务分别为总分店编制会计分录;

(2)年末计算分店的经营利润,并为总分店编制有关结转分录;

(3)开设和登记“分店往来”账户和“总店往来”账户,并分别结出期末余额;

(4)编制总分店联合财务报表工作底稿的抵销分录;

(5)编制总分店联合财务报表工作底稿。

4.【目的】练习总分店商品调拨按高于成本计价情况下的日常会计处理及期末联合财务报表的编制。

【资料】假定在第3题中,2008年分店的资产负债表年末数中,存货为28 800元(含有20%的未实现利润),总店往来为48 800元。2009年总店拨给分店的商品按成本加成15%计价,分店的个别资产负债表和利润表数相应的发生变化,其他资料不变。

【要求】同第3题。

四、阅读书目

1.《高级财务会计》。(汤云为主编,上海三联书店,1997年版)

2.《现代高级会计》。(E.约翰·拉森著,张文贤主译,东北财经大学出版社,1999年版)

3.《高级会计学》。(阎达五、耿建新、戴德明编著,中国人民大学出版社,2005年版)

4.《高级财务会计》。(梁莱歆主编,清华大学出版社,2004年版)

5.《高级财务会计学》。(余国杰、白华主编,清华大学出版社,2004年版)

6.《现代高级会计》。(戴德明译,经济科学出版社,2006年版)

7.《高级财务会计》。(注册会计师教材编审委员会,经济科学出版社,2002年版)

8.《高级财务会计》。(张文贤、高建兵主编,首都经济贸易大学出版社,2004年版)

9.《高级财务会计》。(王华主编,东北财经大学出版社,2004年版)

10.《国内贸易部连锁店经营管理规范意见》。(1997年原国内贸易部)

11.《企业连锁经营有关财务问题的暂行规定》。(1997年财政部)

12.《关于连锁经营企业增值税纳税地点问题的通知》。(1997年财政部、国家税务总局)

13.《关于连锁经营企业有关税收问题的通知》。(2003年财政部、国家税务总局)

第五章　上市公司的信息披露

一、专业术语

业务分部　地区分部　关联方　关联方交易　会计政策　追溯调整法　未来适用法　追溯重述法　调整事项　累积影响数

二、思考题

1. 试分析上市公司信息的质量特征。

2. 试述上市公司信息披露的基本框架。

3. 为什么上市公司要进行分部报告?

4. 简述分部报告的确认标准。

5. 试述中期财务报告的编制理论——独立观与一体观的特点及其优缺点。

6. 如何进行关联方关系的判断?

7. 关联方关系和关联方交易在会计报表附注中需要披露哪些事项?

8. 如何界定资产负债表日后事项的范围?

9. 调整事项与非调整事项的共性与特性表现在哪些方面?

10. 资产负债表日后事项中调整事项的会计处理原则是什么?

11. 为什么公司会发生会计政策和会计估计的变更? 对此,应分别采用什么方法进行调整?

12. 按照我国会计准则规定,发生会计差错应如何进行会计处理?

三、练习题

(一)判断题

1. 鉴于上市公司信息披露的重要性,世界各国都对上市公司的信息披露有着较为严格的具体规定。( )

2. 提供分部信息的主要目的,是为了帮助会计信息使用者评估不同因素对企业的影响,以便更好地理解企业以往的经营业绩,并对其未来的发展趋势作出合理的预测和判断。( )

3. 中期财务报告可由资产负债表、利润表、现金流量表和会计报表附注组成,但其核心内容在于一定期间的有关企业资产负债方面的信息。( )

4. 在公司财务和经营决策中,如果一方有能力对另 方面施加重大影响,则将其视为关联方。( )

5. 就资产负债表日已经存在的情况提供进一步依据,以确定资产负债表日提供的财务信息是否与事实相符的事项,称为非调整事项。( )

6. 在未来适用法下,需要计算会计政策变更产生的累积影响数,但需要重编以前年度的会计报表。( )

7. 在实际工作中,有些交易或事项是在资产负债表日以后、财务报告批准报出日之

前发生的,而且这些交易或事项对企业报告期的财务状况、经营成果以及现金流量可能会产生较大的影响。(　　)

8. 已包括在合并会计报表内并已抵销的关联交易可不再披露,但不可抵销的关联交易仍需披露。(　　)

9. 我国会计准则规定,因为我国企业所得税实行按年计征的方式,因此不在中期会计报表中确认所得税。(　　)

10. 中期财务报告的一体观,是将每一中期视为一个独立的会计期间,其特点是:中期财务报告中所采用的会计政策和确认与计量原则与年度财务报告相一致。(　　)

(二)单项选择题

1. 季度报告应当在每个会计年度第 3 个月、第 9 个月结束后的(　　)内编制完成并披露。

A. 1 个月　　B. 2 个月　　C. 15 天　　D. 45 天

2. 我国《企业会计准则——中期财务报告》规定,在中期财务报告中,企业应当提供比较会计报表。下列(　　)不属于提供范围。

A. 本中期末的资产负债表和上年度末的资产负债表

B. 本中期的利润表、年初至本中期末的利润表以及上年度可比期间的利润表

C. 年初至本中期末的现金流量表和上年度年初至可比本中期末的现金流量表

D. 本中期末的会计报表附注和上年度末的会计报表附注

3. 在联营公司中,若一方虽然只拥有另一方(　　)以下表决权资本,但实际上具有参与财务和经营决策的能力,一般认为对另一方具有重大影响。

A. 20%　　B. 20% 以上至 50%

C. 25%　　D. 50%

4. 会计政策变更的累积影响数,是指按变更后的会计政策对以前各期追溯计算的变更年度(　　)留存收益应有的金额与现有的金额之间的差额。

A. 期初　　B. 期中　　C. 期末　　D. 期间

5. 下列(　　)事项不属于资产负债表日的非调整事项。

A. 股票和债券的发行

B. 解决在资产负债表日正在商议的债务重组协议

C. 自然灾害导致的资产损失

D. 外汇汇率发生较大变动

(三)多项选择题

1. 根据我国有关法律、行政法规的规定,上市公司必须公开披露的信息主要内容

有(　　)。

A. 招股说明书　　B. 上市公告　　C. 定期报告　　D. 临时报告

2. 分部报告亦即财务信息的分部报告,是指对一些在不同行业或不同地区都有业务的企业,按其经营业务的(　　)分别编制、报出的财务报告。

A. 市场需求　　B. 不同性质　　C. 地理范围　　D. 产品(或商品)

3. 资产负债表日后事项定义中不包括中止营业。中止营业,是指企业(　　)一项营业。

A. 暂停　　B. 出售　　C. 放弃　　D. 合并

4. 调整事项主要包括(　　)。

A. 已证实资产发生了减损

B. 销售退回

C. 已确定获得或支付的赔偿

D. 资产负债表日后董事会制订的利润分配方案中与财务报告所属期间有关的利润分配

5. 对于企业会计政策变更的会计处理,国际上主要有以下三种方法(　　)。

A. 采用追溯调整法,同时重新调整比较会计报表

B. 采用追溯调整法,不调整比较会计报表,但提供模拟会计信息

C. 采用未来适用法

D. 同时采用追溯调整法和未来适用法

(四)业务分析处理与计算题

1.【目的】练习分部报告的会计处理。

【资料】某股份有限公司为控股公司,其分部单位及其相关数据详见表1。

表1　　股份公司各分部资料　　单位:万元

项　目	A 分部	B 分部	C 分部	D 分部	E 分部	汇总金额
销售收入:						
对外销售	2 500	370	310	280	190	3 650
对内销售	760	190	120	90	50	1 210
销售合计	3 260	560	430	370	240	4 860
营业利润:	340	80	(40)	30	(50)	360
资产:	3 000	650	500	350	300	4 800

【要求】请分别用销售收入、营业利润和可辨认资产的数据,判断上述哪些属于分部报告披露的范围。

2.【目的】练习中期财务报告的确认和计量。

【资料】稚亚公司为一家化工生产企业,需要编制季度财务报告。2008 年 6 月 30 日该公司在盘点库存时,发现一批账面价值为 200 万的存货已经毁损。

【要求】根据上述资料,请判断稚亚公司 2008 年度季度财务报告中,如何对该存货进行确认。

3.【目的】练习关联方关系的判断。

【资料】A 企业由 B 企业、C 企业、D 企业投资建立。B 企业拥有 A 企业 30% 的股份;C 企业拥有 A 企业 60% 的股份;D 企业拥有 A 企业 10% 的股份。A 企业拥有 E 企业 80% 的股份。C 企业拥有 B 企业 30% 的股份。F 企业是 C 企业和 D 企业的合营企业。

【要求】根据上述资料,判断哪些企业之间属于关联方。

4.【目的】练习资产负债表日后事项的会计处理。

【资料】某企业 2000 年度财务报告对外公布日为 4 月 30 日。该企业所得税税率为 33%。该企业自 1998 年 1 月 1 日至 4 月 30 日前发生如下资产负债表日后事项:

(1)该企业 1 月 20 日接到通知,某一债务企业宣告破产,其所欠的应收账款 500 000元全部不能偿还。企业在 2000 年 12 月 31 日以前已被告知该债务企业资不抵债,濒临破产,企业按应收账款的 10% 计提了坏账准备。

(2)该企业 3 月 5 日受台风袭击,企业辅助生产车间遭毁坏,造成净损失 800 000元。

(3)3 月 20 日该企业持有的某一作为短期投资的股票市价下跌,该股票账面价值为 200 000 元,现行市价为 150 000 元。

【要求】判断上述事项哪些属于调整事项? 哪些属于非调整事项? 如为非调整事项,应如何处理? 如为调整事项,请计算对留存收益的增加或减少金额。

5.【目的】练习会计估计变更的会计处理。

【资料】稚亚公司有一台管理用设备,原始价值为 168 000 元,预计使用年限为 8 年,净残值为 8 000 元,自 2004 年 1 月 1 日起按直线法计提折旧。该设备自 2008 年 1 月,由于新技术的发展等原因,需要对预计使用寿命和净残值作出修正,修正后的预计使用寿命为 6 年,净残值为 4 000 元。假定税法容许按变更后的折旧额在税前扣除。

【要求】

(1)对该项会计估计变更事项进行分析;

(2)对该项会计估计变更进行账务处理。

四、阅读书目

1.《国际会计准则(2004)》。(中国财政经济出版社,2005 年版)

2.《企业会计准则》。(财政部,中国财政经济出版社,2006 年版)
3.《企业会计准则指南》。(财政部,2006 年版)
4.《企业会计准则讲解》。(财政部,人民出版社,2007 年版)
5.《中级会计实务》。(全国会计专业资格考试辅导教材,经济科学出版社,2007 年版)
6. 美国会计准则解释与运用。(财政部会计事务管理司,中国财政经济出版社,1995 年版)
7.《高级会计学》。(王文彬、林钟高主编,立信出版社,1995 年版)
8.《高级会计学》。(阎达五、耿建新、戴德明,中国人民大学出版社,1998 年版)
9.《公开发行证券的公司信息披露内容与格式准则第 2 号〈年度报告的内容与格式〉(证监公司字〔2003〕56 号);www. lawbook. com. cn。
10.《中华人民共和国公司法》;www. lawbook. com. cn。
11.《中华人民共和国证券法》;www. lawbook. com. cn。
12.《上市公司信息披露管理办法》;www. lawbook. com. cn。
13.《公开发行证券的公司信息披露内容与格式准则第 3 号〈半年度报告的内容与格式〉》;www. lawbook. com. cn。
14.《股票发行与交易管理暂行条例》;www. lawbook. com. cn。
15.《公开发行证券的公司信息披露编报规则第 13 号——季度报告内容与格式特别规定》;www. lawbook. com. cn。

第六章　外币业务

一、专业术语

外汇　汇率　直接标价法　买入价　卖出价　即期汇率　即期汇率的近似汇率　记账本位币　汇兑损益　货币性项目　非货币性项目　外币财务报表折算　现行汇率法　流动性与非流动性项目法　货币性与非货币性项目法　时态法

二、思考题

1. 外币交易损益与报表折算损益有何区别?
2. 不同的外币记账方法在日常及期末会计处理上有何不同?

3. 期末区分外币货币性项目和外币非货币性项目进行处理的理论依据。

4. 外币报表折算方法之间的差异及对报表的影响。

5. 我国现行外币报表折算的一般原则及潜在的问题。

6. 外币报表折算差额有哪些处理方法和区别。

三、练习题

(一)判断题

1. 我国现行会计准则规定,外币交易形成的汇兑损益一律计入当期损益。( )

2. 企业编制财务报表的货币与其记账本位币必须一致。( )

3. 在本期未发生外币交易的情况下,企业也可能存在外币汇兑损益的核算。( )

4. 现行汇率与历史汇率是相对的,今天的现行汇率对于未来的资产负债表日则是历史汇率。( )

5. 流动性项目不一定是货币性项目;货币性项目一定是流动性项目。( )

(二)单项选择题

1. 依据企业对外币交易日常会计处理原则,下列外币业务发生时可能产生汇兑损益的是( )。

A. 外币借贷业务　　B. 外币购销业务

C. 企业兑换外币　　D. 接受外币投资

2. 某企业记账本位币为人民币,对外币交易采用发生时即期汇率进行核算,按月计算汇兑损益。1 月 25 日出口销售一批产品,货款 20 万美元尚未收到,当日即期汇率为 1 美元 =7.65 元人民币。1 月 31 日即期汇率为 1 美元 =7.63 元人民币。2 月 28 日即期汇率为 1 美元 =7.60 元人民币。货款于 3 月 5 日收回。该外币债权 2 月份发生的汇兑损益为( )万元。

A. -60　　B. -1　　C. 60　　D. -40

3. 企业收到以外币投入的资本入账时,采用的折算汇率应是( )。

A. 投资合同中双方约定的汇率

B. 签订投资合同时的即期汇率

C. 收到外币资本时的买入价

D. 收到外币资本时的中间价

4. 采用现行汇率法对外币资产负债表进行折算时,下列应采用历史汇率折算的报表项目是( )。

A. 存货　　B. 实收资本
C. 固定资产　　D. 应付债券

5. 我国现行会计准则规定,销售商品所形成的外币应收账款,由于外币升值汇率变动引起的汇兑损益,应进行会计处理(　　)。

A. 冲减财务费用　　B. 增加财务费用
C. 冲减主营业务收入　　D. 增加主营业务收入

(三)多项选择题

1. 在发生外币交易的企业中,应当设置的外币账户包括(　　)。

A. 应收账款　　B. 应付账款
C. 材料采购　　D. 预付账款

2. 某企业以美元为记账本位币,下列结算货币为外币的是(　　)。

A. 美元　　B. 港元　　C. 欧元　　D. 人民币

3. 下列项目中,按照资产负债表日即期汇率折算的有(　　)项目。

A. 现行汇率法下的固定资产
B. 流动性与非流动性项目法下按成本计价的存货
C. 货币性与非货币性项目法下按市价计价的存货
D. 时态法下的长期负债

4. 当期末汇率变动外币贬值时,下列账户中(　　)会发生汇兑收益。

A. 应付账款　　B. 应收账款
C. 短期借款　　D. 长期应付款

5. 企业拥有外币资产的外币金额大于外币负债的外币金额时,如果汇率变动外币持续贬值,则使企业(　　)。

A. 外币资产产生的汇兑损失大于外币负债产生的汇兑收益
B. 外币资产产生汇兑损失
C. 外币负债产生汇兑收益
D. 产生汇兑损失

(四)业务分析处理与计算题

1.【目的】练习企业外币交易的会计处理。

【资料】某公司记账本位币为人民币,外币业务采用发生时的即期汇率进行折算,并按月计算汇兑损益。2006 年 3 月 31 日即期汇率为 1 美元 = 8.2 元人民币。该公司 2006 年 3 月 31 日有关外币账户期末余额如表 1 所示。

表 1

科　目	外币账户余额(美元)	汇 率	记账本位币账户余额(人民币元)
银行存款	30 000	8.20	246 000
应收账款	500 000	8.20	4 100 000
应付账款	20 000	8.20	164 000

该企业 4 月份发生如下外币业务：

(1)4 月 3 日，收到外商作为资本投入的 250 000 美元，当日即期汇率 1 美元 = 8.22 元人民币，外商投资合同中约定汇率为 1 美元 = 8.10 元人民币。款项已存入银行。

(2)4 月 8 日，将企业现存 150 000 美元向银行兑换成人民币，当日即期汇率中间价为 1 美元 = 8.24 元人民币，当日银行买入价为 1 美元 = 8.23 元人民币，当日银行卖出价为 1 美元 = 8.25 元人民币。

(3)4 月 15 日，出口销售产品一批，价款共计 350 000 美元，尚未收回，当日即期汇率 1 美元 = 8.26 元人民币。

(4)4 月 20 日，以外币存款偿付上月发生的应付账款 20 000 美元，当日即期汇率为 1 美元 = 8.30 元人民币。

(5)4 月 30 日，收到 3 月份发生的应收账款 400 000 美元，当日即期汇率 1 美元 = 8.25 元人民币。

【要求】

(1)对上述外币业务进行会计处理。

(2)月末计算 4 月末外币类账户汇兑损益并进行相应会计处理。

2.【目的】练习企业外币报表折算。

【资料】某公司有一境外子公司，其财务报表编报货币为美元，期初汇率为 1 美元 = 8.3 元人民币，期末汇率为 1 美元 = 8.5 元人民币，本期平均汇率为 1 美元 = 8.4 元人民币。子公司收到投入资本时的历史汇率为 1 美元 = 8.0 元人民币。该公司上年外币财务报表中实收资本的数额为 5 000 000 美元，折算后人民币数额为 40 000 000元；盈余公积的数额为 600 000 美元，折算后人民币数额为 4 860 000 元；未分配利润为 1 000 000 美元，折算为人民币的数额为 8 100 000 元。本年计提盈余公积数额为1 050 000美元；向投资者分出利润数额为 3 000 000 美元(见表 2、表 3、表 4)。

【要求】根据上述资料，对子公司本年外币财务报表进行折算。

表 2　　**资产负债表**　　单位:元

资　产	美元金额	折算汇率	人民币金额	负债与所有者权益	美元金额	折算汇率	人民币金额
货币资金	1 350 000			短期借款	700 000		
应收账款	2 850 000			应付账款	4 800 000		
存货	3 000 000			其他流动负债	1 950 000		
其他流动资产	2 250 000			长期借款	2 100 000		
长期投资	1 800 000			应付债券	1 000 000		
固定资产原值	8 000 000			其他长期负债	1 350 000		
减:累计折旧	1 500 000			实收资本	5 000 000		
固定资产净值	6 500 000			资本公积	0		
在建工程	1 000 000			盈余公积	1 650 000		
无形资产	750 000			未分配利润	1 450 000		
其他长期资产	500 000			外币报表折算差额			
资产合计	20 000 000			负债与所有者权益合计	20 000 000		

表 3　　**利 润 表**　　单位:元

项　目	美元金额	折算汇率	人民币金额
一、营业收入	30 000 000		
减:营业成本	22 000 000		
营业税金及附加	600 000		
销售费用	1 000 000		
管理费用	500 000		
财务费用	150 000		
资产减值损失	—		
加:公允价值变动收益	—		
投资收益	450 000		
二、营业利润	6 200 000		
加:营业外收入	600 000		

续表

项　目	美元金额	折算汇率	人民币金额
减:营业外支出	300 000		
其中:非流动资产处置损失	—		
三、利润总额	6 500 000		
减:所得税	2 000 000		
四、净利润	4 500 000		
五、每股收益	—		

表4 所有者权益变动表 单位:万元

	实收资本			盈余公积			未分配利润		外币报表折算差额	所有者权益合计
	美元	汇率	人民币	美元	汇率	人民币	美元	人民币		人民币
一、本年年初余额	500	8	4 000	60		486	100	810		5 296
二、本年增减变动金额										
(一)净利润										
(二)直接计入所有者权益的利得和损失										
其中:外币报表折算差额										
(三)利润分配										
1. 提取盈余公积										
2. 对所有者的分配										
三、本年年末余额										

四、阅读书目

1.《企业会计准则》。(中华人民共和国财政部,中国财经出版社,2006 年版)

2.《企业会计准则——应用指南》。(中华人民共和国财政部,中国财经出版社,2006 年版)

3.《企业会计准则讲解》。(财政部会计司,人民出版社,2006 年版)

4.《财务会计四大难题》。(常勋,立信会计出版社,2005 年版)

5.《国际会计》。(王德升等,中国审计出版社,1999 年版)

6.《国际财务报告准则》。(国际会计准则理事会制定,中国财经出版社,2004 年版)

7.《国际会计准则(2000)》。(中国财政经济出版社,2000 年版)
8.《国际会计准则实用指南》。(中国财政经济出版社,2001 年版)
9. 注册会计师全国统一考试辅导教材《会计》。(中国财政经济出版社,2007 年版)
10.《高级财务会计》。(汤云为,上海三联书店,2000 年版)

第七章　所得税

一、专业术语

所得税会计　会计利润　应纳税所得额　应交所得税　资产负债表债务法　账面价值　计税基础　暂时性差异　应纳税暂时性差异　可抵扣暂时性差异　递延所得税资产　递延所得税负债　当期所得税　递延所得税　所得税费用

二、思考题

1. 在对所得税性质的认识上有两种观点,你认为哪种观点更合理?为什么?

2. 所得税会计是如何产生和发展的?

3. 简述按照资产负债表债务法核算所得税的基本原理。与利润表债务法相比,资产负债表债务法有何优点?

4. 简述资产负债表债务法下所得税会计核算的一般程序。

5. 什么是资产、负债的计税基础?如何确定其计税基础?

6. 暂时性差异是如何产生的?如何理解应纳税暂时性差异和可抵扣暂时性差异?

7. 确认递延所得税资产和递延所得税负债有何意义?应分别依据什么原则确认递延所得税资产和递延所得税负债?

8. 哪些项日产生的暂时性差异不应确认为递延所得税资产?

9. 企业为什么要在每一个资产负债表日复核递延所得税资产的账面价值?

10. 不应确认为递延所得税负债的情况有哪些?

11. 企业在当期会计利润的基础上,通常应调整哪些项目计算出纳税所得额?如何计算当期的所得税费用?

12. 依据我国所得税准则,企业应当在附注中披露哪些与所得税有关的信息?

三、练习题

（一）判断题

1. 不同的所得税核算方法下，当期的应交所得税额一致。（　　）

2. 暂时性差异反映的是某一时点上资产、负债的账面价值与其计税基础之间的差异。（　　）

3. 企业获得的某项收益，按照会计准则应于当期确认，但按照税法规定应当计入以后期间的应税所得，从而产生可抵扣暂时性差异。（　　）

4. 企业采用融资租赁方式租入的固定资产，其入账价值与计税基础之间的差额形成可抵扣暂时性差异的，应确认相应的递延所得税资产。（　　）

5. 非同一控制下的企业合并，无论是应税合并还是免税合并，合并日合并企业所取得的资产、负债的账面价值与其计税基础之间都必然会产生暂时性差异。（　　）

6. 企业合并中产生的商誉，其账面价值与计税基础不同形成的应纳税暂时性差异，不应确认递延所得税负债。（　　）

7. 企业的预收账款，因其在会计上不确认收入，所以不会产生暂时性差异。（　　）

8. 企业对于依据税法规定可以结转以后年度的未弥补亏损及税款抵减，应将其视为可抵扣暂时性差异，确认与其相关的递延所得税资产。（　　）

9. 在资产负债表债务法下，期末递延所得税资产或递延所得税负债的余额等于期末所有暂时性差异与现行税率的乘积。（　　）

10. 企业利润表中的所得税费用等于当期应纳税所得额乘以所得税税率。（　　）

（二）单项选择题

1. 某企业2007年12月1日购进固定资产，原值为130万元，会计按年数总和法计提折旧，折旧年限为4年，税法规定采用年限平均法计提折旧，折旧年限为5年，2008年末该项固定资产的可收回金额为76万元，则2008年末该项固定资产产生的暂时性差异为（　　）。

A. 可抵扣暂时性差异26万元　　B. 应纳税暂时性差异24万元

C. 应纳税暂时性差异52万元　　D. 可抵扣暂时性差异28万元

2. 某公司于2007年年初以260万元取得一项投资性房地产，采用公允价值模式计量。2007年末该项投资性房地产的公允价值为300万元，则该项投资性房地产在2007年末产生的暂时性差异为（　　）。

A. 应纳税暂时性差异300万元　　B. 可抵扣暂时性差异300万元

C. 应纳税暂时性差异 40 万元　　　　D. 可抵扣暂时性差异 40 万元

3. 某公司在开始正常生产经营活动之前发生了 120 万元的筹建费用，并在发生时计入当期损益。按照税法规定，企业在筹建期间发生的费用，允许在开始正常生产经营活动后 5 年内分期计入应纳税所得额。假定该公司 2007 年开始正常生产经营活动，当期税前扣除了 24 万元，则该项筹建费用在 2007 年末产生的可抵扣暂时性差异为(　　)。

A. 0　　B. 120　　C. 96　　D. 24

4. 某企业 2007 年 11 月份因违反环保法规，接到环保部门的处罚通知，要求其支付罚款 100 万元。税法规定，罚款支出在计算应纳税所得额时不允许税前扣除。至 2007 年 12 月 31 日，该项罚款尚未支付，则 2007 年末该企业产生的应纳税暂时性差异为(　　) 万元。

A. 不确定　　B. 100　　C. －100　　D. 0

5. 某企业因对其关联企业进行债务担保确认了预计负债 120 万元，该企业就该项担保未收取与相应责任有关的款项，则有关该项预计负债下列表述中不正确的是(　　)。

A. 账面价值为 120 万元　　　　B. 计税基础为 0

C. 暂时性差异为 0　　　　D. 计税基础为 120 万

6. 某公司 2006 年 12 月 6 日购进一台设备，原价为 300 万元，预计净残值为 10 万元，税法规定采用年限平均法按 5 年计提折旧，会计采用年限平均法按 10 年计提折旧。2008 年 1 月 1 日，公司的所得税率由 33% 降为 25%，假定只考虑该项暂时性差异，则 2008 年末“递延所得税负债”账户的余额为(　　)万元。

A. 7.25　　B. 19.14　　C. 9.57　　D. 14.5

7. 某企业 2008 年实现税前会计利润 5 600 万元，当年转回坏账准备产生的可抵扣暂时性差异 370 万元，发生存货项目可抵扣暂时性差异 120 万元，发生固定资产应纳税暂时性差异 220 万元。该企业适用的所得税税率为 25%，可抵扣暂时性差异转回时有足够的纳税所得额，没有其他纳税调整项目，则该企业 2008 年应交所得税为(　　)。

A. 1 282.5　　B. 1 332.5　　C. 1 467.5　　D. 1 517.5

8. 某企业适用的所得税税率为 25%，2008 度利润总额为 260 万元，发生可抵扣暂时性差异 20 万元，发生应纳税暂时性差异 45 万元，国库券利息收入 30 万元。假定该企业 2008 年初递延所得税资产和递延所得税负债无余额，可抵扣暂时性差异转回时有足够的应纳税所得额，无其他纳税调整事项，则该企业 2008 年度所得税费用为(　　)万元。

A. 51.25　　B. 57.5　　C. 45　　D. 67.5

9. 甲企业持有的某项可供出售的金融资产，成本为 150 万元，会计期末其公允价值为176万元,该企业适用的所得税税率为25%。则会计期末甲企业因持有该项可供出售金融资产对所得税费用的影响额为(　　)万元。

A. 37.5　　B. 44　　C. 6.5　　D. 0

10. 某企业适用的所得税税率为25%,2008年实现税前会计利润600万元,本年非公益性捐赠支出30万元,发生应纳税暂时性差异32万元,2008年初递延所得税资产和递延所得税负债无余额,假定无其他纳税调整事项。则该企业2008年净利润为(　　)万元。

A. 442.5　　B. 450.5　　C. 458.5　　D. 426.5

(三)多项选择题

1. 下列负债项目中,其账面价值与计税基础不会产生差异的有(　　)。

A. 应付票据　　B. 短期借款　　C. 预计负债　　D. 其他应付款

2. 下列项目中不属于可抵扣暂时性差异的是(　　)。

A. 计提产品保修费用

B. 计提坏账准备的比例超过税法规定的计提比例

C. 在固定资产使用初期按照税法规定可以采用加速折旧方法,而会计采用直线法计提折旧产生的差异

D. 非公益性捐赠支出

3. 在资产负债表债务法下,下列表述正确的有(　　)。

A. 确认递延所得税资产会减少利润表中的所得税费用

B. 递延所得税资产和递延所得税负债不需要折现

C. 对企业合并中确认的商誉所产生的应纳暂时性差异,不确认与其相关的递延所得税负债

D. 企业对子公司、联营企业及合营企业投资相关的暂时性差异,只有在满足条件的情况下才可确认相应的递延所得税资产

4. 在资产负债表债务法下,可能引起所得税费用增加的项目包括(　　)。

A. 本期转回的前期确认的递延所得税负债

B. 本期由于税率变动或开征新税调减的递延所得税资产或调增的递延所得税负债

C. 本期由于税率变动或开征新税调增的递延所得税资产或调减的递延所得税负债

D. 本期转回的前期确认的递延所得税资产

5. 以下影响本期所得税费用的因素有(　　)。

A. 本期应交所得税　　B. 上期应交所得税

C. 期初递延所得税资产和负债　　D. 期末递延所得税资产和负债

（四）业务分析处理与计算题

1.【目的】练习暂时性差异及其分类。

【资料】甲公司所得税采用资产负债表债务法核算，2008 年有关所得税的业务事项如下：

(1)购入国库券，取得国债利息收入 3 万元。

(2)存货(库存商品)年末账面余额为 170 万元，未计提存货跌价准备。按照税法规定，存货在销售时可按实际成本在税前扣除。

(3)某项固定资产购进成本为 80 万元，当期会计折旧为 4 万元，税法允许税前扣除的折旧额为 6 万元。

(4)对无形资产计提减值准备 5 万元。按照税法规定，计提的资产减值准备不得在税前扣除。

(5)12 月份计入成本费用的职工工资总额为 24 万元(均为真实合理的工资支出)，至本年末尚未支付。税法允许真实合理的工资支出据实扣除。

(6)确认应享有联营企业当年实现的利润 90 万元，联营企业尚未分配利润。甲公司适用的所得税税率为 25%，联营企业适用的所得税税率为 15%。

(7)收购乙公司 100% 的股份(两者不存在关联关系)，完成合并后将乙公司作为子公司。合并日，甲公司按取得的乙公司的各项可辨认资产的公允价值 950 万元入账，乙公司资产的账面金额为 1 100 万元。按照税法规定，可以税前扣除的金额为其原账面金额。

【要求】分析判断上述业务事项是否形成暂时性差异；如果形成暂时性差异，请指出属于何种暂时性差异，并说明理由。

2.【目的】练习税率不变情况下各期递延所得税的会计处理。

【资料】乙公司所得税采用资产负债表债务法核算，适用的所得税税率为 25%。

2×01 年 1 月开始计提折旧的一项固定资产，成本为 300 万元，预计使用年限为 5 年，预计净残值为 0，会计按年限平均法计提折旧，税法允许按年数总和法计提折旧。假定税法规定的使用年限以及净残值与会计规定相同，各年末对该项固定资产均未计提减值准备；各年利润总额均为 800 万元，无其他纳税调整事项。

【要求】根据资料填列表 1，并编制各年确认和转回递延所得税的会计分录。

表 1　　单位：万元

项　目	2×01 年	2×02 年	2×03 年	2×04 年	2×05 年
会计折旧					
税法折旧					
账面价值					

续表

项　目	2×01 年	2×02 年	2×03 年	2×04 年	2×05 年
计税基础					
暂时性差异					
递延所得税负债余额					
递延所得税负债发生额					
当期所得税					
所得税费用					

3.【目的】练习税率变动情况下变动当期递延所得税的会计处理。

【资料】A 企业 2008 年度实现利润总额为 1 500 万元。所得税采用资产负债表债务法核算,2008 年以前适用的所得税税率为 33%,2008 年起适用所得税税率为 25%。2008 年 A 企业有关资产减值准备的计提及转回等资料如表 2 所示。

表 2

单位:万元

项　目	年初余额	本年增加数	本年转回数	年末余额
坏账准备	80	0	30	50
存货跌价准备	210	40	20	230
长期股权投资减值准备	90	60	0	150
固定资产减值准备	0	120	0	120
合　计	380	220	50	550

按照税法规定,计提的各项资产减值准备均不得在税前扣除。假定 A 企业除计提的资产减值准备产生的暂时性差异外,无其他纳税调整事项;可抵扣暂时性差异在转回时有足够的应纳税所得额。

【要求】

(1)计算 A 企业 2008 年度应交所得税;

(2)计算 A 企业 2008 年末递延所得税余额(注明借方或贷方);

(3)计算 A 企业 2008 年度所得税费用;

(4)编制 A 企业 2008 年所得税核算的会计分录。(答案金额单位用万元表示)

4.【目的】练习既有暂时性差异又有其他差异的跨期所得税综合会计处理。

【资料】B 企业所得税采用资产负债表债务法核算,适用的所得税税率为 25%。2008 年有关所得税资料如下:

(1)年初递延所得税资产为 75 万元,其中存货项日余额为 45 万元,未弥补亏损项目余额为 30 万元。

(2)本年度实现利润总额 1 000 万元,其中取得国债利息收入 40 万元,企业债券利息收入 65 万元,对外赞助支出 50 万元,企业从其关联方接受的权益性投资的比例超过标准所发生的利息支出为 70 万元,税收滞纳金支出 20 万元,款项均已收付。

(3)年末计提产品保修费用 80 万元,计入营业费用,预计负债余额为 80 万元。按照税法规定,产品保修费在实际发生时可以在税前抵扣。

(4)年末计提持有至到期投资减值准备 100 万元(年初减值准备余额为 0);转回存货跌价准备 140 万元(年初存货跌价准备余额为 180 万元)。

(5)至 2007 年末尚有 120 万元亏损没有弥补。

2009 年有关所得税资料如下:

年末存货跌价准备的余额为 62 万元。

(1)年末持有的交易性金融资产市价为 285 万元,取得成本为 240 万元。

(2)年末持有的可供出售金融资产的市价为 480 万元,取得成本为 390 万元。

(3)1 月份开始计提折旧的一项固定资产,成本为 500 万元,预计使用寿命为 10 年,预计净残值为 0,会计上按双倍余额递减法计提折旧。税法规定按年限平均法计提折旧,预计净残值和估计使用寿命与会计规定相同。

(4)年末固定资产的账面总成本为 1 200 万元,预计可收回金额为 1 080 万元,假设以前未计提过固定资产减值准备。

(5)本年度发生研究开发支出 600 万,其中 350 万元资本化计入无形资产成本。税法规定可按实际发生研究开发支出的 150% 加计扣除。假定所开发的无形资产在年末已达到预定用途,尚未开始摊销。

(6)支付非公益性捐赠支出 72 万元。

(7)全年实现利润总额 1 500 万元。

按照税法规定,计提的减值准备不得在税前抵扣。假定 B 企业除上述事项外,没有发生其他纳税调整事项;预计可抵扣暂时性差异在转回时有足够的应纳税所得额。

【要求】

(1)计算 2008 年应交所得税、年末递延所得税余额和所得税费用,并编制所得税核算的会计分录。

(2)计算 2009 年应交所得税、年末递延所得税余额和所得税费用,并编制所得税核算的会计分录。(答案金额单位用万元表示)

四、阅读书目

1.《企业会计准则(2006)》——《企业会计准则第 18 号——所得税》。(中华人民共和国财政部制定,经济科学出版社,2006 年版)

2.《企业会计准则——应用指南(2006)》——《企业会计准则第 18 号——所得税》

应用指南。(中华人民共和国财政部制定,中国财政经济出版社,2006 年版)

3.《企业会计准则讲解(2006)》第十九章。(财政部会计司编写组,人民出版社,2006 年版)

4.《国际会计准则(2004)》——《国际会计准则第 12 号——所得税》。(国际会计准则委员会制定,中国财政经济出版社,2004 年版)

5.《美国财务会计准则(中册)》《美国财务会计准则第 109 号——所得税的会计处理》。(美国财务会计准则委员会制定,经济科学出版社,2002 年版)

6.《中华人民共和国企业所得税法》。(2007 年 3 月 16 日第十届全国人民代表大会第五次会议通过)

7.《国家税务总局关于企业股权投资业务若干所得税问题的通知》(国税发〔2000〕118 号)。

8.《国家税务总局关于企业合并分立业务有关所得税问题的通知》(国税发〔2000〕119 号)。

9.《所得税会计》。(财政部会计准则委员会编,大连出版社,2006 年版)

10.《中级会计实务》第十五章。(财政部会计资格评价中心编,经济科学出版社,2007 年版)

11.《高级会计实务科目考试学习指南》第四章。(全国高级会计师资格考试辅导编写委员会编写,经济科学出版社,2006 年版)

12.《国际会计准则与财务报告准则:研究与比较》——《IAS12 所得税》。(汪祥耀等,立信会计出版社,2004 年版)

13.《2007 年度注册会计师统一考试辅导教材——会计》第二十章。(中国注册会计师协会编写,中国财政经济出版社,2007 年版)

14.《2007 年度注册会计师统一考试辅导教材——税法》第十四章。(中国注册会计师协会编写,经济科学出版社,2007 年版)

15.《企业所得税会计处理的暂行规定》(财政部发布财会字〔1994〕第 025 号)

16.《高级会计学》第二章。(阎达五,耿建新,戴德明,中国人民大学出版社,2005 年版)

17.《高级财务会计》第十八章。(汤云为,上海三联书店,1995 年版)

第八章　非货币性资产交换

一、专业术语

货币性资产　　非货币性资产　　非货币性资产交换　　互惠转让　　非互惠转让

商业实质　　公允价值　　账面价值　　预计未来现金流量现值

二、思考题

1. 非货币性资产交换的概念和特点是什么?

2. 货币性资产交换交易与非货币性资产交换交易的主要区别有哪些?

3. 根据《企业会计准则——非货币性资产交换》的规定,非货币性资产交换具有商业实质的条件有哪些?

4. 在换入资产或换出资产的公允价值能够可靠确定的前提下,如何判断换入资产或换出资产的公允价值是否能够可靠地计量?试说明怎样计量。

5. 比较是否同时满足该项交换具有商业实质和换入资产或换出资产的公允价值能够可靠计量的非货币性资产交换会计处理的不同之处。

三、练习题

(一)判断题

1. 非货币性交易是指交易双方以非货币性资产进行的交换,不涉及货币性资产。(　　)

2. 非货币性资产交换不具有商业实质,或换入资产或换出资产的公允价值不能可靠计量的,应当以换出资产的账面价值和应支付的相关税费作为换入资产的成本,不确认损益。(　　)

3. 在非货币性资产交换中,只有涉及补价的才需确认损益。(　　)

4. 对于存在活跃市场的存货、长期股权投资、固定资产、无形资产等非货币性资产,应当以这些资产的市场价格为基础确定其公允价值。(　　)

5. 在非货币性资产交换中,对于换出资产公允价值与其账面价值的差额,均应计入营业外收入或营业外支出。(　　)

(二)单项选择题

1. 甲企业以一台机器设备换取乙企业一辆小轿车,甲企业机器设备的账面价值为19万元,公允价值为16万元,乙企业小轿车账面价值为25万元,公允价值为20万元,甲企业支付了4万元现金,不考虑相关税费。经分析该交换具有商业实质。则甲企业换入小轿车的成本为(　　)万元。

A. 20　　　B. 23　　　C. 25　　　D. 21

2. 在非货币性资产交换中,如果换出的资产为长期股权投资,则其公允价值和换出资产账面价值的差额,应计入的会计科目为(　　)。

A. 营业外收入　　B. 资本公积

C. 投资收益　　D. 营业外支出

3. A公司以一台设备换取B公司一间办公用房，A公司设备的账面原值为190万元，累计折旧为95万元，公允价值为80万元，B公司办公用房账面原值为250万元，累计折旧125万元，公允价值为100万元，A公司支付了20万元现金，不考虑相关税费。经分析该交换具有商业实质。则A公司当期实现的损益为(　　)。

A. 不确认损益　　B. 营业外支出15万元

C. 营业外支出25万元　　D. 营业外收入15万元

4. 在具有商业实质且换入资产的公允价值能够可靠计量的非货币性资产交换中，如果同时换入多项资产，应当按照(　　)的比例，对换出资产的账面价值总额进行分配，以确定各项换入资产的入账价值。

A. 换入各项资产的公允价值与换入资产公允价值总额

B. 换出各项资产的公允价值与换出资产公允价值总额

C. 换入各项资产的账面价值与换入资产账面价值总额

D. 换出各项资产的账面价值与换出资产账面价值总额

5. 货币性资产交换交易与非货币性资产交换交易的主要区别是(　　)。

A. 资产变现速度的快慢与否

B. 资产是否可以给企业带来经济利益

C. 资产是否具有流动性

D. 资产在将来为企业带来的经济利益，即货币金额，是否是固定的或可确定的

(三) 多项选择题

1. 下列项目中属于货币性资产的有(　　)。

A. 应收账款　　B. 应收票据

C. 准备持有至到期的债券投资　　D. 交易性金融资产股票投资

2. 在非货币性资产交换的核算中可以采用的计量基础有(　　)。

A. 账面价值　　B. 公允价值

C. 重置成本　　D. 可变现净值

3. 非货币性资产交换采用公允价值计量必须满足的条件有(　　)。

A. 该交换具有商业实质

B. 换入资产的公允价值能够可靠计量

C. 换出资产的公允价值能够可靠计量

D. 换入或换出资产的账面价值能够可靠计量

4. 在非货币性资产交换中，根据换出资产的不同，其换出资产公允价值与其账面价值的差额，应计入的会计科目有（　　）。

A. 资本公积　　　　B. 营业外支出

C. 营业外收入　　　　D. 投资收益

5. 在非货币性资产交换具有商业实质且换入资产或换出资产的公允价值能够可靠计量的情况下，在涉及补价时，正确的会计处理有（　　）。

A. 支付补价的，其换入资产的成本应当以换出资产的账面价值加上支付的补价（或换入资产的账面价值）和应支付的相关税费确定

B. 支付补价的，其换入资产的成本应当以换出资产的公允价值加上支付的补价（或换入资产的公允价值）和应支付的相关税费确定

C. 收到补价的，其换入资产的入账价值应当以换出资产的账面价值减去补价（或换入资产的账面价值）和应支付的相关税费确定

D. 收到补价的，其换入资产的入账价值应当以换出资产的公允价值减去补价（或换入资产的公允价值）和应支付的相关税费确定

（四）业务分析处理与计算题

1.【目的】练习非货币性资产交换交易的会计处理。

【资料】甲企业以一辆小轿车换取乙企业一台机床，甲企业小轿车的原始价值 90 万元，已提折旧为 20 万元；乙企业机床原始价值为 140 万元。已提折旧 15 万元，不考虑相关税费。假定①经分析该交换具有商业实质，且甲企业小轿车的公允价值为 80 万元，乙企业机床的公允价值为 100 万元，甲企业支付了补价 20 万元现金。②小轿车和机床的公允价值均不能可靠计量，甲公司另外支付了补价 30 万元。

【要求】根据上述两种情况分别作出甲企业和乙企业的账务处理。

2.【目的】练习非货币性资产交换交易的会计处理。

【资料】A 公司与 B 公司商定：A 公司以账面价值为 18 000 元、公允价值为 20 000 元的甲材料，换入 B 公司账面价值为 22 000 元，公允价值为 20 000 元的乙材料，A 公司支付运费 600 元，B 公司支付运费 500 元。假定①A、B 两公司增值税率均为 17%；②A、B 两公司均未对存货计提跌价准备；③A、B 两公司交易具有商业实质，且甲、乙材料公允价值能予以可靠计量。

【要求】根据上述资料编制 A、B 公司有关非货币性资产交换的会计分录。

3.【目的】练习非货币性资产交换交易的会计处理。

【资料】A、B 公司均为增值税一般纳税企业，其适用的增值税税率均为 17%。为适应各自生产发展的需要，A、B 公司经协商，相互进行非货币性资产交换，该交换具有商

业实质，并且公允价值能够可靠地予以计量。有关资料如下：

（1）A公司以办公楼、专利权和货运汽车换入B公司的仓库、设备和原材料。其换出的办公楼的账面原价为562 500元，已提折旧187 500，公允价值562 500元；换出的专利权的实际成本为750 000元，累计摊销337 500元，公允价值375 000元；换出的货运汽车的账面原价为1 125 000元，已提折旧300 000元，公允价值为900 000元。A公司另支付补价150 000元。A公司换入的仓库、设备均作为固定资产管理和核算，换入的原材料作为库存材料管理和核算。

（2）B公司以仓库、设备和原材料换入A公司的办公楼、专利权和货运汽车。其换出仓库的账面原价为562 500元，已提折旧112 500元，公允价值为375 000元；换出设备的账面原价为450 000元，已提折旧225 000元，公允价值为300 000元；换出原材料的账面价值为1 125 000元，公允价值与计税价值相等，均为1 312 500元。B公司换入的办公楼和货运汽车作为固定资产管理和核算，换入的专利权作为无形资产管理和核算。

假定A、B公司换出的资产均未计提减值准备，在资产交换过程中换出办公楼、仓库和专利权均需按公允价值的5%交纳营业税。除此之外未发生其他税费。

【要求】

（1）分别计算A、B公司各项换入资产的入账价值。

（2）分别编制有关A、B公司非货币性资产交换的会计分录。

4.**【目的】**练习非货币性资产交换交易的会计处理。

【资料】嘉诚公司和永乐公司均为增值税一般纳税企业，其适用的增值税税率均为17%。嘉诚公司为适应业务转行的需要，经与永乐公司协商，将嘉诚公司原生产用的仓库、机器设备以及库存原材料，与永乐公司的办公楼、运输车辆、起重机交换。假定嘉诚公司换入的办公楼、运输车辆和起重机均作为固定资产核算，永乐公司换入的仓库和机器设备均作为固定资产核算，换入的库存原材料用于生产产品。嘉诚公司换出仓库的账面原价为4 500 000元，已提折旧为900 000元，公允价值为3 000 000元；换出车床的账面原价为3 600 000元，已提折旧为1 800 000元，公允价值为2 400 000万元；换出原材料的账面价值为9 000 000元，公允价值和计税价格均为10 500 000元。永乐公司换出办公楼的账面原价为4 500 000元，已提折旧为1 500 000元，公允价值为4 500 000元；换出运输车辆的账面原价为6 000 000元，已提折旧为2 700 000元，公允价值为3 000 000元；起重机的账面原价为9 000 000元，已提折旧为2 400 000元，公允价值为7 200 000元，另支付补价1 200 000元。

假设嘉诚公司和永乐公司的换出资产均未计提减值准备，且除增值税以外均未发生其他相关税费。假定该交易具有商业实质，且公允价值均能够可靠计量。

【要求】

(1)说明嘉诚公司和永乐公司的财产交换是否属于非货币性资产交换交易？为什么？

(2)计算嘉诚公司和永乐公司换入和换出资产的账面价值与公允价值。

(3)计算嘉诚公司和永乐公司换入资产价值的总额。

(4)计算嘉诚公司和永乐公司各项换入资产的入账价值。

(5)嘉诚公司和永乐公司如何进行非货币性资产交换的会计处理？

四、阅读书目

1.《企业会计准则》——《企业会计准则第 7 号——非货币性资产交换》。(财政部制定,经济科学出版社,2006 年版)

2.《企业会计准则——应用指南》——《企业会计准则第 7 号——非货币性资产交换》。(财政部制定,中国财政经济出版社,2006 年版)

3.《企业会计准则讲解》第八章。(财政部会计司编写组,人民出版社,2007 年版)

4. 全国会计专业资格考试辅导教材《中级会计实务》第八章。(财政部会计资格评价中心,经济科学出版社,2007 年版)

第九章　金融工具

一、专业术语

金融工具　金融资产　金融负债　权益工具　衍生工具　金融远期　商品期货　金融期货　金融期权　金融互换　交易费用　嵌入衍生工具　混合工具　套期保值　套期工具　被套期项目　公允价值套期　现金流量套期　境外经营净投资套期　套期有效性　金融工具列报

二、思考题

1. 何谓金融工具？何谓衍生工具？常见的衍生工具有哪些？

2. 一般情况下,衍生工具应该如何计量？企业取得衍生工具发生的交易费用应如何处理？

3. 何谓嵌入衍生工具？嵌入衍生工具应该如何进行会计处理？

4. 何为套期保值？套期保值包括哪些种类？何谓套期工具？何谓被套期项目？

5. 简述公允价值套期会计核算原则。

6. 简述现金流量套期的会计核算原则。

7. 简述境外经营净投资套期会计核算的原则。

8. 简述混合工具分拆的原则。

9. 金融工具应该如何在报表内进行列示?

10. 何谓金融工具披露? 企业应该披露哪些与金融工具有关的一般信息?

11. 企业应该披露哪些与金融工具有关的风险信息?

12. 根据套期保值准则的规定,公允价值套期、现金流量套期或境外经营净投资套期在满足什么条件下才可以运用套期会计方法进行处理?

三、练习题

(一)判断题

1. 衍生工具属于交易性金融资产或金融负债,一律按照公允价值进行计量。( )

2. 企业对外的股权投资属于金融资产。( )

3. 嵌入衍生工具的处理原则是,尽可能使嵌入衍生工具与单独存在的衍生工具采用一致的会计原则进行处理。( )

4. 混合工具在进行分拆时,应当先确定权益成分的公允价值并以此作为其初始确认金额,再按照该金融工具整体的发行价格扣除权益成分初始确认金额后的金额,确定负债成分的初始确认金额。( )

5. 某企业对承担的固定利率负债的公允价值变动风险进行的套期属于公允价值套期。( )

6. 通常情况下,衍生工具可以作为套期工具,但是不能作为被套期项目。( )

7. 公允价值套期满足运用套期会计方法条件的:套期工具为衍生工具的,公允价值变动形成的利得或损失应当计入所有者权益;套期工具为非衍生工具的,账面价值因汇率变动形成的利得或损失应当计入当期损益。( )

8. 企业发行金融工具时,如果该工具合同条款中没有包括交付现金或其他金融资产给其他单位的合同义务,也没有包括在潜在不利条件下与其他单位交换金融资产或金融负债的合同义务,那么该工具应确认为权益工具。( )

9. 根据金融工具列报准则的规定,在任何情况下,金融资产和金融负债都应在资产负债表内分别列示,不得相互抵销。( )

(二)单项选择题

1. 下列各项中不属于衍生工具的是(　　)。

A. 利率互换　　B. 股票指数期货

C. 远期外汇合约　　D. 债券投资

2. 对已确认资产或负债、尚未确认的确定承诺,或该资产或负债、尚未确认的确定承诺中可辨认部分的公允价值变动风险进行的套期为(　　)。

A. 公允价值套期　　B. 现金流量套期

C. 账面价值套期　　D. 境外经营净投资套期

3. 某企业对承担的浮动利率债务的现金流量变动风险进行的套期属于(　　)。

A. 公允价值套期　　B. 现金流量套期

C. 账面价值套期　　D. 境外经营净投资套期

4. 能证明拥有某个企业在扣除所有负债后的资产中的剩余权益的合同称为(　　)。

A. 金融工具　　B. 衍生工具　　C. 权益工具　　D. 债权工具

5. 企业应该披露的金融工具风险信息不包括(　　)。

A. 信用风险信息　　B. 交易风险信息

C. 流动性风险信息　　D. 市场风险信息

6. 企业取得衍生工具发生的相关交易费用应当计入(　　)。

A. 衍生工具的成本　　B. 所有者权益

C. 当期损益　　D. 无形资产

7. 一般情况下,在编制现金流量表时将衍生工具引起的现金流入和流出计入(　　)的现金流量。

A. 投资活动　　B. 经营活动

C. 筹资活动　　D. 购买活动

(三)多项选择题

1. 下列属于金融资产的有(　　)。

A. 现金　　B. 应收票据　　C. 商品期货　　D. 权益工具

2. 下列有关“衍生工具”会计科目说法正确的有(　　)。

A. 该科目是一个共同类会计科目

B. 企业取得衍生资产计入该科目的借方,取得衍生负债计入该科目的贷方

C. 衍生资产公允价值增加的,计入该科目的借方

D. 该科目期末只能有借方余额

3. 下列各项中属于企业取得衍生工具发生的相关交易费用的有(　　)。

A. 支付给券商的佣金　　　　　　　B. 债券的溢折价

C. 支付给代理机构的手续费　　　　D. 企业内部管理成本

4. 下列有关嵌入衍生工具的经济特征和风险、与主合同的紧密关系中，说法正确的有(　　)。

A. 债务合同或保险合同中的嵌入利率下限或利率上限，只要在金融工具发行时，该利率上限等于或高于市场利率，而利率下限等于或低于市场利率，并且该利率上限或下限与主合同之间不存在杠杆关系，那么，该利率上限或下限与主合同紧密相关

B. 嵌在主保险合同中的衍生工具，如果与主保险合同互相依赖，以致企业无法单独计量该嵌入衍生工具，则该嵌入衍生工具与主保险合同紧密相关

C. 嵌在主债务工具中，并产生以外币表示的本金或利息付款流量的嵌入外币衍生工具与主债务工具紧密相关

D. 嵌在某一权益工具中的买入期权，使得发行人能够以特定价格回购该权益工具，从持有人的角度看，该买入期权不与主权益工具紧密相关

5. 常见的套期有效性评价方法有(　　)。

A. 统计分析法　　　　　　　　　B. 主要条款比较法

C. 比率分析法　　　　　　　　　D. 回归分析法

6. 下列有关现金流量套期会计处理原则中说法正确的有(　　)。

A. 满足运用套期会计方法条件的，套期工具利得或损失中属于有效套期的部分，应当直接确认为所有者权益

B. 套期工具利得或损失中属于无效套期的部分应当计入当期损益

C. 满足运用套期会计方法条件的，套期工具利得或损失中属于有效套期的部分，应当计入当期损益

D. 套期工具利得或损失中属于无效套期的部分应当计入所有者权益

7. 下列各项中属于衍生工具的有(　　)。

A. 应收账款　　　　　　　　　　B. 远期外汇合约

C. 股票指数期货　　　　　　　　D. 利率期权

（四）业务分析处理与计算题

1.【目的】练习衍生工具的一般核算。

【资料】某公司 2007 年 6 月 1 日以银行存款投入某期货公司 200 万元，进行期货合约交易。6 月 8 日买入合约一张，单价为 1 500 元，数量为 100 吨，应付保证金 4 500 元。6 月底该期货合约单价上涨至 1 510 元，7 月底该合约单价上涨至 1 515 元，8 月 15 日公

司按照单价 1 518 元卖出平仓。

【要求】编制有关会计分录。

2.【目的】练习混合工具分拆的核算。

【资料】某股份有限公司经批准于 2006 年 1 月 1 日发行 5 年期 1.5 亿元可转换公司债券，债券票面年利率为 6%，到期一次还本付息，按面值发行(不考虑发行费用)。债券发行一年后可转换为股份，每 100 元转普通股 4 股，股票面值 1 元。发行债券时市场利率为 7%。假定债券持有者一年后全部将债券转换为股份(按当日可转换公司债券的账面价值计算转股数)。

【要求】

(1)计算该可转换公司债券中负债成分和权益成分的公允价值。

(2)编制有关会计分录。

3.【目的】练习权益工具产生的衍生工具的核算。

【资料】甲公司于 2007 年 10 月 1 日向乙公司发行以自身普通股为标的的看跌期权。根据该期权合同，如果乙公司行权(行权价为 76 元)，乙公司有权以每股 76 元的价格向甲公司出售甲公司普通股 1 000 股。其他有关资料如下：

(1)合同签订日	2007 年 10 月 1 日
(2)行权日(欧式期权)	2008 年 3 月 31 日
(3)2007 年 10 月 1 日每股市价	78 元
(4)2007 年 12 月 31 日每股市价	74 元
(5)2008 年 3 月 31 日每股市价	74 元
(6)2008 年 3 月 31 日应支付的固定行权价格	76 元
(7)2007 年 10 月 1 日行权价格的现值	74 元
(8)期权合同中的普通股数量	1 000 股
(9)2007 年 10 月 1 日期权的公允价值	3 500 元
(10)2007 年 12 月 31 日期权的公允价值	2 500 元
(11)2008 年 3 月 31 日期权的公允价值	2 000 元

【要求】

(1)假定期权以现金净额计算，为甲公司做相应会计处理；

(2)假定期权以普通股净额计算，为甲公司做相应会计处理。

四、参考文献

1.《企业会计准则第 22 号——金融工具确认和计量》。(2006 年版)

2.《企业会计准则第 23 号——金融资产转移》。(2006 年版)

3.《企业会计准则第24号——套期保值》。(2006年版)

4.《企业会计准则第37号——金融工具列报》。(2006年版)

5.《企业会计准则讲解》第二十三、三十八章。(财政部会计司编写组,人民出版社,2006年版)

6.《高级财务会计》第十二章。(陈文军,立信会计出版社,2007年版)

7.《金融工具会计》。(李荣林,上海财经大学出版社,2003年版)

8.《金融工具会计》。(郑磊,吴超,清华大学出版社,2004年版)

第十章 租 赁

一、专业术语

租赁　融资租赁　经营租赁　最低租赁付款额　或有租金　履约成本　直接融资租赁　销售租赁　杠杆租赁　回租租赁　转租租赁　担保余值　未担保余值　初始直接费用　未确认融资费用　最低租赁收款额　未实现融资收益　租赁内含利率

二、思考题

1. 试述租赁业务的意义和特点。

2. 如何判断一项租赁业务是经营租赁还是融资租赁?

3. 租赁业务的租金是如何构成的?可以用哪些方法计算租金?

4. 为什么要将融资租赁费用资本化?

5. 什么是最低租赁付款额?如何计算最低租赁付款额的现值?

6. 试述国际会计准则和我国会计准则对经营租赁的会计处理原则的相同点与区别点。

7. 承租人、出租人应如何进行经营租赁的会计处理?

8. 试述国际会计准则和我国会计准则对融资租赁的会计处理原则的相同点与区别点。

9. 承租人、出租人应如何进行融资租赁的会计处理?

10. 什么是转租租赁和售后回租?交易双方存在哪些关系?如何进行会计处理?

11. 为什么会产生杠杆租赁?杠杆租赁有什么特点?应如何进行会计处理?

三、练习题

(一)判断题

1. 租赁是指在约定期间内,企业之间由出租人向承租人收取租金并转让资产使用权的交易,是一种商业信用行为。(　　)

2. 按租赁资产的资金来源不同,可以分为融资租赁和经营租赁。(　　)

3. 我国经营租赁会计处理规定,承租人租入资产,只是另设置备查簿登记,不正式记入固定资产账户中。(　　)

4. 对融资租赁业务,在租赁开始日,承租人通常应当将租赁开始日租赁资产账面价值与最低租赁付款额的现值两者中较低者作为租入资产的入账价值。(　　)

5. 在转租业务中,资产承租人在租期内将租入资产的使用权有偿转让给第三方,从而使自己成为新的出租人。(　　)

(二)单项选择题

1. 杠杆租赁中,出租方一般只要投资(　　),即可取得租赁物名义上的所有权。

A. 10% ~20%　　B. 20% ~40%　　C. 40% ~60%　　D. 60% ~80%

2. 未担保余值,指租赁资产余值中扣除就出租人而言的担保余值以后的(　　)。

A. 账面余值　　B. 账面净值　　C. 资产净值　　D. 资产余值

3. 采用等额年金法计算租金,随着本金的偿还,本金的账面金额不断减少,因此,应计利息数额递减,而本金回收额(　　)。

A. 递增　　B. 递减　　C. 不变　　D. 递增或递减

4. 在融资租赁业务中,如果承租人有购买租赁资产的选择权,所订立的购价预计将远低于行使选择权时租赁资产的(　　)。

A. 账面价值　　B. 评估价值　　C. 公允价值　　D. 重置成本

5. 杠杆租赁,是指出租人一般只需支付租赁资产全部价款的一部分,另以租赁资产作抵押,由支付其余价款,然后将购入资产用于租赁的一种融资租赁形式(　　)。

A. 出租人贷款　　B. 承租人贷款

C. 第三方贷款　　D. 金融机构贷款

(三)多项选择题

1. 在租赁业务中,租金的计算是一个关键环节,构成租金的主要因素包括(　　)。

A. 资产成本　　B. 利息费用

C. 手续费　　D. 担保余值与未担保余值

2. 按租赁资产的资金来源不同,租赁可以分为(　　)。

A. 直接融资租赁　B. 杠杆租赁　C. 回租租赁　D. 转租租赁

3. 租金的计算方法很多,常用的计算方法有(　　)。

A. 等额年金法　B. 等差变额年金法

C. 等比变额年金法　D. 等量变额年金法

4. 售后回租简称回租,是指承租人将资产出售后又租回的一种形式。在回租业务中,交易双方均以双重身份出现:(　　)。

A. 承租人同时是销货方　B. 出租人同时是购货方

C. 承租人同时是担保方　D. 出租人同时是被担保方

5. 最低租赁收款额,是指最低租赁付款额加上独立于(　　),但在财务上有能力担保的第三方对出租人担保的资产余值。

A. 担保人　B. 承租人　C. 出租人　D. 贷款人

(四)业务分析处理与计算题

1.【目的】练习经营租赁的会计处理。

【资料】国华内燃机厂2006年年初根据租约向中和有限责任公司出租设备一台。该设备在租赁日的账面价值为300 000元,预计可使用年限为8年,预计净残值3 000元;租约规定租期为2年,每年租金为60 000元,并于租赁期每年年末付讫;出租该设备过程中发生的各项有关费用为3 000元,向承租企业收取押金20 000元。

【要求】

(1)请作出承租企业的有关账务处理。

(2)计算出租企业每月应计提的折旧额。

2.【目的】练习融资租赁的会计处理。

【资料】2000年1月13日甲公司向乙公司租入一台设备,有关租赁合同的约定内容如下:

(1)租期6年,不可撤销;

(2)每年支付租金50 000元,于年末支付;

(3)承租人担保余值40 000元;

(4)租赁开始日,租赁资产的公允价值为280 000元;

(5)该设备估计剩余使用年限为8年;

(6)同期银行贷款利率为5.5%;

(7)租赁合同规定的利率为6%;

(8)租期届满,租赁资产由出租人收回。

【要求】

(1)确定承租企业在租赁开始日租入资产和负债的入账价值。

(2)编制承租人租金及未确认融资费用摊销表。

(3)计算出租人第一期确认的收益。

3.【目的】练习融资租赁的会计处理。

【资料】2001 年 12 月 1 日,A 公司与 B 公司签订了一份租赁合同,A 公司以融资租赁方式向 B 公司租入一台设备,合同主要条款如下:

(1)租赁期开始日:2002 年 1 月 1 日。

(2)租赁期:2002 年 1 月 1 日 ~2005 年 12 月 31 日,共 4 年。

(3)租金支付:自租赁开始日每年年末支付租金 150 000 元。

(4)该机器在 2001 年 12 月 1 日的公允价值为 500 000 元。

(5)租赁合同规定的利率为 7%(年利率)。

(6)承租人与出租人的初始直接费用均为 1 000 元。

(7)租赁期届满时,A 公司享有优惠购买该机器的选择权,购买价为 100 元,估计该日租赁资产的公允价值为 80 000 元。

【要求】

(1)请作出 A 公司在租赁开始日的会计处理。

(2)编制 A 公司在租赁期间分摊未确认融资费用的会计分录。

(3)请作出 B 公司在租赁开始日的会计处理。

(4)编制 B 公司在租赁期间分配未实现融资收益的会计分录。

四、阅读书目

1.《国际会计准则(2001)》。(中国财政经济出版社,2001 年版)

2. 财政部《企业会计准则》。(中国财政经济出版社,2006 年版)

3. 财政部《企业会计准则指南》。(2006 年版)

4. 财政部《企业会计准则讲解》。(人民出版社,2007 年版)

5. 全国会计专业资格考试辅导教材《中级会计实务》。(经济科学出版社,2007 年版)

6.《美国会计准则解释与运用》。(财政部会计事务管理司,中国财政经济出版社,1995 年版)

7.《高级会计学》。(王文彬、林钟高,立信出版社,1995 年版)

8.《高级会计学》。(阎达五、耿建新、戴德明,中国人民大学出版社,1998 年版)

第十一章　债务重组和破产清算

一、专业术语

债务重组　债务重组方式　以资产清偿债务　将债务转为资本　修改其他债务条件　债务重组利得　债务重组损失　或有应付金额　或有应收金额　破产　重整　和解　破产清算　破产会计假设　破产会计核算原则　破产财产　破产费用　共益债务　清算收益　清算费用

二、思考题

1. 如何理解债务重组的含义和基本特征？

2. 债务重组的方式有哪些？

3. 如何对债务人用以清偿债务的非现金资产的公允价值与其账面价值之间的差额进行处理？

4. 在将债务转为资本清偿债务的重组方式下，债务人和债权人进行会计处理的原则是什么？

5. 对涉及或有应付金额的债务重组，债务人和债权人应如何进行会计处理？

6. 如何理解企业破产的程序？

7. 试说明破产清算会计与常规财务会计在会计核算上的不同特点。

8. 破产企业如何进行资产清查及会计处理？

9. 试说明管理人在破产清算中的有关会计处理。

三、练习题

（一）判断题

1. 债务重组是指债权人按照其与债务人达成的协议或法院的裁决同意债务人修改债务条件的事项。(　　)

2. 债务人重组债务的账面价值与偿债资产公允价值之间的差额，应确认为资本公积。(　　)

3. 债务人以债务转为资本的方式进行债务重组时，必须满足国家有关法律规定的条件。(　　)

4. 破产清算会计与财务会计在会计核算上完全相同。(　)

5. 破产财产不仅包括破产案件受理时属于债务人的全部财产，也包括破产案件受理后至破产程序终结前债务人取得的财产。(　)

(二)单项选择题

1. 以下适用于“企业会计准则——债务重组”准则规范的债务重组事项包括(　　)。

A. 企业破产清算时的债务重组

B. 企业进行公司制改组时的债务重组

C. 企业兼并中的债务重组

D. 在债务人发生财务困难的情况下，债权人按照其与债务人达成的协议或者法院的裁定作出让步事项的债务重组。

2. 以低于债务账面价值的现金清偿某项债务的，债务人应将重组债务的账面价值超过清偿债务的现金之间的差额确认为(　　)。

A. 当期债务重组损失，计入“营业外支出——债务重组损失”账户

B. 当期债务重组损失，计入“管理费用”账户

C. 当期债务重组收益，计入“营业外收入——债务重组利得”

D. 当期债务重组收益，计入“资本公积”账户

3. 债务重组采用以现金清偿债务、非现金资产清偿债务、债务转为资本、修改其他债务条件等方式的组合进行的，债权人冲减重组债权的账面余额的顺序是(　　)。

A. 非现金资产公允价值、股份的公允价值、修改其他债务条件、现金

B. 现金、非现金资产公允价值、股份的公允价值、修改其他债务条件

C. 现金、股份的公允价值、非现金资产公允价值、修改其他债务条件

D. 现金、非现金资产公允价值、修改其他债务条件、股份的公允价值

4. 下列有关债务重组的说法中，正确的是(　　)。

A. 债务人应将重组债务的账面价值与转让的非现金资产或股权的账面价值之间的差额，确认为资本公积

B. 债权人应当将重组债权的账面余额与收到的现金、受让的非现金资产的公允价值、股份的公允价值、重组后债权的账面价值之间的差额，计入当期损益

C. 用以清偿债务的非现金资产为长期股权投资的，其公允价值和账面价值之间的差额，应计入营业外收入或营业外支出

D. 债权人收到的存货、固定资产、无形资产、长期股权投资等非现金资产，应按其账面价值予以入账

5. 破产财产在优先清偿破产费用和共益债务后,依照第一顺序清偿的是(　　)。

A. 税款　　B. 工资

C. 失业保险　　D. 有财产担保债权

(三)多项选择题

1. 下列不属于债务重组的情况有(　　)。

A. 债务人发行的可转换债券,按正常条件转为其股权

B. 债务人破产清算时发生的债务重组

C. 债务人改组,债权人将债权转为对债务人的股权投资

D. 债务人借新债偿旧债

2. 对于债务人用以清偿债务的非现金资产的公允价值与其账面价值之间差额的处理情况有(　　)。

A. 用以清偿债务的非现金资产为存货的,应当作为销售处理,按照《企业会计准则第 14 号——收入》的规定,以其公允价值确认收入,同时结转相应的成本

B. 用以清偿债务的非现金资产为固定资产或无形资产的,其公允价值和账面价值之间的差额,应计入营业外收入或营业外支出

C. 用以清偿债务的非现金资产为长期股权投资的,其公允价值和账面价值之间的差额,应计入投资损益

D. 用以清偿债务的非现金资产为长期股权投资的,其公允价值和账面价值之间的差额,应计入营业外收入或营业外支出

3. 企业以债务转为资本清偿债务时,债务人应按应付账款的账面余额,借记"应付账款"账户;按债权人因放弃债权而享有的股权的公允价值,贷记的账户有(　　)。

A. "营业外支出——债务重组损失"

B. "营业外收入——债务重组利得"

C. "股本"

D. "资本公积——资本(或股本)溢价"

4. 债务重组定义中,"债权人作出让步"的情形主要包括(　　)。

A. 债权人减免债务人部分债务本金或者利息

B. 债权人降低债务人应付债务的利率

C. 债权人用非现金资产偿还债务

D. 债权人将债务转为资本清偿债务

5. 下列说法正确的是(　　)。

A. 破产费用和共益债务由债务人财产随时清偿

B. 当债务人财产不足以清偿所有破产费用和共益债务的，应先行清偿破产费用

C. 当债务人财产不足以清偿所有破产费用或者共益债务的，应按照比例清偿

D. 当债务人财产不足以清偿破产费用的，管理人应当提请人民法院终结破产程序

(四)业务分析处理与计算题

1.【目的】练习债务重组的会计处理。

【资料】A公司2007年3月10日因购买原材料而形成应付B公司的账款1 000 000元，货款偿还期限为3个月。2007年6月10日，A公司发生财务困难，无法偿还到期债务，经与B公司协商进行债务重组。双方达成的债务重组协议是：A公司以其一台生产经营用设备抵偿应付B公司的债务。该台设备的原值为1 000 000元，已提累计折旧200 000元，净值800 000元，该台设备的公允价值为950 000元。假定上述资产均未计提减值准备，不考虑相关税费。

【要求】

(1)计算处置固定资产利得。

(2)计算债务重组利得。

(3)根据上述资料分别债务人A公司和债权人B公司作出相关的会计处理。

2.【目的】练习债务重组的会计处理。

【资料】甲公司于2007年1月1日销售给乙公司一批产品，含增值税价值为1 350 000元，当日甲公司收到期限为六个月的商业承兑汇票一张。2007年6月30日商业承兑汇票到期，由于乙公司发生财务困难，短期内不能支付货款。经协商，甲公司同意乙公司以其所拥有的以公允价值计量、公允价值变动计入当期损益的某公司股票偿还债务，乙公司将该股票作为可供出售的金融资产。该股票的账面价值为1 200 000元，公允价值为1 140 000元，假定甲公司为该项应收账款提取了坏账准备120 000元。用于抵债的股票已于2007年7月31日办理了相关转让手续；甲公司取得该股票后，作为以公允价值计量、公允价值变动计入当期损益的金融资产。甲公司已将该项应收票据转入应收账款；乙公司已将应付票据转入应付账款。

【要求】

(1)判断债务重组日的日期。

(2)分别作出债权人甲公司和债务人乙公司在债务重组日的会计处理。

3.【目的】练习债务重组的会计处理。

【资料】2007年7月1日，甲公司应收乙公司账款账面余额为180 000元，由于乙公司发生财务困难，无法偿付该应付账款。经双方协商同意，乙公司以其普通股偿还债务。假定普通股的面值为1元，乙公司以60 000股抵偿该项债务，股票每股市价为2.5

元。甲公司对该项应收账款计提了坏账准备6 000元。股票登记手续已于2007年8月5日办理完毕,甲公司将其作为长期股权投资核算。

【要求】分别作出债权人甲公司和债务人乙公司有关债务重组的会计处理。

4.【目的】练习债务重组的会计处理。

【资料】A公司2006年12月31日应收B公司票据的账面余额为196 200元,其中,16 200元为累计应收的利息,票面年利率为4%。乙公司因连年亏损,资金周转困难,不能偿付应于2006年12月31日前支付的应付票据。经双方协商,于2007年1月4日进行债务重组,并签署该项债务重组协议:甲公司同意将其债务本金减至150 000元;免去债务人所欠的全部利息;将利率从4%降低到2%(等于实际利率),并将债务到期日延至2008年12月31日,利息按年支付。该项债务重组协议从签订日起开始实施。甲、乙公司已将应收、应付票据转入应收、应付账款。甲公司已为该项应收款项计提了15 000元坏账准备。

【要求】分别作出债权人甲公司和债务人乙公司有关债务重组的会计处理。

5.【目的】练习债务重组的会计处理。

【资料】2006年3月6日德堡公司和荣华公司均为增值税一般纳税企业,其适用的增值税税率均为17%。2006年3月6日,荣华公司销售一批材料给德堡公司,含税价为7 020 000元,德堡公司因发生财务困难,无法按合同规定偿还债务,2007年1月6日经与荣华公司协商进行债务重组。双方达成了如下债务重组协议:荣华公司同意德堡公司用其产品、固定资产抵偿该项债务。其中抵债产品的市价为2 400 000元,成本为2 100 000元;抵债设备的账面原价为3 600 000元,累计折旧为900 000元,评估确认的净值为2 550 000元。抵债资产均已转让完毕。德堡公司发生的资产评估费用为19 500元。假定荣华公司已对该项债权计提坏账准备54 000元,荣华公司在接受抵债资产时,安装设备发生的安装成本为45 000元。不考虑其他相关税费。

【要求】

(1)确认并计算债务人德堡公司的债务重组利得。

(2)确认并计算债务人德堡公司转让各项资产的损益。

(3)确认并计算债权人荣华公司的债务重组损失。

(4)编制债务人德堡公司和债权人荣华公司债务重组的会计分录。

四、阅读书目

1.《企业会计准则——债务重组》——《企业会计准则第12号——债务重组》。(财政部制定,经济科学出版社,2006年版)

2.《企业会计准则指南》——《企业会计准则第12号——债务重组》。(财政部制

定,中国财政经济出版社,2006 年版)

3.《企业会计准则讲解》第十三章。(财政部会计司编写组,人民出版社,2007 年版)

4.《国际会计准则(2001)》——《国际会计准则第 39 号——金融工具》。(中国财政经济出版社,2001 年版)

5. 全国会计专业资格考试辅导教材《中级会计实务》第十一章。(财政部会计资格评价中心,经济科学出版社,2007 年版)

6.《高级会计学》第十六章。(阎达五、耿建新、戴德明,中国人民大学出版社,2002 年版)

7.《高级会计学》第十二章。(耿建新、张天西,经济科学出版社,2000 年版)

8.《中华人民共和国企业破产法》。(2006 年版)

练习题参考答案

第一章　企业合并

(一)判断题

1. ×　2. ×　3. √　4. ×　5. √　6. ×　7. √　8. √

(二)单项选择题

1. C　2. A　3. B　4. C　5. B

(三)多项选择题

1. ACD　2. AC　3. ABC　4. ACD　5. AC

(四)业务分析处理与计算题

1. ①购买成本 = 800 000(元)

合并商誉 = 800 000 − (1 088 000 − 386 000) = 98 000(元)

②购买成本 = 600 000(元)

计入当期损益 = 600 000 − 702 000 = −102 000(元)

2. 购买成本 = 400 000 × 2 = 800 000(元)

合并商誉 = 800 000 − (1 088 000 − 386 000) = 98 000(元)

3. 合并后甲公司股本合计数 = 400 000 + 400 000 = 800 000(元)

合并后新形成的资本公积 = 640 000 + 360 000 − (400 000 + 400 000) − 60 000 = 140 000(元)

最终因吸收合并甲公司增加各项资产与各项负债的差额为 612 000 元,增加股本

400 000元、资本公积140 000(212 000 - 72 000)元,盈余公积62 000元、未分配利润10 000元。与前列示的结果相同。

4. 合并后甲公司股本合计数 = 400 000 + 660 000 = 1 060 000(元)

合并后新形成的资本公积 = 640 000 + 360 000 - (400 000 + 660 000) = -60 000(元)

第二章 购并日的合并财务报表

(一)判断题

1. × 2. √ 3. √ 4. √ 5. ×

(二)单项选择题

1. B 2. D 3. A 4. D 5. C

(三)多项选择题

1. AC 2. BCD 3. ACD 4. ABD 5. BC

(四)业务分析处理与计算题

1. (1)

2010年12月31日乙公司合并差额分配表

甲公司投资成本:		2 003 000	
减:乙公司净资产账面价值		1 523 000	
投资成本高于净资产账面价值的差额		480 000	
净资产公允价值高于账面价值的分配:			
项 目	公允价值	账面价值	分配额
存货	400 000	360 000	40 000
固定资产	1 700 000	1 500 000	200 000
无形资产	120 000	100 000	20 000
合 计	2 220 000	1 960 000	260 000
减:可辨认净资产分配的差额			260 000
合并商誉			220 000

3.(1)

2010 年 12 月 31 日乙公司合并价差分配表

甲公司投资成本：				1 618 400	
减：乙公司净资产账面价值				1 218 400	
投资成本高于净资产账面价值的差额				400 000	
净资产公允价值高于账面价值的分配：					
项　目	公允价值	账面价值	差额	持股比例	分配额
存货	400 000	360 000	40 000		
固定资产	1 700 000	1 500 000	200 000		
无形资产	120 000	100 000	20 000		
合　计	2 220 000	1 960 000	260 000		
减：可辨认净资产分配的差额甲公司所占份额				80%	208 000
合并商誉				(400 000 - 208 000)	192 000

(2)乙公司少数股东权益 =(1 523 000 +260 000)×20% =356 600(元)

4.(1)

2010 年 12 月 31 日乙公司合并差额分配表

甲公司投资成本：				926 400	
减：乙公司净资产公允价值				(1 193 000 ×80%)954 400	
投资成本低于净资产公允价值的差额				28 000	
净资产公允价值高于账面价值的分配：					
项　目	公允价值	账面价值	差额	持股比例	分配额
存货	210 000	360 000	-150 000		
固定资产	1 300 000	1 500 000	-200 000		
无形资产	120 000	100 000	20 000		
合　计	1 630 000	1 960 000	-330 000		
可辨认净资产分配的差额甲公司所占份额				80%	-264 000
确认的损益					28 000

(2)乙公司少数股东权益 =(1 523 000 -330 000)×20% =238 600(元)

第三章　购并日后的合并财务报表

(一) 判断题

1. ×　2. √　3. ×　4. ×　5. √　6. ×　7. ×　8. √

(二) 单项选择题

1. D　2. A　3. B　4. D　5. A　6. C

(三) 多项选择题

1. ABC　2. ABD　3. BCD　4. ABD　5. BC

(四) 业务分析处理与计算题

1. (1)

合并差额分配表

项　目	合并价差构成	当年摊销数	累计摊销额	尚待摊销额
应收账款	-20 000	-20 000	-20 000	0
存　货	60 000	60 000	60 000	0
固定资产	100 000	20 000	20 000	80 000
商　誉	100 000			
合　计	240 000	60 000	60 000	80 000

合并差额分配对损益的影响

项　目	营业成本	资产减值损失	合　计
收回的应收账款		-20 000	-20 000
出售存货	60 000		60 000
固定资产摊销	20 000		20 000
合　计	80 000	-20 000	60 000

2.(1)

合并价差分配表

项　目	合并价差构成	当年摊销数	累计摊销额	尚待摊销额
应收账款	-20 000	-20 000	-20 000	0
存　货	60 000	60 000	60 000	0
固定资产	100 000	20 000	20 000	80 000
商　誉	128 000			128 000
合　计	268 000	60 000	60 000	208 000

合并差额分配对损益的影响

项　目	营业成本	资产减值损失	合　计
收回的应收账款		-20 000	-20 000
出售存货	60 000		60 000
固定资产摊销	20 000		20 000
商誉摊销			
合　计	80 000	-20 000	60 000

3.(1)

合并差额分配表

项　目	合并价差构成	当年摊销数	累计摊销额	尚待摊销额
应收账款	-20 000		-20 000	0
存　货	60 000		60 000	0
固定资产	100 000	20 000	40 000	60 000
商　誉	100 000			
合　计	240 000	20 000	80 000	60 000

合并差额分配对损益的影响

项　目	主营业务成本	管理费用	合　计
收回的应收账款			
出售存货			
固定资产摊销	20 000		20 000
合　计	20 000		20 000

4.(1)

合并差额分配表

项　目	合并价差构成	当年摊销数	累计摊销额	尚待摊销额
应收账款	-20 000		-20 000	0
存　货	60 000		60 000	0
固定资产	100 000	20 000	40 000	60 000
商　誉	128 000			
合　计	268 000	20 000	80 000	60 000

合并价差分配对损益的影响

项　目	营业成本	管理费用	合　计
收回的应收账款			
出售存货			
固定资产摊销	20 000		20 000
商誉摊销			
合　计	20 000		20 000

第四章　总分店经营

（一）判断题

1. ×　2. √　3. ×　4. ×　5. ×

（二）单项选择题

1. A　2. B　3. C　4. B

5.(1)D　(2)A　(3)B　(4)A　(5)C

（三）多项选择题

1. BCD　2. ABC　3. ABD　4. AB　5. CD

（四）业务分析处理与计算题

2. 内部往来账户调节后余额为220 500元。

3.(1)会计分录略。(2)分店的经营利润为40 350元;结转分录略。(3)“分(总)

店往来”账户余额为348 900元。(4)抵销分录略。(5)联合财务报表工作底稿中资产总计(权益总计)为6 199 000元。

4.(1)会计分录略。(2)分店的经营利润为－37 950元;结转分录略。(3)“分(总)店往来”账户余额为367 275(元)。

(4)总分店联合财务报表工作底稿的抵销分录。

①借:总店往来	367 275	
贷:分店往来		367 275
②借:备抵存货超成本计价	78 300	
贷:营业成本		78 300
③借:备抵存货超成本计价	18 375	
贷:存货		18 375

(5)联合财务报表工作底稿中,分店的营业成本为615 300元,存货为140 875元,备抵存货超成本计价为96 675元,总店的资产总计为6 120 700元,联合财务报表的资产(权益)金额为6 199 000元。

第五章　上市公司的信息披露

(一)判断题

1.√　2.√　3.×　4.√　5.×　6.×　7.√　8.√　9.×　10.×

(二)单项选择题

1.A　2.D　3.A　4.A　5.B

(三)多项选择题

1.ABCD　2.BCD　3.BC　4.ABCD　5.ABC

(四)业务分析处理与计算题

1. 从表1的数据分析,可作如下结论:

(1)从销售收入的资料来看,A分部和B分部的销售收入合计数均已超过汇总收入数的10%,为可编制分部报告的单位;而C,D,E分部的收入额未超过总收入的10%,暂不作为编制分部报告的单位。

(2)从营业利润的资料来看,A分部和B分部亦应为编报单位,因它们各自的经营利润也均超过了不含亏损的利润额450(340＋80＋30)万元的10%。而D分部的营业利润未达此数的10%,不作为编报单位;C,E分部为亏损单位,均超过了不含利润的亏损90(40+50)万元的10%,则作为编制分部报告的单位。

(3)从资产的数据来看,由于A、B、C分部的资产都超过了汇总额的10%,可列为编报分部,而D,E分部的资产未达此水平,不列为报告分部。

这样,由于A、B、C、E分部满足了上述三个标准之一(其中A、B分部三项标准均已满足,C分部满足了两项标准),可作为编报分部。但是,若某一分部虽未满足上述标准,却被认为很有发展前途,也可列为编报分部;反之,若有的分部由于取得了例外收入等,虽在本期满足上述标准,但将来可能遇到困难,也可不列为编报分部。

2. 对稚亚公司而言,该批存货已无任何价值,不会再给企业带来经济利益,不再符合资产的定义。因此,在编制稚亚公司第二季度财务报告时,该批存货就不能再作为资产列报,而应确认为一项损失。

3. 存在关联方关系的企业及其关联方关系如下:

(1)属于控制关系:A企业与C企业;A企业与E企业。因为C企业拥有A企业60%的股份;A企业拥有E企业80%的股份。

(2)属于重大影响关系:A企业与B企业;C企业与B企业。因为B企业拥有A企业30%的股份,C企业拥有B企业30%的股份。

(3)属于共同控制关系:F企业与C企业;F企业与D企业。因为F企业是C企业和D企业的合营企业。

4. (1)该企业资产负债表日后事项中第一项内容属于调整事项,第二、三项内容属于非调整事项。

(2)对于非调整事项应在会计报表附注中予以披露。

(3)调整事项对留存收益的影响金额为475 000元:因为,应补提坏账准备 = 500 000 - (500 000 × 5%) = 475 000(元),所以该调整事项减少留存收益475 000元。

5. (1) 对该项会计估计变更事项进行分析。

该公司对会计估计变更事项的处理如下:①不调整以前各期折旧,也不计算累积影响数;②变更日以后发生的经济业务改按新估计使用寿命提取折旧。

(2)对该项会计政策变更进行的会计处理。

按原估计,每年折旧额为20 000元,已提折旧4年,共计80 000元,固定资产净值为88 000元,则第五年相关科目的年初余额如下表所示。

相关科目的年初余额　　单位:元

项　目	余　额
固定资产	168 000
减:累计折旧	80 000
固定资产净值	88 000

改按新估计使用寿命后,2008 年 1 月 1 日起每年计提的折旧费用为 42 000［(88 000 - 40 000) ÷ (6 - 4)］元。2008 年不必对以前年度已计提折旧进行调整,只需按重新预计的尚可使用寿命和净残值计算确定年折旧费用。其会计处理如下:

借:管理费用　　42 000

　贷:累计折旧　　42 000

第六章　外币业务

(一)判断题

1. ×　2. ×　3. √　4. √　5. ×

(二) 单项选择题

1. C　2. A　3. D　4. B　5. A

(三) 多项选择题

1. ABD　2. BCD　3. ABD　4. ACD　5. ABCD

(四)业务分析处理与计算题

1. (2)4 月末外币类账户汇兑损益为:

银行存款账户汇兑损益:7 000 元;

应收账款账户汇兑损益:21 500 元;

应付账款账户汇兑损益:-2 000 元;

外币类账户汇兑损益合计金额为 26 500 元。

2. 外币报表折算:

(1)折算后报表中"未分配利润"项目为 11 880 000 元人民币。

(2)折算后报表中"外币报表折算差额"项目为 3 290 000 元人民币。

第七章　所得税

（一）判断题

1. √　2. √　3. ×　4. ×　5. ×

6. √　7. ×　8. ×　9. ×　10. ×

（二）单项选择题

1. D　2. C　3. C　4. D　5. B

6. D　7. A　8. B　9. D　10. A

（三）多项选择题

1. ABD　2. CD　3. BCD　4. BD　5. ACD

（四）业务分析处理与计算题

1.（1）不形成暂时性差异；（2）不形成暂时性差异；

（3）应纳税暂时性差异；（4）可抵扣暂时性差异；

（5）不形成暂时性差异；（6）应纳税暂时性差异；

（7）可抵扣暂时性差异。

2. 填表略。各年会计分录为：

2001 年：

借：所得税费用　200

　贷：应交税费——应交所得税　190

　　递延所得税负债　10

2002 年：

借：所得税费用　200

　贷：应交税费——应交所得税　195

　　递延所得税负债　5

2003 年：

借：所得税费用　200

　贷：应交税费——应交所得税　200

2004 年:

借:所得税费用　　200

　递延所得税负债　　5

　贷:应交税费——应交所得税　　205

2005 年:

借:所得税费用　　200

　递延所得税负债　　10

　贷:应交税费——应交所得税　　210

3.(1)应交所得税为 417.5 万元。(2)递延所得税资产余额为 137.5 万元(借)。(3)所得税费用为 405.4 万元。

4.(1)2008 年应交所得税为 255 万元;递延所得税资产余额为 55 万元;所得税费用为 275 万元。

(2)2009 年应交所得税为 261.75 万元;递延所得税资产余额为 42.5 万元;递延所得税负债余额为 121.25 万元。

第八章　非货币性资产交换

(一)判断题

1. ×　2. √　3. ×　4. √　5. ×

(二)单项选择题

1. A　2. C　3. B　4. A　5. D

(三)多项选择题

1. ABC　2. AB　3. ABC　4. BD

(四)业务分析处理与计算题

3.(1)A 公司应分配的换入资产价值总额为 1 811 250 元,B 公司应分配的换入资产价值总额为 2 079 375 元。

4. 嘉诚公司换入资产价值总额为 16 485 000 元,永乐公司换入资产价值总额为 14 115 000元。

第九章　金融工具

（一）判断题

1. ×　2. ×　3. √　4. ×　5. √　6. √　7. ×　8. √　9. ×

（二）多项选择题

1. ABC　2. ABC　3. AC　4. ABCD　5. BCD　6. AB　7. BCD

（三）单项选择题

1. D　2. A　3. B　4. C　5. B　6. C　7. A

（四）业务分析处理与计算题

1. (1)2007 年 6 月 1 日以银行存款拨付资金：

借：存出保证金——某期货公司　　2 000 000

　贷：银行存款　　1 000 000

(2)2007 年 6 月 8 日下交易指令购买合约：

借：衍生工具——期货合约　　4 500

　贷：存出保证金——某期货公司　　4 500

(3)2007 年 6 月 30 日，结算月末持仓期货合约的浮动盈亏为 1 000 元。

(4)2007 年 7 月 31 日，结算持仓期货合约浮动盈亏为 500 元。

(5)2007 年 4 月 25 日卖出期货合约平仓，结算持仓期货和约浮动盈亏为 300 元。

2. ①可转换公司债券负债成分的公允价值为 14 385.18 万元。可转换债券权益部分的价值为 614.82 万元。②2006 年 12 月 31 日计提利息时，当年应该确认的利息费用 1 006.96 万元，债券的应计利息 900 万元。③转换的股份数 6 156 857 股。

3. (1)期权将以现金净额结算。2008 年 1 月 31 日，甲公司向乙公司收取相当于本公司普通股 1 000 股市值的金额。乙公司向甲公司收取 76 000 元。甲公司实际支付净额为 2 000 元，反映为看跌期权。(2)以普通股净额结算。实际向乙公司交付普通股数量 27.03 股。

第十章　租　赁

（一）判断题

1. √　2. ×　3. √　4. ×　5. √

(二)单项选择题

1. B 2. D 3. A 4. C 5. D

(三)多项选择题

1. ABCD 2. ABCD 3. ABC 4. AB 5. BC

(四)业务分析处理与计算题

1. 出租企业每月应计提的折旧额为3 093.75元。

2. (1)甲公司应当将这项租赁认定为融资租赁。①最低租赁付款额为340 000元。②确定折现率为6%。③确定最低租赁付款额的现值为274 064元。

(2)编制承租人租金及未确认融资费用摊销表:

租金摊销表

单位:元

日期 \ 项目	租金	确认的融资费用	本金减少数	本金余额
	(1)	(2)=(4)×6%	(3)=(1)-(2)	(4)=(4)-(3)
1999年1月1日				274 064
1999年12月31日	50 000	16 444	33 556	240 508
2000年12月31日	50 000	14 430	35 570	204 938
2001年12月31日	50 000	12 296	37 704	167 234
2002年12月31日	50 000	10 034	39 966	127 268
2003年12月31日	50 000	7 636	42 364	84 904
2004年12月31日	50 000	5 096①	44 904	40 000
合计	300 000	65 936	234 064	40 000

注:①5 096系计算尾差而倒计求得,即5 096元=50 000元-44 904元。

(3)出租人第一期确认的收益:

①租赁开始日,最低租赁收款额为340 000元。

最低租赁收款额与未担保余值之和的现值为274 064元。

未实现融资收益为65 936元。

②出租人第一期确认的收益为16 444元。

3. (1)①租赁资产的入账价值应为公允价值500 000元。②未确认融资费用为100 100元。

(2)A公司在租赁期间分摊未确认融资费用:

①融资费用分摊率为7.72%。

②在租赁期内采用实际利率法分摊融资费用编制见租金摊销表:

租金摊销表

单位:元

日期 \ 项目	租金	确认的融资费用	应付本金减少数	应付本金余额
	(1)	(2)=(4)×7.72%	(3)=(1)-(2)	(4)=(4)-(3)
2002年1月1日				500 000
2002年12月31日	150 000	38 600	111 400	388 600
2003年12月31日	150 000	29 999.92	120 000.08	268 599.92
2004年12月31日	150 000	20 735.91	129 264.09	139 335.83
2005年12月31日	150 000	10 764.17	139 235.83	100
2006年1月1日		100	100	0
合计	600 100	100 100	500 000	

B公司租赁开始日:①最低租赁收款额为600 100元,应收融资租赁款入账价值601 100元。②计算未实现融资收益1 001.00元。

(4)①租赁内含利率为7.63%。

②编制未实现融资收益表:

未实现融资收益分配表

单位:元

日期 \ 项目	租金	确认的融资费用	应付本金减少数	应付本金余额
	(1)	(2)=(4)×7.63%	(3)=(1)-(2)	(4)=(4)-(3)
2002年1月1日				500 000
2002年12月31日	150 000	38 150	111 850	388 150
2003年12月31日	150 000	29 615.85	120 384.15	267 765.85
2004年12月31日	150 000	20 430.53	129 569.47	138 196.38
2005年12月31日	150 000	11 903.62	138 096.38	100
2006年1月1日	100	100	0	
合计	600 100	100 100	500 000	

第十一章　债务重组和破产清算

(一)判断题

1. ×　2. ×　3. √　4. ×　5. √

(二)单项选择题

1. D 2. C 3. B 4. B 5. B

(三)多项选择题

1. ABCD 2. ABC 3. BCD 4. AB 5. ABCD

(四)业务分析处理与计算题

1.(1)固定资产清理损益为150 000元,债务重组利得为50 000元。

2.(1)乙公司用于抵债的股票于2007年7月31日办理了相关转让手续,则债务重组日为2007年7月31日。

(2)乙公司在债务重组日的债务重组利得为210 000元,转让股票损益为-60 000元。甲公司债务重组损失为90 000元。

3.(1)乙公司应计入资本公积的金额为90 000元。债务重组利得为30 000元。

(2)债务重组损失为24 000元。

4.(1)债务重组利得为46 200元。

(2)甲公司的债务重组损失为31 200元。

5.(1)债务人德堡公司债务重组利得为1 662 000元。

(2)债务人德堡公司转让资产的损益为130 500元。

(3)荣华公司债务重组损失为1 662 000元。